Aloys Schulte

Geschichte der Großen Ravensburger Handelsgesellschaft 1380 - 1530

Zweiter Band

Verlag
der
Wissenschaften

Aloys Schulte

Geschichte der Großen Ravensburger Handelsgesellschaft 1380 - 1530

Zweiter Band

ISBN/EAN: 9783957002655

Auflage: 1

Erscheinungsjahr: 2014

Erscheinungsort: Norderstedt, Deutschland

Hergestellt in Europa, USA, Kanada, Australien, Japan
Verlag der Wissenschaften in Hansebooks GmbH, Norderstedt

GESCHICHTE DER GROSSEN RAVENSBURGER HANDELSGESELLSCHAFT

1380–1530

VON

ALOYS SCHULTE

ZWEITER BAND

DEUTSCHE VERLAGS-ANSTALT
STUTTGART UND BERLIN 1923

Inhaltsverzeichnis

Siebentes Buch. Krisen. Gesellschaften Ausgeschiedener. Konkurrenten   Seite

§ 84. Die Gesellschaft Brock-Ital Humpis der Jüngere. Die Mötteli-Gesellschaft. Ausscheiden. Die Mötteli. Ihr Streit. Ihr Handel. Personal. Erfolge. Ausgang   1

§ 85. Die Ankenreute-Gesellschaft. Gründe des Ausscheidens. Vertrag. Streit. Keine neuen Gedanken. Verbreitung. Einkauf und Verkauf. Regierer. Mitglieder. Erfolg. Auflösung. Stiftungen. Klemens Ankenreute und die Gesellschaft Ferber-Ehinger. Wolf am Graben in Spanien. Geschäfte. Streit. Beziehungen zur Gesellschaft. Gesellschaft Besserer-Hillenson   5

§ 86. Deutsche Konkurrenten. Die von Watt-Diesbach-Gesellschaft. Andere St. Galler. Basel. Andere Schweizer. Vöhlin-Welser. Fugger, Baumgartner, Gossembrot, Rehlinger, Meuting, Herwart von Augsburg. Isny. Memmingen. Ulmer: Roth, Gienger, Scheler u. a. Nürnberg: Ludwig Münzer und sein Bruder der Arzt. Furtenbach u. a. Strel u. a., deren Heimat nicht zu bestimmen   12

Achtes Buch. Handelswege. Transportwesen. Versicherung

Erstes Kapitel. Der Transport zu Lande

§ 87. Handelswege. Deutschland. Italien. Schweiz. Wege von Ravensburg nach dem Norden und Osten. Tiroler Pässe. Graubündner. Die Wege von Aquila nach Florenz. Die Wege nach Genf. Zollsystem. Wege bis Baden—Aarburg. Aarburg—Genf   21

§ 88. Handelswege. Frankreich. Spanien. Genf—Lyon. Lyon—Avignon. Stellung des Dauphiné. Jus marcarum. Die Stellung der Gesellschaft. Lyon—Toulouse. Pyrenäenpässe: Port de Canfranc. Port de Benasque. Camp Dara. Hemmungen des Verkehrs. Vordringen Frankreichs .   28

§ 89. Die Warentransporte. Nürnberger Rechnung. Briefe an die Zöllner. Im Rhonegebiete. Auf dem Wege Lyon—Saragossa. Rheinfahrten. Flandern. In Graubünden. Die Portgenossenschaften. Ergebnisse .   34

§ 90. Transportkosten. Angaben nach den Orten geordnet. Verteuerung durch den Transport, durch Zölle. Zollpraxis   44

Zweites Kapitel. Der Transport auf dem Meere

§ 91. Häfen. Genua, Sanpierdarena, Villefranche, Byssa, Bouc, Lage und Bedeutung. Ebenso Aigues-Mortes. Ausdehnung Frankreichs. Marseille. Collioure. Spanische Ostküste: Barcelona und andere katalanische Häfen. Tortosa. Grao von Valencia, Denia, Alicante. Alamata auf Iviza. Bilbao. Bayonne. Sluis, Middelburg, Antwerpen. Grundsätze der Gesellschaft. Corsaren. Grünenbergs Mittelmeerfahrten . .   48

§ 92. Fahrten. Die Gesellschaft benutzt nur südeuropäische Schiffe. Barken, Walfischjäger, Bergantinen, Nefe (Koggen), Galeen, Galeeren, Galeazzen, Karavelen. Die großen Schiffe verschwinden. Bedürfnisse der Gesellschaft und Richtungen der Waren. Die regelmäßigen Galeerenfahrten. Die Venezianer, ihre beiden Linien, Florentiner, des Königs Ferrante von Neapel, von Frankreich. Genueser Schiffe.

Fahrten 1479. Bedrohung des Schiffslebens durch Frankreich. — Schiffslohn. Avarie 56

Drittes Kapitel. Versicherungswesen. Unfälle. Beraubungen

§ 93. Der Landtransport unversichert. Zur See stets Versicherung gesucht. Überversicherungen. Ordnung der Seeversicherung. Die Landesgesetze. Die Praxis. Einzelne Fälle. Schwierigkeit Versicherer zu finden. Genua. Flandern. Höhe der Sätze. Police. Schadenfälle. Begleitung der Waren, wenn keine Versicherung möglich. Kein Anteil als Seguradores 65

§ 94. Beraubungen und Beschlagnahmen. Übertriebene Vorstellungen von der Unsicherheit des Landverkehrs. Erfolgte Beschlagnahmen. Solche im Mittelmeer, im Atlantischen Ozean und der Nordsee . 70

Neuntes Buch. Die Waren

I. Die Webwaren und ihre Rohstoffe

Erstes Kapitel. Leinwand

§ 95. Arten der Leinwand. Leinwand von Konstanz, St. Gallen und Ravensburg. Sorten, ihr Einkauf und Absatz. Ordnungen der Weber 73

§ 96. Andere oberschwäbische Linnen. Memminger Golschen. Leinwand von Kempten, Staufen, Wangen, Isny. Spanische Zollrechnungen. Berechnung der Verkaufspreise für Valencia. Überblick über die Wandlungen in der oberschwäbischen Leineweberei 80

§ 97. Holländische Leinwand. Einkauf. Verkauf in Spanien, Italien und Deutschland. Leinwand von Hoogstraten, Nivelles, Hennegau und Brügge. Zwillich. — Bettziechen. — Tischlaken, Servietten. — Bukaschin. — Gulter. — Flachs 86

Zweites Kapitel. Canemasserie (Hanfstoffe)

§ 98. Canemasserie. Verbreitung der Erzeugung in Südostfrankreich. Tabellen der Sorten. Einkauf. Transport. Verkauf in Barcelona, Saragossa und Valencia. Burdats. Rückgang. Ältere Zeiten. Die Savoyer durch die Deutschen verdrängt. — Kanevas 91

Drittes Kapitel. Mit Baumwolle hergestellte Webwaren. Baumwolle

§ 99. Barchent. Herstellung. Barchent von Memmingen, Kaufbeuren, Augsburg, Biberach, Ravensburg, Ulm, Mailand, Chambéry. Verkauf in Spanien. Schürlitz von Basel 97

§ 100. Stamete von Mailand und Como. Berkran. Baumwollsamt. Schroura di bombax. Hosentuche. Baumwollgarn. Baumwolle 102

Viertes Kapitel. Wollstoffe und Wolle

§ 101. Tuche. Italienische aus Como und Mailand. Spanische aus Valencia. Perpignaner. Flandrische (Menin, Brügge, Kortryk usw.). Brabanter, Amsterdamer, andere. Gemalte Tücher. Englische Tuche, Linner, Worsteds, Bursats, Ostada 106

§ 102. Andere Wollwaren. Arras (Rasch). Sayetterie. Sarzils. Serge. Tapisserie. Bettdecken. Mützen und Hüte 111

§ 103. Garne von Audenarde, Tournay, Baletre, Dixmuyden. Spanische Wolle: Katalanische, Aragonesische, Tortoser, aus dem Innern, Valencianer . 118

Fünftes Kapitel. Seidenstoffe und Seide

§ 104. Seidenstoffe. Taffet. Atlas. Samt von Genua, Florenz und Mailand. Karmoisinsamt 124

§ 105. Satin. Damast aus Lucca, Genua und Mailand. Brokat. Goldborten von Mailand. Gestickte Kreuze für Meßgewänder. Seide aus Valencia, von Almeria, Messina 129

Sechstes Kapitel. Sonstige bestimmbare und unbestimmbare Gespinste

§ 106. Aus Kamelhaaren: Schamlot. Aus Espartogras: Barselys. Sumacky. Luffler, Bercomer. Rosens (coses). Carpetten. Selana. Pfulwen. Kissen. Hosen a la marinada. Flokaduras. Cordeline. Sogues. Bordognis. Kylmenen Kyrsen. Kotzen. Rupfen 135

II. Pelzwerk. Felle. Leder. Farbwaren

§ 107. Alaunleder, Schafvliese, Lammfelle, Zobel- und Edelmarderfelle. Felle von Füchsen, Hirschen, Luchsen, Kaninchen, Mardern, Veh. Schönwerk. Moschustierfelle. Leder. Parges. Fischhäute. Pergament. Ledersäcke 138
§ 108. Farbwaren und Beizen. Lacca. Indigo. Alaun. Brasilholz. Grana. Safflor. Krapp. Waid. Bleiweiß. Zinnober. Lasur. Brüggischer Ton 142

III. Spezereien. Südfrüchte. Lebensmittel

Erstes Kapitel. Safran

§ 109. Safran. Art des Anbaues. Verwendung. Anbau in Italien, Spanien, Frankreich, England, Deutschland, Österreich 150
§ 110. Art des Handels. Handel in italienischem Safran, in österreichischem, französischem 156
§ 111. Die spanische Anlegung 1. Ältere Zeiten. Jüngere. Ortsafran von Saragossa aus angelegt 160
§ 112. Spanische Anlegung 2. Anlegung von Barcelona aus. Olly, Urgel, Bellegier, verfälschter Safran; Contrafet. Verpackung und Gewicht. Berechnung der damaligen europäischen Ernte 168

Zweites Kapitel. Aus Spanien stammende Lebensmittel

§ 113. Zucker. Älteste Nachrichten. Eigenes Refinador in Real de Gandia. Technik. Sorten. Bedeutung des Valencianer Zuckers. Ankauf und Vertrieb. Verpflanzung nach Madeira. Das Zuckerhaus aufgegeben. Der weitere Handel. Melasse, Sirup 172
§ 114. Reis. Anbau bei Valencia. Ankauf und Vertrieb. — Datteln, Mandeln, Anis. Kümmel. Getrocknete Weinbeeren. Kapern. Pflaumen. Zitronat. Pomeranzenöl. Civado de capelan. Konfekt. Aigua naf. Fynettada. Abra de terra. Blatz de terra. Plattisge 181

Drittes Kapitel. Sonstige Spezereien und Lebensmittel

§ 115. Spezereien. Pfeffer. Gewürznelken. Zimt. Muskatnuß. Macis. Ingwer. Cassia fistula. Wurmkraut. Rhabarber. Mastix. Zedoarwurzel. Galgant. Zimol poly. Galläpfel. Gummi arabicum 187
§ 116. Die übrigen. Pomeranzen. Olivenöl. Beeren des Lorbeerbaumes. Käse. Triax. Spiga. Westfälischer Schinken. Salz. Fische: Thunfische, Stockfische, Bückinge, Lachs, Gangfische. Wein 192

IV. Metalle und Metallwaren

§ 117. Rohmetalle und Legierungen. Gold. Silber. Kürnt. Kupfer. Zinn. Eisen. Stahl. Messing. Schmirgel 194
§ 118. Metallwaren. Geschlagenes Gold. Golddraht. Unzgold. Kölnisches Gold. Gold von Lucca, Ulm. Rollgold. Waffen. Ketten. Scheren. Messer. Markgewichte. Gewichte. Wagen. Nägel. Stifte. Nähnadeln.

Stecknadeln. Bleche. Eisendraht. Kupferdraht. Messingdraht. Schüsseln u. a. Leuchter. Schellen. Spritzen. Mörser. Kannen. Roseta-roxeti. Waschbecken. Flaschen. Anderes. Merseria. Sonstige nach Spanien eingeführte deutsche und niederländische Merserie- und andere Waren 201

V. Die übrigen Waren

§ 119. Luxuswaren: Korallen von Barcelona und Genua. Vertrieb. Penitenz und Oliveten. — Perlen. Unz- und Zahlperlen. Edelsteine. Straußen- und andere Federn 212
§ 120. Sonstige Waren. Wachs. Kerzen. Bürsten. Elfenbeinerne Kämme. Pennes seques. Säckel und Nesteln. Rosenkranzperlen. Papier. Bücher. Fanna. Tafelsteine. Wappenschilder. Glas. Brillen. Salpeter und Schießpulver. Brillenbestecke. Tintenfässer. Beynots. Briefsand. Schuhe. Pantoffeln. Unerklärte Waren 219

Zehntes und elftes Buch. Ende der Gesellschaft. Ihre Bedeutung

§ 121. 1525 Auflösung erwogen, bestand noch 1530. Langsamer Niedergang. Einschränkung der Gelieger. Verpaßte Gelegenheiten. Politische Lage erschwert. Für Hans Hinderofen kein Ersatz. Einwirkungen der Reformation und des Bauernkrieges. Feindschaft gegen die Handelsgesellschaften. Niedergang der Gesinnung. Die Organisation nicht mehr zeitgemäß. Mangel an genialen Naturen 224
§ 122. Die wirtschaftlichen Anschauungen des Mittelalters. Stellung der Gesellschaft zu ihnen. Erste große deutsche Handelsgesellschaft. Ausnutzung der freien Konkurrenz. Starke Individualitäten. Ökonomischer Rationalismus. Ursachen des Vordringens des Kapitalismus. Stellung der Gesellschaft dazu. Andere Gesellschaften, die kapitalistischer dachten, überholen sie. Der Aufbau von oben. Die Gesellschaft nicht schroff kapitalistisch. Begriff von Kapital und Kapitalismus . . 229
§ 123. Der Kampf gegen die Monopolien und Handelsgesellschaften. Die volkstümliche Auffassung. Der Kampf auf den Reichstagen. Gegensätze. Kölner Beschluß 1512. Die weiteren Kämpfe. Die Verteidigung der Augsburger. Stellung Ravensburgs. Bedeutung der Ravensburger Gesellschaft 235

Zwölftes Buch. Münzen, Maße und Gewichte

§ 124. Münzen und Rechnungswährung. Rheinischer Gulden. Goldgehalt. Ravensburg. Konstanz. Nürnberg. Frankfurt. Köln. — Italien: Genua. Mailand. Venedig. — Ungarn. — Spanien: Barcelona. Saragossa. Valencia. — Savoyen. Frankreich. — Bern. — Flandern. Sonstige . 243
§ 125. Längenmaße und Gewichtsmaße 251

Kartenskizzen

3. Aragonesische Pyrenäenpässe 31
4. Übersicht über den heutigen Safrananbau in Aragonien und den benachbarten Teilen Neukastiliens 153

Nachträge. Gabriel Hilleson. Zollrechnungen von Perpignan und Saragossa. Prozeß Muntprat-Wyß. Regierer der Ankenreute-Gesellschaft. Handelsstraßen um Ravensburg. Safrananlegungen in Saragossa 1429—1434 . . 257
Verbesserungen 259
Orts- und Personenverzeichnis zu Bd. I—III 260
Sach- und Wortverzeichnis zu Bd. I—III 293

Siebentes Buch

Krisen. Gesellschaften Ausgeschiedener. Konkurrenten

§ 84. *Die Gesellschaft Brock-Ital Humpis der Jüngere. Die Mötteli-Gesellschaft. Ausscheiden. Die Mötteli. Ihr Streit. Ihr Handel. Personal. Erfolge. Ausgang.*

Die Gesellschaft erlebte bei der langen Dauer ihres Bestehens eine Reihe von Krisen, von denen wir vermutlich nur die wenigsten nachweisen können. Mitunter endeten sie mit dem Austritte einzelner oder mehrerer Gesellen und der Bildung von Konkurrenzgesellschaften. In vier Fällen ist der Nachweis möglich.

Eine erst abgespaltene Gesellschaft könnte diejenige sein, von der die Ravensburger sogenannte Adelschronik berichtet.[1] In ihr heißt es, daß 1437 Ulrich Brock, Hans Zürcher, Ital Humpis der junge und Hans Schriber eine Kaufmannschaft miteinander angefangen hätten. Die Leute haben nach Ausweis des Bürgerbuches damals als Bürger in Ravensburg wirklich gelebt. Drei von ihnen sind vor 1437 auch mit den Humpis in Verbindung meist als Bürgen für neueintretende Bürger festzustellen.[2]

Mit der Gründung der Mötteli-Gesellschaft trat 1453 eine nie wieder aufgehobene Abzweigung eines Teiles von Gesellen ein, die von dieser äußerst unruhigen Familie geleitet wurden. Die Geschichte dieser Familie ist längst von Durrer geschrieben worden, dessen Quellen auch Einblicke in ihren Handel gewähren.[3] Zu ihnen kommen nun unsere hinzu.

---

[1] Die ihrem Alter nach nicht festgestellte Chronik war früher im Besitze von Dr. Moll in Tettnang. Die Auszüge verdanke ich Herrn Archivar Merk in Ravensburg.

[2] Ulrich Brock (1425, 1430 Stadtammann) 1422 mit Jos Humpis, 1427 mit Michael Humpis, später 1450 mit Ital Humpis dem Jüngeren; Hans Zürcher (Stadtammann 1409, 1416, Bürgermeister 1422, 1440, 1442) 1412 mit Henggi Humpis; Ital der Jüngere kommt sehr oft vor; vor 1437: 1428 mit Jakob Schellang für Rudolf Ruh, 1429 mit demselben für Hans Staiger, 1436 mit demselben für Märk von Werenwag; nach 1437: 1441 mit Hans von Nidegg für Hans Huß, 1447 mit Jakob Schellang für Konrad Gremlich, 1448 mit Jos Humpis dem Jüngeren für Rudolf Mötteli, 1449 mit Heinrich Besserer für Hans Sürg, mit Hans Fry für Äll Wishäuptin, 1450 mit Ulrich Brock für Märk von Magenbuch.

[3] Die Familie von Rappenstein genannt Mötteli und ihre Beziehungen zur Schweiz, Geschichtsfreund 48, 81—275. 49, 1—74; vgl. Schulte 1, 628—632.

Die Abspaltung hat nach Durrer 1453/1454 stattgefunden, da aber 1458 einer der alle drei Jahre stattfindenden Rechnungstage stattfand,[1] darf man wohl das Jahr 1452 als das der Trennung annehmen. Der alte (wahrscheinliche) Regierer der Gesellschaft Rudolf lebte nicht mehr. Von den Mötteli blieb Klaus, wenn er überhaupt noch lebte, der Gesellschaft treu; denn seinen Sohn Walther finden wir dauernd in Ravensburg in der Gesellschaft. Auf diesen Zweig ist hier nicht näher einzugehen. Aber mit den anderen Söhnen Rudolfs, mit Hans, Rudolf und einem unehelichen Bruder Lütfried steht es anders. Hans war 1425 Bürger in St. Gallen, er war Pfandherr der bischöflich-konstanzischen Stadt Arbon und als solcher wie als Gatte einer Truchseß von Diessenhofen fühlte er sich mehr als ein adliger Herr, bis ihm unvermutet eines Tages das Lösegeld ausgezahlt wurde und er nun wieder erst zu Buchhorn, dann zu St. Gallen saß, 1453 starb er, also im Jahre der Ablösung der Gesellschaft. Von irgendeinem Anteile am Handel wissen wir nichts, in seiner Jugend wird aber auch er ihm wohl nachgegangen sein.

Sein Bruder Rudolf aber machte seine Lehrzeit in Avignon und dann wohl in spanischen Geliegern der Ravensburger Gesellschaft durch, wo er sich es angewöhnte, statt w:v zu schreiben.[2] Er war ein äußerst unsteter Herr, von großen Fähigkeiten, 1435—1438 war er Bürger zu Ravensburg, 1441—1447 zu Buchhorn. 1448 wurde er unter Bürgschaft von Jos und Ital Humpis wieder Bürger von Ravensburg. Von 1435—1444 betrug nach jüngeren Lindauer Angaben, die nicht unglaubwürdig erscheinen, sein Anteil an der Gesellschaft 16000—18000 fl rh. Dann nach der Begründung der Mötteli-Gesellschaft wurde Rudolf 1458 Bürger in Zürich und erwarb im gleichen Jahre den einstigen Sitz der Freiherrn von Regensberg die Burg Alt-Regensberg mit der niederen Gerichtsbarkeit. Auch hier behagte es ihm nicht, er wurde 1463 Bürger in Luzern, was er bis 1471 blieb, 1465 wurde er auch zum Landmann der beiden Unterwalden angenommen, der reiche Kaufmann war überall willkommen, 1470 ließ er sich in Stein am Rhein nieder und zog nach neuem Streit 1475 nach Lindau. 1475 zahlte er in Ravensburg für alle vergangenen Steuern 120 fl. 1482 beschloß er ein ruheloses Leben, voll Hader und Kämpfe. Prozesse ohne Ende bezeichnen seinen Lebensweg, der ihn auf Grund kaiserlicher Verfügung noch zuletzt mit seinem Sohne Jakob zu Lindau ins Gefängnis gebracht hatte. Seine Gattin war Walpurg Muntprat, die Tochter des 1422 gestorbenen reichen Hans Muntprat (13) und der Agathe Humpis (14). Er hatte sich also von den beiden anderen führenden, ihm nahe verwandten Geschlechtern der Gesellschaft getrennt, wohl in gekränktem Ehrgeize.

Sein außerehelicher Bruder Lütfried Bregentzer, Rudolf Möttelin des Alten lediger Sohn, wurde 1435 in Ravensburg unter Bürgschaft von Ital Humpis dem Älteren und Ruf Möttelin, seinem Bruder,

---

[1] Oben I, 56. [2] Durrer 48, 103.

Bürger und erscheint 1454 also unmittelbar nach der Begründung der neuen Gesellschaft in St. Gallen, wo er von 1467 bis 1479 Ratsherr war. In seiner Ravensburger Zeit war er auch in Barcelona.[1]

Aber auch ihn ergriff die Sehnsucht nach herrschaftlichem Besitze, dazu bot sich der Anlaß, da die an den Freiherrn von Hohensax verheiratete Tochter Rudolfs, Ursula, nach dem Tode ihres mit Schulden beladenen Mannes ihrem Oheime 1464 die Herrschaften Frischenberg und Forsteck verpfändete. 1474 trat er aber, des ewigen Streites mit den Appenzellern müde, sein Pfandrecht an die Stadt St. Gallen ab. 1481 starb Lütfried. Er hatte wohl auch schwere Verluste im Handel gehabt; denn seine Steuer ging merklich zurück. Sein Bruder fand „Lutpfrid wer notturfftig nach sinem handel und hushalten mit vogty zů versehen".[2] Um die Erbschaft des kinderlos Verstorbenen stritten sich die Erben seiner Frau und seine Blutsverwandten, und die Sache kam an den Kaiser.

Aus den nächsten Generationen gehörten der Ravensburger Gesellschaft vielleicht noch zwei an. Von den drei Söhnen des oben genannten Hans können noch die beiden ältesten nach Durrers Berechnung dort noch ihre Lehrzeit durchgemacht haben: Jörg, der nicht weiter als Kaufmann hervortritt und Hans, der dritte Bruder Rudolf diente schon in der Mötteli-Gesellschaft. Doch waren diese Kaufleute wider Willen, und daraus erwuchs ein mächtiger Prozeß, in dem Hans sehr übel herumgezogen wurde. Er stritt sich mit seinen Oheimen aufs gründlichste herum, von denen er behauptete, sie hätten ihn zu der Lehre gezwungen. Und zum Kaufmann war dieser Jüngling auch nicht geeignet, der die Faktoren der Gesellschaft anborgte, Geld der Gesellschaft auslieh, auf Kosten der Gesellschaft Geschenke machte und Gastmähler abhielt, angeblich um sich dadurch eine reiche Ehefrau zu verschaffen. In Barcelona und Saragossa, in Valencia und in dem damals noch maurischen Granada hatte er und sein jüngerer Bruder Rudolf gelebt; Hans hatte es auch so weit gebracht, daß ihm die Rechnung eines Geliegers anvertraut wurde, wo ihm dann 300 rh fl 7 β 3 ₰ an der Rechnung fehlten.

Hans, aber auch sein älterer Bruder Georg, wie sein jüngerer Rudolf hatten ein für einen jungen Kaufmann großes Sündenregister in dem Prozesse zu vertreten, der uns so viele Einblicke in das Geschäft der Mötteli verstattet.[3]

Mit Lütfrieds Tode 1481 verschwindet die Mötteli-Gesellschaft. Die weitere Geschichte des Geschlechtes, das um 1622 ausstarb, berührt uns nicht, so reizvoll sie ist. Das streitsüchtige Geschlecht hat seinen Reichtum nicht vertragen, es wandte sich dem Junkertum

---

[1] Man darf auf ihn wohl die Bezeichnung Jofre Metir deuten, der in einer nach Firmen geordneten Barceloneser Rechnung 1425—1440 unter den Humpis steht. [2] Durrer 48, 151. [3] Die Aktenstücke Durrer 49, 22—39.

zu und nahm auch einen anderen Namen an, es nannte sich von
Rappenstein genannt Mötteli.[1]
  In der Mötteli-Gesellschaft war offenbar Lütfried der einzige
ruhende Pol. Er saß zu St. Gallen als Bürger, und dort war der Gerichtstand der Gesellschaft. Aber er machte auch Reisen, wie er in
Avignon nachzuweisen ist. Der Gesellschaft Zeichen ist uns aus
unseren Papieren bekannt, es wurde auch von Rudolf 1468 in seinem
Ringsiegel geführt.[2]
  Die Mötteli-Gesellschaft betrieb vor allem deutsch-spanischen
Handel. Wenigstens kann ich sie in Italien nicht nachweisen. In
Spanien hatten sie in denselben Orten Gelieger wie die alte Gesellschaft, nur daß sie ihr Geschäft auch in Granada und in Almería
betrieben. Die jüngeren Hans und Rudolf waren bei fünf Jahre in
Barcelona und Saragossa im Hause der Mötteli, in Valencia und
Granada in ihrer Kost.[3] Die südlichsten Stätten der Tätigkeit wurden
von der Gesellschaft wohl vorwiegend wegen der Seide von Almería
besucht, und in dieser Ware waren sie der alten überlegen;[4] was sie
dorthin einführten, findet sich nicht, ob Leinen? Es sind die Mötteli
die einzigen deutschen Kaufleute, die im Bereiche mohammedanischer
Herrschaft ein Gelieger hatten.
  In Valencia legten sie sich stark auf Zucker,[5] auch Grana[6] und
Reis[7] begegnet; in Saragossa, wo sie einmal an Leben und Gut
Schaden erlitten,[8] waren sie keine unbedeutenden Ankäufer von
Safran.[9] Barcelona hielten sie auch noch 1478 fest.[10] Woher sie die
Paradieskörner brachten, steht dahin.[11]
  Für den Weg nach Spanien benutzten sie die Route über Avignon,
wo sie noch 1478 ein Gelieger hatten.[12] In Lile de Martigue besorgten
ihnen 1476, wo die Spannung der Gesellschaften schon abgenommen
hatte, die Ravensburger mindestens gelegentlich die Beförderung
von Waren.[13] Wo sie im Rhonegebiete die Canemasserie aufkauften,
ist nicht zu ersehen;[14] ob zu Avignon oder Lyon oder an den Produktionsstätten selbst? In Lyon und Genf sind sie nachzuweisen,
mindestens auf Messen.[15] Auch darin behielten sie die Überlieferung
fest, daß sie den spanischen Handel mit Brügge in Verbindung
brachten, wohin sie Grana von Valencia einführten.[16] An der Beraubung durch Jacques Coullon (1474) waren sie mit einem Werte
von 1006 Schilden beteiligt.[17] Endlich findet man sie auch auf Frankfurter Messen.[18] Aus Deutschland führten sie Leinwand von St. Gallen

---

[1] Mit dieser Namensänderung hatten die Roggwiler Linie, die drei üblen Brüder, begonnen. König Siegmund hatte 1430 den Brüdern Johann, Rudolf und Nikolaus Mötele ihr Wappen gebessert. Altmann, Reg. Nr. 8030.
[2] Abbildung bei Durrer, Bd. 48, Siegeltafel. [3] Durrer 49, 29 f. [4] Unten 3, 59. 85. 103. [5] unten 3, 59. 121. 229. [6] Unten 83, 25. [7] Unten 3, 229. [8] Unten 3, 171. 157 f. [9] Unten 3, 119. 161 ff. 336. [10] Unten 3, 527. [11] Unten 3, 6. [12] Unten 3, 77; vgl. Durrer 49, 24. 27. [13] Unten 3, 229. [14] Unten 3, 77. 158. 229. [15] Unten 3, 6. 163. [16] Unten 3, 420. [17] Vgl. oben 1, 380. [18] Unten 3, 336.

und Ravensburg¹ sowie Barchent,² dessen Herkunft nicht feststeht, aus.

Die Gesellschaft kam mit dem Personale, das die Familie darbot, nicht aus, da findet sich außer den genannten noch ein Hans der ältere Möttelin.³ Die übrigen Diener: Erhart in Almeria,⁴ Ludwig Haben,⁵ Oswald Holzmüller,⁶ Heinrich⁷ und Ulrich Leman,⁸ die wohl aus dem einst möttelischen Arbon stammten,⁹ Hans Mancz,¹⁰ Konrad Wissach¹¹ und Ulrich Zähender¹² sind alle, so viel ich weiß, nicht Glieder angesehener Familien; sie waren wohl ausnahmlos nicht durch eingelegtes Kapital beteiligt, sondern Angestellte. Daß das ganze Kapital der Gesellschaft von den Mötteli gestellt wurde, scheint mir auch daraus zu folgern, daß der Prozeß gegen die drei jüngeren Mötteli, deren Gut noch ungeteilt war, über 1174 fl rh., darunter auch Posten wie Kassendefekte bei der Abrechnung, nicht im Namen der Gesellschaft geführt wurde, sondern im Namen der beiden älteren Mötteli, Rudolf und Lütfried. Es ist also ein erheblicher Unterschied gegenüber den Ravensburgern vorhanden.

Hatte die Gesellschaft große Erfolge? Der einzige Gradmesser sind die Steuern, die Lütfried in St. Gallen zahlte, sie steigen von 1454: 6 ℔ 6 β ₰ (= 2520 ℔ Vermögen) 1460 auf: 16 ℔ 13 β 4 ₰ (= 6600 ℔) an, 1474 erreicht er 20 ℔ (= 8000 ℔). 1480 versteuerte er 13 320 ℔, 1481 aber nur 8000 ℔.¹³ Das war mehr als das Fünffache zu Anfang. In 26 Jahren ein sehr erheblicher Gewinn.

Aber mit dem Tode Lütfrieds erlosch wohl die Gesellschaft, mindestens haben wir weiter keinerlei Kunde mehr von ihr. Löste sie sich auf oder ging sie in eine andere Gesellschaft über, etwa in die Zollikofer? Wir wissen es nicht oder wenigstens noch nicht.

Der Reichtum, den die Mötteli gewonnen hatten, lebte aber im Gedächtnis fort, noch heute redet man im Thurgau von ihrem Reichtum, und Legenden knüpfen sich an das Geschlecht talentvoller Männer, das eigenwillig dem Handel den Rücken gekehrt hatte.

Über die Krise, die der Handel mit Mörlin heraufbeschwor, ist schon in anderem Zusammenhange gehandelt worden.¹⁴

§ 85. *Die Ankenreute-Gesellschaft. Gründe des Ausscheidens. Vertrag. Streit. Keine neuen Gedanken. Verbreitung. Einkauf und Verkauf. Regierer. Mitglieder. Erfolg. Auflösung. Stiftungen. Klemens Ankenreute und die Gesellschaft Ferber-*

---

¹ Unten 3, 83. 157. ² Unten 3, 229. ³ Durrer 49, 26. ⁴ Unten 3, 103. ⁵ Durrer 49, 29. ⁶ Ebenda 22. ⁷ Ebenda 29, unten 3, 229. In Konstanzer Steuerbüchern 1477—1484 (2100 + 3110) ein Heinrich Leman, als zünftiger im Rate zwischen 1457 und 1485. Aber wohl ein Goldschmied. ⁸ Ebenda 25 f., unten 3, 406. 408. ⁹ Leman finden sich auch in St. Gallen. In Arbon aber mit dem Namen Ulrich. St. Galler U.-B. 5, 100. ¹⁰ Durrer 22. ¹¹ Ebenda 24. War 1425 Bürger in Ravensburg geworden unter Bürgschaft von Bürgermeister Ital Humpis und Hans Wägelli. Mem. U. L. F., Jul. 16. ¹² Ebenda 24. ¹³ Ebenda 48, 139 f. ¹⁴ Oben S. 510—513.

Ehinger. Wolf am Graben in Spanien. Geschäfte. Streit. Beziehungen zur Gesellschaft. Gesellschaft Besserer-Hillenson.

Das Ausscheiden der Mötteli entzog der Gesellschaft sicherlich sehr viel Hauptgut, aber anscheinend nur wenige Genossen; die Krisis des Jahres 1477 nahm ihr dafür eine Anzahl von erfahrenen und bewährten Gesellen, und die neue Absplitterung, die Ankenreute-Gesellschaft, blieb länger bestehen, erst 1510 löste sie sich auf, und eine Reihe der Teilhaber kehrte zur Muttergesellschaft zurück.

Der Anlaß und der Verlauf der Krisis ist uns genauer bekannt. Eine Gruppe forderte die Trennung, aber etliche brachten es zu einer Vergleichsverhandlung, in der der Stamm vieles nachgab, man wurde auch Stück für Stück eins. Dann aber forderte die Gruppe, daß die von Philipp Wiesland in Valencia betriebene Bodega von der Gesellschaft übernommen würde. Die Gesellschaft, die schon eine solche — wohl mit Beschränkung auf bestimmte Waren — besaß, wollte das nicht tun, um ihren eigenen Kunden nicht vor den Kopf zu stoßen.[1] An der Bodega scheiterte die Einigung.

Führer waren Klemens Ankenreute, eine in der Gesellschaft hoch angesehene Person, Meister Diepold Bucklin, den seine Gegner als einen Zappler bezeichnen, Hans Wiesland, Philipps Vater, dann Hans Täschler und ihnen folgten ihre Söhne, vielleicht noch andere.

Der stärkere Rest vereinte sich erneut auf sechs Jahre und schloß mit den Ausscheidenden einen Vertrag ab, der später große Händel hervorrief. Der Stamm meinte die Gesellen nach der Gesellschaft Ordnung behandeln und ihnen ihre Einlagen in 7 Frankfurter Messen also in 3½ Jahren auszahlen zu können. Das hätte erst langsam der neuen Gesellschaft Hauptgut zugeführt, aber auch die andere Seite hatte Gründe sich für eine andere Lösung zu erwärmen. Bei den wilden Läufen scheute man die Verpflichtung zu so großen Meßzahlungen, auch hielt man dafür, daß, da Barcelona wieder offen sei, man das Gelieger zu Saragossa eingehen lassen werde und dann die Safrananlegung in Aragon von Barcelona aus erledigen könne. Das war weit gefehlt; denn der Handel in Barcelona lebte nicht recht wieder auf, und schon fast sofort entschloß man sich, Saragossa doch in bescheidenem Umfange beizubehalten.

Aber die Entscheidung war schon getroffen. Der von Hans Täschler für die Rechnung festgestellte Wert des Geliegers von Saragossa einschließlich der guten Schulden erreichte die ungefähre Höhe der Einlagen der Ausgeschiedenen. Also wurde ihnen diese Masse von Werten zugewiesen, auch das, was Täschler bei der Heimreise gleich vor der Stadt an Waren angetroffen hatte.[2] Die eigenen Verpflichtungen der Rechnung, die sich auf 1357 ℔ 13 β 8 ₰ beliefen, sollten die Ausgeschiedenen bezahlen. Die Sache wurde dann aber noch dadurch verwickelt, daß Gelieger Saragossa an Gelieger Valencia 697 ℔ Valenzer zu ersetzen hatte. Nun waren im Laufe der Rechnung

---
[1] Unten 3, 53 f. Zur Sache oben 1, 294 und 344. [2] Unten 3, 61 f.

9 Ballen Ört gekauft worden, davon die 3 letzten zu wesentlich höheren Preisen. Davon wurden 2, und zwar zu dem billigeren Preise zu berechnende nach dem Ankaufspreis zuzüglich der in Saragossa erlegten Unkosten der Stammgesellschaft zugesprochen, und dieser aus den Büchern festzustellende Wert sollte an den 697 ℔ Valenzer abgezogen werden, so daß eine Restverpflichtung der Ankenreuter von ihnen bar auszuzahlen verblieb. Hans Hinderofen, der nach Spanien entsandt wurde, sollte mit möglichst vielen Zeugen aus der Gesellschaft die Abrechnung machen. Von den 7 an die Ankenreute gehenden Ballen hatte Hinderofen aus den Büchern zu Lyon und Saragossa die Unkosten genau festzustellen, die von Saragossa an den Ankenreute zur Last fielen.[1]

Noch ehe der Hinderofen abreisen konnte, waren neue Schwierigkeiten entstanden. Zugleich mit dem Austritt der Ankenreute war Jos Humpis die Gewalt als oberster Regierer genommen worden, der aber wollte nicht zugunsten von Onofrius Humpis zurücktreten, und hinter ihn steckten sich bald die Ankenreute, obwohl sie ihm früher nichts Gutes gegönnt hatten. So kam es denn auch in Frage, in wessen Namen in Spanien zu handeln war, in Josen oder Noffres Namen. Welche Gefahr, wenn es in Spanien zu einem Prozesse käme! Würde dann der König nicht Hand darauf legen und keiner Partei etwas von den Werten werden?[2]

Die Stimmung war schon viel schärfer geworden und die vom Stamme fürchteten die Ränke der Ankenreute. Wohl nicht zu Unrecht. In der Tat fand Hinderofen in Saragossa unübersteigliche Schwierigkeiten.[3] Ihm war die Prokura auf Noffres Namen nachgesandt worden, und nun wollten die Ankenreute eine von Jos haben. Zwar hatte die alte Gesellschaft von der neuen keine Gewalt gefordert, als sie zu Nürnberg an Wiesland und zu Lyon an Täschler den Safran übergeben hatte. Einen Protest hatte Hinderofen nicht beurkunden lassen, das hätte die Grundlage für einen Prozeß vor dem heimischen Gerichte geben können.

In dieser Lage wandte sich die Gesellschaft an den alten Jos, er möge doch eine Prokura ausstellen, aber alles Bitten half nichts, Jos stellte unerfüllbare Bedingungen. Da ließ man von einem Notar beurkunden, daß eine ganze Gesellschaft Jos die Gewalt genommen und Noffre übergeben habe. Sollten das, die dabei gesessen hätten, als es geschah, nicht anerkennen wollen, dann sollte Hinderofen in denkbar sorgfältigster Form von einem Notar seinen Protest dagegen beurkunden lassen, wie sie unbillig Geld, Gut und Schulden innehätten und dem „ausgerissenen Zettel" — dem Teilungsvertrage — nicht nachgekommen seien, und daß er dafür Schadenersatz gefordert habe.

In Saragossa hatten die Ankenreute auch noch andere Forderungen, die schwerlich berechtigt waren, wie Arztlohn, Ausgaben für Zoll u. a. Es war die Spannung so groß geworden, daß nun die

---
[1] Unten 3, 62.　[2] Unten 3, 69 f.　[3] Unten 3, 86 f.

alte Gesellschaft beschloß, der neuen die Zahlungen nicht zu leisten, ja sie gab nun den Auftrag, in Saragossa die der neuen Gesellschaft abgetretenen Schulden für sich einzuziehen und den Zahlenden etwaigen Schadenersatz zu versprechen. Die Ankenreute hatten ausgesprengt, die alte Gesellschaft schulde der neuen viele 1000 fl. Die Bemerkung „fyl ist nit ains" reduziert diese Schuld auf 1000 fl. und damit stimmt es, daß die Zahlung auf den Frankfurter Messen auf 125 fl angegeben wird, das macht in 7 Messen: 875 fl. Genug, im März 1478 war der Handel noch keineswegs geschlichtet.[1]

Von dem folgenden wissen wir nur wenig. Der alte Jos quittierte der Gesellschaft am 10. April 1478 und gab damit seine Stellung auf.[2] Die Zahlungen von 125 fl waren vielleicht mit Abzügen auf den beiden Frankfurter Messen von 1478 und der Fastenmesse 1479 geleistet, aber die neue Gesellschaft hatte keine Quittungen ausgestellt. Nun erging die Anordnung, nur gegen Quittung auch über jene Zahlungen den Betrag zu entrichten. In der Fastenmesse 1480 wurde nichts bezahlt, wohl aber in der Herbstmesse, und zwar an Hans Frey, so daß wir auch ihn wohl als Teilhaber der Ankenreute-Gesellschaft ansehen müssen.[3]

Die Stimmung unter den Gesellen beider Gesellschaften blieb noch lange auch in den spanischen Geliegern eine sehr gespannte, und man machte sich scharfe Konkurrenz.

Die Ankenreute-Gesellschaft, die kleiner blieb als die alte und daher in Spanien auch als die kleine (chiqua) bezeichnet wurde, wie die alte nun noch mehr als zu der Mötteli Zeiten die große Gesellschaft benannt wurde, war das volle Gegenbild der alten, neue Gedanken sind bei ihr nicht nachzuweisen. Sie legte sich stark auf Valencia und Saragossa, in Barcelona kann ich sie nicht nachweisen, wohl aber später in Tortosa, wo man denselben Agenten hatte.[4] Auch für Avignon finden sich keine Belege, wohl aber für Lyon.[5] Ebenso für Brügge, und auch die Ankenreute benutzten die Schiffsverbindung um Gibraltar, wie aus den Brügger Papieren hervorgeht.[6] Eigenartig berührt die Nachricht, daß die Ankenreute dort 1478 darauf aus waren, mit Heinrich d Spangias Neffen eine Gesellschaft zu machen, also doch wohl mit einem Spanier.[7]

Für Genua datiert die erste Nachricht von 1492,[8] von Mailand aus dem Jahre 1504.[9] In Deutschland begegnen sie in Frankfurt und Nürnberg.[10]

In Valencia erwarben die Ankenreute Zucker zur Ausfuhr nach dem Rhonegebiete und vielleicht weiter.[11] Auch Weinbeeren und Wolle, letztere für Genua.[12] In Saragossa suchten sie mit der alten Gesellschaft beim Safran Fuß zu halten, und so entwickelte sich da

---

[1] Unten 3, 92 ff. [2] 3, 486. [3] Unten 3, 338. 341. 351 f. 361. [4] 3, 271. 296.
[5] 3, 213. [6] 3, 419. [7] 3, 419. [8] Heyd, S. 73. Siveking, Studium Lipsiense, S. 155.
[9] 3, 276. [10] Frankfurt 3, 336. 338 f. 352. 361; Nürnberg 3, 92. Schöttle, S. 56.
[11] 3, 121. 302. [12] Unten 3, 147. 272.

ein Wettrennen, möglichst zuerst auf die Messe zu kommen.[1] Von Tortosa bezog man Wolle.[2] Aus Spanien kamen auch Schaffelle.[3] Wo die Ankenreute die nach Spanien bestimmte Canemasserie erwarben, steht nicht fest.[4] Aus den Niederlanden bezogen sie holländische Leinwand, Arras, Bonneten und Merceria.[5] Die Grundlage war auch bei den Ankenreute die Ausfuhr von schwäbischer Leinwand nach Spanien, auch St. Galler führten sie und suchten die Gesellen von früher zu unterbieten.[6] Deutscher oder Mailänder Barchent ging auch dorthin.[7] In dem Zollbuche von Valencia erscheint weiter als Einfuhr: Kupfer, banbasines, sayes und Messing.[8] Woher die in Saragossa feil gebotenen Tuche stammten, ist nicht zu sagen.[9]

An der Spitze der Gesellschaft stand zunächst Klemens Ankenreute der Ältere, dann erscheint von 1492 bis 1506 sein ältester Sohn Conrad.[10] Er lebte noch länger und trat in die alte Gesellschaft nicht zurück. Auf beide paßte das Zeichen der Gesellschaft: ein C, durch dessen oberen Bogen der untere Strich eines Kreuzzeichens geht. Dazu gehörten weiter Anton Ankenreute (gestorben vor 1497) und der jüngere Klemens, der auch nach anderer Seite Verbindungen hatte, wie wir bald sehen werden, Meister Diepold Bucklin, Oswald Bucklin und vielleicht auch Pasqual Buchly. Dieser war ein Bruder des Jan Buchly de Metlin, der von Lukas Rem erwähnt wird, und ein Testament 1521 nennt Joannes bucle Metelin mercator et civis Saragossae.[11] Die Verbindung von Bucklin und Mötteli gibt zu denken. Heyd dachte an Nachkommen der Mötteli, aber diese waren längst dem Handel entfremdet. Weiter erscheinen Hans, Geldrich und seine Brüder, Hans und Konrad Täschler, Hans, Philipp und Ulrich Wiesland. Dazu Hans Frei. Die meisten Namen gehören der ältesten Zeit an. Lütfrid Bürer wurde 1. Oktober 1495 als Diener der kleinen Gesellschaft aus dem Bürgerrecht von Sankt Gallen entlassen, weil es für die Gesellschaft gefährlich erschien, wenn er als St. Galler bezeichnet werde, was mit dem Varnbüler Prozeß wohl zusammenhängt.[12]

Bei der Ravensburger Gesellschaft tauchen nach 1510, also nach Auflösung der Ankenreute-Gesellschaft auf und waren wohl von ihr übernommen Clement (III) Ankenreute und Konrad Täschler, der dann eine bedeutende Tätigkeit entfaltete. Die meisten der Teilhaber bleiben demnach unbekannt.

Der Gegensatz zwischen den beiden Ravensburger Gesellschaften war wohl schon lange erheblich milder geworden, von 1507 an zeigt

---

[1] Unten 3, 169. 179. 201. [2] Unten 3, 271. 276. [3] Unten 3, 303. [4] Unten 3, 77. 158. [5] Unten 3, 419. 431. 481. [6] Unten 3, 57. 83. 110. 171. 201. 296. 531. [7] Unten 3, 296. 531. [8] 3, 532. [9] Unten 3, 105. [10] Heyd 73 und unten 3, 531 f. Nach einem Berner Geleitsbrief von 1497 stand Anton Ankenreute damals an der Spitze. Heyd 11. Das dürfte ein Irrtum sein oder er ist zwischen Klemens und Konrad Anton einzuschieben. [11] Greiff, Tagebuch des Lukas Rem, S. 8 und 84. [12] Mitteilung von Stadtbibliothekar Dr. Schieß in St. Gallen.

sich die Erwartung, daß die Ankenreute ihre Gesellschaft wieder in die alte aufgehen lassen werden. Schon im Februar 1507 schreibt ein erfahrener Geselle von Genua: „Wenn es nun mit den Ankenreute ein Ende hätte, so würde es besser werden. Sie haben schon 3 Ballen im Hause für uns." 1507 ist es allerdings noch zu keinem Ende gekommen.[1] Noch Dezember 1507 läuft ein Wechsel, den die Ankenreute zu zahlen hatten.[2] Aber die Auflösung der neuen Gesellschaft dauerte noch 1511 an.[3]

Nach den Ravensburger Steuerbüchern zu urteilen, hat die neue Gesellschaft wohl ihre Leute ernährt, sie aber nicht mit Schätzen überhäuft. Man hatte sich Konkurrenz gemacht und sich gegenseitig geschadet, vor allem wohl in Spanien beim Safran.

Auch die Ankenreute-Gesellschaft hatte einen Jahrtag, er wurde am 16. Dezember in der Liebfrauenkirche begangen.[4] Daneben hatte Klemens der Ältere eben dort reiche Stiftungen gemacht.

Die Ankenreute-Gesellschaft duldete es, daß einzelne Mitglieder auch Kommissionsgeschäfte für andere Gesellschaften übernahmen.[5] So erscheint Klemens Ankenreute 1494 bis 1496 als Kommissionär der Ulmer Handelsgesellschaft von Wolfgang Ferber und Jakob Ehinger dem Jüngeren. Er entlastete deren Faktor Wolfgang am Graben, einen Feldkircher, der mit dem Transporte der Waren zu tun hatte und in Barcelona, Valencia und in Lyon Geschäfte besorgte. Zweimal rechneten Wolff am Graben und Klemens ab, das erstemal in Saragossa am 21. März 1495, das zweitemal zu Albalate del Arzebisbo bei Alcañiz am 2. August.

Klemens hatte den Verkauf von folgenden Waren übernommen: 79$^1/_2$ Stück deutsche Leinwand (12$^1/_2$ von Isny, 67 von St. Gallen, die Preise steigen, nach Saragossa gelegt, für die cana von 4 β 6 Jaqueses in Stufen bis auf 7 β 10 diners). Erlös für 68 Stück 542 ₰ — β 10 ₰. — 19 Stück espinalts (Leinwand, das Stück = 58 β). Erlös 61 ₰. — 5 Stück Barchent von Mailand de 3 papes (das Halbstück = 50 β). Erlös 24 ₰ 14 β. — 20 Halbstücke Barchent von Augsburg (pardillo [braun], löwenfarben und schwarz, das Halbstück = 37 β, an anderen Stellen als von Memmingen bezeichnet). Erlös 39 ₰ 6 β. — 58 Dutzend große Messer fein (= 5 β 5 ₰ das Dutzend, in Lyon das 1000 = 23 fl rh.). — 21 Dutzend mittel Messer (ganivets redons contrafetts mit runder Spitze) = 3 β Dutzend, in Lyon das Groß = 34 g^e de rey. — 10 Dutzend gerbetta ffina oder zipressin messer (ebenso). — 8 Dutzend ganivets sobre grans del puy, große Messer von puy, d. h. Messer mit einer festen Handhabe, Dutzend = 7 β. — 12 Dutzend große Messer del puy = 5 β. — 31 Dutzend Mittelmesser del puy = 3 β. — 24 Dutzend kleine Messer

---

[1] 3, 302 f. [2] 3, 213. [3] Einzelne Papiere eines jungen Teilhabers in Stuttgart. Vgl. auch Schöttle in Schriften d. Ver. f. Gesch. des Bodensees 38, 56. [4] Anniversar auch Jan. 23., mit der Jahreszahl 1511, also wohl bei der Auflösung gestiftet. [5] Ganz zweifellos ist es übrigens nicht, daß Klemens Teilhaber der Gesellschaft war, als deren Hauptvertreter in Saragossa Ulrich Wieseland neben Konrad Geldrich und Antoni Ankenreute erscheinen, mit denen er im besten Einvernehmen stand.

del puy = 2 β 6 ₰. — 48 000 agulls (Nadeln) de Lyon de 20 onz. — 65 000 agulls de 10 onz (das miller = 19 ₰). — 72 000 agulls de 8 onz de Lyon (das miller = 16 ₰). — 900 agulls de 3 ℔ de Lyon (das Hundert = 10 ₰). — 2 Dutzend cadrans (quaurantos) de ffust grans (das Dutzend = 7 β). — 9 cadrans pettits (Stück = 3 ₰). Holztafeln. — 1 Bankal de Tournay (später von Gent genannt, in Lyon = 26 g°). — 1 Portallera oder tancka porta d'Aras (später von Tournay bezeichnet). — 24 (23) massos Faden von Lyon, schwarz und blau, lo masso 11 g°, von Buchbinder gekauft. 15 ebenso aus der Ostermesse. — 121 Stück Bordat (über Barcelona, Stück = 24 β 4 ₰). — 1 Ballen Mascon (= $60^3/_4$ cordes). Erlös 45 ℔. — 1 Ballen Verdun (= 29 cordes). Erlös 21 ℔ 16 β 4 ₰. —

Der Verkauf war im allgemeinen ein schleppender und schließlich blieb nichts anderes übrig, als den Rest der Waren, nachdem Kleinigkeiten einem Lorenzo in Saragossa zum Verkauf gegeben waren, für 241 ℔ an Jäme Rútz, einen Spanier, zu veräußern.

Zur Ausfuhr kaufte Klemens rund 464 ℔ Safran im Werte von 584 ℔. Das ergibt einen Durchschnittspreis von 25,7 β für das Pfund Safran (schwankend zwischen 24—26 β). Daneben wurden erworben 70 Dutzend 4 Stück weiße Felle im Preise von 14 ℔ 1 β, 84 Dutzend 1 Stück schwarze im Preise von 44 ℔ 2 β, 23 von Fuchsen (raboses), 6 foynes (Steinmarder) und 1 Luchsfell (lop serfal, dieses im Preise von $10^1/_2 β$). Es erscheinen noch an Fellen 1 ludrya (Fischotter) und 2 genetes (Wildkatze).

Klemens kaufte daneben für sich 182 Dutzend weiße und $82^1/_2$ schwarze Felle, 303 Stück von Füchsen, 48 foynes (Wiesel), 8 Luchse, 16 Fischotterfelle und 34 Wildkatzenfelle. In anderen Abrechnungen finden sich noch 3 g° cordoneres Bindfaden = 17 β, 2 dozenas robands = 15 β, 6 miralls d'asser (Stahlspiegel) = 28 β, 1 caxa vidre de miralls (Spiegelglas) = 15 ℔, 3500 plomes de scriure (Schreibfedern) = 4 ℔ 1 β 9. Alle Ausfuhr wurde nach Lyon gebracht und zum kleineren Teile verkauft. Seine Geldmittel waren gering, so lieh er am 16. Januar 1495 von Conratt Geldrich 300 fl = 240 ℔ Jaqueses, dann von Ulrich Wißland 25. Mai 200 fl = 160 ℔ und ebenso am 8. Juni 50 ℔, zusammen 450 ℔. Davon zahlte er in dem Zeitraum 416 ℔ zurück. Konrad und Ulrich waren, wenn auch nicht immer, in Saragossa.

In der von Wolff geführten Abrechnung von Albalate standen auf der einen Seite unter anderem folgende Posten: Clemens machte Wolff gut: 1. an Paulle Hürus, den in Saragossa wohnenden Buchdrucker, für Fuhrlohn, Zölle und an den General 2 ℔ 16 β 8 ₰ gezahlt; 2. an die Gesellschaft der Ankenreute, welche auf dem Schiffe San Clement des Boninern 47 ℔ 17 β 2 ₰ ausgelegt hatte, worüber Ulrich einverstanden war; 3. ebenso an die des Noffre Humpis, welche auf demselben Schiffe und auf der nau Boecia 61 ℔ 16 β ausgelegt hatte; 4. für Valencia an Heinrich Sporer 404 ℔ 13 β. — Klemens hatte bei Wolff ein Guthaben von 218 ℔.

Auf der anderen Seite standen zu Lasten von Klemens: 1. Für Noffre Humpis zu Barcelona Hans Hinderofen 6 ℔ 13 β 2 ₰; 2. der oben erwähnte Ankauf von Fellen, wo die Summen jedoch nicht genau stimmen; 3. Zahlung an Paulle Hurusß, der dem General gegeben hatte 32 ℔ 16 β 6 ₰.

Klemens hatte für Wolff Färber manche Fahrt zu machen, um Schulden einzutreiben oder Waren zu verkaufen,[1] er schickte Boten, zahlte Fuhrlohn, Zölle, Binderlohn, und lieh vor allem Geld, so daß er selbst im entscheidenden Augenblicke nichts hatte und seinen Safran nicht auf die für Zölle billigste Menge auffüllen konnte. Über ein Jahr wurde er hingezogen und wandte sich dann an das Gericht von Ulm. In seinen Aufzeichnungen schreibt er voll Erbitterung: „douch súchend hin fúro Wolff Ferber ain ander narren, der im so will far söntz zů Saragossa". Doch war Klement wohl in seiner Buchführung und bei den Abrechnungen nicht vorsichtig gewesen.

Mit den Gesellen der Humpis-Gesellschaft in Saragossa (Konrat und Andreas Hillenson), Valencia (Heinrich Sporer) und Barcelona (Hans Hinderofen) stand Klemens in freundlichen Beziehungen.

Mit einiger Sicherheit kann man der Ravensburger Adelschronik folgen, die einst im Besitze des Hofrats Dr. Moll in Tettnang war. Danach begründeten um 1520 Georg, der uneheliche Sohn Lütfried Besserers, Hans Hillenson und Jörg Wolpertshofer eine gemeine Gesellschaft und fingen die Werbung an. Eine andere Mitteilung des früheren Stadtarchivars Merk von Ravensburg nennt als Teilhaber noch Konrad Ankenreute. In den Papieren unserer Gesellschaft erscheint der junge Hans Hillenson bis 1520, der wohlhabende Konrad Ankenreute nur 1520 als Gläubiger, Besserer und Wolpertshofer niemals. Sonstige Nachrichten liegen nicht vor.

§ 86. Deutsche Konkurrenten. Die von Watt-Diesbach-Gesellschaft. Andere St. Galler. Basel. Andere Schweizer. Vöhlin-Welser. Fugger, Baumgartner, Gossembrot, Rehlinger, Meuting, Herwart von Augsburg. Isny. Memmingen. Ulmer: Roth, Gienger, Scheler u. a. Nürnberg: Ludwig Münzer und sein Bruder der Arzt. Furtenbach u. a. Strel u. a., deren Heimat nicht zu bestimmen.

Über die Konkurrenten der Ravensburger Gesellschaft sind die Angaben so reichlich, aber auch so zerstreut, daß eine Behandlung aller ins Uferlose führen würde, ich beschränke mich daher auf die Deutschen und behandle von ihnen auch nur die, wo nähere Nachrichten in den Ravensburger Papieren vorliegen.

Über diejenige Gesellschaft, welche mit der Ravensburger die größte Ähnlichkeit hatte und die ihr auch an Bedeutung sehr nahe kam, über die Watt-Diesbach-Gesellschaft, haben wir in Bälde eine größere Studie von Dr. Hektor Ammann in Aarau zu erwarten.[2] Diese Gesellschaft ist seit 1420 nachzuweisen, vielleicht älter, um gegen 1460 wieder zu verschwinden. Sie teilt mit der Ravensburger Gesellschaft die Zusammensetzung aus mehreren Städten. Die Brüder Hug und Peter von Watt stammten aus einer St. Galler Weberfamilie ab.[3] Sie waren, als sie bei Claus von Diesbach als Diener ein-

---

[1] So nach Calatayud u. Monzón. [2] Vorläufig Ammann, Freiburg u. Bern u. die Genfer Messen, S. 86—89. Vgl. auch Schelling, U.-B., S. 110ff. [3] Wappenbrief König Siegmunds für Hugo, Joh. u. Konr. v. Watt u. ihren Oheim Peter. Altmann, Nr. 7993.

traten, noch ziemlich arm, sie hatten etwa 50 fl. Die Diesbach aber waren Berner, wie die Schopfer und Brüggler, dazu kamen Baseler, Nürnberger, aus St. Gallen auch Zwick. An der Spitze standen zunächst Nikolaus von Diesbach, dann er und Hug und Peter von Watt. 1451 ward die Gesellschaft von Ludwig, Junkherrn Loys, Junkherrn Hans von Diesbach und Peter von Watt von Nürnberg geleitet.[1] 1457 aber von Kaspar Wirt, Hugo von Watt und Otmar Zwick alle von St. Gallen, in Barcelona heißt sie von 1428 bis 1443 immer nach Kaspar von Watt, nur einmal 1443 nach ihm und Luys Destre (Diesbach). Es ist aber sehr wohl möglich, daß dieser Kaspar gar nicht der Familie von Watt angehörte, sondern der St. Galler Kaspar Ruchenacker ist, der als Diener des Klaus von Diesbach in Barcelona durch die treffliche Diesbachsche Familienchronik belegt ist. Die Gesellschaft hatte in den Tagen Klaus von Diesbachs in Bern ihren Sitz, wo alle drei Jahre die Rechnung stattfand. Der Handel war sehr ausgedehnt. Ihre Gelieger sind schon jetzt von Barcelona und Saragossa bis Breslau, Warschau und Krakau nachgewiesen, auch nach Frankreich hinein erstreckte sich ihr Handel. Die Familienchronik nennt weiter Venedig, Genf, Nürnberg, Polen, Prag und zeigt, wie Klaus von Diesbach namentlich in Frankreich handelte (Paris, Rouen, Lyon, Macon, Montpellier und Burgund). Die Erfolge waren sehr bedeutende, vor allem auch durch den St. Galler Leinwandhandel. Peter von Watt gewann wohl 20 000 fl, Kaspar (Ruchenacker) 15 000, Klaus von Diesbach aber, der allerdings auch seinen Oheim Hans beerbt hatte, hinterließ 70 000 fl, davon waren in Katalonien und anderswo im Handel 42 000 fl tätig. Die Diesbach, deren Reichtum begründet war, schieden aus dem Handel, spielten den Landedelmann, und schon der reichste Berner seiner Zeit, Ludwig, starb 1451 in sehr mißlichen Verhältnissen. Der große bernische Staatsmann Nikolaus aber, der die Verbindung der Eidgenossenschaft mit Frankreich herbeiführte, war von 1444 bis 1449 auch in Barcelona tätig gewesen. Auch er zog sich zurück. Die von Watt aber blieben ihrem Handel treu, ein Zweig verlegte seinen Sitz nach Nürnberg, ein anderer gar nach Posen. Ein Nürnberger Peter von Watt begegnet in Mailand im Jahre 1499, er gehörte der Nürnberger Gesellschaft des Johann Fladung, Cyriak Hoffmann als dritter an.[2] Auch 1500 erscheint er als scharfer Konkurrent in italienischem Seidengewande in Frankfurt.[3] Die Konkurrenz der von Watt-Diesbach läßt sich am besten in Barcelona und Saragossa verfolgen. Die Gesellschaft betrieb stärker den Einkauf von Spezereien als die Ravensburger.

St. Gallen gehörten auch die Zollikofer[4] und Hochrütiner an. Erstere betrieben stark die Safrananlegung in Aragonien und 1515 standen sie schon mit 5 carga hinter den Welsern (mit 8) fast an der

[1] Apelbaum, S. 25. [2] Schulte I, 661. [3] 3, 377. [4] Vgl. Häbler, Zollbuch II, 33. Schulte I, 631. Schon Jos trieb Handel nach Saragossa. 1450 saß ein Zollikofer in Memmingen.

Spitze der Deutschen.¹ Diese schnell emporgekommene Familie blieb noch lange dem Handel treu,² ja einer wohnte wohl gar mit seiner Frau in Spanien.

Die Hochrütiner standen schon 1474 mit der Gesellschaft in freundlichen Beziehungen, sie waren schon damals in Aragonien tätig.³ Dort begegnen sie uns öfter,⁴ schließlich nahm Jakob Hochrütiner, der auch 1507 sehr gern Aufträge annahm,⁵ an der Auflösung des Geliegers in Saragossa freundlichen und tätigen Anteil.⁶

Über die Basler Gesellschaften ist schon oben gehandelt. 1477 ist von den Beziehungen der Gesellschaft zu den Halbisen von Basel die Rede.⁷ Da handelt es sich aber nicht mehr um die große, weit verbreitete Gesellschaft des Heinrich Halbisen-Wernli von Kilchen. Der jüngere Halbisen verarmte. 1497 verkaufte ein Hans Ber von Basel, der auch mehrfach sonst begegnet, mit Jörg Hornung Safran aus Italien.⁸ Das ist wieder ein großer Kaufmann, Mitglied der „großen" Gesellschaft Meltinger-Zscheckabürlin. Doch war diese großkapitalistische Organisation 1495 verboten worden.⁹

An sonstigen Schweizern begegnen Onofrius Varnbüler (der Faktor der Fugger), Oppenzhofer, Vogelwaider und Hans im Graben von St. Gallen, sowie Anton Claurer von Zürich.¹⁰

Unter den schwäbischen Gesellschaften überholte die der Vöhlin-Welser weit die Ravensburger Gesellschaft.¹¹ Sie war aus Memmingen hervorgegangen, dort hatten die von St. Gallen eingewanderten Vöhlin einen lebhaften Handel, an dem auch der Schwiegersohn Hans Vöhlins, Anton Welser aus Augsburg, teilnahm, der seit seiner Hochzeit 1479 in Memmingen saß. Die Vöhlin-Gesellschaft wurde von Hans geleitet. 1498 gründete aber der nach Augsburg heimgekehrte Schwiegersohn mit seinem Schwager Konrad Vöhlin die berühmte Welser-Vöhlin-Gesellschaft. Der Gesellschaftsvertrag von 1508 zählt 18 Genossen auf, davon war nur Konrad Vöhlin ein Memminger, alle anderen waren Augsburger Kinder.

Die Nachrichten über die Vöhlin und Welser sind also nach dem Jahre 1498 zu sondern. Die Vöhlin sind von 1478 an in Italien nachzuweisen, von 1491 an kauften sie die gesamte Tucherzeugung von Freiburg im Üchtlande.¹² Vor 1498 kann ich weder die Welser noch die Vöhlin in Spanien finden, noch 1500 stehen sie auch nicht unter den Leuten, welche Ortsafran nach Frankfurt brachten.¹³

Dann aber geht es schnell. Lukas Rem machte schon 1502 im Albigeois die Safrananlegung, im nächsten Jahre traf er in Sara-

---

¹ Unten 3, 219 und 376. ² 1470 zahlte Jos Zollikofer 19 ℔ 15 β Steuer. Bastian 1490 37 ℔, 1499 50 ℔. 1500 Ludwig Zollikofer 55 ℔ Steuer. ³ Unten 3, 15 und 130. ⁴ 3, 376. Lyon 219. ⁵ 3, 393. ⁶ Unten 3, 245 ff. ⁷ Vgl. über sie Schulte 1. 633. Wackernagel, Gesch. d. Stadt Basel 2, 1. 513. 525, und Apelbaum 130. ⁸ Unten 3, 367. ⁹ Apelbaum, S. 43—47. ¹⁰ Register. ¹¹ Vgl. namentlich Ehrenberg, Zeitalter der Fugger 1, 193—212. Häbler, Die überseeischen Unternehmungen der Welser. Strieder, Zur Genesis des modernen Kapitalismus, S. 132—138. Schulte 1, 640 ff. Ammann, S. 80. ¹² Ammann, S. 14, bis 1524. ¹³ 3, 376.

gossa Genossen, wie bald auch ein Gelieger in Valencia entstand. Im Jahre 1515 führten die Deutschen 20 carga Safran aus Aragonien aus, davon entfielen auf die Welser 8 carga und außerdem noch 4 carga katalanischen Ort.[1] Aber schon 1503 hatten die Welser den großen Wurf getan und beteiligten sich an der Fahrt Francisco de Almeidas nach Indien (1505), und zwar sie unter allen Deutschen mit der größten Geldsumme.[2] Und von da an waren sie von den Erfolgen der Ausbeutung Ostindiens durch die Portugiesen abhängig. Die Ravensburger waren in den Reichen der Krone Aragon eingewurzelt, ihnen fehlte der Wagemut, die Welser-Vöhlin mit den Fuggern, Gossembrot, Höchstettern, Imhof und Hirschvogel übersprangen fast — so hat es wenigstens den Anschein — Aragonien und Kastilien und gewannen den Preis in Lissabon.

Der übrige Handel der Welser ist hier nur so weit zu behandeln, als er aus unseren Papieren erläutert wird. Wir erfahren, wie sie in Genua Wolle von Tortosa einkauften,[3] wie sie in den Niederlanden englischen Tuchen entgegengingen,[4] aber auch wie sie in Wien Leinwand von Kempten und Isny feil boten, gerade in diesen beiden Städten kauften sie Leinwand auf.[5] 1503 mußte die Gesellschaft einen in Lyon gegebenen Wechsel bezahlen.[6]

Den Fuggern gegenüber waren die Ravensburger Aufkäufer des Kupfers, das sie vor allem nach Spanien vertrieben, wo die Fugger noch keine Gelieger hatten, dann aber setzten auch sie sich in Lissabon fest und bald wurden sie die erste Geldmacht im Reiche Kastilien. Unsere Papiere enthalten auch einiges über den Warenhandel der Fugger, außer Kupfer auch englische Tuche,[7] und vor allem über Kredite, die wohl meist mit dem Kupfer zusammenhängen.[8]

Und ähnlich waren die Baumgartner von Augsburg solche Springer.[9] Aus den überreichen Quellen, die nun zu fließen beginnen, bemerke ich nur, daß sie 1499, 1500 und 1501 in Aquila je 25 Ballen Safran einkauften, eine Summe, die die Ravensburger nie gewagt hatten, und längst hatten sie sich von dort zurückgezogen. Und der junge Hans, der spätere Ehemann der Regina Fugger, hatte sich in Ofen und England persönlich umgesehen, und er kannte die Handelsgebräuche, die Warenquantitäten bis Rom, Neapel, Kalabrien, Lissabon. Die Ravensburger konnten eine solche Ausbildung den jungen Leuten nicht zuteil werden lassen, wie sie dieser Baumgartner bis tief in seine Mannesjahre erstrebte. Das liegt in der Natur großer Gesellschaften auf mehr demokratischer Grundlage einerseits und der energisch von einzelnen Personen geleiteten andererseits, wie es bei den Fuggern und Baumgartnern der Fall war.

---

[1] Unten 3, 219. [2] Vgl. oben 1, 279. [3] Unten 3, 293 und 314. [4] 3, 442. [5] 3, 396. 452. [6] 3, 383. [7] 3, 373. 378. [8] 3, 383. [9] Die Gesellschaft verhandelte 1497 mit ihm über Kupfer, 3, 396. Über sie Wilhelm Krag, Die Paumgartner von Nürnberg und Augsburg. Schwäb. Geschichtsquellen und Forschungen, 1914. Vgl. auch Arch. storico lombardo 40, 107.

Sehr eng waren die Beziehungen der Ravensburger mit den Gossembrot, die sie im Vertrieb der aus Messina geholten Seide unterstützten.¹ Sie waren vielfach Gläubiger der Gesellschaft.² Es bestanden sehr enge Beziehungen.³ Ja es hat den Anschein, daß sie in Genua die Gossembrot überhaupt vertraten. 1498 war Sigmund Gossembrot, der Verwalter der königlichen Finanzen, der höchstbesteuerte Bürger seiner Vaterstadt.⁴ Auch für die dem Patriziat seit lange angehörigen Rehlinger sind nähere Beziehungen zu unserer Gesellschaft nachzuweisen. Sie nahm 1507 Rehlingersche Seide mit nach Norden, kaufte für ihn Safran in Aragonien und hatte bei Wilhelm Rehlinger Wechselschulden.⁵ Die Geschäfte des großartigen, aber schließlich unglücklichen Ambrosi Höchstetter werden auch gelegentlich erwähnt.⁶

In Augsburg hat die Gesellschaft schon sehr früh Geschäftsverbindungen mit den Meuting. Sie brachte der 1448 gestorbene Hans Meuting empor, zu dessen Gesellschaft auch der Chronist Burkhard Zink zählte. Zwischen ihm, „des Huntpis von Ravenspurg Gesellschaft und Endressen Sultzer" schwebte 1444 ein Rechtshandel.⁷ Der Herwart wird öfter gedacht, es handelt sich um Wechsel des Lukas Herwart.⁸ Wo dieser Sohn des 1485 gestorbenen sehr reichen Augsburgers damals lebte, ist mir unbekannt.⁹

In den Schuldverzeichnissen sind noch viele andere Augsburger zu finden, wie Jakob Granetli, Matthias, Pauls Mülich, Jörg Huyff.

Aus Isny lernten wir unter Wien als Konkurrenten die Buffler kennen, die bald in Leipzig eine bedeutende Stellung gewannen,¹⁰ ebenso die Besserer von Memmingen,¹¹ die in schweren Tagen mit den Ravensburgern Hand in Hand gingen.¹²

Der Handel der Ulmer ging vorwiegend nach Venedig und Mailand, in Spanien begegnet man nur den Rotengattern und Ehingern. Die Ravensburger vertrieben nur in bescheidenem Umfange Barchent, ja kauften in Lyon von Ambrosius Roth (aus dem alten im Handel lange eine große Rolle spielenden Geschlechte) selbst Ulmer Barchente.¹³ 1520 schuldete Hans Roth in der Ravensburger Rechnung 903 fl. So war die Konkurrenz keine scharfe, wenn die Ravensburger auch Rotengatter mißtrauten.¹⁴ Es erklären sich auch die großen Kredite, die die Gesellschaft den beiden Gesellschaften der Gienger, die damals noch nicht zu den Geschlechtern zählten, in Mailand gewährten. Der Stand ist folgender:

---

¹ Neuntes Buch unter Seide. ² Unter 3, 279. 296. 312. Vgl. Westermann in den Memminger Geschichtsblättern. Vgl. auch 3, 303. ³ 3, 384. ⁴ Strieder. S. 97. ⁵ Unten 3, 310. Vgl. auch 313. 392. 394. ⁶ 3, 442. ⁷ Stadtarchiv Augsburg, Missivbücher 5 a, 279 (mitgeteilt von Ammann). ⁸ 3, 383. 389. 393. ⁹ Strieder 126. ¹⁰ Martin Buffler auch Schuldner, 3, 383. In den Nördlinger Büchern zunächst als St. Galler, dann als Isner vorkommend. Strieder, Organisationsformen S. 233 und öfter. ¹¹ 3, 452. Ulr.-B. von Wangen 1490 Bürger in Lindau. Vgl. Westermann in den Memminger Geschichtsblättern. ¹² Unten 3, 323. ¹³ Unten 3, 208. ¹⁴ Unten 3, 15.

	Jakob Gienger	Matth. Gienger	
1504	5612 ℔	9546 ℔	unten 3, 279
1505	3000 ℔	ob 8000 ℔	unten 3, 292
1507 Febr.	3414 ℔	3508 ℔	unten 3, 307 f.
1507 Aug.	5837 ℔	5584 ℔	unten 3, 319.

Die Summen darf man nicht zusammenzählen, denn es finden sich langfristige Kredite darin, die also mehrmals begegnen. In dem Ravensburger Schuldenverzeichnis von 1500 steht Matthaeus Gienger und Gesellschaft mit 1684 fl. Auf der Frankfurter Messe betrug die Schuld 2160 fl.[1] Hans Gienger lieh 1475 in Ulm einen kleinen Betrag.[2] Die Gesellschaft nahm von den Giengern Baumwolle.[3]

Ebenso war die Gesellschaft des Martin Scheler, der die Stametfabrikation bald darauf in Ulm einführte, Gläubiger der Gesellschaft: 1504: 11793 ℔, 1507 Februar: 6686 ℔, 1507 August: 6791 ℔,[4] sie erwarben von den Ravensburgern feine Wolle.[5]

In Spanien begegnet 1443 Jakob Rotengatter in Barcelona beim Ankaufe von Safran und Weinbeeren.[6] 1469 bis 1480 erscheinen dann, wenn auch mit Unterbrechungen, dort Walther, Jakob und Gabriel Ehinger, die wegen ihrer Vornamen zu den Ulmer Ehingern passen.[7] Endlich ist noch des Erhard Rüching zu gedenken,[8] der ein weit bedeutenderer Kaufmann war, als man bisher wußte.

Über Nürnberger Kaufleute im Fernhandel ist schon oben mancherlei gesagt worden. Zu den Tuchern und Schlüsselbergern ist zu ergänzen, daß 1510 die Tucher Silber der Gesellschaft nach Lyon mitnahmen[9] und die Schlüsselberger 1510 in Saragossa Safran einkauften.[10]

Ein eigenartiger erfolgreicher Kaufmann war Ludwig Münzer aus Feldkirch, der Bruder des Dr. med. Hieronymus Münzer, den wir in Spanien schon gefunden haben. Ein wahrhaft seltenes Brüderpaar. Dieser ein Mann voll Güte, voll Tatkraft und voll Anteilnahme am Humanismus, am religiösen Leben, an den Wissenschaften und ihrer praktischen Auswertung. Die Westfahrt nach Indien fand in ihm wie seinem Freunde Martin Behaim vor Kolumbus einen eifrigen und einflußreichen Vertreter. 1491 trat er an König Max mit solchen Gedanken heran und er schrieb dann den berühmten Brief an König Johann von Portugal. Aber das nicht allein, er half seinem Freunde Schedel bei der Nürnberger Weltchronik, war mit dem Buchdrucker Anton Koberger eng befreundet, von ihm stammt die erste gedruckte Karte von Deutschland, vielleicht war er auch an dem Behaim-Globus beteiligt. Und sein Reisebericht aus Spanien und Portugal von 1494 und 1495 überholt weit alle deutschen Vorbilder, denn Münzer

---

[1] 3, 373. [2] Unten 3, 21. [3] 3, 375. [4] Unten 3, 279. 307. 319. [5] 3, 376. Über die Scheler Schulte 1, 647. [6] Unten 3, 513. [7] Unten 3, 190. 524—31. [8] Vgl. Register und Kuske, Quellen, 2, 249. [9] Unten 3, 40 f.; vgl. Schulte 1, 660, Anm. 2. [10] 3, 376.

war kein Pilger, sondern ein naturwissenschaftlich wie kaufmännisch gebildeter und interessierter Mann von offenem Blick und von Geist. So mancher kleine humanistische Versedrechsler und lateinische Stelzenläufer hat das Augenmerk auf sich gezogen, dieser geistig hervorragende Mann hat erst in den letzten Jahrzehnten Freunde gefunden, die seine wahre Bedeutung mehr und mehr entschleierten.[1] Er war mehr als viele der berühmtesten seiner Zeitgenossen.

Er war einst mit seinem Bruder aus der Vaterstadt fortgezogen. 24 Pfennige hatten sie, 6 behielt Hieronymus, 18 gab er dem Bruder, denn der wollte ja Kaufmann werden.[2] Der magister artium verdiente zu Leipzig 400 fl, davon lieh er einem Schwager daheim 150 fl und ebensoviel dem Bruder. Der verlor sein Weib im Kindbette und dann alles, was er erworben. Da ging er zu seinem Bruder, der inzwischen in Nürnberg sich als Arzt niedergelassen hatte, und der bürgte für ihn um Messing, Draht, Wachs und anderes, richtete ihm in Nürnberg 7 Jahre den Handel aus und ließ ihm alle Gewinnung. „Danach legte ich mein Geld zu ihm und haben gehandelt miteinander 24 Jahre, und so ist er zu solchem Reichtum gekommen, daß er unsern Handel allein mag führen und hat mich aus der Gesellschaft gekauft und gibt mir 13 793 fl ... Gott gebe, daß es ihm wohl gehe." Das war 1507. Ein Jahr später ist er gestorben. Seine einzige Tochter vermählte sich mit jenem Hieronymus Holzschuher, den Albrecht Dürer durch seinen Pinsel unsterblich machte.

Und nun zu Ludwig Münzer.[3] Wir erkennen ihn als einen Handelsmann, der unermüdlich reiste, um schnell einzukaufen und ebenso schnell wieder zu verkaufen. Kleiner Nutzen und rascher Umsatz war sein Prinzip. Er brachte nach Genua Silber, verdiente daran 4%, legte es an Seidengewand an, gewann daran 5 bis 6% und wiederholte das zum mindesten drei- bis viermal im Jahre,[4] das ergibt wenigstens einen Nutzen von $28\frac{1}{2}$%. Und dann heißt es wieder, er kommt alle Monate mit 2000 bis 3000 Dukaten und legt die an Seidengewand an. Dabei hielt er kein Gelieger in Genua, so meinte dann der tüchtige Ravensburger Vertreter, sie, die immer da seien, würden immer besseren Einkauf haben.[5] Aber die Gesellschaft disponierte anders über ihr Geld. Sie hielt sich an die Frankfurter Messen, der Münzer aber verkaufte mehr in den Zwischenzeiten und er führte bessere Ware.[6]

---

[1] Vgl. Jos. Fischer, Der Nürnberger Arzt Dr. Hieronymus Münzer († 1508) als Mensch und Gelehrter. Stimmen der Zeit 96, 148—168. R. Stauber, Die Schedelsche Bibliothek. Studien und Darstellungen aus dem Gebiete der Geschichte 6, Heft 2, 3. Dazu H. v. Grauert im Hist. Jahrb. d. Görres-Ges. 29, 315 ff. Lochner, Anzeiger für Kunde der deutschen Vorzeit 22 (1875), 77 ff. Kunstmann, Abhandlungen d. Akad. zu München 7. Pfandl. Itinerarium Hispanicum Hieronymi Monetarii 1494—95. Revue Hispanique 48 (1920). Die sonstige Literatur bei Fischer. [2] Nach seinem curriculum vitae im German. Museum. [3] Vgl. auch Geschichte der Stadt Lindau 1, 229 (kirchliche Stiftung von 1512). [4] Unten 3, 299. [5] Unten 3, 315. [6] 3, 377.

Aber er gab doch auch Aufträge auf Herstellung von Seidengewand, und während die Gesellschaft 6 Kisten Seidengewand erhalten, brachte Münzer zu einer Messe nur 4 Kisten, andere Deutsche brachten 7 weitere.[1] Er kaufte einmal in Genua allen Damast auf.[2] Aber er betrieb diesen Handel nicht allein, er brachte auch viel rotes gesaigertes Kupfer nach Mailand,[3] schickte von Genua einen Diener nach Rapallo, um Alaun zu kaufen.[4] 1513 hatte er auch Safran von Lyon aus nach dem Norden zu transportieren.[5] 1515 brachte er aus Aragon 3 cargas Safran.[6] 1518 starb Münzer, und über seine Erbschaft entstand ein Streit zwischen Holzschuher und einigen Furtenbachs.[7]

Die Familie des Erasmus Furtenbach stammte ebenfalls aus Feldkirch, Erasmus war ein Sohn der zweiten Schwester der beiden Münzer. Bürger war er zu Feldkirch.[8] Auch er, der mit einigen seiner Brüder eine Gesellschaft hatte, kaufte Safran und ließ ihn von Lyon gemeinsam mit dem der Ravensburger den Rhein hinabgehen.[9] Aber auch der Furtenbachsche Handel nach Mailand und Genua war sehr beträchtlich.[10] Münzer und Furtenbach sind Typen bedeutender kaufmännischer Talente, die sich durch neue Gedanken zur Geltung zu bringen wußten, obwohl sie aus einer kleinen Landstadt hervorgingen. Feldkirch und Nürnberg ehren beide Familien.

Mehrfach werden die Fütterer genannt.[11] Ihr Handel trägt echt Nürnberger Gepräge, sie führten Silber, Zinn, Eisendraht, Nadeln, Wachs und Schmirgel aus und erwarben dafür in Mailand Onzgold, in Genua Seidengewand und Alaun und in Calais englische Tuche.[12] Sie trieben gerade nach diesen beiden italienischen Orten Handel.[13]

Mit einigem Zögern setze ich die Nachrichten über den Handel der Fischer unter Nürnberg. Hep Fyscher war 1478 beim Safraneinkauf in Aragonien, für Pauli Fischer hatte die Gesellschaft 1480 eine Schuld in Valencia bezahlt. Stephan Fischer kaufte gut und billig in Genua Seidengewand. Stephan Frixer kommt auch 1468 in Barcelona vor.[14]

Die im Safranhandel so bedeutenden Imhof erscheinen in unseren Papieren nicht,[15] sie haben wohl erst später auch über die Pyrenäen ihren Handel erstreckt. Von den Breunlin, die in Italien häufiger auftauchen, ist nur einmal die Rede. Brunly führte viel gesponnen Gold von Genua nach Frankfurt und Nürnberg und half der Gesellschaft beim Verkaufen.[16] Schließlich ist auch hier der Gesellschaft Koler, Kreß, Saronno zu gedenken, deren Haupt Jörg Koler aus der Ravensburger Gesellschaft ausgeschieden war.[17] Ambrosius de

---

[1] Unten 3, 305. Vgl. auch 3, 297. 377.   [2] 3, 316.   [3] 3, 287.   [4] 3, 297.   [5] 3, 217.
[6] 3, 219.   [7] Lochner 98—106.   [8] Lochner, S. 99. Die Familie blieb zum Teil in Feldkirch, andere Zweige in Lindau, Leutkirch, Memmingen, Ulm, Augsburg und Danzig. Auch Ulrich im Graben war mit den Münzern verwandt, wie Hieronymus Neukomm von Lindau.   [9] Unten 3, 217. Schulte 2, 60.   [10] Schulte 1, 660.   [11] Vgl. auch Schulte 1, 660.   [12] Unten 3. 277. 287. 291. 300. 306. 442.   [13] Städtechroniken, Nürnberg 1, 218.   [14] Unten 3, 95. 270. 360. 386. 523.   [15] Vgl. jedoch 3, 408. Peter im Hoff.   [16] Unten 3, 362. Schulte 1, 660.   [17] Schulte I und II, mehrfach s. Register.

20 Siebentes Buch. Krisen. Gesellschaften Ausgeschiedener. Konkurrenten. § 86

Saronnos wird öfter gedacht, er stand mit der Gesellschaft in sehr freundlichen Beziehungen.[1]
Leider kann ich die Heimat von Andreas Strel (Streler) nicht feststellen, der in besonders nahen Beziehungen zur Gesellschaft in Genua und Mailand stand und ihr viele Dienste erwies.[2] Er handelte vor allem in Seidengewand. Ebenso steht es mit Engelhart Hermann, der große Kredite in Mailand hatte.[3]
Unbestimmbar sind auch Hieronymus Kapitell (ein bedeutender Konkurrent, sicher ein Deutscher),[4] Hieronymus Rotmund (ebenso),[5] Peter Goldschlager,[6] Michel Flick,[7] Hans Uphover,[8] Zug und Heinrich Sperer (oder Sporer), die Ortsafran verkauften,[9] Pelegrin,[10] Epishöfer[11] und Struecher.[12] Weiter in Mailand und Genua begegnen Marx Issenhofer (überbringt Briefe),[13] Wolff Spon (Gläubiger Mailand 248 ℔),[14] Conrad Studach (Schuld Mailand 1794 ℔).[15]
In den spanischen Zollrechnungen begegnen noch eine Menge von Namen, aus den älteren von Häbler veröffentlichten nenne ich Angelo und Hans Turnbech,[16] Franzesch Ortoff, Johan Riff und Peter Argent, die Ammann als aus Freiburg im Üchtland stammend nachgewiesen hat, aus der Rechnung von Saragossa 1430 Thomas Alberch, aus den jüngeren Barcelonesern Anrich Bruylinger, Johann von Paris (ein Deutscher), Martin und Jordi Luch (vielleicht = Lyegli[17]), Enrich Aller, Hererot (Herbrod?).
Aus dem Jahre 1515 liegt ein Gesuch von Kaufleuten an die Eidgenossenschaft vor, die wohl mit Rücksicht auf Frankreich (zunächst Lyon) um Geleit baten. Es sind zunächst 14 Nürnberger (Tucher, Kaspar und Hans Fischer, Ebner, Schuler, Reich, Schlüsselberg, Thür, Ludwig Münzer, Kraft, Topler, Peter Imhoff), 5 Augsburger (Höchstetter, Welser, Mülich, Baumgartner, nicht die Fugger), 4 Ulmer, 3 Biberacher, 2 Memminger (Besserer, Zangmeister) und ein Münchener. Die Ravensburger fehlen![18]

---

[1] Unten 3, 277. 280 (überbrachte Briefe). Brando di Saronno 308. 320. 322 ff. [2] 3, 35. 305 f. 310. 316. [3] 1504: 3431℔, 3, 279; 1507: 5193℔, später 3266℔, 3, 307 f. 320. Vgl. 3, 281 f. 292. [4] 3, 277. 300. 306. [5] 3, 287. 306. 389. Ich halte ihn für einen Nürnberger. [6] 3, 443. [7] 3, 456. [8] 3, 160. [9] 3, 376. [10] 3, 332. [11] 3, 277. [12] 3, 277. [13] 3, 288. [14] 3, 308. [15] 3, 307. 319. [16] Vgl. Schulte 1, 662. Danach von Nürnberg nach Schw. Hall ausgewandert. In dieser Stadt steht Matthäus T. an der 39. Stelle mit 10 fl Steuerbetrag (Gmelin, Hallische Geschichte, 627). Vgl. Chmel, Friedrich IV., 6500. [17] Kauft Korallen in Barcelona, unten 3, 190. [18] Anzeiger f. schweiz. Geschichte 1920, S. 218.

Achtes Buch

Handelswege. Transportwesen. Versicherung

Erstes Kapitel

Der Transport zu Lande

§ 87. *Handelswege. Deutschland. Italien. Schweiz. Wege von Ravensburg nach dem Norden und Osten. Tiroler Pässe. Graubündner. Die Wege von Aquila nach Florenz. Die Wege nach Genf. Zollsystem. Wege bis Baden—Aarburg. Aarburg—Genf.*

Wenn ich die Verkehrsgeschichte, die Handelswege, die Transporteinrichtungen und das Versicherungswesen in diesem Buche behandle, so kann ich nicht etwa diese Dinge von Grund aus darstellen wollen, ich muß mich in den meisten Fällen auf Angaben über die Tätigkeit der Gesellschaft beschränken. Wir werden auch so zu neuen und wesentlichen Erkenntnissen gelangen.

Am besten sind die Handelswege erforscht, und nachdem ich in meiner Geschichte des Handels und Verkehrs die Haupthandelsstraßen zwischen Deutschland und Italien auf zwei Karten vorgelegt habe, hat F. Rauers eine quellenmäßige Übersichtskarte der alten Handelsstraßen für ganz Deutschland vorgelegt, die, weil sie die ganze Neuzeit bis zum Aufkommen der Eisenbahnen mitberücksichtigt, auch manche Wege bringt, deren mittelalterliche Verwendung nicht belegt ist.[1] Für einzelne Straßen liegt weiter eine reiche, schwer zu übersehende Literatur vor. Für Italien, Frankreich und Spanien sind übersichtliche Arbeiten mir nicht bekannt, und die lokale Literatur, die auch nicht reich zu sein scheint, ist mir nur zum Teile zugänglich gewesen. Einzelne Abschnitte der Wege sind schon früher behandelt, auf diese werde ich nur verweisen.

Der Weg von Ravensburg nach dem Norden ging über Ulm (bis dorthin über Waldsee, Essendorf, Biberach, Donauübergang oberhalb Donaustetten) und benutzte dann die Geislinger Steige, um nach Überwindung der Rauhen Alb dem Neckar zuzustreben und

---

[1] Petermanns Mitteilungen 52 (1906), 49—59. Auf mein Buch ist im folgenden nicht im einzelnen verwiesen.

dann entweder nordwestlich abbiegend durch den Kraichgau von
Durlach bis Wiesloch die oberrheinische Tiefebene und damit Bingen—
Mainz—Frankfurt oder von Heilbronn aus Miltenberg und den
Main zu erreichen. Dieser Neckarweg führte durch die Lande der
Grafen (dann Herzöge) von Württemberg, und je nach der politischen Lage mußte er vermieden werden. Das war nach unseren
Papieren der Fall.

Der Weg nach Nürnberg, der über Ulm ging, ist schon behandelt
worden.[1]

Die Wege nach dem Norden sind in unseren Papieren nur selten
berührt. Von Memmingen gingen in der späteren Zeit der Gesellschaft
große Mengen von Barchent, Golschen nach Osten, vor allem nach
Wien. Für diese Richtung war München die Station, wo die Waren
auf Isarflöße gelegt wurden. Dort war also eine Kommissar nötig
und vorhanden. Für den Verkehr in der Richtung donauaufwärts
beobachten wir, daß das Wiener Gelieger Packmaterial, Silber und
Geld nach Nürnberg sandte.[2]

Die heutige Schweiz war für die Gesellschaft ein wichtiges Durchgangsland, dessen mittelalterliche Straßen wohl am besten untersucht sind.[3]

Seitdem die Gesellschaft nicht mehr ein Gelieger in Venedig unterhielt, hatten für sie die Tiroler Pässe Brenner, Reschen-Scheideck
und Arlberg keine Bedeutung mehr. Um so größere die Graubündner.
Ihre wechselreiche Geschichte habe ich darzulegen versucht. Von
Ravensburg aus benutzte man nicht Buchhorn zur Überfahrt über
den See, sondern regelmäßig Lindau. Niemals finde ich, daß man
das Haupt des Sees umging, um nach Bregenz die Waren zu bringen.
In dem Rheindelta, dessen Gestalt ewigen Veränderungen unterlag,
hielt der Lindauer Schiffer im Ende des 15. Jahrhunderts nie auf
Rheinegg, also auf das westliche Rheinufer zu, sondern stets landete
er in Fussach und die Waren kamen dann in dem Delta zwischen
dem gefährlichen Rheine und der fast noch schlimmeren Bregenzer
Aach nach Feldkirch und gingen dann auf dem rechten Rheinufer
über die Luziensteige nach Chur. Dort teilten sich die Wege: durch
Oberhalbstein zum Septimer, durch die Via mala zum Splügen und
Vogelsberg (S. Bernhardin). Dieser Paß begegnet nicht, trotz der
scharfen Konkurrenz bediente man sich aber, wir wir sehen werden,
der beiden anderen nebeneinander. Dann erreichte man das paradiesische Chiavenna, die Schlüsselstadt, mußte dann zwischen
Cläven und Como über den See fahren, und gelangte nach Mailand.

Von den italienischen Handelswegen ist die Straße Mailand—
Pavia—Tortona in allen Jahrhunderten unverändert gewesen. Dann
aber konnte man westlich über den Paß La Rochetta oder über den

---

[1] Oben 1, 466. [2] 3, 456. [3] Ich verweise auf die Arbeiten von Öhlmann, Schulte, Meyer und nenne an allgemeinen Darstellungen nur Härry, Die histor. Entwicklung der schweizerischen Verkehrswege, 1. Teil, 1911.

von Giovi gehen, beide vereinten sich in Ponte Decimo dicht vor den Pforten Genuas.

Über den Safrantransport von Aquila gibt die wohl einzige aus dem Mittelalter erhaltene Rechnung einige Auskunft, die aber längere Deutung erfordert.

Die genaue Rechnung des Klaus im Steinhause vom Winter 1478 bis 1479 gibt im wesentlichen sicher die Wege an, die zu der Safrananlegung nach Aquila eingeschlagen wurden. Er ritt von Mailand bis Perugia und zwar, da er Bauern mit sich nahm, um die Wege im Parmer Gebirge nicht zu verfehlen, ritt er mindestens das eine Mal von Parma über den Apennin, wohl über den am allermeisten benutzten Paß von Pontremoli (Cisa Paß), auf der Rückreise berührte der Safran Florenz. Er ritt über Perugia, wo sein eigenes Roß erkrankt zurückgeblieben war. Von da ab bediente er sich für die Reise nach Aquila und zurück eines Mietpferdes. Er gelangte in 23 Tagen nach Aquila, dort blieb er 44 Tage und machte von Aquila einen Ritt nach Foligno und zurück (in 10 Tagen). Das altrömische Straßensystem ging von Rom strahlenförmig aus, da Klaus aber Rom fern liegen lassen mußte und sein Ziel in den Abruzzen lag, mußte er eine Reihe von diesen Strahlen überschreiten und konnte sie nur auf relativ kurzen Strecken benutzen. Da er selbst ritt und der Safran Saumtieren anvertraut wurde, kam es auf einige Schwierigkeiten nicht an. Uzzano gibt uns den Weg, den der Safran nach Florenz nahm, einen Saumpfad in dem Hochgebiet des Apennin, ziemlich genau an. Er führte von Aquila nordwestlich den Aterno aufwärts nach Borbona. Die beiden nächsten Orte Civita reale und Civita di Cascia sind durch einen Paß Forchetta (1279 m) voneinander getrennt; dann folgte Norcia und westlich davon Serravalle. Uzzano führt dann Nocera, Gualdo Tadino, Gubbio und Città di Castello an. Da aber das Roß in Perugia stand, bog Klaus, wenn er überhaupt diesen Pfad einschlug, in Foligno dorthin ab. Von dem uralten Sabinerorte Amiternum an hätte also Steinhüsler erst wieder in Foligno eine Römerstraße erreicht, um wieder fast sofort das für ihn unbenutzbare römische Straßennetz zu verlassen. Als Zollstätte Zelle käme vielleicht Sellano, in der Mitte des Dreiecks Norcia, Spoleto und Foligno, in Frage. Doch auch ein anderer, mehr westlicher Weg wäre denkbar. Es ist aber gar nicht ausgeschlossen, daß er von Aquila zunächst bis Antrodocco der westlich gerichteten Römerstraße, dann bis in die Gegend von Rieti der Via Salaria folgte. Um dann nach Foligno oder vielmehr vorher nach Terni zu kommen, hätte er auf dieser Strecke die Römerstraßen verlassen müssen. Auf diesem Wege liegt etwa an der alten Grenze der Sabiner und Umbrer ein Ort Madonna della Sellecchia, das könnte das als Zollort aufgeführte Zelle sein. Von Terni an wäre Klaus dann auf der Via Flaminia nordwärts reitend nach Foligno gekommen. Es hängt die Entscheidung von dem Zolle zu Zelle ab. Von Perugia bis Chiusi stand ihm dann die Via Amerina und von da an bis Florenz die Via Cassia zur Verfügung. Er brauchte vom Adler bis Mailand 16 Tage. Im ganzen erforderte die Reise 93 Tage, sie war spätestens am 13. Dezember angetreten worden und endete am 15. März.

Die Berechnung der einzelnen Posten der Rechnung ergibt

Warenpreis	1324 Duk.	59 β	6 ₰
Provision und Consulgeld	18 „	102 β	— ₰
Unkosten der Verpackung	4 „	12 β	— ₰
Fuhrlohn	28 „	90 β	— ₰
Zoll	34 „	60 β	— ₰
Unkosten des Käufers	24 „	74 β	— ₰
	1434 Duk.	67 β	6 ₰

Da der Transport nur bis Florenz berechnet ist, setze ich zu den Spesen noch einmal denselben Fuhrlohn ein, dann hätten die Unkosten bis nach Mailand zwischen 9 und 10 % des reinen Warenpreises erreicht.

Für die eigentliche Eidgenossenschaft handelt es sich nur um die Wege, die von St. Gallen, Ravensburg und Konstanz nach Genf oder vielmehr vorher nach Lausanne eingeschlagen werden konnten, denn über den St. Gotthard gingen — soweit das festzustellen ist — nur selten Waren der Gesellschaft.[1] Der Weg von St. Gallen mußte sich erst aus den Alpen entwickeln, die von Ravensburg und Konstanz mußten sich durch die niedrigeren Vorberge und Vorhügel ziehen, um oberhalb der hydrographischen Pforte der Eidgenossenschaft die Aare zu erreichen, in deren Bereich die Fuhrleute dann rechts oder links des Flusses aufwärts ziehend die Höhen des Waadtlandes zu erreichen und zu überwinden hatten (s. Kartenskizze oben 1, 8).

Die von mir dann von Rauers entworfenen Karten gaben kein vollständiges und kein definitives Bild. Ein solches lieferte für einen Teil der Straßen des bernischen Gebietes Audénat, nicht aber für die östlichen Fortsetzungen.[2] So bleiben gerade im Gebiete zwischen Aare und Bodensee Unklarheiten zu beseitigen. Hier soll unsere Aufgabe es sein, die durch die Briefe an die Zöllner 1481—1484 gelieferten Angaben zu einem klaren Bilde zu vereinigen.[3] Es ist das ein für die Gesellschaft sicheres Bild; denn die Zollbriefe behandeln doch wohl alle Warensendungen.

Man durchschnitt damals von den drei Ausgangspunkten: Sankt Gallen, Konstanz und Stein am Rhein aus zunächst noch Reichsboden, kam dann in die Gebiete von Zürich, trat in den Aargau ein, der seit 1415 den Eidgenossen unterstand, die ihn nur zum Teile verteilten, kam dann in bernisches Gebiet, das auch über die Aare

---

[1] Es geschah mit Rücksicht auf politische Verhältnisse. 3, 323. [2] Verkehrsstraßen und Handelsbeziehungen Berns im Mittelalter. Berner Dissert. 1921.
[3] 3, 202—206.

hinausgriff, und in solothurnisches, das ebenfalls den Fluß überschritt.

In dieser großen Verkehrsrichtung vom Bodensee zum Genfer See liegt das mittlere Stück völlig klar, die Überquerung der sich zur hydrographischen Pforte der Schweiz zusammenschiebenden Flüsse. Der Juradurchbruch selbst, also die Linie von Brugg bis Waldshut, spielt im Handelsleben dieser Richtung keine Rolle, denn sie stieß senkrecht auf den Südflügel des Schwarzwaldes. Der Verkehr überschritt nicht bei Windisch die Reuß und bei Brugg die Aare, sondern vom Bodensee kommend fast ausnahmslos bei Baden die Limmat, bei Mellingen die Reuß und bei Lenzburg die Aare, ging dann südlich von Aarau vorüber bis zur „Kreuzstraße" südlich von Aarburg, trat also nicht auf das rechte Aareufer hinüber.

In diesem Gebiete erfaßte das althabsburgische Zollsystem durch Zölle und Geleite sowohl die Ausstrahlungen des Gotthardpasses wie die Richtung Bodensee—Genfer See. Aber diese machtvolle Stellung der Habsburger war zertrümmert, und nun unterstand der Zoll von Baden der Verwaltung der Geleitsherren der acht Orte, der Zoll von Mellingen ebenso. Da er aber nie erwähnt wird, ging der Verkehr wohl von Baden nach Lenzburg vorüber, oder wurde in Mellingen nur Zoll von denen erhoben, die in der Richtung Basel—Luzern vorbeikamen. Auf den eidgenössischen Tagsatzungen wurde über die Verteilung der Gelder wie über die Verwaltung entschieden. Der Lenzburger Zoll aber unterstand Bern.

Der Zoll zu Kloten, ebenfalls ursprünglich habsburgisch, war nach Osten auf dem Wege nach Winterthur diesem Systeme vorgelagert.[1] Und die Fortsetzungen sind auch mehr oder weniger klar. Einmal ging es weiter über Frauenfeld nach Arbon am Bodensee und von da nach St. Gallen, wie von Frauenfeld über Pfyn nach Konstanz. Wer von Konstanz oder St. Gallen kam, mußte über Kloten fahren, er konnte nur auf weiten Umwegen diesen Zoll umgehen.

Sehr viel schwieriger ist es nun, die Verbindungen festzustellen, die die unterhalb des Bodensees gelegenen Rheinübergänge darboten, also Stein am Rhein, Diessenhofen, Eglisau und Kaiserstuhl. In der Zeit, da Stein von Zürich abhing (von 1459 an), gab man vielfach in Stein den Fuhrleuten die Weisung, nach Kloten zu fahren, also über Andelfingen. Das wäre gar nicht nötig gewesen, wenn nicht noch andere Wege, die Kloten vermieden, vorhanden gewesen. Und richtig bemerkt ein Zusatz zum Klotener Zolltarif, daß das bei Oberglatt, Hochfelden und Glattfelden geschah, also auf der Strecke bis zum Rheine bei Eglisau an drei Punkten.[2] Aber auch jenseits des Rheines ging ein vielbenutzter Weg.

---

[1] Vgl. Frey, Walter, Beiträge zur Finanzgeschichte Zürichs im Mittelalter. Dissert. phil. Fak. Zürich 1910, S. 88—94 und XX—XXII. [2] Frey, S. XXI.

Ihn geben uns zwei Quellen an das Büchlein Sebald Örtels und die von Wolkenhauer veröffentlichte Itinerarrolle.[1] Und da beginne ich mit Ravensburg, Buchhorn, Meersburg (dafür W. Markdorf, Meersburg), über den See, Konstanz, Steckborn, Stein, Schaffhausen, Rafzerfeld, Kaiserstuhl (dort Rheinübergang), Baden. Diese Linie, die für Fußgänger und Reiter sicher bequem war, setzte sich dadurch, daß sie zunächst dem Rheine folgte, vom linken auf den rechten Flügel und überschritt den Jura möglichst weit westlich.

Zum Teil war die Strecke identisch mit einem Wege, der am Ende des 15. Jahrhunderts auf Betreiben von Nürnberg, Ulm, Biberach und Schaffhausen mit den Geleitsherren vereinbart wurde. Er verließ die Straße Nürnberg—Ravensburg schon im Biberach und ging im Geleite der Landvogtei nach Westen über Buchau, Saulgau nach Ostrach. Dort begann das gräflich Werdenbergische Geleite. Von Pfullendorf bis Schaffhausen lief die Straße im Geleite der Grafschaft Nellenburg über Stockach am Fuße des Hohentwiel vorbei, im Geleite der Grafen von Sulz, dann weiter bis Kaiserstuhl, wo das Geleite der Eidgenossenschaft begann. Konstanz hatte sich vergebens diesem Systeme widersetzt.[2]

Dieser Weg war für die Gesellschaft nicht in allen seinen Teilen brauchbar, wohl aber ließ er sich erreichen, wenn man über Markdorf nach Überlingen und dann um das Ende des Überlinger Sees fuhr und in Singen auf die Nürnberg—Schaffhausen-Route einbog. Fuhr man aber nach Stein am Rhein weiter, so konnte man nach Umgehung des Bodensees (Untersee) auch nach Kloten kommen.

Jene Wege, die die Glatt zwischen Eglisau und Kloten überschritten, um nach Baden zu gelangen, lasse ich beiseite, sehr gut können sie nicht gewesen sein und angeführt finde ich sie auch nicht.

Auch die Verbindung Kloten—Baden ist mir nicht genau bekannt, obwohl sie sicher benutzt wurde. Aber es gab noch eine zweite Fortsetzung von Kloten: Über Zürich nach Baden, oder über Zürich—Bremgarten—Mellingen.

Der Ravensburger Gesellschaft standen also zu dem Ziele Bodensee viele Wege zur Verfügung, doch ließen sich nicht alle vier Zollstätten Kloten, Baden, Mellingen und Lenzburg zugleich umgehen. Nun bestand der alte, dann aber von den Eidgenossen heftig bestrittene Gebrauch, daß wer in Kloten ein Wortzeichen für erhaltene Zollzahlung bekommen, in Baden und Bremgarten nichts zu entrichten hatte.[3] In der Zeit unserer ausgezeichneten Quelle der Zollbriefe von 1481 bis 1484 bestand aber der Gebrauch noch aufrecht.

Alle St. Galler Transporte, die in den Zollbriefen aufgeführt sind, berührten, wie es ja fast unvermeidlich war, Kloten; die von der Nordseite des Bodensees kommenden nennen nur dreimal Kloten

---

[1] Hansische Geschichtsblätter 14, 151—195. [2] Über den Weg, Schulte I, 494. Schriften d. Ver. f. Gesch. des Bodensees 30, 540. [3] Vgl. darüber Schulte I, 494, und Frey.

und Lenzburg, 18mal aber Baden und Lenzburg. Mit anderen Worten, sie benutzten nicht über Konstanz den scheinbar einfachsten Weg über Kloten, sondern zogen die nordwestlichen Wege vor, welche, können wir nicht sagen. Damit wird es in hohem Maße wahrscheinlich, daß sie ihre Waren zumeist auf dem reinen Landwege in Bewegung setzten um den Bodensee herum.

Diese Beobachtung bestätigen die Namen und Heimatsorte der Fuhrleute. Einer stammte von Buchhorn, einer von Stein, dann fuhren die Ravensburger Fuhrleute Schlegel einmal und Nabholz dreimal bis über die Zölle, ja wohl stets bis Genf. Was aber beweist das? Auf dem Bodensee mit seinen Stürmen und mangelhaften Häfen (Meersburg und Buchhorn) hatte man schwerlich Fähren, die einen Karren oder Wagen hätten übernehmen können. Für den Fußwanderer oder Reiter war der See kein Hindernis, aber für Wagen und Karren. Es hätten also solche Fuhrleute aus einem Wagen nördlich des Sees ausladen und in einen anderen südlich des Sees umladen müssen. Seen sind das Ende für sonst durchgehenden Wagenverkehr. Das ist eine für die Geschichte des Bodensees bedeutsame Feststellung. Es war ein Nachteil für Konstanz, man umging den Bodensee im Westen, nicht jedoch im Osten, denn da gab es jenseits des Sees, wie wir sehen werden, eine täglich wechselnde Stellung von neuen Wagen und neuen Fuhrleuten. Der Transitwarenverkehr war in Konstanz geringer, als man bisher wohl meinen konnte. Um so stärker war er in Stein am Rhein und in Schaffhausen, an den bunt bemalten Häusern ging mancher Wagen vorbei, der dem Schwäbischen Meere ausgewichen war.[1]

Doch nun zu den Zöllen. Die Zollbriefe hatten ihren Ursprung darin, daß ihnen in Kloten, Baden, Lenzburg, auch in Aarberg und Bern die Zollbeträge gestundet wurden, wenn ein Zollbrief, den der Fuhrmann überbrachte, darum bat.[2] Es handelte sich wohl überall nicht um Zollpächter, sondern um Zollbeamte, daher mußte die Gesellschaft nicht nur mit ihnen, sondern mit ihren Herren, den Städten Zürich und Bern wie der Eidgenossenschaft rechnen. Ein weiterer Grund für die Gesellschaft, Eidgenossen unter den Gesellen zu haben! Da die Zölle jahrelang gestundet wurden, ergibt es sich auch, daß eine Tabelle der Zollerträge nach Jahren ungenau sein muß.

Nunmehr können wir uns den südlichen Fortsetzungen von der Kreuzstraße bei Aarburg an zuwenden, die fast ebenso verwickelt sind, wo aber doch die treffliche Untersuchung von Audénat vorliegt.

Die Wolkenhauersche Itinerarrolle wechselt das Aareufer bei Olten, es folgt Hernsmusen, Wiedlisbach, Solothurn, dann geht es wieder auf das östliche Ufer nach Büren, Aarberg, wiederum über die Aare

---

[1] Ein Fuhrmann von Kaiserstuhl, 3, 195. Fuhr gen Schaffhausen 3, 196. Ein Fuhrmann von Buchhorn 3, 201.| [2] Noch 1513 stundeten die Zöllner zu Bern, Lenzburg und Baden. 3, 216.

nach Murten, Payerne, Lausanne, Genf. Das ist von jenseits Olten an die alte Römerstraße nach der Annahme von Konrad Miller, nach Audénat[1] fiel sie auf das linke Ufer von vor Aarberg bis Solothurn, war aber versumpft.

Dieser Weg umging Bern. Er wurde auch von der Gesellschaft benutzt, wie das Vorkommen des Zolles von Aarberg ergibt.

Der Wege nach Bern gab es von dem Straßenkreuze südlich Aarburg oder genauer von dem über Morgenthal erreichten Langenthal zwei. Der westliche führte über Herzogenbuchsee—Kirchberg, der östliche über Winigen, Burgdorf.

Um von Bern nach Freiburg im Üchtlande zu gelangen, standen wiederum zwei Straßen zur Verfügung, westlich über Laupen, östlich über Neuenegg, und jenseits Freiburg erreichte der Weg bei Moudon die von Solothurn her kommende Römerstraße nach Lausanne und Genf. Die Papiere geben über die Benutzung der einzelnen Wege keine Auskunft, nur wird des Zolles von Morges-Grissach und des von Nyon gedacht, die gerade so die Zölle für den Safran stundeten, wie es im Aargau geschah.[2]

Aber soviel sehen wir doch, wie erwünscht ein Kommissar in Bern war, er konnte auch auf das nahe Aarberg ein Auge werfen und Fuhrleute, die in Not kamen, konnten den kleinen Umweg von Aarberg nach Bern einschlagen. In allen Reichsstädten dieser Richtung sehen wir irgendeine Verbindung mit der Gesellschaft in Stein, Bern, Freiburg und Genf.

§ 88. *Handelswege. Frankreich. Spanien. Genf—Lyon. Lyon—Avignon. Stellung des Dauphiné. Jus marcarum. Die Stellung der Gesellschaft. Lyon—Toulouse. Pyrenäenpässe: Port de Canfranc. Port de Benasque. Camp Dara. Hemmungen des Verkehrs. Vordringen Frankreichs.*

Die Gesellschaft hatte im Rhonetale starke Interessen in Lyon, stärkere in Avignon. Dieses deshalb, weil die Schiffsverbindung nach der spanischen Ostküste davon abhing. Schon früher hatte ich zu zeigen, wie das ganze Durchgangsgebiet einst dem Reiche Burgund und damit dem deutschen Könige unterstand, wie es dann aber durch die nach Westen wachsende Macht der Krone Frankreichs durchsetzt und von der französischen Politik abhängig geworden war.

Der Weg von Genf nach Lyon erreichte im 15. Jahrhundert erst fast unmittelbar vor dieser Stadt französischen Boden. Er führte gewöhnlich von Genf über Collonges, Châtillon, St. Germain de Joux, Nantua, Cerdon, St. Maurice de Rémans, St. Jean le Vieux,

---

[1] Miller, Itineraria Romanae, S. 125. Audénat, S. 11. [2] 3, 25. Der Zoll von Grissach lag zwischen Morges und Rolle an der Grenze Berner Gebietes. Von ihm singt das Wallfahrtsbuch nach St. Jago: dar nach findestu eynen born, der ist reyn, dar nach müstu geben tzoll und hast II myl in eyn stetlyn heisset Roll.

St. Denis le Chosson und Montluel.[1] Der Weg überwand die Ketten des Jura und blieb auf dem rechten Rhoneufer bis vor Lyon.

In Lyon zweigte sich der später zu betrachtende Weg nach Aragonien ab. Wir aber folgen dem Wege nach Avignon auf der Römerstraße über Vienne, Valence, Orange. Die Lage Avignons ist schon früher charakterisiert als der vornehmsten Brückenstadt des Spätmittelalters.[2]

Der Delphinat war 1343 durch seinen letzten Besitzer aus dem Hause der Humbertiner unter Vorbehalt seiner Selbständigkeit und seiner Bande, die das Land mit dem deutschen Reiche verbanden, an die Capetinger übergegangen, und im nächsten Jahre wurde festgesetzt, daß der französische Kronprinz oder der französische König, wenn er kinderlos war, Eigentümer des Staates sein solle. Fast ein Drittel des Weges von Lyon bis zur Rhonemündung war damit unter französischen Einfluß gekommen. An den Verkehrsverhältnissen scheint zunächst nicht viel geändert worden zu sein. Eine sehr bedenkliche Äußerung tat aber 1444 Karl VII., der Vater des Dauphins (späteren Königs) Ludwigs XI., der ausdrücklich die Selbständigkeit des Delphinates bestritt. Das gab den Anlaß zu einer ernsten Gefährdung der von den deutschen Kaufleuten bisher benutzten Straße auf dem linken Rhoneufer.

Nur dem, der die Archive der aragonesischen und französischen Krone vollständig heranzieht, wird es einst möglich sein, die Handelspolitik beider Staaten gegeneinander klarzulegen. Was ich aus der mir zugänglichen Literatur beibringen kann, lehrt aber bereits, daß dem Handelsverkehr sehr große Lasten aufgelegt wurden, ja zeitweise jedweder Handel ruhte.

Schon vor dem Oktober 1444 — also in der Zeit, da Jacques Cœur die Handelspolitik bestimmte — ist eine königliche Ordonnanz hinausgegangen, die einen Wertzoll von 5 S_1 auf das Pfund (also 2,08 %) von allen Waren, die aus Gebieten der aragonesischen Krone nach Frankreich eingeführt oder umgekehrt ausgeführt werden sollten, anordnete.[3]

König Karl VII. erließ August 1445 eine Ordonnanz, welche zugunsten von Aigues-Mortes, la Rochelle und der flandrischen Häfen, die zollfrei blieben, eine Abgabe von 10 % von allen Gewürzen und Drogen (espicerie et droguerie) feststellte, die vom Meere oder vom Lande nach Frankreich eingeführt würden, gegenüber Einfuhren aus Catalonien bestand auf eine bestimmte Zeit bereits eine Abgabe von 3 %, die um 7 % erhöht wurde. Zollfrei blieb nur die Einfuhr von Safran.[4]

---

[1] Schulte I, 489, dazu Wolkenhauer, S. 188 f. [2] Oben I, 385 f. [3] Die Existenz dieses Zolles folgt aus dem Wortlaute des Schlußurteils der Königin Maria von Aragon. Württ. Vierteljahrsh., N. F., 11, 402. [4] Gedruckt Annales du Midi 8 (1896), S. 427—431.

Von seiten des Königreichs Aragon war es daher eine Repressalie, wenn 1447 eine nach Art der romanischen Lande verpachtete Steuer unter dem Namen „jus marcharum regnorum Aragoniae et Francorum" auf alle Einfuhr aus Frankreich in gleichem Betrage von 5 ℔ auf 1 ℔, eingeführt wurde. Der Name „jus marcharum" beweist den Charakter der Repressalie. Die Pächter wandten diesen Zoll nun auch auf die Waren an, die durch den Dauphiné zu den Häfen von Bouc und Arles gebracht und dann nach Katalonien oder Aragonien verbracht wurden, ohne die Grenze Frankreichs zu überschreiten. Die Ravensburger Gesellschaft war es, die die Interessen der deutschen und savoyischen Kaufleute vertrat; in dem Schlußaktenstück, dem Urteile der Königin Maria von Aragon, wird gesagt, daß die ersten Bittschriften von katalanischen, deutschen und anderen Kaufleuten eingereicht wurden, „signanter magne societatis vulgariter dicte deJousompis", und bei dem Urteilspruche war als einziger Kaufmann Friedrich Humpis mit seinem welschen Anwalte Armand Nigri zugegen. Um den Rechtshandel zu einem glücklichen Ausgang zu bringen, haben die Ravensburger keine Mühe gescheut, sie verschafften sich in sicher recht mühseligen Verhandlungen von den höchsten Behörden vollwichtige Zeugnisse, die die Entscheidung zu ihren Gunsten herbeiführen mußten. Der junge Dauphin selbst, der ja überhaupt eine sehr selbständige Politik führte, bezeugte gern die staatsrechtliche Unabhängigkeit seines Fürstentums; ein Gleiches bekundeten der Richter zu Romans, der Oberrichter der Grafschaft Valentinois und der Gouverneur des Dauphiné, die zum Teil sehr weit auf die staatsrechtliche Stellung des Landes eingingen. Am meisten mochte wohl zur Schlichtung der Dinge beitragen, daß der König von Frankreich im Parlament von Toulouse am 8. August 1447 erklären ließ, daß dieser französische Zoll keineswegs sich auf Waren erstrecke, die wohl den Dauphiné, nicht aber Frankreich selbst passierten. Das Endurteil der Königin war der Gesellschaft günstig.[1] Die Ravensburger konnten also unbelastet ihren alten Handelsweg längs dem Rhone fortsetzen.

Von Lyon führte ein zweiter für die Gesellschaft wichtiger Weg nach Spanien, der nach Saragossa. Für den Teil bis Toulouse geben unsere Quellen nur eine Tatsache an, wer ihn benutzte, ritt durch das Safrananbaugebiet von Toulouse. Sonstige Nachrichten habe ich nicht dafür gesammelt, ich kenne aus der Literatur wohl die vortreffliche Studie von Guigue über die Straßen im Lyonnais und Forez, der gründlich die zahlreichen Hospize heranzieht,[2] aber die übrige örtliche Literatur ist mir unbekannt. Und die deutschen Zeugnisse für die Wegerichtung sind nicht zahlreich, auch nicht eindeutig. Sebald Örtel war Pilger, wenn auch Kaufmann. Er durchzog das Zentralmassiv von Frankreich, dieses Land ohne bedeutende

---

[1] Abgedruckt von H ä b l e r in Württ. Vierteljahrsh. für Landesgeschichte, N.F., 11 (1902), S. 401—404.   [2] Les voies antiques du Lyonnais, du Forez etc. Lyon 1877.

Städte mit den vielen Erhebungen nicht immer auf der Römerstraße über St. Galmier, St. Flour, Rodez, Albi, Gaillac, Toulouse. Er kam tatsächlich durch weite Strecken des Safrananbaues, und so mögen auch die Ravensburger diesen Weg gezogen sein.

Für die Pyrenäenpässe mag es gut sein, den Safranballen von Aragonien aus zu folgen.

Die sämtlichen Pyrenäenübergänge sind im langen zentralen Teile weit höher als die meisten Alpenpässe und waren nur für Maultiere benutzbar.[1] Der Weg, den der Safran von Aragonien aus einschlug, um nach Lyon zu gelangen, ist durch die drei Namen Jaca, Santafé

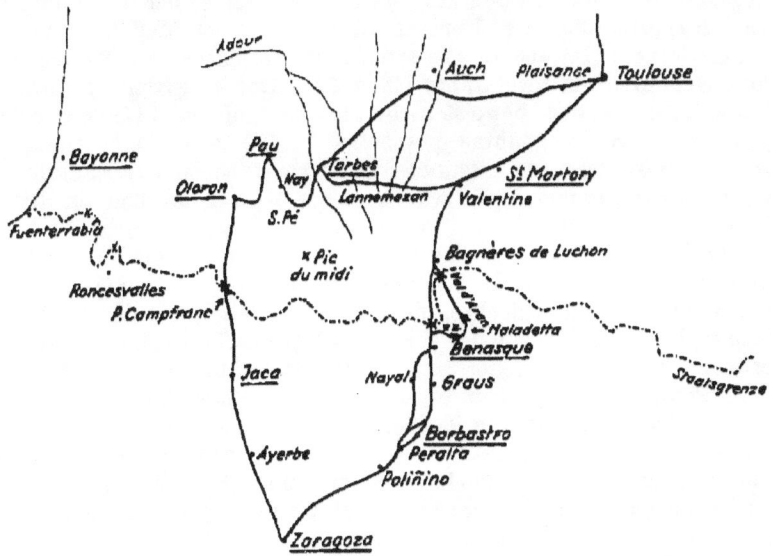

Kartenskizze 3. Aragonesische Pyrenäenpässe

und Toulouse festgelegt. Durch Jaca ist festgestellt, daß die Saumtiere sich zunächst nach Norden wandten, und es ist dann auch kein Zweifel, daß sie den niedrigen Paß Port de Canfranc d'Urdos (1715 m) überschritten[2] und damit in das Gebiet des Adour durch Val d'Aspe über Sarrance nach Oloron gelangten, sie überwanden dann, immer in Bogen sich wieder dem Süden nähernd, die obersten Stufen des durch Bäche immer wieder durchschnittenen Granitplateaus. Pau, Nay, St. Pé de Bigorre, Lourdes, Tarbes, Lannemezan sind die bezeichnendsten Punkte.[3] Erst da, wo man von Saragossa in der Luft-

---

[1] Der Paß von Roncesvalles noch 1207 m wie im Osten Col de la Perche 1577 m.
[2] Vielleicht auch den Somport (1640 m), der ein wenig weiter westlich liegt. In Campfranc wurde ein Zoll erhoben. Sein Tarif nennt an zweiter Stelle Safran: de carga de çaffran 30 solidos (1294). Vgl. Colleccion de documentos inéditos del Archivo general de la Corona de Aragon, 39, 281.   [3] Auch Örtel gibt hier gute Auskunft.

linie noch nicht viel weiter entfernt war als in Oloron, wendete sich
der Weg nach Nordosten über St. Martory auf Toulouse zu und von
da nach Lyon. Der ganze Weg von Saragossa bis Toulouse war die
einzige alte Römerstraße, die über die Zentralpyrenäen führte. Im
einzelnen mag von der Route abgewichen worden sein, auch mag man
weiter nördlich von Oloron nach Toulouse gezogen sein. Man durchwanderte auf dem Marsche über Lannemezan die Herrschaften
Béarn, Bigorre, Comminges, das Toulousain, um in ein anderes
Safrangebiet zu gelangen, das Albigeois.

Béarn und Bigorre waren aber 1479 in dem Besitz von Franz
Phoebus von Foix, auf den auch von seiner Mutter her das Königreich Navarra überging. Für ihn führte zunächst Madeleine von
Frankreich die Herrschaft. Sie erteilte der Gesellschaft 1480 gegen
hohe Gebühren auf zwei Jahre einen Paß. Der Weg war weit und
daß er unsicher war, beweist mehr als eine Angabe. 1478 war bei
„sant Pé" eine Wegnahme geschehen,[1] 1480 war schon wieder
zwischen Saragossa und Toulouse und zwar wiederum zu Santafey
Safran weggenommen.[2] Es war auch da wieder unsicher in den
Bergen.[3]

Einen anderen Weg gibt eine genaue Anweisung für die Fahrt von
Saragossa bis Toulouse, die Klemens Ankenreute der Jüngere unter
dem Gesichtspunkte machte, den Safran möglichst billig fortzubringen.[4] Zunächst wurde der Weg nach Barbastro benutzt, von den
Ortsnamen kann ich wieder finden Villa mayor, la Perdigera, Alcubiere, Poliñino, Peralta. Nun wäre man auf zwei hohe Zölle von Barbastro gekommen, den von Sariñena und Barbastro, die zusammen
erhoben wurden, so bog man vorher ab nach Puzan de Vero und erreichte entweder östlich Puebla de Graus in der Ribagorza den Weg
von Barbastro oder man fuhr nach Nayal, wo man das Salz mache, dort
finde man genug Fuhrleute für Benasque. Hier stand man am Fuße des
Maladetta, des höchsten Berges der Pyrenäen (Pic d'Aneto 3404 m),
westlich von ihm, im Port de Alta, wollte man über die Wasserscheide, damit kann nur der Port de Benasque (2417 m) gemeint
sein. Klemens riet da auf Maultier oder Roß nur einen Ballen zu
legen, denn der Berg ist hoch und große Sorge dabei. Am Nordfuße
ist als Station nur Bagnères de Luchon genannt, dort finde man genug
Maultiere bis Toulouse. Örtel sagt auf dem Berge zwischen Benasque
und Bagnères gebe es keine Herberge. Doch stand auch vor Benasque
ein anderer Weg zur Verfügung, der durch die Nordwestspitze Kataloniens, also auch durch das dortige Zollgebiet führte. Es wird der
Weg als durch Camp Dara gehend bezeichnet, und damit ist es
gegeben, daß dieser Weg über sehr hohe Pässe südlich des Pic
d'Aneto und dann über den Port Viella (2424 m) in das zu Katalonien gehörige oberste Garonnetal gelangte, das Val d'Aran, und
von da bis Toulouse dem Laufe des Flusses, zum Teil durch enge

[1] 3, 78. 94. [2] 3, 159. 166. [3] 3, 223. [4] 3, 371—377. Dazu auch Örtel.

Schluchten, folgte. Diesen Weg haben die Tucher im 16. Jahrhundert oft benutzt.[1]

Auf alle Fälle hatte man große Schwierigkeiten auf den sehr hohen Pässen und namentlich an den Zugängen zu überwinden. Das wäre aber zu ertragen gewesen, wenn der Handelsverkehr stetig die Wege nur durch alte Zölle beschwert den Waren offen gefunden hätte. Hier griffen aber die in den romanischen Ländern beliebten Retorsionsmaßregeln Platz, die man das jus marcarum nannte. Dazu führten politische Gegensätze auch zum vollen Abbruche jedes Handelsverkehrs über die Pyrenäen.

Eine Geschichte dieser Handelsbehinderungen zu schreiben, ist nicht meine Aufgabe, ich begnüge mich mit einigen Lesefrüchten. 1439—1442 bestand eine Marca für Katalonien, doch war der Transit ausgenommen.[2] 1450 suchte die Königin Maria von Aragon den unterbrochenen Handelsverkehr wiederherzustellen,[3] doch gelang das erst im Januar 1454, und das dann zustande gekommene Abkommen bürdete auf 31 Jahre 2 Monate zugunsten der in den vorhergehenden Wirren geschädigten Leute den Kaufleuten auf jede Ware, die von dem einen Reiche in das andere geführt werde, einen Wertzoll von 5 ₰ auf 1 ℔ auf, also eine Abgabe von 2,08 %. Die Steuer wurde für 53 000 ℔ Barcel. verpachtet, sie setzt also ohne Kosten, Verzinsung und Gewinn einen Warenverkehr im Werte von 2 549 000 ℔ Barcel. voraus.[4] Aber schon 1459 hatten Repressalien wieder den Verkehr behindert, und die Stände von Languedoc verlangten für die Kaufleute von Florenz, Venedig und Genua Handelsfreiheit.[5] 1484 gab der König Karl VIII. Schiffahrt und Handel in Languedoc frei, besonders für Spezereien und Drogen, die aus der Levante eingeführt wurden.[6]

Über die Handelswege von und nach Flandern enthalten unsere Quellen sehr wenig. Sie zu behandeln ist daher nicht nötig. Über den Verkehr auf dem Rheine und dem Rhone ist bald zu handeln.

Die Gesellschaft war für die Safrantransporte zu Lande aus Aragonien auf die Gunst der französischen Könige angewiesen. Aber auch der Seeweg von Barcelona nach Bouc—Avignon und Aigues-Mortes stand in seiner Landfortsetzung im 15. Jahrhundert unter steigendem Drucke der französischen Krone, die zum Dauphiné noch die Provence gewann. So wenig die deutschen Reichsrechte im Gebiete des burgundischen Reiches bedeutet hatten, so ungünstig war der Druck der erstarkenden französischen Macht auf dem

---

[1] Sie gingen auch über den Col de la Perche. Vgl. Müller, Der Umfang und die Hauptrouten des Nürnberger Handelsgebietes im Mittelalter. Vierteljahrsschrift f. Sozial- und Wirtschaftsgesch. 6, 12. [2] Guérard, Jacques, Cœur in Mémoires de la Soc. archéol. de Montpellier, 2 série, 1, 50. [3] Histoire générale de Languedoc, Nouv. édit. 11, 24; 12, 18 f. [4] Ebenda 11, 29. Ordonnances des rois de France 14, 355. Leider weiß man nicht, ob das die Jahressumme ist oder nicht. [5] Ebenda 11, 38. [6] Ebenda 11, 123. 129. Vgl. dazu die Ausführungen über Aigues-Mortes.

linken Rhoneufer. Auch dieser Grund mag dazu beigetragen haben, daß die Gesellschaft mehr und mehr ihren besten Wurzelstock, Spanien, aufgab. Sie stand den französischen Regierungen mißtrauisch gegenüber.

§ 89. *Die Warentransporte. Nürnberger Rechnung. Briefe an die Zöllner. Im Rhonegebiete. Auf dem Wege Lyon—Saragossa. Rheinfahrten. Flandern. In Graubünden. Die Portgenossenschaften. Ergebnisse.*

Das Transportwesen, seine wirkliche Handhabung wird uns durch unsere Quellen weit klarer, als es bisher bei der einseitigen Benutzung von Ordnungen der Fall war. Zu den recht bedeutenden Ergebnissen kommt man freilich nur durch sehr eingehende Untersuchungen, die beim Leser Geduld voraussetzen.

Einen ausgezeichneten Einblick in das tatsächliche Transportwesen gewährt uns die Rechnung von Lutz Geßler über das Gelieger zu Nürnberg und die Frankfurter Messen in der Zeit vom 13. Oktober 1479 bis 25. Oktober 1480.[1]

Zwischen Nürnberg und Ravensburg erfolgten in dieser Zeit 37 Sendungen, 19 von Ravensburg, 18 nach Ravensburg. Die Gesellschaft bediente sich 14 verschiedener Fuhrleute, elfmal wurde Hans Meigerlin beansprucht, viermal Gemperlin, Schlegel und Seiler Schwager, Schreiner dreimal, Kefferlin, Nabholz und Kaspar Seiler zweimal. Die schnellste Aufeinanderfolge von Beladung in einer Richtung ist 16 Tage, die Waren brauchten also höchstens 8 Tage für die einmalige Fahrt.

Von Nürnberg gingen nach Frankfurt 4 Sendungen, es kamen 2; Schreiner ist viermal, Klaus von Miltenberg einmal beteiligt. Von und nach Nördlingen wurde je einmal ein Fuhrmann beansprucht, von Flandern brachte Klaus von Miltenberg. Das sind zusammen 44 Sendungen. Für die Ausfahrten aus Nürnberg ergibt sich als Summe 336 Quintal 33 ℔. Ungerechnet sind 6 Fässer mit Blech, 2 Fässer und 4 Lägel.

Für die Frankfurter Messen sind die Angaben über die Fuhrleute äußerst unvollkommen: In die Fastenmesse kamen von Ravensburg 6 Fässer und 1 Ballen, von Flandern 1 Ballen, den Rhein herab kamen 2 Ballen. 4 Ballen und 2 kleine gingen nach Flandern. In die Herbstmesse kamen von Flandern 2 Ballen, 1 Faß, das zurückging, von Ulm 1 Faß und von Ravensburg 5.

Die Gesellschaft vertraute den Fuhrleuten nicht allein große Quantitäten an (im höchsten 49 Quintal), nicht allein die teuersten Waren, die hier ganz selten von Gesellen begleitet wurden, sondern verpackte in einzelnen Sendungen auch bedeutende Geldsummen.[2] Für die Sicherheit in Deutschland ein überraschendes Zeugnis!

Außer dieser Quelle begegnen auf den angegebenen Routen noch viele andere Fuhrleute, ich zähle in der Richtung Ravensburg—

---

[1] 3, 343—359. [2] 500, 700, 300, 600, 600, 400, 500 zusammen 3900 fl.

Nürnberg noch 8, Ravensburg—Frankfurt 6, Ravensburg—Ulm 4. Doch ist besonders hervorzuheben, daß in Ulm ein Kommissionär war, der für den Weitertransport sorgte (Werli). Auch gingen Fuhrleute direkt von Lindau nach Frankfurt (2) und nach Nürnberg (1). Auf der Route Wien—Nürnberg finde ich einen.

In das Fuhrmannsleben führt vortrefflich ein das Zeugenverhör über die Nahme von Aub. Der Fuhrmann Hammann von Frankfurt hatte einen Knecht und fuhr mit zwei Wagen in der Wagenkolonne von vieren. Hammann suchte wenigstens das Faß Safran zu retten, das der Gesellschaft gehörte. Aber Junker Jörg Truchseß von Baldersheim ließ sich nicht erweichen. Es ist eine lebhafte Szene uns da entworfen.[1]

Eine fast ebenso wertvolle Quelle besitzen wir für den Transport zwischen Ravensburg—St. Gallen und Genf in den Briefen an die Zöllner und Geleitsleute in Kloten, Aarburg, Lenzburg und Baden.[2] Für die Zeit vom 22. Februar 1481 bis zum 26. Juni 1484 ergeben sich für die Route Ravensburg—Genf 3 Transporte (zweimal Nabholz, einmal Michel Gabler von Biberach) mit 40 Ballen Leinwand. Erheblich größer ist der Transport von St. Gallen—Genf, doch gingen da auch Waren Nürnberger und Ravensburger Ursprungs mit. Ich zähle 12 Transporte (zumeist von Haus Huber, dem Karrer von St. Gallen, ausgeführt, zum Teil begleitet von Nabholz) mit 177 Ballen Leinwand und einem kleinen Ballen (davon 23 als Ravensburger Leinwand bezeichnet), 14 Fäßle Nürnberger Waren, 4 Ballen Kupfer und Draht und einem sonst. Die Waren wurden auf Karren geführt, ein Karren trug bis zu 12 Ballen Leinwand, einmal gingen drei Karren miteinander.

Bei der Fahrt von Genf nach Ravensburg (und St. Gallen) fehlt meist die Angabe des Inhaltes, aber auch einmal das Quantum. Es sind 21 Fahrten, und daran sind Fuhrleute von Ravensburg (wie Nabholz, Schlegel), St. Galler wie Huber, aber auch solche von Kloten und Lenzburg, wie von Buchhorn beteiligt. Ich zähle im ganzen 30 Fässer und Fäßle sowie 8 Ballen. Unter den Waren wird öfter Safran genannt.

Von dem Agenten in Bern kamen 3 Sendungen mit 7 Fässern. Der Transport ging durchaus auf Karren oder Wagen, diese gingen langsamer als jene.[3]

Die Transportdauer ergibt sich in einigen Fällen. Von St. Gallen ging eine Karre ab am 4. Juni in Genf, sie kam am 16. an; von Ravensburg ab 6. Juni, in Genf am 18. Juni.[4] Es handelt sich um eine eilige Fahrt. Gewöhnlich gingen die Karrer von St. Gallen und Ravensburg nach Genf in 12—14 Tagen.[5] Die Rechnung des Kommissionärs in Bern zeigt deutlich seine Tätigkeit für die Transporte.[6] In Genf war entweder ein Geselle anwesend oder ein Kommissionär.

[1] Vgl. 3, 379f. [2] 3, 202—206. [3] 3, 128. 201. [4] 3, 201. [5] 3, 224. [6] 3, 194—196.

Über den Transport von Genf nach Lyon stehen nur spärliche Angaben zur Verfügung. Hier begannen welsche Fuhrleute; genannt werden Bastian de Bockon und Sebastian de Benitt, Passaratt und Buma.[1] Und gleich weiter ging der Muletier (Mühler) von Genf Ant⁰ F⁰ de Ganig de sant Jerman bis an die Küste des Mittelmeeres.[2] In 3½ Tagen kam man von Genf nach Lyon.

In Lyon fand der Karren- und Wagenverkehr sein Ende. Bei der weiteren Fahrt rhoneabwärts bediente man sich noch stärker der Maultiere. Für die Strecke Lyon—Avignon—Lille de Martigue steht uns wieder eine ausgezeichnete Quelle zur Verfügung in einem an diesem Orte geführten Register für die Zeit vom 14. Juli bis 10. September 1475 und vom 4. Februar bis 21. April 1476.[3] Das sind zusammen 125 Tage, aber es ist wohl der Verkehr in der Zwischenzeit, da er von der Schiffahrt abhängig war, unterbrochen gewesen.

Das Büchlein weist zusammen 35 Sendungen nach, 16 kamen an, 19 gingen ab. 2 kamen vom Gelieger in Avignon, dem der Geselle in dem Hafen von Martigue-Bouc unterstand, 3 von Lyon, 1 von Marseille, 4 von Bourg-en-Bresse, wo die Gesellschaft einen von Lyon abhängigen Gesellen hatte. Nach Avignon gingen 8 Sendungen, nach Lyon 7, nach Genf 2. In den übrigen Fällen ist Herkunft oder Ziel nicht sicher zu bestimmen.

Nun sollte man glauben, daß für die Richtung von Norden nach Süden die Wasserstraße des Rhone benutzt worden sei. Aber nur zweimal wurden Barken beladen, sie brachten 12 Ballen Canemasserie von Bourg-en-Bresse. Für 10 Sendungen wurden Maultiere verwendet, es erscheinen die Muletiers Pier Davidt und Andras Bucken je viermal, daneben Bettrand Wachen von Lyon und der obengenannte Ganig von Genf. Die Gesellschaft schreibt, man habe böse Maultiere in Lyon und befürchtete, daß die Muletiers die Ballen aufbinden würden, um sie den Tieren zu erleichtern.[4]

Während wir es bisher fast immer mit kleineren Leuten zu tun gehabt haben, erscheinen hier größere Unternehmungen, die über mehrere Wagen und mehrere Knechte verfügen. Dazu gehört Rolyß (14 Sendungen), Noffre Barvier (5 Sendungen), daneben erscheint Johann Tantani mit 2 Sendungen und Mathäus Barvier mit einer. Ein Transporteur bleibt nicht genannt. Im ganzen gingen mit diesen 35 Sendungen 214 Ballen, 57 costal (Sack), 151 Kisten und 3 andere Verpackungseinheiten.

Sonstige Nachrichten sind spärlich. Eine Sendung, die mit einem Wagen 13 Kisten Zucker brachte, hatte Unglück. Der Fuhrmann warf sie in die Durance. Der Fuhrmann erbot sich billiger Dinge. Die Herren forderten ihren Gesellen in Avignon auf, möglichst schnell zu einem Abschlusse zu drängen, „denn, was solche Sachen sind, je länger sie anstehen, um so minder daraus wird".[5]

---
[1] 3, 201. [2] 3, 227. [3] 3, 226—229. [4] 3, 213. [5] 3, 173. 176f.

Aus den Zeiten, wo die Gesellschaft ihr Gelieger in Avignon und ihren Posten in Bouc-Martigue aufgelassen und dafür sich nach Aigues-Mortes, westlich der Rhonemündung gewandt hatte, liegt kein Zeugnis vor.

In Lyon zweigte der Landweg nach Saragossa ab, und da war man auf spanische mulateros angewiesen. Wir haben Nachrichten über fünf.

Der am meisten genannte Pedro de Barankes war ein gefährlicher Mensch. Schon 1474 schreiben die Herren, man solle sich vor ihm hüten und nicht zu viel Geld ihm leihen, ja seiner müßig zu gehen, und wieder, Philipp (ob Fechter in Lyon?) soll mit ihm eins werden.[1] Und in der Tat scheint das gelungen zu sein. Gillem Betz, Pedros Knecht, brachte Briefe und Waren ein und aus.[2] Einem St. Galler Kaufmann ging es 1479 übel. Hochreutiner reiste selbst mit einem Gesellen nach Aragonien, um seinen Diener Kapfmann freizumachen. Und die Ravensburger kamen zu dem Entschlusse, nicht viel Gutes zusammenzuführen und immer das Geleit (den Geleitsbrief?) dabei zu haben. Ob Barankes bei dieser Sache eine Rolle spielte, wird nicht gesagt.[3] 1480 aber hatte Barankes von der Frauen — unter der wohl Madeleine de France, die Witwe Gastons von Foix zu verstehen ist — ein „marckt" (marca) von 5000 ▽ auf die deutschen Kaufleute erlangt, eine Abgabe für erlittenen oder doch angeblich erlittenen Schaden, eine Abgabe, die in den Pyrenäen und den großen Besitzungen der Foix leicht einzutreiben war, wenn sie dort als Zoll erhoben würde.[4] Er wollte nun mit den einzelnen Kaufleuten ein Abkommen treffen, und wandte sich zuerst an die Ravensburger und sicherte sie vorläufig bis Weihnachten (also auf rund 6 Monate). Aber man traute ihm selbst da nicht, „denn er ist ein verdorbener Mann und ein Bube". Noch kräftiger drückt sich Hans Hinderofen aus: „Er ist ein verdorbener Bube, der es nicht läßt, er wird eine Tat tun. Gott behüte uns und alle frommen Leute vor ihm. Ein Strick wäre der rechte Lohn, daß man ihn henkte." Man besorgte, daß er das Gut nehmen werde. Ja, wenn man ihm Geld gebe, werde er von Stunde an ebenso böse sein als vorher. Man solle, wie bisher, mit guten Worten ihn behandeln und nicht viel Gut miteinander gehen lassen, insonder in der Gascogne. Man solle nach Weihnachten ihn mit 1—10 fl zu weiterer Bürgschaft veranlassen. Auch mit einem allgemeinen Abkommen war man einverstanden. Aber auf die Verpflichtung, ihm Lasten zuzuweisen, solle man sich nicht einlassen.

Die Ankenreute ließen ihre 7 Ballen Safran weit umgehen trotz der hohen Kosten, und Barankes ließ auf sie stellen, doch sie entkamen. Die Ravensburger schickten einen der Ihren mit den Waren, die er, wenn er in die Berge käme, wohl zu teilen hatte.

---

[1] 3, 14 f. 20. [2] Er führte einmal 3 cargas, dann 2 Ballen, 4 Ballen und 1 fagot und Briefe. 3, 118. 157 f. 160. 208. Perolet de Barankes in Nr. 20. [3] 3, 132 f.
[4] 3, 170. 179. 182. 191.

Pedro war aber mit kleinen Gaben nicht zu gewinnen, er forderte 5000 ▽ und mehr, ihn allein zu gewinnen war unmöglich. Gleichwohl meinte Hinderofen, solle man es mit 2 oder 3 Last Safran für die Frühjahrsmesse versuchen. Damit brechen unsere Quellen ab. Ein Pasqual de Barankes schuldete 1507 in Lyon 6 β 2 ℈.[1]
An zweiter Stelle kommt Sansolet de Florenza — ob ein Florentiner? Sein Schwager und häufiger sein Knecht erscheinen.[2] Zwischen Saragossa und Toulouse wurde Frühling 1480 dem Knecht zu Santafey ein Stumpf Safran gestohlen. Man hoffte, daß der Safran bezahlt werde. Die Herren drangen auf möglichst schnelle Abmachung über den Ersatz, dann wolle man Sansolet das Gut zuschieben zum Führen.[3] Außerdem erscheinen noch Milars de Florentz, Bastian de Gillem de Bovelga und Peryns.[4]
Bei den Gefahren dieser Fahrt von Saragossa nach Lyon ist es begreiflich, daß in vielen Fällen die Gesellschaft sich nicht auf die Fuhrleute verließ, sondern so überaus kostbare Ware wie den Safran durch einen Gesellen begleiten ließ. Aber auch bei der Hineinfahrt leitete wohl ein Geselle den Transport, so 1477 Wigermann 14½ carga.[5] Diese Tatsachen werden auch aus den Ankenreutepapieren von 1495 bestätigt. Man hatte wohl Hoffnung auf einen Fuhrmann, der die Waren allein übernehmen sollte, aber auf der Route über Benasque war es auch rätlich, die Waren zu begleiten und vor den Zollstätten vorauszureiten, um am Zolle abzuhandeln. Der Brief von Klemens ist die beste Quelle, um die Praktiken kennen zu lernen, die angewendet wurden, um möglichst billig, sicher und rasch mit den Waren durchzukommen.[6]
Ein anderes Mal — es war 1479 — sollte, wenn es noch so unruhig in den Bergen sei, von Saragossa ein im Lande Erfahrener dem von Lyon kommenden Gute entgegengesandt werden.[7]
Battista Sattler kam 1478 mit 3 Lasten Safran nach Bern,[8] er war schnell gefahren, 1479 ebenso Jakob Rudolf mit 2. Dann hatte man Bützel verwendet und hatte Ärger gehabt, einer zu Roß, der sich nicht säume, solle mitreiten.[9] In den Tagen des Barankes sollte ein Geselle mitreiten.[10]
Die Dauer des Transportes geht aus den Papieren Klaus Bützels hervor, er war von Jaca in Aragonien am 6. November 1480 ausgefahren und war am 2. Dezember in Konstanz.[11] Rechnen wir von Saragossa bis Jaca 3 Tage und von Konstanz bis Ravensburg 2, so ergibt das 32 Tage, und die Herren waren mit ihm nicht zufrieden.[12] Von Lyon bis Ravensburg hatte er 14 Tage gebraucht, von Saragossa bis Lyon also 18. Das ist in der Luftlinie gerechnet von Saragossa—Jaca—Lyon—Ravensburg 1105 km oder auf den Tag 34,53 km; bis Lyon war er schneller vorwärts gekommen, dann erreichte er den Durchschnitt nicht mehr.

[1] 3, 213. [2] 3, 157. 159. [3] 3, 157. 166. [4] 3, 162. 208. 219. [5] 3, 200. [6] 3, 472f. [7] 3, 223. [8] 3, 87. [9] 3, 169. [10] 3, 179. [11] 3, 222. [12] 3, 169.

Von Genf oder Bern ging auch manches für die Frankfurter Messe auf dem Rhein hinab, doch wurde erst in Basel ins Schiff geladen. So überantwortete 1478 Hans Lamparter in Genf 3 Faß (mit 8 Ballen Ortsafran) an Jakob Ingold (von Straßburg) und Andreas Bischoff (von Basel), damit sie es mit ihrem Gute den Rhein hinab fertigten, man solle ihnen den Fuhrlohn zahlen.[1] Möglicherweise hat aber der Geselle Wilhelm Richenbach die Waren den Rhein hinabgeleitet.[2] Auch ein anderes Mal stand seine Hilfe in Frage, aber man wollte doch lieber den Straßburgern oder Baselern den Safran anvertrauen.[3] Im nächsten Jahre sandte Klaus Frauenfeld von Genf 2 Faß (mit 8 Ballen Ortsafran) nach Basel, offenbar mit der gleichen Bestimmung.[4] Im folgenden Jahre kamen wieder 2 Ballen von Genf, Basel, Straßburg den Rhein hinab (darin 5 Ballen Safran und 1 Ballen Korallen).[5] 1503 sandte der von Lyon bei einem Fuhrmann 2 Ballen Safran nach Frankfurt, und zwar ging dieses Mal die Last den Landweg, der Fuhrmann Peter Retelin sollte wenigstens „Fuhrlohn" erhalten.[6] Es war damals die Schifffahrt fast völlig räumlich geteilt, Baseler fuhren bis Straßburg, Straßburger von da bis Mainz und wohl auch Frankfurt.[7]

Auch von Norden her wurde der Rhein für die Fahrt benutzt, jedoch nur bis Mainz. Wir haben noch eine Rechnung über 3 Stück (1 Kiste, 1 Korb, 1 ?). Sie gingen von Brügge nach Antwerpen zu Schiff, dann wurden sie nach Köln gefahren. Dort auf das Schiff gelegt, gelangten sie nach Mainz.[8] Ein andermal gingen von Antwerpen nach Ravensburg zu Schiff den Rhein hinauf 2 Ballen holländische Leinwand, 3 Ballen Arras und anderes Gut.[9]

Leider ist sonst das Material für die Landverbindungen von Köln und Antwerpen mager. Von der Frankfurter Messe führte 1503 Jakob Mingroß 1 Ballen Schamlot und 1 Sack nach Köln, Klaus von Flerzheim 1 Ballen Samt und Schamlot gen Köln.[10]

Offenbar war Köln der Umschlagplatz für die Waren, sie gingen dort durch die Vermittlung des dortigen Beauftragten der Gesellschaft an andere Transporteure über. Auch darüber haben wir wenige Nachrichten. In Neuß war 1 Terling Tuche arrestiert, Hans Kloter machte sie los und zahlte ihn nach Köln zu führen 1½ fl. Zugleich waren 2 Ballen, die der Kölner losmachte, in Kassel (wohl das bei Düsseldorf) angehalten worden.[11]

Von Flandern und nach Flandern wurden aber auch Waren auf weite Entfernungen zum Landtransport übergeben. So in Genf ein Ballen Korallen.[12] Selbst für Valencia bestimmte Waren gingen mitunter den Landweg. So wurden in Antwerpen 3 Ballen Arras und 7 Ballen Leinwand dem Fuhrmann Glaido Boschon nach Lyon aufgegeben.[13] Von Genua kamen eines Tages nach Antwerpen „bei

---

[1] 3, 339. [2] 3, 87. [3] 3, 126. [4] 3, 339. [5] 3, 352. [6] 3, 382. [7] Straub in Schriften d. Ver. f. Gesch. des Bodensees 41, 70—72. [8] 3, 425. [9] 3, 436, vgl. auch 432. [10] 3, 381. [11] 3, 335. [12] 3, 126. [13] 3, 435.

einem Kundedor" 9 Ballen Samt bei den Gesellen an, doch war es Eigentum eines Genuesen,[1] auch ist der Seeweg nicht ausgeschlossen.

Wenn der Transport in Deutschland und der ebenen Schweiz durch kleine Unternehmer, in Frankreich und Spanien durch größere besorgt wurde, so war er in den Alpen in den Händen einer Reihe von kleineren Genossenschaften, den Rodgenossenschaften. Die Notwendigkeit, daß der Säumer die Wege und ihre Gefahren bei übelstem Wetter, bei Lawinengefahr und Steinschlag, bei Schneetreiben und Wolkenbrüchen kannte, führte dazu, daß die Waren durch Bewohner der Täler selbst gefertigt wurden. Zwar gab es auch die Möglichkeit, mit Strackfuhrleuten durchzufergen, es entwickelte sich ein Eilgutverkehr zwischen Chur und Cleven, der von den Porten frei war, neben dem älteren Rodfuhrwesen. Aber das Gewöhnliche war noch durchaus, daß die Waren von Sust zu Sust, von dem einen Nachtquartier zu anderem durch einen vom Teiler der Reihe nach bestimmten Genossen befördert wurden.[2]

Auf Grund der damals bekannten Quellen habe ich ihre Geschichte behandelt, andere haben sie wesentlich tiefer erforscht,[3] unsere Quellen sind aber die ersten Einzelrechnungen, die wir kennen.

Diese Teilung des Transportes unter aufeinanderfolgende Genossenschaften zwang die Gesellschaften, alle größeren Transporte begleiten zu lassen. Zu dem Zwecke wurden von der Gesellschaft nicht nur Gesellen benutzt, die auch ohnedies nach Italien oder von dorther heimwärts wanderten, nicht nur wurden die Dienste von Gesellen anderer Firmen in Anspruch genommen, wie sie ihnen auch die Ravensburger gewährten, ihre Gesellschaft hielt sich vielmehr auf der Straße Gesellen, die wenigstens auf den Hochalpenwegen die Waren begleiteten, die sie meist von anderen Gesellen in Chiavenna, Chur, Feldkirch usw. übernahmen. Drei Hefte geben über solche Fahrten Auskunft.

Zu jenen Gesellen, die schon aus anderen Gründen über die Alpen zogen, scheint Jörg Koler gehört zu haben, der Ende 1474 17 Saum von Buchhorn bis zum Fondaco in Como begleitete.[4] Dann Thomas im Steinhaus. 1477 begleitete er 4 Ballen Safran, darüber haben wir seine genaue Rechnung, und dieses Mal erreichte er von Como Ravensburg zu Roß in 13 Tagen und hatte sich erst in Buchhorn vom Safran getrennt. Er war am 23. April in Mailand. Vorher hatte er im November des vorigen Jahres 5 Saum vom Norden her über die Alpen gebracht, in der Zwischenzeit war er wohl in Aquila gewesen.[5] Im Juni begleitete er wieder Waren bis nach Feldkirch, übergab sie dort Konrad Bader und übernahm von ihm wieder eine Saum Safran. 1478 brachte er selbst die von ihm in den Abruzzen

---

[1] 3, 444f. [2] Über die Strackfuhr (a drittura) vgl. Pfister, S. 157—176.
[3] Schulte 1, 357—388. Pfister, Herm., Das Transportwesen der internationalen Handelswege von Graubünden in Mittelalter und Neuzeit, Jur. Dissert., Leipzig 1913. [4] 3, 15. [5] 3, 249.

gekauften 5 Ballen Safran bis kurz vor Feldkirch. Dort übergab er sie einem Bauern, der den Zoll umfahren wollte, aber dabei gefaßt wurde, und nun wurden die Ballen beschlagnahmt. Thomas selbst war einen anderen Weg geritten.[1] Bis Feldkirch kam er mit 23 Ballen auch Ende 1480, und 1481 August zog er wieder mit 62 Stück Gut südwärts in die Alpen nach Mailand.[2] Auch Palin Hinderofen begleitete selbst 2 Kisten, vielleicht ist auch Heinrich Stüdlin nur nebenbei so verwendet werden, 1507 bei Auflösung des Geliegers brachte er zweimal Waren in Sicherheit.[3] Thomas im Steinhause zeigt uns, daß auch ein Sprosse eines vornehmen Konstanzer Geschlechtes sich nicht schämte, Waren zu begleiten.

Der richtige Geselle „auf der Straße" aber war Hans Her, dessen „Straßenbüchlein" vom 6. November 1499 bis zum 30. März 1500 reicht. In dieser winterlichen Zeit ist er außerordentlich oft über die Alpen gegangen.[4]

Am 8. Dezember gab ihm Junker Hans in Ravensburg das Reisegeld, und er zog über den Splügen mit 80 Stück Gut bis Como. Dann war er wieder über den Splügen zurück und übernahm am 20. Dezember in Chur ein wertvolles Fäßlein, das er bis Feldkirch brachte. Dort traf er Battista Sattler, der ihm 124 Stück Gut übergab, die er bis Chiavenna wieder über den Splügen brachte. Am 19. Januar war er in Cleven. Aber sofort ging es wieder nach Norden über den Septimer. Am 5. Februar überantwortete ihm Alexius Hilleson 56 von Lindau gekommene Stücke, am 14. wieder Hans Battista 21 Stück, die er über den Septimer nach Como geleitete. Unterwegs traf er in Chiavenna Heinrich im Steinhause, und zwar schon am 10. Februar. Dann brachte er wieder 16 Stück von Como bis Chur zu Hans Battista. Ob er noch abermals heimritt und dann einen Ballen Tuch bis Lindau brachte, ist zweifelhaft. Jedenfalls ging er am 14. Februar dann noch einmal zurück und brachte dann von Mailand (16. März), nochmals über die Alpen gehend, 3 Stück heim. Am 30. März war er daheim, er war 114 Tage auf Fahrten gewesen und hatte achtmal die Wasserscheide des Mittelmeeres überschritten. Und diese Wege hatte er zumeist zu Fuß zurückgelegt; denn Mietrosse hatte er auf dem Splügen nur zwischen den Dörfern Splügen und Campodolcino, einmal war er bis Chur dem Gute nachgeritten. Daß er dabei drei Paar Schuhe verbrauchte, sie viermal bletzen ließ, daß er seinen Rock füttern ließ, sich Handschuhe kaufte, wie einen Hut, eine Hose ausbessern ließ, zwei Hemden sich machen ließ, werden ihm die Herren gern bewilligt haben. Aber er kaufte sich auch einen Leibrock. Der wackere Geselle hatte für Quartier und Kost, für Barbier und Waschfrau in diesen 114 Tagen 19 fl 4 β 6 ₰ verbraucht, seine Zehrung betrug für den Tag 3 β 4,1 ₰. Die Rosse kosteten 1 fl 6 β 4 ₰. Seine Kleider-

---

[1] 3, 87. [2] 3, 250 f. [3] 3, 323. [4] 3, 251 ff.

ausgaben rechnete er auf 4 fl 5 β 7 ₰. Das sind zusammen an persönlichen Ausgaben 24 fl 16 β 5 ₰, für den Tag 4 β 4,5 ₰.

In den nächsten Jahren begegnen uns gar zwei Transporteure: Hans Her und Linhard. Linhard kommt dreimal vor,[1] Hans Her öfter, und es scheint, daß er auch wohl bis Genua Waren zu führen hatte. Einmal dingte man für ihn und seine 20 wertvollen Stück Gut, da gutes Wetter war, ein eigenes Schifflein über den Comer See um 2 Groschen.[2] Jörg Koler mußte für ein eigenes Schiff über den Comer See 2 ℔ 10 β Mailändisch zahlen.[3]

Da in den drei Rechnungen immer nur von Fuhrlohn die Rede ist, ergibt sich, daß damals sowohl über den Septimer wie über den Splügen die Waren, wenigstens in der Winterzeit, nicht auf Tragtieren gebracht wurden, sondern auf schmalen Schlitten oder Wägelchen. Für den Septimer ist das auch durch die Rodordnung von 1499 bezeugt, da sie von Ochsen redet, die als trittsicherer galten als „Mähren", und diese war ein Vertrag mit den oberdeutschen Handelsgesellschaften, daran waren sicher auch die Ravensburger beteiligt.[4] Die vier Porten (Rodgesellschaften) waren damit gemeinsam verbunden. Die Gesellschaften hatten ein Vorrecht, vor allen anderen „mit ihrer Kaufmannschaft" gefertigt zu werden.

Die Konkurrenz zwischen Splügen und Septimer ließ 1490 den Kaufleuten noch freie Wahl. Jetzt hatten sich die Gesellschaften auf den Septimer verpflichtet.[5] Diese Bestimmung ist nicht strenge innegehalten worden, denn Hans Her zog auch trotz des gerade abgeschlossenen Vertrages über den Splügen, obwohl er damit in Gefahr kam, daß auf der anderen Straße ihm Waren niedergelegt und aufgehalten werden durften. Der Weg durch die schauerliche Schlucht der Via Mala war kurz vor 1473 durch die am Verkehr beteiligten Gemeinden angelegt worden, so daß der Weg selbst von Wagen benutzt werden konnte. Dann begründeten sie eine Portgenossenschaft, und die neue Straße übte eine große Anziehungskraft aus.[6]

Schon vorher war der Weg über den Splügen von der Gesellschaft benutzt worden. Die einst von Karl IV. als monopolistisch erklärte Septimerstraße wollte das nicht dulden und klagte 1467 wider die Stadt Chur. Die von Chur verteidigten die Freiheit der Kaufleute und führten an: „Es hat sich kürzlich begeben, daß einer aus der Gesellschaft zu Ravensburg, genannt Hans Linhart, vor den Rat kam und sagte, daß er ein merkliches Gut zu Ravensburg liegen hätte, daß er hiedurch gen Lamparten fertigen wolle. Man wolle ihn damit über die untere Straße (Septimer) zwingen. Der Rat bat ihn ernstlich, die alte Straße zu fahren. Das wollte er um nichts tun und wollte eher über den Kunkelspaß fahren, der,

---

[1] 3, 277 f. 282. 317. 329.   [2] 3, 280. Sonst 3, 34. 39. 288 f. 308. 323.   [3] 3, 268.
[4] Schulte 2, 182—185.   [5] Pfister, S. 134.   [6] Schulte 1, 372 f.

hinter dem Calanda auf dem linken Rheinufer liegend, ihn von
Ragatz an Chur vorüber direkt nach Reichenau an den Eingang
zur Splügenstraße gebracht hätte. Da mußten sie ihn nach dem
handeln lassen, was ihm von seinen Mitgesellen befohlen war."[1]

Die Rechnungen geben immer den Fuhrlohn für die ganze Strecke
Chiavenna—Chur an, daraus scheint zu folgen, daß sie auf beiden
Straßen nicht von Port zu Port, nicht von Sust zu Sust, sondern
auf einmal entrichtet wurde, daß die Rodgenossenschaften also eine
gemeinsame Rechnung eingeführt hatten. Es handelte sich wohl
um Strackbetrieb und damit ergab sich vielleicht eine Gesamtauszahlung.

Auch für die Zölle erfahren wir aus den Rechnungen Neues.
Zwischen Chiavenna und Chur findet sich nie eine Zollabgabe,
daraus folgt, daß schließlich der Bischof von Chur erreicht hatte,
daß die vielen Zölle der Septimerstraße beseitigt oder mit dem
Zolle zu Chur, der Fürleite, vereinigt worden waren.[2] Auf der
Splügenstraße gab es keine Zölle, dort erhob aber der Zoller die
Fürleite, die Abgabe für die Straßenherstellung, während auf der
Septimerstraße der Teiler (partitor ballarum), der sein Teilergeld
erhob, noch neben sich einen Fürleiter hatte. Die Fuhrkosten
wurden meist für die Abschnitte Chur—Mayenfeld, Mayenfeld—Feldkirch und Feldkirch—Fussach besonders entrichtet oder wenigstens
aufgeschrieben, also wiederum nicht an allen Susten. An Zöllen
erscheinen die von Cleven, Chur, Mayenfeld, Vaduz, Feldkirch und
Fussach. Dieser betrug von der Saumlast 4 ₰, der von Vaduz
(2 β und 1 β)[3] war wie der von Feldkirch (3 β) viel höher. Mayenfeld, Vaduz und Feldkirch zusammen ergaben 8 β für die Saumlast
Safran, während der von Chur sich auf 3 β belief. Die Fürleite zu
Zizers wird in den Rechnungen nicht erwähnt und doch wurde sie
von dieser Gemeinde 1511 nicht nur für Tuchballen und Papier von
den Welsern von Augsburg, den Humpisen und den Besserern von
Memmingen, sondern auch für Baumwolle verlangt. Diese Forderung wurde vom Gerichte abgewiesen. Die Gesellschaft vertrat
der uns bekannte Lienhart Rudolf.[4]

Wohl aber erscheint in Chur die Fürleite neben dem Zoll. Hausgeld oder Sustgeld wird zu Feldkirch, Mayenfeld und Chur genannt,
so daß wir von Fussach bis Chur drei Tagereisen annehmen
müssen. An diesen Orten erscheint dementsprechend auch Teilergeld oder Bietgeld, zu Feldkirch auch Wagengeld.

Ich habe früher auf Grund eines Nürnberger Briefbüchleins die
Transportdauer der Briefsendungen zwischen Mailand und Nürnberg berechnet.[5] Ein Brief kam in 10 Tagen über, die meisten in
15 Tagen, der schnellste Bote legte den Weg in 12 Tagen zurück,
die Entfernung beträgt in der Luftlinie 470 km, das macht für den

---

[1] Schulte 2, 189. [2] Vgl. Schulte 1, 364 f. [3] 3, 251. [4] Schulte 2, 186.
[5] Schulte 1, 387.

Tag 37,5 km. Die kürzere Strecke war die von Lindau—Mailand (230 km), sie konnte also sicher in 7 Tagen zurückgelegt werden. Für Warentransporte haben wir folgende Angaben, immer Ankunfts- und Abgangstag eingerechnet: Feldkirch—Chur 3 Tage, Chur—Cleven 5 und 6 Tage. In späterer Zeit wurde vom Stracksäumer für diese Route 5 oder 6 Tage als Lieferfrist angesehen, für den Rodfuhrmann aber 8 Tage.[1] Damit kommen wir für die Stracksäumerfahrt von Fussach bis Cleven auf 8 bis 9 Tage und damit stimmt die einmal erwiesene Reisedauer von Como bis Ravensburg in 13 Tagen. Venezianische Gesandte machten den Weg von Lindau bis Como in 9 Tagen ab.[2] Und der Lindauer Bote brachte Personen und Pakete in 5½ Tagen von Lindau nach Mailand.[3]

Wir haben also gesehen, daß in Deutschland und der Eidgenossenschaft meist kleine Fuhrunternehmer ohne Begleitung seitens der Gesellschaft auch mit den teuersten Waren die Fahrten machten, auch im Rhonegebiete war das der Fall, wo die Unternehmungen größer waren. Auf der Strecke Saragossa—Lyon aber hatte man selbst gegen die Großtransporteure Besorgnis und begleitete meist die Waren. In Graubünden aber war die an sich vortreffliche Organisation in lokalen Porten (Roden, Rotten) die Ursache, daß man dort die Waren begleiten und Transporteure unterhalten mußte, die unermüdlich die Alpenpässe durchzogen, bis ihnen von der anderen Seite Waren entgegenkamen, die sie dann übernahmen. Dann begegneten sich auf engem Alpenpfade zwei Gesellen, die schnell die Nachrichten austauschten, Waren, Briefe übergaben und den Weg zurückmachten, den sie eben durchmessen. Wie ganz anders ist das Bild als das, was man sich vortäuschte! Wie wenig Besorgnisse vor Straßenräubern. Und noch eins! Der Fuhrmann war haftbar. An eine Versicherung der Landtransporte dachte man nicht.

§ *90. Transportkosten. Angaben nach den Orten geordnet. Verteuerung durch den Transport, durch Zölle. Zollpraxis.*

Für die Höhe der Transportkosten besitzen wir in den Papieren ein außerordentlich reiches Material. Man wird dabei aber zu unterscheiden haben zwischen den reinen Fuhrlöhnen und den Zölle, Susten(Haus-)geld, Teilerlohn, Binderlohn, Ladegebühren usw. einschließenden gesamten Unkosten von einem Orte zum anderen. Leider ist nicht immer darüber Sicherheit zu gewinnen. Insbesondere wurde mit den Zöllnern in der Schweiz, aber auch in Mailand und Genua abgerechnet, so daß da in Reiserechnungen die Zollgebühren nicht erscheinen.

Auf Vergleich mit anderem Materiale bin ich nicht ausgegangen.

---

[1] Pfister, S. 209. [2] Schulte 1, 386. [3] Gesch. d. Stadt Lindau 2, 85. Furtenbach hatte 1627 Nachtquartiere in Feldkirch, Chur, Splügen und wohl weiter Chiavenna und Como.

Deutschland. Ravensburg. Der Fuhrlohn für die oberschwäbische Leinwand wurde fast immer nach dem Stück berechnet. Er betrug nach Ravensburg von Wangen, von Isny und von Kempten aus gleichmäßig 4 ₰ für das Stück,[1] trotz der verschiedenen Entfernung. Nach Nürnberg galt fast regelmäßig der Preissatz von je 2 Quintal 1 fl.[2] Während es sich bisher um reinen Fuhrlohn handelte, so sind alle Unkosten berechnet bei dem Satze von 1 Ballen Kupfer zu $1^3/_4$ Quintal = 5 β, wie bei einem Fasse 5 ℔ 1 β = 2 fl 10 β.[3] — Nach und von Frankfurt finden sich die Sätze für 1 Quintal 1 fl 4 β, 1 fl 1 Ort.[4] Auch 1 Bällin (2 in einem Ballen) $2^1/_2$ fl rh.[5]

In **Memmingen** hatte später die Gesellschaft einen wichtigen Betrieb übernommen. Ein Faß nach Nürnberg kostete an Fuhrlohn 3 ℔ 4 β 9 hl., nach München 12 g⁰ = 1 ℔ 1 β, nach Ulm 1 Fardel 9 β 9 hl.[6] Von Kempten nach Memmingen kostete ein Faß Leinwand 5 β hl., ein offenbar kleines Faß 2 β 6 hl.[7]

Von **Ulm**, wo ein Kommissionär in Transportsachen tätig war, kostete nach Ravensburg 1 Quintal 8 β Fuhrlohn, ein Fardel Barchent 5 β.[8]

Von **Nürnberg** nach **Nördlingen** zahlte man für 3 Quintal 15 β, von $3^1/_2$ 1 fl.[9]

Zwischen **Frankfurt** und **Nürnberg** kosteten 3 Quintal 1 fl Fuhrlohn, 1 Quintal auch 15 β.[10] Die Preise der Fuhren zu und von den Frankfurter Messen waren stärkeren Schwankungen ausgesetzt. Dann ließ man wohl Waren in des Wirtes Gewölbe zurück.[11]

Für **Straßburg—Frankfurt** findet sich der Satz 1 Quintal 14—15 β, es handelt sich wohl um den Landweg.[12]

Am **Niederrhein** war Köln wieder der Mittelpunkt des Transportwesens. Ein Faß kostete von Frankfurt nach Köln — ob zu Land oder zu Wasser, ist zweifelhaft — wohl einschließlich der Zölle $3^1/_4$ fl.[13] In der Fahrt von Antwerpen nach Köln kostete der Zentner 10 Albus,[14] von Neuß nach Köln 1 Terling — ob zu Land oder Wasser, ist wieder fraglich — $1^1/_2$ fl.[15]

Für die Berechnung der Kosten des Transportes von Ravensburg nach **Mailand** und umgekehrt stehen drei ausgezeichnete Rechnungen dreier Transporteure zur Verfügung, die aber doch nicht alle Fragen, die man stellen könnte, erledigen. Der Transport ging in allen drei Rechnungen über Chiavenna, ob dann aber stets über den Splügen oder den Septimer, ist zweifelhaft. Die erste Rechnung allein gibt — ich folge hier immer den errechneten Schlußsummen, da, wenn beim Summieren der Aufwechsel hinzugerechnet ist, er eben in den Einzelposten doch nicht zur Erscheinung käme, wenn aber ein Rechenfehler vorliegt, so würde er eben nicht beseitigt werden — alle Fuhrlöhne getrennt an, nur der Zoll von Chiavenna ist mit eingerechnet. Dessen Höhe ist aber für die Saumlast von 20 rubb bekannt, er betrug 8 neue ₰.[16] Die Gesamtkosten von Mailand bis Ravensburg belaufen sich für 2 Saumlasten auf 5 fl 14 β 4 ₰, die reinen Fuhrlöhne auf 3 fl 12 β 1 ₰. Das ist 64,36%. Dieses Verhältnis wird noch höher, wenn man die Kosten von 2 Fässern

---

[1] 3, 38. 40f. 44. [2] 3, Nr. 65. [3] 3, 39f. [4] 3, 372 und in Nr. 65. [5] 3, 381.
[6] In Nr. 101. [7] In Nr. 93 und 94. [8] In Nr. 65 und S. 329. [9] Nr. 65, S. 366.
[10] 3, 398 und Nr. 65. [11] 3, 368. [12] 3, 352. [13] 3, 381. [14] 3, 425. [15] 3, 335.
[16] Schulte 2, 125.

abzieht, die während der Fahrt angeschafft werden mußten. Der Rest der Gesamtkosten ging zunächst auf Zölle zu Chiavenna, Chur, Mayenfeld, Vaduz, Feldkirch und Fussach (1 fl 3 β 2 ₰, also 22,29% der Gesamtkosten), der Rest auf Unterbringung (Sustgeld, Hausgeld), Gebühren für Vermittlung usw. Ohne die Auslagen für die Fässer betrugen die Kosten des Gesamttransportes für die Saumlast 2 fl 12 β $1/_7$ ₰. — Bei dem ersten $38^1/_2$ Saumlast umfassenden Transport Hans Hers ergibt sich an Gesamtkosten für jede Saum 2 fl 9 β 7 ₰. Von den übrigen Berechnungen Hans Hers sind nur zwei annähernd auf Saumlast zu berechnen. Ein Ballen Tuch kostete von Como bis Lindau 3 fl 13 β 3 ₰. 3 Stück Gut im Durchschnitt 2 fl 3 β 8 ₰.[1] — Thomas im Steinhaus brachte 4 Saumlast (8 Ballen) Safran von Como bis Buchhorn. Rechnet man die Saumlast ohne die persönlichen Ausgaben, so ergeben sich an Kosten für die Saumlast 2 fl 11 β $7^1/_2$ ₰, und nimmt man die persönlichen Ausgaben für Roß und Reiter hinzu, so kommt die Saumlast auf 3 fl 10 β — ₰. Auch in diesem Falle kann man den Fuhrlohn genau berechnen, er betrug für die 4 Saum 7 fl 12 β 4 ₰, das sind 73,77% der reinen Transportkosten, ohne die Kosten des Führers. An Zöllen waren entrichtet 1 fl 19 β 24 ₰, das ist 19,37%.[2]

Andere Nachrichten ergänzen das Bild. Von Como bis Ravensburg ergab sich für die Saum an Unkosten 3 fl 1 Kreuzer,[3] von Mailand bis Ravensburg für 1 Kiste 14 ℔ 12 β 5 Mailändisch.[4] 6 Ballen Bücher kosten von Mailand bis Como 3 ℔ 18 β Mailändisch, von dort bis Ravensburg 12 fl, worin die Unkosten beschlossen waren.[5] Von Genua nach Mailand zahlte man an Fuhrlohn für einen Ballen oder Kiste 3 ℔ Mailändisch,[6] ein anderes Mal für eine Saumlast 3 fl 10 β 5 ₰.[7]

Noch weiter greifen die folgenden Angaben über Transporte von Genua aus. Die Preise für die Transporte von Genua nach Frankfurt schwanken zwischen 6 und 7 fl. Es werden nämlich angegeben 2 Faß je 6 fl, ein anderes 6 fl 4 β, eine Kiste 6 fl $5^1/_2$ β, ein anderes 6 fl 3 β $1/_2$ ₰, ein Ballen 7 fl.[8] — Von Como zahlte man nach Nürnberg für 2 Saumlasten 13 fl Unkosten.[9]

Von Aquila nach Florenz kostete der Fuhrlohn für die Saumlast 13 Dukaten.[10]

Der Verkehr zum Rhone und nach Spanien bietet viele Nachrichten. Für die Route Genf—Ravensburg stand der Preis des Fuhrlohns, bei dem zum mindesten die Zölle im Aaregebiet nicht einbegriffen waren und auch die von Genf und Bern wohl fehlten, für das Quintal auf 15 bis 16 Groschen, höchstens $1/_2$ Ort minder denn 1 fl rh.[11] Für St. Gallen bis Genf ergibt sich unter den gleichen Bedingungen, ein Quintal kostet $1^1/_4$ fl rh.[12] Bei einer Eilgutsendung von Genf bis Buchhorn kostete das Quintal 3 fl.[13] 2 Faß kosteten auf dem Wege Genf—Basel—Straßburg —Frankfurt den Rhein hinab 24 fl 9 β 10 ₰ Fuhrlohn,[14] Lyon—Frankfurt ein Zentner $2^1/_4$ fl.[15]

Von Genf bis Lyon haben wir mehrere Angaben zur Hand. Die carga kostete 28 g° Savoy., 1 Fardell 1 fl, eine carga 2 fl current, aber

---

[1] 3, 252 f. [2] 3, 249. [3] 3, 373. [4] 3, 34. [5] 3, 323. [6] 3, 323. [7] 3, 373. [8] 3, 35, 372, 381. [9] 3 43. [10] 3, 325. [11] 3, 201. [12] Errechnet aus 3. 201. [13] 3, 218. [14] 3, 352. [15] 3, 382.

auch 2 fl 2 β.¹ Zusammenfassend ist die Angabe Lyon—Ravensburg 2 fl
für das Quintal.² Von Genf bis Avignon zahlte man vom Quintal
26 g⁰ oder 4 fl per carga. Das war der gewöhnliche Preis, eine Saumlast kostete 4 fl current.³ Bis Lile de Martigue pflegte man 5¹/₂ bis 6 fl
current zu entrichten, in der Not ¹/₂ fl mehr.⁴
Sehr wertvoll ist ein Rechnungsschema für St. Galler Leinwand, die
nach Valencia geht und in dem Abschnitt über Handelsartikel näher
zu besprechen ist. Die Unkosten betrugen für den Ballen von St. Gallen
bis Bouc ins Schiff gelegt 10 ℔ Heller und von da bis Valencia einschließlich Verkaufskosten 4 ℔ 3 β 3 ₰ Valenzer. Das sind 6,25 + 5,95
= 12,20 fl rh.⁵ Von Lyon ging auch aus der Verkehr nach Aigues-
Mortes, wie der Landweg nach Saragossa. Auf jenem wurde von einer
Kiste 1³/₅ fl current, auch 3 fl bezahlt, ein anderes Mal 3 fl 5 β 8 ₰, eine
carga kostet mit Hausgeld zu Lyon 8 fl.⁶
Auf den Weg nach Saragossa haben wir keine Angabe, die den
wahren Preis ergibt. Wir kennen nur Teilzahlungen, dem wahren Preis
kommt am nächsten 13 fl ¹/₄ gr. current.⁷
Schließlich bleiben noch einige Angaben über Querverbindungen.
Mailand—Lyon: 2¹/₂ Dukaten = 8 fl 8 β current.⁸ Antwerpen—Lyon lo
centenario 10 β gr.⁹ Barcelona—Genf 1 Bällin Korallen 22 ℔ 10 β.¹⁰ End-
lich Antwerpen—Köln lo centenario 10 Albus.¹¹
Die Fuhrleute wurden meist am Ende ganz ausbezahlt, erhielten aber
einen großen Vorschuß.¹² Das mahnt zur Vorsicht in Benutzung der
Angaben.
Für die Transportmittel gilt die Regel: Maultiere kamen langsamer
vom Fleck wie Wagen und diese wie Karren.
Für den Personentransport wurden vielfach Pferde benutzt, doch
scheute die Gesellschaft die Kosten. Mehrfach mietete ein Geselle ein
Pferd, wie Hans Her in den Alpen. Solche Mietpferde gab es auch in
Genua — Frexinar Rosse —, aber man versäumte mit ihnen seine Zeit.¹³

Einen besonderen Reiz hat es, festzustellen, wie stark sich die
Waren durch den Transport verteuerten.
6 Sack Pfeffer und etwas Brasilholz kosteten in Genua auf das
Maultier gelegt für den Sack 83 fl, die Unkosten bis Frankfurt betrugen 7 fl. In dem Werte zu Frankfurt staken also 7,77 % Un-
kosten.¹⁴ Bei Genueser Ingwer lassen sich auch alle Genueser Abgaben noch mitberechnen, damit steigen die Unkosten auf 13 %.¹⁵
Bei den hochwertvollen Korallen sinken die Unkosten (mit rund
22 fl 16 β bei 964 fl Gesamtwert) auf 2,37 % herab,¹⁶ bei einem
Ballen Samt (1602 ℔ 4 β, Unkosten 12,45 fl) auf 1,74 %, einem
zweiten (1553 ℔, Unkosten 12,4 fl) auf 1,78 %, zwei weiteren Kisten
(1511 fl, Unkosten 21 fl) auf 1,4 %.¹⁷
Andere Fälle für kleinere Strecken lasse ich beiseite.
Nimmt man den Durchschnitt der vier letzten Kisten, so ergibt
sich für die Route von Genua bis Frankfurt (645 km) ein Durch-

---

¹ 3, 200. 212 in Nr. 20.   ² In Nr. 24.   ³ 3, 214. 224. 337.   ⁴ 3, 214.   ⁵ 3, 238.
⁶ 3, 211. 212 und in Nr. 20.   ⁷ In Nr. 20.   ⁸ 3, 207.   ⁹ 3, 435.   ¹⁰ 3, 421.   ¹¹ 3, 425.
¹² 3, 213 und öfter.   ¹³ 3, 264.   ¹⁴ 3, 372.   ¹⁵ 3, 373.   ¹⁶ 3, 381.   ¹⁷ 3, 34 ff.

schnitt von 11,2125 fl an Transportunkosten, Zölle eingeschlossen.
Das macht für den Kilometer 0,01739 fl, also auf 1000 km 17,4 fl.
Es bestätigt dieses Ergebnis die Tatsache, daß im Mittelalter (und
auch bis zur Einführung der Eisenbahnen) nur hochwertige Waren
von geringem spezifischem Gewichte den Transport über weite
Strecken ertrugen, ohne eine sehr starke Preiserhöhung notwendig
zu machen.

Die Gesellschaft legte auf billige Transportkosten den höchsten
Wert. „Wo ein Ding mit den mindesten Kosten zugehen möchte,
wäre es das beste." Auf Verschwiegenheit der Fuhrleute wußte die
Gesellschaft, daß sie sich nicht verlassen könne.[1] Wenn man sich
aber der Vorstellung hingeben würde, daß stets an allen Zöllen die
Ballen aufzubinden gewesen wären, so würde das weit gefehlt sein.
Die Zöllner begnügten sich meist mit den Erklärungen der Fuhrleute und ihrer etwaigen Begleiter von der Gesellschaft, mindestens
bei den eingeführten Gesellschaften, mit ihrem Worte, unter Umständen mit dem Eide, aber es kamen auch Proben vor. Der Zoll-
betrieb war viel nachsichtiger, als man wohl annehmen möchte.
Auch die weitverbreitete Vorstellung, daß die Zölle die Waren auf
größere Entfernungen auf das Doppelte, ja Dreifache getrieben
hätten, erweist sich für wertvolle Waren als ein Irrtum. Das ist
eine nicht unwichtige Erkenntnis.

Zweites Kapitel

Der Transport auf dem Meere

*§ 91. Häfen. Genua, Sanpierdarena, Villefranche, Byssa, Bouc, Lage und
Bedeutung. Ebenso Aigues-Mortes. Ausdehung Frankreichs. Marseille. Collioure
Spanische Ostküste: Barcelona und andere katalanische Häfen. Tortosa. Grao von
Valencia, Denia, Alicante. Alamata auf Iviza. Bilbao. Bayonne. Sluis, Middel-
burg, Antwerpen. Grundsätze der Gesellschaft. Corsaren. Grünenbergs Mittelmeer-
fahrten.*

Von den Geliegern der Gesellschaft lagen Venedig, Genua, Avignon,
Barcelona, Valencia und Brügge (später Antwerpen) entweder am
Meere selbst oder hatten doch ihre abhängigen Hafenplätze. Venedig
kam schon wegen seiner Handelspolitik für die Verschiffung der
Waren der Gesellschaft kaum in Frage, da sie dem Fremden zur See
nur die Wareneinfuhr gestattete, nicht die Ausfuhr. Zwischen allen
anderen Häfen aber haben die Ravensburger an dem bestehenden
Schiffsverkehr sehr regen Anteil genommen, ja wahrscheinlich darf
man sagen, daß bis 1480 kein deutsches Geschäftshaus so stark den
Warentransport von dem Mittelmeer nach Flandern und umgekehrt

---
[1] 3, 169.

gefördert hat, als die Ravensburger; sicherlich war das Meer diesen oberschwäbischen Kaufleuten ebenso vertraut wie den Augsburgern und Nürnbergern, die sie dann schnell überholten.

Der herrliche Hafen von Genua, dessen Bedeutung in anderem Zusammenhange schon erörtert worden ist,[1] war mitunter gesperrt, so wenn ansteckende Krankheiten herrschten oder die stürmischen Kämpfe im Innern der Republik oder eine Blokade durch eine feindliche Flotte wieder einmal den Hafen verschloß. Dann fuhren die Schiffer wohl jenseits des Leuchtturms in San Pier d'Arena an Land, oder der Schiffsverkehr verlegte sich nach Savona, wo immer wieder schüchterne Versuche einer eigenen Handelspolitik gemacht wurden.

Villefranche war der erste Hafenplatz, den das Haus der Grafen von Savoyen 1388 gewann. Herzog Amadeus schloß mit Philipp von Burgund 1435 einen Vertrag, der dort eine gut besetzte Schiffstation vorsah.[2]

Schiffer des gleichfalls savoyischen Nizza werden von der Gesellschaft genannt, aber es ist kein Beleg für die Benutzung des Hafens bisher gefunden worden.

1476 sollte Friedrich Grünenberg, wenn er die Waren in Genua nicht löschen könne, es in Byssa tun. 1463 wird Pysir auch in Nürnberger Papieren genannt, Stephan Vischer wurden dort im Machtbereiche König Ludwigs XI. Waren in Beschlag genommen.[3] Einen solchen Ort habe ich an der Küste von Toulon bis Nizza, wo er doch wohl liegen müßte, vergebens gesucht.

Der Name des Hafens von Bouc ist heute völlig vergessen und doch gab es eine Zeit, da er von nicht geringer Bedeutung, für die Gesellschaft geradezu ein wesentlicher Hafen war.

Die Geographie lehrt, daß vor allem solche Häfen emporblühen, die die Nähe eines tief in den Kontinent eingreifenden Stromgebietes ausnützen können und doch nicht den Gefahren der Versandung ausgesetzt sind, die jedes Delta der Nachbarschaft bereitet. Der westlichste Golf an der an vortrefflichen Häfen reichen Küste der Provence ist der fast ganz von steilen, meist felsigen Hängen umgebene Étang de Berre, in diesem Golfe könnten riesige Flotten sicher ankern; auch stellt der Étang de Caroute, ein Fjord, eine völlig einwandfreie Verbindung mit dem Meere her, und an dessen Munde liegt Port de Bouc, von dem manche mittelalterliche Portolanen sagen: „Bocholi e bon porto." „buon porto per navili piccioli e puoi stare a ancora".[4] An der Innenseite des Kanals liegt das provenzalische Venedig, die aus drei durch die Wasserläufe von einander getrennten Teilen zusammengewachsene Stadt Martigue, eine Brückenstadt dicht hinter der Meeresküste. Bouc — das in den

---

[1] Oben 1, 259f. [2] de la Roncière, Histoire de la marine française, 2, 274.
[3] Müller in Viertelj. f. Soz. u. Wirtschaftsg. 6, 7. [4] Portolan Palma-Magliabecchi (Kretschmer, Die Portolanen, S. 288) und P. Rizo (S. 479).

französischen Büchern kaum genannt wird[1] — hätte den Vorzug vor Marseille, dem altgriechischen Emporium, wenn nicht seine Verbindung mit dem Rhonetal noch übler wäre als die Marseilles. Der Etang de Berre gewährt nach keiner Seite einen bequemen Weg landeinwärts; in den Zeiten als auch nördlich noch Sümpfe waren, die durch Wasserläufe verbunden waren, war die Verbindung noch mehr erschwert. So haben auch die straßenbauenden Römer keinen Nutzen aus dem Golfe gezogen.

Wer den durch die dahinterliegende Höhe einigermaßen geschützten Hafen von Bouc in nordwestlicher Richtung verläßt, muß die gewaltige unwirtliche Geröllebene der Landschaft la Crau — der Sahara Frankreichs — durchqueren, die den heftigen und häufigen Winden schutzlos preisgegeben ist,[2] oder wer auf einem Flußschiffe rhoneaufwärts will, muß zu den Gefahren der Stürme noch die der Sandbänke eines damals völlig ungeregelten Alpenstromes auf sich nehmen; der alte Graben, den einst Marius hatte herstellen lassen — mit dem Hafen Fossae Marianae —, war längst verschwunden. Erst wenn die Waren in Avignon abgeladen worden, waren sie den größten Fährnissen entzogen. Gelegentlich muß von der Gesellschaft auch der Hafen des am linken Rhoneufer gelegenen Arles benutzt worden sein.[3]

Bouc und Martigue bedeuteten in der Geschichte des Altertums und Frühmittelalters nichts, es waren gute Schutzhäfen ohne Verbindungen, Fischerorte — mehr nicht —, erst vom 13. Jahrhundert an scheint Leben in diese Plätze zu kommen.[4] Und da mag die Brücke von Bompas über die Durance Wandel geschaffen haben, wie das Verlanden der Lagunen, nun konnte das Maultier von Avignon nach Bouc gelangen.

Die Gesellschaft bevorzugte Bouc vor Marseille und hatte ihre Geschäfte so eingerichtet, daß ihr Faktor in Avignon seinen Wohnsitz hatte, in Martigue aber der provenzalische Korrespondent, der die Waren nach Bouc legte. In diesen den Winden ausgesetzten Hafenplatz sandte man auch wohl einen jüngeren Gesellen zur Beaufsichtigung der Ladung und Löschung und der Geschäfte des Korrespondenten.

Marseille wie Bouc gehörten dem alten Reiche Burgund an und beide unterstanden der Grafschaft Provence. Im Jahre 1481 ging diese an den König von Frankreich über, die Reste des alten Arelatischen Reiches hatten jetzt jeden Zugang zum Meere verloren und Frankreich nunmehr beiderseits der Rhonemündung die Küste und damit

---

[1] Fehlt es doch auf dem Atlas historique de France von Longnon. Ebensowenig nennt es Lavisse, Histoire de France. [2] Vgl. Brendt, Die Plaine de la Crau. Wiss. Beil. z. Progr. Oberrealschule Breslau 1886 f. [3] Lenthéric, Les villes mortes du golf de Lyon, S. 328. [4] Wenigstens wird es in dem Prozesse, den die Gesellschaft wegen des Durchzugs durch den Dauphiné führte, genannt. Württ. Vierteljahrsh., N. F., 11, 403.

die Schiffahrtsherrschaft gewonnen. Wenn bis dahin die Galeeren von Venedig und Florenz den Hafen von Bouc angelaufen waren, hatten sie noch nicht das Lilienbanner begrüßen müssen, jetzt mußten sie es.

Westlich der Rhonemündung liegt an der immer stärker versandenden Küste eine Stadt mit dem bezeichnenden Namen Aigues-Mortes. Inmitten einer toten Lagune liegend hatte sie Ludwig der Heilige begründet, ihr Hafen, Mauern und reiche Handelsprivilegien gegeben. Aquae mortuae trat als Hafen an die Stelle der dem Meere entrückten damals noch zu Aragonien gehörenden Städte Montpellier und Narbonne, es war der erste Hafen des Reiches Frankreich am Mittelmeer. Doch der kurzen Blüte folgte ein tiefer Niedergang, wie es das Privileg König Karls von 1434 bezeugt, der hundertjährige Krieg hatte die Verbindungen Frankreichs mit dem Orient durchschnitten, Genuesen und Katalanen waren feindlich im Hafen erschienen und fremde Kaufleute hatten sich angesiedelt, der Meereszugang von Narbonne war versandet. Neues Leben gab dem Hafen von Aigues-Mortes ein genialer Kaufmann, der Frankreich wieder eine wirtschaftliche Stellung am Mittelmeere gewann: Jacques Cœur. Wie er selbst sein Handelshaus auf den überseeischen Handel mit der Levante und auf die Schiffahrt im Mittelmeere einstellte, so leitete er die königliche Politik dahin, daß Frankreich den Fluß- und Meereshandel zurückgewann. 1445 erließ König Karl VII. auf Betreiben seines Prokureurs das Dekret, daß Gewürze und Drogen, die nicht über Aigues-Mortes, la Rochelle oder Flandern in das Königreich eingeführt würden, einen Wertzoll von 10 Prozent bezahlen sollten.[1] So sollten dem Hafen Schiffe, Waren, Kaufleute und Geldmittel zugeführt werden. Für den Safran galt dieses Einfuhrmonopol nicht.

Der plänereiche Argentier du Roi erreichte es auch, daß der König den Bau von Galeeren in Aigues-Mortes anordnete und damit schuf Jacques Cœur die „Galeen de Frantza", von denen bei den Schiffsgattungen näher zu reden ist. Sie gehörten Jaques selbst und gingen hauptsächlich in den Orient, aber auch an die spanische Ostküste.[2] Ihre Kosten wurden dadurch erleichtert, daß Jacques die Einrichtung eines Bagnos durchsetzte, er führte die Galeerensklaverei in Frankreich ein, auch trugen die Stände von Languedoc wie der König zu dem Unternehmen bei. Mit beträchtlichen Geldmitteln wurde der Hafen und seine Zufahrt instand gesetzt, wie die von Agde und Vias, und ein Kanal sollte zum Rhone die Schiffahrt ermöglichen. Fremden Schiffen wurde der Zugang zu den Häfen erschwert,[3] alles sollte den Schiffen Jacques' vorbehalten bleiben, ihr Leiter saß in Marseille, während das Geschäftszentrum Montpellier

---

[1] Das Aktenstück ist veröffentlicht in den Annales du Midi 8, 428—431.
[2] de la Roncière 2, 281. [3] Clément, Jacques Cœur et Charles VII., S. 264, nach den Akten der Anklage gegen Jacques. De la Roncière 2, 277, nach Genueser Archivalien.

war. Der Sturz des kühnen Kaufherren (1451. 3.) zertrümmerte sein eigenes Geschäft, aber diese monopolistischen Tendenzen lebten unter dem großen Gönner der Kaufmannschaft Ludwig XI. wieder auf, nachdem sein Vater wenige Jahre lang auf sie verzichtet hatte. Der Capitain, der Cœurs Flottille geleitet hatte, übernahm sie nun aus königlichem Auftrage. Der Kampf mit den Venezianern war um das Monopol von Aigues-Mortes ausgebrochen. Es ist nicht unsere Aufgabe, die verwickelte Geschichte der Pläne des Königs zu erzählen. Das Einfuhrmonopol fiel an die vier Galeeren von Aigues-Mortes und Narbonne, dagegen haben die Stände von Languedoc selbst heftig sich eingesetzt. 1481 verzichtete der König auf dieses Monopol,[1] er erwog es aber noch zu verstärken, doch als er den riesigen Plan einer monopolistischen Gesellschaft für Handel und Schiffahrt 1482 in Tours den französischen Städtevertretern vorschlug, sprachen diese sich für die Handelsfreiheit aus.[2] Auch für Aiguesmortes kam das wieder zur Geltung. Der neue König Karl VIII. gab den Kaufleuten von Genua, Florenz, Venedig, Neapel, den „Alemans und den Tudesques" freien Zutritt in Aigues-Mortes. Die Eigentümer der Galeassen von Aigues-Mortes verloren ihr Monopol. 1492 erneuerte Karl den Kaufleuten seines Reiches, der Provence, des Delphinates, von Avignon, den „Genevois, Florentins, Alamans, Cathelans, Nappolitains, Venissiens, Tudesques, Grecz" usw. den freien Verkehr und freie Schiffahrt, wenn sie nur die alten Rechte zahlten.[3] Wie wir sehen werden, wurden die Galeerenfahrten von Venedig oft nach Aigues-Mortes benannt; so wird es uns deutlich, daß die Venetianer an sich diesen Hafen bevorzugten und nur aus politischen Gründen in Zeiten eines politischen oder doch handelspolitischen Gegensatzes Ersatz in Bouc suchten.

In unseren Papieren wird 1479 gesagt, daß wer in Aigues-Mortes „lo dret" gezahlt habe, in Lyon „la intrada" spare;[4] unter dem dret ist der Einfuhr- und Ausfuhrzoll zu verstehen, der in Aigues-Mortes im Betrage von 2 den. Tournois auf das ℔ erhoben wurde ($^1/_{120}$ des Wertes).[5]

Aigues-Mortes wie Bouc kamen trotz alledem nicht recht auf, beide waren die dem Rhone am nächsten gelegenen Häfen, jenes der älteste französische Hafen, dieser den Anjous gehörig. Als Frankreich Montpellier gewann, erhielt Aigues-Mortes seinen Stoß, und als Marseille 1481 an Frankreich fiel und 1486 die Vereinigung der Grafschaft Provence mit der Krone von Frankreich ausgesprochen wurde, hatte dieses seinen eigentlichsten Hafen am Mittelmeer gewonnen, und sofort wurde es Aigues-Mortes für die Wareneinfuhr gleichgestellt.[6] Wohl haben die beiden älteren Plätze

---

[1] Sée, Henri, Louis XI. et les villes, S. 338. [2] De la Roncière 2, 388 f. [3] Ordonnances 20, 378 f. [4] 3, 105. 122 (1 ℔ per ℔), 211 (für 15 Kisten wurde an Clavaria, Marca, Entladen und Hausgeld 5 ℔ gezahlt). [5] Karl VII. stellte 1436 so die Abgabe wieder her und Ludwig XI. bestätigte das 1463. [6] Ordonnances 19, 680, Note a.

ihre Anhänger noch behalten, in Aigues-Mortes kann ich die Gesellschaft noch 1515 nachweisen, aber das war nur ein Festhalten. Die Periode war abgeschlossen, da die Herzöge von Burgund, Savoyen und Anjou um die Westfront Frankreichs herum den Handel von Brügge bis Bouc, Marseille und Villefranche leiten konnten. Der geniale Kaufmann von Bourges — ein Vorläufer von Grasham — hatte seinem Vaterlande richtig die Wege gewiesen: eigene Schiffahrt im Mittelmeere, königliche Messen in Lyon, die die Genfer zurückdrängen sollten. Die politischen Erfolge kamen hinzu, vor allem der Erwerb der Provence. Wenn der Weg durch das Reich Arelat ein uralter, von der französischen Krone freier Handelsweg gewesen war, wenn vor allem einige der savoyischen Herzöge ihn ausgebaut hatten, nun war er unter Frankreichs Herrschaft gekommen.

Collioure, der Haupthafen der Landschaft Roussillon, erfreute sich in der Zeit Ludwigs XI. seiner Gunst, es erhielt 1463 dieselben Privilegien wie Aigues-Mortes, ja er wollte die Stadt an die Stelle von Aigues-Mortes setzen. Die Grafschaft Roussillon war aber nur von 1463 bis 1491 und von 1659 an in französischem Besitze, sonst gehörte sie zur Krone Aragonien. Der Zoll zu Collioure erscheint gelegentlich in den Papieren der Gesellschaft.[1]

An der Küste Kataloniens war Barcelona, das im 15. Jahrhundert seinen Hafen durch erhebliche Kunstbauten erweiterte. Zeitweise wurde er von der Gesellschaft stark benutzt, daneben erscheinen beiläufig San Feliu de Guixols,[2] Tarragona und als häufigeres Ziel Tortosa, dessen Hafenplatz die Bucht von Alfaques war.[3]

Im Königreiche Valencia wurden von dem Gelieger dieser Stadt ihr Hafen Grao benutzt, auch wurden Waren zu Denia[4] und namentlich zu Alicante verladen.[5]

Der Hafen von Alamata ist auf Ivizza zu suchen.[6]

Die Krone Aragonien, zu der das sehr selbständige Katalonien, Valencia und die Balearen gehörten, war oft in Meereskriege, namentlich auch mit Genua verwickelt, und auch die inneren Kämpfe haben wohl öfter den Hafenverkehr namentlich Barcelonas verhindert. Doch darüber ist schon früher gehandelt.[7]

Im Hafen von Bilbao wurden oft die von Flandern für Saragossa bestimmten Waren gelöscht.[8] Auch kam gelegentlich wohl Bayonne, das zu Frankreich gehörte, in Frage.[9]

In Flandern sind die Häfen, die Brügge und Antwerpen dienten, meist nicht näher genannt; doch besteht kein Zweifel, daß in der

---

[1] 1479. 3, 12. 143.   [2] Häbler, Zollbuch 1434.   [3] Vgl. 3, 271. 275. 294. 296. 301.   [4] 3, 447.   [5] Vgl. 3, 84. 100. 185. 189.   [6] Oben 1, 303, und Calmette, Louis XI., Jean II. et la révolution catalane, Toulouse 1902.   [7] 3, 180 und oben 1, 303, über die Balearen.   [8] Vgl. 3, 134. 138. 158. 241. 414. 432. 435.   [9] Vgl. 3, 194.

älteren Zeit Sluis,[1] später auch Middelburg auf Walcheren und Antwerpen selbst die benutzten Häfen waren.
Die Rechnungen wurden auch auf dem Landwege gesandt.[2]
Die Gesellschaft bevorzugte den billigeren Transport auf dem Meere im allgemeinen, doch gehen die wertvollen Genueser Waren nach Flandern und umgekehrt meist auf dem Landwege, wie auch sonst für eilige Sendungen der Landweg vorgezogen wurde. Die Schiffahrtsverbindung war im atlantischen Verkehre im Winter völlig unterbrochen, und auch im Mittelmeere fanden sich nur selten Schiffsgelegenheiten. Im Frühling gingen die Passadien durch die Straßen von Gibraltar, im Spätsommer kehrten sie durch sie heim, doch fuhren gleichzeitig auch Schiffe in der umgekehrten Richtung.[3]
Eine sehr ernste Gefahr bildeten die Seeräuber.[4] Christen und Moslim wie alle Völker waren daran beteiligt, ausgesprochene Seeräuber und solche, die irgendein Mäntelchen vorschützten. Vor ihnen hüteten sich die Schiffe, indem sie zu mehreren zusammen „in Conserva" fuhren. Auch die Papiere der Gesellschaft reden oft von den Piraten. Mehrmals hat sie durch Corsaren Schaden erlitten. Die kleineren Schiffe waren mehr gefährdet als die großen.[5] Gegen diese Gefahr wie alle anderen, die den Schiffen drohten, schützte sich die Gesellschaft möglichst durch die Befolgung des oft gepredigten Grundsatzes, nicht zu groß auf einem Boden zu sein, d. h. die Waren möglichst auf mehrere Schiffe zu verteilen.[6] Man hütete sich auch vor Schiffen, die allzu weit umfuhren.[7]
Für einen Gesellen, den Konstanzer Friedrich Grünenberg, liegen so viele Nachrichten über seine Meerfahrten vor, daß es sich wohl lohnt, an der Hand derselben sein Leben und Treiben zu schildern.[8] Es ist das das einzige Mal, daß wir einen Deutschen im Mittelalter auf dem Mittelmeer genau verfolgen können.
Am 6. Oktober 1475 kam er in Bouc auf die Gallea Venezian, die am gleichen Tage „Vela machte", absegelte. Am 11. kam sie nach Barcelona, wo Friedrich ans Land fuhr. Am 15. erreichte das Schiff den Grao von Valencia, erst am 17. verließ der Konstanzer das Schiff und brachte eine Nacht in Valencia zu, wie er auch vom 21. bis 23. dort blieb. Die übrige Zeit vom 18. Oktober bis zum 16. November weilte er am Grao, mit Ein- und Abladen beschäftigt. Auf den beiden Galleen Capedain und Patrona waren zu Bouc 78 Caps geladen worden, von ihnen gingen 12 bis Barcelona, der Rest bis Valencia. Von Genua brachte das Schiff schon 25 Caps für Valencia. Dem Patron hatte er für sich für je 6 Tage einen Dukaten zu zahlen, für 9 Tage also 1½ Dukaten = 1½ ℔ Valencianer Münze. In den 30 Tagen am Grao verzehrte er 3 ℔ 6 β. Für diese Fahrt ist Grünenbergs Ladebericht erhalten.

---

[1] 3, 59. [2] 3, 106. 304. [3] 3, 420. [4] 3, 74. 82. 115. 146. [5] 3, 413. [6] 3, 57. 76. 133. [7] 3, 57. 290. [8] Vgl. 3, 229—235.

Die zweite Fahrt begann am 16. November. Er bestieg wieder eine Venezianer Gallea, es wurden wieder dieselben Schiffe benutzt, er hub an diesem Tage an mit dem Patron zu essen, in der fünften Stunde nach Mittag machte das Schiff Vela. Dieses Mal dauerte die Fahrt viel länger. Am 18. legte das Schiff Anker in dem Hafen von Portomagno auf Iviza, und Friedrich ging 2 Tage ans Land. Die Fahrt wurde erst am 27. wieder aufgenommen und brachte Friedrich am 30. noch weiter östlich nach dem Hafen Soller auf Mallorca.[1] Am 3. Dezember tat sich Ostwind auf, der die Reisenden am 5. Dezember an die Küste von Katalonien brachte, vom 7. bis 9. ging Friedrich nach Tarragona. Barcelona konnte erst am 18. Dezember erreicht werden, am Lande verbrachte Friedrich 3 Tage. Dann verlor das Schiff seine Genossen, die in Conserva fuhren, und das Schiff legte im Hafen von Palamos (Bala morss) in tiefem Wasser (fundana) an. Am 24. Januar kam die Conserva wieder heran. 36 Tage war Friedrich am Lande, und nachdem die Schiffe am 26. Januar Vela gemacht hatten, erreichten sie nach einer Fahrt von 75 Tagen endlich am 28. Bouc. 44 Tage hatte Grünenberg davon am Lande zugebracht, diesesmal zahlte er in der Galeere für je 7 Tage einen Dukaten, verbrauchte aber zusammen 7 ℔ 6 β Valenc. Auf dem Schiffe war es so kalt, daß Grünenberg sich für 1 ℔ einen Pelz kaufte. Auf Capedain waren 113 Caps, dazu kamen in Barcelona 4, der Patrona hatte man in Valencia 71 Caps anvertraut. Alles wurde in Bouc abgeladen. Vom 28. Januar bis zum 9. Mai hatte der Geselle nun in Bouc und Lila de Martiga Ruhe, wo er 6 ℔ 8 β Valencianer ausgab.

Dritte Fahrt. Am 5. Mai 1476 kam la galea Florendina, patron Piero Franscho Denenzengo (auch Tusin genannt) und Schreiber Paldo de Paldo, nach Bouc, und am 10. stach das Schiff in die See, kam am 10. nach Marseille und wandte sich am 15. Spanien zu (al yspaniges). Der Aufenthalt in Barcelona dauerte vom 17. bis zum 19., am 24. erreichte Grünenberg sein Ziel Valencia. Auf dieser Fahrt hatte der Konstanzer 69 Doppel- und 45 einfache Ballen zu geleiten. Vielleicht waren in Savona schon 52 Caps und 4 Kisten eingeladen worden.

Die vierte Fahrt trat Grünenberg am 21. Juni an, am folgenden Tage begann die Ausfahrt. Wohl in Barcelona nahm er für Genua 2 Ballen Lösch und 2 Ballen Korallen (Ave Maria) an Bord, wofür das Nolit 2½ Dukaten pro Ballen betrug, zu Bouc dann auch eine Kiste mit Konfekt und einen Ballen mit Bettdecken. Er sollte von Valencia 175 Caps nach Bouc und 16 nach Genua bringen und erhielt Aufträge, die er dort auszuführen hatte. Er benutzte wiederum dieselbe Florentiner Gallea. Grünenberg hatte die Anweisung, wenn er die Waren in Genua nicht löschen könne, es in Byssa zu tun.

---

[1] Friedrich schreibt „Salon".

Dann verschwindet Grünenberg. Da man nach ihm suchen ließ, so war ihm entweder ein Unglück zugestoßen oder der abenteuernde Geist hatte auch ihn ergriffen. Ein Verzeichnis der Papiere, die er bei sich hatte, liegt noch vor.

Bei seinen Papieren findet sich ein Beichtzettel über die Osterbeichte 1476 und Aufzeichnungen über Arzneien, von denen er in Zeit von 16 Tagen eine nicht geringe Menge verbrauchte.

§ 92. *Fahrten. Die Gesellschaft benutzt nur südeuropäische Schiffe. Barken, Walfischjäger, Bergantinen, Nefe (Koggen), Galeen, Galeeren, Galeazzen, Karavelen. Die großen Schiffe verschwinden. Bedürfnisse der Gesellschaft und Richtungen der Waren. Die regelmäßigen Galeerenfahrten. Die Venezianer, ihre beiden Linien, Florentiner, des Königs Ferrante von Neapel, von Frankreich. Genueser Schiffe. Fahrten 1479. Bedrohung des Schiffslebens durch Frankreich.— Schiffslohn. Avarie.*

Der Einschlag der Fahrten der Ravensburger Waren in die Geschichte der Seefahrt ist nicht einfach zu machen; denn es fehlt an einer zusammenfassenden Darstellung, und die kleine Einzelliteratur ist ungemein verzettelt. So bleibt mir auch da nichts übrig, als öfters selbst die Bahnen zu suchen und unser Quellenmaterial, verbunden mit den Angaben des Barceloneser Zollbuches, gestattet die allgemeine Schiffsbewegung einigermaßen zu erkennen.

Die reiche Überlieferung gestattet sogar zu sagen, welche Schiffstypen die Gesellschaft bevorzugte, und wie sie sich zu den tiefgreifenden Reformen stellte, die erst die Entdeckungsfahrten der Portugiesen und Spanier ermöglichten.

Die alten Formen der Segel- und der Ruderschiffe waren von den Mittelmeervölkern mehr und mehr gesteigert; dazu zwang der schon damals erkannte Satz, daß das größere Schiff seine Tragfähigkeit noch mehr erhöht als seine Tonnage, seine Mannschaft und seine Baukosten — also billiger arbeitet, und für die bewaffneten Schiffe kam hinzu, daß die aufgestellten Geschütze für den Rückstoß stärkerer Konstruktionen aufzwangen und diese auch in einem größeren Schiffe leichter anzubringen waren als in einem kleinen.[1]

Als kleinste Segelfahrzeuge benutzte die Gesellschaft die für den Küstenverkehr besonders gebrauchte „barca", die ein lateinisches, d. h. ein Dreiecksegel an dem einzigen Maste trug. Die Heimathäfen sind uns mehrfach bekannt: St. Ffeliú bei Barcelona, Colliure und Agde, aber auch ein kastilianischer, sie werden vor allem für den Verkehr zwischen Barcelona und der Rhonemündung gebraucht worden sein.

Das Gegenteil zu diesen an die Küste gebundenen Schiffen bilden der balaner, deutsch Balinger, das ist ein Walfischfänger, wie er

---

[1] Vgl. Vogel, Geschichte der deutschen Seeschiffahrt, 1.Bd., 1915. Hagedorn, Die Entwicklung der wichtigsten Schiffstypen bis ins 19.Jahrhundert, 1914. Alberto d'Albertis, Le costruzioni navali e l'arte della navigazione al tempo di Cristoforo Colombo, Roma 1893 (Raccolta... della r. Commissione Colombiana 4, 1.) Duro, Disquisiones Náuticas. Jal, Archéologie Navale, Paris 1840, 2 Bde. Capmany.

vielleicht von den Biscayern zuerst für rasche ozeanische Fahrt gebaut wurde, und der bergantino, italienisch brigantino. Es war ein ziemlich kleines niederes Schiff mit lateinischem Segel, das aber zur Aushilfe auch die Ruder gebrauchen konnte; die Ruderkraft der zwar sehr langen, aber schwachen Riemen war nur schwach, auf jeder der 8—16 Bänke saß nur ein Ruderer. Der bergantino war auch ein Schnellschiff, für Forschungsfahrten geeignet, als Kundschafterschiff diente er öfters, der balanero war das beliebteste Schiff der Seeräuber. Den balanero finde ich nur einmal von der Gesellschaft benutzt, den bergantin namentlich in den älteren Zeiten weit öfter, darunter auch „lo berganti d'Aigues mortes". In den bisher bekannten Teilen der Zollrechnungen findet sich kein Fall, daß von Flandern nach Barcelona und umgekehrt Bergantins Waren trugen, wohl aber Walfischfänger (1473). Bei Walfängern und auch bei Barken gab es Mitte des 15. Jahrhunderts auch außerordentlich große Schiffe.

Das verbreitetste Segelschiff des Mittelmeers war die Nau (das Nef der westfranzösischen Schiffahrt, aus deren Umkreis sie stammen soll), und gerade das wurde von der Gesellschaft am meisten benutzt. Es ähnelte dem nordischen Koggen, war gleich ihm ein mächtiges, schweres, hochbordiges Lastschiff mit hohem Vorder- und Achterkastell, ein Fahrzeug, das wegen der riesengroßen lateinischen breiten Segel eine starke Mannschaft brauchte, es begnügte sich nicht mehr mit einem Maste, von ihm rührt vielmehr der Besammast her, ja bald war es Regel, neben dem großen Mittelmaste auf jedem Kastell einen kleineren aufzupflanzen. Der nordische Kogge wurde in seinen Formen übertrieben zur Carracka, der caraque der Romanen. In den Zollregistern ergibt sich die Form der Nau als die am häufigsten von der Gesellschaft benutzte, fast fünfzigmal wird sie genannt. Als Heimatsort wird bei einigen Nizza, Biscaya, Kastilien, Neapel und Genua angegeben. Sie fuhren auch bis Flandern, wie ja im Zollbuch auch naus de Flandes erwähnt sind.[1] Der große Nachteil dieser Schiffe war, daß sie vom Winde fast völlig abhängig waren, gut liefen sie nur, wenn der Wind von achtern das Schiff unmittelbar seinem Ziele zuschob.

Die sich daraus ergebende Unpünktlichkeit der Schiffahrt war bei denjenigen Schiffen vermieden, die ihre Hauptbewegungskraft aus den Armen der Ruderknechte gewannen und die Segel nur bei günstigem Winde benutzten. Zu den Naus sind wohl auch die „leny" zu rechnen, die nur in der ältesten Zeit sich finden.

Eine sehr alte Form war die saetía, ein niedriges, auf möglichste Schnelligkeit berechnetes Schiff, das seinen Antrieb von 24 bis 100 Riemen erhielt. Diese sagitia finde ich nur einmal im Mittelmeer benutzt.

---

[1] 1434.

Das wichtigste Ruderschiff war die galea, das echte Schiff der Handelsstädte des Mittelmeers. Es war zugleich Kriegsschiff und Handelsschiff. Wenn es auch seine Hauptkraft von den oft 25 Ruderbänken erhielt, auf denen je drei Ruderer ihren eigenen Riemen führten, so hatten sie doch auf dem als Gang und Kommandobrücke dienenden Mittschiffsgange einen oder zwei Maste, die an ihrer Rahe das malerische mächtige lateinische Segel trugen. Sie erforderten eine sehr erhebliche Besatzung. Mit ihnen in den Ozean hinauszufahren war immer ein gefährlich Ding. Das Schiff wurde mit Zunahme der Größe segelfähiger, und so entstanden in steter Steigerung der Größe, in einer Verbreiterung der Form die Galeere, die galea grossa, und endlich die galeazza, der Stolz venezianischer Schiffsbaukunst, die noch bei Lepanto siegte; sie hatte die Kraft der Riemen zur höchsten Steigerung gebracht. In den Zollregistern erscheinen die Galeeren immer stärker benutzt. Auf diese regelmäßigen Fahrten ist bald einzugehen. Nur Weniges über ihr Aufkommen.

Seit dem Anfang des 14. Jahrhunderts gingen unter staatlicher Leitung und staatlicher Ausrüstung die Schiffskonvois der Venezianer, die regelmäßig vom Staate verpachtet wurden, durch die Straße von Gibraltar nach Brügge und auch nach England. Damit erhielten die Champagner Messen — die nur auf dem Landwege erreicht werden konnten — einen weiteren Stoß, und schloß sich jetzt der Ring um Europa, und ward Flandern der führende Handelsplatz auch Südeuropas. Was Venedig begonnen, ahmte Florenz, dann König Ferrante von Neapel, und durch Jacques Cœur veranlaßt auch Frankreich nach. Doch davon später. Bleiben wir zunächst bei den Schiffstypen.

In dem Jahre 1478 wurde zum ersten Male von der Gesellschaft, soweit sich das ersehen läßt, eine Caravela benutzt, und diese neue Schiffsart, die in den Gang der Weltgeschichte eingreifen sollte, wurde in ihrer Bedeutung auch von einzelnen aus der Gesellschaft erkannt, die die Frachtersparnis der großen Schiffe übertroffen sahen durch den Zeitgewinn der neuen kleinen.

Der junge Hans Hinderofen schrieb aus Valencia: „Es hat nicht mehr die Gestalt, als da Ihr einst damit umginget, da fand man nur große Carracas oder Naus, die kamen eben so oft nach Ostern in Flandern an als vor der Fastnacht, während man jetzt gute spanische Karavelen hat, tuen eine kurze Reise und gehen rasch zu."[1] Und aus Brügge erschallt von dem alten Andreas Sattler die gleiche Meinung: „Aber als jetzt die Sachen auf dem Meere stehen und man auf so kleinen Schiffen navigiert von 100 bis 200 Faß, so ist es sicher sorglich, nicht der Fahrt halber, denn die kleinen Schiffe behelfen sich beim Landen im Port und sonst können ihnen die großen nicht beikommen, aber wahrlich der Corsaren halb, da muß

---

[1] 3, 102 (1479).

man sehr sorgen um die kleinen, wenn sie allein sind. Und andere kann man nicht haben. Die kleinen haben die großen Schiffe ganz vertrieben."[1] 1498 hatten die vier in Barcelona einlaufenden Naus eine Nutzlast von durchschnittlich 9000 Quintalen, die 28 Karavelen aber von nur 1150.[2] Die Größenverhältnisse, die man jetzt im Schiffsbau verließ, hat erst das 19. Jahrhundert wieder erreicht.

Hinderofen wollte jetzt von Valencia aus die in der Fastenzeit besonders geschätzten Südfrüchte auf Karavelen nach Flandern transportieren, während bei Sattler sich Erwägungen einstellen über die Folgen der neuen Schiffe für das Versicherungsgeschäft.

Wie aber brachten die Karavelen solche Umwälzungen? Der Schiffsbauer hatte bis dahin nur die Klinkerbeplankung gekannt, bei der die Bretter der Schiffswand wie die Ziegel eines Daches übereinandergriffen. Die sofort siegreiche Karavelbeplankung legt Brett an Brett, sicherte anderweitig die Wasserdichtigkeit und wendete damit die kleinen, aber während der ganzen Fahrt wirkenden Hemmungen ab, die die hervortretenden Schmalenden sämtlicher mit dem Wasser in Berührung kommenden Planken hervorriefen. Kommt diese Reform von den romanischen Ländern, so übernahmen die Karavelen — wenigstens nach und nach — die germanischen Vierecksegel und zugleich die Erfahrung, daß es nicht auf die Einheit der gesamten dem Winde ausgesetzten Segelfläche ankomme, die Zerlegung der Segelfläche vielmehr die Gefahren der großen Segel bei plötzlich einsetzendem Sturme vermindere und zugleich eine geringere Zahl von Mannschaften für die Bedienung erfordere.

Mit der Nau Santa Maria mit vorwiegend nordischer Takelung, mit der gleichgetakelten Caravela Pinta und der noch nur lateinischer Segel sich bedienenden Caravela Niña hat Kolumbus die Entdeckungsfahrt nach Amerika ausgeführt, ein Werk, das erst eben durch die Fortschritte des Schiffsbaus möglich geworden war, wie das neue Segelsystem überhaupt der Vorherrschaft der Galeeren im Bereiche der romanischen Nationen ein Ende bereitete.

Schiffe nordischer Eigentümer hat die Gesellschaft nicht benutzt und hatte dazu auch keine Gelegenheit, denn die Schiffe der Germanen hatten noch keine häufigere Verbindung mit dem Mittelmeere. Vor allem hatten es die Ravensburger mit Spaniern zu tun, mit Katalanen und Valencianen und Biskayern, die als Seefahrer wie als Schiffsbauer auf der Höhe standen,[3] die Italiener aber folgten dicht auf.

Für die Gesellschaft war die Verbindung zur See zwischen Genua, Bouc, Aigues-Mortes, Barcelona, Valencia, Bilbao, Flandern die Grundlage ihres Handels. Dabei schied Bilbao aus, insofern dieser Hafen nur direkt mit flandrischer Einfuhr zu tun hatte. Eine Linie,

---

[1] 3, 413 (1478). [2] Vgl. die Listen bei Capmany 4, 2. 25 ff. [3] Vgl. 3, 16. 80. 305. Eine Reihe von Schiffen erkennt man an den baskischen Namen.

die die übrigen Häfen alle verband, wäre am meisten zu wünschen gewesen, und eine Genueser Galeerenlinie hätte das erreichen können, aber die gab es mindestens dauernd nicht. Für Barcelona und Valencia galt nach dem Privileg von 1420 die Bestimmung, daß dort zunächst Schiffe von Eingeborenen benutzt werden sollten, aber schon 1432 wurde die galera de Narbona benutzt, 1433 die der Florentiner, und später wurde das noch weniger beachtet. Eine zweite Schwierigkeit lag darin, daß Bouc und Aigues-Mortes wegen der Nähe beider Häfen nicht leicht von einer Galeerenfahrt zugleich angelaufen wurden. Eine dritte Schwierigkeit entstand dadurch, daß diese zwar ganz im Rohen in derselben Zeit alle Jahre fuhren, aber nicht am gleichen Tage, auch nicht immer genau dieselben Häfen anliefen. Darauf hatte die Gesellschaft keinen Einfluß. Man war also fast immer in Ungewißheit und die Zeit der Ankunft und Abfahrt war das Ungewisseste.

Die regelmäßigen Galeeren- oder wie sie später zu nennen sind, Galeassenfahrten sind am stärksten von den Venezianern ausgebildet worden. In dem Rate der Pregadi wurde über diese staatlichen Unternehmungen beraten und die einzelnen vom Staate gestellten Galeeren dann je einem Unternehmer (Patron, Paron) verpachtet. So vereinigte sich die staatliche Gewalt, welche alle Einzelheiten regelte, in der wirksamsten Weise den Vertrieb der Waren beeinflussen konnte und auf der Fahrt durch den vom Staate gesetzten Kommandeur der Flotte, dem Capitain, die Ordnung aufrechterhielt, mit der Tatenlust und Tatkraft des Privatmannes.[1]

Trotz der reichlichen Überlieferung ist es gar nicht so einfach, die einzelnen Fahrtlinien und ihren Betrieb zu übersehen. Hätten wir für das 15. Jahrhundert so genaue Studien wie die von Cessi für das 14. Jahrhundert,[2] so wäre es ein leichtes, einen klaren Überblick zu geben, aber eine solche Studie fehlt, die Chronik des Priuli käme für unsere Zeit besonders in Betracht, doch sie ist ungedruckt. So gebe ich ein unvollständiges Bild, dessen Züge unsicher sind.

Die vier Hauptfahrten, die von Venedig ausgingen, wurden im 15. Jahrhundert auf sieben gesteigert. Für das westliche Mittelmeer kamen davon drei in Frage, von denen die eine an die Küste Afrikas ging. Die beiden anderen waren ursprünglich die eine, die nach Flandern und England zog. Mit Rücksicht auf die geringe Seefestigkeit der Galeeren mied man die Wintermonate, die Ausfahrt von Venedig erfolgte meist nicht vor dem April, nach Uzzano (1442) in der Regel zwischen dem 8. und 25. April. Die Fahrt hatte einen Stützpunkt in den Balearen, wo es ein venezianisches Konsulat gab. Bei der Länge der Fahrt war es nicht möglich, Bouc oder Aigues-Mortes und Barcelona aufzusuchen, höchstens Valencia. So wurde denn ein Teil der Schiffe abgezweigt und besuchte Aigues-

---

[1] Über das Einzelne hat zuletzt gehandelt Dorez in der Chronique d'Antonio Morosine 4, 88—92. [2] Nuovo Archivio Veneto 27, 1—116.

Mortes, dieser Kursus hieß geradezu viagium Aquarum mortuarum. Es wurden aber zeitweise die Führer bevollmächtigt, weiterzufahren, wohl auch in Bouc, Barcelona und Valencia haltzumachen. Mindestens seit 1406 war diese Abspaltung in Gebrauch. Da diese Galeeren im Mittelmeer verblieben, so konnten sie früher ausfahren, schon am 13. Januar (1422), aber auch am 27. Juni (1414). Über diese Galeerenfahrt sind wir aus verschiedenen Quellen ja recht gut unterrichtet.[1] Sie gingen fast alljährlich, mitunter wurden zwei ausgerüstet, mitunter nur eine. Von 1412 bis 1428 wurden achtmal zwei Galeeren in die See geschickt. Ihre Fahrt hatte im allgemeinen Aigues-Mortes als Ziel, doch wurde, wenn es dem Patron richtig erschien, es gestattet, nur bis Bouc zu fahren oder auch weiter bis Agde.[2] Seltener wurde die Fahrt bis Barcelona oder Valencia auszudehnen gestattet.[5] An Stationen werden meist genannt Syrakus, Messina, Palermo, Pisa, Livorno, später auch Marseille, Bouc, und für die Rückfahrt auch Neapel uud Gaëta. Doch wechselten die Häfen, Bouc aber findet sich in den vier mir näher bekannten Incantus von 1422, 1439 und 1461 und aus dem Anfang des 16. Jahrhunderts.[3] Selbstverständlich war in der Zeit, wo Venedig mit den Herren der Provence (Anjou) im Kampfe lag, die Anfahrt in Bouc ausgeschlossen. Für die Gesellschaft war Bouc als Hafen für nach der spanischen Ostküste einzuführende oder dorther kommende Waren in den Zeiten der Kämpfe zwischen den Aragonesen und den Anjous ausgeschlossen, und das war eine lange Zeit. Ganz erlosch die Galeerenfahrt nach Aigues-Mortes im Jahre 1503, nachdem schon von 1495 bis 1498 keine stattgefunden hatten und 1499 man zunächst nur einen gefunden hatte, der sich an der Versteigerung beteiligte. Diese Schiffe konnten beizeiten wieder in der Lagune sein, ich finde den 9., 12., 22. Juli angegeben und auch den 27. Oktober. Es scheint, daß wegen der Korsaren diese meist einzige Galeere mit anderen Schiffen in „Conserva" fuhr und durch die Rücksicht auf die Segelschiffe vom Winde abhängig wurde. So erklärt sich, späte Abfahrt vorausgesetzt, die Fahrt der beiden Galeeren Kapedani und Patrona (1475 ab Bouc 6. Oktober, an 11. in Barcelona, 15. in Valencia. Etwa Weiterfahrt bis Almería. 16. November ab Va-

[1] Für die Zeit von 1412 bis 1428 bieten genaue Angaben die Chronik des Antonio Morosini (Chronique d'Antonio Morosini, extraits relatifs à l'histoire de France publiés pour la société de l'histoire de France par Léon Dorez. 4 Voll.). Mas Latrie, Commerce et expéditions militaires de la France et de Venise au Moyen Age (in Collection des documents inédits, Mélanges historiques, Te 3, 1880), veröffentlichte S. 195—204 eine Reihe von Aktenstücken (darunter die Versteigerungsbedingungen von 1422 und aus dem Anfange des 16. Jahrhunderts).

[2] 1422. Mas Latrie, a. a. O., 197. Ähnlich am Anfang des 16. Jahrhunderts, S. 201. [5] Anfang des 16. Jahrhunderts, 202. Für Valencia war wie für Palermo und Agde die längste Lagerfrist vorgesehen, 8 Tage.

[3] Mas Latrie 197, Anm. 1. 1422 wurde die Landung in Civita Vecchia und Bouc für Hin- und Rückfahrt dem Patron freigestellt, er durfte dort zwei volle Tage im Hafen liegen; ebenda 261.

lencia, unglückliche Windverhältnisse, daher Zickzackfahrt, 28. Januar 1476 wieder in Bouc).[1] Die allermeisten in unseren Papieren erwähnten Fahrten von Venezianer Galeeren gehören wohl dieser Route an. So die von 1478, die schon sehr früh in Bouc als spät eintreffend gemeldet wurde, am 18. August durch Zollzahlung in Barcelona erwiesen ist, wie durch Ladung nach Bouc am 22. September (Zollbuch). Auch die Fahrten von 1436, 1437, 1439, 1443, 1477, 1479 gehören hierher. 1480 erwartete man sie spät, vielleicht kämen sie gar nicht, da die Türken vor Rhodus lägen.

Der Kurs der flandrischen Galeeren ging nach Rawdon Browne[2] von Neapel nach Mallorca und dann an die spanische Küste. Wenn überhaupt Valencia berührt wurde, so finde ich doch keine Benutzung nach Flandern. Für die Fahrt dorthin wäre das begreiflich, denn die Passadien der Florentiner und Neapolitaner kamen bei gleicher Ausfahrtzeit früher nach Valencia und nach Flandern. Dieser Schiffzug war also für die Gesellschaft unbrauchbar.

In der späteren Zeit finde ich nur einmal eine Verladung von Valencia nach Venedig (Zucker), und die ging doch wohl auf der Route über Aigues Mortes. In früheren Zeiten, als das Gelieger in Venedig noch aufrecht stand, mag die Gesellschaft das öfter versucht haben, und dann war auch eine Vertretung auf den Balearen dringend erwünscht, und die bestand, wie wir gesehen haben.

Auch die Galeeren- und Galeassenfahrt von Florenz nach Flandern war von der Gemeinde eingerichtet und unterhalten, und auch hier kann man im Jahre 1476 eine abgekürzte Fahrt, die über Valencia hinaus nur 24 Tage Zeit hatte, beobachten. Die Fahrt nach Brügge war wohl zu gleichem Zeitpunkte wie die von Venedig angesetzt, bei der kürzeren Entfernung kamen die Schiffe aber früher am Swin an, und so konnten 1478 die Florentiner Galeeren mit mehr denn 100 Schiffen schon am 16. Juni von Sluis in See stechen. Schon 1433 ist die galera de Florentins von der Gesellschaft benutzt worden und von da an öfter. Sie berührte nicht immer Bouc, ebensowenig die Ferrandina.[3]

→ (heißt von Westen) 1439 in Barc. Dez. 11. — doch ist bei den Notizen des Zollbuchs zu beachten, daß sich die Zeitangaben auf den Tag der Zollzahlung beziehen. — 1472: → Barc. Mai 28. — 1475: → von Valencia in Bouc am 10. Juli. — 1476: ← 5. Mai in Bouc, ab 10. Mai. Marseille ab 15. Barc. 17—19. Valencia an 24. Mai. → Dasselbe Schiff ab Valencia 18. Juni. — 1477: → Barc. Juni 12. → in Valenc. zuerst Florent., dann Ferrandina u. Venez. — 1478: ← kommen erst Ende März nach Bouc. → 2 Galeeren fahren am 16. Juni von Sluis ab, zuerst nach England. Barc. Aug. 18.

Seltener als die Galeeren dieser beiden Städte wurden die des Königs Ferrante (1458—1494) von Neapel benutzt, die nach dem

---

[1] S. oben 2, 55. [2] Calendar of State Papers. Foreign. I, LXIV. [3] 3, 109. Schon 1436/7 gingen Valencianer u. Florentiner bis nach Sluis. Arch. stor. lombardo 40, 80.

Herrscher Ferrandina genannt werden. Sie erreichten auf der westlichen Fahrt mindestens häufiger, aber wohl kaum immer Flandern. Die Galeasse Ferrandina wird 1479 als ein herrliches Passadie bezeichnet.¹
1474: -> 2 neap. Galeassen, Juli in Seeland, am 1. Okt. bei Vivero Galizien beraubt. — 1477: Val. vor Sept. 17. kam über Southampton. 4. Sept. Barc. — 1478: <- in Southampton. — 1479: <- Juni 21. Val eine Galeasse gekommen, eine zweite erwartet. 1479. <- Val. Juni 25. 1 Galeasse wird nach Bouc und Genua fahren, dann nach Flandern. 2. Juli Bouc. Barc. 10. Juli. Zollzahlung. — 1480: Val. Aug. 29., wird Gut nach Genua geladen.

Die „Frankricher galea" „Galeassa di Frantza", das Werk Jacques Cœurs, ist von der Gesellschaft meist nur auf dem Kurs Aigues-Mortes bis Valencia benutzt worden, sie lief Bouc wenigstens nicht regelmäßig an, wohl Marseille.

Wie weit sie über diese Endpunkte herauszugehen pflegte, ist aus unseren Quellen nicht zu ersehen. Auch diesen Schiffen zollten die Ravensburger ihren Beifall. Die Rundfahrt ging mindestens bis Almería. Nur einmal kann ich eine Fahrt von Flandern her nachweisen. Ludwig XI. hatte die Einfuhr von Spezereien, Seidentüchern u. a. auf die vier Galeen von Frankreich eingeschränkt, was den Lyonern gar nicht paßte.²

1467: Sept. 4. von Flandern in Barc. — 1478: Aug. 7. Barcelona, woher? — 1479: Aigues-Mortes, Marseille, Valencia, am 26. Juni ab nach Aigues-Mortes. Am 29. Juli war der Zucker in Lyon. — 2. Galea brachte am 30. Juni Waren von der Rhonemündung nach Val. 9. Sept. Valenc. nach Aigues-Mortes beladen. — 1480: verzögert, Bouc, Barcelona 11. Juni, Mallorca, Valencia, Almería. Rückfahrt Val., Barc. Okt. 7.

In dem Zollbuche erscheinen 1432 auch ein galera de Narbona, 1436 eine de Perpignan, die von der Gesellschaft aber nicht benutzt wurde, die 1443 benutzte galera de Rodes dürfte dem Johanniterorden gehört haben, 1433 galera de Malorquines.

Sonst genannte Galeeren benutzte die Gesellschaft nur selten (1434 Ruis Funer, 1437 Casasaia e Jofre Sirvet, 1439 Ramon d'Ezpla, 1443 Riba). Keine einzige genuesische Galeere wird angeführt. Diese Stadt hatte keine Galeerenfahrten organisiert, sondern überließ die Schiffahrt ganz den Privaten und diese bevorzugten offenbar die großen Segelschiffe, die Nauen. An den Namen Marin, Grimaldi, Fieschi, Negroni, Doria, Adorno, Salvaigo erkennt man sie. Ein Genueser Schiff wird einmal von einem Ravensburger als Holk bezeichnet. Die Ähnlichkeit der Naus und der nordischen Holke ist in der Tat groß, wenn sie sich auch durch die Takelung wohl noch unterschieden. Die wechselreiche Geschichte von Genua kennt viele Zeiten schwerer politischer Gegensätze zu Katalonien, so daß die Schiffahrt zwischen beiden Küsten oft unterbrochen war.

---

¹ 3, 184. ² Brésard, S. 44, Anm. 1. Lorenzo de Medici hatte mit seinem dagegen gerichteten Antrage ebensowenig Glück.

Auch Nizzarden, Biskayer, Kastilianer Naus und solche von
Rapallo und Neapel trugen Güter der Gesellschaft. Namentlich die
Biskayer hatten oft Waren der Gesellschaft an Bord, selbst im
Mittelmeere.

Für das Jahr, für das die Nachrichten am besten, wenn auch
keineswegs vollständig erhalten sind, will ich die Nachrichten zusammenstellen. Es ist das Jahr 1479.

Richtung Flandern—Genua: Die Galeasse Ferrandina, zwei französische
und die Venezianer siehe oben. — 4. Ein in Valencia beladenes Schifflein wurde in Villamari gefangen, doch dem Gute der Gesellschaft geschah nichts. — 5. La nav Rodrigo de Fagassa, ein herrliches Passadi,
brachte von Bouc nach Barc. (20. April) 19 Stück, nach Valencia 114 Ballen. Valencia verlud darauf 47 Caps (Stück) nach Avignon (Bouc),
dazu in Barcelona 2 Ballen. Am 4. Aug. in Bouc zur Rückfahrt bereit,
viel Gut darauf geladen.

Richtung Genua—Flandern: 1. La nav Myschetta mit 12 Fäßlein
12. März nach Flandern. — 2. La nav Berhart Peris fuhr am 19. April
von Valencia nach Flandern mit 110 Ballen, dazu in Alicante 10. — 3. La
charavela d Antonio de la Rassa (Rana) von Val. mit 50 Ballen nach
Flandern. — 4. La nav d Fieschgo brachte von Gen. nach Val. 11 Stück.
— 5. La nav Negrone ebenso 40. — 6. La nav Doria. In Genua 25 Stück
beladen, sollte noch mehr laden. — 7. La nav di Ser Luigi Adorno.
31. Aug. darauf 25 Ballen geladen. — 8. Ferrandina, Venediger und
Fagossa siehe oben.

Unbestimmte Richtung: lo balaner Salvador Amat 2. März Barc.

Zusammen sind an Ladung Richtung von Flandern nach Genua
136 Stück, in der umgekehrten 473 nachzuweisen.

Das war ein reiches Schiffsleben. Aber auch das war bedroht,
bedroht durch die Ausdehnung Frankreichs am Mittelmeere, dem
die Gesellschaft mißtraute. An die Stelle von Bouc trat kein Gelieger
zu Aigues-Mortes oder Marseille und die beliebteste Fahrgelegenheit,
die venetianische, ging ein.

Auch über die Transportkosten enthalten die Papiere einige Angaben, die große Unterschiede zeigen.

Von Valencia nach Aigues-Mortes kostete eine Kiste Zucker $1^{1}/_{4}$ ▽
an Nolit, nach Bouc $1^{3}/_{4}$ ▽.[1] Auch nach der Schwere und dem Umfange
sind die Unterschiede erheblich. Auf der Venezianer Galeere zahlte
man nach Bouc 1 Kiste Zucker $1^{3}/_{4}$ ▽, 1 Ballen Reis $1/_{2}$ ▽, Wachs 3 ▽,
Kümmel $1/_{2}$ ▽ (ebenso hiet u. sivada de capellans). Dabei blieb aber
ein Doppelballen Seide und der Herren Frucht (Confituren) frei.[2]

Die Ferrandina rechnete für 30 Caps klein und groß durcheinander
zusammen 29 ℔ Val.[3] Für dieselbe Fahrt rechnete die Florentiner
Galee: Kiste Zucker $1^{1}/_{4}$ ▽, Ballen Reis $1/_{2}$ ▽, Wachs $1/_{2}$ ▽ und für
4 Doppelballen Seide $2^{1}/_{2}$ ▽.[4] — Für die Fahrt Valencia bis Genua
kostete auf derselben Fahrt der Nolit für 1 Ballen Wachs 1 Dukaten,
Safran aber $2^{1}/_{2}$. Die beiden Ballen mit Losch (Packmaterial) gingen
franco de nolit. Die Ferrandina rechnete 19 Caps = 25 Dukaten.[5]

---

[1] 3, 122. 211. 232. [2] 3, 232. [3] 3, 122. [4] 3, 234. [5] 3, 123. 233.

Auf der Fahrt von Barcelona nach Bouc forderten die Venezianer für 4 caps verschiedener Art zusammen 8 ▽. Von Bouc nach Barcelona und Valencia betrug der Nolit durcheinander für den einfachen Ballen 8½ β Valenc. und für den Doppelballen 17 β, außerdem mußte man den Gesellen 1 ▽ schenken.[1]

Für die flandrische Fahrt sind die Nachrichten spärlicher. Die Florentiner Galeere erhob von Flandern bis Valencia (vielleicht zum Teil bis Bilbao) von jedem Quintal 1½ Dukaten, von jeder großen Kiste 7.[2] Valencia—Flandern kostete auf einer Nau 3 β 6 g per baril, ein Blechfaß bei einem anderen Schiffer in umgekehrter Richtung 10 β Val.[3] Mandeln, Kümmel Anis und Saflor kosteten nach Flandern per Quintal 17 g⁰, das Sirupfäßlein 6⅓ β.[4] Auf Valencia—Flandern bezieht sich auch wohl die Angabe, daß für den Quintal von Valencia (barbaresch) 24 g⁰ zu zahlen seien.[5]

Ein klares System ist nicht zu erkennen. Der Nolit wurde zumeist in der Münze des Empfangsortes berechnet und dort wohl erst bezahlt, der Empfänger wurde durch die mitgehende Police von der Höhe der Nolitschuld verständigt. Für die atlantische Fahrt haben wir dann noch das Zeugnis von Andreas Sattler, daß die romanischen Konkurrenten viel billiger wegkamen. Auf den Galeeren gaben sie 30 g⁰ Nolit, die Gesellschaft 42 g⁰. Der Unterschied war bei der Versicherung noch höher.[6]

Noch ist einer Schiffsabgabe zu gedenken, der Avaria, averie, die in Flandern in der Höhe von 1 g⁰ auf das ℔ Warenwertes von Waren der Venezianer, Florentiner, Genuesen und Lucchesen zugunsten der Schiffer von Aragonien (bis Gibraltar) und der von Kastilien (von da ab) erhoben wurde. Die Gesellschaft muß unter dieses Recht gekommen sein; denn die averie wurde 1480 erhoben und zwar auch bei einer Fahrt auf spanischem Schiffe (Rodrigo d Fugassa) und von Waren aus Valencia.[7] Vielleicht stimmt auch die oben angegebene Erklärung Finots nicht.[8] Die Gesellschaft suchte um sie herumzukommen, indem sie versuchte mit den Schiffern übereinzukommen, daß sie den Nolit einschließlich der avaria übernahmen.[9]

Drittes Kapitel

Versicherungswesen. Unfälle. Beraubungen

§ 93. Der Landtransport unversichert. Zur See stets Versicherung gesucht. Überversicherungen. Ordnung der Seeversicherung. Die Landesgesetze. Die Praxis. Einzelne Fälle. Schwierigkeit Versicherer zu finden. Genua. Flandern. Höhe der Sätze. Police. Schadenfälle. Begleitung der Waren, wenn keine Versicherung möglich. Kein Anteil als Seguradores.

Für die Gesellschaft kann ich keinen Beweis für eine Versicherung der Waren beim Landtransport nachweisen, sie gingen auf

---

[1] 3, 231 f. [2] 3, 420 f. [3] 3, 100. 401. [4] 3, 431. [5] 3, 1. [6] 3, 412 f. [7] 3, 432. [8] Finot, Gênes, S. 150 f. Vgl. 138 ff. [9] 3, 13.

Risiko der Gesellschaft, soweit nicht die Fuhrleute oder die Muletieros dafür haftbar waren. Dahingegen haben wir für die Seeversicherung eine Reihe von Beweisen.

In späterer Zeit steht die Gesellschaft auf dem Standpunkte alles zu versichern, was auf dem Meere verladen wurde. Dafür kam die ganze Strecke von Genua bis Antwerpen in Frage. 1507 schrieb Hans Arnold von Antwerpen „Lasset doch alle Zeit alles versichern, damit kein Schaden geschähe. Denn jetzt kürzlich haben die Deutschen an der Küste der Bretagne ein Schiff mit Spezerei verloren, so von Lissabon kam, darauf sie sehr viel verloren haben. Die Welser hatten 60 Sack Pfeffer, ebenso die Höchstetter, die Rehlinger in allem 20 Sack darauf, sind fürwahr wüste Schläge. Gott ersetze es ehrbaren Leuten. Sie haben nun talast me viel verloren, einige auf den Nef und meinten immer, es wäre das Versichern ein Narrenwerk. Wir lassen nichts auf Euer Wagnis gehen."[1] Die Ravensburger huldigten also nicht dem Prinzipe der großen Handelsgesellschaften, die Versicherungsausgaben zu sparen und eintretende Verluste selbst zu tragen. In dem Maße der Versicherung ging man nicht gleichmäßig vor. Es finden sich auch Überversicherungen. So gingen 1504 20 Ballen, die für Saragossa bestimmt waren, im Werte von 321 ℔ vlämisch zu Antwerpen ins Schiff nach Bilbao, man versicherte aber darauf 375 ℔[2]. Auch schon früher kam eine fast vollständige Versicherung vor. So liefen von Valencia nach Flandern von 922 ℔ Wert nur 69 ℔ Valenzianer auf das Risiko der Gesellschaft.[3] Der alte erprobte Andreas Sattler meinte man hätte wohl an 2—300 fl auf „Euer aresch" gehen lassen sollen und er beruft sich auf die alte Seeversicherungsordnung der Gesellschaft, die auf Frick Humpis — der um 1470 erster Regierer war — zurückgeht.[4] Sie ist eigentümlicherweise auf die Größe der Schiffe aufgebaut.

Schiffe		Risiko der Gesellschaft	Mittlerer Durchschnitt Tonne
von	300— 350 Faß	500— 600 fl	1,69 fl
„	400— 500 „	600— 800 fl	1,55 fl
„	500— 600 „	900—1000 fl	1,73 fl
„	700— 800 „	1200—1400 fl	1,87 fl
	1000—1200 „	1600—1800 fl	1,56 fl
	1200—1500 „	2500—3000 fl	2,04 fl

Wenn zwei gute Schiffe zusammen fuhren: in conserva, ließ man noch mehr auf Wagnis gehen. „Auf Galeeren steht nichts, denn auf eine Galeere 1000—1500 fl." Man ersieht aus dieser Ordnung, daß man sich weit mehr vor Korsaren als vor dem Meere oder den Küsten fürchtete.

---

[1] 3, 447 ff. [2] 3, 435. [3] Das geschah, trotzdem es überall verboten war, restlos den Ankunftswert zu versichern. [4] 3, 412. Auch 3, 89. Man sollte über sie hinaus versichern.

Sattler zog die Folgerung, man müsse mit Rücksicht auf die Korsaren, die den kleinen Schiffen gefährlich seien, nunmehr auch nolizieren wie andere und eine neue Versicherungsordnung machen.

Die Seeversicherung war nicht vor der zweiten Hälfte des vierzehnten Jahrhunderts aus ihren Vorstufen entwickelt und zwar im Mittelmeere. Sie war auch in Antwerpen und Brügge vorwiegend in den Händen von Italienern, an der Ausbildung des Rechtes war aber vor allem Barcelona beteiligt.[1]

Das Recht der Seeversicherung war in Spanien wie Italien — soweit es überhaupt schon bekannt ist — ausgesprochen fremdenfeindlich, und nach diesem Rechte haben auch die Ravensburger ihre Waren nicht recht in Barcelona und Valencia versichern können. Aber einmal wissen wir nicht, ob für die Deutschen nicht Ausnahmebestimmungen gegeben waren, die freilich die Ordnungen niemals erwähnen, andererseits ward die Praxis und ihr folgend die Gesetzgebung gemildert.

In Barcelona wollte man die Waren der Fremden auf katalonische Schiffe bannen, die Ordnung von 1435 erklärte Versicherung auf nicht nationale Schiffe für ungültig, für eigene wie fremde Untertanen; fremde Waren auf fremden Schiffen durften überhaupt nicht versichert werden, fremde Waren auf nationalen Schiffen aber nur zu $2/3$ des Wertes, eigene aber zu $3/4$. Andere Versicherungsverträge waren ungültig, die Versicherer durften die gezahlten Prämien behalten. Man hatte mehr die katalanische Schiffahrt als den Handel im Auge.

Noch weiter ging Alfonso V. kurz vor 1454, er verordnete, daß nur nationale Schiffe zur Ausfuhr von Waren aus seinen Reichen benutzt werden dürften. Dagegen halfen auch die von Valencia und Iviza ausgehenden Bitten, die die Fremden veranlaßt hatten, nichts. Die Ordonnanz von 1458 milderte nur eine Bestimmung. Die Fremden konnten nunmehr ihr auf katalanischen Schiffen schwimmendes Gut gleich den Eingeborenen bis zu $3/4$ des Wertes versichern. Jede Umgehung, vor allem das Vorschicken eines Strohmannes, war schon 1435 unter Strafe, 1461 unter exorbitante gestellt. Es dauerte zwanzig Jahre bis sich Barcelona zur Milderung entschloß. Nach der Ordonnanz von 1484 konnten endlich Waren Fremder auch auf fremden Schiffen bis zu $3/4$, Waren von Nationalen aber bis zu $7/8$ versichert werden.

Sieht man neben diesem gesetzlichen Zustande die Praxis an, so ergibt sich ein anderes Bild. Die Gesellschaft versicherte in Valencia wie Barcelona. Für diesen Ort habe ich allerdings nur einen Beleg und kann die Nationalität des Schiffes nicht feststellen; aber die seguradores zahlten.[2]

---

[1] Vgl. Reatz, Geschichte d. europäischen Seeversicherungsrechtes, 1 (1870). Enrico Bensa, Il contratto di assecurazione nel Medio Evo (1884). Goldschmidt, Universalgesch. d. Handelsrechtes, 1, 355 ff. Schaube, Jahrb. f. Nationalök. u. Statistik, 3. Folge, Bd. 5 u. 6 (1893). Sombart 2, 1, 306—315.
[2] 3, 61 (1477).

Aus Valencia, wo, wie Reatz annimmt, die Ordnungen von Barcelona gegolten haben, was doch ernsten Zweifeln unterliegt, kennen wir dagegen mehrere Beispiele. So eine große Sendung von Mandeln und Reis nach Brügge 1478,[1] im folgenden Jahre wurden auf der wohl nationalen Caravele Antonio della Rasas 50 Ballen Reis im Werte von 289 ℔ valenzianisch nach Brügge verfrachtet, 150 waren versichert, der Rest ging auf Risiko der Gesellschaft, auf dem Schiffe des Berhart Peris 110 Ballen mit Reis, Saflor und Kümmel, Wert 758, versichert 450 ℔.[2]

Wir dürfen also wohl glauben, daß die Ravensburger entweder ein Privileg hatten oder sich über die Vorschriften hinwegzusetzen verstanden.

Für die Zufahrt von Waren nach Barcelona und Valencia kamen zunächst Bouc und Aigues-Mortes in Frage. Eine Nachricht über dort geschlossene Versicherungen liegt nicht vor, im Gegenteil haben wir zwei schwere Gegengründe. Die Normalberechnung der schwäbischen Leinwandsorten bis Valencia zählt von Bouc ab alle Ausgaben genau auf, wohl findet sich der Schiffslohn, nicht aber seguridad. Noch kräftiger wirkt es, wenn wir lesen, daß die Herren nach Avignon schrieben: „Ist dennoch gut, du lässest uns wissen, ob man zu Avignon zu segurieren fände und wie auf einer Galeere und ob die siguradores sicher seien oder nicht."[3] Das sieht danach aus, als ob die Gesellschaft ihre Waren bis Valencia zumeist ohne Versicherung den Korsaren aussetzen mußte.

Besser stand es in Genua. Zwar bestand auch hier einst das absolute Verbot der Versicherung von fremden Schiffen und Waren, 1408 wurde es zeitweise aufgehoben, für bestimmte Fälle 1420 aber wiederhergestellt, bald aber war es völlig in Vergessenheit geraten, ohne wahrscheinlich jemals ausdrücklich aufgehoben worden zu sein.[4] Als 1477 die Gesellschaft sich entschloß, einen Jungen nach Genua zu senden, da geschah es darum, daß man „nicht wieder so groß auf einen Boden komme", sondern die Waren auf mehrere Schiffe verteile. „Wo ich denn fände — heißt es weiter — um zu sichern zu 2 bis 3%, so wäre er fast wohl zu tun."[5] 1507 konnten die Ravensburger in Genua auf einem Biskayer Schiffe den ganzen Wert (1800 Dukaten) versichern.[6]

Die genauesten Nachrichten haben wir aus Flandern, wo das Versicherungsgeschäft in den Händen von Italienern lag: die dort nachweisbaren Versicherungen lauten auf Ankunft in Bilbao,[7] Valencia,[8] Barcelona.[9]

Die Sätze der Versicherung betragen von Genua bis Valencia 2 bis 3, 1½%,[10] Valencia—Brügge 16 bis 16½, 16¼, 14½, 10 bis 11%, Bilbao—Antwerpen 3,7% mit Unkosten 4%.[11]

---

[1] 3, 412 f. [2] 3, 100. [3] 3, 76. [4] Bensa, S. 136. [5] 3, 57. [6] 3, 305. [7] 3, 401 f., 435. [8] 3, 401. 424. [9] 3, 424. [10] 3, 57. 305. [11] 3, 100. 241. 412. 424. 435. Zum Vergleiche: nach Uzzano gilt 12—15%, von Brügge nach Pisa (Uzzano 128).

Es ist sehr bezeichnend. daß die Ravensburger darüber klagen, wie sie nicht nur höheren Nolit, sondern auch höhere Versicherungsprämien zahlen mußten, als „andere Leute". Sie zahlten von Valencia bis Brügge ob 16%, die anderen 6%. Der hohe Satz von seguridad und naulo ließ sie an Reis nur 28% verdienen, andere aber 38%.[1]

Die politza (von griech. ἀπόδειξις) schickte man von dem Abschlußorte der Versicherung aus, der ja naturgemäß der Einschiffungsort ist, auf dem Landwege nach dem Ausschiffungsplatze.[2]

Waren die Waren nicht „a bon salvament" gekommen, sondern verloren gegangen oder beschädigt, so begann gemäß den Einzelbestimmungen des Vertragsrechtes am Abschlußorte der Versicherung der Zugriff gegen die Versicherer. Die Gesellschaft predigte den Grundsatz: „Was man von solchen Dingen nicht de freschieg in ferschg einbringt, will danach gar hart gehen."[3] „Je länger man die kúmpola (span. cumplimiento) anstehen läßt, je böser wird es."[4] Wenn es bei den Behörden zu langsam ging, so hielt man es für das beste „mit Schenken die Hände zu schmieren."[5]

Diesen Fall von 1474 kann man nicht genauer bestimmen. 1477 schwebte ein Fall in Flandern, der eine der Versicherungsgeber, Nicolas d Podgie war inzwischen gestorben, der Florentiner Tommaso Portinari heimgereist.[6] Ein zweiter Fall war in Barcelona anhängig.[7] Ein dritter mit dem alten Martin d Fugassa in Bilbao scheint friedlich geschlichtet worden zu sein.[8] Eine äußerst langwierige Sache, die sich auf die Wegnahme des Schiffes des Uchoa Galyndis durch Hamburger Kaufleute bezog, lief von 1474 bis 1480 vor dem Rate von Flandern; sie lautet auf Ersatz des Verderbens von Waren und Kosten ihrer Wiedererlangung, an ihr waren beteiligt die Genuesen Doria mit 225 ℔ Valenzer, Lomellino 125 ℔, Real Reali mit 25 ℔ und der Lucchese Francesco Michel mit 25 ℔. Aus der Zeit von 1474 bis 1477 ist die Kostenrechnung erhalten. Man sieht, daß die Ravensburger auch da mit Geschenken (an den Bürgermeister und den Fürspruch) nicht kargten.[9] Die Summe konnte zum Teile in Brügge, zum Teile in Lyon eingebracht werden, der Rest in Lucca. Auch in diesem Falle waren die Versicherer nicht solidarisch haftbar.

Leichter ging es mit einer Versicherung in Valencia. „La seguridad von Rosabeken (Rossa Becka) ist jetzt an der Zeit. Sie haben schon angefangen einen Teil zu bezahlen, dem Reste wollen wir obliegen, daß er gezahlt werde. Wir haben eitel gute Leute, den Mohren Vernagal um 50 ℔ und Alfonso Tagel um 25 ℔, doch so müssen sie auch zahlen."[10]

---

[1] 3, 412 f. [2] 3, 10. 420. [3] 3, 61, katal. fresc. [4] 3, 151. [5] 3, 9. [6] 3, 402. [7] 3, 61. [8] 3, 401. [9] 3, 431 f. Weitere Nachrichten 3, 420. 424. 428 und oben 1, 402. [10] 3, 106. 151.

So viele Fälle von Warenverlusten bei der Seefahrt in den Jahren 1744—1480 sprechen für die große Gefahr der damaligen Schiffahrt und machen es begreiflich, daß die Sätze für das Gebiet der Korsaren außerordentlich hoch waren, sie sind erst viel später erheblich gesunken. Bei dieser Übernahme der Schadenersatzpflicht durch an dem Schiffe wie an den geladenen Waren unbeteiligte Dritte wurde die Begleitung der Waren durch einen Beauftragten des Wareneigentümers minder notwendig. So kann ich keinen Fall nachweisen für die Fahrten von Genua und Brügge nach den spanischen Häfen oder umgekehrt, wohl aber mehrere für die Fahrt von Bouc dorthin, wo, wie wir sahen, es an Versicherungsmöglichkeit mindestens zeitweise fehlte. Ja, man hatte hier Leute, die zwischen den Häfen hin- und herpendelten. Das war der einzige Verkehr, der Oberdeutsche auf das Meer und in die Seeluft hinausbrachte.

An der Seeversicherung sich als Versicherer zu beteiligen kam der Gesellschaft nicht in den Sinn, obwohl ja in Spanien, wie es Burgos beweist, in Italien, wie es Lucca und Florenz zeigen, auch Kaufleute binnenländischer Städte sich damit beschäftigten.

§ 94. *Beraubungen und Beschlagnahmen. Übertriebene Vorstellungen von der Unsicherheit des Landverkehrs. Erfolgte Beschlagnahmen. Solche im Mittelmeer, im Atlantischen Ozean und der Nordsee.*

In der volkstümlichen Vorstellung steht es fest, daß im Mittelalter von jeder Burg aus auf die fahrenden Kaufleute und ihre Waren ausgespäht wurde, und das selbst von Burgen aus, an denen niemals ein Warenballen des Fernhandels vorübergekommen ist. Das ist eine grenzenlose Übertreibung der Gefahren des Landhandels, die zu bekämpfen die Aufgabe der immer wieder erneuten Landfrieden und Landfriedensbündnisse in den Zeiten des Fehderechtes war. Eine solche Vorstellung wird schon durch die Erwägung, daß dann ein Fernhandel einfach unmöglich gewesen wäre, als irrig erwiesen. Über die Zahl der Nahmen sind wir aus gut erhaltenen Stadtarchiven wie Nürnberg unterrichtet; die Ziffern sind groß, aber nicht ungeheuerlich.

Unsere Quellen erweisen umgekehrt, daß die Fälle im Vergleich zu den Transporten nicht so zahlreich waren. Ich habe schon auf Grund meiner älteren Studien derartige Übertreibungen abgewiesen, andere genaue Kenner des wirklichen Handelslebens wie Rudolf Häpke[1] haben dieselbe Ansicht vertreten, und im Laufe der Zeit wird diese Meinung ja auch von den Dilettanten in etwa aufgenommen werden. Wie wäre es dann überhaupt denkbar, daß in den Ballen auch Edelmetall wäre auf große Strecken verbracht worden?

Ich kenne auf den Landwegen 15 Fälle von 1427 bis 1501, und in den allermeisten redeten sich die Täter mit echtem guten Fehde-

---

[1] Der deutsche Kaufmann in den Niederlanden, S. 5. Auch Freiherr v. d. Ropp, Kaufmannsleben zur Zeit der Hansa (1907), S. 33.

rechte heraus. Es würde zu weit führen, alle Fälle hier noch einmal zu wiederholen.[1] Vielleicht gehört hierher auch eine Tat Franz von Sickingens, der zwar nicht der genialste und tapferste unter den Straßenräubern, dieses Handwerk aber mit Liebe und Nachdruck ausübte. Wenn er 1517 sechs Wagen mit Gut von Kaufleuten aus Augsburg, Nürnberg, Ulm, Ravensburg, Kempten, Isny und Leutkirch, das von Oppenheim aus in pfalzgräflichem Geleite auf die Frankfurter Fastenmesse gebracht werden sollte, unmittelbar vor Mainz wegnahm, so ist dadurch noch nicht erwiesen, daß gerade Gut der Gesellschaft dabei war.

Sehr viel gefahrenreicher war der Transport auf dem Meere. Die ernstesten Gefahren bot das Mittelmeer mit seinen Korsaren islamitischen und christlichen Glaubens.

Wir kennen da folgende Fälle von Beraubung. 1408 und 1418 Beraubung der Waren Muntprats, in diesem Falle auch Gefangennahme, im ersten Jahre auf katalanischem Schiffe. Offenbar hängen diese Fälle mit der Politik zusammen. In den Tagen, als König Alfons V. von Aragonien, der ausgezogen war, um das Königreich Neapel sich zu gewinnen, von der genuesischen Flotte bei Ponza geschlagen und gefangen wurde (1435 August 4.), jagte eine mallorcanische Galeere einem Nao von Nizza nach, das also unter savoyischer Flagge segelte, und brachte es, weil die Schiffslast Genuesen gehöre, auf; tatsächlich war sie aber Eigentum der Companyia de Joushompis und war von dem Vertreter des Konsuls Raphael Ferrer expediert worden. Das Schreiben der Consellers von Barcelona an den Governador und die Jurats von Mallorca hat Erfolg gehabt.[2] Denn auf genau denselben Fall bezieht sich die Antwort des Governadors, er habe sofort Gericht gehalten, Schiff und das Eigengut dem Nizzarder Schiffspatron zurückgestellt und die 100 Sack Wolle und 22 Pack Felle auf Bitten eines Deutschen, der dort die Gesellschaft vertrat, freigegeben.[3]

Im nächsten Jahre (1436) wurden von einem genuesischen Kriegsschiffe Waren gekapert, die ein Ravensburger Geselle nach Valencia und Barcelona gesendet hatte. Die Ballen Blech, Messingdraht und brüggische Tuche waren anscheinend in Genua auf ein Schiff geladen worden.[4]

---

[1] Ich gebe die Hinweise: 1. 1427. Schlesien, oben 1, 453. 2. 1438. Herzogtum Sagan, 1, 453. 3. 1443. Rhein. Rechberg—Isenburg. 1, 437. 4. 1451. Schwaben. Dieselben. 1, 508. 5. 1453. Beschlagnahme durch das Baseler Gericht, also keine Nahme. Wiss. 1, 507. 6. 1457. Schwaben. v. Stein-Russ. 1, 512 f. 7. 1458. Beschlagnahme an der Etsch. 1, 512. 8. 1464. Im Heinsbergischen. Beschlagnahme. 1, 401. 9. 1468. Ebendort. 1, 402. 10. 1473. Burgund. Lande. Burgund. Soldaten. 1, 516. 11. 1474. Auf der Bidassoa. Franz. Beamter. 1, 379. 12. 1478. Neussoder Umgegend. Am Zoll. 1, 427. 13. 1478. S. Pé de Bigorre. 1, 381. 2, 32. 14. 1480. Ebenso. 2, 32. 15. 1501. Aub. Fränkischer Edelmann. 2, 35. [2] Capmany 1, 225 vom 2. Sept. 1435 (= Heyd 49 f.) [3] unten 3, 512 f. vom 4. Okt. 1435 (nach dem hier angewendeten calculus Pisanus) = 4. Okt. 1434). [4] Schulte 2, 159.

Viel verwickelter ist eine Wegnahme, die 1466 stattgefunden zu haben scheint. In Tortosa war auf das Florentiner Schiff des Guadagno Ventura von der Gesellschaft eine Summe von Wolle, Lammfellen und Datteln geladen worden, die ein Geselle persönlich begleitete. Das Schiff, das nach Nizza oder Villefranche fahren wollte, wurde von zwei Genueser Schiffspatronen aufgebracht. Der eine, Benedetto D'Oria, wäre wohl geneigt gewesen, das Gut dem Genueser Vertreter herauszugeben, allein es war auf dem Schiffe Giuliano Corsos nach Savona gebracht, und da sollte Genua einwirken.[1] Ein zweiter Fall spielte sich in der umgekehrten Richtung ab. Die Gesellschaft hatte 8 Ballen über Mailand in Bewegung gesetzt, dort wurden 30 Ballen hinzugefügt, und der Kommissionär Luigi Centurione brachte die 38 Ballen auf ein genuesisches Schiff, das unter dem Patron Bartolommeo Taliani in die See stach, auf dem Meere aber in die Hände einer katalanischen Flotte fiel. Auf die Kunde, daß die Katalanen die Ballen nicht herausgeben wollten, wandten sich fünf Konstanzer an ihre Vaterstadt und erhärteten eidlich, daß die Waren trotz der verschiedenen Zeichen der Gesellschaft gehörten. Die Bitte der Stadt an die Regierer Kataloniens, die Waren an die Faktoren Paulin Spick und Philipp Wiesland in Barcelona gelangen zu lassen, gibt uns von dem Ereignis Kunde.[2]

Im Jahre 1515 wurden in Tortosa 42 Sack Wolle auf das Schiff eines Ludovicus Francigena geführt, auf dem Meere aber weggenommen und zu Handen des Renato, des großen Bastards von Savoyen, der von dem französischen Könige Ludwig XII. zum Gouverneur der Provence bestellt worden war, gebracht. Dieses Mal nahm sich die eidgenössische Tagsatzung der Gesellschaft an.[3] Die Besorgnisse vor dem Seeräuber Fra Bernardin sind schon oben berührt.[4]

In dem Atlantischen Ozean und der Nordsee sind wohl alle nachweisbaren Fälle der Kaperei von eigentlicher Seeräuberei zu unterscheiden; der Fall von 1466 war ja nicht eine Wegnahme, sondern eine rechtswidrige Handlung des Patrons.[5] Schon oben sind die durch Hamburger Schiffer 1473 vollzogene Wegnahme, der Handstreich des französischen Admirals Colomb 1474 und die 1482 durch Franzosen und Schotten zwischen Nyeport und Ostende erfolgte Nahme behandelt worden.[6]

Es war also nach allem die Korsarengefahr in völlig friedlichen Zeiten im Mittelmeere weit größer als im Ozean und der Nordsee.

[1] Heyd, S. 62f., S. 33 zu 1466 gestellt. [2] Heyd, 51 ff. nach dem Konstanzer Missivenbuche. [3] Heyd, 81f. [4] 1, 381. [5] 1, 401. [6] 1, 379 ff. 402 f. 516. Nicht die Gesellschaft selbst berühren die Namen, die 3, 57. 74. 82. 146 und 214 erwähnt werden.

Neuntes Buch

Die Waren

I. Die Webwaren und ihre Rohstoffe

Erstes Kapitel

Leinwand

§ 95. Arten der Leinwand. Leinwand von Konstanz, St. Gallen und Ravensburg. Sorten, ihr Einkauf und Absatz. Ordnungen der Weber.

Die Behandlung der einzelnen von der Gesellschaft geführten Waren ist sachlich nach den Warengattungen angeordnet. Sie erstrebt nicht immer ganz tief in deren Geschichte einzugehen, bei einzelnen war es allerdings erwünscht und mitunter auch möglich. Dieses Gebiet ist bisher wenig angebaut, und Irrtümer sind daher nicht völlig zu vermeiden.

Am meisten hat sich das Interesse den Webstoffen zugewendet, mit denen ich schon deshalb beginne, weil die Gesellschaft von der Ausfuhr von Leinwand ausgegangen war.

Die Leinwand (im franz. toile, im katal. u. ital. tela) ist im Mittelalter aus Flachsgarn meist in der einfachsten Bindung (Leinwandbindung) hergestellt worden. Je feiner das Flachsgarn war, um so mehr Kettenfäden gingen auf eine Tuchbreite. Bei 1600 Kettenfäden redete man von 16er, bei 1200 von 12er oder sagte, es sei das Stück aus dem 16er oder 12er Geschirr gewirkt. Tücher, die breiter waren, nannte man nach dem Quart (=Viertel), also fünfkärtige waren 1¼ Elle breit. Es war durchaus die Regel, daß die Tücher einer Zunft dasselbe, interlokal nicht gleiche Längenmaß hatten.

Grobe Leinwand, die aus dem 12er Geschirr gewirkt war, nannte man in Oberschwaben Golschen, die öfters irrig zum Barchent gestellt werden.[1] Feine Leinwand ging in der Zahl der Kettenfäden oft hoch hinauf. Blau gefärbte Leinwand hieß in Ravensburg Gugler. Zwillich wurde auf einem Webstuhle mit vielen Schäften in Köperbindung hergestellt und gewährte die Möglichkeit, Muster

---

[1] Für Memmingen beweisend Westermann 2, S. 570.

herzustellen. Es war also ein besonderer Webstuhl und ein geschickter Weber erforderlich. Die Zwillichweberei dehnte sich daher nicht auf dem Lande aus, wo sonst der Bauer in den Wintermonaten vielfach Leineweberei betrieb. Welsche Leinwand ist wohl Hanfleinwand, in Freiburg i. Br. findet sich breit Walhentuch bis zum 16er,[1] nach G. Aubin war sie schmäler und dichter gearbeitet.[2]

Die Rohleinwand wurde alsdann — ich rede hier von den oberschwäbischen Gebräuchen — einer Schau auf die notwendige Breite, die Zahl der Kettenfäden unterworfen und dann nach seiner Qualität bestimmt und der Art der Weiterbehandlung zugewiesen. Von der Rohleinwand wurden die besten Stücke zum Bleichen bestimmt, sie hießen im gebleichten Zustande weiße. Die minder guten wurden „in die Farbe geschaut", d. h. sie wurden zum Färben bestimmt, und damit sie gleichwohl nicht in Bleichware umgewandelt wurden, wurden sie in drei Stücke, in drei Schetter von gleicher Länge zerschnitten. Minderwertige Ware wurde durch Zerschneiden in noch kleinere Stücke, „Bletzen", auch für das Färben unbrauchbar gemacht. Die gebleichten Stücke unterlagen noch der Weißschau, die gefärbten der Schwarzschau.[3]

In Oberschwaben wie südlich des Bodensees war das Spinnen auf dem Lande weit verbreitet — Konstanz bevorzugte Garn aus dem Bregenzer Walde, Rheintal und Thurgau. Über den Garnbezug in den östlichen Bezirken Oberschwabens ist schon oben gehandelt.[4]

Es ist längst erkannt, daß die Ravensburger Gesellschaft ihre Hauptausfuhr durch die Leinwand bestritt, die in den Städten Konstanz, St. Gallen und Ravensburg sowie in deren Nachbarschaft gesponnen und gewoben wurde. Die Leinwatproduktion hat aber in den verschiedenen Städten einen ganz verschiedenen Weg eingeschlagen. Die oberschwäbischen Hanfleinwande sind gleich hier mit behandelt worden.[5]

Die Konstanzer Leinwand hat in früherer Zeit die Führung gehabt; wir dürfen das daraus schließen, daß in Spanien die deutschen Gewebe geradezu teles de Costança oder schlechtweg Costanzes

---

[1] Zeitschrift f. Gesch. d. Oberrheins 9, 178. [2] Jahrb. f. Nat.-Ök. u. Statistik 104, 598. [3] In Konstanz wurden nach der Ordnung von 1283 zu schmale Stücke in drei zerschnitten. Zeitschrift f. Gesch. des Oberrheins 4, 21. [4] 1, 499 f.

[5] Gleich hier gebe ich die Angaben des Barceloneser Zolltarifs von 1481 über die Werte der Leinensorten, die für den Handel in Betracht kommen: Hennegau: Aynaut de la pedra plegat per squena, 4³/₄ palms breit, 2 halbe Stück = 34 canes de Barc. Aynatus, 5 palmas breit, das Stück 8 ℔. — Hennegau: Aynatus, 4 und mehr breit, das Stück 7 ℔ 10 β. — Deutsche, von schwarzem Siegel, gekräuselt, niedrigste Sorte, gewöhnlich das Stück = 28 canes, das Stück 8 ℔. — Deutsche, St. Galler, Sengales von blauem Siegel, mittlere, das Stück 9 ℔. — Deutsche, feine von gleicher Länge, das Stück 10 ℔. — Alamanyes, tenyides, son nomenades Costances, que venen de fira (Jahrmarkt), la pessa val 10 β (wohl verschrieben für 10 ℔). — Holland, Orlanda fein, la cana = 15 β. — Holland, Orlanda mittlere, la cana = 13 β. — Holland, Orlanda gewöhnliche, la cana = 10 β. — Chalon, Xalo de lin, la corda = 1 ℔ 2 β.

genannt wurden. Nach Pasi brachten um 1500 Venezianer „tele tinte di ogna sorta di Costanza" auf die unteritalienischen Messen. In unseren Papieren von 1472 an begegnet sie nur ein einziges Mal, 1507 ging ein Ballen Konstanzer Leinwand nach Valencia (unter 26 Ballen).[1] Im übrigen ist die Konstanzer Leinwandproduktion schon oben behandelt.[2] In Konstanz gingen 8—9 Stück auf einen Ballen.

In St. Gallen war die Leineweberei durchaus im Aufblühen, sie war auf dem Fuße der Konstanzer eingerichtet, überholte aber die der alten Bischofstadt nach Umfang und Güte.[3] Es gab sehr verschiedene Sorten. Diepolt Bucklin bestellte im Jahre 1472 für Valencia 60 Ballen St. Galler Leinwat, bei 10 Ballen sollte die Elle 19 β kosten dürfen, bei 15: 20, bei 10: 21, bei 10: 24, bei 5 von 25—30, 10 von 32—50. Das ist durchschnittlich die Elle zu 24,8 dn.[4] Dieselbe Bestellung normiert Ravensburger weiße auf 15 β. 1478 schickte Ottmar Schläpfer von St. Gallen 10 Ballen nach Saragossa, davon waren 2 Ballen von 19 β, 2 von 20, 2 von 21, 3 von 22, 1 von 23 β — durchschnittlich kostete also die Elle 20,9 β.[5] 10 weitere sollten bald folgen. In diesem Jahre wollte man an 50 Ballen sammeln.[6] Es folgt aus dieser und zahlreichen anderen Stellen, daß die St. Galler Leinwand die feinste schwäbische war, in sehr verschiedene Sorten zerfiel und neben den feinen Gespinsten auch ziemlich tief herabging bis zu den feineren Sorten der anderen schwäbischen Städte. Die St. Galler Leinwate zu 21 β die Elle rechnete man noch zu den groben.

Der Einkauf in St. Gallen wurde durch einen alten verdienten Gesellen der Gesellschaft besorgt, Ottmar Schläpfer. Aus den Briefen an die Zollbeamten geht hervor, daß er in der Zeit von 1481 Juli bis 1484 Juni, also in 3 Jahren mindestens 112 Ballen den Weg nach Genf schickte, wovon auf das zweite Jahr allein 70 Ballen fallen.[7]

Mit seinem Tode verschwand der letzte Einkäufer in St. Gallen. Hatte schon die Abzweigung der Mötteli einen Teil des St. Galler Handels der Gesellschaft entzogen, so haben auch die Ankenreute der Gesellschaft fühlbare Konkurrenz gemacht. Von da an begegnet uns die St. Galler Leinwand nur noch selten in den Papieren der Gesellschaft. In einer Rekordanz von Nürnberg 1507 heißt es, daß die St. Galler gemeine Leinwand fast aufgegangen sei.[8] Im gleichen Jahre gingen nach Valencia 4 Ballen St. Galler neben 11 anderen Leinwandballen, dann nochmals 7 Ballen neben 19.[9] 1506 wurden in Saragossa in 10 Monaten 56 Stück, also fast 3 Ballen verkauft, es verblieben unverkauft 5 Ballen.[10] Der Verkehr war also noch nicht eingeschlafen.

---

[1] 3, 213. [2] Oben 1, 33 ff. Vgl. 3, 26. 32—38. [3] Vgl. 1, 39 f. 500 f. St. Galler Leinwand begegnet nebenbei bemerkt auch in Mantua bei den Gonzaga: un lenzuolo di tela di Sangilio. Archiv. storico lombardo 25, 1, 28. [4] 3, 236. [5] 3, 201. [6] 3, 82 f. [7] 3, 203 ff. [8] 3, 396. [9] 3, 213. [10] 3, 244.

Die St. Galler Leinwat hatte einst in Spanien eine viel größere Rolle gespielt, Hans Hinderofen schrieb 1478 von Valencia: „Es will nicht mehr tun mit deutscher Leinwat, es sind 19 unter den 24 Ballen unsers Lagers vor 3 Jahren gekauft worden! Was für ein Geld liegt Euch darauf. Wenn uns ein Kunde einen Ballen abkauft, so meint, er tue uns einen Gefallen, wie wenn er ein Kind von uns ins Kloster nähme. Es hat nicht mehr die alte Gestalt zu Valencia wie einst oder auch nur vor einem oder 3 Jahren." Hinderofen meinte, man solle 2 Jahre den Einkauf einstellen, dabei kamen aber über Genua ihnen neue 28 Ballen.[1] Die Hoffnung, daß durch den Krieg mit Karl dem Kühnen die Straße durch Frankreich geschlossen und damit jede weitere Zufuhr abgeschnitten werde, erwies sich als falsch.[2] Schließlich sah sich Hinderofen veranlaßt, mit Verlust zu verkaufen, was ihm einen scharfen Tadel zuzog; man wollte nun lieber dieser Ware müßig gehen.

Im allgemeinen vermochte sich aber die feinere St. Galler Leinwat noch wohl zu halten und der holländischen die Spitze zu bieten.[3]

Saragossa war für die teuere Ware offenbar ein guter Markt und dort zog man auch den Verkauf auf der Messe von Barbastro in Betracht.[4] Valencia erbat sich 1480 ebenfalls die teureren Sorten.[5] Die Gesellschaft erkannte sehr wohl, daß die Kosten für die feinere Sorte genau dieselben waren wie für die groben. Man könnte also an der teuren Ware leichter nachgeben als an der groben. Die Gesellschaft bestellte gleichwohl recht viel grobe Waren. Aber nach Gestalt der Dinge war auch die geringe Ware verkäuflich.[6] Der Markt von Barcelona war klein geworden.[7]

Die St. Galler Leinwat war regelmäßig in Ballen zu 20 oder 10 Stück gebunden, so daß wir ein deutliches Bild gewinnen. Diepold Bucklin bestellte also für Valencia einen Jahresbedarf von 1200 Stück, die Schläpferschen Transporte umfassen etwa 2240 Stück, das Lager in Valencia umfaßte 1478 480 Stück,[8] im März 1478 kamen nach Valencia über Genua 28 Ballen = 560 Stück. Damals wollte die Gesellschaft für die drei spanischen Gelieger noch 50 Ballen = 1000 Stück sammeln. Wieviel Ellen das Stück hielt, ist nicht sicher. Der Ballen zu 20 Stück enthielt 530 valencianische Ellen, rechnen wir für die Vorellen 30 ab, so ergibt sich für das Stück 25 Ellen. Es scheint die Länge der Stücke 30 St. Galler Ellen betragen zu haben.[9]

---

[1] 3, 80. 110. 148. [2] 3, 82. [3] 3, 90. [4] 3, 157. 164. 171. 192. Man hatte solche zu 21—22 ₰ und brauchte die von 24 bis 40. [5] 3, 188. [6] 3, 11. 77. [7] 3, 23: (1475 5 Ballen abgeladen, 1476 3), 3, 179 (1480 lag sie unverkauft). 3, 80. Man denkt noch an 10 Ballen (1478). [8] 3, 80. 96. [9] Das ergibt sich aus unseren Papieren und damit stimmt Häne, Leinwandindustrie und Leinwandhandel im alten St. Gallen 1899, ungefähr überein, der S. 11, 13 für ein Tuch (= 5 Stück) die Länge von 130 und 100—135 Ellen angibt. Es sei auch auf die Abbildung eines St. Galler Leinwandmannes mit seinen Waren in „Eine kaufmännische Gesandtschaft nach Paris 1552—1553" (St. Gallen 1904) hingewiesen.

Die starke Leinwandproduktion von Ravensburg verfertigte breite, schmale und welsche, dann auch gefärbte: Gugler. Der Verkauf auch dieser Sorten war am stärksten in der Richtung nach Spanien, aber auch Italien nahm etwas Leinen auf, und der blaue Gugler fand auch in Nürnberg Abnehmer. Mit Sehnsucht gedachte man freilich der alten billigen Einkaufs- und hohen Verkaufspreise, das Quantum nahm immer mehr ab. So steht an der Spitze wohl die große Bestellungsliste Diepolt Bucklins aus Valencia; er verlangte: 20 Ballen weiße breite Leinwand (je 17 Stück), er hatte noch 19 Ballen im Hause; 5 gemeine weiße; 20 breite rohe (je 8 Stück); 15 schmale rohe (je 9 Stück); 8 welsche rohe (je 10 Stück). Von schmaler weißer hatte er noch ein Lager von 29 Ballen, dazu waren noch einige auf der Straße und dabei hatte er nur 14 Ballen verkauft. Ebensowenig wollte er welsche weiße Leinwand, sein einziger Ballen wollte nicht von Statt. 1478 gingen nach Saragossa 12 Ballen weiß breit, 8 schmal (je 20 Stück) und 2 gefärbte.[1]

Wir haben da die Signatur; die Ravensburger überfüllten leicht ihre spanischen Gelieger, und dann kam es zu Verkäufen unter dem Preise wie in Valencia 1477.[2] Die Lehre, die Andreas Sattler verkündete, war nicht beachtet worden: Es ist besser 30 Ballen geführt und mit Nutz verkauft, denn 50 ohne Nutzen.[3] Am besten ging noch die breite Leinwand — davon man 40 Ballen sammeln wollte —, und man erstrebte da in Valencia einen Preis von 23 β, 2 $\mathcal{S}$ für die Elle, in Saragossa von 3 β 8 $\mathcal{S}$.[4] Die neue Gesellschaft machte aber eine scharfe Konkurrenz, indem sie in Valencia die Elle für 20 $\mathcal{S}$ hingab, und man meinte da, man müsse etwas anderes ausdenken, das sich mehr lohne, sonst sei man Knecht umsonst;[5] und auch die Möttelin waren unangenehme Konkurrenten.[6] 1480 schliß man in Saragossa viel Ravensburger Leinwand, in Valencia aber konnte man sie nicht wieder auf den alten Preis bringen, wollte aber nicht ganz ohne sie sein, in Barcelona, wohin man noch 1474 25 Ballen schmale und 15—20 breite und 8—10 welsche Ballen roh senden wollte, 1475 einen Doppelballen schickte,[7] lag die deutsche Leinwand ganz auf dem Rücken.[8] 1506 erscheinen in Valencia noch 16 Ballen teles refetes, sollte das Ravensburger Leinwand sein? Im Einkauf sind Preise von 12½, 13, 14, 15, 16 $\mathcal{S}$ für die Elle nachzuweisen.[9]

Bei der schmalen weißen Ravensburger rechnete man auf guten Nutzen, wenn der Einkauf sich bei 9 $\mathcal{S}$ vollzog und der Ver-

---

[1] 3, 201.   [2] 3, 57 f. 90.   [3] 3, 57. 83.   [4] 3, 57 f.   [5] 3, 110.   [6] 3, 83.   [7] 3, 3, vgl. 3, 58. 80. 231 f.   [8] 3, 149. 164. 188. 190.   [9] Preise im Ankauf: Aufschlag um 1 $\mathcal{S}$ 1474, 3, 2. Preise 3, 90. 149. 201. Verkaufspreise: Valencia 3, 83. Saragossa 3 β 8 $\mathcal{S}$. Höher lasse sie sich nicht steigern, 3, 192. Der Verkaufszettel von 1506 ergibt einen Preis von 3 β 11 $\mathcal{S}$, als Länge ergibt sich für das Stück nur 14 Ellen, 3, 240.

kauf in Valencia zu 18 oder doch 17, dann sei noch ein guter Nutzen dabei.[1] Je schwieriger der Verkauf wurde, wollte man doch nicht ganz aus dem Gewerbe kommen und sammelte für Spanien 25 bis 30 Ballen.[2] Der Ankaufspreis richtete sich auch danach, ob in der schwäbischen Heimat Korn und Wein geraten war oder nicht. Mißriet die Ernte, so waren die Ravensburger Herren sicher, daß die Bauern fleißig spannen und webten und billiger hingaben als in guten Jahren.[3] Man erkennt daraus mit Sicherheit, daß unter Ravensburger Leinwand auch das Gewebe der bäuerlichen Nachbarschaft mitverstanden wurde. Beim Ankauf finde ich als Preise 10,[4] beim Verkaufe in Saragossa 5 β 8 ℔, und in Valencia 17, 18.[5] Für Genua hoffte man auf ein gutes Geschäft über das Meer nach Sardinien bei einem Ankaufspreise von 9 ℔. Man rechnete dort mit 17 % Gewinn.[6]

Auch rohes ungebleichtes Leinen kam in den Handel. Es war offenbar in Barcelona besonders geschätzt.[7] Als Ankaufspreise begegnen bei breiter 12½, 13, 14½, 17 ℔,[8] als Verkaufspreise in Valencia für breite 22 ℔, für schmale 16 ℔, in Saragossa für breite 3 β 8 ℔, für schmale 2 β 8 ℔.[9]

Welsche Leinwand wurde ebenfalls in Ravensburg hergestellt[10] und wanderte nach Barcelona und Saragossa.[11] Wenn die rohe welsche für 7½—8 ℔ erhältlich, bestellte Genua 1507 25 Ballen, sollte von Stunde an bar Geld sein.[12]

In Ravensburg wurde auch gefärbte Leinwand hergestellt, und zwar in den Farben Rot, Blau, Schwarz und Grün. Eine Reihe von Ballen können wir nachweisen, die nach Saragossa gingen.[13] Der blaue Gugler hatte auch in Nürnberg Absatz.[14] Es ist mit der welschen und den Golschen die einzige oberdeutsche Leinwand, die die Gesellschaft nach Norden ausführte.[15] Der Preis für das Stück belief sich in Nürnberg fast immer auf 1 fl. Auch in England wäre gefärbte Leinwand in der Zeit des Krieges mit Frankreich eine gute Ware gewesen.[16]

Grobe Leinwand (Golschen) wurde in späterer Zeit von Ravensburg in großen Quanten auf den Markt von Nürnberg gebracht.

---

[1] 3, 58. 149. [2] 3, 83. 110, 1480 in Saragossa gut, doch nicht wie einst, 3, 164. [3] 3, 57. 149. [4] Aufschlag um 3 hl. 1474, 3, 2. Preise 3, 83. [5] 3, 83. 139. 149. [6] 3, 258. 262. [7] Dorthin gehen 1474 25 Ballen schmal roh, 15—20 breit roh und 8—10 welsch roh. [8] 3, 43. 57. 91. [9] 3, 158. [10] 3,58, Ankaufspreis 1477 etwa 72 ℔. [11] 3, 2. 190. 208. [12] 3, 299. [13] 3, 2 (1 Ballen), 8. 88. 201 (6 Ballen), 2 Ballen zu je 28 Stück, je 14 blau, 10 schwarz, 4 grün.
[14] In der Rechnung Lutz Geßlers über Nürnberg 1479/80 ergibt sich Bestand zu Anfang 2 Ballen zu je 32 Stück, dazu in 7mal je 2 Ballen Zufuhr, also zusammen 16 Ballen = 512 Stück, dazu 10 Stück welsche weiße gemangte Leinwand, zusammen 522 Stück. Der Preis steigt bis 1 fl 1 ℔, der Gesamterlös für die 522 Stück war 525 fl 1 β. Die Aichelerin hatte allein 282 Stück übernommen, 3, 349. — 1 Ballen 1507 verkauft zu 27 β. Die blaue Leinwat hatte nachgelassen, 3, 393.
[15] 3, 337 (2 Ballen nach Nürnberg), 340 (1 Ballen.) [16] 3, 419.

1507 schreibt Gabriel Geßler von Nürnberg heim: Ihr habt 800 Golschen gesammelt, die wohl 3 fl 4 β her gelegt kosten werden. Er hatte eine größere Summe erwartet. Er rechnete sie zu 4 fl ½ Jahr Ziel zu verkaufen, oder doch zu 3 fl 15 β. Das wäre ein schöner Gewinn. Er meint, in Katalonien habe man große Wagnis und müsse lange Tage geben, ehe man zu Geld komme.[1] 1510 gingen in 2½ Monaten denselben Weg 456 Stück in einem Gesamtwerte von 1499 fl 6 β, das Stück kostete in Nürnberg also im Durchschnitt 3 fl und fast 6 β.[2]

In Wien hatte man 1511 11 Faß Ravensburger Golschen, 8 Ulmer. Man war mit dieser Ware voller Hoffnung, auch Memminger schliß man viel in Wien, dieser galt 2—3 fl ungar. mehr als Ravensburger und 2 fl minder als Ulmer. Der Ravensburger war noch nicht recht eingeführt am Platze.[3]

Über die Ravensburger Weberei geben die Statuten noch einige Auskunft. Nach den Statuten mußte um 1400 der Bürger, der welsche Leinwand ausführte, 12 ₰ von einem Tuche geben und der Gast 18 ₰. Damals wurde auch welsche Leinwand noch eingeführt, davon mußte er ebensoviel bezahlen, brauchte wohl aber keinen Verkaufszoll entrichten. 1440 wird auf einhelligen Beschluß von Bürgermeister, Rat und Zunftmeister beschlossen: weiße, rohe und noch zu färbende welsche Leinwand zahlt bei der Ausfuhr in der Hand eines Bürgers 12 ₰, der Gast 18 ₰. Breite Leinwand (auf Flachsgarn) roh oder zu färben zahlt der Bürger vom Tuche 5 ₰, der Gast 8 ₰, schmale, weiße, rohe oder zu färbende ebenso, breite Leinwand weiß oder weiß zu färbende zahlt ein Bürger 3 ₰, der Gast 6 ₰ von jedem Tuche. Das Schaugeld wird auf 6 ₰ festgesetzt.[4]

Die übrigen Bestimmungen untersagen den Webern Ausfuhr von ungebleichter Leinwand, auf die Bleiche durfte nur Leinwand mit der Bürger Zeichen gelegt werden, das Schlagen gebleichter Leinwand mußte in Ravensburg im Schlaghause erfolgen, zu schmale, von auswärts kommende Leinwand wurde zerschnitten. Man sieht, die Stadt hielt auf möglichste Einschränkung fremder Arbeit. Die Weber stehen aber schon in der Gewalt der Exporthändler, sie selbst dürfen nur innerhalb Monatsfrist das, was sie in eigener Werkstatt gewirkt haben, ausführen.

Den Webern wurde vielfach Geld auf die herzustellende Leinwand geliehen. Aber es war niemand gestattet, unter der Hand darüber abzurechnen, es gab vielmehr dafür einen besonderen Rechnungstag auf Martini (11. November), bis Lichtmeß (2. Februar) war die Ware zu liefern; war das Bleichen mit eingeschlossen, so war sie zu Viti (15. Juni), wo ein alter Jahrmarkt stattfand, zu geben. Dieselben Bestimmungen galten auch für Barchent. Überdenkt man die Sache, so ergibt sich, daß die Gesellschaft zu Martini

[1] 3, 395 f. [2] 3, 34—41. [3] 3, 452. [4] Müller, Zolltarif, 196.

Geld zur Hand haben mußte, um den Webern Vorschüsse zu machen. Auch für Barchent galten dieselben Bestimmungen. Fremden Händlern waren Vorschüsse verboten, ja er mußte selbst oder einer seiner Knechte bei einem Wirte wohnen, um Einkäufe zu machen und sich des Unterkäufers bedienen.[1]

§ *96. Andere oberschwäbische Linnen. Memminger Golschen. Leinwand von Kempten, Staufen, Wangen, Isny. Spanische Zollrechnungen. Berechnung der Verkaufspreise für Valencia. Überblick über die Wandlungen in der oberschwäbischen Leineweberei.*

Über Memmingen haben wir eine vorzügliche Rechnung von 1515 bis 1517 über Golschen.[2]

Es wurden an rohen Golschen von der Zunft gekauft:

	℔	β	hl.
74 Stück groß „Mall" zu 5 ℔ 4½ β = 387 ℔ 5 β 4 hl.			
111 Stück klein „Mall" zu 5 ℔ 3,7 β = 575 ℔ 7 β	962.	12.	4.
Um Bargeld, Baumwolle und an Schulden:			
10 Stück (3 Löwe, 4 Ochsen, 3 weiß)	53.	3.	2.
4 Stück Löwen zu 4 ℔ 18 β 2 hl. (nach Barthol. gekauft)	19.	12.	8.
199 Stück	1035.	8.	2.
An weiteren Auslagen ergeben sich mit Sicherheit:			
192 Stück, Bleicherlohn zu 3 β	28.	16.	—
180 Stück = 6 Faß dem Mangemeister zu 9 ₰ (= 18 hl.)	13.	10.	—
180 Stück = 6 Faß Zoll von 3 Golschen 7 ₰	3.	10.	—
„vnder dem denk" vom Faß 5 β und 15 ₰ vom Faß Siegelgeld .	2.	5.	—
	1083.	9.	2.

Da sich die Qualitätsbezeichnungen des Barchents, Ochs und Löwe, finden, so könnte es doch in etwa zweifelhaft sein, ob Golschen nicht doch Baumwolle enthielt. Die Rechnung bietet zwei Unterscheidungen der Golschen, die eine nach großem und kleinem Mal, die andere nach Ochsen und Löwen, jene gaben wohl die Zeichen der Golschenschau, diese gehörten zur Barchentschau. Vielleicht sind diese 14 Stücke vor ihr gewesen. 6 Ballen (180 Stück) gingen nach Wien, 19 Stück blieben zurück.

Außer Ravensburg wurde auch in anderen noch kleineren oberschwäbischen Reichsstädten Leinwand aufgekauft. Vor allem sind wir da über den Ankauf von Kemptner Leinwand ganz ausgezeichnet unterrichtet. Es liegen uns noch 8 Rechnungen über den Ankauf vor, der von dem Agenten der Gesellschaft Jakob Eberhard betrieben wurde.[3] Die folgende Tabelle gibt über diesen Gegenstand übersichtliche Auskunft.

---

[1] Eben 1, 411 und erweitert 1, 454 f. Hafner 111 und 134. [2] Vgl. 3, 461 und oben 1, 515 ff. [3] Vgl. 3, 456—460.

Leinwandankauf in Kempten 1496—1520

Zeit	Dauer	Stückzahl	Vorellen	Preis	Preis höchster u. niedrigster	Bleicherlohn	Zoll
1. 1496 Dez. 1. bis 1497 Sept. 3.	297 Tage	163	586	1350. 11. 4.	14½—18	130 Stück (18 den.)	163 St.
2. von da bis 1498 Nov. 5.	428 Tage	147	554½	1153. 3. 1.	13 18½	100 Stück (2 β)	147 St.
3. 1500 Aug. 20. bis 1502 Mai 7.	3 Jahre 66 Tage	201	817	1547. 18. —	13¼—17⅞	196 Stück (4 β)	200 St.
		165	652½	1198. 12. 6.	12½—17	—	—
4. von da bis 1503 Nov. 5.		366	1453½	2776. 4. 6.	12⅛—17¼	447 Stück (3 β 4)	531 St.
5. 1506 Febr. 13. bis 1507 März 5.	1 Jahr 270 Tage	116	—	1019. 2. 20.	15 —17¾	—	—
6. von da bis 1507 Nov. 10.		438	—	3142. 18. 2.	13½—17½	121 Stück	—
7. 1516 Dez. 4 bis 1517 Aug. 8.	247 Tage	72	—	590. 17. 2.	12½—16¾	—	132 St.
8. 1519 Nov. 11. bis 1520 Nov. 8.	362 Tage	177	—	1502. 5. 6.	—	199 Stück	—
	8 Jahre 190 Tage	1845	—	14371. 13. 1.	—	—	—

Innerhalb dieser Frist von 8½ Jahren wurden also 1845 Stück gekauft, das ergibt einen jährlichen Betrag von 217 Stück, dieser Betrag wurde namentlich 1502/03 und 1507 erheblich überschritten, in den Jahren, in denen die Preise am niedrigsten waren. Die Preisberechnung hat davon auszugehen, daß das Stück in Kempten 125 Ellen hatte. Nehmen wir 10% Zuschlag für die Vorellen an, so stehen in der Tabelle 242687 Ellen, das ergäbe für die Elle im Durchschnitt der ganzen Zeit 14,2 ₰ per Elle. Da aber die Zahl der Vorellen in den ausgerechneten Listen niedriger ist, so wird der wirkliche Durchschnittsankaufspreis etwa 14,5 ₰ betragen haben. In der ersten Rechnung ist er auf 15½ ₰, in der zweiten auf 15⅝, in der vierten auf 15 ₰ zu berechnen.

Zu dem Ankaufspreis kam der immer höher steigende Bleicherlohn, der Zoll von 5 ₰ per Stück, der Mangelohn für die gemangten Stücke, dann weiter der Lohn Eberhards. In den ältesten Rechnungen hat er einen festen Lohn von 14 ℔, später eine Provision von 1 β für das Stück. Es schließen sich an die Ausgaben für die Verpackung und den Transport.

Der geringere Teil der Stücke blieb ungebleicht. In den älteren Rechnungen gehen die Ballen allesamt über Isny nach Ravensburg. Von 1500 an kommt ein immer mehr steigender Anteil nach Nürnberg auf. Die für Nürnberg bestimmten Stücke wurden gemangt und dann in

Schetter geschnitten (40 Schetter per Ballen). In der dritten Rechnung gingen 21 Ballen mit 237 Stück nach Nürnberg, 201 Stück über Isny nach Ravensburg, in der vierten 20 Ballen (=122 Stück) nach Nürnberg, 309 Stück (davon 84 roh) nach Isny, in der fünften 2 Ballen (= 22 Stück) nach Nürnberg, 73 Stück nach Isny. In der letzten Rechnung ist in Memmingen Ulrich Apoteger Empfänger von 80 Stück, in Wangen Hans Hinderofen für 144 Stück.

Es ist nicht uninteressant, hier auch über die Bezahlungsweise des Jakob Eberhart Angaben zu machen. Während er den Webern keine Vorschüsse gab und ihnen bar bezahlte, leistete die Gesellschaft ihrem Agenten stets Vorschüsse. Die Zahlungen erfolgten teils in Ravensburg, teils durch Boten, teils auch durch Überweisungen vor allem durch den Kemptener Geschäftsfreund Gordian Sutter oder den Memminger Gesellen Ulrich Geßler, wie den zu Isny Jacob Rudolf und Heinrich Stüdlin. Alexius Hilleson hatte am meisten mit der Prüfung der Rechnung zu tun, auch kam er öfter nach Kempten. Die Zahl der Weber ist recht groß, in derselben Rechnung kommt wohl kein einziger Weber über 10 Stück hinaus.

Während bei Kempten die Produktion vielleicht noch zu einem starken Teil von städtischen Webern herrührte, ist das sicher nicht der Fall bei den Webern in der Herrschaft Staufen.[1] Hier kann es sich nur um bäuerliche Weberei handeln, deren Erzeugnisse, wie es scheint, zu Immenstadt der Schau unterlagen. Während rund eines Jahres, November 1514 bis November 1515, kaufte der Vertreter der Gesellschaft Jörg Grat, der einer Weberfamilie angehörte, vielleicht selbst Weber war, 336 Stück zu 1514 ℔.[2] Der Preis schwankt sehr, zwischen 13¼ und 19 ₰, der Durchschnitt dürfte 16½ bis 16¾ ₰ ergeben. Die Zahl der Verkäufer ist gering, einer lieferte 39, ein anderer 19 Stück, es waren wohl Zwischenhändler. Von den 336 Stücken gingen 78 als rohe ungebleichte Ware an die Herren. Die Gelder erhielt Grat auf vielerlei Wegen, so von dem Amtmann der Ravensburger von Nidegg zu Ölhofen, von Gordian Sutter, Jakob Eberhart. Auch hier war ein Zoll von roher und weißer Leinwand zu entrichten.

Nach einer anderen schwäbischen Reichsstadt (Wangen oder Isny vermute ich) führt uns eine Rechnung von 1503/04.[3] Angekauft wurden hier 126 Stück mit 562 Vorellen, die de primo 930 ℔ 7 β 6 hl kosteten. Die Preise schwanken zwischen 11¾ ₰, für die Elle und 16 ₰, der Durchschnitt berechnet sich auf 13⅝ ₰. Geführt wurde diese Rechnung durch einen Gesellen, der Schwager von Hans Hinderofen und Linhart Kolb war. 93 Stück wurden in 3 Ballen nach Ravensburg gesendet, 33 in 3 Ballen nach Nürnberg.

Über den Erwerb von Isnyer, Wanger und Staufer Leinwand ist in den Papieren auch sonst öfter die Rede, stärker interessiert uns der Absatz. In Spanien ging sie wohl meist unter dem Namen von Ravensburg oder Konstanz. Doch reden die Gesellen im inneren

---

[1] 1, 480. 505.   [2] Vgl. 3, 460.   [3] Vgl. 3, 460.

Verkehr wohl korrekter. Auf dem Transport von Genua nach
Valencia finden wir 1507 10 Ballen roh Staufer und Isner und
1 Ballen weiß Isner.¹ 1510 gehen nach Valencia in einer Sendung
vom 19. August über Mailand 15 Ballen mit 329 Stück (davon 88
von Kempten, 152 von Isny, 20 von Wangen, 22 von Staufen und
sonst 23 Stück), in einer zweiten 2 Ballen weiß Wanger (41 Stück)
und 5 Ballen Staufer (110 Stück) und 3 Ballen roher von Isny und
Staufen (30 Stück), dann in einer dritten über Mailand 7 Ballen
rohe Leinwand, darin 10 Stück Kempter (17½ $\mathcal{S}_t$), 40 Isner (18½
bis 19), dazu 19 Stück Ravensburger und 8 Ballen weiße (20 Stück
von Wangen zu 17 $\mathcal{S}_t$, 44 von Kempten zu 17½ und 110 von Isny
von 18—20 $\mathcal{S}_t$). Das macht in 3 Monaten 40 Ballen mit 753 Stück.²

Nach Saragossa ging 1474 auch etliche rot, blau, schwarz und
grau gefärbte Leinwand von Isny,³ der Verkaufszettel von 1506
meldet den Verkauf von 164 Stück von allen vier Städten für
532 $\mathcal{U}$ 8 β 9 $\mathcal{S}_t$. An dem Ankauf sind nur 9 Personen beteiligt, an
den Mauren Inse Xamna gingen 44 Stück, ebensoviele an Pedro
Navarro. Die Preise schwanken zwischen 4 β 2 und 4 β 9.⁴

In Nürnberg hatten 1507 Kempter, die um 66 in 68 fl gingen,
Wanger um 65/66 fl, Isner in ihrem Werte gute Frage, aber St. Galler
standen mit 93 fl weit höher. Unter den Käufern von Kempter
und Isner erscheinen sogar die Vöhlin. Das Land war in gutem
Wesen, und schliß man viel Leinwand; die Rekordanz fügte aber
warnend hinzu, man mache wieder Leinwand in Thüringen, Sachsen
und im Lande Lausitz.⁵ Ein weiteres Absatzgebiet lehrt uns der
Wiener Bericht kennen. Die Vöhlin, Besserer und Buffler gewannen
groß Geld an Wanger und Kempter Leinwand. Bei Ankauf zu
rechtem Gelde könnte kein Mißtun sein, wie viel sie kauften. Von
den feineren Sorten von Isny will man einiges.⁶

So blühend dieser Handel aussieht, so erweisen doch die spanischen Register über das Dret real, die nun uns reichlicher vorliegen als Häbler, sofort, daß der Leinenhandel der Gesellschaft
ungemein zurückgegangen war. Am stärksten gilt das für Barcelona.
Häbler hat als Minimum der deutschen Leineneinfuhr das Jahr 1433
mit 12 Ballen bezeichnet, das Maximum war 1435 220, 1436 215 Ballen.

Die Berechnung der Anzahl der Ballen der spanischen Einfuhr
ist gar nicht so einfach; denn neben den faktischen Ballen rechnete
man in Barcelona auch seit 1434/35 nach Normalballen von je
10 Stück, aber leider ist wohl die Umrechnung nicht immer erfolgt.
Man wird aber versuchen müssen, die Umrechnung, wo sie zu vermuten ist, einzusetzen. Noch ist zu bemerken, daß 1433 eine Zollbestimmung eingeführt wurde, die für den Normalballen einen
Wert von 30 $\mathcal{U}$, von 1435 ab einen solchen von 27 $\mathcal{U}$ einsetzte.

Unter diesem Gesichtspunkte ergibt sich folgende Tabelle der
Einfuhr der Humpis-Gesellschaft:

---
¹ 3, 305. ² 3, 35. 39. 43. ³ 3, 8. ⁴ 3, 240. ⁵ 3, 396. ⁶ 3, 452.

Einfuhr der Gesellschaft in Barcelona

	Gesellschaft Ballen	Stück	Vertreter Ballen	Stück	zusammen Ballen	Stück
1426	139	3	75	—	214	3
1427	1	—	—	—	1	—
1428	85	—	—	—	85	—
1429	150	—	—	—	150	—
1430	—	—	—	—	—	—
1431	169	2	6	$3^1/_2$	175	$5^1/_2$
1432	91	5	9	—	100	5
1433	5	—	—	—	5	—
1434	101	4	14	—	115	4
1435	190	2	—	—	190	2
1436	170	1	—	—	170	1
1437	68	1	—	—	68	1
1438	78	$5^1/_2$	—	—	78	$5^1/_2$
1439	140	1	—	—	140	1
1440	71	$^1/_2$	—	—	71	$^1/_2$
					1564	$8^1/_2$

Durchschnitt 104,3 —

Weiter kamen 1443: 385 Ballen. 1467: 1 Ballen. 1468, 1471, 1472: Keiner. 1473: 22 Ballen. 1477: 11 Ballen, 4 Stück. 1478: 9 Ballen. 1479: 28 Ballen, 4 Stück. 1480: 9 Ballen. Zusammen 465 Ballen 8 Stück.

Nach den Angaben von Häbler, der die faktischen Ballen rechnet, kamen in den Jahren 1426—1440 2163 Ballen nach Barcelona, von denen 1752 auf die Gesellschaft entfielen, auch in der späteren Zeit ist das Verhältnis ähnlich. Öfters waren sie die einzigen Importeure. In der älteren Zeit waren Baseler ihre Hauptkonkurrenten, 1443 ihr einziger Kaspar von Watt mit 97 Ballen.

Nur selten ist die Heimat angegeben, so kann man den Anteil nicht näher bestimmen. Immerhin finden sich Konstanzer Leinen bis 1443 nicht selten, 1437 findet sich zuerst holländische Leinwand, die in den letzten Jahren einen erheblichen Anteil ausmachte.

Für Saragossa und Aragonien überhaupt steht mir nunmehr die Liste für 1430 zur Verfügung.[1] Die Ballen werden mehrfach als Costances bezeichnet und zu dem gleichmäßigen Preise von 37 ℔ gerechnet. An erster Stelle steht Jos Humpis mit 44 Ballen im Werte von 1620 ℔, an zweiter Spidelli mit 14, Kaspar von Watt mit 7 und dann ein ungenannter Deutscher mit 5 Ballen. Aus dem Zollbuche von Perpignan für 1430 geht hervor, daß in der Landschaft Roussillon 70 Ballen „Costances" pflichtig für das Dret real wurden, 44 davon gehörten der Gesellschaft.[2]

Das Zollbuch von Valencia bietet für 1503: 38 Ballen teles, 40 einfache Ballen teles, zusammen 78 Ballen, die zur See gekommen

---

[1] 3, 504—510. [2] 3, 510 ff.

waren; 1506: einfache Ballen telles 71 und teles „refetes" (Ravensburger?) 16, zusammen 87.¹

Für die Berechnung des Preises der Leinwand bediente man sich einer Schnellrechnung, wie ähnliche Rechnungen sich auch in den Baumgartnerschen Büchern finden. Es sind uns die Berechnungen für St. Galler Leinwand, für Ravensburger schmale und weiße überliefert.² Sie sind sehr verwickelt, aber sie paßten im Grunde nur für einen bestimmten Ankaufspreis und enthielten neben dem variablen Elemente auch zwei feste, und diese festen mußten bei anderem Ankaufspreise den Fehler herbeiführen. Variabel waren der Preis wie die Kurse der Münzen, fest standen dagegen die Unkosten, die bis Bouc (oder Genua) erwuchsen, die man auch in deutscher Münze berechnete, sodann die weiteren Kosten bis Valencia und zu Valencia, die in Valencianer Münze berechnet wurden. Es ist klar, daß solche Schnellrechnungen nur für einen einzigen Fall wirklich genau sein konnten.

Wir sehen, daß man aber bei der Bestimmung des Verkaufspreises auf Grund der Erfahrung bei der St. Galler Leinwand den Ankaufspreis für die heimische Elle im Verhältnisse von 1 zu $1\frac{1}{2}$ erhöhte, um so den Verkaufspreis für die Valencianer Elle (?) zu gewinnen. Die angegebenen Normalfälle haben für St. Galler Leinwand (1 Ballen = 5 Tuch = 20 Stück, bei feinen 24 Stück) den Ankaufspreis von 20 ℔ St. Galler, den Verkaufspreis von 30 ℔ Valencianer und einen Gewinn von 17—20 %, aber dabei waren die Unkosten von Bouc bis Valencia nicht gerechnet, für Ravensburger weiße ungefärbte (1 Ballen = $4\frac{1}{4}$ Tuch = 17 Stück) Ankaufspreis 18 ℔, schmale aber (1 Ballen = 5 Tuch = 485 Valencianer Ellen) Ankaufspreis 10 ℔ und Gewinn $22\frac{1}{2}$ %. Diese Preise sind wohl Normalpreise. Beim Nachrechnen ergibt sich auch, daß sich Fehler finden. Baumgartner hat sorgfältige Tabellen für den Warenwert einer Ausfuhrware am Orte der Erzeugung und des Verkaufes.

Im ganzen bietet sich uns also folgendes Bild. In den Landschaften um den Bodensee blühte schon viele Jahrhunderte die Leineweberei. Ihre besten und feinsten Erzeugnisse entstammten der Landschaft von St. Gallen, die Konstanzer verlor im 15. Jahrhundert ihr Ansehen und ihre Verbreitung. Die Linnen von Isny und Ravensburg hatten schon eine mindere Qualität, die von Staufen, Wangen und Kempten stehen dahinter. Da schon lange vorher die deutschen Tobalia (Zwehlen, Handtücher) in den romanischen Landen geschätzt waren, darf man annehmen, daß sie auch in unserer Zeit von der Gesellschaft gepflegt wurden, doch fehlte es auch nicht an breiter Leinwand, die für Bettlaken und sonst verwandt wurde.

Für den Absatz kam in älterer Zeit sicher auch Venedig in Frage, in Mailand ist mit Sicherheit kein Verkauf festgestellt,³ Genua hatte

---

¹ 531 f. ² 3, 238 f.; vgl. auch 148 f., wo aber wohl dem Abschreiber Fehler unterlaufen sind. ³ Vgl. I, 249.

einen kleinen Absatz, der früher größer gewesen sein mag,[1] das
Hauptland war aber Spanien.[2]

Nach dem Norden gelangten die oberschwäbischen Leinenstoffe
früher nach Böhmen, später nur in günstigen Jahren in andere Gebiete, sonst vermochten sie gegenüber der Weberei Thüringens,
Sachsens, der Lausitz und Westfalens nicht aufzukommen. In
diesen günstigen Jahren scheinen auch nur die gewöhnlichen Sorten
Erfolg gehabt zu haben, wie es bei der Wiedereinbürgerung schwäbischen Linnens in Österreich der Fall war.

Die Leinenweberei behauptete nur in St. Gallen sich in Blüte,
ja dehnte sich noch wesentlich aus, so daß 1564 nahezu 20000 Tuche
(= 100000 Stück) gebleicht wurden. Man war dabei zu ganz feinen
bis zum „Vierziger" gegangen, konnte aber im 17. Jahrhundert nur
noch billigere Sorten absetzen. Lange begegneten auch noch in
Spanien „Sangalettes", im übrigen waren auch westfälische Linnen
dahin vorgedrungen.[3] Der spanische Markt bediente ja auch die
Kolonien, wo die Sklaven vorwiegend in Leinen gekleidet wurden.
Im Don Quixote redet Cervantes noch von alemanas toallas.

§ 97. *Holländische Leinwand. Einkauf. Verkauf in Spanien, Italien und Deutschland. Leinwand von Hoogstraten, Nivelles, Hennegau und Brügge. — Zwillich. — Bettziechen. — Tischlaken, Servietten. — Bukaschin. — Gulter. — Flachs.*

Über die holländische Leineweberei und ihre Verbreitung hat van
Dillen nur wenige Nachrichten zusammengebracht. Unsere Quellen
lassen ihre Bedeutung nunmehr deutlich erkennen.[4] Er nennt schon
Haarlem (1274) und Schiedam als Produktionsstädte in Holland,
aber von der Ausfuhr nach Spanien und Italien weiß er nichts.

Der feinen St. Galler Leinwand machte die holländische Leinwand den Rang streitig. Auch darum, um selbst da die Hand im
Spiele zu haben, hatte sich die Gesellschaft auch in Brügge, später
in Antwerpen ein Gelieger eingerichtet. Damals hatten die Holländer die Ausfuhr nach Spanien noch nicht selbst in der Hand,
hier konkurrierte die Gesellschaft vor allem mit Spaniern, unter
denen der Valencianer Battista Dangely hervortritt.[5] Die Gesellen
kauften hier nicht wie am Bodensee durch Agenten die Ballen
direkt von den Webern, auf den beiden Messen zu Antwerpen erschienen vielmehr holländische Großhändler und von ihnen kaufte
die Gesellschaft. So erwarb Hans Kloter auf dem Bamasmarkte
1504 von Jan Fipenson 86 Stück, von Gisbert von Lodenstein 160 Stück
und von Rilant Isbrant 251 Stück, das waren zusammen 25377½
Ellen. Der höchste Posten kostete 294 ℔.[6] 1478, wo man auf dem
Pfingstmarkt eine große Anlegung vornahm, hatte Jann Dirck, der
Färber von Haarlem, ihnen für 253 ℔ Leinwand verkauft und lange

---

[1] Vgl. 1, 265. 270. 276.   [2] Vgl. 1, 290. 292f. 300. 307. 309. 312. 328. 330f. 334.
340.   [3] Vgl. Häne, S. 20 usw., oben 1, 334.   [4] van Dillen, Het ekonomisch
Karakter der middeleuwische stad (1914), S. 159f.   [5] 3, 419.   [6] 3, 426f.

Frist gegeben, dafür bat er, seinem Sohne, einem Studenten in Mailand, 100 fl rh. auszuzahlen.[1] Gelegentlich wurde auch auf der Frankfurter Messe diese Leinwand eingekauft.[2]
Die Arten und Sorten waren sehr zahlreich, aber nicht nach Orten benannt. Die Ellenzahl schwankt in 9 Ballen zwischen 31½ und 75 Ellen.[3] So enthielten die 1480 nach Valencia gehenden Ballen:

Einkaufspreis	5½	6½	7	8	9	9½	10½	11½	13	14½	16	18	20	30
Stückzahl	8	26	20	10	12	12	10	11	5	12	3	3	2	1
zusammen	135 Stück.[4]													

Im Jahre 1504 verteilte sich die versandte Leinwand auf folgende Weise:[5]

	Preis	4½/r.	5½/r.	5½/r.	6½/r.	7.	7½/r.	8½/r.	9½/r.	11.	Stückzahl	Ballen	Ellen	Preis verpackt
Stückzahl nach Saragossa		3.	3.	9.	19.	29.	2.	17.	12.	8.	= 102	= 6.	4283¼	134. 0. 5.
Stückzahl nach Valencia		3.	8.	16.	33.	29.	6.	10.	11.	3.	= 119	= 7.	5039	148. 18. 5.
Stückzahl nach Ravensburg	7.	—	11.	11.	26.	10.	24.	20.	13.	= 122	= 2.	5177	170. 14. 9.
		13.	11.	36.	63.	84.	18.	51.	43.	24.	= 343	= 15.	14499¾	453. 13. 7.

Im allgemeinen war die Leinwand des Bamasmarktes die bessere, dann war der lange Sommer vorüber und die Sonne hatte die Stücke gebleicht. Blühend weiße Leinwand schätzte man auch damals sehr hoch. „Wenn eine Leinwat nicht weiß ist, so ist sie unverkäufig."[6] Brauner, böser „asmertz" war der Schrecken der Verkäufer und Käufer, und Bamas 1477 war die Gesellschaft in den Besitz von solcher schlechten Ware gekommen, und in Valencia seufzte man jahrelang noch und verschaffte sich neue Ware, um mit dieser die alte zu veräußern. Partienkäufe waren durchaus üblich. Die Ware war so übel, daß selbst einer der allergetreuesten Kunden der Gesellschaft, Don Masip, sich an eine andere Quelle wandte und für die 4 von der Gesellschaft erworbenen Ballen Nachlaß verlangte. Es scheint, daß Andreas Sattler deshalb nach Flandern geschickt wurde, um solches Mißtun zu verhindern.[7] Endlich scheint die Gesellschaft noch allenthalben „hübschlich" der üblen Ware ledig geworden zu sein. In Saragossa half die Anwesenheit des Königs die alte Ware mit der neuen zu verschleißen.[8]
Die Leinwand von 1480 war sehr weiß, aber zugleich waren alle Bodegas davon voll, wenigstens in Saragossa. Dabei war der Markt von Antwerpen längere Zeit vorher infolge der Unruhen in Holland nicht recht beschickt worden.[9] Für diesen Handel hätte die Gesellschaft mehr Hauptgut verwenden müssen. Es ist begreiflich, daß die holländischen Zwischenhändler sehr ungern Kredit gaben, und so sehen wir, wie ängstlich die Ravensburger vor dem Bamas ihr Geld zusammenrechneten, 1480 waren sie gerüstet, 1507 aber gar nicht.[10] Der Ausruf Ernlins: „Wollt Ihr hier handeln, so muß man ein anderes Hauptgut hier haben," war durchaus berechtigt, man wollte damals 300 Stück kaufen.[11]

---

[1] 3, 68. 418. [2] 3, 58. [3] 3, 430. [4] 3, 430. [5] 3, 435. [6] 3, 186. [7] 3, 83. 107. 147. 149. 419. [8] 3, 118. [9] 3, 423. [10] 3, 416. 423. [11] 3, 447.

In Valencia finden wir große Quantitäten: 1477 als Rest 2 Ballen, neu 7—8 Ballen, 1478 16 Ballen, 1479 rechnen sie bei einem Rest von 6 Ballen mit dem Ankauf von 12 Ballen, 1480 bestellt man 110 Stück.[1] Die Ware ging nicht immer den Seeweg, wir finden nicht nur den Weg über Genf—Bouc benutzt, sondern auch den über Genua. Große Verspätungen waren die Folge.[2] Was auf dem Bamasmarkt gekauft war, ging wohl meist den Landweg.

Die von Saragossa waren 1478—1480 infolge ihrer Säumigkeit im Schreiben übel sortiert und sehr erheblich waren damals die Verkäufe nicht. Diese Waren gingen zum Teil zu Schiff nach Bilbao, zum Teil aber auch über Lyon, ja einmal auf dem Landwege nach Valencia.[3]

Auch Barcelona verschließ, solange das Gelieger bestand, etwas. 1478 gingen 2—3 Ballen dorthin, 1480 erwartete man 3 Ballen und bestellte 2 in 3 neu, doch nicht viel feine.[4] Holländische Leinwand hat sich später noch mehr die Gunst der Spanier erworben.[5]

„Feine Leinwand gilt nirgendwo mehr als hier," schrieb man von Genua und bestellte sich die feineren Sorten von 18 in 26, ja von 30 Groschen. Doch blieb der Markt nicht immer gut, 1507 will man in Genua keine, sie trage besseren Nutzen in Valencia. 1505 bestellte man noch einen Ballen.[6] In Mailand erwärmte man sich 1505 für feine hübsche holländische Leinwand, es „war etliche neue Fazon hier aufgestanden unter Frauen und Mann, man schließ der ganz viel".[7]

Was nach Ravensburg ging, wurde von dort wohl zweifellos weiter geleitet. Nur das für Private Gekaufte blieb dort.[8] In Flandern lagernde welsche Leinwand sollte nach Ravensburg gehen, sie war in Antwerpen gekauft.[9]

Eine genaue Gewinnberechnung ermöglicht uns der Verkaufszettel von Saragossa von 1506.

In ihm sind als verkauft aufgeführt:

	₰	β	₰
112 Stück, daraus erlöst .	. 1147.	19.	6.
3 noch vorhanden, Wert	.. 20.	—	—
115 Stück, Einnahme .	1167.	19.	6.
Von Polai waren übergeben 31 Stück, kosteten bis her	178.	5	—
Kosten von 5 Ballen = 84 Stück, bis her	.. 763.	6.	—
115 Stück, Ausgabe	. 941.	11.	—
Ergibt einen Gewinn von	226.	8.	6.

oder, wie die Quelle ganz richtig angibt 24%.

---

[1] 3, 58. 107. 186. 414. [2] 3, 83. 185f. 232. 447. [3] 3, 14. 118. 158. 172. 178.
[4] 3, 82. 143. 174. 190. [5] Vgl. Damhoudere (1546) bei Finot, Flandre et Espagne 247. [6] 3, 259. 262. 293. 300. [7] 3, 284. [8] Joachim Weyermann 3 Stück, 3, 400. Für Hans Kloter 4 Ellen, für Moritz Hürus 1 Stück, für Polai Zwick 2 Stück, 3 436. [9] 87, 7; 3, 440f. 447.

Brusttücher von holländischer Leinwand finde ich nur gelegentlich erwähnt.[1]

Zu Antwerpen gingen auch noch eine Reihe von anderen Leinwandsorten in den Handel der Gesellschaft über.

Die von Hoogstraten in Brabant wurde in kleinen Quantitäten in Valencia und Saragossa verkauft, meist genügten für Valencia 2 Ballen; Masip bot einmal für 1 ℔ Gr. Ankaufspreis 5 ℔ Valencianer, das seien $11^1/_2\%$, was den Gesellen aber nicht genug schien. Auch Katalonien kam in Frage.[2]

Die Leinwand von Nivelles erscheint nur selten.[3] Das Stück kostete zwischen 38 β g⁰ und 60. In Genua gewann man 30% daran.[4]

Die hennegauische hatte in Genua einmal guten Absatz, auch für Saragossa wurden 4 Ballen gewünscht, doch kam sie nicht recht in Aufnahme. Man kam zur Einsicht, ihr müßig zu gehen ist das Beste.[5]

In Mailand taucht einmal Leinwand von Chamrach (Cambrai) auf.[6] Genua, das überhaupt feine Leinwandsorten liebte, bat um Kamracher und Brüggesche Leinwand und hatte daran 28% Nutzen.[7] Von der Brüggeschen bestellte man mit Vorliebe einige feine Stücke.[8] Auch nach Ravensburg gingen 1504 13 Stück von Cambrai, 5 breite, 3 Stücke schmal Brüggisch.[9]

Flandrisches Leinen kommt nach Genua und nach Valencia.[10] Mitunter ist nicht zu erkennen, um was für eine Art von Leinwand es sich handelt.[11]

Beim Zwillich, einer mit geradlinigen Figuren gemusterten und daher auf einem Webstuhle mit vielen Schäften hergestellten Leinwand, hatte die Gesellschaft in älterer Zeit in St. Gallen die Möglichkeit, durch dort vorhandene Gesellen ihren Bedarf einzukaufen.

Als Absatzgebiet kam vor allem Flandern in Frage. 1477 ging ein langes Faß nach Flandern. 1478 hatte man noch in Brügge 18 Stück schwarz. An dem letzten Ballen hatte man nur die farbigen Stücke verkauft mit 14% Gewinn, das Stück galt 17 β. Neu bestellte man 60 Stück (= 2 Ballen) und zwar 40 weiße, 8 braune, 8 blaue, 8 grüne, je 4 tanette, graue, gelbe und rote, sollten nicht über 3 flrh. kosten. Hätte man sie auf dem Markte gehabt, wären sie alle verkauft worden. Auch einige schwarze wünschte man. 1480 erwartete man 2 Ballen für den Markt, man erhielt 3 (mit 99 Stück), die man völlig verkaufte das Stück zu 18 β. Man erzielte $411^1/_4$ fl, bis Buchhorn hatten sie gekostet 347, man gewann daran 44 fl, über $12^1/_2\%$. Sie waren viel zu spät gekommen, sonst hätte man sie teurer und um bar Geld verkauft. Man bestellte für den Ostermarkt in Bergen und den Pfingstmarkt in Antwerpen von dem redlichen Gute 192 Stück

---

[1] 3, 425. [2] 3, 58. 83. 186. 447. [3] Von Genua erbeten naulsche Leinwand, 3, 441. Nach Valencia gebunden 7 Stück, 3 Sorten, 3, 430. [4] 3, 259. [5] 3, 115. 139. 159. 263. 415f. [6] 3, 321. [7] 3, 271. 293. 300, 307; über Preise siehe dort. [8] 3, 239. 315. [9] 3, 263. 436. [10] 3, 263. 447. [11] 3, 288. 294.

(= 6 Ballen) (je 20 schwarz, 6 weiß, 2 rot, 1 braun, 1 grün, nicht gelb und grau) und 40 Stück (= 1 Ballen) rein schwarz: 20 von 4 fl und 20 von 5 fl.[1] 1503 hatte man allen bis auf 4 Stück verkauft, sie hatten redlich gelohnt, hätte man nur in Frankfurt 100 Stück. Man sollte sofort 100 Stück nach Frankfurt senden (darunter 8—10 blaue, 2 weiße, den Rest schwarz).[2] 1504 verkaufte man auf dem Bamasmarkte 53 Stück zu 39 ℔ 15 β. Man hatte aber auf dem Markte auch eingekauft: 40 Stück von Barthol. Schencz von Medrich und 43 „nuw belgov" (zusammen 65 schwarze, 4 graue, 3 blaue, 1 grünen) für 88 ℔ 2 β, die man auf Lager hatte.[3] 1507 hatte man 31 Stück, durcheinander gewertet zu 14 β. Man bestellte keine neue, wenn sie wieder auf 16—17 β gingen, würde man sofort nach Nürnberg und Frankfurt schreiben.[4] Bei der Übergabe der Rechnung waren 63 Stück vorhanden und zwar von Isny, so daß wir sehen, daß diese Stadt nun St. Gallen in der Gesellschaft vertrat.[5]
Genua bestellte 1479 St. Galler Zwillich, für den Winter seien sie nicht nötig, doch für die Fasten wünschten sie solchen.[6] Zwillich wurde auch zum Verpacken verwendet.[7]

Bettziechen. Eine flandrische Bettziechen von ganz feiner Art ließ Genua einmal aus Brügge für den Konsul der Deutschen kommen. Sie hatten 14 Palm Länge und 9 Breite, die eine mindestens 12 Dukaten wert, man hoffte daran 20 β zu verdienen.[8]

Tischlaken. Servietten. In Saragossa verkaufte man 1506 20 Stück Tischlaken für 216 ℔ 6 β 8 ₰, behielt noch 5 übrig und berechnete einen Gewinn von 21½ %.[9] Valencia wollte 1507 von Antwerpen Tischlaken.[10]

1515 wurden in Lyon für die Frau von Konrad Humpis 11 Tischlaken je zu 11 gr. gekauft, zugleich auch 2 Dutzend servetas, sie kosteten 2 ℔ 16 β.[11]

Bukaschin, den ich mit Rücksicht auf Frankfurter Quellen zu den Flachsstoffen stelle.[12] Genua hatte 1507 48 Stück bugaschin auf Lager, die man an einer Schuld zu je 4 ℔ genommen hatte. Bei der Auflösung des Geliegers nahm sie ein Geschäftsfreund.[13] 1511 hatte das Gelieger in Wien unter seiner weißen Leinen- und Baumwollware 2 Faß Bogoschyn, die man mit Nutzen zu verkaufen meinte.[14] In letzterem Falle handelte es sich wohl sicher um Buggaschin von Memmingen.

Gulter. 1477 wurde für Ludwig Keller ein weißer Gulter in Brügge gekauft.[15] Ob Leinwand?

Flachs. Die Frau im Hause der Gesellschaft zu Valencia ließ sich 1476 einmal durch einen Gesellen zu Genua ½ Quintal „lin von sandra kommen". Ist das Flachs von Alessandria?

[1] 1, 330. 338. 346. 352. 365. 423. 428. 430. [2] 3, 434. [3] 3, 437. [4] 3. 439. [5] 3, 446. 448. [6] 3, 259. [7] 3. 326. 329 und öfter. [8] 3, 261. [9] 3, 241. [10] 3, 447. [11] 3, 221. [12] Dietz 2, 247. [13] 3, 314. 318. [14] 3, 425. [15] 3, 404.

Zweites Kapitel
Canemasserie (Hanfstoffe)

§ 98. *Canemasserie. Verbreitung der Erzeugung in Südostfrankreich. Tabellen der Sorten. Einkauf. Transport. Verkauf in Barcelona, Saragossa und Valencia. Burdats. Rückgang. Ältere Zeiten. Die Savoyer durch die Deutschen verdrängt. — Kanevas.*

Hatten die Ravensburger durch ihre heimischen Linnen den Antrieb gefunden nach Spanien, so vertraten sie dort auch ein Gebiet, das in großer Fülle Hanfstoffe lieferte. Der Handel mit der Canabasserie oder, wie die Gesellschaft und die Katalanen schrieben Canamasserie ist der Handelsgeschichte bisher fast völlig fremd geblieben.[1]

In den Landschaften an der Saône und am mittleren Laufe des Rhone wächst noch heute ein vortrefflicher Hanf, vor allem war der Hanf an der die Landschaft Bresse durchziehenden Reyssouce berühmt. Im 15. Jahrhundert wurde daraus ein Hanfleinen hergestellt, das meist nach den Orten der Herstellung genannt wird. In unseren Papieren erscheinen aus dem Dauphiné: Briançon, in den nördlich davon gelegenen Landschaften der Herzöge von Savoyen, die bis zur Saône streichen, waren eine Reihe von Orten vertreten, in Savoyen Chambéry, Rumilly, in der Landschaft Bugey: Ambronay, in dem seenreichen Gebiete Bresse: Bourg, Montluel und wohl auch Chatillon und Cruzilles. Auf dem westlichen Saôneufer im Beaujolais: Belleville und Beaujeu, nördlich Macon und im Charolais Charolles. Im östlichen Teile des Herzogtums Burgund folgen noch Chalon, Fontaine (?) und endlich am Einfluß des Doubs in die Saône Verdun. Die genaueste Auskunft gibt der Zolltarif von Barcelona von 1481.[2] In der nachfolgenden Tabelle habe ich die uns interessierenden Orte wie einige andere mit den Angaben über Länge, Breite, Preis ihrer Tuche und Vergleich mit der Elle von Barcelona aufgenommen. Der Landschaft Bresse gehört vielleicht auch Beaurepaire an, sicher Pont d'Ain, Vianes ist wohl Vienne.[3]

Einige dieser Stoffe werden in den Quellen auch nach der Anzahl der Fädengruppen des Aufzuges genannt, so erscheinen onzenes (11), trecens (= 13 e), quatorcenes (14), sezens (16), 18 °, veintens (20 e). Die nachfolgende Tabelle gibt eine so genaue Auskunft, wie wir sie wohl für keine andere Ware des Mittelalters besitzen.

[1] Einige Angaben bei Brésard, S. 166. Auch Häbler ist hier nicht völlig zum Ziel gekommen. S. 359 hält er mehrmals für Hanf, was doch Gewebe war. Vgl. oben 1, 383f., und Karte 1, 384. [2] In den Capitols dels Drets del General de Catalunya. Drucke 1575 und 1685. Vgl. Capmany 4, 2. 52.
[3] Beiseite gelassen habe ich Ayneres, Brotanya, Baleix, Barbande, Bocaram, Bages, Blancaflor, Corren, Flanciac, Jessaus — St. Simon, Lengies, Parents, Pudent, Stopes de Rayner, de Forer, St. Justs, St. Vincent, Xesaves.

Tabelle des Barcelonaer Zolltarifs von 1481 über die Werte und Maße von Canemasserie

Name der Quelle	Länge	Breite	Preis Corda (lb ß d)	Preis Stück (lb ß d)	Corda = Barc. alna
Ambrunay	8 can. 2 palm.	—	— 14. —	—	10¼
Bellrepar	tela de la costa	—	— 18. —	—	10
Bordais de Montpeller	—	—		1. 2. —	
Bordais de Avinyo	—	—	—	1. — —	—
Borras, florete, Stück	3 cordes	4½ palma	—	1. 8. —	11
Borras, schmal, Stück	3 cordes	3½ p.	—	1. 4. —	11
Bourg, breit	—	—	— 14. 5.		10¼
Bourg, canejat	-	—	—	—	10¼
			la cana		
Barbante	—	circa 6½ p.	— 4. —	—	—
Besançon	—	—	—	—	16
			corda		
Brianso	—		— 13. —	—	16
Corts	—	—	— 15. —	—	10¼
Cremio	—	4½ p.	— 16. —	—	8¼
Cremio, schmal	—	4 p.	— 13. 6.	—	8¼
Crusel	16 can. Barc.	3½ p.	..	—	—
Espinalt, breit	—	—	— 17. —	—	—
Espinalt, schmal	—	—	— 15. —	—	—
Flores	—		— 13. —	—	10
Gineva (Geneva)	—		12. 4.	—	12
Lions	—	—	— 15. —	—	10¼
Masco, roh	—	—	— 15. —	—	11
Masco, rebatut	—	—	— 17.	—	6 aln. 4 palms
Montanya	—	—	— 16. —	—	6 can. 4 palms
Montiuel, Stück	16 c. 4 p.	4½ p.	1. 13. —	—	20¾
Nexiu weiß, Ballen	18 c.	—	— 11. 2.	—	—
Nexiu rauh, Ballen	18 c.	—	6. 9.	—	—
Pont de Bellvesi	—	—	— 15. —	—	—
Pondent	—	—	—	—	10¼
Ronyes fein, Stück	12 c.	5 p.	— 16. —	} 1. 22. —	—
Ronyes, mittlere, Stück	—	-	— 16. —		—
Ronullo (Romillo) Ramillo	—	—	— 10. —	—	10³/₈
Verdu Rose, Ballen	25 cordes	—	— 15. —	—	} 8
Verdu gemein, Ballen	24 cordes	—	— 16. —	—	
Vilafranques, Stück	14 canes	4¼ p.	—	1. 9. —	11¼
auch	15—16 c. B.				
Vianes, breit	—	4½ p.	— 17. —	—	10½
Vianes, schmal	—	—	— 15. —	—	8¼
Xalo de canem	—	—	— 18. —	—	—
Xambriu, Ballen	15 cord.	—	— 13. 6.	—	10½
Xarloe, große Sorte	—	5—5¼	— 18. —	—	} 7
Xarloe passant	—	5	— 17. —	—	
Xarloe	—	4½	— 15. —	—	
Onzènes (11er)	—	4	— 15. —	—	—
Tretzena (13), rauh	—	3½	— 14. —	—	—
Tretzena, rauh	—	3	— 15. —	—	—
Tretzena, rebatuda	13 can. 4 p.	3¼	—	1. 12. —	—
Tretzena, canejada	13 can. 4 p.	3¼	—	1. 12. —	—
Quatorzenes (14)	—	breiter wie Barc.	— 16. —	—	—
Setzenes (16), rauh	—	4 und etwas	—	1. 10. —	—
Setzenes canejades von Bourg, Stück	15 can. 4 p. Barc.	4	—	2. — —	10¼
Vintenes (20) de Bella vila	—	—	—	—	—
Vintenes de Beujo	etwas mehr als 15 canes	4 p. B.	—	} 1. 4. —	—
Vintenes de Beujo, rauh	15 c. 4 p. B.	3¼	—		—
Vintenes de Castello, Stück	15 c.	2—2½	—	1. 4. —	rund 16
Vintenes de tovalloles, schmal canejat	14 c. 4 p. B.	2½	—	—	—
Vintenes de tovalloles, rauh	—	—	—	—	—
Vintenes de tovalloles de ampleria canejat	15 c.	2	—	1. 2. —	—
Vintenes, rauh	—	über 4 p.	—	1. 18. —	—
Vintenes	—	3½—4 p.	—	1. 14. —	—
Scapolo de Burc	—	um 4 p.	— 14. —	—	10¾
Scapolo del Pont	—	um 4 p.	— 11. —	—	9
Scapolo de la costa	—	4¼	— 12. —	—	8
Scapolo sanct Janis	—	4½	— 13. —	—	—

Arten der Canemasserie

Der Tarif der Lenceria (Leinwand) aus dem 15. Jahrhundert für Barcelona [1] nennt u. a. Ambrunais, Bordados de Mompeller e de Aviñon, Benjó, Burg blanqueado (gebleicht) und angosto (schmal), Brianzon, Charolois, Chalons, Crussel, Masco roh und gepreßt (prensado), Monthiel, Romilló, Verdun de la Rosa und gewöhnliche, Veintenes de Beujo und Castellon. Von den sonst genannten Orten finde ich im Viennois: Pont de Bellvesi (Pont de Beauvoisin), Cremío (Crémieu), im Bugey: Vilaboi (Villebois), in Bresse: Mornay, im Beaujolais: Villefranche. San Genús ist wohl St. Genix d'Aoste. Beaurepaire ist zweifelhaft. Roanne westlich des Beujolais.

Der Verkauf erfolgte in erster Linie in Valencia, aber auch Barcelona und Saragossa waren Abnehmer, in anderen Geliegern erfahren wir von der Canemasseria nichts.

Über Preise, Gewinn und Größe der Bestellungen gibt folgende Tabelle Auskunft:

	Buoklin		Hinderofen		
	bestellt Ballen	hat noch Ballen	1480 bestellt Ballen	1479 Preise den.	Gewinn %
Bourg	28	32	45	$9^{1}/_{4}$-$^{2}/_{8}$	8
schapilon de	—	—	10	—	—
Macon	20	34	40	$10^{1}/_{4}$	8
Beaujeu, breit	6	2	—	21. 6.	24
vintens de B.	10	—	20	36	—
Chambéry	30	—	30	11	$15^{1}/_{2}$
Ambronay	6	—	40	$9^{1}/_{2}$	7
Verdun	14	46	20	—	5
Rumilly	40	—	—	—	—
Briançon	30	—	—	—	—
Cruzille	—	5	—	—	—
Boras Fetys	—	5	—	—	—
Pont d'Ain	—	—	40	$10^{1}/_{2}$	—
scharplon de Pont	—	—	10	—	—
Belleville	—	—	25	—	7
Chalon (?)	—	—	15	—	—
Montluel	—	—	15	—	—
Charolles	—	—	15	—	—
Fontane (?)	—	—	—	—	$6^{1}/_{2}$
13e	10	6	20	14	$19^{1}/_{2}$
16e	20	4	40	$16^{1}/_{3}$	16
17e	6	1	5	—	—
18e	—	—	5	—	—
20e	—	—	5	—	—
Bordat fein	50	—	30	—	—
Bordat luent	10	—	—	—	—
	280	135	430	—	—

[1] Capmany 4, 2, 52. Vgl. auch 1, 385.

Bucklin schreibt einige Bemerkungen zu den Waren: An vintens von
Beaujeu besteht man wohl, Ambronay 16 %. Von Verdun hat er
38 Ballen verkauft. Cruzille tut schlechte Probe im Wasser. Für Bourg
hat er die Warenmarke: 3 Rosen.

Der Einkauf erfolgte an den drei Plätzen Bourg, Montluel und
Belleville, wo die Gesellschaft Agenten hatte. Außerdem gelegentlich auch auf der Lyoner Messe oder in Avignon.[1] Den
Agenten wurden die auf der Lyoner Messe übrig bleibenden
Gelder übergeben und sie kauften dann bei den Webern auf.
Die guten sollten sie an sich halten, und dann versandten sie
die Waren nach Lyon. Es sind sehr erhebliche Beträge, die
die Gesellschaft in ihre Hände legte, in der Augustmesse 1477
erhielt der wichtigste Agent, Pero de Frantza in· Bourg en
Bresse 3250 fl current, Allerheiligenmesse 1479 blieben 3461 für
Canemasseria übrig. 1477 erhielt der Agent zu Belleville 235 fl
current.[2]

Diese Agenten zu kontrollieren war sehr vonnöten. Zu diesem
Zwecke entsandte die Gesellschaft von Lyon Claus Bützel dorthin, der auch mal einen Ritt nach Montluel machte und einmal nach Belleville ging, aber sich für einen solchen Posten
viel zu vornehm dünkte und gänzlich sorglos war. Das Messen
überließ er den Webern, den Verkäufern. Sein Gevatter, bei
dem er wohnte, kaufte, was ihm zur Hand kam, und anstatt
das Gelieger von Valencia mit möglichst vielen Sorten gemäß den Wünschen zu versorgen, kamen von den Pero bequem liegenden Sorten alle Ballen, von den anderen aber nicht
ein Viertel.[3] Statt Bützel wurde auch später noch einmal ein
Geselle entsendet, vielleicht brauche der mehr Emsigkeit.[4] Das
Produktionsgebiet war wohl viel zu groß um von Bourg aus
durch einen nicht stark interessierten Agenten versorgt werden
zu können. Die Agenten von Belleville und Montluel treten ganz
zurück.[5]

Der Transport von Lyon nach Avignon war die nächste Sorge,[6]
in Avignon hatte man sich auf das Bleichen von roher Canemasseria eingerichtet. Hops hatte viele Sorge damit.[7] Verstehe
ich die Angaben recht, so wurde zum Bleichen das Stück geschnitten d. h. zerlegt. Gebleichte Canemasserie war übrigens
durchaus nicht immer willkommen,[8] Die Herren drangen immer
auf frühzeitigen Einkauf während des Jahres, nicht jedermann
könne Geld so lange darauf liegen lassen. Man drängte stets auf
das erste passadium.[9]

---

[1] 3, 177. 199. 208. 212. [2] Vgl. 3, 199f. über Differenzen in der Rechnung,
die beweisen, daß keine sichere Rechnung geführt wurde, 3, 210. [3] 3, 13.
15. 109f. 221f. 224, und oben 1, 145f. 155f. 355ff. [4] 3, 130. 170.
[5] Vgl. unten Bd. 2, 36f. [6] Viele Angaben 3, 226ff. [7] 3, 76. [8] 3, 110. [9] 3,
58. 76 und öfter.

Die Rechnung von Genf—Lyon für 1477 enthält folgende Posten:[1]

						℔	β	₰
Bourg	45 Ballen	direkt nach Valencia	23 291¼	Ellen		2682.	10.	2.
„	33	„ zum Schneiden nach Valencia	15 217½	„		1774.	8.	3.
„	6	„ für Saragossa	2 939½	„		349.	1.	2.
	84 Ballen					4806.	7.	7.
Macon	28 Ballen	direkt nach Valencia	9 747	Ellen		1028.	11.	11.
„	4	„ zum Bleichen nach Valencia	1 724½	„		179.	11.	6.
„	4	„ für Saragossa	1 394	„		148.	6.	2.
	36 Ballen					1357.	5.	7.
Sezhens	35 Ballen	direkt nach Valencia	10 610	Ellen		2085.	6.	8.
„	13	„ zum Bleichen nach Valencia	4 609	„		925.	4.	4.
„	6	„ für Saragossa	1 844¼	„		372.	3.	10.
	54 Ballen					3383.	2.	10.
Zus.	174 Ballen		101 367	Ellen		9 547.	3.	5.

Es ist doch ein ganz erhebliches Quantum. Der Ladebericht vom 5. Oktober 1475 zählt 40 Doppelballen und 1 einfachen Ballen auf, ein anderer 57 Doppelballen und 12 einfache Ballen, die Fagasa brachte 1479 105 Ballen.[2]

Die Diener der Möttelin wie die Ankenreute betrieben dasselbe Geschäft, beide bleichten auch zu Avignon.[3] Später tritt die Canemasserie zurück. Doch heißt es noch 1507, die in Lyon hätten 42 Ballen gekauft.[4]

Im libro del dret von Barcelona ist Häbler durch die Abkürzung canem auf die Meinung geführt, es handle sich da um Hanf, nicht um Hanfgewebe, um unsere Canemasserie. Es ist sehr verständlich, daß an der Einfuhr der Hanfstoffe vor allem die Savoyer beteiligt sind, doch auch zwei Deutsche, Johann von Köln und die Humpis. Sie erschienen schon 1426 mit dem Artikel in Barcelona (5 bales canemaç de vilatge). Sie haben offenbar noch kein Gelieger oder einen Agenten in seiner Heimat, denn sie führen von der Ware nur in 8 Jahren im ganzen 54 Ballen ein, 1429 1 Ballen Canemasserie und 24 Ballen bordats et d'altres sortes (im Werte von 667 ℔), 1436 12 Ballen bordats, die ihr Agent von Avignon gesendet hatte, 1438 3 de Tri, 1439 1 canemasserie und 1440 1 Ballen (= 18 Stück), 1473 5 Ballen (Bourg, Bordat, Macon, Rumilly und setzens).

In Barcelona war der Verbrauch später nur klein. In den Zollrechnungen von 1469, 1471, 1480 fehlt die Canemasserie völlig, 1443 finden sich 2 Ballen, 1467 1 Ballen Rumilly, 1477 4 Ballen Bordat und 4 Macon, 1478 8 Ballen Macon und 4 Ballen Bordat, 1479 7 Doppelballen und 12 Ballen Canemasserie (Macon, Bourg, Sezens, Pont d'Ain, Belleville und Chambéry) 1480 hat man nur für wenig Bedarf.[5]

---

[1] 3, 26. [2] 3, 109. 231 f. [3] 3, 77. 118. 158. 229. 58 Ballen der kleinen Gesellschaft. [4] 3, 309. [5] 3, 14. 190. 513—517. 521—531.

Erheblicher war der Verbrauch von Saragossa, wo Burdat gute
Frage hatte, der Bourg war den Leuten zu schmal. Zeitweise war die
Versorgung so übel, daß die Kunden wegen Burdat sich anderswo
Hilfe suchten.[1]

Die beste Verkaufstelle war Valencia, wo die Masips gleich 30
Ballen kauften, 4 andere Kaufleute je 5 Ballen und mehr, an 5
Kunden gingen 65 Ballen zu 1514 Val. über. Aber das Geschäft war
doch recht schwer; man war infolge der Sorglosigkeit beim Ankauf nie gleichmäßig versorgt, die am meisten bevorzugten Sorten
fehlten. Bourg und Burdat waren wenig ertragreich geworden,
und wenn auch die Herren schrieben, sich auf solche zu legen, die
Lauf hatten, so war es doch nötig, die eine mit der anderen zu vertreiben und dazu mit deutscher und holländischer Leinwand. Auch
hier fehlt es nicht an Klagen über schlechte Ware, die die französische Konkurrenz in Macon erleichterte. Der Gewinn war schmal,
die Herren überlegten sich, so viel Geld, Mühe und Arbeit hinein-
zustecken, man dürfe sich nicht durch die Konkurrenz verführen
lassen. „Laßt uns allein zu Nutz thun." 1503 wurden 40 Ballen,
1506 71 Ballen teles senas in Valencia eingeführt.[2]

In den Quellen stehen B o r d a t s, burdats immer so nahe zu canemasseria und zu Leinen, daß kein Zweifel ist, man muß sie für Leinen
oder Hanfstoffe ansehen, sie gehören zur lenceria. Häbler dachte
an Katal. broder und hielt sie für gestickte Stoffe, die in Südfrank-
reich seien hergestellt worden. Doch das ist sicher unrichtig, dafür
waren sie auch viel zu billig. Heute heißt im Katalanischen bordet
ein grober gemusterter Baumwollhemdenstoff. Burdat wurde ein-
geschnitten und dazu wurde auch Bourg verwendet.[3] Ob Burdat
einfach gebleichte Canemasserie war ist mir zweifelhaft. Spanische
Kaufleute führten Bordat von Montpellier und St. Flora (Dep.Cantal).[4]

In Italien ist Canemasserie in deutschen Händen selten nachzuweisen und doch war in Genua sogar der Ausschnitt erlaubt.[5]

Der Handel mit der Canemasseria muß nach 1500 eingegangen
sein. Zwar wurden 1508 noch 3 Ballen in Aigues-Mortes beschlagnahmt und noch immer hatte man wohl noch einen Mann in Belleville,[6] aber das völlige Schweigen anderer Lyoner Berichte ist beweisend.

Schauen wir einmal etwas weiter rückwärts. An der Hand der
Bücher des Dret real können wir feststellen, daß die Humpis und
andere Deutsche Canemasserie in bescheidenem Umfange schon von
vornherein in Barcelona einführten. Nimmt man Canemasserie und
Bordat zusammen, so ergibt sich deutsche Einfuhr von 1425 bis
1440 38 Ballen, von denen 32 sicher auf die Humpis kommen.
56 Ballen des Barcelonaer Bürgers Johann von Köln gehen als

---

[1] 3, 77. 78. 118. 125. 158. 193; vgl. oben 1, 309. [2] 3, 7. 11. 109 f. 114. 123.
129 f. 148. 179. 187. 531 f. und an weiteren Stellen. [3] 3, 118. 3, 114. Vgl. die Bemerkung von Bucklin 3, 237. [4] 3, 118. [5] Oben 1, 265. [6] 3, 214.

Ausfuhr, so sonderbar es erscheint. Sehr viel wichtiger ist es aber, daß 209 Ballen von Savoyarden eingeführt wurden, und das einzige große Geschäft machte Pero Falco mit 120 Ballen Einfuhr. Savoyarden und Oberdeutsche hatten sich einst zusammengetan, um das Dret real einzurichten! Wir begreifen jetzt die Gemeinschaft der Interessen und glauben, daß Claus Bützel nicht der erste war, der sich in Bourg aufhielt.

Der Rückgang der Einfuhr von Canemasseria von 1500 an scheint mir auch aus den Barceloneser Zolltarifen zu folgen. Der des 15. Jahrhunderts kennt, wie wir sahen, viele Orte. Der von 1547 nur noch Mascones crudos und prensados, von 1576 Charolais, 1636 Bellesviles blancas y crudas und Mascones prensados.[1]

Zum Verpacken diente Canevas (canvatz, grob chanwatz), canavatz, canefazo.[2]

Drittes Kapitel

Mit Baumwolle hergestellte Webwaren. Baumwolle

§ 99. Barchent. Herstellung. Barchent von Memmingen, Kaufbeuren, Augsburg, Biberach, Ravensburg, Ulm, Mailand, Chambéry. Verkauf in Spanien. Schürlitz von Basel.

Barchent (in Basel Schürlitz genannt, im Hansischen auch Sardok) ist ein Gewebe, das aus leinener Kette und baumwollenem Schuß meist in Köperbindung hergestellt wird.[3] Es gelang erst spät einen baumwollenen Faden herzustellen, der die bei dem Weben in den Kettenfäden entstehende Spannung ohne zu reißen, aushielt; so war man zu der Herstellung eines solchen Mischstoffes gezwungen. Wenn man die auf der rechten Seite freiliegenden Baumwollfäden rauht, so entsteht eine wollartige warmhaltende Oberfläche und wird aus dem glatten ein rauher Barchent.

Die Herstellung von Barchent (fustagno) wurde vor allem in Oberitalien betrieben, es kommen da besonders Piacenza[4] und Mailand in Frage. In Deutschland war Barchentweberei vor allem in Ulm,[5] Memmingen, Biberach, Kaufbeuren, aber auch in Ravensburg, Konstanz, Augsburg und Basel heimisch.

---

[1] Capmany, Memorias historicas, 4, 2. 52—57. [2] Die Elle zu 2½ g°, 3, 404. Vgl. 3, 400. 435. 440.
[3] Vgl. die klaren Ausführungen von Westermann, Zur Geschichte der Memminger Weberzunft und ihrer Erzeugnisse im 15. und 16. Jahrhundert. Vierteljahrschr. f. Soz. u. Wirtschaftsgesch., 12, 385—403. 567—592. Weiter Nübling, Ulms Baumwollweberei im Mittelalter, 1890; Ulms Handel und Gewerbe, 1900.
[4] Vgl. Schulte 1, 2. Register unter Piacenza. [5] Der Andalusier Tafur erwähnt sie als ihm wohlbekannte Ware: „allí se fazen los fustanes que dezimos dolmo". Andanças e viajes. 8, 268.

In den oberschwäbischen Städten (Ulm, Memmingen usw.) wurden die Stücke geschaut und dann nach der Qualität mit dem Schauzeichen versehen, die besten mit dem Ochsen, dann mit dem Löwen und der Traube. Den schlechteren Tüchern wurde ein Fehlerverzeichnis mitgegeben, solche Stücke hießen dann Brief. Bei einer sorgfältig gehandhabten Schau wurden die einzelnen Stücke vertretungsfähig. So gut wie ein Stück Brot ein anderes vertreten kann, so war es auch bei dem Barchent gleicher Sorte. Da nun die Barchentstücke gebleicht wurden, so ergab es sich leicht, daß die Tuche verwechselt wurden, und daraus entstand in Ulm der Barchentwechsel.

Der Bleiche wurden nur die besseren Stücke überwiesen, in Memmingen waren Traube und Brief davon ausgeschlossen. Wie bei der Leinwand wurden die Farbtücher in „Schetter" zerschnitten.

Eine besondere Art von Barchent waren in Memmingen und wohl auch in anderen oberschwäbischen Städten die Regenstücke, die den Barchentschauern, nicht den Leinwandschauern vorzulegen waren. Regenstücke hießen sie, weil sie dazu verwendet wurden, um bei Regenwetter zu dienen. Man schnitt für den Kopf einen Schlitz und ließ die erforderlichen Längen vorn und hinten über den Körper hinunterhängen.

In Memmingen werden mit den Regenstücken zusammengestellt die Buggenschin, buggenschin, buccaschin, also die Buckskin. Es muß wenigstens in Memmingen ein aus Baumwolle hergestellter verfilzter Stoff gewesen sein. Zu diesem Zwecke wurden sie dem Walken unterworfen.

Memminger Barchent war sehr weit verbreitet, so findet er sich 1401 in Köln.[1] Der Ankauf von Memminger Barchent durch die Gesellschaft hat sich in 14 Monaten 1515/1517 folgendermaßen abgespielt. Es wurden gekauft:

			℔	β	hlr
46 Tuch	Ochsen, zu 3 ℔ . .		138.	—	—
76 „	Löwen, zu 2 ℔ 19 β .		224.	4.	—
46 „	Trauben, zu 2 ℔ 18 β		133.	8.	—
1 Farb Tuch, zu 2 ℔ 17 β			2.	17.	—
1 Tuch Traube roh, zu 2 ℔ 16 β .			2.	16.	—
170 Tuch .			501.	5.	—
168 „	Bleicherlohn		11.	4.	—
6 „	weiß Trauben zu scheren à 10 ₰ und 4 β von einem färben		1.	14.	—
			514.	3.	—

Davon gingen nach Ulm 2 Fardell (zu 45 Tuch) 90 Tuch, nach Ravensburg 12 Tuch, 40 Tuche wurden zu Memmingen verkauft (30 Löwen und 10 Trauben) und daraus erlößt 123 ℔ hlr, während

---

[1] 4 vardel van Memmingen. Kuske, Kölner Handel und Verkehr, 1, 143. Ebenda auch Ulmer und Ravensburger.

sich ein Ankaufspreis von 139 ℔ ergibt. Es blieben übrig 27 weiße und 1 rohes Tuch.[1]

Memminger Barchente erscheinen sonst nur in Valencia, 1472 bestellte Bucklin 4 Ballen.[2]

An Regenstücken kaufte das Memminger Gelieger in 14 Monaten:

				℔	β	hlr
259 Stück mit	1081³/₄	Vorellen	. . . .	1678.	1.	5.
195 „ „	833³/₄	„	gekauft von der Zunft[3]	1357.	12.	10.
87 „ „	322¹/₂	„	weiß, also gebleicht . . .	640.	4.	7.
541 Stück mit	2238	Vorellen	. . . . .	3675.	18.	10.

Davon gingen nach München 412 Stück, geschnitten in 1400 Wellin, verpackt in 14 Fässern. Es blieben 101 Stück roh, 28 weiß übrig.

Zu den obigen ersten Ankaufskosten mit . . . . . 3675. 18. 10.
kommen noch folgende sicher erkenntlichen Kosten:

353 Stück Bleicherlohn zu 3 β	52.	19.	—
14 Faß dem Mangmeister, 3 ℔ 15 β vom Faß	52.	10.	—
14 „ Unterkäufer	1.	15.	—
14 „ Unterkäufer unter dem Denk . .	11.	13.	4.
14 „ Zoll in der Wage zu 15 β das Faß	10.	10.	—
	3805.	6.	2.

Hilleson rechnet auf das Faß mit aller Unkost nach München gelegt 124 fl in Gold, für 14 Faß 1736 fl. Die Transportkosten nach München beliefen sich auf 14 ℔ 14 β hlr.

Hans Weyer kaufte von Kaufbeurer Barchent in der Zeit vom 8. Dez. 1515 bis 16. Febr. 1517 352 Tuche zu einem Preise von 732 ℔ 7 β 6 hlr, davon 275 Tuch von Mathis Klamer von Beuren. Die Tuche kosteten also im Durchschnitte 2 ℔ 1 β 7¹/₂ ₰. Dieser Preis steht weit hinter dem für die schlechtesten Sorten Memminger Barchent (2 ℔ 16 β) zurück, und damit stimmt es, daß wie sich aus den Baumwolleverkäufen ergibt, Baumwolle, die bei der Schau in Memmingen verworfen worden war, nach Kaufbeuren verkauft wurde. Der Kaufbeurener Barchent war also wohl allgemein von schlechter Qualität.[4]

Augsburger Barchente erscheinen zweimal in Spanien. Bucklin bestellte 1472 4 Ballen (je 30 Stück, zu je 32 β), hatten gute Frage, 1475 kamen durch Lila de Martiga 2 Ballen, sie gingen nach Barcelona.[5]

Biberacher Barchent wollte man 1472 in Valencia nicht.[6] Sie kamen den Ulmern nicht gleich.[7]

Ravensburger vertrieb die Gesellschaft fast gar nicht. Wohl verkaufte sie 1500 auf der Frankfurter Herbstmesse 4 der Stadt

---

[1] Vgl. 3, 461. [2] 3, 236. [3] Zu diesem Kaufe war Hinderofen selbst nach Memmingen gekommen. Er kaufte die Elle für 13 ₰. [4] 3, 461. [5] 3, 231. 236. [6] 3, 236. [7] Nübling, Ulms Handel, 232.

gehörige Ballen und erlöste daraus 294 fl (73½ für das Fardel).[1] Sonst kaufte sich nur der Faktor in Bern Fränkli einen Ballen (zu 24 Stück) für 38 rh Gld. 12 β hlr.[2] Ob das immer so war, muß dahingestellt bleiben.

Es ist sehr wohl möglich, daß in der Zeit, wo in Ulm Gesellen der Gesellschaft wohnten, diese sich an dem Vertriebe des berühmten Ulmer Barchents beteiligte. In späterer Zeit kaufte sie ihn auf den Messen von Lyon auf. Nur im Jahre 1476 ist ein Kommissionär in Ulm tätig gewesen, Hanns Wurm. Er kaufte von Franz Österreicher 2 rohe Fardel, die er unter Zahlung von 6 fl gegen 2 weiße verwechselte, ebenso machte er es mit 2 weiteren Fardeln. Das rohe Fardel kostete je 91 fl. Das gleiche Verfahren machte er mit 10 rohen Ochsen und 1 Löwen, mit dem Wechselgeld von 1 fl 3 β kosteten sie 23 fl 7 β 9 hlr. Er kaufte ein weißes Fardel dazu um 94 fl und 10 rohe Ochsen und 1 Löwen, die gewechselt 23 fl 7 β 9 hlr kosteten. Dazu hatte er noch 4 Tuche Löwen (16 fl 5 β 6 hlr) und hatte nun 240 Tuche: 120 Ochsen und 120 Löwen, die in 10 Fardel verpackt wurden. Die Unkosten betrugen 7 fl 1 β 6 hlr, so daß die 10 Fardel bis auf den Wagen 510 fl 10 β 5 hlr kosteten.[3] Der Fardel kostete also im Durchschnitt annähernd 51½—52 fl.

Saragossa hatte einen gewissen Bedarf.[4] So bestellte es 1474 2 Ballen weiß, um den schwarzen damit zu vertreiben.[5] So kaufte man 1477 in Lyon für Saragossa 2 Ballen schwarzen Ulmer Barchent Traube (von je 24 Stück) für je 54 ▽ (zusammen = current 245 fl 3 β), verkaufte aber zugleich 5 Ballen weißen Ulmer zu 46 ▽ (zusammen = current 522 fl 3 β 6 ♄).[6]

1478 kaufte man für Saragossa auf der Lyoner Messe 1 Ballen schwarz Traube zu 50 ▽ und 1 weißen Ochsen und Löwen zu 47 ▽ und 2 unter denselben Bedingungen von Ambrosius Rot (von Ulm).[7] Wie hier das Ziel Saragossa keinen Bedenken unterliegt, so ist es bei den Lyoner Einkäufen von 1479 ebensowenig zweifelhaft. Man verkaufte von Brandenburgs wegen 1 Fardel Löwen für 35¼ ▽, 2 Fardel halb Löwe halb Ochsen zu 36 je ▽ (zusammen 119¾ fl rh.). Für Saragossa kaufte man dagegen 3 Ballen schwarze Traube (24 Stück) zu je 47 ▽ (zusammen 167 fl rh.).[8] In Saragossa hatte man 2 Ballen in diesem Jahre erhalten, hatte aber daneben nur 14 Stück schwarz. Daher hatten sie uw 2 Ballen gute wohl schwarze Traube gebeten.[9] 1480 bat man in Lyon 2 Ballen schwarz zu kaufen, hätten wie der Kammracher gute Frage.[10]

Während sonst deutscher Barchent nie in Italien erscheint, hätte man in Genua 1479 Ulmer schwarz und weiß mit Nutzen verkauft und bat daher um solchen.[11]

Die ernsteste Konkurrenz hatte man in Spanien mit Mailänder Barchent zu bestehen.[12]

---

[1] 3, 372 f. [2] 3, 194. [3] 3, 329. In der Rechnung stecken übrigens einige Fehler.
[4] Vgl. oben 1, 309, 312. [5] 3, 2. [6] 3, 206 f. [7] 3, 208. [8] 3, 209 f. [9] 3, 118, 125 f.
[10] 3, 193. [11] 3, 258. Vgl. oben 1, 276. [12] Oben 1, 249 f.

Roter Mohrenkopf von Chambéry (Camrach)[1] war in Valencia beliebt, jedoch nicht immer. 1476 gehen 3 Doppelballen durch Lila de Martiga, 1477 kaufte man 3 Ballen in Lyon für 222 fl curr., 1480 aber 1 Ballen (für 77 fl 4 β 5 hl current), man hatte wegen der guten Frage 2 Ballen bestellt.[2] Es muß eine billige Sorte gewesen sein.

Zu diesen Nachrichten über Barchente, deren Heimat zu bestimmen ist, kommen andere, wo das nicht möglich ist.

Einfuhr von Barchent nach Barcelona

1426	33 resp. 61 Ballen	Übertrag	308 resp. 370 Ballen
1427	66 Ballen	1437	20 Ballen
1428	54 resp. 80 ,,	1438	— ,,
1429	1 Ballen	1439	13 ,,
1430	— ,,	1440	20 ,,
1431	28 resp. 36 ,,	1443	37 ,,
1432	46 Ballen	1467	6 ,,
1433	9 ,,	1473	2 ,,
1434	31 ,,	1479	4 ,,
1435	20 ,,	1480	3 ,,
1436	20 ,,		413 resp. 475 Ballen
	308 resp. 370 Ballen		

Die Einfuhr von Barchent war für Barcelona sehr wesentlich.[3] Der libro del dret führt bis 1440 und 1443 eine Gesamteinfuhr von 683 Ballen, davon fallen zweifellos 413 auf die Gesellschaft, wahrscheinlich noch 62 weitere, das wären 475 Ballen, also weit mehr als die Hälfte. Auf die Jahre verteilt er sich sehr ungleichmäßig. Derselbe Rückgang findet sich 1429 auch beim Leinen und hat wohl in den deutschen Zunftwirren seine Ursache. Die alte Höhe erreichte die Barchenteinfuhr nie wieder. Der Wert der Einfuhr ergibt für 1427 rund 2850 ℔ Barc. 1443 war die Summe wieder sehr erheblich, um dann wieder zu sinken, in den beiden letzten Jahren handelt es sich um Barchent aus Mailand: 1479: 4 Ballen = 55 Stück = 142 ℔ 18 β. 1480: 3 Ballen = 42 Stück = 180 ℔ ohne Schiffslohn. 1467 wurden, wie es scheint, 16 Stück gestreiften Barchents aus Barcelona ausgeführt. In Perpignan erscheinen 1427 144 Stück.

Die Einfuhr in Saragossa bestand 1430 in 480 Stück jedes zu 36 β, also im Werte von 864 ℔. Auf Kaspar von Watt entfielen 336, auf die Josumpis 96, auf Peter Spidelin 48 Stück. Zweimal werden 336 Stück als blanchs senas peloss bezeichnet — weiß und zottig.

In Valencia[4] war der Barchentverkauf großen Schwankungen unterworfen. 1472 war Augsburger guter Frage (bestellt 4 Ballen), Ulmer weißer und Memminger gingen (bestellt 6 [zu je 24 Tuchen] und 4 Ballen), Biberacher wollte man nicht, und der von Kamrach,

---

[1] Die Deutung auf Chambéry nicht auf Cambrai ist wohl die wahrscheinlichere. [2] 3, 207. 212. 228. [3] Vgl. oben 1, 327. 330f. Perpignan 1, 339. [4] Vgl. unten 3, 291.

wovon man 10 Ballen bös und gering hatte, war unverkäuflich.[1] Genf sollte 1474 roten Mohrenkopf von Chambéry kaufen, er war aber sehr böse.[2] 1477 hatte man noch 20 Ballen Kamracher, die man von der Hand schieben sollte, auch mit dem Ulmer solle man nicht zu hart sein.[3] Schlechte Ware war auch der Ulmer Mohrenkopf von Cambrai von 1474. Man bat Ulmer weißen in Lyon zu kaufen.[4] 1475 zählte ein Transport 8 Ballen weiß Ulmer und 2 Ballen schwarz Ulmer, 1476 5 Ballen.[5] 1478 war man in Barcelona und Valencia wieder mit Ulmer, Kamracher und Mailänder überladen, man fand nicht 22 β um das Stück, es kamen aber noch von Mailand 2 Ballen weiß hinzu,[6] im nächsten Jahre hatte man 9 Ballen Kamracher ohne Aussicht auf Lager und ebenso 5 Ballen weiß Ulmer. Nur der Mailänder ging von Hand, und hatte man zu den 5 auf Lager — kurz vorher waren 7 gekommen — noch 6—8 gebeten, davon 1 ganz weiß.[7] Aber auch dieses Geschäft täuschte, die Herren rechneten ihnen vor, an dem schwarzen Barchent hätten sie bei 92 β eher Verlust als Gewinn, müßten 100 oder 105 gelten, bei „vergat" bestehe man wohl, man bestellte keinen deutschen.[8] 1480 verlangten die Kastilianer die Ware, so hoben sich die Bestellungen auf 4—6 Ballen Mailänder (darunter einige weiß und burel), 6 Ballen weiß Ulmer (galt in Valencia 44—45 β) und 4—6 Mohrenkopf (galt 30 β).[9] In dem Zollbuche von Valencia erscheinen 1503: 2 Ballen banbasines und 5 Ballen fustania.[10]

Gelegentlich schob man überflüssigen Barchent nach Barcelona oder Saragossa.[11]

Schüwitz hatte man 1507 in Nürnberg, aber Geßler glaubte, man würde ihn besser bei dem eben in Konstanz stattfindenden Reichstag veräußern. Es handelt sich wohl um Basler Schürlitz.[12]

Der Barchenthandel der Gesellschaft war sehr unregelmäßig. Er war zu Anfang in Spanien sehr bedeutend, verfiel aber auch in Valencia und Saragossa. In dieser älteren Zeit war es wohl vorwiegend Ulmer und Mailänder Barchent, den man absetzte. Später kam Memminger Barchent zur Geltung. Auffallend sind die Ankäufe von Ulmer Barchent in Lyon, die sich aus der Stellung Ulms zur Gesellschaft erklären.

§ 100. *Stamete von Mailand und Como. Berkran. Baumwollsamt. Schroura di bombax. Hosentuche. Baumwollgarn. Baumwolle.*

Die Stamete von Mailand (auch Berkran genannt) hatten eine Kette aus Lein- oder Hanfgarn und einen Schuß aus Wolle.[13] Sie waren also vielleicht mit den sonst vorkommenden Tiretains identisch.

Die genaueste Kunde haben wir über Sendungen von Mailand nach Ravensburg (1510). In zwei Sendungen gingen 6 Saumlast = 42 ganzen Tuchen, der Einkaufspreis belief sich auf 3792 ℔

---

[1] 3, 23 f. [2] 3, 4. 6. [3] 3, 58. [4] 3, 8, 20. [5] 3, 231 f. Vgl. 3, 227. [6] 3, 80. 82. 90. [7] 3, 108 f. 149. [8] 3, 149 f. [9] 3, 188. [10] 3, 531. [11] 3, 80. 108. 118. [12] 3, 395. [13] Cherubini, Vocabulario Milanese.

Mailänder = rund 1167 fl rh. Der Durchschnittspreis betrug also 86 ℔ 4 β, die Stückpreise stiegen von 80—96 ℔. Die Sorten waren bezeichnet durch zwei Rosen (Preis 80 ℔), eine Schelle (80—96 ℔) oder mit zwei Schellen (93—96 ℔). 10 Tuche waren schwarz gefärbt, je 9 rot, braun und rosenfarben, 4 bleifarben, 2 aschfarben, 1 weiß. Das Halbstück kostete nach Frankfurt gelegt 14 fl 9 β.[1]

Auf der Frankfurter Messe wurden sie fast regelmäßig von der Gesellschaft feilgeboten, nicht immer mit Erfolg. 1497 waren alle Winkel voll, es blieben zwei Saum übrig, 1503 sollte man sie hingeben, damit sie nicht verdürben. Damals wollte man ihrer hinfür müßig gehen; aber 1504 und 1507 hatte man wieder in Frankfurt und Nürnberg unverkaufte Stücke.[2]

So schob man sie ab nach Antwerpen und Wien. Hier hatte man 1511 75 Stück, sehr schlechtes Gewand. Mit je 8 rötlichen und braunen hoffte man die anderen von der Hand zu bringen; in Antwerpen war das braune Stück zu dunkel und nicht von fröhlicher Farbe.[3]

Auch von Como kamen Stamete durch die Gesellschaft in den Handel. Man machte dort neben unbezeichneten auch solche „alla plana". Sie wurden mit einer Schelle oder mit zweien, mit einer oder zwei Rosen bezeichnet. Eine Sendung von 20 Tuchen kostete bis Nürnberg im Durchschnitt 32,33 fl, davon 2 braune mit 2 Rosen je $14^{1}/_{2}$ fl, 4 mit zwei Schellen je $31^{3}/_{4}$, 1 mit zwei Schellen alla plana 33,25 fl, 13 mit einer Schelle alla plana bis ins Schiff gelegt je 32,71 fl. Ein andermal kostete ein feines Schellentuch im Stichgeschäft 36 fl. Weiter hatte man 1507 wohlfeile Tücher in Como zu 13 fl gewertet, man wollte aber dieser Ware hinfür müßig gehen. In Wien hatte man mehr Glauben an die Schelle denn an die Rose, man riet daher, in Como die Schelle darauf schlagen zu lassen. Die Tuche wurden in vielen Farben hergestellt. Ich finde 7 braune, 6 schwarze, je 5 aschfarbene und rote, 4 rosinfarbene und je 1 gelb, gelbgrün, weiß und bleifarben. Sonst finde ich noch in den Jahren 1500—1507 eine Ausfuhr von 7 Ballen und 2 Saumlaste. Stamete und Tuche sind nicht immer genau geschieden.[4]

Da die Ware so schlecht ging, ist es verwunderlich, daß die Scheler die Erzeugung in Ulm begannen oder hatten sie bessere Geschäfte gemacht?[5]

Als ein leichter billiger Stoff „ein Gogelwerk", an dem man Geld leicht gewinne, galt in Genua der „brekrann", den man sich aber aus Flandern erbat. Da man ihn wieder trage, wünschte man zwei

---

[1] 3, 36. 42. 1507 kostete bis Como das ganze Stück 101 ℔ 2 β Mail., 3, 323. Das Schlagen und Färben der Tuche ließ die Gesellschaft besorgen. [2] 3, 368. 383. 389. 395. [3] 3, 446. 453. [4] 3, 43f. 253. 281. 289. 310. 317. 319. 321. 322. 456. [5] Anton Tucher verwandte „rot stammet tuch" zu einem Hemde unter dem Wamse. Haushaltungsbuch, S. 126.

Dutzend hübsche rote.¹ So ist vielleicht doch an Buckeram, einen feinen Leinenstoff zu denken.

Sehr schwierig ist der „bomasin samat" zu erklären, von dem 1504 Genua nach Valencia vier Stück sandte.² So frühes Vorkommen von echtem Manchester ist unerklärlich, war es Samt mit baumwollenem Boden?

Genua bestellte 1479 zu Mailand 1 Maaß oder 4 der „wissa schroura di bambax ffin ffin brait zû bruchen" — also wohl ein baumwollener Hosenstoff. Man verkauft ihn sehr gut.³

Für Noffre Humpis kaufte Mailand 1 Elle roten Hosentuches für 4 ℔, auch für Hans Humpis und Veit Sürg.⁴

Von Barcelona kamen 1476 zwei Ballen blaues Baumwollgarn nach Martigue.⁵

Die Gesellschaft war am Baumwollhandel, der in Venedig seinen Sitz hatte, nicht stark beteiligt, obwohl ja Ravensburg selbst Barchent bearbeitete. Zwar war auch Genua ein starker Einfuhrhafen, und als 1477 dort das Gelieger wieder eingeführt wurde, schrieben die in Genua den Mailändern, sorgfältig auf die dortigen Preise der Sorianischen (Syrischen), Griechischen (gregexo) und türkischen (tourckexgo) ein Aufmerken zu haben, und wieviel man im Jahre mit Nutzen vertreiben möchte, die beste Zeit zum Einkaufen sei Oktober bis Weihnachten, wenn die Schiffe kämen.⁶ Und solche große Absichten erwachen wieder, als das Sterben in Genua die Zufuhr lähmt. Da war die Karavele Macholan gekommen mit 1200 Zentner Schwiaster Baumwolle und als da noch das Schiff Baruto 283 Säcke sorianischer (syrischer) Baumwolle brachte, die als die beste galt, da meinte man: Gott wolle, die wäre alle in Euren Händen. Ist wenig. Eppishöfer sei gut gerüstet mit Geld, er werde die ohne alle Sorge aufkaufen. Käme Alexius, so möchte man ihm vorfahren.⁷ Von wirklichen Käufen hört man fast nichts. So begegnet uns in Mailand ein Geschäft mit einem Genuesen, der 17 Sack in Venedig für Korallen eingetauscht hatte, der Zentner kostete 5 Dukaten auf ein Jahr Ziel.⁸ Dagegen kam auch von Genua Baumwolle nach Mailand (dort 33% daran verdient).⁹

Einen erheblichen Handel mit Baumwolle betrieb man, seitdem man in Memmingen sich auf das Barchentgeschäft geworfen hatte.¹⁰ In der Zeit vom 8. Dezember 1515 bis 16. Februar 1517 kamen zu Memmingen ins Gewölbe zu den 37 Biegel Baumwolle von Ulm 28, von Lindau 15, zusammen hatte man also 80 Biegel. Davon wurden im einzelnen zu einem zwischen 19 und 20 fl schwankenden Preise im ganzen 51 Biegel (mit ungleichem Inhalte) = 66 Quintal 89 ℔ verkauft und daraus 2313 ℔ 7 β 3 erlöst. 17 Biegel waren an der Schau verworfen und wurden nach Kaufbeuren gegen Barchent

---

¹ 3, 300. ² 3, 273. ³ 3, 256. ⁴ 3, 267. ⁵ 3, 232. ⁶ 3, 255. ⁷ 3, 275 ff. ⁸ 47, 14. Es handelt sich um 17 Sack da Soria. ⁹ 3, 287. ¹⁰ Vgl. 3, 461 und Schulte 2, Nr. 289.

verkauft. Das Nettogewicht dieser Biegel belief sich auf 27 Quintal 44¼ ℔ und der Erlös auf 701 ℔ 19 β, an einem Kunden wurden 12 Bügelin abgegeben. Somit blieben am Ende auf Lager 12 Biegel. Der Gesamterlös von 94 Quintal 33½ ℔ beläuft sich auf 3015 ℔ 6 β 3, der Quintal kostete im Durchschnitte 32 ℔ 5 β. Die Einzelpreise für die zugelassene Baumwolle schwanken zwischen 19 und 20 fl, für die verworfene beträgt der Preis bei 12 Bieglin 14½ fl. Kaufbeurer Barchent mußte also schlechter sein als der Memminger.

Außerdem verkaufte man in Memmingen „abgeschälte" Wolle, 799℔ zu 117 ℔ 14 β 3, der Quintal also 13 ℔ 7 β, es kann sich also nur um Abfall handeln, auch sie ging meist nach Kaufbeuren. Von der Baumwolle kamen 28 Bieglin von Ulm, 15 von Lindau. Mindestens für diese ist anzunehmen, daß sie von der Gesellschaft in Genua eingekauft waren.

In Südostspanien wurde im 15. Jahrhundert Baumwolle angebaut, wenn auch keine vorzügliche Sorte. Nur in der älteren Zeit hatte die Gesellschaft für sie ein Interesse.

Die Ausfuhr aus Barcelona ist — von Packbaumwolle abgesehen, die bei Versendung von Indigo und Korallen, öfter auch bei Safran benutzt wurde — aus folgender Tabelle ersichtlich:

1428.	1 bala coto venda 1 Quint. 4 ℔ .	. . .	?
1433.	21 carreguas coto	. 281.	— —
	4 Quint. 3 arr. coto faldeta .	35. 10.	—
1434.	138 ℔ coto blanch faldeta	12. —	—
1435.	14 arr. 13 ℔	22. 10.	—
	155 ℔ coto faldeta . .	16. 10.	—
1443.	106 ℔ coto blau filat		?
1473.	210 ℔ „ „ . .	45. 12.	2
	67 ℔ „ „	16. 17.	—.
1479.	200 ℔ „ „	. . . . . 40. —	—
	102 ℔ „ „ das Pfund	— 4.	6.
1480.	436 ℔ „ „ .	92. 13.	—

In Valencia wurde blaue gesponnene Baumwolle und auch weiße zum Ausfüllen der Kisten Zucker und einmal auch von Ortsafran verwendet und dann in Lyon und an anderen Orten verkauft. So waren in 70 Kisten 370 ℔ Baumwolle, die in Valencia das Pfund 1 β 6 d gekostet hatte.[1] Von Barcelona kam blaue gesponnene Baumwolle nach Lyon: 4 Säcke, die doch vielleicht auch als stiba war verwendet worden.[2] Dasselbe gilt wohl von den Ballen, die Saragossa 1506 auf Lager hatte.[3] In Genua verwendete man 1527 rote Baumwolle zum Verpacken (der Quintal zu 30 ℔ Genueser).[4]

Man erkennt, daß die Ravensburger lange Zeit keine Einfuhr von Baumwollballen nach Süddeutschland betrieben. Später wurde es anders.[5]

---

[1] 3, 198. 209. 212. 233 f.   [2] 3, 207. Vgl. 232.   [3] 3, 244.   [4] 3, 398 f.   [5] Oben 2, 43.

Viertes Kapitel

Wollstoffe und Wolle

§ 101. Tuche. Italienische aus Como und Mailand. Spanische aus Valencia. Perpignaner. Flandrische (Menin, Brügge, Kortryk usw.). Brabanter, Amsterdamer, andere. Gemalte Tücher. Englische Tuche, Linner, Worsteds, Bursats, Ostada.

Das am meisten verbreitete und entwickelte Textilgewerbe Europas war damals die Wollweberei. Die Gesellschaft kümmerte sich nicht um den Vertrieb der damals wenig angesehenen Erzeugnisse Schwabens, es blieb ihr Augenmerk auf feinere Tuchsorten gerichtet, die einen weiten Transport, ohne zu teuer zu werden, ertragen konnten. Aber auch diese Waren stellten sie nicht etwa in den Mittelpunkt des Interesses. Immerhin erfahren wir einiges Neue über die starke Verbreitung ausländischer Tuche in Deutschland, gelegentlich auch in anderen Ländern. Aber die Gesellschaft ging auch an einzelnen ausgezeichneten Sorten achtlos vorüber.

Italienische Tuche vertrieb die Gesellschaft nur in einer Richtung, es handelt sich stets um Comasker Tuche und um Ausfuhr nach Deutschland.[1] Es bleibt aber in allen Fällen zweifelhaft, ob es sich um Stamete handelt. Die Comasker Tuche waren von ganz hervorragender Qualität, das folgt auch aus unseren Angaben. Ein Stichgeschäft mit Gryffodin stellte auf die eine Seite 64 ℔ Kermespulver, auf die andere ganze 2 feine Schellentücher, jedes um 165 Mail. ℔, beide schwarz, eins alla piana, eins stamet. Gryffodin mußte sie erst noch herstellen lassen.[2] Gleichzeitig wurden 5 Ballen Wolle an 5 Tuche verstochen, für eins hatte man in dem Konstanzer Domkapitel einen Abnehmer, die vier anderen hoffte man an einen Kunden in Radolfzell zu bringen.[3] Auf Bestellung scheinen dann 1505 2 Saum an die Gesellschaft gekommen zu sein, mehr war noch in Arbeit. In Ravensburg wollte man erst sehen, wie die von statt gingen.[4] Dieser Handel gehört offenbar zu dem Handel mit italienischen Luxusstoffen. Aus Mailand stammten vielleicht die zwei Ballen, die die Gesellschaft 1505 nach Ravensburg sandte.[5]

Von spanischen Tuchen kamen in der späteren Zeit durch die Gesellschaft nur solche von Valencia in den Handel, und zwar ausschließlich nach Genua und Savona. 1504 wurden 4 Tuche mit bescheidenem Gewinn verkauft, in Valencia hätten sie einen guten Vorteil dazu zu kommen,[6] 1505 wurden wieder Tuche gekauft. Zwei Jahre später waren 12 feine Tücher bestellt worden, aber es fand

---

[1] 3, 253. Vielleicht waren anderswoher die in Mailand erfolgten privaten Ankäufe: Diepold Bucklin 1 Elle grauen Tuches für 3 ℔ 10 β ℈₁, Andreas Sattler für 1 Elle rotes Tuch 3 ℔ 8 ß, Heinrich Humpis für 12 Ellen grau gemengt je 3 ℔ 10 β, 3, 254, ein halbes schwarzes Tuch für Thomas im Steinhaus, 3, 3.
[2] 3, 281. [3] 3, 282. [4] 3, 289. 292. [5] 3, 289. [6] 3, 273. 294.

sich keine Schiffung; inzwischen war große Frage gewesen, dann aber vergangen; die Tücher hatten ihre Zeit verloren. Sie wollten nun einen Teil nach Neapel senden.[1] Jedenfalls waren 5 Monate später 7 Tuche auf Lager, im Preise zwischen 142 und 185 ℔ schwankend, im Durchschnitt aber 146 ℔ 14 β 3¹/₂ ℨ, also zusammen 1027 ℔ Genueser kostend. Bei dem Abzug der Ravensburger wurden sie einem Italiener (oder Spanier) übergeben, der sie unter diesen Preisen nicht verkaufen solle.[2] Die letzte Nachricht stammt aus dem Jahre 1515, ein Ballen war nach Savona verladen, aber nicht angekommen.[3] Die Valencianer Tuche waren so wertvoll, daß sie auch in Venedig einen Markt hatten.[4]

Der Krone Aragon unterstand damals auch noch Perpignan. Die Tuche dieser Stadt erfreuten sich eines sehr guten Namens.[5] In den Papieren erscheinen aber nur 6 Ellen feinen aschenfarbenen Tuches, die für Noffre Humpis in Flandern gekauft worden waren.[6] An französische Tuche kann man denken, wenn 1515 für Ser Alexis in Lyon 5 Ravensburger Ellen grau Tuch gekauft werden sollten.[7]

Für die Tücher aus Flandern, die unter sich sehr verschieden waren, fand die Gesellschaft nur an einer Stelle ihres Handelsbereiches mehrfach Verwendung: in Spanien.[7] Der Niedergang der flamischen Wollweberei wird uns darin ersichtlich. Überall waren bessere Tuche die Herren des Marktes geworden, nur in Saragossa war die Konkurrenz der feinen Tuche von Valencia noch zur Not abzuhalten, zumal wenn die Valenzische Münze schlechten Kurs hatte. Das konnte den flamschen Tuchen helfen. Doch machten die biskayischen Kaufleute durch den billigen Verkauf ihnen schwere Sorgen. Erfreulich war das Geschäft nur gelegentlich wie damals, als der König Ferdinand in seine Hauptstadt kam; bei den langen Zielen war es das Beste, Tuch gegen Safran zu tauschen.[8] Auch in Genua hatten die Tuche von Menin zeitweise guten Schliß, man schrieb von dort, das sei eine sehr lebige Ware, 100 in der Wolle gefärbte Stücke wären ihnen von Stunde an bar Geld. Antonio Rorall habe alle Jahre 200 Stück gehabt und schier all sein Geld damit verdient.[9]

Von Tucharten werden weiter folgende genannt: Brügge liefert farbige Tücher, braungraue, dunkelgrüne, blau, feine werden genannt ungesiegelte und Bastarde. Alle anderen Tuche sollten schwarz sein, einmal wird vorgeschlagen, sie weiß zu kaufen und dann tief zu färben.[10]

Auf flandrische und nicht auf englische feine Tuche bezieht sich der Rat von Andreas Sattler, solche nicht für Genua zu kaufen, wie

---

[1] 3, 303. [2] 3, 314. 318. [3] 3, 220. [4] Pasi 181. Vgl. auch unten 3, 193. [5] Pegolotti 130f. Auch Anton Tucher kaufte 6 Ellen davon. Tucher, Haushaltungsbuch, S. 76. [6] 3, 425. [7] 3, 221. [8] 3, 40. 116. 158. 165. 193. 415. 429. 431. [9] 3, 300. [10] 3, 116.

es Geisberg gewünscht hatte. Die Erfahrungen der Niederländer seien schlecht genug, die 3 oder 400 feine Tuche zu Neapel und Genua hätten; sie hätten sie ihm auf Tausch angeboten. „Wer zu Genua mit Gewand umgehen will und die Zölle nicht umgeht oder bei Nacht stiehlt, kann nicht viel gewinnen und muß noch lange borgen.[1]

Die teuersten waren die feinen Tuche von Kortryck, die von martzwoll, marscha bezeichnet werden (13 ℔), und dann die von caschga wels, chazwoll, von 10 Quartieren (9 ℔ 10 β), dann gab es Tuche von 9 Quartieren (7 ℔ 10 β), und die beiden letzten Sorten hießen auch Belarte. Diese Bezeichnungen kann ich nur zum Teil erklären. Caschga wels hat mir viel Kopfzerbrechen gemacht, vielleicht sind es mit einer Schelle (kat. cascavel) bezeichnete Tuche. Ein Drittel eines feinen Brüggeschen Tuches kostete 2 ℔ 6 β 6. Es war allerfeinster Stoff, den nur große Herren trugen. Graues brüggesches Tuch kostete 6 ℔, schwarzes 1 fl 3 g°. Menins (gesiegelt, wert castax, stamet) standen im Preise höher[2] wie die von Alost, falls wir die Bezeichnung Aloines, halmin, Alunisch, Allunische, auf diese Stadt beziehen dürfen (fein 7 ℔). Von Vrisch Tuch (von Furnes oder friesisch?) kosteten 1 1/2 Stück 11 ℔ 15 β Lamki waren sehr teuer und rar.[3] Bei diesen ist wohl an leicht gewebte Stoffe (Sayette) aus der Herrschaft Lembeke bei Eecloo zu denken.[4]

Nach Frankfurt, wo mehrfach Brüggesche Tuche verhandelt wurden,[5] kamen auch, doch nur selten, in das Lager der Gesellschaft aus Brabant Tuche von Mecheln und Herentals.[6] Die Mechelnschen ertrugen 23, 24 und 25 fl, während die Herentaler mit 12 und 13 sich begnügen mußten. Tuch von Antwerpen ist einmal genannt, aber im Privatbesitze Clement Ankenrütis.[7] Tuche aus den benachbarten deutschen Orten Aachen oder Düren wurden von der Gesellschaft nicht geführt.

Als Umschläge beim Packen finden sich in der Nürnberger Rechnung von 1479/80 Bauwen Tuch und Hurlusch (Húlusch) Tuch. Von letzterem kostete ein halbes Tuch 6 fl.[8] Es handelt sich um Tuche von Hull. Ebenso finden sich 11 Ellen grob „Friß" a gr° 6. Andreas Sattler nahm gleichzeitig von Brügge 20 Ellen Frieß heim.[9]

Aus Flandern ließen sich Rudolf Muntprats Frau ein Tuch, Noffre Humpis ein blaues Tuch, Paule Schindelin 6 Ellen fein brüggisch grau kommen.[10]

Mehrfach begegnen „Amsterdamer". So wird ein Stück als Tuch bezeichnet in der Privatbestellung für Konrad Humpis.[11] Für

---

[1] 3, 418. Vgl. 315. [2] 1 Stück fein Menin kostete 7 ℔ 3 β und 8 ℔. [3] 3, 40. 116. 158. 193. 415 f. 431. 436 f. [4] Espinas et Pirenne, Recueil de documents relatifs à l'histoire de l'industrie drapière de Flandre 2, 347. 349. [5] 3, 416. [6] 3, 13. 16. 344. 349. 360. [7] 3, 404. Palle Schindelin bezieht feines graues Brüggesches Tuch. Ebenso Noffre Humpis dunkles grünes, 337, blaues, 425. Andreas Sattler 5 Ellen fein 433. [8] 3, 344. 350. [9] 3, 404. [10] 3, 346. 404. [11] 3, 400, Frankfurt.

den Prior der Karthäuser wurde ein Amsterdam für 10 fl 3 β gekauft.[1] Aber auch die Gesellschaft führte sie. 1510 sollten sie in Frankfurt für 11 fl verkauft oder nach Nürnberg geschoben werden.[2] In Privatbestellungen in Frankfurt erscheint für Flandern auch ein Stück tulichst Tuch (für Konrad Humpis), also von Toul?[3] Weiter gingen nach Ravensburg 1½ viersch Tuch, kosteten 11 ℔ 15 β. Genua hat 1507 6½ Ellen mit frisa auf Lager, hatten 6 ℔ 10 β Genueser gekostet.[4]

Gemalte Tücher. 1429 führten die Josumpis in Barcelona einen Ballen draps pintats im Werte von 36 ℔ ein. 1443—80 wiederholen sich Sendungen von draps de pinzell, was aber auch mit großem Anfangsbuchstaben geschrieben wird.[5] Da es aber 1469 drapets de oratoris de pinzell (öfter ist aber de Prúzell oder puizell gelesen) heißt, so sind vielleicht das auch gemalte Tücher gewesen, doch kann man auch an Brüssel denken. Andere Deutsche führten sie auch 1430 nach Saragossa ein.[6] Am öftesten finde ich gemalte Tüchlein und gemalte Kleider in Flandern angekauft für einzelne Gesellen.[7] Man wird also an Zeugdrucke denken müssen oder an handgemalte. Gemalte Kleider bestellte 1480 Valencia.[8] Wenn die Frau von Nidegg in Frankfurt „ein alterary drap di fl 6" bestellt und dabei unsere Frau Petrus und Paulus erwähnt wird, so handelt es sich vielleicht um ein leinenes gesticktes Altartuch.[9] Die kunstgewerbliche Forschung wird diesen Nachrichten vielleicht einiges abgewinnen können.

Das englische Tuchgewerbe hat das rein der Urproduktion dienende Land zuerst zum Großgewerbe geführt und der Vertrieb dieser schon im 15. Jahrhundert vortrefflichen Gewebe hat dem englischen Kaufmann das Festland erschlossen. Auch diese Vorgänge finden in unseren Papieren einen Widerschein. Die älteren nennen diese Tuche nur selten, da kauft ein erfahrener Konstanzer Geselle für sich privatim 2 halbe englische Tuche, 55 ℔ wert, und 1478 hat das Brügger Gelieger 10 feine englische Tuche.[10] 1478 war ein Terling englischer Tuche bei Neuß angehalten worden.[11]

Nach der Lücke unserer Akten ein ganz anderes Bild! Der Ankauf umfaßt nun große Beträge; Genua, Frankfurt und Wien sind die Stätten des Verschleißes, und die Vertreter in Brügge legen den Herren von Ravensburg den Gedanken vor, nicht dort zu kaufen, wohin der letzte Engländer sich damals vorwagte, sondern der englischen Ware soweit entgegenzugehen wie nur irgend möglich, also

---

[1] 3, 385. [2] 3, 375. [3] 3, 400. [4] 3, 314. 436. Über Fries bringt das hansische Urkundenbuch, Bd. 8 und 9, viele Nachrichten. [5] Häbler 3, 514. 528 f. (3 Stück Wert 1 ℔ 1 β, 7 drapets de oratoris de pinzell = 1 ℔, 26 draps = 2 ℔ 18 β Brügger Währung), 530. [6] 3, 506. [7] Für Bürgermeister Hans von Nidegg eine Rolle Tüchlein, 3, 400. Otmar Schläpfer 4 gemalte Kleider 23 ℔, Thomas im Steinhaus ein gemaltes feines Kleid 5 ℔, Andreas Sattler ein gemaltes Kleid, 3, 404. Derselbe 14 Stückle gemalte Kleider, 3, 433. Für Roland Muntprat 3, für Lütfried von Ulm und Claus im Steinhause 3, 3, 436. [8] 3, 108. [9] 3, 384. [10] 3, 404, 417. [11] 3, 334 f.

bis zum englischen Stapel, der sich in Calais, das damals noch im
englischen Besitze war, befand.¹ „Wollt Ihr mit Tuch umgehen,
so muß man sich anders im Handel richten. Nach meinem närrischen
Ansehen" — schreibt Hans Hillenson — „täte der Recht, der auch
zu Calais kaufte wie andere Leute und der alle Messe 4 bis 500 Stück
führte, wie die Fütterer, Höchstätter und Welser es tun. Was sollen
wir da hier kaufen von denen, die selbst auch ihre Waren gen Frankfurt senden und dort verkaufen. Ihr könnt nicht wohl neben ihnen
hingeben: das andere würde aber großen Nutzen tragen."² Aber
dazu fehlte es in Antwerpen damals an barem Gelde. „Auf solchen
Dingen genießt einer das bare Geld, an 2 ℔ 9° auf einen Tag. Nun
haben wir nicht einen ℔."³ In deutlichen Worten gehen diese be-
deutsamen Äußerungen auf den Kern der Dinge: man muß möglichst tief an die Quelle selbst heran und muß mit großen Mitteln
arbeiten.

Die Gesellschaft hat diesen Schritt nicht gewagt, so ist der Zustand des Handels, der anderen großen Nutzen abwarf, wenig erfreulich. In Genua begegnen uns auch einmal 23½ Stück im Werte von
1257 ℔ Genues. Man rechnete sicher auf Verkauf.⁴

In Frankfurt war der Verlauf der Messen sehr verschieden. Auf
der Herbstmesse 1497 wurden von 53½ Tuchen 45 verkauft. Hätte
man mehr gehabt, so wären sie auch alle verkauft worden, es war
nicht zu viel Gewandes auf dem Markte.⁵ Die Herbstmesse 1500
verlief hingegen ungünstig, man hatte dieses Mal weit mehr Tuche,
verkaufte aber nur 39½. Man gab in der Messe die Tuche um 17 fl
und minder, daß es eine Schande war. Den Ravensburgern blieb
aber eine Hoffnung, die Herren hatten ihnen geschrieben, sie wollten
nicht Knechte umsonst sein. Für die übrigbleibenden Tücher wurde
ihnen die Weisung zugeschickt, gegen 50 Stück an Moritz Hürus
nach Konstanz zu senden, das übrige nach Nürnberg. Sie rüsteten
nun in der Tat 3 Terlinge (à 15 Stück) her.⁶

In der Herbstmesse 1503 bestand man ehrbarlich an 34½ verkauften Stücken, der Rest (26½ Tuch) waren schlechte und schmale
Tuche, die nicht 18 fl wert seien. 13 sandte man nach Nürnberg,
das geduldig den Ladenhüter der Frankfurter Messen spielte.⁷ In
der Fastenmesse 1507 hatte die Gesellschaft so gute Tuche, wie sie
ihr Faktor in ihrer Gewalt noch nicht gesehen hatte. Sie waren
teuer eingekauft, aber da sie überlang waren, so trugen sie einen
ehrbaren Gewinn von 200 fl; da 46 Stück zu 24 fl, 8 zu 25 verkauft
waren, ergibt das einen Gewinn von 16%. Während auf dem Markte
mehr Tücher unverkauft geblieben waren als in vielen Messen,
hatten die Ravensburger ihre letzten 8 Stück an Gordian Suter zu
25 fl gegen Kupfer verstochen.⁸ Nürnberg erhielt auch wohl direkt
eine Sendung aus Flandern.⁹

---
[1] 3, 441. [2] 3, 441 f. [3] 3, 448. [4] 3, 269. 271. 293. 300. [5] 3, 368. [6] 3, 375.
378. [7] 3, 383. 387, 389. [8] 3, 392. 394. [9] 3, 368.

Die Vorgeschichte dieses guten Geschäftes bietet uns jener Brief Hans Hillensons, der die oben erwähnten Gedanken entwickelt. Er schreibt von Antwerpen. Noch sind die Engländer nicht da, aber man hört, sie gäben den Pack guter Tücher zu Calais um $41^{1}/_{2}$ ℔, da würde das Stück gen Frankfurt gelegt 23 fl kosten, bei solchem Preise würde er kein Tuch kaufen. In Brügge sollten die ersten Ankömmlinge 46 ℔ um den Pack gefordert haben, über 44 ℔ wollte er nicht gehen. Während der Messe müssen die Preise noch zurückgegangen sein.[1]

Im Sommer des Jahres 1507 hatten Hillenson und Ernlin ihre Not mit dem Gelde. Noch waren die Engländer nicht gekommen, aber sicher erwartete man sie zu der Messe von Middelburg, da man nicht einen Groschen hatte, rechneten sie auf ein Stichgeschäft mit Samt und Zwilch.[2]

Die letzten Nachrichten gehören dem Jahre 1511 an. Zu Anfang der Frankfurter Herbstmesse stand der Preis auf 18 fl. Das Wiener Gelieger, das noch $12^{1}/_{2}$ Tuche besaß, wünschte, daß man zu solchen Preisen ihnen 50 lynsche oder englische Tuche gekauft hätte, gute breite Tuche von ihren Farben wollten sie viele schleißen.[3]

Linsch Tuch gehört zum englischen.[4] An Farben werden genannt: schwarz, rot, weiß, lichtbraun, grün und tanet.[5] Ein Drittel eines schwarzen Worstead (Grafschaft Norfolk, glatt aus Kammgarn) hatte Andreas Sattler. Auch Hinderofen ließ von Frankfurt etliche Ellen wursat kommen, und wenn Genua 1505 mit anderen Geweben aus Flandern 6—8 Stück fein schwarz Bursat bestellte, so handelt es sich wohl um dieselbe angesehene Ware, die vor allem zu Wämsen und Hosen verwendet wurde. Schwarze Ostada 4 Stück wurden in Genua gewünscht.[6]

Von Frankfurt aus bestellte man in Flandern an englischen Tuchen nach der Herbstmesse 1497: 70 in 80 Tuche, Herbstmesse 1503: 40 in 50, Fastenmesse 1507: 50 in 60, Wien verlangte 1511 50, bei billigen Preisen 60 Stück.

§ 102. Andere Wollwaren. Arras (Rasch). Sayetterie. Sarzils. Serge. Tapisserie. Bettdecken. Mützen und Hüte.

Von der Hauptstadt der Grafschaft Artois, von Arras hat zweimal der Ortsname sich als Warenname durch die Lande verbreitet. Hier haben wir es zuerst mit den leichten, nur im Sommer getragegen Wollenzeugen dieses Namens (Arras, Rasch) zu tun, die nur in Atrecht — wie damals die Deutschen sagten — und in ein paar Nachbarstädten — Valenciennes, Lembeke, Hondschoten, Cambrai und Brügge werden in unseren Quellen genannt — hergestellt werden.[7] Man unterschied Zeugrasch, aus langer Wolle mit Kämmen

---

[1] 3, 441. 443. [2] 3, 448. [3] 3, 452 f. [4] Ein solches gutes rotes bestellt für Jakob Hinlin nach Lindau, 3, 376 Vgl. 3, 452. Für Joachim Weyermann, 3 400. [5] 3, 368. 375. 378. [6] 3, 20. 293. 300. 404. [7] Die Einleitung von Guesnon, Le livre rouge 1898, und Parenty, Les corporations ouvrières de Arras, 1868, waren mir nicht zugänglich.

gewebt, und Krümpelrasch, aus kurzer Wolle durch Krümpel verfertigt.¹ Meist wurden schwarze bevorzugt, doch gab es auch weiße und von vielen anderen Farben. Nach Südeuropa² gingen nur schwarze und tannete, so dunkel, daß man sie von schwarz nicht unterscheiden konnte, einige Male auch weiße und „pell de Lyon".³ Neben den gemeinen Arras gab es auch ganz feinen, den sich die älteren Herren und Damen der Gesellschaft auf den Frankfurter Messen oder wohl auch in Brügge kaufen ließen, stets von schwarzer Farbe.⁴

Die Produktion wurde durch die Erbstreitigkeiten nach dem Aussterben der Burgunderherzöge schwer getroffen, Ludwig XI. hat die Bewohner vertrieben (1479), und darunter litt das kunstvollere Gewerbe der Stadt, die Tapisserie, auf das allerschwerste; auch dieses einfachere Handwerk mußte, wie unsere Quellen bezeugen, schon 1477 die Erzeugung einschränken.⁵

Gekauft wurden die Stücke in Brügge und auf den benachbarten Messen, die Preisangaben beziehen sich auf das ganze Stück. Die Preisdifferenzen beim Ankauf waren sehr erheblich.

1504 wurden nach Saragossa und Valencia je 3 Ballen schwarz verpackt, sie enthielten 102 Stück: 4 zu 22 ₰, 20 zu 25, 30 zu 28, 14 zu 30, 14 zu 40, 12 zu 48, 8 nach Saragossa gehende für 70 ₰. Der Gesamtpreis der 51 nach Saragossa gehenden belief sich auf 98 ℔ 12 β, mit Verpackung auf 100 ℔ 5 β. Der der 51 nach Valencia gehenden auf 78 ℔ 9 β, mit Verpackung auf 80 ℔ 13 β. Der Durchschnittspreis für dies Tuch 1 ℔ 15¹/₃ β. Sehr viel teurer waren die nach Ravensburg gleichzeitig abgesandten 58 Stück: die Preise sind 44 ₰, 48, 58, 59, 64, 74, 82, 100 und 110. Der Gesamtpreis mit Verpackung beläuft sich auf 197 ℔ 18 β 10 ₰, der Durchschnitt auf 3 ℔ 8 β 3 ₰.⁶

Von Ravensburg gingen die meisten Stücke wohl nach Genua weiter.⁷ In der Tat hat Genua immer nach guten und teuren Sorten verlangt, in den älteren Papieren tritt Genua weniger hervor, immerhin verlangte man einen Ballen, vor allem Tuch von Hondschoten (auch etliche Stücke tanat eschur) und 40—50 Stück weiß Arras für einen Toskaner.⁸ Aber in der Zeit Hans Kloters war es anders. „Gegen den nächsten Sommer kann man uns nicht genug senden, insonders der feinen."⁹

Man hatte in 3 Ballen 50 Stück tanet Arras, das Stück im Durchschnitt zu 27 ℔ 18 β, also für 1395 ℔ Gen., sie waren schlecht für ihr Geld und viel zu heiter von Farben. Man verlangte dunkle, die man

---

¹ Koppmann, Hans, Geschichtsblätter, 1897, S. 194. 3, 260. 271. ² Ausfuhr nach Venedig, Pasi 202. ³ Am beliebtesten waren dann braune, rote, grüne, schilcher und blaue (himmelblau und dunkelblau unterschieden), endlich „nagel". ⁴ Georg Geisberg für seine Mutter, 3, 265, ferner 3, 336. 338 f. (feine Sorten), für Muntprat, Humpis, Geßler, Rudolf, 3, 353, Hans Hillenson, 3, 384, Polle Zwick, Hans Cloter, Moritz Hürus, 3, 436, Andreas Sattler, 3, 433. ⁵ 3, 58 (Herstellung nach Brügge verlegt). 186. 416. ⁶ 3, 435 f. ⁷ 3, 383. ⁸ 3, 259. ⁹ 3, 271.

kaum von den schwarzen kenne, gut Ding von 60—80 β. 1505 hatte man 30 Stück tannette, 3 Ballen schwarz, von dem man den einen mit 12% Nutz verkauft hatte, und bestellte 2 Ballen tannett.[2] Einen Teil der billigen schob man nach Valencia ab, an den verkauften hatte man 15%. Man bestellte im Februar 1507 2 Ballen von 40 in 80 β und 1 von 100 in 150 β, alles schwarz, da man tannett nicht schleiße.[2] Im Sommer 1507 verkauften sie angesichts der politischen Lage nur gegen bar; auf dem Lager waren 8½ Stück, im Durchschnitt 42 ℔ wert, man wußte, daß 2 Ballen auf der Straße seien, die feinen rechnete man für verkauft, die gemeinen sollten nach Valencia gehen.[3]

Der Kauf vollzog sich meist gegen bar, Aufträge auf Lieferung wurden 1478 auf dem Antwerpener Markt umsonst gemacht. Einem Frankfurter Kaufmann war es allerdings gelungen, den schwarzen Arras, der nach Middelburg auf den Markt kommen sollte, vorwegzukaufen.[4]

Unter den vielen Sorten bemerke ich noch schwarz „di Chenont", „Cantziant",[5] eine bessere Sorte. Aus Valenciennes stammende waren billiger, die Lamkin (wohl von Lambecke in der Herrschaft Eecloo) hatten mehr Nachfrage noch als die feinen. Jedermann, Deutsche und Osterlinge wollten sie. Honschoten schwankten im Preise zwischen 20 und 38 β.[6]

In Spanien kam für den Absatz Barcelona weniger in Frage,[7] wohl aber hatte man in Valencia[8] und Saragossa[9] Geschmack an der Ware gefunden. Aus diesem Orte haben wir auch eine genaue Verkaufsrechnung.

6 Käufer übernehmen 26 Stück und zahlen dafür 270 ℔ 5 β Jacqueses. Die 2 Ballen = 34 Stück hatten 67 ℔ 10 β 6 gekostet, dazu Unkosten in Flandern, Versicherung 3 ℔ 6 β 10 ℔, ergibt 70 ℔ 17 β 4 ℔ = 250 ℔ 8 β Jacqueses. Weiter kommen hinzu die Unkosten Nolit, Port von Bilbao bis Saragossa 26 ℔ 11 β; Gesamtpreis 276 ℔ 19 β. Dem steht die andere Seite gegenüber. Die verkauften ertrugen 270 ℔ 5 β, die unverkauften wurden angeschlagen 63 ℔ 10 β, ergibt 333 ℔ 15 β. Mithin Gewinn 56 ℔ 16 β, in der Tat reichlich 20% Gewinn.

Vereinzelt ist eine Erwähnung von Genf oder Lyon.[10] Dahingegen versuchte auch das Gelieger in Wien sich in dieser Ware.[11]

Auf den Frankfurter Messen und in Nürnberg wurde nicht immer Arras von der Gesellschaft geführt. Die große Rechnung Lutz Geßlers über ein Jahr seiner Wirksamkeit ergibt verkauft:

In Nürnberg	116 Stück,	davon — fein.	105	gemein,	11	schilher.	Erlös	506 fl.	10 β
Fr. Fastenmesse	131	,,	,,	73	,,	51	,,	7	,,	,,	783 fl.	17 β 6 d.
Fr. Herbstmesse	95	,,	,,	36	,,	49	,,	10	,,	,,	516 fl.	5 β
	342 Stück,		109 fein,	205 gemein,	28 schilher.	Erlös 1806 fl. 12 β 6 d.

---

[1] 3, 269. 271. 293. [2] 3, 300. 441. 443. [3] 3, 314 f. 318. 443. [4] 3, 417. [5] 3, 423. 425. [6] 3, 402. 430. [7] 3, 383. 447. An beiden Stellen ist nur von Katalonien die Rede. [8] 3, 16. 108. 138. 305. 416. 431 f. [9] 3, 115. 138. 159. 172. 192. [10] 3, 24. [11] 3, 453.

Das ist ein durchschnittlicher Erlös von 5 fl 6 β, der Unterschied im einzelnen sehr erheblich, der Stückpreis schwankt zwischen 3½ und 10 fl.[1]

1478 war in Nürnberg der Bestand 1 Ballen mit 100 Stück.[2] 1480 blieben 39 Stück übrig. Von der Frankfurter Herbstmesse 1497 kam der Bericht, wir haben den Arras wieder nach Nürnberg geschafft, sie sind 10 β zu teuer. Ihr habt nie etwas daran gewonnen.[3] 1527 kamen von Antwerpen nach Frankfurt 12 Stück schwarz arlas (auch arslas) zu 24—34 β das Stück. Nach dem Preise zu urteilen, handelt es sich um Arrase.[4] Wenn mitunter die Gewinne auch 12, 15 und 20 % ausmachten, so drückte die gewaltige Konkurrenz in dieser sehr beliebten Ware wohl meist den Preis.

Sayetterie. In dem Valencianer Zollregister von 1503 erscheinen 3, in dem von 1506 8 Ballen sayes.[5] Sie kommen 1503 aus der Richtung von Genua, 1506 aus der von Aigues-Mortes. Saya ist spanisch ein Wollstoff, sayal ein grober Wollstoff. Sayettengarn ist heute ein Halbkammgarn.

Auf der Frankfurter Herbstmesse sollte man für die Humpissin „ain sâgen" kaufen 4 Ellen lang.[6] Das ist wohl derselbe Stoff. 4 Ellen „schmal sagia" brachte Andreas Sattler von Brügge heim. Für seigen legte die Gesellschaft einer Humpiswitwe 1 fl vor.[7]

Im Hansischen Urkundenbuch begegnen saye mehrfach.[8] Es war ein leichtes, aber dauerhaftes Zeug aus feiner langer Kammwolle, auf der rechten Seite glänzend gepreßt, und diente vor allem als Unterfutter. Die Hauptherstellung hatte ihren Sitz in Arras, durch die Vertreibung der ganzen Bevölkerung durch Ludwig XI. (1479) verbreitete sie sich auch weiter, während sie schon vorher auch in der Nachbarschaft Fuß gefaßt hatte, namentlich wird Hondschoten genannt.[9]

1438 wurde vom Meere her in Barcelona ein Ballen sarzils eingeführt, der nur eine sehr billige Ware gewesen sein kann. Sargil bedeutet katalanisch einen groben Wollenstoff.

1475 wurden in Frankfurt für Hans Humpis 2 sergen eingepackt.[10] Serge, im Niederdeutschen früher meist Sardok genannt, ist heute ein Futterstoff in Köperbindung von verschiedenen Arten von Fäden, oft auch gemischt, es gab auch Wollenserge; Sarze von Flandern (schmal und breit) gingen bis nach Venedig und Damaskus.[11]

In das Kunstgewerbe führt uns die Tapisserie ein, die vielfach von der Gesellschaft geführt wurde. Dieses Wort wurde zunächst auf die Handweberei von Teppichen (tapis) bezogen, übertrug sich aber auch auf die kunstvollen Webereien, die auf einem Webestuhle

---

[1] 3, 349. [2] 3, 337. 341. [3] 3, 362. 369. [4] 3, 400. [5] 3, 531 f. [6] 3, 365. [7] 3, 353. 404. [8] 5, Nr. 731, 1 usw. [9] Vgl. Maugis, La saieterie à Amiens 1480—1587, Vierteljahrsschr. f. Sozial- u. Wirtschaftsgesch. 5, 1—115. [10] 3, 20. Vgl. auch 3, 341. [11] Pasi, S. 78. 202.

mit vertikal gestellter Kette (Haute-lisse) hergestellt wurden. Diese Kunst war in Flandern hochentwickelt und von Arras ging der Name zum zweiten Male als „arazzi" durch die Welt, obwohl das Gewebe 1477 aus der Stadt fortziehen mußte, allerdings später wieder Fuß fassen konnte. In Tournai war es schon 1449, seine Hochblüte gewann es in Brüssel. Das Material der Gewirke bestand meist aus Wolle und Seide.

Die Gesellschaft hat schwerlich ganz feine Gewirke geführt, die ja zumeist einen Besteller hatten; was sie führten, war wohl meist einfache oder mittlere gängige Ware. Aber gerade sie ist am wenigsten bekannt.

Genua hatte 1504 2 Stück, 1507 3 Stück mit tapesaria auf Lager, hatten zusammen 6 ℔ Gen. gekostet.[1]

Eine viel bedeutendere Rolle spielten flandrische Wandteppiche in Saragossa. 1479 bestellte das Gelieger für Gabriel de San Olaria 2 gestickte Bankdecken von Arras von 12 Ellen, zwei ebensolche mit Figuren von 12 Ellen, 3 gestickte Türvorhänge (tancko ports), 2 mit Figuren von je 6 Ellen, 1 von 9 und 1 gestickte von 9 Ellen.[2]

Die Ravensburger Herren hatten aber große Bedenken, man käme zu leicht damit hinter böse Schulden. Die im Gelieger aber meinten, sie wollten sie ja nicht an jedermann verkaufen, sondern an ihre festen Kunden (parockians).[3]

1504 gingen von Flandern 4 Ballen ab, in dem ersten 10 Stück Türdecken (antepore, porta z. T. verdura, Laubwerk, z. T. Figuren, von 12 oder 16 Ellen), und ein „terli" mit Figuren von 40 Ellen, zusammen 152 Ellen, ganz gleich kostend die Elle 9 groschen und 2 Dutzend Kisten fein mit Früchten (verdura), das Dutzend zu 4 β 8 groschen. Die 4 Ballen kosteten 29 ℔ 4 β 7, waren also sehr billig.[4]

Man hatte 1506 56 Stück = 698 Ellen für 26 ℔ 3 β 6 ₰ gekauft.[5] 1506 verkaufte man in Saragossa 37 Stück für 97 ℔ 7 β, darunter bancale Banktücher von Gent, „ietz, jentz Tüchle," portas, anteportas und Lehnen (spalero, espaller) und behielt 23 Stücke, alles grobe Ware Türbehänge, übrig.[6]

Auf B a n k a l e (Banktücher) beziehen sich folgende Angaben. Georg Geisberg hat für seine Heimreise von Genua sich notiert für Antonio Bronygia ein Bankal, 5 Palm breit, 2 in 8 Ellen lang, „di verdura" mit ihrem Wappen. Das sollte doch wohl in Flandern angefertigt werden.[7] 1479 hatte man in Valencia 7 „panckaletz" im Hause, die aber bei der Rechnung nicht übergeben waren, woher sie stammten, wußte man nicht.[8] In Köln lagerte 1507 bei der Gesellschaft Gut 1 Bankal figuras, also mit Figuren.[9] Aus Flandern kam auch 1 „Banchall" für Ludwig Keller.[10] Einfuhr fand 1443 auch nach Barcelona statt.

---

[1] 3, 269. 314. [2] 3, 116. [3] 3, 159. [4] 3, 435. [5] 3, 436. [6] 3, 241. 244. Vgl. auch 3, 446. [7] 3, 266. [8] 3, 115. [9] 3, 440. Vgl. auch 3, 159 für Saragossa. [10] 3, 404.

Jene Bestellung von Tapisserie, die 1479 von Saragossa nach Flandern ging, hat noch über gemalte Tapisserien wertvolle Angaben. Sie umfaßte auch 12 große Kruzifixe, 12 Schilling das Dutzend, die von guter Hand seien, ein Dutzend Kruzifixe „de pin sell", 6 β 8° das Dutzend, „son der Klenen póratory" — heißt es in dem wunderbaren Sprachengemische des Schreibers, weiter 1 Dutzend Tafeln, „so man denn hier mit pangirt," nicht zu groß, zwei Krönungen (wohl der Muttergottes) von guter Hand und 2 Kreuzabnahmen von guter Hand. Man solle sie bei guten Meistern bestellen und daß es gute Malereien (penturas) seien. Man wolle damit einen Versuch machen.[1] Während für die Türvorhänge und Bankdecken Wollwirkereien wahrscheinlich sind, handelt es sich hier um Malereien, und die wurden doch wohl auf Leinwand gemacht.

Bettdecken. Unter dem katalanischen Worte flassada versteht man eine langhaarige Bettdecke. Als Ausfuhr findet sie sich in den Geliegern von Barcelona und Valencia, ohne eine größere Bedeutung zu haben. Sie wurde geführt von dem Gelieger zu Genua, Einfuhr nach Mailand lehnte 1505 das dortige ab.[2] Aber auch nach oder über Avignon fand Ausfuhr statt.

Tecklach (Decken) gingen als Privateigentum mehrfach von Flandern nach Schwaben.[3] Als Umschlag diente „1 Jenisch coperta" zu 3 ℔ 9 β 6 ₰.[4] Ob von Genua?

In Mützen und Hüten ging in der älteren Zeit ein lebhafter Handel. Ich betrachte zunächst die „Bonetas". Sie wurden in Flandern und in Mailand aus Wolle hergestellt und an beiden Orten werden uns Namen von Bonetenmachern genannt, ja die Ware wird zum Teil auf den Namen des Lieferanten bestellt.[5] Die Arbeit wurde angegeben, d. h. in Auftrag gegeben und die Gesellen mußten darauf Vorschuß geben, Provision.[6] Brügge und Antwerpen lieferten nach Venedig, wenn auch nicht für die Gesellschaft, „berete doppie e uguole, negre e pavonazze".[7] Der Verschleiß fand in Saragossa, Valencia (auch in der Botig),[8]

---

[1] 3, 116. [2] Von Barcelona aus findet sich öfter eine Ausfuhr: 1467 kam, so scheint es wenigstens, nach Barcelona 1 flassada cardada (gerauht) im Werte von 3 ℔ und wurden ausgeführt 6 Stück (= 1 Ballen) im Werte von 21 ℔ 10 β. 1471 betrug die Ausfuhr: 1 Ballen = 3 Stück im Werte von 7 ℔ 10 β, 2 Ballen = 9 Stück, 1 Ballen = 3 Stück, Wert 15 florins. 1473 ging ein kleiner Ballen mit 3 flassades cardades blanques im Werte von 5 ℔ 15 sueldos in See (Häbler 406). 1477 1 Ballen = 4 Stück, 2 rötlich, 2 weiß, im Werte von 8 ℔. — Ein Ballen flassari wurde 1476 von Valencia nach Genua ausgeführt. Im gleichen Jahre kam ein Ballen von Barcelona nach Avignon, 3, 228. In der Zeit des Sterbens bestellte man von Genua aus keine flassada. Solche nach Mailand einzuführen, lehnten 1505 die dortigen Gesellen ab, 3, 287.

[3] Für Paul Schindelin 1 plan Tecklach, für Konrad Humpis 2, Andreas Sattler 1 „teklach werduira" (grünwerk). 3, 404. 2 Decken für Veit Sürg. 3, 345. [4] 3, 400. [5] Flandern, 3, 116. Mailand, 3, 256. [6] 3, 264, 402; vgl. 3, 56, 431. [7] Pasi 201. 202. [8] 3, 5. 87. 90. 106. 108. 150. 186 f. 420.

Barcelona¹ und auch zu Genua statt, und es sind doch recht bedeutende Summen, die in den Handel kamen. Mailand lieferte auch nach Valencia.

Aus den genaueren Angaben² ist zu ersehen, daß in Flandern für 4 Sendungen 1244 Dutzend in Auftrag gegeben wurden, in Mailand für 3 Sendungen aber 77 Dutzend und 204—224 Stück.

Es ist begreiflich, daß es sehr verschiedene Gattungen gab, eine Bestellung von 126 Dutzend enthält 24 verschiedene Sorten. Da ist zunächst zu unterscheiden zwischen einfachen Mützen „einfalt", „senar" und „Doppelmützen".³ Daneben stehen noch „enchel", Kinder- und Mannsboneta,⁴ dann kommen die Unterscheidungen des Stoffes (3 fills), anderswo sind „tondy" und „mit orra" unterschieden, da die Worte aus Spanien geschrieben wurden, so muß man eine spanische Deutung suchen: tonedis heißt katalanisch geschoren, orra (laj. ora, neukat. wora), das Salband. Tondo heißt aber neuitalienisch rund und mit orra könnte mit Ohren, wie sie die Birrette der Geistlichen haben, heißen. Endlich noch die Unterscheidung der Farbe. Die schwarze Farbe überwiegt durchaus, ich zähle 220 Dutzend schwarz, 40 schwärzlich (moretto), 51 rot (vermiglio), 8 rötlich, 4 grün (vert castar), 4 lernatt (?) und 2 violett. Bei der italienischen Bestellung sind die hellen Farben stärker vertreten als bei den spanischen. Für Mailand lautet eine Bestellung auf 20 Dutzend schwarze, 8 hochrot (vermal) und 9 kermeßrote.⁵ Genua bestellte gegen 200 Stücke rote, und die Sorten sind schwer zu erklären (tondi, zithoti).⁶ Eine Kiste de cassga wels al uber silbratt enthielt wohl Boneten von der Marke Schellen und waren sie mit Silberfäden überzogen.⁷ Die Preise schwanken in Flandern für das Dutzend zwischen 3 β 6 Groschen und 24, doch war 6 β schon mehr als der Mittelpreis, „grobe enchel" suchte man für 3 β 6 Gr. herzustellen, aber es fand sich niemand. Die Mailänder Preise gehen in einer Höhe von 30—42 β auf das Stück — aber Mailänder und nicht vlämische Münze.⁸

Die Schwierigkeiten, solche Waren ohne Muster zu bestellen, treten mehrfach hervor.⁹ Zum Teil wurde gleich für den Kunden bestellt und gesondert gepackt.¹⁰

Nur eine Angabe des Gewinnes findet sich: Über 16 % in Genua 1479.¹¹ Die „neue Gesellschaft" wandte sich an die Bonetenmacher der Gesellschaft, wurde aber abgewiesen.¹²

Für sich nahm Andreas Sattler von Flandern 7 Doppel Boneten und 1 Kinderbonet mit und dann wieder 8 mit Kappe (6 „neue Façon" scharlachrot).¹³

---

¹ Barcelona ergibt sich nur aus der Rechnung des Dret real für 1467 (134 Dutzend im Wert von 260 ℔ 5 β Barc.), 1469 (33 Dutzend), 1479 (24 Dutzend = 78 ℔ Wert), 1480 (35½ Dutzend de bonnets senes = 7 ℔ 2 β). ² 3, 115. 120. 256. 259. 264. 401. 415. 431. ³ 3, 159. ⁴ 3, 401. ⁵ 3, 117. Weitere Nachrichten. 3, 158. 172. 256. ⁶ 3, 256. ⁷ 3, 120. ⁸ 3, 256. ⁹ 3, 11. 87. 139. ¹⁰ 3, 115. 120. 193. 256. 264. ¹¹ 3, 256. ¹² 3, 419. 431. ¹³ 3, 404. 433.

Ob die Barrette und die capells (Hüte), die in den Rechnungen des Dret real von Barcelona von 1425—1440 sich finden und von Häbler behandelt sind,[1] zu denen 1443 noch 8 Ballen davon 1 de Bruffols, kommen, mit den Boneten identisch sind, vermag ich nicht festzustellen. Ich glaube, man muß sie mit den italienischen Birretten zusammenstellen. Während in dieser älteren Zeit die Einfuhr nach Spanien nicht unbedeutend war — 1426 2 bales barrets im Werte von 200 ℔ — 1 Ballen barrets negres (= 5½ Dutzend, und 1 Ballen (= 9 Dutzend, das Dutzend zu 11 ℔ Wert) — kann ich in den späteren Papieren sie nicht nachweisen. Nur Gefälligkeitskäufe für Gesellen fand ich: in Mailand waren für Heinrich Wyer 24 weiße Barrettle gekauft, sie kosteten mit Zoll 19 ℔ 16 β Mail.[2] Rudolf Muntprat erhielt 1 rotes und 1 schwarzes Birrett für 2 ℔ 15 β, Noffre Humpiß ein doppel braun Birrett de grana = 2 ℔ 10 β, Diepold Bucklin 1 braun alla charmangolla für 3 ℔ und Heinrich Humpiß 2.[3]

Nach 1500 ist in den Papieren die Bonetenmacherei ganz verschwunden.

Unverständlich ist mir, was für eine Ware sich unter der Bezeichnung „1 balla hieth, huet" verbirgt, die von Valencia kommend am 30. Januar 1476 in Bouc ausgeladen wurde.[4] Deutsche Hüte erscheinen auch in Lyon.[5] Hüte (capells) kamen in Barcelona von außen ein, hier erscheinen sie aber in Ausfuhr.

In Saragossa wurden von 5 deutschen Kaufleuten im Jahre 1430 338 Dutzend Filzhüte (capells de feltre) eingeführt, davon entfielen auf die Humpis 4 Dutzend im Preise von 5 ℔, der Gesamtwert beträgt 380 ℔ 5 β. Große Filzhüte kosteten das Dutzend 30 β, gewöhnliche (comuns) 15 β, geringe (pochs) 10 β. Sie könnten aus Flandern oder Deutschland stammen.

§ *103. Garne von Audenarde, Tournay, Baletre, Dixmuyden. Spanische Wolle: Katalanische, Aragonesische, Tortoser, aus dem Innern, Valencianer.*

Bei Besprechung der in Barcelona eingeführten Garne konnte Häbler die Meinung vertreten, daß sie in der Hauptmasse aus Deutschland kämen. In der Tat handelte es sich aber um flandrisches und nordfranzösisches Garn, und zwar erscheinen in unseren Papieren fil Donardo, das ist Garn von Audenarde, fil de Tournay und fil de Balestra, in dem Häbler der Lesung balista und dem Wortsinne folgend Armbrustsehnen sah, während es wirklich Garn von Baletre, einem Dorfe bei Gembloux, gewesen sein dürfte.[6] Der Bedeutung der Wollindustrie in Flandern und der Wollweberei in Spanien entsprechend halte ich die Garne für Wollgarn, obwohl das nicht sicher ist.

---

[1] 360. Für die Preise ist es bezeichnend, wenn ein Hut für einen Sklaven 1 β kostete. Perpignan 1426 Febr. 6. [2] 3, 267. [3] 3, 254. [4] 3, 228, 232. [5] 3, 11. [6] Fils di balestro auch bei Uzzano 128; bei Pasi 207 in Ausfuhr ins Königreich Neapel.

Das Garn hatte ausschließlich seinen Verkauf in den Geliegern Spaniens. Gekauft wurde es auf den Messen und mitunter auch in Auftrag gegeben, in Audenarde hatte man einen Vertrauensmann.[1]

In Valencia war man regelmäßig im Besitze von weißem Garn von Audenarde; im kleinen wurde es in der Botig verkauft, in größeren, aber immer noch sehr bescheidenen Quanten ging es früher auch nach Kastilien. Seit der Vermählung der Königin Isabella mit Ferdinand von Aragon herrschte dort aber Friede, so brachten nun die Fremden ihnen genug von Flandern und Lyon ins Land.[2] So ging 1479 diese Ware in Valencia schlecht, alle Winkel waren voll davon, während gleichzeitig gefärbtes Garn von Tournay Frage hatte, ebenso stand es um fil de Balesta (wovon 1479 6 Fäßlein vorhanden waren und 12 bestellt wurden). In diesem Jahre konnte Saragossa aushelfen, indem es einen Teil übernahm.[3] Zwei Jahre später war die Lage ganz anders. Nun ging weißes Garn von Audenarde von Hand, man hatte mit 534 Maß nicht genug und bestellte 2 weitere Kisten, während das Garn von Balesta (vorhanden 24 Fäßlein) ganz ins Stocken geraten war.[4]

Über Barcelona wissen wir schon aus früher Zeit recht viel über die Einfuhr von flandrischem Garn, Garn von Audenarde, von Dixmuyden (damida) und von Balesta: an der Einfuhr waren außer den Humpis vor allem Johann von Cöln beteiligt, doch war das Quantum sehr gering. Die Humpis führten 1434 2 Ballen fil de Alamanya ein (ob Metalldrath?), 1436 1 Ballen fil de Narda, 1437 2 Körbe fil d'Amida, 1438 1 Ballen Garn von Audenarde und 1 Fäßlein Garn von Balesta. Dazu kommen nun noch folgende Nachrichten: 1443 empfingen die Humpis 2 Ballen Garn von Audenarde und 24 Rollen Garn von Balestra, 1467 Joh. Strosach wohl für die Humpis 1060 ℔ Garn von Balesta (im Werte von 85 fl 18 gr), 1477 die Humpis in zwei Sendungen 2 Kisten mit weißem Audenarder Garn = 1457 ℔ = 169 ℔ 15 β Barcel., 1480 1 Ballen (= 298 ℔ = 15 ℔ de gros).

In den Jahren des Niedergangs hatte Barcelona immerhin noch Bedarf.[5] Saragossa hatte wohl den stärksten Verbrauch,[6] da bestellte man 1479 22 Maß gefärbte Faden blau, 6 rot, 2 grün, alles erste Ware und 10 weiß, für Handschuhe, von der allerbesten Sorte und 1480 6 Ballen weißes Garn von Audenarde und 4 Ballen gefärbt von Tournay; wenn man solches nicht erhalte, solle man es zu Audenarde machen lassen.[7] 1504 lud man für Saragossa 7 Ballen mit zusammen 1190 ℔, für Valencia gleichzeitig eine Kiste mit 970 ℔.[8]

Für Genua wollte Jörg Geisberg fil de Balestra als Ware einführen, mit 10 in 12 Fäßlein wollte er es versuchen. Zwar müsse es die Abgabe „Commerci" tragen, werde das aber wohl bringen, da der Schiffstransport so viel minder koste.[9] Ein Versuch der Lyoner, sich auf diese Ware zu legen, wurde von den Herren abgelehnt;

---

[1] 3, 415. [2] 3, 83. 107. 402. [3] 3, 107. 115. 139. 149. [4] 3, 186. [5] 3, 190.
[6] 3, 115 f. 139. 149. 159. 172. 243. 415. [7] 3, 192. 243. 424. [8] 3, 434 ff. [9] 3, 263.

wäre Gewinn dabei, so würden die Franzosen sich damit befassen.[1]
Die Ballen von fil d'Onardo waren recht klein, ich finde einen
solchen auf 170 ℔ angegeben.

Die Abrechnung über Ankauf und Versendung im Jahre 1504[2]
behandelt 2160 ℔ Fildonardo, der Preis schwankt in elf Abstufungen
zwischen 8 und 16 g°,[3] da der Gesamtpreis sich auf 96 ℔ beläuft,
so ergibt sich ein Durchschnittspreis von $10\frac{1}{2}$ Groschen Flandrisch.
Nach Saragossa wurden davon in 7 Ballen 1190 ℔ gebunden, die
zusammen 54 ℔ 6 β 9 g° kosteten, also das Pfund im Durchschnitt
10,9 Gr. Nach Valencia gingen 970 ℔ in einer Kiste, sie kosteten
71 ℔ 13 β 2 ℈, also das Pfund im Durchschnitt 10,3 Gr. 1478 rechnete
man in Flandern für den Ankauf von 2000 ℔ weiß fil d'Onardo
90 in 100 ℔ Flandr., also für das Pfund durchschnittlich 11—12 g°.[4]

Den Verkauf überblickt man in Saragossa. Da gingen an 5 Käufer
244 ℔, der kleinste Betrag ist 1 ℔, der größte 1 Ballen = 170 ℔.
Der Gesamterlös belief sich auf 60 ℔ 7 β.[5]

Garn von Courtray erscheint nur als gefärbt: schwarz, blau, rot
und grün.[6]

Nach Deutschland gingen fast nur die Bestellungen von Gesellen.
1527: ein Bündel weiß garn, gehört Konrad Teschler.[7] Lutfried
Besserer bezog aus Flandern 12 ℔ Jenowo Garn, das ich nicht näher
bestimmen kann.[8]

Die Bedeutung der spanischen Wolle ist zu verschiedenen
Zeiten sehr verschieden gewesen und bedürfte einer genauen quellen-
mäßigen Darstellung. Da die Merinoschafe, die aus Afrika eingeführt
worden sein sollen, später die Grundlage der Schafzucht der Welt
wurden, wäre es wohl lohnend, das Aufkommen der spanischen
Wollen im Handel zu verfolgen. Spanien war seit alter Zeit durch
seine Schafzucht berühmt, und den starken Vegetationsgegensätzen
der Halbinsel entsprechend mußte und muß das Weidetier im Laufe
des Jahres erhebliche Strecken durchwandern. Diese Wanderung
der Schafe war durch die Mesta schon im Mittelalter organisiert.

Aus Barcelona sollte man doch einige Ausfuhr erwarten. Das
Zollregister von 1425—40 enthält aber nur einen Eintrag: 1439
führte man 5 Ballen aus.

Schon in den ältesten Papieren der Gesellschaft (1475) wird er-
wogen, ob man bei dem billigen Preise der Wolle in Aragon (8 β)
nicht davon für die Gelieger in Genua und Mailand kaufen solle.[9]
Nach seiner Angabe vor 1475 hat Friedrich Grünenberg 450 Sack
Wolle im Werte von 4500 Dukaten bei sich auf der galea gehabt.[10]
Als Jörg Geisberg das Gelieger in Genua übernahm, begann er zu
drängen, und Hans Hinderofen baute den Plan gleich sehr weit aus.
Er wollte nicht einen Handel dritter Hand einrichten, also von den

---

[1] 3, 131. [2] 3, 434 ff. [3] 3, 192 findet sich eine Spannung von 7—24 g°, für
gefärbte von 9 in 11 g°. [4] 3, 416. [5] 3, 241. [6] 3, 5. 192. [7] 3, 400. [8] 3, 433.
[9] 3, 19. 21. 84. [10] 3, 234. Die Angabe ist nicht ohne Bedenken.

Aufkäufern ankaufen, die die Wolle aus Aragon nach Valencia oder
Tortosa brachten, sondern er wollte selbst von den Produzenten
kaufen, und zwar denen der besten Landschaft. Als solche nennt er
die Serranya, die am Südostrande der aragonischen Steppe gelegen
ist. Er schlägt vor, da die gesamte Wollproduktion einer oder zweier
Ortschaften und Städte zu kaufen, 500 in 1000 rubb, und dabei
denkt er an die Ortschaften Belchite, Lecera, Muniesa und Cariñena,
die in der Serrania de Daroca liegen, in Aragonien.[1] Sie lagen dem
Wege von Valencia und Saragossa näher; wer von Daroca die Haupt-
straße nach Calatayud verlassend auf Saragossa abbog, hatte dicht
zu seiner Rechten diese Städtchen und Orte.

In diese Gegenden kam der Faktor der Gesellschaft der Safrananlegung halber. Er glaubte, man bringe es feiler zuwege als jemand.
Da sei „lo cresch" der Wolle so groß, daß er die Unkosten leicht
abwerfe. Er rechnete dort 10 in 11 β zahlen zu müssen, wo in Valencia die Wolle 16 und die schwarze 18 β galt. Ja, er gab Jacob
Rudolf schon den Auftrag, zu 10 β in 10½ β zu kaufen. Sei es denn
nicht der Wille der Herren, so würden sie in Aragon oder Valencia
das Gekaufte mit Nutzen veräußern.[2] Aber in Ravensburg wollte
man nicht so tief dahinter kommen und stützte sich dabei auf Geisbergs ebenfalls erhaltenen Brief, auf der Galea Ferrandina sei so
viel lana di Valencia auch Tortosa gekommen, daß der Preis von
15 ℔ auf und 14½ auf 13 gesunken sei. Man glaubte, der Markt sei
überführt, immerhin sollten sie durch Stichgeschäfte zu Valencia
auch in Aragonien 40 oder 50 Sack kaufen, so wolle man es versuchen.[3] Tatsächlich gingen die Preise in Spanien in die Höhe (18 β
2 in 4 $\mathcal{S}$, mehr oder minder), das war denen in Valencia zu teuer.
Sie überlegten nun, auf der Messe (fiera) von Daroca wollten sie,
wie andere, auf Lieferung kaufen.[4]

Was in den nächsten Jahren geschah, erfahren wir nicht, da die
Quellen fehlen. 1500 nahm Martin Scheler in Como 8 Ballen feine
Wolle für 993 ℔ Mailänder (= 301 fl rh. auf 15 Monate Ziel).[5]

Mit 1504 setzten die Briefe[6] wieder stärker ein, und da sehen wir,
daß für Genua und Mailand die Gesellschaft eifrigen Handel trieb,
wie es auch die neue Gesellschaft tat. Von jetzt an unterscheidet
man Wolle von Valencia, feine Wolle von Valencia und Wolle von
Tortosa. Eine Art ist auch die Lana pelada (peluda), zottige Wolle.
Die beiden Städte gaben den Namen her für die in ihr zum Verkauf gelangende Wolle. Sicherlich stammte ein Teil der Valencianer
Wolle überhaupt nicht aus dem Königreiche Valencia.

---

[1] 3, 103. Nach De Laborde, Itinéraire descr. de l'Espagne 1, 472, lieferten die Territorien von Belchite, Cariñena, Saragossa um 1825 30 000 Arroba Wolle = 7500 Quintale. Damals war es nicht die beste aragonesische Wolle. Die Schafe dieser Gegend waren an den Fernwanderungen der Mesta nicht beteiligt. Karte bei Fribourg, Annal. de géogr. 19, 231—244 (1910). Vgl. unsere Kartenskizze unten S. 153. [2] 3, 102 f. [3] 3, 140, 260. [4] 3, 185. [5] 3, 376. [6] Vgl. zum folgenden 3, 270 f. 276.

Das Geschäft in den italienischen Städten war durch Sterben und Kriege recht erschwert. Die Tortoser Wolle war Juli 1504 ganz ausgegangen, da brachte ein Schiff von Valencia 200 Ballen, gute Ware, aber in den damaligen Läufen unverkäuflich, die neue Gesellschaft hatte seit 8 Monaten 400 Säcke liegen, während der Valencianer Catolan 600 Ballen erhielt. In Mailand und Pavia hatten die Ankenreute um die gleiche Zeit noch 100 Ballen liegen, sie rühmten sich, 30—40% daran zu verdienen, was aber ihre Konkurrenten nicht glaubten, es müsse denn anders eingekauft sein. Bei Besserung der Lage in Genua wollten die Ravensburger Vettern mit 30 Ballen Konkurrenz machen.

An feiner Valencianer Wolle hatte man in Genua 23% verdient, damit war man aber nicht zufrieden. Bei ruhiger Lage glaubte man weitere 200 Sack wohl zu verkaufen, wodurch in Valencia großes Gut ledig werde. In Mailand ging sie gemach.[1] Die gewöhnliche Wolle war zu Genua völlig verkauft, auf allen Passadien wünschte man 40 Sack zu erhalten.

Aus dem folgenden Jahre 1505 haben wir zwei Berichte aus Mailand.[2] Man hatte an Tortoser Wolle im Mai 41 Ballen und 28 feiner Tortoser liegen, sollten wohl noch Jahr und Tag da liegen. Dazu kamen neu 41 Ballen, kosteten her gelegt 25 ℔, fanden sie 29 ℔ bar Geld. Sie schoben die Tortoser Wolle, an der unmittelbar vorher in seiner Zeit Hans 1030 ℔ Gewinn = $11^3/_4\%$ gehabt hatte, ab (so in Como im Stichgeschäft 5 Ballen für 5 Tuche). Nach dem Berichte vom Oktober hatte man an 41 Ballen 12%, war zum Teil an Kupfer verstochen, ein Stich mit Onz Gold kam nicht zustande. Früher hatte ein Geselle von Valencia aus fein Concha (Cuenca?) das Rubb um 8 β Valencianer näher gekauft. In Saragossa war man im August daran 4000 rubb zu sammeln.

An feiner Valencianer Wolle hatte man 25 Ballen auf sehr lange Frist verkauft, 10 Ballen nach Lodi gesendet. Man erwartete dazu noch 24 Ballen, mit Sorgen. Gleichwohl hatte eben Hans für seine Rechnungszeit einen Gewinn von 5034 ℔ = 14% nachgewiesen. Nehmen wir einen Ankaufspreis von 35 ℔, so ergäbe das einen Verkauf von rund 800 Ballen. Die Mailänder meinten, es sei möglich, das Doppelte zu verdienen, man schleiße da mehr denn je. Aber man müsse beim Einkaufen herabgehen. Für feine bei Saragossa gekaufte Wolle biete man ihnen 27 ℔ und koste doch hergelegt 39 ℔. Man verstach in den nächsten Monaten den Bestand ohne viel Nutzen.

Im Oktober 1505, wo in Genua das Sterben war, hatte man 332 Sack Wolle von Tortosa, den Vöhlin gab man 90 Ballen und machte andere Verkäufe. Dabei erwartete man noch eine große Summe. Man suchte eine direkte Schiffsverbindung mit Tortosa und schloß dazu einen mündlichen Vertrag ab. Die genuesischen Gesellen konnten 1507 den Gewinn nicht genau berechnen, nur von den letzten

---

[1] 3, 272. [2] 3, 281 f. 284. 287 (Gewinn an spanischer Wolle $10^1/_3\%$), 289 f. 294. 296.

290 Säcken fanden sie bei 800 ℔ Gewinn. Die Requesta war noch immer groß, die Wolle galt gern 14 ℔ bar Geld. Sie wünschten, daß man noch 200 Sack zuwege bringe um 16 bis 17 β¹ und Steinhüsler gab sich in Saragossa große Mühe. Aber auch die Konkurrenten waren da, zu Tortosa verlud eine Firma 500 Ballen, zwei andere hatten ein Schiff gemietet, um 1000 Ballen zu verfrachten. In solcher Lage scheint man wieder auf ähnliche Pläne gekommen zu sein, wie einst Hinderofen. Jedenfalls wollte man näher an die Produzenten heran und dabei auch am Gewichte Nutzen haben; solche Wolle sei auch besser als die, die man aufkaufe. Von feiner Valencianer Wolle — an der verkauften hatte man nur 9%, so doch gar zu wenig sei — bestellte man 100 in 150 Sack, hinter eine große Summe wollte man nicht kommen. Es heißt, die von Spanng, Stastall, Kuncka hätten besseren Kauf. Ich kann die Namen nicht erklären, wohl ist an Cuenca zu denken, der obersten Provinzialstadt in Neu-Kastilien. Die gewöhnliche Wolle von Valencia hatte 15% Gewinn ertragen. Zu einem Preise von 16 β wünschte man 100 Sack mit dem ersten Passadio.² Gleichzeitig hatten die Mailänder von der feinen Valencianer Wolle viel verkauft, aber keinen Gewinn erzielt, unterließ also jede Bestellung.³

Fünf Monate später war in Genua großer Bedarf, die von Tortosa galt 13 ℔ 10 β. Ein Deutscher kaufte schlechte Ware auf langes Ziel, wie es scheint für die Vöhlin.⁴ Im August des gleichen Jahres zwang die politische Spannung die deutschen Kaufleute, Mailand zu verlassen, sie übergaben an befreundete Mailänder Kaufleute 18 Ballen feine Wolle im Gewichte von c^0 46.⁵ 1508 wurden 29 Sack und ein Doppelsack schmutziger Wolle (= 403 rubb) im Werte von 303 ℔ 5 β in Tortosa ins Schiff gelegt, zwei Monate später 8 große Sack.⁶ 1515 begegnen 170 Sack auf der Fahrt von Valencia nach Genua.⁷ Spanische Wolle wurde auch nach den Niederlanden ausgeführt,⁸ daran hat sich die Gesellschaft nicht beteiligt.

Wer die Bedeutung kennt, die einst die englische Wolle in Italien spielte, ist sehr verwundert, ihr nur ein einziges Mal zu begegnen. Von Mailand aus hatte man schon öfter nach Flandern geschrieben um 25 in 30 „pocketi" englischer Wolle, 1505 erhielt man von Genua von der dort zur Probe angekommenen 1 Ballen als Muster. Zu dem Preise war es für Mailand nichts, aber zu billigerem Preise wollte man doch an 50 Ballen gute, obwohl das nicht recht verständlich ist.⁹

Der Wollhandel der Gesellschaft spielt sich also im Mittelmeere ab. Nur ganz beiläufig begegnet uns Wolle in Deutschland in der Nürnberg-Frankfurter Rechnung von 1479/80. Ein Verkauf von 330 ℔ 20 Lot ergab 49 fl 9 β 5.¹⁰

---

[1] 3, 301. In Valencia wurde die Wolle nach Arroben gehandelt (Uzzano).
[2] 3, 302. [3] 3, 310. [4] 3, 314. [5] 3, 320 f. [6] 3, 532. [7] 3, 220. [8] Vgl. Hans. Urkundenbuch. [9] 3, 284. [10] Vgl. 3, 344 ff. 350. 357 ff. 3, 346 aus Aragonien beigepackt. Vgl. 3, 336.

Fünftes Kapitel

Seidenstoffe und Seide

§ 104. Seidenstoffe. Taffet. Atlas. Samt von Genua, Florenz und Mailand. Karmoisinsamt.

Die Herstellung von Seidenstoffen, die am besten untersucht ist, ging vom Orient aus, hatte aber längst in Italien, Spanien, in Paris, in Köln und Zürich Fuß gefaßt. Die Gesellschaft kaufte nur in Italien und dem zunehmenden Verbrauche entsprechend immer mehr.

T a f f e t ist ein glatter, auf Leinwandart gewebter Seidenstoff, wozu nur feinere Gattungen von Seide verwendet werden. Der Name rührt aus Persien her. Im Spätmittelalter wurde er auch im christlichen Abendlande hergestellt. Hier kommen Mailand und Genua in Betracht. Baumgartner schreibt von diesem Stoffe: Man verkauft ihn nach dem Gewichte und gibt die Unze um 15 in 20 β Genueser. So verkauft man die cordello shetto (schmal) das Stück um 11 in 12 β, die gut sind.

Für Konrad Humpiß hatte man 1507 20 Ellen Taffet in Mailand gekauft, man schrieb ihm dafür 74 ℔ 8 β zu.[1] In Genua ward dieser Stoff schon 1497 gekauft. Aber die Gesellschaft hatte keinen Erfolg mit allen Versuchen in Frankfurt, Nürnberg, Köln, Antwerpen und Lyon. Sie hatte nie einen Erfolg. Sie waren immer zu teuer, die Elle dürfe in Frankfurt nicht über 1 fl kosten; die Polen kauften im allgemeinen viel, aber sie hatten ihre Farben und wollten für 1 fl 2½ Ellen haben. Es gab schmale und breite, 7 schmale Stücke wogen 23 ℔ 6¼ Onz. Die Unze kostete 21 β, der Gesamtpreis belief sich auf fast 293 ℔ Mail. Die meisten Taffete waren schwarz, andere rot. Immerhin hatte man in Genua 1507 Taffet in Auftrag gegeben. Da an keinem Ende ein Profit zu sehen war, gab man das Geschäft wohl auf, nach 1507 fehlt jede Nachricht. Es war eben ein Stoff, der nur von großen Herren getragen wurde. Ein Stück hatte 174 Palmen = 60½ Antwerpener Ellen.[2] Die berühmten Bologneser Taffete wurden von der Gesellschaft nicht geführt.

Der A t l a s (raso, zentonino) ist ein Seidenstoff, für den seine Köperbindung charakteristisch ist. Diese besteht aus mindestens 5 Kett- und 5 Schußfäden. Sie gibt eine glänzende Oberfläche, die künstlerisch am ehesten bei der Seide zur Geltung kommt. Heimat China oder Indien.

Bei der Gesellschaft ist A t l a s nur selten vertreten. Genueser Atlas wurde 1497 auf der Frankfurter Herbstmesse feilgeboten, fand aber keine Käufer.[3] 1480 kaufte Mailand für Noffre und Hans Humpis.[4] Baumgartner schreibt über die Ware: Atlas heißt man zu

---

[1] 3, 320. [2] 3, 305. 318. 323. 368. 371. 374. 377. 392. 434. 440. 446. [3] 3, 368. [4] 3, 267.

Genua satin rexov, die besten, die man da macht, sind zu 10 fili (Fäden), gibt man gewöhnlich gut schwarz zu 22 in 25 β die Palma. Man macht sie auch geringer, sind von 5 fili, gibt man die Palm gut schwarz zu 15 in 20 β.

Zu den vornehmsten Seidenzeugen rechnen die S a m t e (sciamito). Der Stoff wurde und wird mit einer doppelten Kette gebildet; die Grundkette ergibt mit dem Einschlage zusammen den Boden, die Flor- oder Polkette aber wird um Ruten gelegt, so daß die Noppen entstehen, die nach der Entfernung jener Stäbe aufgeschnitten werden.

Genueser Samt. Zur Einleitung sind wohl die Worte Baumgartners dienlich. Zuerst nennt er eine Sorte dappoli, macht man von allen Farben, die sind am besten für Deutschland, und gilt die Palm gut schwarz 28 in 32 β und von Farben 33 in 37 β. Man macht eine Sorte, heißt sempi, „und sond ado fil per anello und werent lenger denn die tapli, die frowen tragn si fast zu Jenua und darumb im land, man fürt sie auch fast für Kathalonia und Hispania." Er taugt nicht für Deutschland; denn sie drücken übel und man sieht den Boden liederlich, das will man in Deutschland nicht haben. Weiter eine Sorte, ist fast schlecht, heißt sempi di trize pello, gibt man gewöhnlich gut schwarz die Palma zu 24 in 25 β. Führt man viel nach England, da macht man „geraut" und Roßdecken daraus.

Genueser Samte treten in den Papieren sehr stark hervor. Neben dem gewöhnlichen erscheinen auch Doppelsamte, „dobel samat" (die dappoli Baumgartners), doch ist im Preise kein Unterschied zu erkennen. Weitaus am beliebtesten war der schwarze Samt (sein Preis schwankt für die Palma zwischen 21½ β und 38, meist 32, für 243 Stück haben wir Preisangaben), mehrfach kommt auch schwarz gemüsiert mit gelbem Boden vor. Einigermaßen beliebt war auch rot, namentlich lichtrot, daneben finden sich tanett, grau, goldgelb, gut braun, grün, blau und weiß. Ein weiß geblümtes Samtstück wurde von Münster in Westfalen gewünscht.[1] Es handelt sich also um fassonierten Samt, der mit mehreren Polketten hergestellt wird. Gemüsiert ist wohl auch fassonierter Samt. Die Preise schwanken zwischen 18 und 40 β, doch werden diese hohen Preise als zu teuer verworfen. Für 6 Kisten kennen wir genau die Kosten, sie enthielten 75 Stücke und kosteten zusammen de primo 6215 ℔ 12 β, dazu kamen auf die Kiste, bis sie auf das Maultier gelegt war, fast rund 12 ℔, weiter die Transportkosten von Genua bis Frankfurt mit 38 fl rh. 13 β, so daß die Kisten zusammen 4273 fl 15 β kosteten, jede Kiste im Durchschnitte 712 fl 6 β.[2] Man sieht, wie bei so hochwertigen Waren die Transportkosten sehr niedrig waren. Eine andere Rechnung haben wir für die Fastenmesse 1503. Die Gesellschaft führte von Genf heran 61 Stück mit 4474 Palm,

---

[1] 3, 376. [2] 3, 34—37. Ein Kiste kostete nach Nürnberg 735 fl. 3, 398. Die Genueser Unkosten genau 3, 399 f. Genaue Rechnungen auch in 3, 370 ff.

der Gesamtpreis ohne die Transportkosten belief sich auf 7224 ℔ 4 β 4 ₰ Genueser, danach kostete die Palm 32,3 β im Durchschnitte, die Preise lagen zwischen 26 und 37 β. Die Stücke selbst waren ganz ungleich groß.[1]

Die Samte gingen meist nach Frankfurt auf die Messe, mitunter auch direkt nach Antwerpen oder Nürnberg.[2] Namentlich in Flandern fanden sie die Konkurrenz von Genuesen. 1497 hatte die Gesellschaft auf der Frankfurter Messe sehr schlechte Stücke, Haushüter, die man von der Hand schob, aber man bestellte doch wieder 30 gute schwarze, 8 rote, 3—4 braune. Von gemösiertem Samte wollte man nur roten, mit anderen Sorten hatte man lange festgesessen.[3] Auf der Herbstmesse von 1500 verkaufte die Gesellschaft 22 Stück, der Rest ging nach Antwerpen und Flandern. Doch hatte man Mühe, gegen deutsche Konkurrenten sich zu behaupten.[4] 1503 rechnete man für Frankfurt guten Gewinn, da in Genua es an Seide fehlte und ein Abschlag daher dort nicht eintreten werde.[5] Aber 1504 hatte man in Nürnberg noch bedeutende Reste.[6] 1507 verkaufte man in Frankfurt 18 schlechte Stück und sandte 52 in die Niederlande.[7] Sehr beliebt war rot mit rotem Boden, auch andere Farben.

Flandern stellte stets hohe Ansprüche, nur „kremesin, gemüsiert und schwarz" dient für her.[8] Auf dem Bamasmarkt 1504 verkaufte man 18 Stück schwarzen Dobelsamt für rund 296 ℔, 1 von Farben für 15 ℔ 4 β 6 ₰ und 1 gemüsiert für 16 ℔ 2 β 9 ₰ und behielt 17 (darunter 6 schwarze), 3 gemüsierte (2 grün, 1 rot) sowie 1 Stück pizolant übrig, außerdem in Köln 3 Stück.[9] Man war aber mit der Ware ebensowenig zufrieden wie in Ravensburg. Dagegen wehrten sich die in Genua, sie hätten so gut eingekauft wie andere. Wegen der Wirren könne man neue Ware nicht schicken.[10] 1507 ging das Geschäft gut, man hatte in Antwerpen 7, in Köln 6 Stück, zusammen 333 Ellen, durchschnittlich im Werte von 10 β 6 ₰, man erlöste in Köln 11 β 4 ₰. Man wünschte vor allem rot dunkel.[11] Man war aber mit dem Einkauf von 4 Kisten in Genua nicht einverstanden, die schwarzen kosteten 34—35 β, die von Farben 39—40, da könnten sie selbst besser in Antwerpen einkaufen.[12] Es lagen vier Monate später noch 55 Stück da (44 schwarz), meist schlechte Dinge, sie kosteten nach Antwerpen mit allen Unkosten 784 ℔ 4 β 2 ₰ flämisch. Man verkaufte davon 18 schwarze à 10 β 10 ₰ — 11 β, 3 farbige zu 12 β 8 ₰, wobei man ehrbarlich bestand. So bestellte man für den nächsten Bamasmarkt noch 100 Stück guten Samt und gab wegen der Farben genaue Anweisungen. Aber solche Gewinne wie die Genueser könne man nicht machen, deren Samte man pries.

---

[1] 3, 381. [2] Einige kamen von Nürnberg nach Ravensburg zurück, 3, 40.
[3] 3, 367 f. [4] 3, 370 f. [5] 3, 382. [6] 3, 389 f. [7] 3, 392. [8] 3, 434 [9] 3, 437.
[10] 3, 273 f. [11] 3, 438 f. Ein Stück brauner Samt war zu 70 rh. fl. gewertet, 3, 440. [12] 3, 443.

Die Genueser Konkurrenten führten gute Ware, da hatte Lorenzo Raisio einen „Ausbund von guten Sammeten", wie sie ihn nie gesehen hatten, die sein Bruder selbst machte, dabei gewann der Genuese 200 fl an der Kiste. Man solle ihnen auch solche Ware schicken und nicht allezeit solche schlinzig Ding, damit wollten sie ihre Zehrung wohl gewinnen.¹ Auch in Frankfurt war man übel zufrieden, da entdeckte man beim Nachmessen, daß zwei halbe Stücke aneinander genäht waren und einzelne Käufer gingen vorüber, weil an den Stücken keine grünen Listen waren (Schmutzränder). Da pries man die Kunst des Einkaufens, die Stephan Fischer und der Münzer bewährten.²

Öfters wird Samt als Seidengewand bezeichnet.³ 1507 hatte Genua in der alten Rechnung 3 Kisten gesendet, in der neuen 3, man wollte mit der Gossembrotschen Seide noch 2 zuwege bringen. Im ganzen hatten die Deutschen für die Frankfurter Ostermesse gekauft: Münzer 4 Kisten, Rotmund 2, Endres Strel 2, Kapitel 2, Fetter 1. Die Gesellen hatten dem Strehl beim Kaufen geholfen. Münzer kam alle Monat einmal mit 200—300 Dukaten dorthin und legte die an. Da werde einer, der stets im Gelieger liege, zu besserer Ware kommen, als einer, der so eilt und dann wegreitet.⁴ Später heißt es, sie hätten 7 Kisten gesendet, sie trauten sich wohl noch zu 2 Kisten zu kommen, aber wie sie bei der politischen Unsicherheit fortbringen? Es waren auch 6 sehr feine Stücke dabei, die palma zu 37 β, von der Sorte, die Raygo führte.⁵ Auf jener Messe und in Nürnberg rechnete man mit gutem Kaufe, da die Genuesen selbst nicht kämen, der angeführte Samt der alleinige sei, in Lyon nichts vorhanden und die Preise in Genua aufschlügen, weil keine Weber vorhanden. An farbigen Samt hatte man 10 Stück rot doppel Samt di grana in Auftrag gegeben und dazu 600 ℔ Valencianer Seide gestellt, wie es Münzer machte. 34 β solle die Palma kosten.⁶ Die Gesellen in Flandern waren der Meinung, sie müßten in Antwerpen besonders in den Messen stets mit Seidengewand gerüstet sein, man werde es nicht übel damit schaffen.⁷

1507 verkaufte man in Frankfurt 8 schlechte Stücke, die Palma zu 2 fl 3 β bis 2 fl 9 β, weiter hielt man zurück, man hatte noch 19 Stück, aber die beliebtesten Sorten: rot, braun, grün, blau, lichtrot auf rotem Boden, gemüsiert Samt schwarz mit gelbem Boden waren nicht darunter.⁸

Im Jahre 1527 gingen sehr erhebliche Quantitäten von Genua nach Nürnberg und auf die Frankfurter Messen. Es waren 6 Kisten mit 87 Stück, davon waren 79 von schwarzer, 4 von roter und 4 von anderen Farben, sie kosteten insgesamt de primo 10140 ℔ Genueser = 4056 fl in Gold. Die Preise schwanken für die palma zwischen

---

¹ 3, 444 f. ² 3, 297. 315 f. 386. ³ 1505 noch eine Kiste gekauft, 2 lagern in Mailand, 3, 280. ⁴ 3, 305 f. 315. ⁵ 3, 315 f. Es kamen in 8 Kisten durch Mailand 22 Stück, davon kosteten 14 2332 ℔ Genueser, 3, 323. ⁶ 3, 315 f. ⁷ 3, 439. ⁸ 3, 392.

27 und 36 β 6 ₰. Genueser 48 Tuche kosteten 29 β 6 ₰ und weniger, 21 darüber, die übrigen sind nicht nachzuweisen. Die farbigen nehmen im Preise die oberste Stelle ein. Von 5 Stücken kennen wir nicht die Länge, die übrigen umfaßten 6315 palma = 2217 Nürnberger Ellen. Nimmt man die Durchschnittslänge von 28$\frac{1}{4}$ Elle auch für die 5 Stücke an, so ergibt sich eine Gesamtlänge von 2358 Ellen von Nürnberg.[1]

Wenn das Wiener Gelieger von Ankauf von Seidengewand redet, so ist nicht sicher zu sagen, ob es sich um Samt und gar um Genueser Samt handelt.[2]

Wie dies Sterben die Werkleute von Genua vertrieb, so nahm die Politik mitunter den Genuesen die Gelegenheit, auf dem Markte zu erscheinen.

Ein Teil der Samte wurde, wie gesagt, auf Bestellung gemacht, in der einen Rechnung von 1507 finden sich 5 Vorschüsse über 2515 ℔, in der anderen 4 über 1563 ℔.[3] Manche Aufträge führte die Gesellschaft für ihre Mitglieder aus.[4]

Florentiner Samt findet sich nur einmal. Für Frick Humpis wurden 1474 17 Ellen schwarzer zu Florenz bestellt.[5]

Mailänder Samte tauchen in den Papieren der Gesellschaft zuerst 1497 auf. Vorher finden sich nur einzelne Privatkäufe.[6] Von der Frankfurter Messe hatte 1497 man einige Stücke nach Nürnberg gesendet und man bat weiter um 3 gute und lange schwarze Stücke, um 2—3 rote und um 2 braune, man solle aber für die Elle nicht mehr als 2$\frac{1}{2}$ fl anlegen, das war nach dem damaligen Kurse 8 ℔ 5 β Mailänder.[7]

1500 führte man der Frankfurter Herbstmesse 8 Stück zu (2 schwarz, 3 rot und je 1 gelb, braun und tannett). Die Elle hatte 6 ℔ gekostet, bei 264 Ellen betrug der Preis aller 8 Stücke 1584 ℔.[8] Auf der Frankfurter Herbstmesse 1503 hatte man an diesen Stoffen großen Verlust, und Gabriel Geßler meinte, man müsse der Ware müßig gehen, man käme denn zu minderem Gelde dazu, was in Mailand nicht sein wolle.[9]

In den nächsten Jahren hob sich die Nachfrage sehr erheblich. Was man kaufte, ging in Mailand sofort wieder von der Hand,[10] in Frankfurt aber waren sie unverkäuflich.[11] 1507 erwarben die Gesellen in Mailand 1 schwarzes Stück von 14$\frac{1}{2}$ Ellen, die Elle zu 5 ℔ 16 β, ein zweites von 32$\frac{1}{2}$ Ellen zu 6 ℔ und ein rotes von 12 Ellen zu 6 ℔.[12] Der Geschäftsfreund Brando de Saronno schickte nach-

---

[1] 3, 398—400. [2] 3, 453. [3] 3, 297 f. 312. [4] Konrad Muntprat im Steinbock wollte gern einen guten schwarzen Samtrock oder zwei, 3, 238. Konrad Humpis kaufte schwarzen Samt, ein Stück von 94 Palmen zu je 28 β, und einen schwarz gemüsierten mit gelbem Boden 46 Bratza (also von Mailand) zu je 6 ℔ = 276 ℔, 3, 372. [5] 3, 8. [6] Für Noffre Humpis 1 Elle prima für 8 ℔, 2 Ellen schwarz = 13 ℔ 5 β, für seine Hausfrau 1 Elle braun glatt = 8 ℔, 3, 254. 267. [7] 3, 368. [8] 3, 371. Es ist nicht ganz sicher, ob hier nicht Genueser Währung gemeint ist. [9] 3, 386. [10] 3, 278. [11] 3, 289. [12] 3, 321 ff. Vgl. 52, 14.

träglich noch 4 Stück (2 schwarze, 2 rot, zusammen 96 Ellen), doch ist der Preis nicht angegeben.¹ Es handelt sich da um Ausführung von Lieferungen. Man hatte Lionardo Taigola auf Samt die Elle zu 6 ℔ 1466 ℔ vorgeschossen, also mindestens 243 Ellen bestellt und ebenso bei Ambrogio de Fagin zum gleichen Preise mindestens 226 Ellen.²

Über **Karmoisin Sammet**, also mit Grana gefärbten, sagt Baumgartner unter Genua kurz: Der Karmesin Sammet dopli 4 in 4½ Mark und mehr, danach die Seide und Farbe teuer wird.

In Mailand hatte man 1500 3 Stück Kremesin gekauft, zusammen 153 Ellen, diese kostete 11 ℔, die 3 Stücke kosteten zusammen 1683 ℔, auf der Frankfurter Herbstmesse wurden sie feilgeboten.³ Auch auf der Fastenmesse 1503 führte man sie, verkaufte sie aber mit großem Verluste.⁴ 1504 hatte man wieder Lust, Kremesin Samte zu kaufen⁵ und 1505 erwarb man ein Stück Kremesin Atlas für die Chorherren von Konstanz.⁶ Ein sehr schlechtes Stück hatte Saragossa 1506 auf Lager.⁷

Die Gesellen, namentlich die reichsten unter ihnen, wollten auch diese Luxusstoffe nicht entbehren. Ulrich Muntprat an St. Paulsgassen erhielt 9 Ellen gemustert Sammet Cremexin die Elle für 9¾ ℔. Noffre Humpis 1 Elle braunen glatten Samt um 8 ℔ und 2 Ellen schwarzen Samt, die Elle um 6 ℔ 12 β 6 ₰. Veit Sürg erhielt in einem Kistlein Seidengewand und Hosentuch für 436 ℔ 11 β 6 ₰, Noffre Humpis dann wieder eine Elle prima Samt, endlich Hans Humpis Altas und Hosentuch für 25 ℔ 8 β 9 ₰.⁸

§ 105. *Satin. Damast aus Lucca, Genua und Mailand. Brokat. Goldborten von Mailand. Gestickte Kreuze für Meßgewänder. Seide aus Valencia, von Almeria, Messina.*

Satin ist ein seidenes Gewebe mit glänzender Oberfläche, wie der Atlas, dessen alter chinesischer Name Zeitunijj an ihm haften blieb. Es handelt sich im folgenden also vielleicht auch noch um Atlas und zwar aus Brügge.

Von brüggeschem Satin hatte man 1504 in Genua 12 Stück auf Lager, jedes 8 ℔ Gen. wert, 1505 4 Stück.⁹ In Antwerpen war 1511 für Wien „Sattyn" bestellt.¹⁰ Die Gesellen in Genua hatten einen Geschäftsfreund, der sie bis Sizilien vertrieb. Für den bestellten sie 2 Dutzend das Stück 12—16 β (Flamsch) alle schwarz. Auch für sich bestellten sie.¹¹ In Flandern wurde einem Fürsprech ein „zetoni" Wams (1 ℔ 2 β 6 ₰ wert) geschenkt, wie in Wien einem ungarischen Grafen bei einem Prozeß ein Seidenwams zugedacht wurde.¹²

Es handelt sich wohl um Seidensatin, denn Brüggescher und Doorniker Satin steht unter Seidenwaren.¹³ Damit stimmt es, daß in

---

¹ 3, 323. ² 3, 320. ³ 3, 372. ⁴ 3, 382. 386. ⁵ 3, 276. ⁶ 3, 282. ⁷ 3, 244. ⁸ 3, 245. 267. ⁹ 3, 269. 293. ¹⁰ 3, 453. ¹¹ 3, 300. 444. ¹² 3, 431. 451. ¹³ van Dillen, a. a. O., S. 161.

Saragossa unter Seidengewand aufgeführt wird: sety blanko (der codo zu 35 β) und sety carmesig (der codo zu 50 β).[1]

Damast ist ein einfarbiges, sehr festes Seidengewebe mit glattem oder geköpertem Grunde, in welchen man Blumen oder Figuren einwebte. Der wechselnde Lichteffekt gibt ihm den Reiz.

Von Genua sagt Baumgartner: Damast heißt man zu Genua Kamoka, macht man auch zweierlei, breit und schmal, die schmalen sind gewöhnlich dicker am Griffe und besser denn die breiten und man gibt ihn fast in einem Gelde oder die schmalen etwas teurer. Gut schwarz gibt gewöhnlich die Palm 18 in 20 β. Ein einziges Mal (1527) führte die Gesellschaft Damaste von Lucca, dem alten Sitze hoher Seidenkunst, ein, 21 Stück (davon 10 schwarz, 4 rot, 3 tannet, je 1 braun, grau, weiß, gelb). Die Stücke wurden nicht nach der Elle (brazo) bezahlt, sondern nach dem Gewichte, das Pfund der schwarzen kostete 3¹/₂ Dukaten, die ganze Kiste 687 Dukaten 13 β 4 ₰, dazu kamen die Unkosten und Verpackung mit 23 Dukaten 10 β 4 ₰, so daß bis Genua sich der Gesamtpreis auf 711 Dukaten 3 β 8 ₰ stellte.[2]

Die Genueser Damaste wurden, obwohl billiger, von der Gesellschaft weniger gekauft als Samte. Man machte schmale und breite, diese aber kamen, obwohl Endres Strel sie gern (um 16 β und 16 β 6 die palma) kaufte und sich rühmte, er wolle davon 50 Stück schwarz verkaufen, ab.[3] Und ein anderer Konkurrent Münzer kaufte 1507 in der politischen Krisis alles zu hohen Preisen (20β statt 18) auf, so daß die Gesellschaft nur 3 breite Stücke, diese aber billig, erwerben konnte.[4]

Auf die Frankfurter Herbstmesse 1500 brachte die Gesellschaft 13 Stücke von ungleicher Länge zu 15 β bis 18 β 6 die Palma im Werte von 946 ℔ 3 β 8 ₰, sie verkauften davon 4 und bestellten 6 Stück schwarz mit großen Blumen, die Palm nicht über 15 β.[5] 1503 hatte man 2 Stück, aber man verschliß auf der Messe so viele gute Stücke von Lucca, Bologna und Florenz, daß sie um keine neue schrieben, um das Geld nicht zu verstecken. 1507 begegnet ein Stück alla Lucchesa in Nürnberg.[6] Von Antwerpen erhalten wir 1503 unwillige Äußerungen über die schändlichen Damaste! 1504 behielt man 4 Stück in Antwerpen, 1 in Köln übrig.[7] 1507 hatte man 3 schlechte Stücke mit Nutzen verkauft und bestellte 14 in 8 Farben. Die meisten Damaste waren schwarz.[8] Was man nicht in Frankfurt verkaufte, ordnete man einen Teil nach Flandern, sonst nach Nürnberg.[9] Privatkäufe finden sich nur einmal in Genua.[10]

Mailänder Damaste tauchen erst 1500 auf.[11] Damals kaufte man ein Stück roten Damastes von 84½ Ellen zu 70 β Mailänder die Elle und sandte es auf die Frankfurter Herbstmesse,[12] blieb es unver-

---

[1] 3, 242. [2] 3, 398. [3] 3, 305. [4] 3, 316. [5] 3, 371 f. 377. [6] 3, 386. 395. [7] 3, 434. 437. [8] 3, 439. 445. [9] 3, 374. [10] Hans Kriegle 12 Palm schwarzen Damast. 3, 399. [11] Vorher 1480 Privatkäufe, 3, 267. [12] 3, 371. 374.

kauft, so sollte es nach Nürnberg gesendet werden. 1505 hatte man für das Konstanzer Domkapitel Damaste bestellt und erwartete weiter noch 6 in allen Farben, von ihnen wollte ein Deutscher Engelhard Herman sofort 5 halbe Stücke (an 25 oder 23 Ellen) nehmen und hoffte auch für den Rest bald einen Käufer zu finden;[1] aber sie wurden auch auf der Frankfurter Messe nicht verkauft.[2] Der Entschluß, ihrer müßig zu gehen, währte nicht lange. 1507 hatte man im Februar Lionardo Taigola 577 ℔ auf Damast zu 70 β die Elle vorgeschossen, also mindestens 165 Ellen bestellt. Sie waren für die Frankfurter Ostermesse bestellt,[3] ein Stück davon ging von da unverkauft nach Nürnberg.[4] Gleichzeitig hatte man in Antwerpen 3 Stück, 1 braun, 1 tannett, 1 weiß, wahrlich schlechte Dinge, die man zu 5 β 6 ₰ flämisch schätzte. Man wünschte dort keinen Damast mehr zu erhalten, der in Mailand mit 70 β bezahlt sei; man wollte lieber billige Genueser.[5] Das letztemal erscheint der Stoff und der Preis von 70 β die Elle in den Tagen des Auszugs 1507, es war ein Stück gelben Damastes von 27 Ellen, geliefert von Lionardo Taigola.[6] Nebenbei kaufte man auch für Wilhelm von Nidegg und andere.[7]

Brokate (ital. brocatto) sind Seidengewebe, deren Grund und Muster ganz oder doch teilweise aus Gold- und Silberfäden hergestellt wurde, oder schwere glatte Seidenstoffe mit farbigem einbroschierten Muster. Die Metallfäden sind unter Onzgold behandelt.

Genueser Brokate kann man mit Sicherheit nicht nachweisen.[8]

Mailänder borchatto war 1507 für die Niederlande bestellt, doch konnte er zunächst nicht beschafft werden.[9] In Antwerpen glaubte man, man müsse dort aber auch in Köln immer davon haben, er gehe täglich vonstatten, man könne in Mailand immer ein Stichgeschäft daran machen, und bestellte nun ein grünes, ein rotes und ein schwarzes Stück. Philippo Rainoldo lieferte dann ein Stück mit blauem Boden zu 27 Ellen à 24 ℔, also zu dem Preise von 648 ℔.[10] Auch in Wien war 1510 Interesse für „goldene Stücke" vorhanden.[11]

In der letzten Zeit der Gesellschaft begegnen auch Mailänder Goldborten. Im Preise standen sich gleich die Borten d oro largo und cardono (ocardum), sie kosteten das Stück 9½ oder 10 fl rh., billiger waren die d oro mezaro oder mazino, die nur 7 fl kosteten, eine vierte Sorte war schon zu 37 β zu haben. Die Gesellschaft kaufte 1527 112 Stück, davon 65 rot, 46 schwarz und 1 grün. Der Gesamtpreis belief sich auf 952 fl rh. Der Zoll in Mailand wurde nach Gewicht erhoben. Es findet sich auch eine andere Berechnungsart bei Borten von „gezogenem Golde". Die 12 Stück wogen in Mailand 100 Unzen 11 ₰, die Unze kostete 88 β Mailänder, die 12 Stück zusammen also 442 ℔ 4 β Mailänder, in Frankfurt wog man sie wieder, das ergab 5 ℔ 23 Lot, kommt 1 Lot um 13 β in

[1] 3, 282. [2] 3, 289. [3] 3, 308f. [4] 3, 395. [5] 3, 439. [6] 3, 321f. [7] 3, 292. 323. 389. [8] 3, 317. [9] 3, 310. 440. [10] 3, 321. Borchato doro 322. [11] 3, 453.

Gold. Diese 12 Stück ergeben nach dem Kurse von 76 β Mailänder auf den rheinischen Gulden einen Stückpreis von 9,7 fl rh. Es handelt sich offenbar um dieselbe Ware.[1].

In Mailand kaufte man 1477 für Noffre Humpis ein „braun seidenes Börtlein", das zu Venedig gemacht war, für 2 ℔ 13 β 4 ₰.[2]

Gestickte Kreuze auf ein Meßgewand. In der Nürnberg-Frankfurter Rechnung von 1479/80 heißt es: „Fyten Syrgen kauften wir 2 Krytz für 4 fl." „Noffre Humpis umb + 2 fl 1 β." Es handelt sich um zwei sehr wohlhabende Käufer.[3] Man würde an plastische Kreuze denken können, doch legt eine weitere Stelle mindestens für sich einen anderen Sinn klar. Danach sollten beide Kreuze auf die Rückseite eines Meßgewandes.[4] Die von Nidegg bestellte 1503 ein „Kreuz mit unser Frauen und St. Johannes".[5] Vielleicht beziehen sich alle Nachrichten auf Frankfurter Messen.

Diese Stellen gemahnen zur Vorsicht, da sie zeigen, wie weit her man Stickereien kommen ließ. Darf man an Köln denken?

In welchem Maße die Seidenzucht von den Arabern verbreitet worden ist, ist weithin bekannt. In Italien war der Seidenzucht die Herstellung der feinsten Seidenstoffe gefolgt, ja darüber hinaus zu den Christen übergesprungen. In Spanien ist das weit weniger der Fall gewesen. Hier kam die Rohseide zur Ausfuhr, eine billigere und schlechtere war die seda de la tierra y del regno di Valencia, eine viel feinere die Seide von Almería (bis 1489 unter der Herrschaft der Mauren).[6] Heute ist die Seidenzucht in Almería vollständig erloschen, auch in Valencia ist sie nicht mehr von der früheren Bedeutung, doch ist die Valencianer Seide jetzt die geschätzteste spanische Rohseide. Die Raupe wird in Valencia mit den Blättern von Maurus alba gefüttert, in Almería aber geschah es mit denen von Morus nigra, dem Gebirgsmaulbeerbaum.

Für den Konsum kamen damals in Deutschland nur Köln und Zürich in Frage, dann aber Flandern, Lyon und in Oberitalien vor allem Genua. In Köln hatte die Gesellschaft einen Korrespondenten in Peter Lützenkirchen, der von ihr mehrfach für eigene Rechnung Valencianer Seide erhielt. Er ging mit ihr auch auf die Messe von Frankfurt. „Setzt ihm einen guten Gewinn in Rechnung, denn die Seide mag es wohl ertragen."[7]

Stärker war in älterer Zeit der Verkauf in Lyon. Nicht immer verkaufte man dort alle Ware, dann schob man sie entweder zu einem Geschäftsfreunde in Montluel oder nach Ravensburg oder

---

[1] 3, 399 f. [2] 3, 254. [3] 3, 353. [4] 3, 360 f. Noffre bietet da 3 fl 1 Ort, daß es hübsch sei. [5] 3, 384. [6] Im Früh- und Hochmittelalter waren auch Seidenstoffe und Gold aus Almería hochberühmt, vgl. Michel, Fr., Recherches la soie, 1, 285, 289 und öfter. [7] 3, 59 f. 74. 86. 331. 338. 403.

nach Flandern. Eine so hochwertige Ware vertrug schon einige Transportkosten.[1]

In Flandern machte man 1477 einen Versuch, er versprach 10 %, Gewinn, man erzielte aber 22 %, im nächsten Jahre waren 3 Fardel grober Seide schwer unterzubringen. Man bestellte 1479 4 in 6 Fardel, kaufte aber nur 2.[2] 1480 war man ungenügend versorgt, man hätte leicht 4 Ballen in Antwerpen verkauft.[3]

In Genua vermochte die Valencianer Seide nicht aufzukommen, dort bevorzugte man, obschon von Valencia die besten dorthin gingen, die von Almería und Messina.[4] Besser ging es später in Genua wie in Mailand. Hans Hinderofen verrechnete für seine Zeit an 126 ℔ abgewundener Seide einen baren Gewinn von 32%. Namentlich in Genua war der Bedarf an Seide sehr gestiegen, auch in Mailand riet man dringend, lieber diese lustige Ware zu betreiben als so vielerlei. Die Bestellungen wurden gesteigert, hatten sie doch in Genua 1507 40% Gewinn daran. Man beklagte es sehr, daß die in Valencia keine Passadie gefunden hätten, an dem Pfund hätte das einen Nutzen von 15 β gebracht, jetzt falle die Seide.[5] Die Mailänder waren bereit, 2000—3000 ℔ zu vertreiben.[6] Der Einkauf erfolgte nach Valencianer Pfund, in ein Fardel verpackte man rund 100 ℔ Valenc. (= 77 ℔ Genfer), so daß man erkennt, daß diese Summe, die die Mailänder vertreiben wollten, eine sehr erhebliche ist.

Die Preise richteten sich nach dem Valencianer Pfund, sie waren sehr schwankend und hingen von der Produktion ab. Im Sommer 1479 räumte eine Krankheit unter den Raupen auf.[7] Unter diesen Umständen stand der Preis so, daß 1 Genfer ℔ nach Lyon geliefert $2^3/_4 \triangle$ kostete, bei 78 ℔ (= 102 ℔ von Valencia) machte das 214 ▽ 12 gr. 12. Der Verkauf ergab 277 ▽ 24 g°, man gewann also 61 ▽ 11 g° 3. Das sind fast 22%.[8] 1504 war so viel geworden, wie seit vielen Jahren nicht.[9] Der Ankaufspreis schwankte zwischen 15 und 28 β.[10] In Valencia kaufte man auch sehr grobe Sorten ein.[11]

Die Seide von Almería wurde von den Humpis in Valencia gekauft, wo man namentlich auf die von Almería kommenden Schiffe acht hatte, die Mötteli aber hielten sich in Almería selbst einen Gesellen. Die Überlegenheit der Mötteli ist unbestritten.[12] Der Verkauf vollzog sich zunächst auf den Lyoner Messen.

Der Ladebericht von 1476 per Bouc gibt genaue Nachricht: 4 Fardel doble = 8 Fardel = 457 madexes (Strähne) = netto Gewicht 795 ℔, kostete das Pfund durcheinander gerechnet de prima compra 37 β. Zusammen 1470 ℔ 15 β. Mehr Unkosten (auf 1 ℔

---

[1] Transport zu Lande 3, 11. 1476: 4 Ballen, 3, 232. 234. 3 Ballen nach Montluel 1477, 3, 24. Rheinabwärts, 3, 91. 1478 nach Montluel und Ravensburg, 3, 198. [2] 3, 59. 74. 103. 121. 414. [3] 3, 424. 427. [4] 3, 84. 86. 146. 220. 260f. 316. [5] 3, 276f. 285ff. 294. 302. 320. [6] 3, 286. [7] 3, 103. [8] 3, 210. [9] 3, 273. 276. [10] 3, 109. 198. 261. 276. [11] 3, 74. [12] 3, 59. 85f. 103.

2 β 8 ₰) = 106 ℔ 10 β. Kostet bis ins Schiff gelegt 1577 ℔ 11 β. Kostet also 1 ℔ 39 β 8 ₰.[1]

Auf der Lyoner Ostermesse 1477 Verkauf von 2 Fardeln = 158 ℔ Genfer Gewicht, verkauft für 1269 fl 11. 3. corrent bar Geld, in der Augustmesse blieben 2 Fardel unverkauft,[2] in der Ostermesse 1479 geschah dasselbe mit 3 Fardeln, die Allerheiligenmesse ergab von 156 ℔ Genfer Gewicht einen Erlös von 1127 fl 4. 1.[3] Die Käufer stammen aus Mailand und Paris. In Lyon war nach allem auf einen sicheren Verkauf nicht zu rechnen,[4] sie schien ganz den Schliß dort zu verlieren. In Genua ging es zuzeiten sehr viel besser.[5] Auch nach Mailand kam sie.[6] Nach Flandern ist ein Transport nicht zu erweisen.

Schließlich hatte die Seide einen so hohen Preis gewonnen (über 40 β), daß der Ankauf unterblieb.[7] „In solchem Gelde (44 in 45 β) komme dahinter, wer will."[8] Ist eine helle Ware Seide kaufen.[9]

Über die Seidenproduktion von Sizilien und Kalabrien ist schon oben bei Köln zu sprechen gewesen.[10]

Nach 1500 ist in den Geschäftspapieren die Seide von Almería verschwunden, dafür tritt die von Messina und Kalabrien hervor, zwar hat die Gesellschaft da meist nur die Geschäfte von Sigmund Gossembrot in Augsburg zu besorgen, der seine Leute zum Ankauf dorthin entsandte, später taten es auch die Rehlinger von Augsburg.[11] Es war ein sehr erfolgreiches Geschäft, und Hans Hillenson hätte es sehr gewünscht, wenn ihre Herren eine Anlegung in Kalabrien versucht hätten.[12] Der Preis der Kalabreser Seide war in Mailand nicht über 6 ℔ Mailänder für das Pfund hinausgegangen, er stieg auf 7 ℔ 5 β,[13] Seide von Messina, die noch dazu unsauber war, stand 8 ℔ zu Kosten, war aber nur für 7 zu verkaufen.[14] Die angekaufte war nicht immer gut.[15] Die Nachfrage war offenbar sehr stark, einmal kauften die Lucchesen die „Kukeles" auf.[16]

Von Genua ging sie nach Mailand (1507 2 Ballen), dann auch über die Alpen und nach Flandern, wohin sie 1507 auch durch andere Deutsche war gebracht worden. Auch nach Köln gelangte sie wie auf die Frankfurter Messe.[17] 1507 machte man in Köln damit einen Versuch.[18] Die Preise waren viel höher als die der Seide von Valencia und Almería.

Die Sorte ist leider unbestimmt bei den 4 Säcken Seide zu je 260 ℔ Genueser Gewicht, die bis Frankfurt gelegt je 50 fl rh. kosteten.[19] Syrische Seide, meist Chomary tallany, wird erwähnt, aber nicht im Besitz der Gesellschaft.[20]

---

[1] 3, 228. 234. [2] 3, 198. 206. [3] 3, 59. 103. 133. 209. An einem Ballen Gewinn 32 %, 3, 210f. [4] 3, 181. [5] 3, 84. 133. 146, 181. 262. [6] 3, 103. [7] 3, 181. [8] 3, 185. [9] 3, 59. [10] Oben 1, 426. [11] 3, 278. 285. 292. 295 ff. 310. 385. [12] 3, 285. [13] 3, 285. [14] 3, 311. Andere Angaben 3, 274. [15] 3, 311. [16] 3, 285. 286. 305. 311. 320. [17] 3, 296. 383. 441. [18] 3, 441. [19] 3, 370. zu 1500. [20] 3, 276 f.

Sechstes Kapitel

Sonstige bestimmbare und unbestimmbare Gespinste

§ 106. *Aus Kamelhaaren: Schamlot. Aus Espartogras: Barselys. Sumacky. Luffler, Bercomer. Rosens (coses). Carpetten. Selana. Pfulwen. Kissen. Hosen a la marinada. Flokaduras. Cordeline. Soques. Bordognis. Kylmenen Kyrsen. Kotzen. Kupfen.*

Schamlot, Camelotto (arab. Kamlah, lat. camocatus) ist ein Stoff aus Kamel- oder Angoraziegenhaaren in Leinwandbindung hergestellt. Es giebt auch Seidenkamelotte. Baumgartner behandelt den Stoff unter Seidengewand.[1] Eine Herstellung im christlichen Gebiete ist mir für jene Zeit nicht bekannt. Die nächste große Erzeugung war Cypern.

Der Handel wurde von Genua aus mit Eifer betrieben. Die Nachrichten beginnen mit 1503, für die Frankfurter Fastenmesse schickte man 88 Stück, von Farben gut sortiert. Wenn sie unverkauft blieben, sollten sie auf die Messe nach Bergen op Zoom gehen, das geschah sofort, so schlecht waren die Aussichten.[2] Dann kam die Frankfurter Herbstmesse, von den 3 Ballen gingen 2 unverkauft nach Flandern, der dritte nach Nürnberg. Entrüstet schrieb der Faktor, das ist ein Unkauf, Ihr habt wohl seit etlichen Jahren gesehen, daß man sein Geld nur damit versteckt. 1504 kaufte man, obwohl in Nürnberg noch 6 Stück lagen, wieder in Genua 3 Ballen.[3] 1503 und 1506 ging je ein Ballen nach Valencia. Auf dem Bamasmarkt 1504 wurden in Antwerpen 16 Stück für 20 ℔ 3 β verkauft, 108 Stück blieben in Antwerpen, 12 in Köln übrig.[4] 1507 hatten die Gelieger in Valencia und Saragossa die ihrigen noch, es wurde aber weiter gekauft, 47 Stücke hatte man schon und wartete auf das Schiff aus der Levante. Noch stärker ging Endres Strel ins Zeug.[5] Gleichzeitig hatte Nürnberg noch 54 Stücke, die 22 farbigen waren viel zu grob.[6] In Frankfurt teilte man die dortigen auf Antwerpen und Nürnberg, waren viel zu teuer.[7] In Flandern besaß man mehr Mut, es bestellte trotz eines Bestandes von 58 Stück in Antwerpen und 8 in Köln für Ostern und Pfingsten 100—200 schwarze Stücke, später 130—150 Stück frisch Gut und gute, fröhliche Farben (vor allem rot und tannett).[8] Was man noch hatte war elendes Zeug, das man an Engländer, wenn auch mit Verlust, verhandeln wollte, man konnte nur sehr feines Gut los werden. In Genua aber schickte man im Sommer 10 Ballen mit 420 Stück im Werte von 4744 ℔ 15 β 8 ₰ Genueser Münze ab

---

[1] Er schreibt: „Samalot doppie helt 1 stuck 42 pallm und ain ainfachs stuck 36 pallm." [2] 3, 381f. 385. 6 Stück blieben in Bergen übrig, 3, 434. [3] 3, 274. 386. 389. [4] 3, 437. [5] 3, 301. 304. 531 f. [6] 3, 395. [7] 3, 392. [8] 3, 439. 443. 445.

und kaufte dann noch gegen langes Ziel noch 200 Stück.[1] So hat man nur eine leidliche Nachricht, man verdiente an 3 Stücken je $1/_{20}$ des Preises. Die Preise für das Stück waren annähernd 5 bis 6 fl rh. Wir haben eine nähere Rechnung: 82 Stück à 11 ℔ 12 β 6 ₰, Genueser kosteten 953 ℔ 5 β, dazu kamen 13 ℔ und 8 ₰, Unkosten, das ergab 429 fl 9 β zuzüglich des Fuhrlohnes bis Frankfurt 442 fl rh., das Stück also 5 fl 8 β rund.[2] Von 6 Stücken kostete eins mit allen Unkosten bis Frankfurt 5½ fl.[3] Auch Einzelkäufe finden sich.[4]

4 Ballen Barsely gingen 1476 von Valencia nach Bouc. Bursa heißt im katalanischen Bast des Espartograses (Stipa tenacissima). Es handelt sich um das römische Spartum, jetzt ist der algerische Name halfa am meisten gebräuchlich. Die Blätter dienten im Mittelalter schon zur Herstellung von Tauen, Schuhen. Die bescheidene Ausfuhr der Gesellschaft läßt die heutige Bedeutung der Halfa nicht ahnen.[5]

Nicht mit voller Sicherheit füge ich hier die Sumacky, Sumackon, ein, von denen Hans Hillenson 1507 aus Antwerpen berichtet. Einmal ist die Lesung nicht ganz sicher, es kann auch Sumatty gelesen werden. Dann aber sind beide Lesarten mir sonst nicht begegnet. Er berichtet, man habe zu Mailand seit kurzer Zeit Sumacky zu machen gelernt von allen Farben, die man erdenken mag, und wohl also schön und gut, wie man sie zu Valencia in der Stadt machte, und geben guten Kauf. Er bittet zu einem Versuch um 100 Stück, gelb, grün, rot, schwarz, blau, braun; er wollte in Antwerpen 1 Goldgulden dafür lösen, allermindestens 4 β fläm. Mit einer Kiste = ½ Saum wollte man den Versuch machen.[6] 1505 hatte man der Ware kritischer gegenübergestanden.[7] An die Teppichart des Sumackh zu denken, verbietet der niedrige Preis und die Gleichmäßigkeit der Farbe im Stücke, es war auch kein Seidenstoff.[8] Aber an eine aus dem Orient stammende Technik, die in Valencia ja sehr erklärlich ist, möchte ich doch glauben.

In Wien begegnet 1511 als eine sehr gangbare Ware, von hohem Preise, Luffler oder Bercomer, die man das Paar mit Nutzen um 17—19 fl zu verkaufen gedachte. Im Ankaufe standen die letztgekommenen in Wien zu 16 fl rh. Man hatte noch 9 halbe Loffler.[9] Die Ware steht hinter Geweben, vielleicht Lofrer Tuch oder von Löwen?

1430 kamen 20 Ballen coses zugleich mit Leinwand und Barchent, 1443 mit Leinen ein fagot de rosens, dann wieder mit Leinwand und Barchent ein Balle rosceis im Werte von 22 ℔. Ob Arras, der katalanisch ras heißt?[10]

---

[1] 3, 316, 321 f. [2] 3, 381. Es waren 29 Stück schwarz, 19 tanett, 11 rot, 8 blau, 6 grün, 5 gelb, 3 braun, 1 grau. [3] 3, 381. [4] Für Ital Hans Vogt von Summerau 3 Stück, 3, 384; für Prasberger 2 Stück zu 12 fl 10 β, 3, 384. Polai Zwick und Hinderofen je 2 Stück, 3, 323. [5] Wiesner 2, 400—408. [6] 3, 441. [7] 3, 287. [8] 3, 287. [9] 3, 453. Oben 1, 497. [10] 3, 515f.

In Köln lagen 1507 2½ jensch carpetten, also wohl von Genua oder Gent. Sie stehen zwischen Webstoffen.[1] Nach Schedels Warenlexikon heißt in Frankreich die rote streifige Leinwand zum Packen carpettes. 1436 führten die Humpis eine selana nach Barcelona ein ohne Angabe von Wert. Häbler dachte an ein Gewebe aus Seeland, was doch wohl nicht richtig ist.

Auf bearbeitete Gewebe beziehen sich folgende Angaben: In Frankfurt wurden 1478 nach Muster für Noffre Humpis ein Pfulwen bestellt.[2] Aus Flandern stammten Kissen, die Privateigentum waren. Palle Schindelin 6 Stuhlkissen, Andreas Sattler ein schwarzseidenes Kissen. 2 Dutzend Kissen verdura (also grünes Rankenwerk) kosteten in Antwerpen der Gesellschaft 9 β 4 ℈, 7½ Dutzend 4 ℔ 4 β 8 ℈.[3] Andreas Sattler brachte für sich aus Flandern ein Paar Hosen a la marinada heim. Der Konstanzer mochte am Borde eines Bodenseeschiffes damit Eindruck machen.[4]

Einmal finden sich in Barcelona 8 cannes „flokaduras", also unzweifelhaft Fransen, zu dem sehr hohen Preise von 12 β 8 ℈.[5] Genua bestellte 1507 in Saragossa 300—400 Dutzend cordeline um 10 in 11 β.[6] Das sind vielleicht dünne Schnüre. Valencianer Brieffaden muß berühmt gewesen sein. Zweimal wurde er von Gesellen bestellt, aber auch umgekehrt kam von Avignon nach Bouc „1 Strick Sebelier faden", also Stricke zum Verpacken.[7]

Die 1428 zu Barcelona ein- oder ausgeführten 200 sogues per all a na (im Werte von 20 ℔) deutet Häbler wohl richtig als Taue.

Bei einem Paar bordogi, die Andreas Sattler aus Flandern heimbrachte, denkt man zunächst an eine Fußbekleidung oder Hosen.[8] Nach Schedel, Warenlexikon, hießen aber Bourdonys wollene Zeuge, welche ehedem in Gera sehr gut verfertigt wurden, aber das paßt wohl kaum.

In Frankfurt kaufte man für Ulrich Muntprat 5 kylmenien kyrsenen, in Nördlingen der alten Geßlerin 2 kyesen zu 6 fl 6 hl., für sie wieder 2 kyllwem kyesen unten schwarz zu 6 fl 2 β; später zu Nördlingen wieder für einen Peter Griebler kyrsen für 14 fl, für die Wirtin in Nürnberg 4 kyrsen um 12¼ fl, für Jakob Humpis 2 kyrsen fech 17 fl. 1500 heißt es, kaufe in Frankfurt für mich 3 kinluememfuter, von den großen guten, so die Welschen feil haben.[9] Die Deutung ist sehr schwierig. Handelt es sich um Pelzwerk oder Gewebe? Ist das letztere der Fall, so würde man an den Mantelstoff aus grober Wolle, der von Kersey (Grafschaft Kent) in Handel kam, denken. Aber die Ware wurde von Welschen geführt.

Zu Umschlägen wurden nach der Nürnberg-Frankfurter Rechnung Kotzen, Chotzen, Hotzen verwendet. Das war nicht ganz billiges Zeug; denn die Elle kostete 2 β 6—10 hl., beim Verkaufe noch 2 β 5 hl.[10] 4 Ellen grauen Hotzen zu einem Reitmantel kosteten mit Macherlohn 7 β 7 ℈.[11]

Beim Ballenbinden kam nach außen hin „Ruppfes", das war nun sehr billig, die Elle 7 ℈, so daß die 344 Ellen, die in einem Jahre in Nürnberg-Frankfurt gebraucht wurden, nur 7 fl 9 β kosteten.[12]

---

[1] 3, 440. [2] 3, 338. [3] 3, 404. 435f. [4] 3, 433. [5] 3, 3. [6] 3, 301. [7] 3, 228. 233 (für Jörg Koler 1 Säcklein), für Hans Lamparter ,6 ℔. [8] 3, 433. [9] 3, 353. 363f. 366. 376. [10] 3, 344—354 und öfter. [11] 3, Nr. 67. [12] 3, 354.

II. Pelzwerk. Felle. Leder. Farbwaren

§ 107. *Alaunleder. Schaffliese, Lammfelle, Zobel und Edelmarderfelle. Felle von Füchsen, Hirschen, Luchsen, Kaninchen, Mardern, Veh. Schönwerk. Moschustierfelle. Leder. Parges. Fischhäute. Pergament. Ledersäcke.*

Der Handel mit Fellen und Leder wurde in Deutschland von der Gesellschaft nur gelegentlich betrieben, sehr viel erheblicher war die Ausfuhr von Spanien aus, obwohl auch da keine Stetigkeit sich ergibt.

Alaunleder (alude).[1] Baumgartner sagt von Genua: Man bringt aus Katalonien viel weißer „glidert fell" gen Genua, heißt man aludes. Das waren die von der Wolle befreiten Lammhäute oder Schafhäute, die der Alaungerberei unterzogen waren. Sie kamen von Barcelona seit 1436 durch die Gesellschaft zur Ausfuhr. Es handelt sich bis 1440 um 5 Sendungen, einmal umfaßte die Sendung 6 Ballen = 80 Dutzend.

Die Gesellschaft kam dann durch den Handel von Wolle zu Tortosa erneut auf den Gedanken, sich mit den Fellen von Schafen und Lämmern abzugeben. Die Gesellschaft erlebte mit diesen leichtverderblichen Waren keine reine Freude.

In Italien begegnet ein Aufkauf seitens des Konkurrenten Münzer in Rapallo, vielleicht handelt es sich aber um Alaun.[2] In einem Ladeberichte von 1476 (Valencia) stehen 9 Ballen aludes im Werte von 100 Dukaten, aber der Bericht ist nicht ganz sicher auf die Gesellschaft zu beziehen.[3]

Man brachte alude von Tortosa nach Mailand. Dort aber wollten sie 1504 nicht vonstatten gehen, man meinte, sie gingen besser in Genua. Dort hatte man in einem Ballen 60 Dutzend im Werte von $75\frac{1}{2}$ ℔. Die Genueser Gesellen hielten aber ihren Freunden in Mailand neue auf. Statt der bestellten 4 Ballen sandte man ihnen 20 (4956 Stück). Es war schändlich böses Gut. Die Inhaber mußten nun mit Schaden verkaufen, zum Teil auf 18 Monate Ziel. 200 Dutzend wurde man für 900 ℔ los, aber die Käufer waren übel damit zufrieden, auf dem Rest von 213 Dutzend saß man fest, die Ware drohte zu verderben und niemand wollte sie nehmen, obwohl man sie für jede andere Ware eingetauscht hätte.[4] So mußte man sie verliegen und verderben lassen. Hoffentlich waren das nicht noch die 6 Ballen (mit 122 Dutzend), die dies Gelieger bei seinem Auszug $2\frac{1}{2}$ Jahre später noch besaß.[5] Sie hätten dann wohl übel genug ausgesehen.

Die Ankenreute betrieben dasselbe Geschäft, sie erhielten auf einmal 29 Ballen in Genua.[6] Sie hatten sie für 25—26 β gekauft.

---

[1] Katalonisch heißt aluda weißgares Hammelfell, Alaunleder, ebenso italienisch alluda. [2] 3, 297. [3] 3, 274. [4] 3, 270. 276. 282. 286. 290. 293. [5] 3, 321. [6] 3, 303.

Ob man daran dachte, für die starke Mailänder Pergamentindustrie diese Häute zu verwerten? Oder dienten sie anderen Zwecken? Häbler bezeichnet aludes als Handschuhleder.

Schafvliese und lana peluda (= zottiger Wolle) sind wohl ein und dasselbe (ital. boldrone). Schafvliese lud man zu Tortosa für Genua und Lamparten ebenso zu Valencia, und als Heimat wird Aragon und Katalonien bezeichnet.[1] Hans Hinderofen hatte sich auch für diese Ware erwärmt, er meinte besser und billiger dahinter zu kommen als andere. Jörg Geisberg bezeichnete als Verkaufspreis in Genua 14 in 15 ℔, 13 % Tara gebe man. Die Nachrichten aus späterer Zeit sprechen nur von lana peluda, und da ist, wie bei den Lammfellen, der Absatz in Mailand günstiger als in Genua. Von hier schickte man 9 und 4 Ballen nach Mailand, wo man an den 9 Ballen 35 % halb bar Geld, an allen 13 31 % halb bar Geld gewann. Das Geschäft ging nach allen Zeugnissen sehr gut. Kloter wollte von 200 Sack, die nach Genua gekommen waren, einen Teil aufkaufen, offenbar für Mailand. Von dort hatte man wahrlich oft geschrieben; 100 Ballen dieser Sorte sollten so viel Gewinn bringen als sonst 300 Ballen. Auf alle Passadien wünschte man 20 Sack. In Genua aber lag sie 1507 6 Monate unverkauft, die Lagerliste 1504 gibt an: 4 Ballen lana pelada = 262 ℔ 17 β.[2]

Lammfelle — agnine[3] — waren schon in früherer Zeit von Barcelona von den Ravensburgern ausgeführt worden, der libro del dret führt von 1432 bis 1439 elf Sendungen mit insgesamt 111 costals (Säcken) und 117 Ballen an, einmal kann man sehen, daß auf den Kostal 8 Dutzend Lammfelle gingen. Würde man denselben Satz für den Ballen verwenden dürfen, so wären 1436 von der Gesellschaft, die allein an dieser Ausfuhr unter den Deutschen und Savoyarden beteiligt war, 3360 Stück verschifft worden.

Auch 1504 begegnet uns wieder dieses Geschäft, doch nunmehr wohl in den Händen des Geliegers von Valencia. Von Tortosa hatten sie in diesem Jahre 600 Dutzend gekauft, aber Hans Kloter in Genua meinte, es sei kein Gewinn daran, da sie zwei Sorten, paschua (Ostern) und carliva,[4] durcheinander nehmen müßten und die Tara zu groß sei.[5] In Genua hatte man 22 %, in Mailand 30 % Nutzen. Man erhielt eben 52 Ballen und versprach sich großen Vorteil, da die Savonesen nicht mehr konkurrierten.[6] Mailand schickte gleichzeitig einen Verkaufszettel von 20 Ballen, an

---

[1] Uzzano 164 erwähnt sie unter Valencia. [2] 3. 260. 270. 276. 284. 302.
[3] Katalonisch anyel = agnellus Lamm. Die Ravensburger schreiben auch anige und anyno, ein bedeutender Handelsartikel. Baumgartner berichtet unter Genua: „Man bringt viele Schaffelle aus Katalonien, daran dann die Wolle ist, heißt man agneß, und sind zweierlei, die besten heißt man pasqual, gilt das 100 gewöhnlich 30 ℔, und die andere Sorte Karmanal, gelten die weißen gewöhnlich 15, die schwarzen bei 19 ℔." Die Ware war leicht verderblich.
[4] 3. 286, heißen die Sorten carlonan und paschina, 321 paschua. [5] 3, 272.
[6] 3, 272.

denen der Gewinn sich auf 26 % belief, sie wünschten zu Gott, daß die 12 Ballen in Genua auch bei ihnen wären.[1] Im Widerspruch damit steht der Wunsch, von Lammfellen von Tortosa nichts mehr zu bestellen, seien nicht für Mailand, wohl aber für Genua.[2] In Hansens Rechnung vom Mai 1505 bezeichnen die Mailänder den Umfang des Geschäftes als klein, sie hatten aber 29 % gewonnen.[3] Trotzdem muß dieses Geschäft nicht weiter gepflegt worden sein, da sie später unter Hinweis, daß ein Konkurrent die Ware nicht mehr führe, um 3 Ballen als Muster baten.[4] Wenige Monate später lagen bei dem Abzuge der Kaufleute von Mailand 10 Ballen in Verwahr in Vercelli.[5]

In Genua hatte man 1507 17% Gewinn daran, davon ob 6000 Stück besessen und erwartete eine große Summe.[6]

Die ältesten Nachrichten über Zobelfelle (Mustela zibellina, Sibirien) stammen aus Flandern. Man wünschte solche für Genua, aber Andreas Sattler riet dringend ab, 4 oder 6 gute Zobel könne man versuchen.[7] Im übrigen sei für nordische Pelze dort kein Gewinn zu erhoffen. Auch Mailänder Geschäftsfreunde wünschten 1 Timber Zobel und zahlten darauf einen Vorschuß, der Ankauf sollte in Frankfurt oder Nürnberg erfolgen.[8] Wirklich wurde Zobel nach Mailand geschickt, und man wollte weiter Stücke: mit Klauen, Füßen, Köpfen und Zähnen, schwarz und hoch von Haar, man rechnete dann für ein Stück 6—7 Dukaten zu erhalten, also einen enormen Preis.[9]

In einem Stichgeschäft erwarb man 1497 auf der Frankfurter Messe 6 Zimber (Timber) Zobel = 240 Stück, aber man wußte keine rechte sichere Verwendung und dachte sie nach Lyon zu senden.[10]

1510 kamen von Nürnberg nach Ravensburg 3 Zimber Zobelfelle, die 700 fl gekostet hatten, dort wurden sie ausgeklopft, man wertete sie auf 300 fl rh., man versuchte sie mit dem mindesten Schaden in Frankfurt oder Flandern zu verkaufen. Gelänge das nicht, so wollte man sie dem, der sie gekauft, zurücksenden.[11]

Für einen Valencianer Geschäftsfreund wollte man gern „ain guten. fiurpont von aim marder zobelin, der zan und claue hab."[12] Feiner Edelmarder (Mustela martes) geht noch heute als Zobel.

Von Edelmarder sollte man 120 Stück, marder kelen in Lyon für Bartholomäus Blarer kaufen.[13] Die dottergelben Kehlen galten viel.

Einen sehr ärgerlichen, kostspieligen Rechtsstreit hatte 1511 das Wiener Geliger mit einem „Buben" über Zobelfelle, wenn man sie behalte, wollte man sie hinaufschicken.[14] 1527 wurden mehrere

---

[1] 3, 275. [2] 3, 276. [3] 3, 286. [4] 3, 310 f. [5] 3, 321. [6] 3, 302. Augnine di Valencia bei Uzzano 47, 133. [7] 3, 418. [8] 3, 290 f. [9] 3, 311. [10] 3, 367. [11] 3, 34 f. 37. [12] 3, 190. [13] 3, 221. [14] 3, 451 f.

Zimber Zobel (zu 40 Stück) von Wien nach Nürnberg-Frankfurt gesendet.[1]

Fuchsfelle (pells de raboses) führte die Gesellschaft in den beiden Jahren 1426 und 1436 aus Barcelona aus, im ersten 842 Stück, im zweiten 2440. Zwei Hirschfelle wurden für Moritz Hürus in Flandern gekauft für Hosen.[2]

Wolfsfelle (pells de lops) begegnen ebenfalls nur in Barcelona. Es erscheinen im Zollregister 1426 3 Dutzend, im gleichen Jahre auch ein halbes Dutzend de lops cervals, das sind Luchse.

Weit umfangreicher ist der Handel mit Kaninchenfellen (conills). Schon im Altertum war in Spanien dieses Tier, das vielleicht dort seine Heimat hat, oft eine Landplage. Von 1426 an haben die Humpis von Barcelona fast jährlich davon ausgeführt, in einzelnen Jahren bedeutende Bestände, so 1440 65 Ballen, 1435 51, 1436 im ganzen 6157 Dutzend. Auch 1443 war der Versand noch groß (15 230 Stück). Die Preisansätze ergeben, daß man für 1 ₶ Barc. etwa 24 Dutzend kaufen konnte, Häbler berechnet das Dutzend auf 6—13 diners. In den Frühlingsmonaten endete die Versendung. Nach 1440 findet sich der Handel nicht mehr. In Deutschland begegnen 1475 6 Ballen.[3] 1477 18 Bälg Lasicz (= Laschitz, Kaninchenfelle), sie gehörten Noffre Humpis Hausfrau und gingen von Nürnberg nach Ravensburg.[4]

Einmal findet sich auch die Ausfuhr von Wieseln (marce). Doch ist das zweifelhaft; denn die 222 març cruns scheinen zur Einfuhr zu gehören (1426). Häbler stellt zu den Fellen auch roisos, wohl mit Recht, denn die 55 Dutzend gehören zu einer Sendung von Fellen (1440). Der Name ist nicht erklärt. Es handelt sich wohl um ein Nagetier (rodere).

Marderfelle wurden 1478 von Flandern für Genua erbeten. Sie werden als wasser (oder waser) Marder bezeichnet. Sattler war höchstens für einen Versuch mit 200 Stück.[5] Was für Felle Andreas Sattler von Flandern mit nach Hause brachte, ist nicht festzustellen. Es waren 252 Stück weiße und 51 schwarze.[6]

Auch vom Veh, den Winterfellen russischer und sibirischer Eichhörnchen, die oben grau, unten weiß sind und sehr beliebt waren, um als Unterfutter zu dienen, will Andreas Sattler einen Versuch mit 500 Stück vom Besten in Genua gutheißen. Schönwerk, das hier vom Veh geschieden ist, aber fand seine Billigung nicht,[7] aber in Nördlingen kaufte man dem alten Jos Humpis „1 inssen schen werk" für 36 fl.[8] In den Tagen Ulmann Stromers hatten die Nürnberger Kaufleute sie vielfach nach Genua eingeführt.

Hans Moll, ein Geschäftsfreund, wollte gern von Frankfurt 2 Bälge mit almeschgß, ganze Bälge und der Almeschg (kat. almesc = Moschus, also Bälge des Moschustieres) darin, der Moschusbeutel.[9] Das war wohl schwer zu erfüllen, Felle von Tieren, die nur auf den Hochflächen Innerasiens lebten, herbeizuschaffen.

1515 stand eine mit Marder und Zobel gespickte Damastschaube zum Preise von 46 fl zu Frankfurt oder Nürnberg im Schuldbuch.[10]

---

[1] 3, 389. [2] 3, 436. [3] 3, 195. [4] 3, 332. Vgl. 3, 338. für Jerg Egel 1 fl lasicz. [5] 3, 418. [6] 3, 404. [7] 3, 418. Vgl. Schulte 1, 717. [8] 3, 366. [9] 3, 397. [10] 3, 397.

Leder (coramen, span. cuero, kat. cur) erscheint nur selten, und zwar in Ausfuhr von Valencia. Valencianer Leder war hochberühmt. Münzer schreibt: „Item pelles de corio mutonum etc, qui adeo bene tinguntur variis coloribus et praeparantur cum succo arranciarum et aliis, ut nihil superius."[1] Genueser Gesellen meinten 1479 ein gutes Geschäft um bares Geld damit machen zu können, man schickte ihnen von Valencia aus trotz allen Mißtrauens in diese Hoffnungen von der Ware, die große Mühe und Arbeit mache, im nächsten Jahre 12 Ballen, für mehr müsse man auf das nächste Jahr warten, man solle sich auf 6 in 8 Ballen für jedes Passagium einschränken.[2] Das Ergebnis war wohl ungünstig. 1504 brachte allerdings ein Schiff von Valencia 12 Ballen mit 3530 Fellen nach Genua.[3]

In Barcelona finden sich 1433 „18 dotzenas parges". 1426 führten die Humpis 24 Dutzend parges de cuyrs vermells (hochrot) vells im Werte von 8 ℔ 10 β und 1427 wieder parses vells durch Perpignan. Die Ware erklärt Häbler für Lederriemen.

1505 schreiben die Gesellen aus Mailand, Rotmund habe ob 80 Ballen Fischhäute, die man vegy marin nenne, verkauft. Man wisse nicht, was sie in Nürnberg gälten, man möge sich erkundigen.[4] Man würde zuerst an Haifischhäute denken, die heute zu Fischhautchagrin verwendet werden.

Pergament: 61 Dutzend Bergamyn, das Dutzend zu 29 β (zusammen 88 ℔ 9 β wert) hatte das Gelieger in Genua 1507 auf Lager.[5] Kam es von Mailand oder Valencia, die beide eine bedeutende Produktion hatten?[6]

Von Ledersäcken, die beim Transporte verwendet wurden und auch als Lösch bezeichnet werden, ist oft die Rede. Eine Handelsware bildeten sie nicht.

§ *108. Farbwaren und Beizen. Lacca. Indigo. Alaun. Brasilholz. Grana. Safflor. Krapp. Waid. Bleiweiß. Zinnober. Lasur. Brüggischer Ton.*

In die Farbwaren hat die Gesellschaft sowohl beim Vertrieb der nordischen wie der südeuropäischen und orientalischen eingegriffen. Freilich nicht gleichmäßig. Von den orientalischen spielt Indigo keine große Rolle, eher Lacca und Brasilholz, die nach dem Norden verhandelt wurden. Die Ausfuhr von spanischem Safflor und Grana war bedeutend. Umgekehrt ging Waid und Krapp nach Spanien, obwohl sie dort auf den kastilianischen trafen. Nur gelegentlich erscheinen Lasur, polnische Cochenille und Zinnober. Safran ward nicht ernsthaft zum Färben benutzt. Der bei der Tuchbereitung und in der Alaungerberei verwandte Alaun war ein schwieriger Handelsartikel. Die Übersicht zeigt, wie stark die Färberei von Einfuhr in Süd- wie Nordeuropa abhing. Ich beginne

---

[1] Itinerarium, S. 26. [2] 3, 151. 182. 185. 188f. [3] 3, 270. Die Sorten kann ich nicht feststellen. [4] 3, 287. [5] 3, 314. [6] Pasi 180 v. erwähnt die Ausfuhr von carte bergamine.

mit den orientalischen, zu den Spezereien gerechneten Stoffen. Lacca, Indigo und Alaun gehörten zu den specie grosse, zur groben Spezerei.

Lacca. Die von der Schildlaus Coccus Lacca auf einzelnen Euphorbiaceen hervorgerufene harzige Aussonderung, der Gummilack, fand in der Färberei (rote Farbe), beim Polieren und in der Medizin Anwendung. Wie der Name verrät, ist er indischen (vorwiegend hinterindischen) Ursprunges.[1] In Barcelona findet sich einmal diese Ware mit 3 Quintal vertreten.[2] Der zuerst im Norden erwähnte kam wohl noch die alten Wege des Levantehandels. Er war wohl in Genua gekauft. Aber auf der Frankfurter Herbstmesse 1497 galt er nicht über 1 fl, man sandte also 6 Sack nach Flandern, 2 nach Nürnberg.[3] Trotz dem nun einsetzenden direkten Handel nach Kalikut, wo längst der Lackhandel erheblich war, hielt die Gesellschaft an dem Einkaufe in Genua fest. 1505 kaufte man dort für die deutschen Messen 3 Kantar (= 6 Ballen), verkaufte nur einen Ballen, behielt aber gute Hoffnung dabei.[4] In Genua war man aber darauf wohl mißtrauisch geworden. Anton Lauginger Sohn, der sonst nicht viel Wahres sage, habe verbreitet, die elf Schiffe, die von Kalikut gekommen seien, hätten 5000 Quintal mitgebracht. Er hatte in der Tat wohl tüchtig aufgeschnitten, im Juli 1505 war Soarez mit Schiffen heimgekehrt, aber so viel brachte er schwerlich. 1507 stand der Preis in Genua auf 20 β für das Pfund. Dazu zu kaufen, verbot sich, da man erfuhr, daß die Gossembrot, die an dem direkten Handel beteiligt waren, so viel in Flandern hatten, daß sie ihn nach Mailand und Genua zum Verkaufe verbringen wollten.[5]

Indigo (von Indigofera tinctoria) erscheint in unseren Papieren nur selten. In den Tagen, als die Gesellschaft noch Venedig aufsuchen ließ, überlegten sich die Herren, bei dem niedrigen Preise in Barcelona 2 Lägel zu kaufen, und später hatte Gossembrots Volk in Venedig sich für den Transport 2 Lägel gekauft, die man zu Frankfurt übernehmen wollte (Preis 178 Dukaten).[6] Indigo stand in Genua 1507 das Pfund zu 31 β in hohem Preise.[7] 1502/03 kamen von Venedig 2 der Gesellschaft gehörige Lägel mit „Endy" nach Kempten.[8]

In diesen späteren Zeiten handelt es sich um kleine Quantitäten. Ganz anders stand es früher. Ich erinnere zunächst an die Bezüge von Indigo aus Venedig durch Lütfrid Muntprat, und aus dem Konstanzer Ammanngerichtsbuche erfahren wir von vielen anderen, so daß kein Zweifel daran aufkommen kann, daß damals diese Farbe in Oberschwaben benutzt wurde. Damit stimmt es überein, daß die Humpis bis 1435, wo der Handel plötzlich aufhört, große

---

[1] Heyd 2, 611. Wiesner 1, 304—311. [2] Häbler 1434 Mai. [3] 3, 369.
[4] 3, 280. 295. 393. Die Ware war offenbar schlecht. [5] 3, 303. [6] 3, 8. 384.
[7] 3, 303. [8] In 3, 459. Nr. 94.

Quantitäten aus Barcelona ausführten. Nach meiner Berechnung haben sie von der ihrem Namen nach unerklärten etwas billigeren Sorte Indi Golf 18171 ℔ ausgeführt, von der nach Bagdad genannten Sorte Indi Bagadell aber 2236 ℔ und 2 Ballen zu etwa je 200 ℔. Der Sorte nach sind nicht bestimmt 6480 ℔. Das sind rund 27 300 ℔.[1]

Häbler meinte nun, daß es sich dabei um spanischen Indigo handelte, allein da die am orientalischen Indigo verwendeten Sortennamen in den allermeisten Fällen gebraucht werden, so ist das sehr wenig wahrscheinlich, wenn in der Tat damals auch in Spanien aus Indigopflanzen Indigo gewonnen wurde. Er meint weiter, daß es sich gar nicht um Indigo gehandelt habe, sondern um die Indigopflanzen. Er beruft sich dabei auf den billigen Preis, und in der Tat wird den Humpis 1 Quintal zu 10 und 12 ℔ Wert angerechnet, man kommt aber auch auf Preise über 25 ℔. Jedenfalls schwanken sie ganz außerordentlich, was sich bei einer aus weiter Ferne kommenden Ware am leichtesten erklärt. Ich glaube um so weniger an spanischen Indigo als er meines Wissens nur einmal bei einem Araber bezeugt ist, aber von Uzzano, Münzer und Pasi nicht unter Ausfuhr aus Spanien aufgeführt wird.[2]

Aus unseren Angaben folgt nun, daß die noch von Lauterbach in seinem vortrefflichen Büchlein vertretene Ansicht irrig ist, daß die ihm bekannten geringen Mengen irgendwelchen Einfluß auf die deutsche Färberei nicht gehabt haben.[3] Für Schwaben, vielleicht aber auch für Flandern ist nun das Gegenteil erwiesen; denn unsere Quanten gingen schwerlich von Barcelona nach Genua. Das plötzliche Aufhören läßt vielmehr vermuten, daß sich schon im 15. Jahrhundert einmal ein Kampf der deutschen Farbpflanze Waid gegen das Indigo abgespielt hat, wie er sich im 16. und 17. Jahrhundert erneute. Wenn man damals durch Indigo gefärbte Tuche von der Farbe zerfressen sah, weil man die in Indien damals übliche Indigo-Arsen-Küpe nicht kannte, so wird man auch für die erste Blüte der Indigofärberei ähnliches voraussetzen, doch manche Färbermeister hatten ihre Geheimnisse. So bleibt trotz unserer Ergebnisse vieles im Dunkeln.

Noch größere Schwierigkeiten bietet die Behandlung des Alaunhandels. Einmal weil in den Papieren nicht immer mit Sicherheit zu erkennen ist, ob es sich immer um Alaun handelt, da öfter von Alant oder Alut die Rede ist, und da kann man auch an Aloë und die Pflanze Inula Helenium (Alant) denken. Ich aber habe schließlich alle Angaben auf Alaun, dieses dem Färber fast unentbehrliche Hilfsmittel, bezogen.

---

[1] Nach Häbler 359 belief sich die Gesamtausfuhr auf rund 37 000 ℔. [2] Ibn al Awam bei Heyd, Levantehandel 2, 599, in dessen ausgezeichnetem Artikel über Indigo. [3] Lauterbach, Geschichte der in Deutschland bei der Färberei angewandten Farbstoffe (1905), S. 64.

Ein sehr seltener Zufall, der rücksichtslos ausgenutzt wurde, veränderte im Jahre 1462 von Grund aus den Handel mit diesem Mineralstoffe. Vorher war die Christenheit darauf angewiesen, da die auf spanischen und italienischen Plätzen gewonnene Ware nicht ausreichte, jährlich ungeheure Summen, die mit 100 000 Goldschilden angegeben werden, auf den Ankauf dieses nicht allein dem Färber für das Fixieren der Farben unentbehrlichen, sondern auch dem Gerber und Maler äußerst nützlichen Minerales zu verwenden. Die Hauptorte des Handels waren für den nordwestafrikanischen Alaun Barcelona, für den besten und meisten aus Kleinasien Genua und für den aus Ägypten kommenden Venedig. Der Vorrang von Genua ist unbestritten.

Aus dieser Zeit vor 1462 haben wir für die Gesellschaft nur zwei Angaben. Sie führten 1439 in Barcelona 20 und 45 sachs alum ein, die 20 Sack hatten einen Wert von 85 ℔ Barc. Es kann sich, da die Ware auf einem kastilianischen Schiffe kam, sehr wohl um spanischen Alaun aus dem Königreiche Murcia (Gegend von Mazarrón) handeln, der damals sehr reichlich gewonnen wurde.[1]

Da entdeckte ein Paduaner auf dem Boden des Kirchenstaates bei Tolfa Alaun, und die päpstliche Kurie trug kein Bedenken, diesen Fund zu einem Monopole auszugestalten und dieses bald durch äußerst scharfe kirchliche Mittel zu sichern.[2] Paul II. bestimmte den Gewinn der dem Papste zugefallenen Alaungruben für einen Kreuzzug und bedrohte mit schweren Kirchenstrafen alle, die fortan von den Ungläubigen Alaun einkaufen würden, auch die, welche von trotzdem erworbenem kauften, ja die weltlichen und geistlichen Behörden, die einen solchen Handel zulassen würden. Was für den Augenblick immerhin begreiflich sein mochte, wurde dadurch eine dauernde Einrichtung, daß die Camera apostolica die Alaungruben verpachtete und diese Pächter, unter ihnen Agostino Chigi, die Preise hinaufsetzten und mit Hilfe der Agenten der Camera die Ungehorsamen, unter denen naturgemäß die Genuesen hervortraten, verfolgten.

Von diesem Treiben sind mir keine Nachrichten aus Süddeutschland bekannt, wohl aber aus Flandern. Karl der Kühne beugte sich dem päpstlichen Gebote, wobei ihm ein Anteil durch eine Abgabe gesichert wurde. Mehr wie 20 Jahre später unter Philipp dem Schönen wurden die Preise des päpstlichen Alauns so erhöht, daß der Handel mit verbotenem wiederum kräftig auflebte und sich des

---

[1] Tenne-Calderón, Die Mineralfundstätten der Iberischen Halbinsel (1902), S. 217 f. Guicciardini, Opere inedite, 6, 273. Damhoudere (1546) bei Finot, Flandre et l'Espagne (1899), S. 246.

[2] Vgl. vor allem Heyd, Levantehandel, 2, 550—557, wo auch über die Sorten gehandelt ist, und Finot, Flandre et Gênes (1905), S. 236—270, dann Strieder, Organisationsformen, S. 168—183, wo die reiche Literatur herangezogen ist. Ich hebe nur hervor, daß Tommaso Portinari päpstlichen Alaun zu vertreiben hatte.

Umweges über England bediente, das den päpstlichen Befehlen getrotzt hatte. Die Enzyklika Julius II. vom 17. Mai 1506 verschärfte die bisherigen.[1] Doch da die Ravensburger fast von da ab im Alaunhandel nicht mehr nachzuweisen sind, genügt es, hier auf die lebhafte Beunruhigung und den Widerstand der burgundischen Regierung, die den Kaiser in die Sache hineinzog, auf den Vertrag der Kurie mit dem Kaiser (1508) mit gegenseitigen Zugeständnissen (fester Preis von 3 ℔ 12 β g⁰ und Zoll von 12 β auf die Carga) und den Vertrag Karls (des späteren Karls V.) von 1516, der den Alaunhandel zugunsten des Landesherrn belastete und ihm eine große Einnahmequelle sicherte, die für lange Zeit sich als sehr ergiebig erwies, hinzuweisen.

Daß die Ravensburger Gesellschaft schon vier Jahre nach der Entdeckung der Tolfaer Gruben Alaun in Genua von der Meeresseite, also doch wohl vom Kirchenstaate, einführte, beweist der Handelsvertrag von 1466, wo die Genuesen bei dem alten beharrten und einen Zoll von 6 ℔ 16 β 8 ₰ vom Zentner festhielten, von dem der Faktor der Gesellschaft Befreiung oder doch Gleichstellung mit den Bürgern von Genua erbeten hatte.[2]

Die Papiere der Gesellschaft reden erst 1504 wieder von Alaun. Damals wollten die Genueser Vertreter von Mailand aus 30 Ballen nach Norden senden. Er war teuer, das Quintal kostete 10 ℔ Genueser, aber wegen des Sterbens werde so bald keiner mehr die Straße hinaus gehen.[4] Oktober 1505 berichtet das Gelieger, man habe noch 6 Faß, man wolle ihn in Genua nicht unter 12 ℔ geben, gelte gern 8 fl, das sei wenig. Venedig habe mit den Türken auf 5 Jahre einen Vertrag auf Lieferung von 20 000 carga jährlich geschlossen und koste ihnen die Carga ins Schiff gelegt 1 Dukaten. Dann werde Venedig viel billiger als Genua liefern können.[4] Venedig stand damals mit Papst Julius II. auf gespanntem Fuße. Die reichsten Nachrichten stammen von 1507. Genua berichtet, es habe eingekauft, er kostete 9 ℔ 5 β, dafür hätte man beim Wiederverkauf 10 ℔ haben können. In Venedig galt er 32 Dukaten (= 10 ℔ 10 β). Leider habe man ihn nicht verkauft. Im Februar 1507: Fütterer habe 60 Ballen zu 10 ℔ gekauft, doch sei der Alaun klein und frisch, so daß viel Abfall sich ergebe.[5] Gleichzeitig gingen von Mailand 3 Ballen nach Norden, 2 blieben zurück.[6] Die Frankfurter Fastenmesse zeigte nun, daß von Brügge viel Alaun kam, der um 6 fl gegeben wurde. er drückte den Preis, so daß die Gesellschaft viel Schaden erlitt. Man solle den, den man noch droben habe, dort verkaufen.[7] So viel Alaun war in Frankfurt, daß Genueser 300 Quintal nach Nürnberg führten, und der drückte nun auch dort, und dazu meinten die Käufer, er werde auf seinen alten Preis 3 oder 4 fl kommen. So saß die Gesellschaft auf ihrem fest und war froh, 1 Faß (= 767 ℔) den Zentner zu 6³/₄ fl zu verkaufen, ein zweites, das nach München ging, für 6¹/₂ fl.[8] Im Juni 1507 war Alaun di Rocca in Antwerpen denn auch gewaltig abgeschlagen, er

---

[1] Sie war auch an den Erzbischof von Köln, die Bischöfe von Tournai und Lübeck gerichtet, nicht an andere Deutsche. [2] Heyd 5, 57. [3] 3, 277. [4] 3, 295. [5] 3, 306. [6] 3, 311. [7] 3, 393. [8] 3, 396.

galt nur 3 ℔ 14 β und Alaun fulia 3 ℔ 4 β und weitere Zufuhr stand in Aussicht, er werde auf den alten Preis kommen 54 β lo carigo.¹ Das war ein übles Geschäft! Gleichwohl hatte die Gesellschaft 1515 auf 6 Säcke Alaun 143 fl ausstehen, man hatte also von der Ware nicht gelassen.²

Vorwiegend zu den Farbstoffen ist auch das rote und rotfärbende **Brasilholz** (von Caesalpinia Sappan) zu rechnen, das aus Hinterindien stammt.³

Auf der Frankfurter Herbstmesse 1500 machte die Gesellschaft einen Versuch mit ½ Quintal (= 50 ℔), die in Genua erworben waren, namentlich rechnete man auf die Niederländer. Der Zentner hatte auf der Messe einen Kurs von 26—27 fl rh. Man schickte das Brasilholz weiter nach Antwerpen, wo man es zu 21 fl verkaufen konnte. 1503 schreiben die von Flandern über ihr Brasilholz: Gott wollte, daß wir es nie gesehen hätten. 1504 lagerten in Antwerpen noch 7 Zentner. Hans Her übergab 1507 noch 610 ℔, und man rechnete das alles für 2 ℔. „Ehe wir es um minder Geld geben wollten, wollten wir es verbrennen." Das alte Holz war fast wertlos, man fand gutes frisches Holz um 15—18 β al c(entenari)o. Schließlich erlösten sie noch 1 fl mehr, als es gewertet war, und es war kraftlos geworden.⁴

Lebhafter war das Geschäft der Gesellschaft in den Farbstoffen Spaniens, Grana und Safflor.

Unter dem Namen **Grana** oder Grana de scarlata verstand man die Kermesschildlaus (Coccus Ilicis, arabisch Alkermes), die auf der nur in Kleinasien und Südeuropa einschließlich der Languedoc und Provence⁵ vorkommenden Scharlacheiche (Quercus coccifera) lebt. Ende Mai werden die Weibchen dieser Tiere gesammelt, getrocknet und dann wohl noch zu Pulver zerrieben. Münzer vergleicht diese Grana mit der polnischen, die in Wahrheit ebenfalls keine Beere, sondern eine Schildlaus ist: Margarodes Polonicus. Gerade wie dort sammelten die armen Leute mühselig die Beeren, bis sie ein Pfund zusammen hatten, daher koste 1 ℔ auch 1 Dukaten.⁶ Die Verwendung dieses Farbstoffes (rot) war stark sowohl in Flandern wie in Genua. Er wurde wiederum in der Gegend von Alicante aufgekauft, Myngot war abermals der Kommissionär,⁷ und besonders scheint die Grana von Orihuela bevorzugt gewesen zu sein,⁸ im 19. Jahrhundert hatte Buzot nördlich von Alicante einen guten Namen,⁹ aber auch die der Huerta von Alicante. Einmal reden die Papiere auch von grana di Castillia.¹⁰ Uzzano unterscheidet granà di Provenza, di Romania, di Valenza, Spagnuola und Barbaresca, auch di Cheranto und Garbo.¹¹

Die älteste Erwähnung betrifft die einzige Ausfuhr aus Barcelona (1438 20 ℔ 11 Unzen). In der Richtung nach Flandern waren die Mötteli tätig, sie hatten 4 Ballen, aber ihre Konkurrenten meinten, sie

---

¹ 3, 449. ² 3, 397. ³ Vgl. Heyd 2, 576 ff.. ⁴ 3, 274. 372. 375. 378 f. 434. 437. 440. 443. ⁵ 3, 104. ⁶ Itinerarium, S. 26. ⁷ 3, 104, 185. ⁸ 3, 146. ⁹ De Laborde 2, 410. Das Verzeichnis der Königreiche, die nach Brügge lieferten, nennt Grana von Kastilien und Portugal. Über die Verbreitung vgl. Jaubert de Passá, Canales de Riego de Cataluña y reino de Valencia (1844) 2, 560 f. ¹⁰ 3, 281. ¹¹ S. 20, 53, 109. Ausfuhr von Barcelona S. 109, vgl. S. 169. Pasi 186.

würden nicht 2 β um 1 ℔ erhalten, wo die „zuitersche" 5 β g⁰ gelte.
Auf den Lyoner Messen finden wir die Humpis nur zweimal mit dieser
Ware. 1 Ballen (= 7 Rubb von Valencia = netto 174 ℔ Lyoner), sie
erlösten daraus 163 fl 1. 6 corrent (à 10 g⁰ per ℔ = 108 fl 12 g⁰), ein
anderer Ballen blieb unverkauft.[1]
Nach Genua gingen auf Geisbergs Wunsch 1479 2 Ballen, 1480 2 Ballen.
Mailand war 1504 überladen, noch 1505 hatte man 64 ℔ Pulver un-
verkauft, man meinte dieser Ware müßig zu gehen, aber wenige Monate
später erfolgt eine neue Bestellung. Der Ankaufspreis betrug 1479 5 ℔ die
Rubb, 1480 8 ℔ 10 β, Pulver di Grana war teurer, 11—17 β das Pfund.[2]
Orientalischer Kermes (Scharlat) war wohl auf der Karavelle Macholan,
die 1504 nach Genua kam.[3]

Vom Safflor reden nur die älteren Quellen. Die Färberdistel
(Carthamus tinctorius) ist ja schließlich auch in Südwestdeutsch-
land gezogen worden, aber nächst der persischen gilt heute noch
die spanische als die beste, wie die aus Safflor hergestellte feinste
Schminke ja noch heute rouge d'Espagne heißt. Für Flandern und
seine hochentwickelte Färberei waren das Safflorrot und Safflorgelb
trotz der Unbeständigkeit doch sehr erwünschte Färbemittel.[4] Der
Anbau lag nach unseren Quellen in den Händen von Mauren, diese
mußten nach einem alten Verzeichnisse der königlichen Einkünfte
im Königreiche Valencia in den Orten Elda, Vovelda und Aspe vom
Safran und vom Safflor eine Abgabe zahlen, wir werden also Alicante
als nächste Hafenstadt im Handel suchen müssen.[5]

In der Tat erscheint wiederum der Geschäftsfreund der Humpis in
Alicante Antonio Myngot als Aufkäufer für 100 in 150 Rubb.

1478 wurden in Flandern 20 Ballen verkauft. Die Ravensburger
waren 1478/79 mit dem Ankauf wohl einverstanden, und in Valencia
hatte man rasch gehandelt und war den Konkurrenten vorgefahren,
man hatte zu Alicante 6 Ballen guten Safflor für Flandern geladen. Alles
drängte sich zu dieser Ware, viele wollten an ihr reich werden. Die
Kastilianer verhandelten vor allem mit den Moros, die aber sehr zurück-
haltend waren, 1480 verlangten sie 30 β. „Ist ein wild Ding." Er hatte
sicherlich große Preisunterschiede (17—35 β), bei einem Preise von
22 β 6 wollte man 1480 100 bis 150 Rubb kaufen, darüber hinaus (25 in 26)
aber nichts. In Flandern bestand man wohl an der Ware und bestellte
40, ja 50 Ballen, das Valencianer Gelieger scheint aber nie so viel geliefert zu haben. Mit 1480 hören alle Nachrichten auf. Ende 1479 muß
er in Flandern sehr zurückgegangen sein.[6]

Nach Spanien eingeführt wurde Krapp (rodia), er stieß dort aber
auf die steigende Konkurrenz des kastilianischen. Die sehr wechselreiche Geschichte dieser in Holland, am Rhein, im Norden und
Osten stark angebauten Färbpflanze Rubia tinctorum, deren

---

[1] Ebenso 1480, vielleicht auch 1476 2 Ballen. [2] Vgl. 3, 102. 104. 146. 179.
185. 189. 210. 234. 275f. 281. 287. 294. 420. [3] 3, 275. [4] Auch Münzer,
S. 27, erwähnt die starke Ausfuhr nach Flandern. [5] Auch heute noch. Willkomm, Spanien und die Balearen, 185. [6] 3, 19. 59. 85. 89. 100f. 121. 184.
404. 409. 413. 431 f.

Wurzelstock benutzt wurde, ist durch Lauterbach aufgeklärt. Schon sehr früh war Krapp ein starker Ausfuhrartikel, der von Deutschland nach Flandern und England ging.[1] Die Ausfuhr nach Spanien ist um so auffallender, da später kastilianischer Krapp in großen Mengen seinen Weg nach Flandern nahm.

Nun zu den Papieren der Gesellschaft. Wir erfahren da, daß gute Qualitäten in Spanien Absatz fanden, seeländischer Krapp, der früher einen guten Ruf hatte, wurde in Spanien gescheut. Die älteste Erwähnung fällt in das Jahr 1437, wo 14 Ballen aus Flandern nach Barcelona verschifft wurden, 1478 kamen 4 Ballen (= 3066 ℔ = Wert 68 ℔ Barcelona ohne Schifflohn) dorthin. 1478 wollten die vom Brüggischen Gelieger 21 Ballen Brüggische rogia und 11 Ballen seeländischer (selenscher) verschiffen und noch 10 Ballen flämischen dazukaufen. Er war in hohem Gelde gekauft, aber die Einkaufpreise stiegen noch über 90 %, die Valencianer hätten 40 % Gewinn daran haben können, auf die dringenden Anforderungen von Brügge und Ravensburg hielten sie aber ihre 38 Ballen. Das war anderen Leuten ein „Ebenspiel", sie verkauften ihre Ware und ließen die Gesellen hinter der ihren sitzen. Die Preise aber sanken immer mehr, da aus Kastilien täglich neue Ware kam und die Brüggische überflüssig machte. Dann war 1480 das Geschäft in Valencia wieder recht günstig, seinal de Bruges erzielte 12 ℔ la carrica. Sie erbaten sich mit der ersten Schiffung 30 Ballen. Auch später überlegte man noch immer von Antwerpen nach Valencia Krapp zu entsenden. Die Preise schwankten beim Einkauf in Brügge zwischen 8 und 30 β, die seeländische (seuschi war etwas billiger).[2]

Waid (pastell, Isatis tinctoria) war der deutsche Hauptstoff für die Blaufärberei.[3] Er begegnet nur einmal, und zwar in einem großen Versuche. 1437 sandte man 188 Ballen nach Barcelona.

Bleiweiß (fe biaqua). In Genua hatte man im Stichgeschäft einige fe biacka erworben und sie nach Mailand gesendet.[4] Handelt es sich um ital. biacca = Bleiweiß?

Zinnober. Auf die Frankfurter Messe geht 1503 die Bestellung: für 1 fl Zinnober für Meister Herman, wohl einen Maler. Bei der Gesellschaft lagerten 1504 in Antwerpen 31 ℔ g° Zinnober.[5] Ob von Idria oder Almaden ist unsicher.

Lasur. In der Rechnung von Nürnberg-Frankfurt 1479/80 findet sich die Stelle: „Ich schreibe auf das Gelieger in Flandern die Lasur, die uns ist gesandt um 100 fl von Stephan Bonholz wegen, die wir ihm gesendet haben."[6] Über 1479 gibt es noch eine zweite Stelle. „Von Nürnberg nach Frankfurt senden die Fäßlein mit der Lasur und der verlüffin und daraus das meiste bringen."[7] Lasur war die aus dem Blaustein lapis lazuli hergestellte blaue Lasurfarbe. Dieser Stein kam damals wohl nur aus Afghanistan. Ich fand Einfuhr nach Deutschland aus Polen. 1427 gingen 6 ℔ datzur Dalamanya (= 3 ℔ 5 β) durch den Zoll von Perpignan.

Brüggischer Ton. Walkererde. 1477 ging ein Ballen mit „brügusschan thon" nach Köln.[8] Das kann sehr wohl Walkererde sein, die schon wohl damals aus England bezogen wurde, wo man die beste gewann.

---

[1] S. 19—22. Vgl. auch van Dillen, S. 60 f. 120.   [2] 3, 19 f. 59. 80. 83. 108. 114. 418. 429. 448.   [3] Vgl. vor allem Lauterbach.   [4] 3, 287.   [5] 3, 385. 437.   [6] 3, 351.   [7] 3, 341.   [8] 3, 330.

III. Spezereien. Südfrüchte. Lebensmittel

Erstes Kapitel

Safran

§ 109. Safran. Art des Anbaues. Verwendung. Anbau in Italien, Spanien, Frankreich, England, Deutschland, Österreich.

Der mittelalterliche Kaufmann faßte unter Spezereien nicht nur die Drogen und, was wir unter Spezereien verstehen, zusammen, sondern unter der groben Spezerei finden sich auch Farbwaren, auch Safran, Zucker, Datteln, Schwefel, Salpeter, Straußenfedern, Wachs, unter der kleinen (minuta) Elefantenzähne.[1] Da das unserer Einteilung widerspricht, werde ich zunächst nur die Lebens- und Genußmttel behandeln und damit auch diejenigen Waren vereinen, die man damals nicht zu den Spezereien rechnete. Und anheben werde ich mit den am meisten von der Gesellschaft gepflegten Waren dieser Art, mit dem Safran und dem Zucker.

Fast die wichtigste Ware für die Gesellschaft war ja der Safran. Unter ihm versteht man die Narben der Safranpflanze, Crocus sativus L. var. autumnalis L. Die Ernte der feldmäßig angebauten Pflanze ist äußerst mühsam, denn es handelt sich ja nur um die Narben der Pflanze. Sie öffnet im September beginnend bis in den November ihre violetten Blüten. Täglich werden des Morgens die sich öffnenden Blüten, die nur zwei Tage dauern, gepflückt, dann die Narben entfernt und an der Sonne oder auf Haarsieben über schwachem Kohlenfeuer getrocknet, wobei sie etwa vier Fünftel ihres Gewichtes einbüßen. Da ein Hektar nach niedriger Schätzung zirka 1,5 Millionen Wurzelstöcke trägt und jeder selten mehr als ein oder zwei Blüten treibt, so ist die Arbeit äußerst mühselig. Eine Frau sammelt in vierzehn Tagen etwa 275 Gramm trockenen Safrans. Die Schätzung der Zahl der Narben, die auf ein Kilogramm gehen, liegt zwischen 70 000 und 120 000. Die Knolle trägt im ersten Jahre weniger als später. Der Ertrag eines Hektars steigt von 6 mitunter auf 30 Kilogramm getrockneten Safrans. Aus allem folgt, daß bei keiner anderen Pflanze so viel menschliche Arbeit, und zwar die von Frauen und Kindern, in dem Preise zur Geltung kommen muß, als bei dieser Pflanze.[2]

---

[1] Vgl. Pasi 199 v.
[2] Vgl. Wiesner, Die Rohstoffe des Pflanzenreiches, 2. Aufl., 2, 637—644. Flückiger, S. 729—741. Vgl. weiter Kronfeld, Geschichte des Safrans und seiner Kultur in Europa 1892, und die Bonner Dissertation von Luise Bardenhewer, der Safranhandel im Mittelalter 1914. Diese treffliche Arbeit, die auch das hier benutzte Material schon verwendete, hat leider durch meine Schuld öfter falsche Gewichtsangaben, da ich damals das abgekürzte c. irrig mit Zentner, statt mit carga auflöste.

Welchem Zwecke diente sie? Die braunroten, nur am Grunde blaß orangeroten Narben, die einen fast betäubenden Geruch verbreiten und bitter-gewürzhaft schmecken, enthalten einen gelben Farbstoff, der im Wasser leicht löslich ist und so stark färbt, daß er noch eine Wasserlösung von 1 : 200000 deutlich färbt. Gerade diese leichte Löslichkeit macht ihn für die Färberei wenig brauchbar. Jeder Wasserfleck würde sichtbar werden. Dafür aber fand er im Mittelalter und noch lange darüber hinaus in Küche und Backstube die weiteste Verwendung. Er wurde namentlich beim Kuchenbacken gebraucht: „Safran macht den Kuchen gehl," aber auch zu Suppen, vor allem zu Sosen, zu den damals so beliebten Wurzmischungen wurde er verwendet, auch dem Würzweine, Clareit, zugesetzt. Er ward weiter zu Arzneien verwendet.

Als Farbstoff spielte er in der Weberei keine geringe Rolle, auch für Goldbuchstaben brauchte man ihn. Im Mittelalter wurden mindestens in Florenz Seidenstoffe mit ihm gefärbt, und aus dichterischen Quellen erfahren wir, daß im Hause die Magd ihren Kittel und in Frankreich auch der Kaufmann das Leinen mit Safran färbte. Für Färben von Woll- und Baumwollstoffen ist kein Beweis erbracht worden.

So ging der größte Teil des Safrans zweifellos in die Küche. Besonders die Slawen schätzten ihn auch im Mittelalter hoch, führt doch Johannes Butzbach ein Sprichwort an: „In Böhmen frißt ein Schwein in einem Jahr mehr Safran als ein Mensch in Deutschland sein ganzes Leben lang."[1]

Für die Hochschätzung des Safrans gibt es keinen besseren Beweis als seine Verwendung als Geschenke, die in Italien schon im 13. Jahrhundert oft bezeugt ist. Mitunter diente er aber auch der Bestechung, und Safranzettel lautet ein Spendenverzeichnis der bayerischen Gesandten in Prag vom Jahre 1526.[2]

Die Geschichte des Anbaues dieser schon im Altertume hochgeschätzten Pflanze kann uns hier nicht weiter beschäftigen, seine beiden Namen stammen aus Asien: Crocus von Karkom, der Name Safran ist aber von dem arabischen za' feran abgeleitet, und das schon beweist, daß sich die Araber um den Anbau sehr bemüht haben.[3]

In Deutschland kamen folgende Sorten im Handel vor, auf die Preisgestaltung mögen indirekt die aus dem Orient stammenden Sorten eingewirkt haben. Zunächst die italienischen:

Bei der folgenden örtlichen Zusammenstellung der Produktionsplätze kommen vor allem die Angaben des Hans Baumgartner zur Geltung, die vielfach genaue und gründliche Auskünfte geben.[4]

Italien. Der Safran von Aquila in den Abruzzen bestand aus zwei Sorten, wie uns Hans Baumgartner lehrt, aus Zima (Zimat, Zyman) und Stima, auch wurde Tuschgan angebaut. So hochwertvoll der Zima war, „der Stima ist fast schlecht, die Bauern machen ihn schön". Meistens macht man Zima, den Stima, je danach er Frage hat und die

---

[1] Über Verwendung, Arten, Preise usw. ist die Arbeit von Bardenhewer eine vortreffliche Grundlage. [2] Mitteilung Friedrich von Bezolds. [3] Meder berichtet 1558 über Safranmärkte und Safrananbau in England, Blatt 17v., in Kalabrien und Apulien 19, 65v., Aquila 19v. und 45; Tuscan 44v., 65v.; in Lyon (auch spanischer) 53v. f. bis 55; Albigeois 54v.; katalonischer 54v.; aragonischer 55; Rochefoucauld 15; allgemein 61v. f. [4] Baumgartner verwendet ein mir sonst nicht vorgekommenes Zeichen, das aus zwei langen ss zu bestehen scheint. Ich deute es nicht ohne Bedenken als Saumlast.

Bauern sehen, daß er gelten möge. Die besten Orte waren nach Baumgartner Zukoli, Chassa, Marza (oder ein Ort, der im Gebiete der Marser lag?), auch zu Sermona und zicito apruczo ultra. Davon kann ich feststellen: Sermona, das doch wohl Solmona ist, die Heimat Ovids, der von Safrananbau redet, auch Pasi erwähnt Sermona.

Der erste Markt war der auf Allerheiligen zu Castel de Sanguira, 12 Meilen von Sermona (Castel de Sangro). Im Jahre 1492 war der Ernteertrag ungefähr 100 Saum.

Nach dem Adler wandten sich direkt die deutschen Kaufleute schon vor der zweiten Hälfte des 15. Jahrhunderts. 1441 ist das älteste bisher beigebrachte Zeugnis für deutschen Einkauf am Produktionsorte.

Baumgartner erwähnt nicht die Sorte Mark, die wohl aus der Mark Ancona stammte. Der Safran von Foligno in Umbrien wird in unseren Quellen als Zima bezeichnet. Pasi hebt die Sorte von Fabriano hervor.

Der pulsche Safran war apulischer aus der Terra von Otranto und der Gegend von Bari. Auch hier gab es die Sorten Zima und Stima. Baumgartner gibt als gemeine „recolta" an 20—30 Saum. „Der pulnische Zima ist letzer als Zima vom Adler, macht in Nürnberg 5 β in Gold Unterschied; doch wird er ein Jahr schöner als das andere, er verliert bald die Farbe."[1]

Von dem toskanischen Safran (Tuschgan) liefern die Stadtbücher von San Gimignano frühe und genaue Kunde; aber auch andere Landschaften treten hervor: Colle d'Elsa, Volterra, Poggibonsi, Lucca, Siena, Contado, und Baumgartner sagt: „Um Siena und Florenz wächst auch Safran, aber wenig. Ist in gemeinen Jahren so schön als Zima vom Adler."

In der Lombardei wurde Safran vor allem in der Gegend von Casalmaggiore gezogen und nach dem Gewicht dieser Stadt verkauft. „In Chasalmayor und darum im Lande bei Mesana (Mezzano, gegenüber von Casalmaggiore am anderen Poufer) und Crymona (Cremona) wächst auch viel Safran, nennt man in Deutschland „doschga", der wird gemeine recolta 20 in .. Saum, in der Güte als Zima von Apulien und letzer als Zima vom Adler. ¼ fl rh. macht man gewöhnlich Unterschied zu Nürnberg an einem %." — „Man führt viel Safran nach Bozen." Pasi erwähnt auch als Gebiet den contado di Crema, der ja zu Cremona gehörte. Auch in das Gebiet von Parma mag der Anbau hinübergegriffen haben. Doch muß man sich vor Augen halten, daß einzelne, von Örtlichkeiten herrührende Namen, wie Tuschgan, auch anderwärts verwendet werden.

Spanien. Schwieriger sind die spanischen Sorten festzustellen. Über sie gibt Baumgartner folgende Auskunft: „In Aragon und Saragossa, da wächst der rechte Ortsafran, ist gemeine recolta 90 in 100 Saum. Diese Sorte und der Zima vom Adler gelten fast gleich gegen einander. Gewöhnlich regiert diese Sorte alle anderen. Es ist die beste Sorte neben Zima." — „In Katalonien und Barcelona wächst der katalonische Ort, ist gemeine recolta 40 Saum, in Deutschland nennt man ihn Bollinger, ist ‚geschinrpt' und ist ein schlechter Safran. Also versteht Ihr, daß der rechte Ort nicht in Katalonien wächst, sondern in Aragon. Doch findet man viele Deutsche, die meinen, er wachse in Katalonien." — „Keiner von allen wiricher denn guter gerechter aragonischer Ort, welcher 4 in 5 Jahre gehalten werden mag, die anderen der mehrere Teil nicht über

---

[1] Über Art, Behandlung und Verfälschung Meder, Blatt 19v.

ein Jahr." In Lyon „wird katalanischer Ort verkauft und Belegir 13 in 14 Meilen von da gen Saragossa zu, als zu Sirweres (Cervera) und Serrvall (worunter auch wohl Cervera zu verstehen ist)".

„In Castilia wächst auch Safran, ist gemeine recolta bei 15 Saum ein Jahr."

Klar ist nur eine Sorte Balaguer. Sie ist genannt nach der am Segre nördlich von Lérida, westlich von Barcelona, aber jenseits des katalani-

Kartenskizze 4. Übersicht über den heutigen Safrananbau in Aragonien und den benachbarten Teilen Neu-Kastiliens

schen Gebirgszuges gelegenen Stadt. Da sie selbst am Nordrande der katalanischen Steppe liegt, kommen die südlichen Landschaften La Noguera und Llanos de Urgel für den Anbau nicht in Frage. Östlich von Balaguer liegt Cervera, dessen Gewicht sich öfter angewendet findet. So ist der Balaguer oder Urgel, wie er auch genannt wird, wohl aus den Pyrenäentälern und von den Abhängen des katalanischen Gebirges. Für Anbau in den dem Meere zugewendeten Teilen Kataloniens sind Belege mir nicht bekannt, aber der Name katalonischer Ort spricht doch für einen Anbau einer besseren Sorte. Heute wird in den spanischen Provinzen Gerona, Lérida und Huesca kein Safran mehr gebaut. Wenn in mittelalterlichen Quellen von **katalanischem** Safran die Rede ist, so ist wohl zunächst an die Sorte Balaguer zu denken.

Den Safran von **Orta**, Ort glaubte Häbler mit dem Namen huerta in Verbindung bringen zu können, allein Ortsafran stammt zumeist aus Aragonien und dort heißt die bewässerte Landschaft meist vega, nicht huerta und Anbau in Vegen ist nirgends nachzuweisen. Der Anbau meidet die Steppe sowohl wie das künstlich bewässerte Land. Der heutige beschränkt sich in Aragonien auf den südlich des Ebro gelegenen Teil der Provinz Saragossa, auf die Provinz Teruel und setzt sich in der neukastilischen Provinz Cuenca fort. Auf der umstehenden Karte sind die partidas judiciales mit der Anzahl der heute safrananbauenden Orte angegeben.

Die richtige Deutung ist wohl folgende. Der Name Ort (Orta) rührt von der im Gebiete des Unterlaufes des Ebro noch in Katalonien südlich dieses Flusses gelegenen Ortschaft Orte, Orta her. Das beweist der schon von Capmany herangezogene Beschluß der Cortes von 1554. Safran, der gewonnen werde in dem Lande von Orta des Bistums von Tortosa soll angezeigt, gewogen und abgefertigt werden in der taula de la vila de Baltea, wo es Safrangewichte gibt und eine taula del General.[1] Baltea kann ich auf den mir zugänglichen Karten nicht nachweisen, Capmany erklärt es mit Altéa am Ebro. Wie die Namen Balaguer, Bruniquel sich weithin ausgedehnt haben, so war es auch wohl bei dem von Orta der Fall.

Nach den Ravensburger Papieren war der Ortsafran der aus den südlichen Teilen Aragoniens stammende. Hauptmärkte waren Alcañiz (Hauptmarkt vom 10.—12. Sept.), Daroca (1.—3. Dez.) und Calatayud.

Der Name **mercader** oder ital. mercantieri wird als Kaufmannssafran gedeutet. Ob mit Recht?

Ebenso versagt sich einer sicheren Deutung der Name Lestat (lescat), man deutet ihn nach dem kastil.Worte listo gereinigt als garbuliert oder gereinigt, er steht in der Tat einmal in den Zollisten im Gegensatz zu dem gefälschten Contrafet.

Die Ravensburger verwenden sehr oft für den Safran den Ausdruck **stank**. Mit ihm wird aber auch der von Aquila bezeichnet.

Über den Anbau in **Frankreich** gibt wiederum Baumgartner reiche Auskünfte. „In Lioneß, Mandaß, Foraß — also im **Lyonnais**, im Gebiete von **Mende** (in Gevaudan nordwestl. Montpellier) und im **Forez** (um das Lyonnais) wächst auch Safran, nennt man Lionisch Ort, ist gemeine recolta 20 Saum; der hat schöne Blumen und Farbe, wenn er neu ist, aber in die Länge behält er die Farbe nicht, wie es der Maragin (**Marokin**) tut. Und dieser Safran kommt alle Jahre vor dem (eigentlichen) Ort hinaus, er wird am ersten fast wohl verkauft, aber gewöhnlich, wenn der rechte Ort hinaus kommt, so gilt er $^1/_4$ fl rh. minus zu Nürnberg denn rechter Ort das ℔. In Alseyß (wohl **Albigeois**) wächst Safran: Marymi und Ynigel,[2] ist gemeine recolta beiderlei 100 Saum; den macht man $^1/_3$ trocken, den heißt man Marachin (**Marokin**), der ist am ersten nicht als schön als der Lionisch Ort, aber behält die Farbe, daß er in die Länge schöner bleibt als Lioner Ort, wird auch zu letzt höher. Sonst macht man die $^2/_3$

---

[1] Druck in den Capitolo y altres Drets del General. Capmany 1, 2, 255, schiebt die Verfügung aber in die Cortes von Monzón von 1547, wo ich sie nicht fand, ein. [2] Offenbar ist gemeint Marockin und Brunikel.

„geschirmpt", heißt man Prunigel (Brunikel), ist ein schlechter Safran." Durch diese Mitteilungen erfahre ich wenigstens, und ich glaube auch die französische Wissenschaft, die Hauptunterschiede des französischen Safrans.

In der späteren Bearbeitung nennt Baumgartner folgende Sorten, die wohl in Frankreich zu suchen sind: Losches, Mendes, Avernia, Towaroschgat, Marockin, Brúnickell und Rohavacat. „Mendes, Losches und Auvernisch kauft man in Lyon im ersten für aragonisch Ort." Für 1510 gibt er den Ertrag des aragonischen Ortes auf 85 cargi an, Mendes, Terneschgs und Losches zusammen 14, Auverna 3 in 4, Albeges (trocken und feist) 80, in Katalonien 30. Das sei ein mittelmäßiger Ertrag. Für den Albiges gibt er als Termine des Ankaufs an zu Lille (ob Ulsle d'Alb n. Albi Dep. Tarn?) den 18. Oktober, zu Püselß (Puycelci im nordwestl. Teile von Tarn) Anfang 25. Oktober, auf beide Märkte komme aber gewöhnlich wenig. Der meiste Teil werde geschafft zu Muribell (Mirabel nördl. Albi, Dép. Tarn et Garonne) 28. Oktober und St. Antonio (St. Antonin, Tarn et Garonne). Dieser Ort lag in der Landschaft Rouergue. Für die Anlegung reiten die Kaufleute am 9. bis 12. Oktober von Lyon. Damit stimmen die Angaben Endres Imhoffs überein, er blieb 1515 von Lyon aus vom 9. Oktober bis zum 12. November, 1516: 9. Oktober bis 20. November, war aber auch zu Toulouse, 1517: 8. Oktober bis 12. November, 1518 einschließlich Toulouse: 9. Oktober bis 11. November.[2]

Der Brunikel, Bronochel, Pronigeller trägt seinen Namen wohl sicher von Bruniquel zwischen Montauban und St. Antonin. Albigeois und Rouergue waren also die Hauptproduktionsgebiete Frankreichs.[3]

Mendes und Auvergne, wie Lyonnais und Forez stehen auch fest. Unklar sind Terneschgs, Losches und Towaroschgat, sowie Rohavacat. Meder in seinem Handelsbuche Bl. 19. Rosofoca, Bl. 55 Roschavoca. Nicht alle von den Namen wage ich zu deuten. Bei dem von Meder Bl. 19 genannten Sovergia liegt wohl eine Verwechslung mit Rouergue vor.

Im 16. Jahrhundert erscheint auch als Safranmarkt Castelnaudary (am Canal du Midi zwischen Toulouse und Carcasonne südlich von Albi).

Die nördlichen französischen Anbaugebiete in Angoumois (Angoulême) und im Gatinais (südl. Paris Handelszentrum Pithiviers), wo die Zucht noch heute andauert, sind meines Wissens für das 15. und den Anfang des 16. Jahrhunderts nicht erwiesen, bei Baumgartner liegt wohl der älteste Beweis für das Angoumois vor; denn Roschavoca ist wohl La Rochefoucauld und bei Losches darf man wohl an Loches in der Touraine (südl. von Tours) denken.

Es ist ersichtlich, daß, wenn die Deutschen von Lyon nach Saragossa über Toulouse ritten, sie in der Rouergue und dem Albigeois die Hauptgebiete des französischen Safrananbaues berührten.

In England war damals der Anbau zwischen Cambridge und Saffron Walden zwar schon eingebürgert, diese Sorte kam aber auf dem Festlande nicht in Frage.[3]

---

[1] Müller, Vierteljahrschr. f. Soz. u. Wirtschaftsg. 13, 177. Meder, Blatt 54v., nennt Mirabel, Casada Lofferta (?) St. Antoni und Cordiß (Cordes, Tarn, nordwestlich Albi). [2] Leider ist mir Ch. Portal, Über den Anbau im Albigéois (Revue de Tarn 18, 151—153), der sich auf Notizen der Notare stützt, nicht zugänglich. [3] Meder, Blatt 17v., über den Anbau vor 1558.

In Deutschland wurde Safran angebaut in Basel (seit 1420 erwiesen), vielleicht auch in Kolmar, Freiburg i. Br., später machte man noch weitere Versuche. Wirkliche Handelsbedeutung gewann aber der Anbau in Niederösterreich, und die älteste Nachricht (1407) stammt aus Wien selbst. Auch am Osthang des Wiener Waldes und im Viertel oberhalb des Mannhartsberges machte man Versuche, am bedeutendsten aber war der Erfolg im Viertel unterhalb des Mannhartsberges, namentlich um Mistelbach. Aber auch im Donautale muß der Anbau versucht worden sein. Baumgartner schreibt über ihn: „In Ungarn, Österreich und Mähren wächst auch Safran, man nennt ihn Landsafran, ist besser denn keine vorstehende Sorte. Das wienische Pfund gilt gemeinlich 1 fl ungarisch."

Der Kinderreim: „Safran macht den Kuchen gehl" hat ihn nicht retten können, die Hausfrau schätzt ihn nicht mehr. Haben die aufkommenden Narcotica Tee, Kaffee den Safran mit manchen anderen Gewürzen vertrieben? So ist der Gebrauch in der Küche nur noch in einzelnen, namentlich slawischen Gegenden erhalten. Mehr Bedeutung hat er bei der Herstellung von Seifen. So ist auch der Anbau zurückgegangen, in Österreich am Erlöschen;[1] am besten noch in Spanien erhalten, wo die Produktion von 1907 noch 89 000 kg betrug, ein Anbau, wie ihn das Mittelalter schwerlich kannte. Spanien hat vor noch nicht langer Zeit noch eine Ausfuhr im Werte von 12,8 Mill. Pesetas.[2]

§ 110. Art des Handels. Handel in italienischem Safran, in österreichischem, französischem.

Die Ravensburger Gesellschaft hat zwar nicht alle Sorten geführt, aber sie hat alle kontrolliert, indem sie für jedes Anbaugebiet sich Nachrichten verschaffte.[3] Bei dem hohen Preise der Ware, bei der Verschiedenheit der Klimaprovinzen, auf die sich die Anbaugebiete verteilten, bei den Gefahren, denen die zarte Pflanze ausgesetzt war, mußte ein rationeller Betrieb die Summe der anzukaufenden Ware und den anzulegenden Preis auf solche Nachrichten stützen wie auf solche über den voraussichtlichen Bedarf und die Hinderungen, welche politische Verhältnisse darboten. Mit großem Eifer unterzogen sie sich diesen mühseligen und kostspieligen Erkundigungen. Man war freilich immer noch den Gefahren der Witterung ausgesetzt, ein früher Frost konnte noch die Blüten im letzten Augenblicke schädigen wie Krankheiten. Es war der Safranankauf wohl das riskanteste Geschäft der Gesellschaft, bei dem sie immer den Gesellen an Ort und Stelle einen großen Spielraum gewähren mußte, und dann kam es auf den Eifer und die Geschicklichkeit der Ankäufer an. Dieses Geschäft war die höchste Steigerung der mittelalterlichen

---

[1] 1890 waren in Niederösterreich noch 2 ha mit einem Ertrage von 8,4 kg bestellt. Wiesner 2. 638. [2] Der Anbau findet sich noch in Niederaragonien, Neukastilien, auch in der Mancha und Murcia. [3] Über Safran ist schon vielfach gehandelt. Vgl. oben 1, 238. 252. 256—259. 268 f. 304. 306. 308. 315. 322 ff. 328. 330. 333—336. 339. 374. 377. 405. 409. 422. 426. 429. 432 f. 439 ff. 443 ff. 451. 453. 457 f. 464. 467 f. 471. 2, 4. 8 f. 11. 14. 17. 19. 23 f. 30—33.

Kunst des Kaufmanns und unsere Papiere lehren, daß die Ravensburger weit von dem handwerksmäßigen Handel entfernt waren, den ein genialer Wirtschaftshistoriker dem vorkapitalistischen Handel zuschreiben zu dürfen glaubte. Ich wüßte nicht, welche Mittel die Gesellschaft noch hätte verwenden können, um ihr Ziel zu erreichen.

Eine solche Beobachtung der Produktionsplätze rät auch Baumgartner an, obwohl er nicht in Spanien Handel trieb, sondern wesentlich in Apulien, Aquila, Albigeois, Lyon und Österreich.

Da die Safranpflanzen nicht zugleich in den Gebieten blühten, kamen sie nicht auf dieselbe Zeit zum Markt. Früh blühende Sorten Frankreichs hatten den Vorsprung. Im Albigeois war man Anfang November fertig und so kam der Marokin und Brunikel zur Lyoner Allerheiligen Messe noch zurecht, dahingegen war aragonischer Ort selten schon zur Stelle, auch der katalanische komme gewöhnlich erst in die Parisoner Messe, diese beiden Messen seien die Hauptmessen für Safran. Da der Ort von Aragon meist alle aus dem Felde schlug, lag die Kunst daran, ihn möglichst früh an Ort und Stelle zu schaffen, und die Gesellschaft betrieb das mit allem Nachdruck, sie ließ „primeras flores" voraufgehen, um mit ihnen zurechtzukommen.

Für sie, die im übrigen ja durchaus den Ankauf an Ort und Stelle der Produktion erstrebte und erreichte, kam um 1480 der Handel aus zweiter Hand, wie er in Venedig, Florenz und Mailand betrieben wurde, nur selten in Frage. Über ihn ist schon gehandelt worden. Barcelona und Saragossa waren die Stützpunkte der eigenen Safrananlegung. Die französischen und österreichischen Märkte wurden nur beobachtet, in Lyon auch gekauft.

Von den oben genannten Sorten kamen also nicht alle in dem Handel der Gesellschaft vor.

Pulscher Safran wurde 1477 in Mailand gekauft (970 %),[1] 1478 wurden in Frankfurt 2 Ballen auf der Ostermesse nicht aufgemacht, sondern weiter nach Flandern gesendet.[2] Wohl 4 Ballen waren nach Brügge gegangen, aber auch dort hatte man nur einen armen Gewinn. Man bestellte aber doch bei Nachgeben des Preises wieder 2 Saum.[3] 1479 kam wieder in Mailand gekaufter Pulsch nach Frankfurt und Nürnberg.[4] 1480 erscheint Pulsch in Nürnberg (2 Ballen = 492 % Mailänder Gewicht), den man in der Fastenmesse das Nürnberger Pfund zu 3,15 fl verkaufte. Kleine Teile wurden in Nördlingen und Köln veräußert, der Rest ging nach Flandern. Dort war man für ihn erwärmt, aber dann kamen Brabanter, Oberländer und Frankfurter. In allen Fällen war der pulsche Safran von der Gesellschaft wohl in Mailand gekauft, die anderen Kaufleute mögen zum Teil den ihren in Apulien oder auch in Venedig erworben haben. Baumgartner bemerkt, daß Safran dort auch auf Schiffe geschmuggelt werde.[5] Thomas im Steinhaus war der Meinung, daß dieser Safran, wenn ihn die Wärme ergriffe, schwarz werde.[6] An Preisen

---

[1] 3, 22. [2] 3, 336. [3] 3, 400ff. [4] 3, 338ff. [5] 3, 345. 348. 357f. 363. 409. 411. 426. [6] 3, 410.

haben wir sonst nur eine Angabe: Flandern 1478 Juni: 13 β = Frankfurt 3 fl 4 β 7.¹

Zima ist, wie wir gesehen haben, eine Sorte, keine Heimatsbezeichnung. In den Papieren der Gesellschaft ist aber wohl meist Zima vom Adler gemeint. Über eine Anlegung, die vom Winter 1478/79, haben wir eine genaue Abrechnung.² Im Februar 1476 hatte man in Nürnberg 6 Ballen auf Lager.³ Das Jahr 1477 war eine Mißernte, gleichwohl brachte Thomas im Steinhause 5 Ballen heraus, ein erheblicher Teil (ob gerade dieser fünfte Ballen?) war in Mailand gekauft (482 ℔). Er ging nach Flandern, man war aber dort mit der Qualität nicht zufrieden, man solle ihn nicht dort oder in Como kaufen. Man hatte auf der Frankfurter Fastenmesse neu und alt mehr als 6 Ballen, in die Herbstmesse ging von Nürnberg ein Ballen. Für Köln hielt man ihn geeignet, man könne dort 1 oder 2 Saum vertreiben.⁴ Die Anlegung von 1478/79 erbrachte in Aquila und Foligno 723 ℔. Davon ging ein erheblicher Teil nach Frankfurt und Nürnberg, einiger nach Nördlingen. Flandern wollte keinen.⁵ Vom übernächsten Jahre haben wir nur die Nachricht, daß in den Abruzzen eine Notdurft werde.⁶

Während der Lücke in unseren Papieren hatte die Gesellschaft den Einkauf dieser Sorte ganz eingestellt, man ließ das Feld Augsburger und Nürnberger Konkurrenten (Welsern, Baumgartnern, Rehlingern, Herwarten). Aber man verfolgte die Preise weiter.

Der Preis stand je nach der Anlegung von 1476 in Nürnberg auf 3 fl 7—8 β. 1477 Frankfurter Fastenmesse, wo viel da war, für alten auf 3½ fl, für neuen auf 3¾, in Köln zu 2½—3 fl. 1478 Nürnberg 3¾ fl. In Flandern notierte man, er habe 3 fl 9 β gekostet, müßte 3¾ fl (= 15 β 6) gelten, man wäre aber mit 14 β zufrieden.⁷ Tatsächlich berechnete der Ankäufer, daß er nach Nürnberg gelegt 3 fl 4 β kosten werde. Die Anlegung von 1496 brachte in Frankfurt den billigen Preis von 3 fl, die von 1502 2 fl 4 β, die von 1503 über 2 fl 13 β, die von 1506 aber 6½ fl, in Nürnberg gar 6 fl 15 β, die von 1514 2 fl 9 β, Zima war von allen Sorten am meisten verkauft worden.⁸ In Flandern galt er im Juni 1507 28 β.⁹

Baumgartner teilt eine genaue Berechnung der Kosten von 500 ℔ vom Adler bis Nürnberg (Verkauf) mit und auch eine Schnellrechnung für 1 ℔ vom Adler. Kostet ein Pfund 20 Karlin in Aquila, so kostet 1 Nürnberger Pfund 20 × 4 β in Gold = 80 β = 4 fl rh. Damit stimmt in unseren Papieren die Angabe, daß die Anlegung von 1503 in Aquila 13 Karlin gekostet habe, der Preis stand in Nürnberg auf über 2 fl 13 β, er kostete nach der Schnellrechnung dorthin gelegt 2 fl 12 β.¹⁰ Ein großer Gewinn war das wahrlich nicht.

Die Sorte Stima begegnet nur einmal. Klaus im Steinhause kaufte 1478/79 in Aquila 226 ℔ zu durchschnittlich 1,17 Dukaten, während der Zima durchschnittlich 1,46 Dukaten gegolten hat. Nach Nürnberg gelegt werde der Stima 2 fl 13 β in Gold wert sein.¹¹

Ganz selten begegnet die Sorte Mark, und dabei bleibt es noch zweifelhaft, ob es sich nicht um Marokin handelt. 1474, 1478 in Nürnberg und Frankfurt. Preis Frankfurt Herbstmesse 1478: 3 fl.¹²

---

¹ 3, 410. ² S. oben 1, 257 f. ³ 3, 330. ⁴ 3, 32. 66. 78. 87. 336. 410. 412. ⁵ 3, 167. 325 f. 339 f. 423. ⁶ 3, 167. ⁷ 3, 128. 330. 336. ⁸ 3, 219. 367. 386. 391. 394.
⁹ 3, 449. ¹⁰ 3, 389. ¹¹ 3, 325. ¹² 3, 2. 336.

An Florentiner Safran könnte man denken, wenn 1478 10 Ballen Safran von Florenz nach Mailand gebracht wurde, es kann aber auch sehr wohl solcher von Aquila sein und muß dann oben noch eingeschoben werden.¹

Tuschgan war ebenfalls in der älteren Zeit eine Ware der Gesellschaft. Gekauft wurde er in der Lombardei, wie man an dem Gewichte von Casalmaggiore sieht. Er ging zum Verkaufe nach Frankfurt und Nürnberg, aber auch nach Flandern. Doch war man ihm gegenüber in sehr wechselnder Stimmung. Um sehr große Quanten handelt es sich nie. Offenbar ergänzte man mit ihm den spanischen Safran.² Nach 1497 notierte man nur noch die Preise. Der von 1479 bedang in Nürnberg 3 fl 5 β bis 3 fl 10 β, der von 1506 in Frankfurt 5 fl 15 β, in Flandern 27 β, der von 1514 in Frankfurt 2 fl — β 6 bis 2 fl 6 β.³

Der österreichische Landsafran wurde anscheinend von der Gesellschaft nie geführt; im Gegenteil, man hielt 1511 dort Ortsafran feil. Das beruht auf dem großen Bedürfnisse der von Wien und Pest aus versorgten Länder, dem das Wachstum in Österreich, Mähren und Ungarn nicht genügte. Auch Baumgartner berichtet, daß dorthin viel Safran wanderte, Ort aus Aragonien und Katalonien, Mendes, Auvergnisch und Losches, andere Sorten hätten keinen Schliß. Der Absatz hing aber in hohem Maße von den politischen Verhältnissen ab. 1477 und 1511 behinderten die Unruhen. Man war vielfach darauf aus, Nachrichten einzuziehen; in den Zeiten, als die Gesellschaft in Wien kein Gelieger hatte, schickte man wohl auch einen Gesellen nach Regensburg.⁴

Lyoner, auch als Ort bezeichnet, wurde wiederholt von der Gesellschaft erworben. 1474 erging der Auftrag für 1000 ▽ zu kaufen, aber nicht über 2³/₄ fl (wohl current), Philipp Fechter verkaufte sehr zum Mißvergnügen ihn sofort wieder mit 1 gᵉ Gewinn am Pfund. 1477 waren für die Anlegung 400 ▽ in Gold bereit, man erwartete eine gute Notdurft. 1479 spannten viele gute Säckel von Deutschen und Welschen auf den Lyoner. Da er früher und wieder seit etlichen Jahren nicht übel getan hatte und man ihn zuerst auf den Markt bringen konnte, gab die Leitung den Auftrag, bei dem voraussichtlichen Mangel 2 fl 17 bis 3 fl anzulegen. 3 fl würden 2 fl 17 β rh. ergeben. Man wollte dann aber frühzeitig mit ihm am Markte sein. Man kaufte in der Tat 965 ℔ für 6232 fl, das ist das Pfund zu 6,45 fl current. Am 2. November kamen 680 ℔ nach Nürnberg, verkauft wurden 549 ℔, da aber nichts übrig blieb, sind diese 549 ℔ wohl Nürnberger Gewicht. Der Verkaufspreis betrug im Durchschnitt 3,73 fl rh. Nach jener Relation kostete er aber 3,9 fl current. Es erlitt also die Gesellschaft Schaden. Aus Flandern erfahren wir, daß der betr. Geselle den Lyoner teurer eingekauft hatte als andere Leute. 1480 gab man den Auftrag, wenn das Pfund 3—3¹/₃ fl koste, 2—3 Ballen zu erstehen.⁵ Auch hier hatte die Gesellschaft Respondenten an der Hand.⁶

Nach der Lücke in unseren Papieren hatte die Gesellschaft auch diese Sorte aufgegeben, sie setzte es nur fort, Nachrichten zu sammeln.⁷ Der Lyoner Safran blieb nun anderen Oberdeutschen überlassen, wie den Baumgartnern, auch hier erfahren wir von ihnen viel.

¹ 3, 22. ² 3, 22. 337. 344 f. 348. 357. 360. 409 ff. 423. 426. ³ 3, 219. 391. 449. ⁴ 3, 66. 128. (1470 mißraten). 136. 219. 454 f. ⁵ 3, 8. 14. 127. 179 f. 200. 210. 344. 348. 426. ⁶ 3, 179. ⁷ 3, 66. 78. 136. 161. 167 f. 214. 376.

Von dem aus Albigeois und Rouergue stammenden Marokin begegnet nichts in den Händen der Gesellschaft. Man notierte die Preise. Er brachte in den Frankfurter Fastenmessen 1507: 5 fl 4 β; 1510, wo nur 2 Ballen auf dem Markte waren, 1 fl 19 β; 1515: 2 fl 8 β, in Antwerpen 25 β.[1]

Von dem Brunikel, der schlechteren Sorte des Albigeois, erfahren wir von zwei Aufträgen: 1474 sollen die in Lyon 2 carga kaufen, wenn ein Nürnberger Pfund dorthin gelegt $1^{3}/_{4}$—2 fl kosten würde. 1480 dachte man in Flandern wenigstens an eine Bestellung für den Markt Bergen.[2] Aus dem Jahre 1478 haben wir eine eingehende Äußerung über die Lage des Handels mit dieser Sorte. Sie war vor allem in England beliebt, während des langen Kriegszustandes zwischen diesem Lande und Frankreich wäre es eine Ware gewesen, nach dem Friedensschlusse setzte ein direkter Handel über Rouen und Honfleur ein. Also meinte Sattler, mit ersten Ballen würde man nichts erzielen, vielleicht mit zweiten, wenn er billiger wäre als die ersten Ballen. Gegen die ersten Ballen spreche auch, daß französische Händler kämen, der mit 20 ℔, jener mit 50, der dritte mit $^{1}/_{2}$ Saum, der vierte mit einem Saum. Wie wenig sie daran gewännen, sie gäben hin, weil sie nicht warten könnten. Bessere Säckel seien die Kaufleute von Genf, die wieder in Frankreich Handel treiben dürften. Sattler rät, wenn der Brunikel im gleichen gehe, von ihm zu kaufen. Wäre er teurer, so solle man Bellegier kaufen.[3] Es war aber damit der erste Kauf aufgegeben, denn die Franzosen konnten immer eher drunten sein mit ihrem Brunikel, als die Gesellschaft mit dem Bellegier.[4] Man beobachtete ihn fast noch genauer wie andere Sorten, denn die Anlegung in Katalonien hing davon ab.[5]

In Frankfurt bedang er auf der Herbstmesse von 1497 2 fl 5 β, 1500 1 fl 8 β, 1507 in der Fastenmesse 3 fl 17 β. 1507 Sommer in Antwerpen 15 β.[6]

§ 111. *Die spanische Anlegung. 1. Ältere Zeiten. Jüngere. Ortsafran, von Saragossa aus angelegt.*

Der aus Spanien kommende Safran stammte zum geringen Teile aus dem Bereiche der Krone Kastilien, davon bezog die Gesellschaft nichts, höchstens kam aus den Bergen von Neukastilien auch Ware auf die Märkte des südlichen Aragoniens.

Aus Aragonien und Katalonien stammt der Ort, aus letzterem Lestat, Balaguer und die bedenkliche Sorte Contrafet, die schon durch den katalanischen Namen sich als nachgemachter erweist.[7]

Zunächst ist es ratsam, die älteren Zollanlegungen zu besprechen, da für sie ein ganz anderes Material vorliegt als für die jüngeren.

Die oben besprochenen Zollisten für Barcelona, Saragossa und Perpignan bieten auch für den Safran eine ausgezeichnete Quelle, vor allem für Barcelona. Für Saragossa sind mir nur zwei Jahrgänge bekannt, für Perpignan fünf.

---

[1] 3, 219. 376. 391. 449. [2] 3, 10. 424. [3] 3, 410 f. vgl. auch 60. [4] 3, 141. 167 f.
[5] 3, 76. 136. 190. 200. [6] 3, 367. 376. 391. 449. [7] Über Safranfälschung im Orient Wiedemann in den Sitzungsberichten d. phys.-med. Sozietät. Erlangen 1914, 182 f. 197 f.

Die Register geben über den verzollten Safran nach Quantität, Sorte und Preis meist genaue Auskunft. Doch nicht immer. Die Quantitäten sind öfter in Ballenzahl angegeben, und deren Größe war sehr verschieden. Öfter heißt es auch einfach Safran oder werden zwei Sorten angegeben, wie Lestat und Orta, oder Orta und Contrafet, das macht eine Berechnung der Sortenquanta unmöglich. Bei den Preisen sind öfter auch ganz andere Waren mit dem Safran zusammengerechnet, die in demselben Ballen verpackt waren. Immerhin kann man sich bei den Ballen wie bei den Preisen in etwa an andere Beispiele halten. Wo die Ziffern aber auf diese Weise unsicher sind, sind in der nachfolgenden Tabelle sie in ( ) runde Klammern gesetzt.

Tabelle der Safranausfuhr aus Barcelona 1422—1443

Anlegungs-jahr	Quantum ℔ Unze	Preis Barc. ℔ β ₰	Lestat	Ort	Balaguer
1425/26	1168. 9.	1551. 6. —	23,8—24,6 β [22 β]	32,7 [30]	—
1426/27	839. 9.	(1068. 10. —)	25 β [23 β]	[35]	—
1427/28	(2584. —)	(2679. — —)	[27 β]	39 β [23—33]	19,7 β
1428/29	5790. 6.	(8807. 15. 6.)	19,1—38,3 β	30 β	14,55 β
1429/30	3604. 12.	(3440. 18. —)	16,5 β	15,7—21 2 β	
1430/31	3917. 4.	(3033. 3.)	unter 8 β bis 12,5 β [13]	12,9—20 β	—
1431/32	3882. —	(4743. 10. —)	20—22,97 β [20—37]	[20—37]	
1432/33	3002. 6.	(4508. 9. —)	28—29,2 β	34 β	—
1433/34	4405. 6.	(5178. 13. —)	20—25 β	24,6 β	—
1434/35	2868. 10.	4135. 17. 2.	raho 30 β 22,7—25,5	—	22,67 β
1435/36	3209. 9.	(5159. 18. 6.)	raho 30 β 35 β [36]	40 β [40]	30 a raho
1436/37	1270. —	2130. 10. —	17 β	—	23,8 β
1437/38	576. —	(668. 18. —)	28 β raho 23,5 β	—	—
1438/39	720. —	855. — —	raho 25 β	—	—
1439/40	672. 12.	637. 2. —	17 u. 27,5 β	—	—
Teil 1440/41	450. —	(362. — —)	16 β	—	16,13 β
Summe	38963. 9.	45505. 10. 2.			
Durchschnitt 15 Jahre	2597. 5.	3033. 7. —	—	—	—
Teil 1442/43	9487. 1.	⸻	—	38 β	—
Teil 1443/44	3010. —	⸻	a raho 33 β	a raho 42-44 β	—
Das Gesamt-jahr 1443	12497. 1.	—	—	—	—

Im November 1426 führte die Gesellschaft weiter aus und verzollte in Perpignan Lestat und Mercader: 695 ℔ Gewicht von Cervera im Werte von 855 ℔, jedoch gehörte die Hälfte Conrad Nanthoni Pujada von Barcelona.

Bei den Preisen habe ich die von der Gesellschaft oder ihren Gesellen bezahlten ausgerechnet, mitunter gibt aber auch die Rechnung den Fuß an: a raho de 27 β per libra. Nun ist aber die Genauigkeit der Rechnungen an drei Voraussetzungen gebunden: 1. muß sie rechnerisch genau sein, und das ist nicht immer der Fall, 2. muß amtlich der von der Gesellschaft angegebene Preis eingesetzt und kein Gnadenabzug erfolgt sein, wie das oft nicht immer erkenntlich in den Rechnungen nach 1440 geschehen ist, 3. muß der Vertreter der Gesellschaft immer den wahren Preis angegeben haben, was, wenn es überhaupt nicht geschehen ist, heute nicht mehr nachzuweisen ist. Eine kleine Unstimmigkeit kommt auch dadurch hinein, daß hier und da nicht nach Gewicht von Barcelona, sondern nach dem von Cervera gerechnet ist. Bei den Preisen ist zunächst nur der von den Posten der Gesellschaft angegeben. In eckigen Klammern [ ] habe ich aber die aus allen Posten des Zollbuches von Häbler errechneten Durchschnittspreise angegeben.[1]

Es ist nach den Anlegungsjahren gerechnet. Im November, selten vorher, tauchen die „ersten Ballen" auf, die sich nach einem neuen Preise regelten. Die Anlegung 1435 geht also von November (Oktober) 1435 bis dahin 1436.

In den Jahren 1468, 1472, 1473, 1477—1480 wurde überhaupt kein Safran ausgeführt.

Die Tabelle lehrt, daß weitaus die stärkste Anlegung die von 1442 war, weit dahinter folgen die von 1428, 1433, 1430, 1431, 1429, die schwächsten Anlegungen sind die von 1437, 1439, 1438, 1426. Sie hängen aber keineswegs mit dem Stande der Preise zusammen. Für Lestat und Orta standen die Preise der Anlegung von 1430 am niedrigsten, es folgen für Lestat 1440, 1429, 1436, für Orta (1440 unbekannt) 1429. Die höchsten Preise erreichte der Lestat 1427, abnehmend 1431, 1435 usw. Ortsafran: Maximum: 1435, 1427, 1442. Die wenigen Zahlungen für Balaguer schwankten zwischen 30 (1435) und 14,55 β (1428).

Die höchste Geldsumme legte die Gesellschaft 1442 an, dann folgen 1428, 1435 und 1433. Am wenigsten 1439. Die Spannung ist zwischen 8808 ℔ und 637. Die Spannung im Preise des Lestat: unter 8 β bis 38,3 β, des Ort: 12,9 β bis 40 β, für Balaguer: 14,55 β bis 30 β. Der spekulative Charakter dieses Geschäftes tritt deutlich hervor.

Die Verteilung auf alle Sorten ist nicht durchzuführen, es erscheinen Lestat, auch Orta lestat, Orta (wohl immer katalanischer). Balaguer, selten Oli, Mercader, Contrafet begegnen in den Rechnungen von 1431, 1436, 1437 und 1443.

Häbler berechnete den Gesamtumsatz 1425—1439 auf 78 700 ℔, davon kamen, wie wir sahen, auf die Humpis-Gesellschaft fast 39 000 ℔, mit anderen Worten, die Gesellschaft führte 49 % der Gesamtausfuhr aus. Ihr folgt nach Häbler Johann de Colonia mit 19 000 ℔, Kaspar von Watt mit 11 000 ℔.

Noch bleibt Saragossa zu besprechen. Die während des Druckes veröffentlichte Rechnung für das Jahr 1429 (Schelling S. 118—120) ergibt eine Ausfuhr aus Aragonien von 9639 ℔ 1¹/₄ Unzen, von 9594 ℔ 1¹/₄ Unzen kennen wir den Ankaufspreis oder den Schätzungswert am Zolle mit 9022 ℔ 5 β 10 ₰. Das ist ein Durchschnittspreis von 18,8 β.

---

[1] Häbler, Zollbuch 2, 335—338.

Ein Teil des Safrans wurde aber in Barcelona verzollt. Von der Gesamtsumme entfallen 4379 ℔ 8½ Unzen auf die Humpis. Der Baseler Johann Wiß führte 1084 ℔ 6 Unzen aus, Johann von Köln 1022, Johann Billach 910 und die von Watt 887 ℔. Die Jahresrechnung von 1430 (also Anlegung von 1429 und 1430, aber beide nur zum Teil) bietet Folgendes.[1] Die Jahresrechnung weist einen Ankauf von 11 188 ℔ 3½ Unzen nach, abgesehen von 2 carga, worüber die Papiere fehlten. Der Gesamtpreis beläuft sich auf 9494 ℔ 18 β 4 ₰, wobei ein Posten nach dem Durchschnitt zu berechnen war. Das wäre ein Durchschnittspreis von 16,98 β. Bei der Gesamtausfuhr aller Händler ergibt sich ein Durchschnittspreis von 17,5 β. Aber es ist wohl sorgfältiger nach Ernten und Herkunft zu unterscheiden. Betrachten wir zunächst den in Aragon gekauften. Von der Ernte von 1429 sind das 4213 ℔ 7 Unzen gekauft für 3276 ℔ 6 β bei einem Durchschnittspreise von 15,56 β; von der Ernte von 1430: 1342 ℔ zu 1414 ℔ 5 β, Durchschnittspreis 21,08 β. Die in Katalonien zum Preise von 3547 ℔ 17 β 4 ₰ erkauften 4232 ℔ 8½ Unzen der Ernte von 1429 ergeben einen Durchschnittspreis von 16,8 β für das Pfund. Für die Ernte von 1430 lauten die Zahlen: Preis 1414 ℔ 5 β, Quantum 1342 ℔, Durchschnittspreis 21,08 β.

Nun heißt es bei den aus Katalonien stammenden Posten, daß die Zahlung auf Barcelona angewiesen sei. Auf die Dinge ist schon früher eingegangen.[2] Vgl. auch Nachträge unten.

Nunmehr gehe ich zu den jüngeren Anlegungen über.

Anlegung 1473. Wenigstens 2135 ℔ Gewicht aus Aragon kamen zur Ausfuhr aus Barcelona.[3]

Anlegung 1474. Anordnung. Wegen der Kriegsläufe, wenn das Pfund um 22/23 bis 24 β käuflich sei, seien nur 6 carga zu kaufen, bei 26 bis 27 β 3 carga, bei 28—30 nur 2. Tatsächlich wurden 3 carga zu 26—27 β gekauft.[4]

Anlegung 1475. Im Juni 1476 wurden zu Valencia nach Genua ins Schiff geladen zusammen 1070 ℔ Arag., die bis in die Galeere gelegt 1444 ℔ 10 β, bis Valencia 1337 ℔ 10 β kosteten. Wenn es sich da um aragonisches Geld handelt, so wäre der Preis etwas unter 18,4 β. Das wäre äußerst billig. So handelt es sich wohl um Valencianer Münze.[5] Man mied aus politischen Gründen den Landweg.

Anlegung 1476. Eine böse Anlegung, teuer eingekauft und zum Teil schlechte Ware. Februar 1477 waren in Nürnberg noch 5 Stümpfe Ort, zuletzt verkauft 100 ℔ zu 3½ fl Ziel Fastnacht. Die Käufer zogen eine andere Sorte vor, mußten aber jetzt an den Ort. Auch in Köln war der Verkauf sehr langsam.[6] Nach der Währung, die im September 1477 vorlag, waren 9 Ballen gekauft, von denen 3 erst in die Augustmesse kamen. Weiter waren 2 Ballen unterwegs. Ort galt in der Frankfurter Herbstmesse wenig, in Nürnberg stand der Preis unter 3¼ fl, wobei die Unruhen in Österreich mitwirkten.

Anlegung 1477. Nach den sorgfältig erörterten Nachrichten aus den anderen Gebieten erwartete man dort eine minderwertige Ernte und wollte sich stark auf den Ort legen. Dazwischen kam aber der Austritt

---

[1] 3, 504—510. [2] S. oben I, 306. [3] 3, 3f. 7f. [4] 3, 10. 12. 14. [5] 3, 233. [6] 3, 62. 65. 67. 330. 403.

der Ankenreute, so daß die Lage sehr verwickelt wurde, auch hatte man noch 10 Ballen alten Zima. Der Auftrag heißt, nachdem schon die primeras flors gekauft waren, bei 22 in 23 β alles Geld anzulegen, das man in Saragossa und Valencia bis Weihnachten zu Wege bringen könne, bei 24 β: 7 in 8 carga, bei 25 in 28 β: 5—6 carga, bei 27 in 28 β: 4 carga. Bei höherem Preise, der festen Kunden halber: 3 carga. Aber dann heißt es auch wieder, Safran müsse man für die Fastenmesse nicht unter 5—6 carga haben.[1] Die Gesellen hatten zuerst 2 carga erste Blumen gemacht, waren dann aber zu zaghaft und machten nicht 2—3 weitere, Dann griff Hindercfen ein, und zwar auf die Nachricht, daß in Lyon der Ort 80 g⁰ gegolten habe. Ein Respondent hatte inzwischen 1 carga zu 35 in 36 β eingekauft, jetzt ritt Jakob ins Land und machte noch 2 carga bis in 37 in 38 β. Bei einem so hohen Preise war die Leitung recht besorgt; aber sie sagte sich, trotz der gefährlichen Zeit der Burgunderkriege müsse man das Geld aus Spanien in Waren herausbringen. Man gab also den Auftrag, bei einem Preise von 35/36 in 37 β noch 3 carga, bei 38—40 aber noch 2 carga zu machen. Zu 40 β eingekauft, müsse er in Frankfurt 4¼ fl gelten, so viel werde er aber nicht tun, man besorgte einen Verlust. Wenn Frankreich die Grenzen schließe, solle man aber nichts einkaufen.[2] Da in Nürnberg Mangel war und man dort 4¼ fl bekommen hätte, erging die Weisung, nichts in Lyon zu verkaufen.

Auf der Ostermesse in Frankfurt hatte man an Safran 24 Ballen, an Ort aus Aragon 12 Ballen, darunter waren auch wohl solche alten Ortes, die Lamparter von Lyon aus gesendet hatte. Man verkaufte von Ort 6 Ballen zu 4⅛ fl und 4⅕ fl, 3 aber nur zu 4 fl — β 8 ₰. Die Messe sei übel gewesen, aber man habe doch mehr verkauft als alle anderen zusammen und war vom Preise doch freudig überrascht. Die übrigen 3 Ballen gingen nach Nürnberg ins Heiltum. Die Mötteli hatten in Frankfurt 6, die Ankenreute-Gesellschaft 2 Ballen.[3]

In Flandern hatte man im Frühling 1478 einen Teil verkauft, das Antwerpener Pfund um 17 β, das seien das Frankfurter Pfund zu 4 fl 4 β 1 in Gold, man hatte also mehr erhalten als auf der Ostermesse. Aber bei der Steigerung des Goldes wollte man keinen weiteren, höchstens 1 oder 2 Bälli zum Bamasmarkt.[4] Trotz der Mißernte in Aragonien war die Gesellschaft noch gut weggekommen.

Für die Anlegung von 1478 sind die Nachrichten dürftiger. Schon im Dezember führte man 400 ℔ und 135 ℔ alten Safran von Ravensburg nach Nürnberg.[5] Zur Fastenmesse 1479 kamen nach Frankfurt in 7 Fässern 17 Ballen = etwa 2900 ℔, 1 Bälli solle man nach Flandern senden, den Rest verkaufen; er wurde völlig verkauft, wenn auch mit schmalem Gewinne.[6] Im Juli führte Jakob wieder 2 carga hinaus zu 27 in 28 β, das sei teuer, weil sehr wenig Safran im Lande, man kratze ihn mit Marter zusammen. Das waren 720 ℔. Auch die Ankenreute wie die Mötteli sandten je 2 carga hinaus, 2 Welsche je 1. Die Mötteli hatten aber 28 und 29 β gezahlt. Der Gesellschaft Wunsch nach noch 4 carga sei unerfüllbar, man wolle noch auf einem Ritte versuchen 1 carga zu 27 in 28 β zusammenzubringen, in Alcañiz habe man schon 40 ℔ lagern.[7] Schließlich brachte Bützel noch 4 Ballen über die Pyrenäen.[8] Auf der

---

[1] 3, 66f. 70.   [2] 3, 95f.   [3] 3, 74f. 78. 87f. 332. 335.   [4] 3, 409.   [5] 3, 337.
[6] 3, 112. 338f.   [7] 3, 112. 119f.   [8] 3, 20. 125f., scheint damit nicht zu stimmen.

Herbstmesse in Frankfurt hatte man 10 Ballen, 2 kamen von Nürnberg, die übrigen von Süden her. Das waren etwa 1800 ℔.[1] Der Markt ging mit hohem Preise aus. Im Oktober galt Ort zu Nürnberg gern 4 fl. Man hatte vergebens auf weiteren gehofft.[2]

Auch die Anlegung von 1479 machte der Leitung große Sorgen. Da der Safran in der Frankfurter Herbstmesse in hohem Gelde ausgegangen war und keiner mehr vorhanden, stand es ihr fest, daß die ersten Blumen ein gutes Geschäft machen würden. Wer aber später in hohem Gelde einkaufe, könne sich verbrennen. Es sei bei der Dürre dieses Jahres möglich, daß der Ertrag der Ernte gering sei, aber die aufgeführten Nachrichten zeigten das nicht. Es sei also ungewiß, was sein werde. Jakob solle beim Hineinreiten wohl auf den französischen Safran und auf Nachrichten ein Aufmerken haben. Er müsse entscheiden. Wenn der Ort in gleichem gehe, zu 25/26 in 27 β, so solle er auf eine Fürsorge 2 in 3 carga machen, wenn andere meinten, ihm vorzufahren, so müßte er vielleicht mehr tun. Valencia solle vielleicht andere Waren unterwegen lassen und dem Orte Recapta geben, „denn am Ort liegt uns viel mehr, denn sonst an einer Ware". Hätte man in Saragossa kein Geld genug, was läge daran, wenn man den Safran auf 2, 3 oder 4 Monate Kredit nähme oder, wenn es sich nur um gutes Gut handle, alte Schulden oder Waren dafür im Stichgeschäfte gäbe. Wenn man den Safran teurer müßte nehmen, so käme es an dem Gute wieder herein. Wenn an dem Pfund Ort in Lyon $1/2$ fl Gewinn wäre, so dürfe man in Lyon verkaufen.[3]

Die Anlegung war ein wild Ding. Jedermann meinte, er wolle in diesem Jahre am Safran reich werden. Vor allem trieben die eingeborenen Käufer, die ins Ausland fahren wollten und den Wiederverkäufern und den Marranen alle Ware abkauften, die Preise in die Höhe, und dem folgten auch fremde (Sych und der Benly). Mehr als 20 carga wurden über 33 in 35 β umgesetzt. Was solle man neben solchen Hudlern tun? Im ganzen waren 90 carga bis April 1480 aus dem Lande gegangen, so daß nicht viel im Lande mehr sein könne, vielleicht noch 10 carga. Von den ersten Flors abgesehen, hatten die Ravensburger 3 carga zu 30 β gemacht, und auch das sei teuer. Die Mötteli hätten von 31 bis 32 β gekauft, die Ankenreute zu 32—33 β. Auf die Ostermesse gingen von der Gesellschaft 3 carga, Mötteli 4, Ankenreute 2, auf die 4 Aragonier verteilten sich die übrigen $11\frac{1}{2}$ carga. Sei mit dem, so in Lyon übrig geblieben, genug. Die Gesellen hätten ihn gern auf 26 β gebracht, aber das sei unmöglich gewesen, und man werfe ihnen vor, man habe zu Lyon Safran verkauft, um dort die Preise zu drücken. In der Tat war dort schon in der Allerheiligenmesse ein Ballen (mit 180 ℔ Gewicht von Aragon), das Genfer Pfund zu 70 g^o de Rey, an Jörg Westermann von Augsburg verkauft worden.[4] Das hatten die spanischen Safranhändler sehr übel aufgenommen, oder war es gar auch in der folgenden Messe wieder geschehen? Einzelne kamen in das Haus der Gesellschaft, und dort gab es Wortgefechte, die Jakob Rudolf zum Teile wörtlich mitteilt. Bezieht sich die Angabe, die sie verbreiteten, daß der Ort in Lyon nur 60 g^o gegolten habe, auf den Westermannschen Verkauf, so hätte sich Jakob Rudolf, um die Preise zu drücken, einer Lüge bedient.

---

[1] 3, 136, 340. [2] 3, 135. [3] 3, 135—138. 156. [4] 3, 160ff. 165f. 210.

Im ganzen hatte bis April 1480 die Gesellschaft gekauft 6522 ℔ 3 Unzen Ort, und der hatte gekostet 9526 ℔ 17 β 4 ℔. Man fand, daß das Pfund im Durchschnitt koste 29 β 2½ ℔, gleich 3 fl 5 β 4 ℔ in Gold. Das sei ein wenig teuer, denn um 30 β tue den Stoß. Wohl hatte man einigen um 25 β erworben, aber öfter die 30 überschritten, auch hatte man einigen entliehen.

Auch weiter wollte man noch 2 carga für die Herbstmesse machen, sie wurden zu 34 β angeboten, denen ein Preis von 31 β entgegengestellt wurde. In der Tat kamen noch in die Herbstmesse 680 ℔, deren Preis wir nicht kennen. Es wurden also im ganzen 7202 ℔ 3 Unzen über die Pyrenäen gebracht.

Wir sind in keinem Jahre so genau über den Verkauf orientiert als in diesem.[1]

Es kamen nach

	Nürnberg	Fastenmesse	Herbstmesse
	3505 ℔	2340	125
Von oder nach Frankfurt . .	+ 460 ℔	— 460	—
Von oder nach Frankfurt . .	+ 680 ℔	—	680
Endliches Lager	4645 ℔	1880	570

7095 ℔ Gewicht von Aragon

Die ersten Ballen mit 675 ℔ kamen in Nürnberg schon am 9. Dezember an. Es war also auch in diesem Jahre wie in dem vorhergehenden gelungen, allen anderen Kaufleuten vorzufahren. Fast der ganze Ankauf (7202 ℔) ward nach Nürnberg und Frankfurt geworfen: 7095 ℔. 180 ℔ waren in Lyon verkauft. Das ergibt 7270 ℔. Woher die überschießenden 68 ℔ kommen, ist nicht zu ersehen.

Die Ware läßt sich auch bis zum einzelnen Käufer bis auf die Unze verfolgen, doch wurde nach dem Frankfurter resp. Nürnberger Pfunde verkauft. Da ein Bestand von 425 ℔ Gewicht von Aragon und 4 ℔ Nürnberger Gewicht verblieb, so wurden rund 6664 ℔ Aragon verkauft. Das genaue Verhältnis der Gewichte von Aragon zu denen von Frankfurt-Nürnberg ist mir nicht bekannt. Errechnet aus den Angaben der hier in Betracht kommenden Rechnung ergibt: 100 ℔ Aragon = 68,25 ℔ Frankfurt.

Die Angaben in Nürnberger-Frankfurter Pfunden ergeben einen Gesamtverkauf von 4735 ³/₄ ℔, und zwar:

Nürnberg	2574 ℔		zu 8727 fl	
Ostermesse	1160 ℔	23 Lot	3635 fl	16 β
Herbstmesse	641 ℔	1 Lot	2264 fl	13 β
	4375 ℔	24 Lot	14627 fl	9 β

Der Durchschnittspreis beim Verkauf betrug 3 fl 6 β 10—11 ℔. Da für die Hauptmasse oben ein Durchschnittspreis von 3 fl 5 β 4 ℔ angegeben werden konnte, so betrug der Gewinn am Nürnberger Pfund 1 β 6—7 ℔. Der Gesamtgewinn betrug 337 fl 3 β 3 ℔. Hinzu kommt der in Lyon gemachte Gewinn, aber abzusetzen ist wieder der höhere Preis für die letzten Erwerbungen. Rechnet man dann die Generalunkosten in Ravensburg, Saragossa, Lyon, Frankfurt und Nürnberg

---

[1] Vgl. 3, 344 f. 347. 361. 362. 365.

ab, so ist ersichtlich, daß man zwar das Geld aus Spanien herausgebracht und alte Kunden befriedigt hatte, aber ein Nutzen war nicht dabei herausgekommen.[1] Die Ravensburger hatten recht behalten, niemand hatte sich an dem Orte zu Tode gewonnen. Der Lyoner Safran hatte den Markt ruiniert.[2] Zu allem war noch von den ersten Ballen vor Toulouse gestohlen worden.[3] Nach Flandern war keiner gegangen, erst im Oktober erfahren wir von ihm, aber er war nicht gut; sonst hätte er 15 β gegolten oder das Frankfurter Pfund 3 fl 13 β 10 hl.[4]

Für die Anlegung von 1480 war die Meinung der meisten, es werde eine gute Notdurft wachsen, ja man werde eine Last von Safran haben.[5] Die in Saragossa kauften schon im voraus im August 3 carga zu 25 β, was den Herren sehr wohl gefiel, wenn nur keine bösen Schulden daraus würden, es war also Vorausbezahlung erfolgt. Die Gesellschaft meinte nach den Nachrichten aus Lyon, er werde teuer und meinte, man werde dem guten Kaufe nachgehen, d. h. dorthin sich wenden, wo er geraten sei. Ihre Weisung war 3—6 carga zu 25—26 β zu kaufen, bei 27 β nur 2 zu den 3 schon erworbenen, bei 28 in 29 noch einen, bei 30 aber solle man es an den 3 carga belassen.

Der Oktoberbericht aus Saragossa schreibt genau über den unsicheren Stand der Anpflanzungen, aber aller ihrer Faktoren Meinung war, es werde der gewöhnliche Bedarf wachsen. Schon liefen die Marranen herum und boten $26^{1}/_{2}$ in 27 β, aber niemand wolle ihnen verkaufen, da man meinte, er werde viel gelten. Die Gesellen rechneten auf 5 carga erste Blumen und nach dem Markte von Alcañiz auf eine Gefährt von 2 oder 3 carga, aber wegen des Geldmangels werde man nicht immerdar ein Gefährt nach dem anderen senden können.[6] Weiteres wissen wir nur, daß in Nördlingen zur Messe 780 ℔ Gewicht von Aragon waren und 287 (Nürnberger) ℔ zu 3 fl bis $3^{1}/_{8}$ fl verkauft wurden, der Preis hatte sich also noch verschlechtert.[7]

Von der Anlegung von 1481 wissen wir nur etwas über eine Reihe von Ballen, die die schweizerischen Zölle passierten.[8]

Den Safran der Blüte von 1493 wollten die Ankenreute in Lyon um 64 g° geben.[9]

Anlegung von 1496. Auf der Frankfurter Herbstmesse 1497 erlöste die Gesellschaft aus 6 Ballen 3 und 3 fl $^{1}/_{2}$ β, nicht höher galt er. Zwei Baseler gaben gegenüber dem Drucke des Zima nach. Ein unverkaufter Ballen ging nach Nürnberg.[10]

Die Anlegung von 1499 erlebte auf der folgenden Herbstmesse ein Gegenstück zu dem eben geschilderten Vorgange. Dieses Mal war der Lyoner die Ursache und fielen die Welschen vom Preise. Die Gesellschaft hatte einen alten Ballen von Nürnberg und einen neuen zu Frankfurt, dazu kamen von Ravensburg 4 Ballen (800 ℔ Arag.). Die Gesellschaft hatte angeordnet, ihn nicht unter 2 fl, höchstens zu 1 fl 19 β zu verkaufen. Dieser Preis kam für 4 Ballen ein, 2 blieben unverkauft. Hochrütiner verkaufte zu 1 fl 16 β, Züg, Zollikofer und Schlüsselberger zu 1 fl 17 β, Heinrich Sperer zu 1 fl 18 β. Es wurden ob 20 Ballen verkauft, es blieb wenig übrig, er werde teurer werden.[11]

---

[1] August galt der Ort zu Nürnberg 3 fl 7—8 β, später 3 fl $6^{1}/_{2}$ β; 3, 167. 183.
[2] 3, 168. [3] 3, 159. 169. [4] 3, 423. 426. [5] 3, 168. [6] 3, 191. [7] 1, 366. [8] 3, 204 ff., $7^{1}/_{2}$ carga und 15 Ballen. [9] 3, 471. [10] 3, 367. [11] 3, 370. 373. 376.

Auch über die Anlegung von 1502 haben wir nur Nachrichten aus Frankfurt. Er hatte in Aragonien 17 β gekostet. Mag er 2 fl gelten, so solle man ihn um 2 fl geben, wenn er schön sei, ½ bis 1 β stehe den Verkäufern zu nachzugeben. Auf der Herbstmesse galt er 2 fl 5 β. Anscheinend kam nur wenig auf die Fastenmesse von Lyon her, auf der Herbstmesse hatte man wohl gar keine Ware.[1]

Über die nächste Anlegung (1503) wissen wir nur, daß im Mai 1504, wo man 4 Ballen hatte, der Handel schlief. Man wäre froh, die 2 schlechten Ballen um 2½ fl zu veräußern.[2]

In der Fastenmesse 1507 galt die Anlegung von 1506 5 fl 10 β bis 5 fl 14 β. Der Safranmarkt, auf dem viel verkauft wurde (ob 60 Ballen), muß unter dem Drucke einer Mißernte gestanden haben, denn die Ravensburger, die nicht einmal schönes Gut hatten, waren mit einem solchen Preise nicht zufrieden. Wirklich ging aller in Nürnberg zu 5 fl 14 β und 5 fl 15 β ab, der Zima galt 6 fl 15 β. In Flandern galt er im Juni 26 β.[3]

Von der Anlegung von 1509 kamen im August nach Ravensburg 520 ℔ Arag. Man rechnete das aus, daß das 354³/₄ ℔ Frankfurter seien, die zu 3 fl nach Frankfurt gelegt zusammen 1064 fl 5 β in Gold wert seien.[4]

Von der Anlegung von 1510 ging ein Teil nach Wien, ja Pest, worüber schon oben gehandelt ist.[5]

Über die Anlegung von 1512 wissen wir lediglich etwas von dem Transporte.[6]

Saragossa sandte von der Anlegung von 1514 für die Frankfurter Ostermesse 2 carga (= 4 Ballen), die Gesellschaft hatte die Führung in Frankfurt verloren; denn es kamen zur Messe weiter von Hochrütiner 2, Münzer 3, Zollikofer 5, Welser 8, also von Deutschen zusammen 20, von Welschen aber noch 22 carga. Die Gesellschaft hatte die eine carga zu 20 β gekauft, die zweite zu 22 β auf zwei Jahre Ziel. Diese große Menge werde den Preis drücken, zumal er in Österreich nichts gelten wolle.[7]

Der Niedergang des Geliegers von Saragossa ist oben besprochen, 1523 lag dort noch ein Rest von 28 ℔ 17 Unzen.[8]

§ 112. Spanische Anlegung 2. Anlegung von Barcelona aus. Olly, Urgel, Bellegier, verfälschter Safran: Contrafet. Verpackung und Gewicht. Berechnung der damaligen europäischen Ernte.

Ich komme zu der Besprechung der Anlegungen der übrigen spanischen Sorten, die von Barcelona aus erfolgte.

Katalonischer Ort wurde von der Gesellschaft in den späteren Zeiten nicht geführt, wohl aber von den Welsern.[9]

Eine Safransorte, die olly, oly, ell, öl genannt wird, stammte aus dem zu Katalonien gehörigen Tale von Urgel, heißt nach ihm oder öfter nach der Stadt Balaguer (gewöhnlich Bellegier genannt). 1474 lag von der Ware, die doch an beiden Orten eigentlich verboten war, zu Frankfurt und Nürnberg und ging wenigstens zum Teil nach Flandern.[10]

Im Oktober 1477 lag bereits die Tatsache vor, daß der Bellegier, der in der Zeit des englisch-französischen Krieges mit Nutzen in Flandern gehandelt war, dem Brunikel wieder wich; namentlich fragten die Eng-

---

[1] 3, 382. 387. [2] 3, 389f. [3] 3, 391. 394f. 444. [4] 3, 34f. [5] 3, 217. [6] 3, 450. [7] 3, 218f. [8] 3, 245. [9] 3, 219. [10] 3, 5. 13f.

länder nicht mehr nach ihm. So blieb nur schöne Ware in kleinen Beträgen verkäuflich. Auch urteilte man zunächst, daß es nunmehr nicht mit dem Bellegier eile, da ja doch stets der Brunikel den Vorsprung haben werde. Doch kehrte man bald von dieser Ansicht zurück. Die Anlegung in einer so billigen Sorte ertrug auch nicht die Kosten langer Ritte im Lande, so wurde bald angeordnet, nur einen schnellen Ritt ins Land zu tun und im übrigen sich auf den Kommissionär in Cervera zu verlassen.[1]

Für die Anlegung von 1477 erging die Weisung, bei einem Preise von 12 in 13 β 5—6 carga zu kaufen, bei 14 in 15: 3—4, darüber 1 oder 2, bei 18—20 β aber müßig zu gehen. Polai aber traf es nicht, er hätte, obwohl er viel galt, gleichwohl angesichts des Mißratens 2—3 carga machen sollen. Im April stand er dann in Flandern in hohem Preise, er galt 16 g°.[2]

Das führte in Flandern bei der Anlegung von 1478 zum Wunsche, erste Ballen guten, schönen und nicht so gar feisten zu erhalten. An späteren Ballen fürchtete man Abenteuer und verkaufte daher auch bald. Im Juni 1479 galt er im Ursprungslande 15—16 β, in dem Gelde könne man ihn nicht kaufen.[3]

Die Anlegung von 1479 fürchtete Abenteuer. Wenn er im gleichen gehe, das heißt, wenn er von 12 oder 13 β in 14 β gehe, solle man 2 bis 3 carga kaufen. In Flandern verkaufte man dann 2 Ballen mit genug schmalem Gewinn. Der Preis stand im April 1480 auf 16 in 17 β, und waren in Urgel vielleicht noch 6 oder 7 carga übrig. Für 14 in 15 β wäre er wohl zu kaufen.[4]

Die gute Qualität der Ernte von 1479 riet 1480 dazu, schon für den kalten Markt in Bergen-op-Zoom neuen Bellegier zu kaufen. Die Gesellschaft war aber nicht für Eile gewesen. Die erste Anordnung lautete, wenn er gut sei, um 12, 13 in 14 β zu kaufen, in hohem Gelde (= 17 in 18 β) aber nicht dahinter zu kommen. Die zweite Anordnung gestattete aber Kauf bis 18 β und verlangte 3 carga erste Ballen, die von Stunde an heraus zu senden seien; wenn guter Contrafet aber billig sei, nur 2 carga Bellegier und 1 Contrafet zu erwerben. Schöner Bellegier werde wohl 7 in 8 β gelten.[5]

Die jüngeren Papiere aus Flandern reden von dieser Sorte nicht mehr und aus Frankfurt haben wir nur Preisangaben: Herbstmesse 1497 1 fl 12 β, 1500 19 β.

Daß die Gesellschaft auch mit verfälschtem Safran Handel trieb, haben wir schon gesehen.[6] Und solche Fälschung war sehr beliebt, so gab es an vielen Orten Safranschauen, keine war mehr angesehen, wie die von Nürnberg, und ihr fiel ja auch die Gesellschaft im Jahre 1478 zum Opfer. Als Beimischung gibt die Straßburger Polizeiordnung Zinnober, wilden Safran, weiße Safranblumen, die sie rot färben, gedörrtes Fleisch, Baumöl und Zucker an.[7] Daß sehr leicht einer Gärung ausgesetzte Stoffe beigemengt wurden, geht daraus hervor, daß die Gesellschaft nur im Winter solchen „Contrafet" zu versenden befahl.

[1] 3, 60f. 141f. 174f. 410f. 419. 426. [2] 3, 60f. 67. 78. 410f. [3] 3, 111. 410f.
[4] 3, 141f. 163. 174f. [5] 3, 174f. 190. 410f. 424. 426. [6] Oben 1, 451. [7] Brucker, Straßburger Zunft- und Polizeiverordnungen, S. 308 ff. Aber damit ist die Liste nicht erschöpft.

Eine Hauptstätte dieser Verfälschung war Katalonien, besonders die Gegend von Cervera. Dort machte man den Contrafet; da er aber seltener wurde, meinten die Ravensburger, man setze ihn nun dem Orte zu.

Im Jahre 1479 kam der Leiter des Nürnberger Geliegers, Hans Hillenson, trotz der Exekution von 1478 auf die Meinung, man werde, wenn man im gleichen dazu komme, in Nürnberg wohl etwas an ihm verdienen. „An solch abenteurigem Safran wird zu Zeiten viel gewonnen," meinte die Leitung und gab den Auftrag, 1 oder 2 Ballen zu kaufen. Richtig kam ein Ballen von 188 ℔ Gewicht von Cervera. Die Leitung hatte aber nicht den Mut, ihn zum Verkauf nach Nürnberg zu bestimmen, sondern sandte ihn nach Frankfurt. In Lutz Geßlers Rechnung steht sein Eintreffen am 22. März, am 4. April ging er aber nach Flandern ab. Man hatte ausgerechnet, daß er in Frankfurt 2 fl 12 β rh. wert sei.

In Flandern hatte er einst guten Boden gefunden, aber auch da wollte man nicht recht daran. Auch hat das dortige Gelieger zwei Jahre hintereinander schlechten erhalten. Gleichwohl gab die Gesellschaft 1480 den Auftrag auf 2 Ballen (erste Ballen).[1]

Später taucht dieses Abenteuer nicht mehr auf.

Über die Verpackung und das Gewicht ist es möglich, folgende Angaben zu machen.

In Aquila wurden nach Baumgartner gewöhnlich die Saumlasten zu 500 ℔ gemacht, tatsächlich finde ich bei der Gesellschaft solche zu 452 ℔ und 497 ℔. Im Ballen machte man gewöhnlich 5 Stümpfe zu 45 ℔ = 225. Das ℔ wog 0,33915 Kilogramm.

In Casalmaggiore betrug nach Baumgartner die Saumlast gemeinhin 450 ℔ des dortigen Gewichtes, tatsächlich finde ich den Ballen zu 202½, 212 und 215 ℔, die Saumlast also im doppelten Betrage.

Pulscher Safran, der in Mailand gekauft war, enthielt im Saum im einzigen kontrollierbaren Falle 492 ℔ Gewicht von Mailand.

In Lyon machte man die carga nach Baumgartner zu 300 ℔ Lyoner gleich 250 ℔ Nürnberger, tatsächlich finde ich einmal 2 Ballen (= 1 Saumlast) zu 340 ℔ 2½ Unzen. Es kann sich, da in Lyon der französische Safran nach Lyoner Gewicht, der auswärtige aber nach Genfer Gewicht verkauft wurde und in diesem Falle es sich um Lyoner Ort handelt, nur Lyoner Gewicht gemeint sein. Nach dem Verkaufe ergibt sich im Verhältnis von 100 zu 80,67 Nürnberger, die Angabe Baumgartners und Meders erforderte 83,3 Nürnberger.

In Aragonien machte man nach Baumgartner gewöhnlich die Saumlast zu 2 Ballen à 5 Stumpf zu 400 ℔ Aragonisch = 300 ℔ Genfer Gewicht. Die Gesellschaft machte sie zu 360 ℔, erwog aber auch zu 400 solche zu machen.[2] Tatsächlich finde ich zu 200 ℔ nur 6 Ballen, ebenso viele bis zu 180 ℔, aber 23 zu 180 ℔, bis 175 ℔ einschließlich 23, darunter 6. Die Gesellschaft machte die Saumlasten also etwas leichter. Das Gewicht der Carga war gleich 151,632 Kilogramm, des ℔ gleich 0,351.

Auch für Katalonien für beide in Frage kommenden Gewichte gibt Baumgartner Auskunft. Das von Cervera, nach dem vielfach die Sorte von Balaguer verkauft wurde, vergleicht er mit dem von Lyon; Cervera 117½ ℔ = Lyon 100 = Nürnberg 83,3. Das ergibt 100 ℔ Cervera

---

[1] 3, 142. 175. 190. 346. 357. 360f. 427.   [2] 3, 169, vgl. 391.

= 70,9 ℔ Nürnberger. Das Gewicht von Tarrega (nahe bei Cervera) findet sich in der Perpignaner Rechnung 1426 verwendet, aber nicht für Humpisware. Bei dem katalanischen (Barceloneser) Gewichte geht Baumgartner von dem Quintale = 104 ℔ Barcel. aus, das seien 108 Lyoner. Das ergibt 100 ℔ Barcel. = 87,05 ℔ Nürnberger, also wie wir berechnen können, das ℔ gleich 0,4268 Kilogramm. Später galt es genau 0,401. Die Verpackung des Barceloneser Safrans war sehr ungleichmäßig. Es finden sich Ballen von 180 ℔ bis 105 ℔. Bei Balaguer aber von 206¼ ℔.

Die Unterabteilung der Ballen in Stümpfe war sehr ungleichmäßig. Über die Vorgänge beim Verpacken sind wir vor allem durch einen Brief von Klemens Ankenreute unterrichtet.[1] Am Sonntag bestellet die stibadores auf den Dienstag, leiht Euch die beiden Sorten von Wagen (balança und romana) und die cúraza (Panzer, ob Pressen?), rüstet am Abend die stúba zu, reinigt die Bottiche und wägt den Safran säuberlichst ab. Am folgenden Dienstagmorgen wurde dann mit dem Stibieren, dem Einpressen in die Säcke begonnen. Die Gesellschaft mahnte oft, nicht zu hart zu stibieren, sonst backe er zusammen. Auch solle man die Stricke nicht zu scharf anziehen. Die Ware wurde erst in leinene Säcke, in Stümpfe, von denen eben die Rede war, meist gleichmäßig verteilt. Dann schob man diese in kleine Ledersäcke, endlich in große Ledersäcke, welche gegen Wasser Schutz gaben. Zwei solcher großer Ledersäcke, die übrigens nach außen durch Packleinen geschützt waren, bildeten die Saumlast des Tragtieres. Mindestens der aragonische Ort wurde dann versiegelt, es geschah offenbar von der Behörde, und an den Zollstellen vertraute man in der Regel auf die mitgehenden Papiere.

Es ist nunmehr möglich, die Erntesummen, die Baumgartner angibt, annähernd auszurechnen. Die Grundlage bieten weiter die Gewichtsangaben in § 125.

Tabelle des Mittleren Ertrages an europäischem Safran:

	Nürnberger Pfund		
Aquila 100 Saum . . .	33 255	bis	33 255
Tuschgan 20—? [30]	5 005	,,	[7 507]
Aragon 90—100 .	24 839	,,	27 586
Lyon 20	5 000	,,	5 000
Katalonien 40 à 360 ℔ Barc.	12 534	,,	12 534
[Leidlich sicher] . .	80 994	,,	86 296
Pulsch 20—30 wie Aquila .	1 330	,,	1 995
Albigeois 100 wie Lyon .	25 000	,,	25 000
Kastilien 15 wie Aragon	4 200	,	4 200
Österreich, Mähren, Ungarn [70] wie Aragon	19 600	,,	19 600
Sonst [10], wie Aragon	2 800	,,	2 800
[Unsichere Ansätze] . .	52 930	,,	53 595
Summe	133 924	bis	139 881

[1] 3, 471 f.

Mit 140000 ℔ Nürnberger gleich etwa 517 Saumlasten dürfte die in den Handel kommende Mittelernte Europas angegeben sein.

Bei den Preisen zeigen alle Sorten im Ankaufe wie im Verkauf ungemein große Unterschiede, die oft hart beieinander liegen. Lehrreich ist es noch die Wertschätzung an vergleichenden Angaben festzulegen: 1507 ist auf der Frankfurter Fastenmesse bei hohen Preisen die Reihenfolge Zima, Tuschgan, Ort, Marokin, Brunikel, 1500 auf der Herbstmesse Marokin, Ort, Brunikel, Balaguer, in Lyon auf der Ostermesse 1515 Zima, Marokin, Tuschgan, in Antwerpen 1507 Zima, Tuschgan, Ort, Mekolin (Marokin), Brunikel.

Es unterliegt wohl keinem Zweifel, daß der Zima als der beste galt, dann ringen Tuschgan, Aragonischer Ort und Marokin miteinander, auch Lyoner Ort, am Ende stehen Brunikel und dahinter Balaguer. Dabei muß man aber auch immer die Angaben Baumgartners im Auge behalten.

Bei diesem riskanten Geschäfte spielte die Konkurrenz der Sorten, ihre sehr verschiedene Aufbewahrungsfähigkeit, wo der Aragonische Ort den Preis hatte, vielleicht auch die innere Kraft der Sorten, die nie ganz zu berechnende Nachfrage neben dem Ernteertrag eine sehr bedeutende Rolle. Auf die Sammlung der Nachrichten über die Ernteaussichten und die Ausnützung der Termine ist auch schon hingewiesen worden. Vor der Ernte war die Spannung am größten. Die Gesellschaft hat aber doch die Vorstellung vom justum pretium auf diesen Spekulationsartikel angewendet, der Balaguer geht mit 12—14 β, der Ort mit 25—27 β im Gleichen, mit 30 erhält er den Stoß. So tief saß diese Anschauung.

Zweites Kapitel

Aus Spanien stammende Lebensmittel

§ 113. Zucker. Älteste Nachrichten. Eigenes Refinador in Real de Gandía. Technik. Sorten. Bedeutung des Valencianer Zuckers. Ankauf und Vertrieb. Verpflanzung nach Madeira. Das Zuckerhaus aufgegeben. Der weitere Handel. Melasse, Sirup.

Die ältesten Nachrichten über diese Ware haben wir wieder aus Barcelona. 1432 führten die Jos Humpis 11 Fäßchen Zucker im Gewicht von 5 carregua (à 3 Quintal) und 3 arrovas im Werte von 223 ℔ aus. Die Sendung legt den Gedanken nahe, daß damals die Gesellschaft in Valencia noch kein Gelieger hat; dann aber müßte dieses bald darauf eingerichtet worden sein, denn später wurde von Barcelona kein Zucker mehr versandt.

Die Geschichte des Zuckerhandels der Ravensburger zeigt, wie oben ausgeführt wurde, die Folgen der ersten großen Entdeckungsfahrten, die von Portugal ausgingen.

Die Gesellschaft betrieb im Jahre 1461 in Real de Gandía — inmitten der Huerta von Gandía — unweit der Meeresküste eine Zuckerfabrik, einen trapig (von trapijar = mahlen). Das Grundeigentum stand Don Hugo de Cardona zu, in dem man wohl den damaligen Besitzer des Herzogtums Gandía zu sehen hat, dessen Sohn in den Thronwirren dieses Herzogtums beraubt wurde.[1] In einem gerichtlichen Aktenstücke erfahren wir, daß anfangs 1461 durch die Gläubiger Cardonas auf den planter de canyes mels, die Kessel und aynes (das Geschirr) des Trapigs von Real Beschlag gelegt worden war.[2] Demgegenüber stellte Jakob Vizlant, mercader Alemany mercantivolment resident en Valencia axi com a regent la gran companyie de micer Jous Ompis fest, daß alle diese Dinge Eigentum der Gesellschaft seien und mit ihrem Gelde erworben, auch der Zucker. Der Verkauf wurde untersagt, auf neue Beschwerde wurde die Bepflanzung einem Vertrauensmanne zugewiesen, bis die Eigentumsfrage entschieden sei, und als die Moros auch dann noch nicht an die Arbeit gehen konnten, weil die Zugtiere, die dort arbeiten sollten, beschlagnahmt wurden, wurde angeordnet, daß die Tiere sicher sein und die gepfändeten freigegeben werden sollten. Damit endet unser Aktenstück.

Die Gegend von Gandía umfaßte in den Tagen Vicianas (um 1550) 7 trapigs mit 55 Zuckerrohrmühlen und 96 Siedekesseln, der Holzverbrauch belief sich auf 40000 rubb Holz, beschäftigt waren darin 550 Männer und 220 Saumtiere (acemilas).[3] Man kann also danach die Größe eines trapig sich vorstellen.

Und vortrefflich war die Lage gewählt; denn gerade in diesen Gegenden erhielt sich der Zuckerbau am längsten. Ende Februar begann die schwere Bestellung der sorgfältig gedüngten Felder, Ende November, nach dem Kalender von Cordova (961) im Januar, das Ernten der Rohre und die Gewinnung des Zuckers währte dann 50 Tage, oft aber viel länger.

Wir haben soeben einen Trapig kennen gelernt. Der Name ist mit dem italienischen trapetto identisch, der Dreiwalzenmühle zum Brechen des Rohres. Diese soll 1449 in Sizilien erfunden sein,[4] aber auch das ist eine der Fabeln der Erfindungsgeschichte; denn wenn die Erfindung 1449 gemacht wurde, kann nicht 1461 der Begriff schon den Wandel durchgemacht haben; daß auch der Ort für die ganze übrige Fabrikation damit gemeint wird, wie die Anführung der Kessel usw. beweist. Die Ravensburger Gesellschaft bezeichnet den trapig auch mit Raffinador und das ist ein neuer Grund gegen die Fabel, die v. Lippmann gründlich zurückgewiesen

---

[1] Imhof, Recherches historiques et genealogiques des Grands d'Espagne 1707 (43). [2] 3, 518—521. [3] España. Valencia 2, 669. [4] v. Lippmann, Geschichte des Zuckers (1890), S. 217. Neben diesem ausgezeichneten Werke vgl. auch Wiedemann, Sitz.-Ber. der phys.-med. Sozietät Erlangen 1915, S. 83—89. Bericht Nuwairîs über Anbau und Fabrikation.

hat.[1] Das Verfahren des Raffinierens, d. h. das Kochen des Zuckersaftes unter Anwendung von Alkalien u. a. ist nicht erst im 15. Jahrhundert von einem Venezianer erfunden, sondern ward in Ägypten von den Moslim längst angewandt und war wohl schon Jahrhunderte hindurch in Valencia heimisch. Die Raffinerie löste sich von dem ersten Standorte erst dann ab und wurde in holzreichere Länder verlegt, als die Wälder von Madeira ausgebrannt waren und andere Anbaugebiete ebenfalls das Brennmaterial nicht mehr ausreichend und billig liefern konnten. Erst etwa 1520 wanderte die Raffinerie nach Amerika.

In den Papieren werden vier Sorten unterschieden, und diese entsprechen der Reihenfolge der Produktion. Der in der Mühle gewonnene Zuckersaft wurde gekocht, abgeschäumt, eingedickt und von der Melasse (Syrup), die man ablaufen ließ, getrennt. Zucker, der einmal gekocht war, „di una cúta", war früher auch von der Gesellschaft in Handel gebracht worden, aber man hatte mit ihm schlechte Erfahrungen gemacht;[2] begreiflich, denn ihn zu trocknen war kaum möglich. Zucker, der zweimal gekocht war, heißt in den Papieren Mastures, Masturos, Masturasses. Auch für diesen Namen wie für trapig wird wohl der Arabist die Erklärung liefern.

In späterer Zeit wurden dem zweiten Sude regelmäßig Alkalien zugesetzt. Der so entstandene Zucker heißt um 1550 in Brasilien mascovado. Ich habe lange geschwankt, ob ich mastures oder mascures in den Texten lesen sollte, in denen c und t nicht zu unterscheiden; hätte ich diese Form gekannt, so würde ich freilich wohl mascures gedeutet haben. Ein anderer Name, namentlich in der Apothekersprache, „tabarzeth", arab. „ṭaburazad", bedeutet wohl dasselbe.

Diese Sorte wurde von der Gesellschaft mit Erfolg geführt, wenn er auch keineswegs weiß gewesen sein mag. Lippmann hat nun auf Valencia schon eine technische Neuerung zurückgeführt, die wohl schon für die Zeiten der Gesellschaft anzusetzen sein dürfe, das Eindecken der eingelegten Zuckermasse mittels Ton. Valencia war in der Kunst der Behandlung des Tons weit, weit voraus, die Töpfer lieferten der Zuckerherstellung dann nicht nur die pyramidalen Formen für die Zuckerhüte, Ton beschleunigte dann auch wesentlich die Reinigung und machte schon nach dem zweiten Kochen die Ware handelsreif.

Die Gesellen brachten aber auch feinen Zucker, der dreimal gesotten war, in Handel, und nach einigen weiteren Suden entstand dann der helle, wie Alaun durchsichtige Kandiszucker. In seinem Namen begegnet uns dann ein persisch-arabisches Wort: Qad.[3]

v. Lippmann hält die Kunst der Valencianer hoch, die alten aus arabischer Schule hervorgegangenen Zuckermeister hätten wohl

---

[1] Auch in Italien wird die ganze Fabrikstätte trapetto genannt. [2] 3, 89.
[3] In Barcelona 1372 unterschieden azucar candido und marfil (Elfenbein).

dieses den alten Deckmethoden weit überlegene Mittel sorgfältig geheim gehalten und so die von allen Seiten als unübertrefflich anerkannte Qualität ihrer Ware ermöglicht.¹ Menardus von Ferrara (1462—1536) sagt, so gut und preiswürdig wie die schneeweiß glänzenden, beim Klopfen klingenden 1½ Pfund schweren Valencia-Brote sei kein anderer Zucker, doch kommen gleich dahinter die Madeira-Brote von 6—10 Pfund Gewicht.²

In den älteren Zeiten unserer Papiere erscheint die Versendung noch nach vielen Seiten gerichtet.

Am besten führt uns in diese Tage ein Ladebericht ein. 1476 verlud man in Valencia nach Bouc zunächst 36 Kisten Zucker fein „de 3 cuits" — also dreimal gekocht — mit einem Nettogewicht von 18 carga. Es waren 3993 spitzige Brote, also von einem Durchschnittsgewichte von 6 ₰. Aus dem Zuckerhause kostete die carga 36 ₰, dazu an Unkosten bis ins Schiff 4 ₰ 10 β, also ins Schiff gelegt 40 ₰ 10 β. Das Pfund kostete mithin³ etwas mehr wie 6 ₰. Der Bericht bezeichnet die Ware als „fast auserlesen gut Ding".

Von Zucker „masturos" von „2 cuits" kamen auf die Gallee 24 Kisten = netto 12 carga. Aus dem Zuckerhaus kostete die carga 33 ₰, ins Schiff gelegt 37 ₰ 10 β. Das Pfund kostete mithin 6,25 ₰, „fast gut Ding".

Der Zucker Candi, 15 Quintal in 10 Kisten, fast gut, kostete aus dem Zuckerhause der Quintal 16 ₰, dazu Unkosten 2 ₰ 8 β 4 ₰, ins Schiff gelegt 18 ₰ 8 β 4 ₰.

Vom Zuckerhause weg stellte sich der Preis für das Pfund fein auf 6 ₰, masturos auf 5½ ₰, Candi auf 32 ₰.

Der Gesamtpreis dieser 70 Kisten belief sich ins Schiff gelegt = 1488 ₰ 5 β — eine sehr hohe Summe.⁴

Der Zucker war in spitzen Broten geformt, 105 bis 111 wurde in eine Kiste verpackt, diese wog in der Regel 6 rubb = 180 ₰ Valencia oder nach Lyoner Gewicht 138 ₰, nach Nürnberger 125. Die bequemste Vorstellung gibt die Kiste von 125 Nürnberger ₰.⁵ Die Verpackung aller Kisten erfolgte immer in Baumwolle, auf 70 Kisten kamen 370 ₰ Valenc., also auf jede etwa 5¼ ₰.

Die Qualität des erstellten Zuckers wird von den Genossen gerühmt. Ein gekauftes Quantum war bescheiden hübsch Gut, aber dem aus dem Zuckerhause „d poder und bondat" nicht gleich.⁶

Der Zucker war vor Wasser ängstlich zu behüten. Naß gewordene Kisten wurden mehrfach genannt.⁷ Ein böser Unfall geschah einem Karrer, der 13 Kisten in die Durance stürzen ließ.

In älterer Zeit, die ich zunächst behandle, muß Genf ein Hauptmarkt für diese Ware gewesen sein.⁸ Später taucht der Gedanke an diesen Platz nochmals auf. Auch zu Avignon hatte man Zucker verkauft, und Hops hat es auch noch getan, ja er wollte noch Zucker kaufen.⁹

In Mailand machte man 1474 mit 20 Kisten einen Versuch.¹⁰ Und dann probierte man auch, ob man nicht zu Venedig mit dem Zucker Erfolg

---

¹ v. Lippmann 295 f., vgl. 231. ² Ebenda 250. Andere Zeugnisse 268, 270.
³ 1 Carga = 3 Cantera = 12 Rubb = 1440 ₰ nach Pasi 186 ff. ⁴ 3, 233 f.
⁵ Berechnet auf Grund der Angaben in 3, Nr. 20, 31 und 65. ⁶ 3, 104 f.
121. 145. ⁷ 3, 134. 223. ⁸ 3, 4. 11. 109. ⁹ 3, 13. 59. 134. ¹⁰ 3, 8.

haben könne.[1] Nürnberg wurde bedacht.[2] Es waren die letzten Versuche, das Zuckerhaus zu retten.

Aus Lyon haben wir auch zwei Meßzettel,[3] die freilich den Gewinn und Verlust nicht ergeben.

	Ostermesse	1477	Augustmesse
Zucker fein	à 5 ß 3 ₰ 11 Kisten à 5 ß 3 Kisten		à 6 g⁰ 4 Kisten
Preis	595 fl 1 ß 6 ₰ 14 Kisten (10 um Baar)	276 fl	4 Kisten (1 um Baar)
Zucker masturos	à 5 ß 13 Kisten		à 5²/₃ g⁰ 1 Kiste à 5¹/₂ g⁰ 11 Kisten
Preis	632 fl 6 ß 13 Kisten (11 um Baar)		760 fl 11 g⁰ 12 Kisten (alle Baar)
Zucker kandit	à 8 ß 1 Kiste à 7 ß 7¹/₂ ₰ 2 Kisten		à 8 g⁰ 1 Kiste
Preis	175 fl 4 ß 6 ₰ 3 Kisten (2 um Baar)	54 fl	1 Kiste (Baar)
	1403 fl 30 Kisten		1090 fl 11 g⁰ 17 Kisten

Bei der Augustmesse blieben in Lyon 3 Kisten mit Zucker kandit, in Genf 6 Kisten fein, 10 mastus und 1 Kandit, davon wurde 1 Kiste fein zu 6 g⁰ und 1 mastus zu 5¹/₂ g⁰ verkauft.[4]

Aus dieser Zeit stammen auch die Papiere Friedrich Grünenbergs, die minutiös den Transport zwischen Valencia und Lyon-Genf behandeln. Am besten läßt er sich von dem in der Mitte an der Meeresküste liegenden Orte Lila de Martiga schildern.

Bestand vor dem 10. Juli 1475: gekommen auf Galea
Ferandina . . . . 1 Kiste masturos
Am 10. Juli kam hinzu auf der Galea de Florenza 99 Kisten von 3 Sorten
Bestand am 12. Juli . . . . 100 Kisten von 3 Sorten

Davon gingen in 7 Transporten nach Lyon und
Avignon . . . . 78 } 98 (62 f. 30 m. 6 K.)
1 Transport nach Genf 20
Bleiben 2 Kisten.
Dazu abgeladen von 2 Venetianer Galeen, ab Valencia
15. November, abgeladen 4. Februar . . . . . . 72 Kisten.[5]
Von dort wurden bis zum 29. April 56 Kisten nach Norden hin weiter transportiert.

In dem Zuckerhandel war gerade eine große Veränderung eingetreten. Die erste Folge des eben angebrochenen Zeitalters der Entdeckungen traf die Ravensburger Gesellschaft — es war die erste große kolonisatorische Verpflanzung von Fruchtgewächsen, die von der romanisch-germanischen Welt ausging. In den Jahren 1418—1420 war die unbewohnte, wald- und wasserreiche Insel Madeira durch João Gonçalvez Zarco und Tristam Vax Teixeira wieder entdeckt worden, und Don Enrique von Portugal, dieser geniale Prinz, hatte 1425 die Insel besetzen und den Zuckerrohrbau einführen lassen.[6] Der Erfolg wird durch unsere Briefe schärfer als durch alle

---

[1] 3, 7. 15. [2] 3, 11. 15. 19. 21. [3] 3, 198. 206. [4] 3, 198 f. [5] Hier weichen die Angaben ab, die Rechnung von Lila und der Ladebericht haben 72 Kisten, andere Papiere Grünenbergs reden von 84 Kisten. [6] Vgl. Beazley in American historic. review 17, 264 ff. v. Lippmann 248 f.

bisher bekannten Zeugnisse beleuchtet.[1] Der „portugalsche" Zucker machte den valencianischen in Brügge unmöglich, obwohl offenbar vorher ein erheblicher Teil davon nach Flandern gegangen war.

In Nürnberg schliß man wenig. So blieb von den Märkten Lyon, wo die Gesellschaft mehrere Jahre an ihm Verluste hatte oder gar wenig verkaufte,[2] und dann noch Oberitalien übrig. Unter solchen Umständen beginnen unsere Ravensburger Akten. Wir sehen, wie die Gesellschaft und ihr Vertreter Jacob Rudolf den Entschluß faßten, sich die Fessel abzustreifen, die sie an den Zuckerhandel band. Jacob Rudolf entschloß sich, den Meister Santafé, der dann in die Dienste des Grafen von Oliva trat, und den Knecht zu entlassen,[3] Kessel und Formen nahm man in die Kammer des großen Hauses. Dieser Entschluß, das Raffinador aufzugeben, fand in Ravensburg die vollste Billigung, man glaubte, wenn es dem portugalschen Zucker einmal in Lyon glücke, so werde er auch dort den Valencianer vertreiben, er möge in Valencia gelten, was er wolle.[4]

Das große Risiko, die große Arbeit und das viele Geld darauf machten nicht gutes Blut. Man überwand den Gegengrund, daß mit dem Zucker das in Valencia erlöste Geld bequem aus dem Lande zu bringen war. In Ravensburg wollte man das Zuckerhaus verkaufen, in Valencia aber hatten die Gesellen das Haus auf zwei Jahre an einen Geschäftsfreund Catolan vermietet mit Gerät (Kesseln und Formen) für 50 ℔ fürs Jahr. Ihm bot man das Haus mit dem Geschirr zum Kaufe an und wollte statt Geld Zucker nehmen, man forderte 700 ℔, hätte es aber für 600 ℔ gegeben, wenn er nur auf sofort 15 carg Zucker zu liefern übernommen hätte. Dieses Mal zerschlug sich der Handel. Inzwischen war Hans Hinderofen und Hans Conrad Muntprat aber der Sinn gewendet. Aus Flandern schrieb man von hohen Preisen von 9 und 10 g⁰ für portugiesischen, von 15—20 g⁰ für Valencianer, und daß auf Madeira das Holz zu fehlen beginne. Auch in Valencia schlug der Preis auf. Die beiden rechneten mit einer Waldverwüstung, die allerdings später in den unteren Regionen eingetreten ist, in Flandern müsse man das wissen. Sie hatten gehört, Santafé sei kein nützlicher Meister gewesen und unordentlich damit umgegangen. Sie meinten weniger „despesa" machen zu können und wollten sich auch nicht so darauf verlegen als vor Zeiten. Auch könne man in Valencia verkaufen, was man

---

[1] Vgl. zum Folgenden 3, 73. 85. 104 ff. 111. 113. 131. 144 f. Über die Erfolge der Besiedlung, insbesondere den Zuckerbau, berichtet von seiner Seefahrt 1454 Ca da Mosto bei Remussi, Navigazioni e viaggi, 1, 98. Danach etwa vor 25 Jahren eingeführt. Über den Anbau auf den Kanarischen Inseln berichtet Münzer, Itinerarium, S. 23 f., nach den Aussagen eines in Valencia mit Sklaven sich aufhaltenden Sklavenhändlers. Schon Hartmann Schedel, der Zeitgenosse, schrieb übrigens von Madeira: „Inter tamen ceteros fructos aptissima est ad procreandum, zuccarum, quod tanto fenore ibi nunc conficitur, ut universa Europa zuccaro plus solito habundet." Bl. CCXC. [2] 3, 56 f. 144. [3] 3, 56 f. Den Grafen von Oliva erwähnt auch Münzer als einen mächtigen Herrn. [4] 3, 73. Noch 1475 hatte man denen in Valencia die Erlaubnis gegeben, 100 Zentner hinzuzukaufen, 3, 18.

nicht nach Frankreich, Genua und Mailand verschiffen wolle. Zucker de una cuita wurde billig angeboten. Doch diese Gründe verfingen in Ravensburg nicht, und wie es scheint, wurde 1479/80 das baufällige Gebäude und die Geräte, die als wertvoller bezeichnet werden, verkauft, und als Hinderofen an die Spitze der Gesellschaft trat, hat er nicht etwa versucht, ein neues Zuckerhaus aufzutun.[1]

Das Geschäft des Jahres 1479 läßt sich genau überblicken. Nachdem im Jahre vorher der Preis für den Zentner in Valencia von 46 in 47 ℔ auf über 50 ℔ für die Carga gestiegen war, gelang es den Faktoren im folgenden Jahre zwei gute Stichgeschäfte abzuschließen, sie gaben dafür Ravensburger Leinen und (Mailänder?) Barchent hin, rechneten die 12 Zentner fein zu 37 ℔ 10 β und die 4 Zentner Mastu(ro)s auf 34 ℔. Einmal gekochten hätten sie für 15 ℔ haben können. Die Ablieferung erfolgte, obwohl wegen einer sehr lange andauernden Regenperiode nur die Hälfte des Zuckers im Lande raffiniert werden konnte, die Ware war freilich etwas naß, aber doch nicht so wie die anderer Käufer, deren Zucker aus den Kisten zu laufen drohte, ehe sie ins Schiff gelangt waren. Es waren viele Käufer da, Mötteli nahm mastus zu 36/37 ℔, fein zu 40 ℔, die Franzosen gar zu 41/42 (elend Gut). Jener konnte 60 Kisten aussenden, diese zunächst nicht für einen Heller.[2] Die Gesellschaft verschiffte 36 Kisten nach Avignon und Lyon, und zwar 14 Kisten über Aigues-Mortes, 22 über Bouc, von Lyon leitete man davon 8 nach Ravensburg, und die Herren schickten diese Kisten nach Nürnberg. 6 Kisten gingen zu Schiff nach Genua.[3] In Genua kamen die 6 Kisten auf der Gallea Ferrandina zurecht an, er wurde dort bis auf 1½ Kisten sofort verkauft und rechnete Kloter darauf einen Gewinn von 16%. Die von Valencia hatten den feinen bis ins Schiff gelegt ausgeschrieben zu 42 ℔ und den maistures zu 38 ℔ den Zentner, zu solchem Gelde wünschte Kloter mehr zu erhalten, auf alle Passagien. In Nürnberg wurde ein Teil mit gutem Nutzen verkauft. In Lyon war nicht aller verkauft worden, er wollte es nicht mehr tun als vor Zeiten. Hierher kam dann noch eine zweite Sendung, die am 9. September von Valencia auf der Gallea „Frantzia" nach Aigues-Mortes war geladen worden.[4] Die Rechnung ergibt folgendes Bild:

	8 Kisten fein ℔ Val.	fl	g	7 Kisten mastus ℔ Val.	fl	g
Valencia ins Schiff gelegt	168 =	450.	—	139 =	349.	5.
Nolit		25.	—		22.	11.
Unkost zu Aigues-Mortes		5.	—		4.	8.
Fuhrlohn usw. Lyon		24.	—		21.	—
		504.	—		398.	—
Erlöst		586.	6.		483.	—
Gewinn		82.	6.		95.	—
Angegeben in %		16%			22%	
Lyon. Verkaufspreis pro Pfund	6 g⁰ 1½ quart			6 g⁰		
Gewicht	1104 ℔ Genfer			966 ℔ Genfer.		

Außerdem verkaufte die Gesellschaft in der Allerheiligenmesse noch weitere 12 Kisten fein, 6 zu 6 g⁰ 1½ quart, 5 zu 6 g⁰ 1 quart und 1 zu 6 g⁰. Der Gesamterlös aus allen 27 Kisten belief sich auf 1937 fl 9 g⁰. Sie behielt 51 Brote übrig.[5]

[1] 3, 98. 105. 111. 113f. 144f.   [2] 3, 104f. 113f. 121.   [3] 3, 121. 124. 134. 145f
[4] 3, 130. 145f. 260.   [5] 3, 209ff.

Wir dürfen glauben, daß in diesem Jahre die Gesellschaft recht zufrieden war. Leider sind die Angaben für andere Jahre weit unvollständiger.

Solange das Zuckerhaus bestand, hat man wohl gelegentlich zugekauft. Später war das natürlich die Regel. 1480 kaufte man von Bernhart Catolan 106 Kistlein = 53 Zentner. Eintretendenfalls verkaufte man davon in Valencia.[1]

Für die Zeiten nach dem oben schon behandelten Jahre 1479 ist es bezeichnend, daß in Flandern und Deutschland der Zucker nur noch zu Anfang erwähnt wird, ebenso geht es in Lyon und Genf. Nur auf den Märkten von Genua und Mailand wußte er sich zu halten.

Flandern. 1479 wollte die Gesellschaft dorthin etwas senden. 1480 4 Kisten dort, wollte nicht über 12 g⁰ gelten, hatte den Gesellen $^{1}/_{4}$ g⁰ weniger gekostet. Hofften auf Bamasmarkt. In den Zeiten des Krieges mit Frankreich wäre Zucker auch für England in Frage gekommen, aber man hatte ja dort kein Gelieger.[2]

Nürnberg. Die Rechnung Lutz Geßlers 1479/80 hat als Bestand 4 ganze Kisten mit Kandi und 24 ℔ offenen Zucker, dazu kam 1 Kiste Kandit von Nördlingen und von Ravensburg in 3 Ballen 12 Kisten = 72 Rubb, davon 10 Kisten fein und 2 mastures. Er verkauft den Zucker meist nach Kisten (125 ℔), aber auch bis zu 17 ℔ hinab in 15 Posten zusammen 1497 ℔ 12 lot, gehandelt wurde zum Preise von je 3 ℔, um 1 fl 10 β bis 1 fl 15 β, der Erlös betrug 504 fl 4 β. Zucker Kandit (463 ℔ 14 Lot) wurde in viel kleineren Posten (von 1 ℔ bis 122 ℔ 16 Lot) und zu recht verschiedenen Preisen (6—8 β) verkauft. Der Gesamterlös beträgt 153 fl 5 β 3 den. Blieb ein Bestand von 62 ℔ Nürnberger Gewicht. Auf Verkauf in Nürnberg wurde noch öfter gerechnet, später aber wird der Zucker nur noch in den Kursberichten genannt.[3]

Avignon. Hops verkaufte 1479 dort einigen Zucker, und von Ravensburg aus ermunterte man ihn, das einst ertragreiche Geschäft wieder aufzunehmen.[4]

Lyon. Der Verkauf auf der Zwölfermesse 1478 war recht übel.[5] Klaus Bützel hatte erhalten von Avignon 40 Kisten fein Zucker, es blieben ihm 30; 26 Kisten mastus, es blieben ihm 14; Zucker Kandit, es blieben ihm 5, zusammen verkauft 66 Kisten, es blieben ihm 49.

Der feine ging weg zu $6^{1}/_{2}$ g⁰ Sav. und Jenf. ℔, der Mastus zu 6 g⁰ und der Gesamterlös betrug 1644 fl corrent 6 β.

Sommer 1480 war die Gesellschaft voller Hoffnung auf ein gutes Geschäft in der Augustmesse. Die in Valencia hatten einen schönen kaufmännischen Anschlag gemacht und das vor anderen eine rasche Reise gesichert. Hatten sie Erfolg? Wir wissen nur, daß 13 Kisten von dem Fuhrmann in die Durance geworfen wurden und nun eine lange Verhandlung über dessen Ersatzpflicht begann.[6]

Bei dem Meßzettel der Allerheiligenmesse von 1480[7] ist das Gewicht angegeben nicht nach dem Betrage von Valencia, die Kiste wog nicht 50 ℔ Valencia, sondern 138 ℔ Genfer = 150 ℔ Lyoner, die Preise schwanken

---

[1] 3, 59. 183f. [2] 3, 145f. 174. 419. 423. [3] 3, 178f. 181. 338. 340. 344f. 348. 349. [4] 3, 134. 177. [5] 3, 208. [6] 3, 173f. 176f. [7] 3, 211f.

zwischen 63 fl 3 β und 70 fl 3³/₄ β für die 18 verkauften Kisten Zucker fein und zwischen 60 fl 11¹/₄ β und 69 fl für 15 verkaufte Kisten Mastus. Für rund 167 ℔ Zucker Kandit löste man 100 fl 9 β 8 den. Es blieben übrig 11¹/₂ Kisten Zucker fein, 3¹/₂ K. Mast. und 1 Kiste Zucker Kandi. Die Befürchtungen der Ravensburger schienen eingetroffen zu sein. Vor der Allerheiligenmesse waren die Schiffungen, vor allem aus der Berberei, gekommen, alle Winkel mit Zucker gefüllt.[1]

Für Genua hielt man noch 1478 den Zucker für eine geeignete Ware. Er wird auch später öfter erwähnt, namentlich ging er nach Mailand weiter und die Versorgung war noch ziemlich regelmäßig.[2]

Für Genua und Mailand finden wir eine Reihe von Gewinnangaben. 1505 ertrug Zucker fein in Mailand 11%, und d lamadores (mastus?) ebenfalls 11%, im Herbste Zucker fein 14%, 1507 in Genua nur 6%, aber da seien Unkosten von Seide darauf gerechnet worden. Man wünschte zu Mailand, auf allen Passagen 10 in 12 Kisten zu erhalten, in Genua war man 1507, da die Konkurrenten keinen hatten, sehr hoffnungsreich. Aber es handelte sich nie um große Beträge. Einst hatte man von Ravensburg aus geschrieben: Allweg müssen wir Zucker haben, man verliere oder gewinne daran, allmählich war das Zuckergeschäft vergangen.[3]

Auch die neue Gesellschaft hatte sich auf dieses Geschäft geworfen, wie die Mötteli. Diesen hatte eine Zeit es gar wohl getan, gutes Gut zu kaufen. Von den Ankenreute wurde vor allem Genua mit Zucker versorgt, die ihn gegen bar in Valencia einkauften und in Genua allweg guten Kauf gaben.[4]

Das Zuckergeschäft von Valencia ist später ganz eingegangen, ja, wie in Sizilien, selbst der Zuckeranbau fast völlig verschwunden. In heutiger Zeit zieht der Pflanzer Spaniens nur noch an der Meeresküste des alten Königreichs Granada zwischen Adra und Marbella in einzelnen Vegen das Zuckerrohr, in der Huerta von Valencia ist diese Kultur fast verschwunden; die letzten Reste bei Gandía und in den Dörfern Benirredra und Benipeix sind auch wohl am Verschwinden. Nur noch im Angesichte von Afrika wird der Anbau noch geübt.[5]

Melasse, Syrup, der bei dem unvollkommenen Auspressen des Zuckerrohres einen hohen Betrag erreichte, finde ich in Valencia auch in den Tagen des Zuckerhausbetriebes selten erwähnt. Flandern bestellte 1478 20—30 Karratel Syrup. 12 Fäßlein gingen 1479 nach Flandern, 30 weitere rüstete man für sie zu, 23 wurden dann verschifft. Bald hielt man es für das beste, ihr müßig zu gehen.[6]

---

[1] 3, 173. 178f. [2] 3, 84. 102. 182. 184. 188f. 220. 270. 273. 275. 284. 290. 294. 296. [3] 3, 59. 145. 275. 284. 287. 290. 296. 302. 310. [4] 3, 302.

[5] Über die jetzige Verbreitung vor allem Mitteilungen von Professor Dr. Quelle in Bonn. Die 30 spanischen Rohrzuckerfabriken liegen alle zwischen den genannten Küstenorten (Mapa de las fábricas de azúcar de España, Magdeburgo 1903). Gandía und die beiden Dörfer noch bezeugt von Christ. Aug. Fischer, Gemälde von Valencia (1803) 1, 140. Daß der Zucker aus der Huerta von Valencia verschwunden ist, bezeugt J. Brunhes, L'irrigation dans la Péninsule Ibérique et dans le Nord de l'Afrique, Paris 1904, S. 65, Anm. 2. Danach ist Willkomm, S. 89, zu berichtigen, der vom Anbau in den valencianischen Niederungen und im Seguratale redet. [6] 3, 100f. 185. 409. 431.

§ 114. Reis. Anbau bei Valencia. Ankauf und Vertrieb. — Datteln, Mandeln. Anis. Kümmel. Getrocknete Weinbeeren. Kapern. Pflaumen. Zitronat. Pomeranzenöl. Civado de capelan. Konfekt. Aigua naf. Fynettada. Abra de terra. Blatz de terra. Plattisge.

Die Huerta von Valencia, diese fruchtbarste Landschaft der Erde, bietet noch heute, dank der Bewässerungsanlagen, in ihren niedriger gelegenen Teilen, namentlich um das landschaftlich schöne Haff, um die Albufera, aber auch an den Ufern des Rio Jucar und an dessen Nebenfluß Albaida der Reiskultur eine günstige Stätte.

Einer Weizenernte folgt noch in demselben Jahre auf demselben Felde die Ernte des Reis. Die Kunst der Araber in dem Bau und der Pflege der von ihnen hierher verpflanzten Staude ist auf ihre getauften Nachkommen übergegangen, aber auch er ist gegen früher zurückgegangen. Um 1820 war aber der Ertrag noch 140000 Last (à 10 arrobas), heute 1900000 Doppelzentner im Werte von 63,3 Millionen Pesetas.[1]

Der Handel mit Reis war durchaus spekulativer Art. Noch war er weit von dem heutigen Verbrauche entfernt, ja er war kaum bekannt und hatte keinen festen Bedarf. Da die Ernte in das Ende des September fällt und den Winter über keine Schiffe gingen, sammelte man auf die ersten Frühlingspassadien. Seine Zeit war in den Fasten, da mußte alles gesammelt sein.[2] Wann in die oberitalienische Tiefebene, wo der Reisbau noch heute eine gewaltige Ausdehnung hat, er übertragen wurde, ist zweifelhaft. 1475 war der Reisbau mindestens in den Parken des Herzogs Galeazzo Maria Sforza eingeführt.[3]

Jedenfalls hat die Gesellschaft auf italienischem Boden nur Versuche gemacht. Da man 1474 nach neuen Wegen suchte, um das Geld in Waren aus Valencia zu bringen, sandte man als Probe 10—12 Ballen nach Venedig. In allen Papieren aus Italien fand ich sonst nur eine Kursnotiz, die sich aber auch auf italienischen Reis beziehen kann.[4]

Anders stand es um die Rhonelandschaft. Anfang 1475 wurde von Ravensburg aus angeordnet, bei günstigem Preise solle man 200—300 Ballen nach Lyon, nach Avignon auch etwas senden. Februar 1476 wurden in Bouc abgeladen 70 Ballen, ihnen folgten im Juni 51 Ballen.[5] Bei einer Mißernte um Avignon im Herbste 1477 hatte Hops seinen Reis zu billig verkauft, man beorderte neuen. 1479 gingen 30 Ballen dorthin.[6] Auch 1480 erhielt er Sendungen.[7] Da Reis später fehlt, so muß der Handel in dieser Richtung unvorteilhaft gewesen sein.

---

[1] De Laborde 2, 409. In der Provinz Valencia sind ungefähr 24000 ha dem Reisbau unterworfen, es entspricht dies ungefähr 86% der gesamten spanischen Reiskultur. Rikli, Botanische Reisestudien von der spanischen Mittelmeerküste (Zürich 1907), 129 f. Der heutige Ertrag nach Geogr. Zeitschrift 1913, S. 42 f. Vgl. auch Bachmann, C., Der Reis, Marburger Dissert. 1912. Danvila y Collado, Memoria sobre el cultivo del Arroz en el Reino de Valencia 1853, war mir nicht zugänglich.
[2] 3, 59. 85. [3] Oben 1, 252. [4] 3, 7. 287. [5] 3, 15. 228. 233. [6] 3, 59. 106.
[7] 3, 177. 184.

Sehr viel größer war das Bedürfnis für **Flandern**. 1477 begegnen 5 Ballen. In Valencia ging man etwas zaghaft zu und in Ravensburg meinte man, sie lägen zu lange in Armbrust. Gelegentlich verkauften die Gesellen auch schon in Valencia, womit man aber in Ravensburg nicht einverstanden war.¹ Ihnen erschien ein Verkaufspreis von 13 β in Flandern als gewinnreich. Sie ordneten also auf Frühling 1478 die Absendung von 100—150 Ballen an, die von Brügge hatten 150—200 bestellt.²

Von der nächsten Ernte sandte Frühling 1479 die Gesellschaft bei hohem Ankaufspreise 160 Ballen nach Flandern, im ganzen waren auf 4 Passadien dorthin 1500 Ballen gegangen. Mit Recht begleiteten die Valencianer diese zu hohen Preisen gekaufte Masse, die den Bedarf weit überschritt, mit ernsten Sorgen. Von Flandern wollte man 150 in 200 Ballen, so entschieden sich ihre Gesellen in Valencia, sie bis auf 100 Ballen zu ergänzen, wenn er abschlüge, mehr zu kaufen.³ Für Valencia galt als richtiger Preis 40 in 45, ja in 50 β, in diesem Frühling hatte die Gesellschaft zu 54 β 10 ₰ gekauft, andere zu 58 in 60.⁴ Nun fürchteten sich die in Brügge, es komme Reis für 52 in 55 β, was über 46 β kostete, wäre ihnen leid. Der Verkauf vollzog sich sehr schwierig. Es trat ein Preissturz auf 9 β ein. Wenn im Frühling 1480 nicht neue Ballen nach Brügge kamen, so verkaufte die Gesellschaft bis dahin 113 Ballen. Unter Kaufleuten waren im Juli des nächsten Jahres noch 700 Ballen ohne die 300, so innerhalb eines Monats um 8 β 7 β 4 waren verkauft worden. Die Humpis hatten noch 47 Ballen. Einige Kaufleute wollten sich retten durch Aufkaufen zu 7 β 2 in 3 und meinten, sich der Humpisschen zu bedienen. Diese aber lehnten ab.⁵ Der Preis in Valencia hielt sich hoch, im August 1480 stand er noch über 50 β. Bei solcher Lage kaufte Hinderofen gar nichts ein, die zu Ravensburg waren sicherlich damit einverstanden, um so mehr, da der eigene in Antwerpen 9 β kostete, wo der Preis nur 8 β 6 war.⁶ Das ist die letzte Nachricht über flandrischen Handel.

Nur im Sommer 1478 hatten die in Brügge wirklichen Nutzen gehabt. Sie verkauften sofort den ganzen Bestand zu 11 β, trotz hoher Securität und Nolit hatte man an dieser Ware 28%; wenn sie Nolit gegeben hätten gleich anderen, hätten sie über 38% gehabt. Das Wort „Wisset, das Reis ist noch wert hier", war bald eine Unwahrheit geworden.⁷

In Nürnberg erhielt Geßler von Ravensburg her 1480 2 Ballen Reis, er verkaufte 3 quintal (à 100 ℔), 15 ℔ zu je 3 fl den quintal und erzielte 9 fl 8 β.⁸

Es handelt sich um eine so billige Ware, daß sie nur unter günstigen Umständen sich im Handel erhalten konnte. Die Ravensburger haben sie früher gepflegt, später offenbar aufgegeben.⁹

Das Gebiet der **Dattelpalme** reicht bis nach Spanien, in der Huerta von Alicante bei Elche ist der nördlichste große Palmenwald, das europäische Beispiel einer afrikanischen Datteloase der Sahara. Die Früchte kommen allerdings nur durch künstliche Befruchtung zustande und haben auch nur einen geringen Grad von

---

¹ 3, 85. 401. ² 3, 59. 85. 409. ³ 3, 100f. 115. 120f. 147. ⁴ 3, 15. 59. 100. ⁵ 3, 120f. 423. ⁶ 3, 184. 432. ⁷ 3, 413. ⁸ 3, 345. 347. 350. ⁹ Wenn 1435 Konrad Spadeli (wohl für sich) aus Barcelona 1 Rubb ausführte, so blieb er doch allein. Barcelona hatte gegenüber Valencia keinen Markt in dieser Ware.

Süßigkeit,[1] die Nutzung des Baumes ist heute der Verkauf der Palmblätter. Er war durch den Kalifen Abderrhaman 756 nach Cordova verpflanzt worden. Valencia war für diese Frucht der Ausfuhrhafen,[2] doch kamen sicherlich damals schon wie später ganz erhebliche Bestände aus Nordafrika herüber, das von Bengasi bis Ceuta das eigentliche Dattelland ist. Sonst hätten im Jahre 1479 schwerlich 400 q̊ auf einem einzigen Schiffe nach Flandern gebracht werden können. Die Gesellschaft traute dieser Frucht nicht viel und glaubte nur auf ein Stichgeschäft — allerdings bis zu 100 q̊ — sich einlassen zu sollen.[3] Auch von Barcelona findet sich einmal (1438) eine Ausfuhr von 27 q̊ im Werte von 30 ℔ 12 β, das werden wohl nordafrikanische Datteln gewesen sein.

Die Frucht des Mandelbaumes (Amygdalus macrocarpa) ist an den Gestaden des Mittelmeeres im Mittelalter weit verbreitet gewesen. Im mittelalterlichen Handel wird sie öfter genannt, durch unsere Quellen tritt die Bedeutung von Valencia abermals hervor, noch heute gelten die von Malaga, Valencia und der Provence als die besten. Vor allem wird in unseren Papieren auch Jativa genannt,[4] auch an der Küste kaufte man auf,[5] wo auch Kaufleute von Burgos (oder Bordeaux) einkauften. Jos Schedler sagte dem Arzte Münzer bei dessen Anwesenheit in Alicante, daß aus einem kleinen Orte jährlich 70 Saum süßer Mandeln nach Flandern, England und anderswohin ausgeführt würden und unendlich viel Reis.[6]

Bei dem Schwanken der Ernte, die gegen Fröste sehr empfindlich ist, schwanken die Preise enorm. Während 1478 die Carg unter 80 β, ja zu 70 β zu haben war, ging sie im nächsten Jahre auf 85—95 β,[7] im folgenden auf 116 β.[8]

Die Verladung fand zu Valencia und Alicante statt[9] und ging vor allem nach Flandern,[10] dann aber auch nach Lyon,[11] Genf,[12] Ravensburg[13] und Nürnberg,[14] sowie nach Mailand. Hier handelt es sich aber vielleicht um provenzalische Mandeln.[15] Auch in Genf werden sie gekauft.[16] In Valencia waren 1477 mindestens 100 Ballen gekauft worden,[17] 1478 100 bis 150,[18] 1479 100—150—200 Ballen,[19] 1480 80 Last = 160 Ballen.[20] Der Ertrag ist nur in 2 Fällen deutlich. 1478 war man in Flandern mit einem Verluste von 3 %, noch zufrieden, hätte schlimmer gehen können. Man hatte spät im Jahre einen großen Kauf gemacht und dann nicht schnell genug verladen. Andere Kaufleute, Spanier aus Valencia, hatten noch mehr verloren. Eine ernste Beschwerde über die Valencianer ging nach Hause, auch mit der Verpackung waren sie sehr unzufrieden.[21] Bei seiner Abrechnung zu Mailand stellte 1505 Hans einen Gewinn von 11 %, fest, sie kamen von Genua als Genueser Ware.[22]

---

[1] Kirchhoff, Die Dattelpalme, Ergänz.-Hefte zu Petermann, Geogr. Mitteilungen, Bd. 14, 1881. [2] Pasi 186v. [3] 3, 101f. 184f. [4] 3, 84f. [5] 3, 184. [6] Münzer, Itinerarium, S. 33. [7] 3, 101. [8] 3, 182. [9] 3, 84f. [10] 3, 89. 324f. 1505 hatte Ernlin in Antwerpen 2 Ballen erhalten. (Stadtarchiv Antwerpen, Certificatieboeck 1505—1509, Blatt 1a). [11] 3, 214. [12] 3, 24. [13] 3, 17. 29. 195. [14] 3, 195. 6 Faß. [15] 3, 287. [16] 3, 214. [17] 3, 59. 401. [18] 3, 409. [19] 3, 101. 121. [20] 3, 184. 431f. [21] 3, 421. [22] 3, 287.

Anis. Das kastilianische und katalanische Wort batafalua geht auf das arabische habbat alhulua zurück und bezeichnet die Anispflanze, Pimpinella anisum, deren Anbau bis Thüringen vorgedrungen ist, doch in den trockenen Feldern Spaniens gut gedieh. Da sie auch in Italien gut geriet, ist es sofort verständlich, daß sie nur im Verkehr mit Flandern vorkommt. Auch Valencianer brachten diese Südfrucht nach Brügge.[1] In Flandern war Anis eine gangbare Ware.[2] Aber die Gesellschaft hatte keine gute Erinnerungen und nur bei gutem Preise (nicht über 7 β) sollten die Valencianer höchstens 10 Ballen kaufen; der Tage eins kommt seine Zeit auch. 1480 hatte man in Antwerpen noch 7 Ballen.[3]

Der römische Kümmel (Cominum cyminum) ist eine Pflanze Nordafrikas, Südspaniens, Siziliens und Maltas. Der spanische ward schon von den Römern sehr geschätzt. Noch heute wird er in Katalonien, Valencia und der Mancha als Gewürzpflanze im kleinen angebaut.[4] Der Valencianer Kümmel war in Flandern gut eingeführt, vorwiegend wurde er in Alicante verfrachtet. Münzer schreibt: „Item ciminum in maxima copia, quod ex Alakant in Flandriam mittunt."

1476 1 Ballen auf dem Wege nach Avignon. In Valencia kaufte man 1477 viel zu viel.[5] 1478 hatten die Gesellen in Antwerpen und Brügge 42 Ballen verkauft und ihre Sorge, viel daran zu verlieren, erwies sich als unnötig, man verkaufte ihn alle Tage, soviel auch auf dem Markte war, denn Valencianer Kümmel hatte man lieber als allen. Man hatte noch 44 Ballen und bestellte noch 50. 1479 wurden zu Alicante 4 Ballen per Flandern geladen, erwerben wollte man noch 30 in 40 Ballen.[6] 1480 war auch für den Kümmel Myngot in Alicante der Kommissionär, er sollte bis 30 Ballen kaufen, gleichzeitig hatten die in Flandern noch 24 Ballen (= 84 Quintal) unverkauft, durch die Schuld der ligadores und garbeladores war die Frucht nicht sauber, jetzt wurde in Flandern zum Verkaufe „schön gemacht".[7] In Lyon und Genf erscheint er nur beiläufig.[8] Die Ankaufspreise schwankten für die Rubb zwischen 5 und 8 β 6. Nach 1480 ist der Kümmel völlig aus den allerdings sehr spärlichen Papieren der Gesellschaft verschwunden.

Die „Früchte" des Feigenbaums spielen nur eine ganz bescheidene Rolle. Die reiche Ernte guter Feigen erfolgte in Spanien weiter südlich von Alicante ab. Es war eine Ware, die von der Gesellschaft nur ganz beiläufig geführt wurde, hauptsächlich um Ravensburg selbst zu versorgen,[9] als Handelsobjekt erscheinen Feigen sonst nur in Genf im Verkauf und in Barcelona und Lyon im Ankauf.[10] Gekauft wurden sie sonst vom Gelieger in Valencia.[11] Das einzige größere Geschäft wurde 1426 in Barcelona abgeschlossen über 116 Quintal.[12] 1431 wurden auch 7 Feigenbrote ausgeführt, 1443: 30 Stück; auch 1474 erscheinen große Feigenbrote.[13]

---

[1] Vgl. Sieveking, Medizäer, S. 45.   [2] Vgl. Hans. Urkundenbuch, Bd. 9, S. 24, Anm. 3. 3, 420, Anm. als Ausfuhr aus Kastilien.   [3] 3, 59. 101. 184. 414. 423. 431 f.   [4] Willkomm, Grundzüge der Pflanzenverbreitung, 334.   [5] 3, 59. 85. 228.   [6] 3, 100 f. 121. 409. 413 f.   [7] 3, 184. 422. 431 f.   [8] 3, 3. 228.   [9] Ein Pfund kostete bis Ravensburg 7½ ₰. 3, 17.   [10] 2 Ballen (netto 256 ℔). 3, 24. 214.   [11] 3, 147.   [12] Zollbuch. dann noch 1430 2 arrobas, 1431 weniger als 1 Quintal.   [13] 3, 17. 147.

Getrocknete Weinbeeren (kat. pansa, lat. uvae passae, Rosinen das wohl von lat. racemus = Weintraube abzuleiten ist) waren früher von der Gesellschaft wenigstens zeitweise in größerem Umfange geführt worden, aber ohne Glück. Infolge der Verbesserung der Schiffahrt, die es gestatte, noch in der Fastenzeit davon nach Flandern zu bringen, regte 1479 Hinderofen an, in Valencia 200 ℔ darauf anzulegen, was ungefähr 300 Quintale ausgemacht haben würde. Aber die Herren in Ravensburg waren dagegen.[1] Die pasas de Valencia dürften damals einen ähnlich guten Ruf gehabt haben wie heute die aus Oliva, Denia und Alicante, wie denn auch Münzer die der Gegend zwischen Valencia und Alicante rühmt, er schildert die Herstellung. Die Sarazenen legen im August acht Tage die reifen Trauben in eine Aschenlauge, die sie dann kochen und in sie mit einem durchbohrten Löffel die Trauben halten. Diese trocknen sie 8—10 Tage auf Schilfmatten und füllen sie dann in Gefäße und Körbe aus Espartogras. 10—15 000 Zentner würden davon in ganz Europa verbreitet.[2]

Ältere Zeiten: Ausfuhr durch Perpignan 1426 37 Ballen = 34 Quintal 1 Rubb weiße pansa dolenta (schlechte) im Werte von 34 ℔, 1427 26 Quintal pansa blancha ben dolenta e perduda im Werte von 48 ℔, die auf einer Barke von Valencia kam. Ausfuhr von Barcelona 1426 60 Quintale, 1430 22 Rubb, 1431 weniger, 1434 10 Quintale im Werte von 9 ℔, 1443 2 Quintal 3 Rubb und 12 Körbe. In Nürnberg verkauft Geßler 338 ℔ = 16 Körbe, Erlös 20 fl 11 β 9 ℔. Von Mailand kommende waren wohl italienischen Wachstums. Auch zu Genua wurden 25 Körbe zu je 20 g⁰ angekauft.[3] Endlich bezog man für sich und die Gesellen kleinere Quanten, deren Herkunft nicht immer sicher festzustellen ist.[4]

1479 regte Hinderofen von Valencia aus an, darauf 200 ℔ anzulegen, bei dem Preise von 12 β 6 lo Quintal wären das 300 Quintale gewesen. Die Lage sei geändert, denn durch die schnellere Fahrt der neuen Schiffe kämen sie schneller nach Flandern zu Markt. Einigen Leuten tue das Geschäft wohl.[5] Die Herren waren dagegen.[6] Es wurde nichts daraus.

Ein paarmal begegnen auch Kapern, die unentfalteten Blütenknospen des auf den Balearen wildwachsenden Kapernstrauches (Capparis spinosa), katal. tapara genannt.[7]

1505 ging ein Lägelein Tappers von Genua nach Norden, 2 kleine Lägelein mit 64 ℔ „tapares de Ewissa", also von Iviza, einer der Balearen her rührend, ging 1479 zu Schiff von Valencia an die Herren heim. 1479 kosteten in Genf Noffre Humpis 12 ℔ 2 fl 9 ℔, 1477 bezog Ottmar Schläpfer ein Fäßlein von Genua. In Valencia kostete das Pfund ins Schiff gelegt etwas mehr wie 11 ℔.[8]

Pflaumen (kat. pruna). 1477 wurden in Genf 63 ℔ prunes für 8 gr. gekauft.[9] Ein saccus prunorum de Ispania im Zolltarife von Damme (1252).[10]

---

[1] 3, 102. 147. Der Quintal kostete damals 13 β 6 ℔. [2] Itinerarium, S. 32. [3] 3, 25. [4] 3, 19. 29. 147. 228. [5] 3, 102. [6] 3, 147. Rosinen von Malaga. Hans. Urkundenbuch 3, Nr. 624. Vgl. S.420 Anm. [7] Vgl. Erzherzog Ludwig Salvator, Balearen, 1, 267. [8] 3, 25. 58. 70. 122f. 280. [9] 3, 25. [10] Hans. Urkundenbuch 1, 145.

Pomeranzenöl. Öl aus den Blättern des Citrus vulgaris (poma arancii, kat. naronja) findet sich nur einmal. 1475 war ein „hut" nach Ravensburg gekommen, zugleich mit Mandeln, also wohl aus Valencia.[1] Dieser indische Baum war durch die Araber im 11. Jahrhundert nach Spanien verpflanzt worden.

Zitronat. Der Limonenbaum (Citrus Limonum) war durch die Araber in Spanien eingeführt, ist auch an der Riviera von Genua nachgewiesen, wohl auch sonst. Einen Handelsartikel machte die Gesellschaft nicht daraus, aber für ihren Haushalt ließen sich 1479 vier vornehme Gesellen je einen Topf Zitronat kommen.[2] Es handelt sich also um in Zucker eingemachte grüne Schalen der Früchte wohl von Citrus medica.

Pinyons. Die Josumpis führten 1443 13 ℔ puyons aus, der Preis ist nicht festzustellen.[3] Vielleicht ist zu lesen pinyons. Kat. heißt pyniol Kern, Nuß; pinyo Fichtensamen. Nüsse gäbe einen Sinn. Pinyons stehen im Barceloner Zolltarife hinter Wein unter den Lebensmitteln.

Civado de capelan. Ein Ballen syvada de Capalans (auch syva geschrieben) wurde Februar 1476 von Valencia kommend in Bouc abgeladen und dann in der Richtung nach Genf weiterbefördert.[4] Ein Sack sivada de capillans — im Werte von 5 ℔ 4 β — war als für den Hausgebrauch bestimmt, vom Zolle in Barcelona 1480 zollfrei.[5]

Auch in Saragossa sollte man einen Sack mit siwada kaufen und heraussenden.[6] Dann hatte man von Valencia sich bestellt, aber die Sendung war ganz nichts wert, viel Sand und polc (kat. polc = Staub) war darin. Nun gab man nach Barcelona den Auftrag, 100—150 ℔ guter sivada de cappelans zu bestellen. „Unser Spezereihändler machte uns einst sehr gute."[7] Es war also eine trockene Mischung von wohlschmeckenden Kräutern. Und in der Tat enthält das neuprovenzalische Wörterbuch von Mistral die Deutung für civado de capelan gleich poivre, franz. heißt civet der Hasenpfeffer.

Konfekt. Jos Meyer bezog von Mailand von 4 Schachteln Konfekt für 1 fl rh. = 3 ℔ 3 β Mail. und ebenso Konrad Humpis deren 2. Eine Kiste mit Konfekt ging 1476 von Valencia nach Bouc, dazu nicht weniger wie 9 costal „der Herren Frucht", wohl eingemachte Früchte.[8] Diese, namentlich wenn sie mit Zucker eingemacht waren, ließen Konfekt.

Orangenwasser, Aigua naf. 1475 ging von Bouc nach Genf oder Lyon für Lamparter eine Flasche mit Aga naffo. 1479 ließ sich Junker Noffre Humpis von Valencia „1 barall egen naffa" kommen.[9] Kat. ist aigua Wasser, Kat. nafa Orangenblütenwasser aus Citrus Aurancium und Citrus Bigaradia.[10]

Fynettada. Ein Quart fynettada ging 1476 als Gut der Herren von Valencia nach Genua. „Ist alles gut fein Ding."[11]

Abra de terra. 1479 wurden von Valencia an Thomas im Steinhause „4 lada mit abra de terra" gesendet.[12] Dieselbe Ware heißt 1479 in Barcelona obra de terra.[13]

---

[1] 3, 17. Das Pfund kostete nach Ravensburg gelegt 7½ ₰. Willkomm, Über Südfrüchte, deren Geschichte usw. (1877), S. 46. [2] 3, 123. [3] 3, 513. [4] 3, 228. 232. [5] 3, 190. 530. [6] 3, 68. [7] 3, 143. [8] 3, 3. 18. 228, 232 f. 254. [9] 3, 123. 227. [10] Wiesner, Rohstoffe des Pflanzenreiches, 2, 653 ff. [11] 3, 223. [12] 3, 123. [13] 3, 523.

Blatz de terra. Unter den Näschereien (?), die 1479 einige Gesellen von Valencia geschickt erhielten, „6 blatz de terra".[1] Feit denkt auch an spanisches ambarilla, Bisamkörner von Hibiscus abelmoschus, woraus Riechpulver gemacht wird. Aber die Pflanze wächst in Indien.

Corses. Ebenso erhalten mehrere je einen „pot corses".[2]

Plattisge. 1474 kamen von Valencia für Otmar Schläpfer ein halber Korb Feigen und „plattisge".[3] Lat. platessa, kat. platussa ist aber die Scholle, aber man verpackt sie doch nicht mit Feigen!

Drittes Kapitel

Sonstige Spezereien und Lebensmittel

§ 115. Spezereien. Pfeffer. Gewürznelken. Zimt. Muskatnuß. Macis. Ingwer. Cassia fistula. Wurmkraut. Rhabarber. Mastix. Zedoarwurzel. Galgant. Zimol poly. Galläpfel. Gummi arabicum.

Auf den Preis der Spezereien übte einen gewaltigen Einfluß aus die Entdeckung des Seeweges nach Indien. Dadurch wurden Venedig wie Genua schwer betroffen, und für den deutschen Verbrauch war nun Antwerpen der bessere Markt, wohin von Lissabon die Waren billiger gelangten. Über diese Dinge ist schon früher gehandelt. Hier ist nur daran zu erinnern, daß Vasco da Gama von seiner ersten Fahrt September 1500 heimkehrte, im September 1503 von seiner zweiten.

Der an der Malabarküste wachsende Pfeffer (Piper nigrum) lieferte eine Schote, die im Mittelalter schon erheblichen Absatz fand. In der älteren Zeit begegnet Pfeffer bei der Gesellschaft nur in Käufen für Private.[4]

Die Wirkung der ersten Fahrt Vasco da Gamas nach Indien können wir aus unseren Papieren ablesen. Zwar war Venedig für diesen Artikel bis dahin der wichtigste Markt gewesen, doch auch nach Genua kam davon, und da erwarben im Jahre 1500 die Ravensburger 20 Sack Pfeffer, von denen in Genua 14 bis ans Tor 81 fl, 6 aber 83 fl gekostet hatten, auf jeden Sack gingen bis Frankfurt 7 fl Unkosten, so daß sich das Gesamtquantum auf 1772 fl stellte. Die Herren in Ravensburg rechneten auf einen Preis von 12 β bares Geld. Erhalte man diesen Preis nicht, so sollte man einen Teil nach Flandern senden. Das aber war nicht nötig, denn man verkaufte ihn, obwohl der Pfeffer recht unrein war, ohne Schwierigkeit, der Preis der Ware stieg auf 12 β 6 hl, sank aber auf 12 β.[5] Also vor der Entdeckung des Seeweges nach Indien kostete der Pfeffer in Frankfurt 12 β und mehr, dann landete Vasco da Gama.

Im September 1503 kam Vasco von seiner zweiten Fahrt heim, ein Teil der Waren ging im Juli des nächsten Jahres nach Genua, dabei auch 1400 ℔ Pfeffer. Die Ravensburger kauften von dieser Ware nicht.[6]

Nun hören wir nichts mehr von Ankäufen der Ravensburger in Genua, wohl aber berichteten sie wie auch von Mailand über die Preise. 1507

---

[1] 3, 123. [2] Ebenda. [3] 3, 2. [4] ½ ℔. 3, 337. [5] 3, 370. 372. 374. 377. [6] 3, 274.

wurde der Cantar um 75 ℔ Genueser verkauft, während der Preis 1500
auf 77 ℔ gestanden hatte. Hier ist also nicht zu beobachten, daß der
Preis sich senkte.¹

Wohl aber war das in Frankfurt der Fall. Die Ravensburger hatten nun
Pfeffer von Antwerpen her, also portugiesischen, sie verkauften in der
Ostermesse 10 Sack; am Ende der Messe stand der Preis auf 8 β, in Nürnberg galt der Pfeffer „ohne Hand" 8 β 3 hl, der „mit Hand" 8 β 5 hl.
Das Geschäft war so gut gewesen, daß der Nürnberger Faktor riet,
12 Säcke zu bestellen, bei gleichem oder niederem Preise würde auch an
20—30 Säcken kein Mißtum sein. Er gelte wohl in Nürnberg 8 β 5 hl
bar und auf 4—6 Monate Ziel 8 β 6—8 hl. Ja, der Eifer war so groß, daß
der Faktor rät, 1 Saumlast zu kaufen, ja 50 Säcke.²

Die Gesellschaft suchte 1507 auch den Markt in Lissabon auf, zwar
sandte man keinen Gesellen, aber die Rehlinger vermittelten für sie
ein Stichgeschäft, wie es scheint mit einem Genuesen, mindestens lagerte
der Pfeffer bei ihm.³ Inzwischen hatten andere kühnere Deutsche sich
an der Meeresfahrt selbst beteiligt. Der Ravensburger Faktor in Antwerpen hätte gern die Gesellschaft in dieses spekulative Geschäft hineingezogen.⁴

Pfeffer war auch in Wien eine gangbare Ware, die man immer haben
müsse. Man solle ihn, meinte man, in Antwerpen kaufen, er werde auf
dem Preise von 47 bis 46 fl bleiben. Bei einem Preise von 47 fl bestand
man wohl. Man hatte 30 Sack (= 10 Ballen) mit der Hand, 24 ohne
sie von Frankfurt, wo sie gekauft waren, erhalten.⁵

Eins der allerbeliebtesten Gewürze des Mittelalters waren die
Gewürznelken (Nägelchen, Nägel), die Blüten der auf den
Molukken wachsenden Eugenia caryophyllata. Freilich waren die
Fruchtknoten nicht immer rein, sondern man mischte auch verdorbene oder verkrüppelte darunter und mitunter waren auch die
Stiele dabei gelassen worden. Es kam also sehr auf das Garbelieren
an.⁶ Die Gesellen in Antwerpen meinten noch 1507, dies Gewürze
käme nicht viel von Kalikut,⁷ das war freilich ein Irrtum.

1500 schickte die Gesellschaft 670 ℔ Genueser Gewichtes, von denen
bis Frankfurt 270 und 240 ℔ je 200 fl kosteten, nach Frankfurt auf die
Messe, im Glauben, andere würden nicht viel bringen und man könne
30 β daraus lösen. Das war wohl ein Irrtum. Einmal war die Ware sehr
schlecht, man mußte sie erst zurichten lassen und der Marktpreis stand
auf 12 β 6 hl. bis 12 β.⁸ 1503 schob man wieder 914 ℔ dorthin, die mit
600 fl bis Frankfurt gewertet wurden, auch rechnete man aus, daß sie
dort 21 β kosten würden. Nötigenfalls solle man sie nach Antwerpen
abschieben.⁹ In Antwerpen wollte sie ihn nicht ohne Nutzen hingeben.
Man verkaufte auf dem Bamasmarkt 1504 ein Säcklein für 15 ℔ 10 β 3 ₰
und behielt 11 Säcklein übrig, außerdem 4 in Köln.¹⁰ Auch 1507 hatte
man kein Glück. Es lagen 200 ℔ in Köln, 66 in Antwerpen, lange lagernde
Ware, die sehr übel garbeliert war, was den Genuesern vor Augen zu
halten sei. Man müsse in Frankfurt sein Glück damit versuchen. Der Preis

---

¹ 3, 284. 303.   ² 3, 391. 394.   ³ 3, 446 f.   ⁴ 3, 447 ff.   ⁵ 3, 454.   ⁶ Heyd 2,
593 ff. Flückiger 754. Wiesner 2, 658—664.   ⁷ 3, 440.   ⁸ 3, 370. 372. 374. 377 f.
⁹ 3, 381. 383.   ¹⁰ 3, 434. 437.

stand in Antwerpen auf 4 β 5 ℔, aus guter Ware hoffte man immer 4 β 8 herauszubringen. In Nürnberg lagen gleichfalls 2 Sack.[1] Die von Antwerpen schickten ihre Bestände nach Frankfurt, sie waren jetzt von ihrem Optimismus abgekommen.[2]

Fusti di gherofani, die Stiele der Nelken, welche, wenn auch in schwächerem Grade, dasselbe ätherische Öl enthielten, erscheinen nur ganz beiläufig ein einziges Mal in Nürnberg.[3]

Zimt. Nach Ceylon und den benachbarten Küsten führt die Rinde von Cinnamomum zeylanicum, nach China die von Cinnamomum Cassia. Welche von beiden gemeint ist, steht dahin.[4]

Zimt, oder wie seine Röhren genannt wurden, cannel, wurde 1500 von Genua aus in 3 Sorten nach Frankfurt gebracht, sie sollten ihn dort möglichst verkaufen, wenn er, da man einen Abschlag befürchtete, gemischt 30 β trage. Die Hoffnung täuschte wohl, denn kurzer cannel kostete 24 in 25 β, der lange 32 in 33 β.[5] Kleine Bestellungen erfolgten für Private und Nürnberg.[6]

Muskatnuß. Auf einem ganz engen Gebiete wuchs der noch heute nicht viel weiter verbreitete Muskatnußbaum, Myristica fragrans, auf den Bandainseln, Amboinen und Molukken.[7] Die als Gewürz sehr beliebte Muskatnuß. Die Genueser Vertreter der Gesellschaft machten 1500 damit einen Versuch, sie kauften 5 Säcklein, davon kostete 227 Genueser Pfund mit allen Unkosten bis Frankfurt 92 fl rh,, 159 aber standen im Preise von 18 β, da aber der Kurs der Frankfurter Messe sich auf 17 β hielt, war die Spekulation mißglückt, aber man hatte sich Hoffnungen gemacht auf mindestens 17 β.[8] In Frankfurt finden sich kleine Privataufträge.[9]

Macis. Auch mit dem Samenmantel (nicht der Blüte, wie irrig der Name besagt) des Muskatnußbaumes, der Macis[10] hat die Gesellschaft in Frankfurt auf der Messe 1500 einen Versuch gemacht. Man rechnete für die gute Ware auf einen Preis von 35 in 36 β, aber der Kurs blieb auf 30. Dazu war das Gut nicht garbeliert und mußte, da leicht vergänglich, losgeschlagen werden. Den Ankäufern in Genua war man nicht dankbar.[11] In Antwerpen hatte man 1503 von der Ware und wollte sie halten, im nächsten Jahre verkaufte man eine Kiste für 40 ℔ 5 β 2 ℔.[12] Wiederholt findet man flor de macis von 1426—1434 in Barcelona, und zwar sicher einmal als Einfuhr (von Venedig oder Genua?)[13] In Frankfurt-Nürnberg finden sich nur kleine Privataufträge.[14]

Ingwer. Ein sehr beliebtes Gewürz war schon im Mittelalter das Rhizom von Zingiber officinale, das der Levantehandel aus Indien herbeischaffte.[15] Mit der Entdeckung des Weges nach Indien machte der Handel darin einen Wandel durch.

In Genua machte man 1500 einen größeren Versuch und kaufte 4120 ℔ Genueser, nach Frankfurt gelegt stand dort der Preis auf 798 fl rh.

---

[1] 3, 395. 439. [2] 3, 446. [3] 3, 395. [4] Flückiger 556—573. Wiesner 1, 772—775. [5] 3, 372 (52½ ℔ Nürnberger zu je 24 β), 374, 377. [6] Noffre Humpis 56 Lot „rörlin" um 2 fl; 3, 353. [7] Flückiger 970—979. Wiesner 2, 706—711. Warburg, O., Die Muskatnuß. 1905. [8] 3, 370. 372. 374. 377. [9] 3, 337. [10] Heyd 2, 626. Flückiger 979 f. [11] 3, 374. 377 f. [12] 3, 434. 347. 441. [13] Häbler 1434 Okt. [14] 2 Lot, 3, 337. [15] Flückiger 329 ff. Wiesner 2, 512—517.

Auf der Herbstmesse hieß die Anweisung, davon zuerst nur die Hälfte sehen zu lassen, ihn aber für 7 β bar Geld hinzugeben, dann habe man einen kleinen Gewinn. Wider alles Erwarten zogen die Preise an bis auf 8 β 4 hl. Man verkaufte allen.[1] Damals hatten die Gesellen in Genua für Sigmund Gossembrot 2868 ℔ gekauft, er kostete nach Ravensburg gelegt 574 fl 11 β. 1504 kam mit anderen Spezereien von der zweiten Fahrt Vascos ein Quantum nach Genua, sehr schlechte Ware, die für Deutschland nicht zu gebrauchen sei, dagegen kaufte man 25 Cantar, die von Sizilien, also wohl den alten Landweg kamen, um je 51 ℔ auf. Weit mehr kam bald darauf mit einem anderen Schiffe.[2] 1504 hatte man 4 Säcklein in Köln lagern. Aus Wien berichtet man über den Markt, ohne selbst davon zu haben.[3]

In Valencia bestellte man Frick Humpiß 1474 „ain krug grin imber" (d. h. grüner, in Zucker eingemachter Ingwer).[4] Ähnliche kleine Bestellungen finden sich öfters.[5]

Cassia fistula, Röhrencassie. Die Schoten der Cassia fistula waren ein altes Arzneimittel.[6] Die Gesellen in Genua glaubten 1505 damit einen sehr guten Kauf getan zu haben. Doch die Gesellschaft hat sie von Frankfurt nach Flandern schicken müssen. Sie galt in Genua 1 ℔ 14 β. Als man 1507 in Antwerpen nicht mehr von ihr hatte, war dort Mangel und galt 4 β. „Ist eine liederliche verderbte Ware."[7] Ob sie aus Ägypten oder Indien gekommen war, ist nicht zu ersehen.

Wurmkraut. Semenzina (ital. Diminutiv von semenza, Samen) dann Semen Cina genannt, sind die Blütenknöpfchen einer Artemisia-Art, sie wurden im Mittelalter vor allem aus Südrußland bezogen.[8]

Wurmkraut wurde in Genua eingekauft. So stammte das Säcklein mit 25 ℔ Gen. (à 12 β = 15 ℔ Gen.Geld) auf der Frankfurter Ostermesse 1500 daher.[9] 1505 war diese Spezerei der Gesellschaft in Genua überall ausgegangen, man wollte ein Aufmerken darauf haben.[10] 1507 verlangte man dort 55 β, das schien zu viel, zumal er nicht garbeliert war. Doch kaufte man dann einen sehr guten frischen Ballen, Wurmkraut sei leicht zu haben.[11] Er kam dann wohl nach Mailand, er enthielt 222 ℔ und kostete aufs Maultier gelegt 461 ℔ 2 β 11 ₰ Genueser.[12]

Rhabarber. Der Wurzelstock von Rheum officinale, der aus den Hochgebirgen Chinas kam,[13] erscheint in Genua im Einkauf, zweimal auf den Frankfurter Messen zum Verkauf. 1500 hatte man in drei Laden 19 Nürnberger Pfund für je 12 fl, ein „Fürbund" an Güte und hoffte auf 15 fl. Aber man verkaufte nichts. Und 1503 lag wieder Rhabarber da, verkauft ihn — heißt es — zu sorgen, daß nichts daran zu erzielen ist. Er war noch Mai 1504 nicht ausverkauft.[14]

Scammonium. Der Saft der Wurzel von Convolvulus Scammonia war ein altes Heilmittel, das man in Kleinasien und Syrien gewann.[15] Auf die Frankfurter Herbstmesse 1500 lieferte Genua drei Laden mit 18 ℔ zu je 2 fl 2 β. Man hoffte von dieser Droge 4 fl zu erzielen.[16]

---

[1] 3, 370. 372ff. [2] 3, 274f. [3] 3, 437. 454. [4] 3, 3, [5] 3, 385 (für Lütfried Besserer zu Frankfurt), (ein Fäßlein grünen Ingwer für Moritz Hürus), 227 (1 Krug für Lamparter). Bestellungen in Frankfurt (1 ℔) 337, Nürnberg (1¼ ℔ für 1 fl) 353 (für Noffre Humpis für 1 fl), 364. [6] Flückiger, S. 563. [7] 3, 295. 441. [8] Flückiger 777—782. [9] 3, 372. 375. Der Kurszettel notiert 10 β. [10] 3, 288. 295. [11] 3, 303. 316. [12] 3, 323. [13] Heyd 2, 640ff. Flückiger 364—381. [14] 3, 372. 375. 378. 383. 390. [15] Heyd 2, 648. Flückiger 404f. [16] 3, 372. 375.

Paradieskörner. Nous de Xarch. In Barcelona begegnen im Verkehr der Gesellschaft sechsmal in der Zeit von 1426 bis 1433 eine Ware nous de Xarch. Der Preis betrug für das Pfund 5—7 β Barc. Es handelt sich um eine Nuß, die Häbler trotz aller Bemühungen nicht erklären konnte. Nous nostades erscheinen einmal,[1] Häbler erklärt sie für Muskatnüsse, damit stimmt aber der Preis nicht. In dem Mäklertarif von 1271 stehen die „nueces de exarch" zwischen brasil und cubebas und auch sonst unter Spezereien,[2] in dem Tarife der leuda von Tortosa von 1252 ebenfalls unter den Spezereien neben der nou nocada (Muskatnuß)[3] In den Aufzeichnungen Amalrics von Marseille unter Friedrich II. erscheinen als Ausfuhr von Marseille nach Sizilien und Neapel und Genua 50 ℔ nuces eiscartae, die Schaube für geschälte Nüsse aus der Provence erklärt.[4] Inzwischen hat aber Dorveaux die richtige Deutung geboten.[5] Das Wort ist arabisch-spanisch. El Ghafiky und Edrisi nennen sie djour (= Nuß) es-cherc. Die Deutung dieses zweiten Namenteiles mag auf sich beruhen. Entscheidend ist, daß Simon Januensis, Clavis sanationis (Venedig 1486) die nous de xarch mit Melegata erklärt und ebenso Matthäus Silvaticus, Liber pandectarum medicinae mit Grana paradisi. Es handelt sich also um Paradieskörner, Grana paradisi, die Samen von Amomum Melegueta. Die Pflanze gedeiht an der Westküste Afrikas von der Sierra Leoneküste bis zum Congo. Von Spanien aus wurde diese Ware nach dem Norden verbracht. Wir können also die Nachrichten über die Paradieskörner hier anfügen.

Die Mötteli kauften sie und veräußerten sie in Genf; die Gesellschaft suchte zu erfahren, an wen, überlegte sich also das Geschäft. Ein Säcklein mit „Mellane same", das an die Herren nach Ravensburg ging, ist vielleicht als Meleguetasamen aufzufassen, er kam aber aus Valencia. Oder ist es Melonensamen? 1478 eine Privatbestellung von Paradieskörnern in Frankfurt.[6]

Mastix, das Harz von Pistacia Lentiscus, wurde kaum außerhalb der Insel Chios gewonnen, und diese unterstand lange Zeit dem Genueser Geschlechte der Giustiniani. Dieses im Oriente beliebte Kaumittel kam immer nur in kleinen Mengen (75 ℔ Nürnb.) als Räuchermittel in das Abendland.[7] Die Gesellschaft brachte etwas auf die Frankfurter Herbstmesse 1500, man sollte ihn, wenn er keinen Gewinn geben wolle, entweder nach den Niederlanden senden oder liegen lassen. Der Kurszettel dieser Messe notiert 12 β. Das ergäbe für die Gesellschaft einen sehr kleinen Gewinn.[8]

Zedoarwurzel. Das aus der Gegend von Madras kommende Rhizoma Zedoariae, in Frankreich im Mittelalter citoal genannt, kam und kommt aus der Gegend von Madras.[9] Darunter ist wohl die Bezeichnung Sid verborgen. Von ihm wurden von Genua 1500 4 Säcke zu je 260 ℔ nach Frankfurt auf die Herbstmesse gesendet. Der Preis stellte sich bis Frankfurt für die

---

[1] 1431 Juli. [2] Capmany 2, 2. 73. Vgl. 1, 2. 73f. [3] Ebenda 2, 1. 20. [4] Schaube, S. 501 f. 604. [5] Romania 43, 241 ff. [6] 3, 6. 233. 337. [7] Vgl. Heyd 2, 616 ff. Flückiger 107. [8] 3, 372. 375. 377. [9] Flückiger, S. 341.

ganze Ware auf 200 fl, verhielt sich zu dem des Pfeffers wie 100 : 176. Der Kurszettel notiert für „zyttwar" 7 β, für den Pfeffer 12 β 2 hl.[1]

Galgant. Von der Galgantwurzel, die von zwei verschiedenen Pflanzen aus China und Südasien kam, findet sich nur eine Privatbestellung (2 Lot).[2]

Auch von Zimol pöly finde ich nur eine Privatbestellung ($1/_2$ ℔). Ist das Staub von Zimt?[3]

In Nürnberg lagerten 1504 5 Säcke Galläpfel.[4] Sie kamen vor allem aus Aleppo,[5] aber auch aus Apulien und wurden zur Bereitung der Tinte, aber auch in der Medizin verwandt.

Im Privatbesitze des Andreas Sattler begegnet einmal ein Papier mit „hartz guomarum".[6] Es handelt sich wohl um Gummi arabicum, das von Ärzten freilich nicht häufig verwendet wurde.[7]

§ 116. *Die übrigen. Pomeranzen. Olivenöl. Beeren des Lorbeerbaumes. Käse. Triax. Spiga. Westfälischer Schinken. Salz. Fische: Thunfische, Stockfische, Bückinge, Lachs, Gangfische. Wein.*

In diesem letzten Paragraphen folgt sich eine bunte Reihe von Waren, von denen keine eine besondere Bedeutung für die Gesellschaft hatte.

Der Pomeranzenbaum (Citrus Arancium) kam durch die Araber nach Spanien. Nach Baumgartner kaufte man in Genua viel Pomeranzen für Deutschland. Nur selten erwähnt. Je eine Kiste geht von Genua, Como in zwei Jahren über die Alpen, dann wurden zu Genf für Noffre Humpis 100 torong (kat. toronja) für 6 Gr. gekauft.[8]

An dem Handel mit Olivenöl beteiligte sich das Genueser Gelieger selten, nie in dem Sinne einer Ausfuhr über die Alpen, und doch war es nach Baumgartner ebensogut und besser, als das in Venedig gehandelte aus den Marken. Man schrieb vielmehr in die Riviera von Genua, kaufte dort auf und verkaufte wieder, 1507 mit 13 % Gewinn, und dabei waren noch 7 iara in dem Schiffe zerbrochen, dann sanken die Preise. 1476 kam auch von Genf nach Bern ein Faß Öl. 1477 wieder ein Hut, wog 91 ℔ und hatte in Genf gekostet 7 fl 2 β 6. 1502 erfolgte ein Auftrag, in Genf 2 „hot mit oell" zu kaufen.[9]

Die Beeren des Lorbeerbaumes oribagae waren im Mittelalter in Nordeuropa eine gesuchte Ware.[10] Da im Trientinischen und Brescianischen das c in g übergeht, so ist wohl Olwag hierher zu setzen. Die Gesellschaft bezog von Mailand für Heinrich Humpis 2 ℔.[11]

Käse wurde im Mittelalter besonders von Piacenza ausgeführt.[12] Die Gesellschaft kaufte ihn nur für Gesellen, und von allen Bestellern dürfen wir wohl annehmen, daß sie ihn in Mailand oder Venedig liebgewonnen hatten: Jos Meyer, Rudolf Muntprat, Noffre Humpis und Polai Schindeli. $1/_2$ Käse kostete 4 ℔ 1 β 6 ₰ Mailänder, ein ganzer mit Zoll 5 ℔ 9 β 9, einer von 29 ℔ : 6 ℔ 13 β 5 ₰.[13] Käse aus den Niederlanden hatte einen Liebhaber in Hans Hinderofen.[14]

---

[1] 3, 370. [2] Heyd 2, 592; 3, 337. [3] 3, 337. [4] 3, 389. [5] Flückiger, S. 239—246. Heyd 2, 593. Meder, Bl. 22f. [6] 3, 404. [7] Flückiger, S. 1—7. Wiesner 1, 102—107. [8] 3, 25. 253. 280. [9] 3, 25. 195. 214. 301. [10] Schulte 1, 145. 713. Auch beim Gruetbiere verwendet. [11] 3, 19. [12] Vgl. Uzzano 26. Pasi 100. [13] 3, 254. [14] 3, 436.

Triax. Andreas Sattler bezog von Mailand ein Fäßlein mit Triax, es kostete 12 ℔ 11 β 6 ₰ Mailänder.[1] Vielleicht ist an Theriac (katal. triaga), opiumreiche Latwerge zu denken, die gerade am Ende des Mittelalters öfter erwähnt werden.[2]

Spiga erscheint in Genua unter den aus Deutschland stammenden Waren. 1505 hatte man auf Lager 10 Ballen, 1507 9 im Werte von 251 ℔, die man verkaufte. Die 10 Ballen Spiga wollten 1507 in Genua nicht vonstatten gehen, weil man nicht in die Berberei handelte. 1 Ballen ging 1476 von Avignon nach Lyon.[3]

Handelt es sich um das Rhizom von Valeriana celtica, Speck, das unter dem Namen Spica celtica nach Indien versandt wurde und aus den südlichen und östlichen Alpen (Steiermark) in den Handel kam?[4] Im Genueser Zolltarif von 1428 findet sich neben spigo nardo die spiga certicha nach Zentnern berechnet. Ich glaube, daß es sich um diese spiga celtica handelt. Bei dem Versand von Avignon ist aber wohl eher an Lavendel, Spikanarde (Lavandula vera und L. Spica) zu denken, die gerade an der Mittelmeerküste Frankreichs ausgezeichnet gedeihen.[5]

Westfälischer Schinken. Der Feinschmecker Noffre Humpis legte 1478 zu Frankfurt 1 fl in „westfaelusc hama" an. Auch Wilhelm Geldrich bestellte 1503 auf der Frankfurter Messe „2 waesch hama", die gut seien.[6] Es sind wohl die ältesten Zeugnisse für den Ruhm und die weite Verbreitung des geräucherten Schinkens aus Westfalen in Süddeutschland.[7] Ihnen widmete 1474 der Franzose Henri Estienne ein hohes Lob, ihrer, die in Frankreich fälschlich nach Mainz benannt würden, seien so viele auf den Messen vorhanden, daß, wenn andere Lebensmittel fehlten, die Stadt mehrere Monate davon leben könne.[8]

Schmer, das ist das Beste von Schweinefett, überlegte man 1474 nach Genf und Lyon zu senden. 1477 war in Nürnberg die Ware reichlich angeboten. Davon zu kaufen war der Wunsch Hans Hillensons. 1479 wurde zu wenig günstigen Preisen in Lyon verkauft.[9]

Salz. Nach einer Stelle eines Berichtes aus der französischen Zeit von Mailand (1505) könnte man schließen, daß in der Zeit der Sforza die Gesellschaft auch an dem Salzhandel beteiligt war. Doch das ist nicht sicher, in der salzarmen Lombardei stand die Salzadministration durchaus unter herzoglicher Gewalt. Deutsches Salz erscheint einmal in München in Beziehungen zur Gesellschaft.[10]

Fische. Von Mailand kamen für die Gesellschaft für drei ihrer Gesellen je ein Fäßlein mit tony (aufzulösen tonny?). Das wären Thunfische (Thunnus tynnus), jedes Fäßlein wog 27 ℔. Sie müßten dann wohl in einem Hafen erstanden sein. Das Fäßlein, das Ottmar Schläpfer bezog, kam von Genua.[11] Diese hochgeschätzten Fische sind leicht verderblich und werden dann sehr giftig. Die Thunfische müssen also wohl eingemacht gewesen sein. — 1480 wurden den Herren in Frankfurt oder Nürnberg für 5 fl Stockfische gekauft.[12] — Bückinge. 1478 wurden 300 Stück zu Genf oder Lyon für 3 ▽ Savoyer gekauft, ein riesiger Preis.

[1] 3, 254. [2] Flückiger, S. 173. Dragendorff, S. 73. [3] 3, 228. 293. 299. 314. 318. [4] Flückiger, S. 433. Wiesner 2, 494. [5] Wiesner 2, 666. [6] 3, 339. 384, [7] Nach Martial Epigr. 13, 54, kamen sie schon in das kaiserliche Rom. [8] Pariser Neudruck von 1875, S. 52. Vgl. Tucher, Haushaltungsbuch, S. 44. [9] 3, 13. 129. 330. [10] 3, 286. 364. [11] 3, 18. 254. [12] 3, 353. 356.

1482 ging ein Körblein von Genf über den Zoll von Lenzburg nach Ravensburg.[1] — Vom Rheine, von Schaffhausen, kaufte man für Gesellen 5 Lächse, sie kosteten bis Buchhorn 4 fl 8 β 1 hl. Vom Bodensee ebenso 1200 Gangfische, sie kosteten 4 fl, auch andere.[2] Die Gesellschaft kaufte sie aber auch für die Gastungen bei der Rechnung. An dem Fischhandel beteiligte sich also die Gesellschaft kaum.

Wein. Im Winter 1499/1500 gingen 12 Lägel Muskateller von Como über die Alpen.[3] Eine Weinsendung von 6 Faß mit 47½ Sester kam vom Genfer See (Rolle), sie kosteten auf den Wagen gelegt 58 fl 8 g⁰ 9 ₰, sie gehörten einzelnen Gesellschaftern. Er gefiel aber gar nicht.[4] Mehrmals begegnet der Markdorfer Wein, der unter den roten Seeweinen noch heute geschätzt ist. Aber er war lediglich ein Gelegenheitshandel, sei es für den eigenen Verbrauch bei den Rechnungen, sei es für Geschäftsfreunde. So bat Nürnberg 1477 für den alten Wirt in Nürnberg als Geschenk um 3 oder 4 Kannen guten alten Rheintaler oder Markdorfer von gutem Jahre. Er bestellte darauf selbst für 16 fl 18 ₰ Wein von Markdorf, der ihm also gemundet hatte, und sein Bruder legte darin 20 fl an.[5]

IV. Metalle und Metallwaren

§ 117. *Rohmetalle und Legierungen. Gold. Silber. Kürnt. Kupfer. Zinn. Eisen. Stahl. Messing. Schmirgel.*

Gold. Ob die Gesellschaft mit ungemünztem Gold öfter gehandelt hat, ist zweifelhaft. Erwogen hat sie es 1474 und 1505,[6] in letzterem Falle dachte sie an Schmuggel in Mailand. Faktisch kaufte man 1507 in Nürnberg für Ravensburg ein Stück städtischen Zaingoldes, es wog 5 Mark 9 Lot 1 Quint, hielt 18 Karat, 5 Grän, enthielt also 4 Mark 6 Karat 6 Grän, der Karat kostete 3 fl 18 β. Das ergibt 399 fl 15 β, nach Abzug der Probierkosten von 10 β 399 fl 5 β.[7]

Die Gesellschaft kaufte Silber in Nürnberg und später in Wien oder Pest ein. Aus Nürnberg haben wir zwei genaue Abrechnungen. Lutz Geßler kaufte in Jahresfrist:[8]

	Rohgewicht							Preis		Gesamtpreis		
	Mark	Lot	Quint.					fl	β	fl	β	hl
von Werner Fuchs	134	6	2	1 Stück	„zwickrust brand"		zu	7.	11.	1014.	15.	—
„	134	—	—	1	„	„	„	7.	11.	1011.	14.	—
Hans Uphover	210	11.	—	2	„	„	„	7.	11.	1590.	13.	9.
errechnet	479	1.	2.	4						3617.	2.	9.
angegeben	479	1.	2.	4						3615.	2.	9.

Nach Lyon sandte man 1510:

	Rohgewicht			Feingewicht		Feingewicht		Summe		Preis		Gesamtpreis		
	Mark	Lot	qu.	Lot	qu.	Mark	Lot	qu.	₰	fl	β	fl	β	hl
1 Stück	78.	8.	1.	15.	3.	77.	4.	2.	1.	8.	6.	641.	9.	4.
1 Stück	78.	13.	3.	15.	2.	77.	—	—	2.	8.	6.	639.	3.	3.
						154.	4.	2.	1.	in Gold:		1280.	12.	7.

[1] 3, 206. [2] 3, 16; vgl. auch 3, 31. [3] In Nr. 40. [4] 3, 25. 75. [5] 3, 332. 337. 341. [6] 3, 18. 287 f. 397. [7] 3, 397. [8] 3, 344. 355.

Ein Hans Iphover war 1513 Faktor der Fugger, ob Hans schon 1478 in deren Diensten stand, bleibt dahingestellt.

Das von Wien 1511 nach Nürnberg gesandte Silber enthielt:

	Rohgewicht		Feingehalt				Kaufsumme mit Unkosten		
	Mark	Lot	Lot	Quint	$\mathcal{S}$			ungarisch	rheinisch
1 Stück	44	13²/₃	15	—	—	Die Mark			
1 Stück	36	6	14	3	2	zu 6 fl 10 $\mathcal{S}$	fl	$\mathcal{S}$	fl
1 Stück	10	—	14	2	—	ungar. Münze	556.	90.	696 fl
Angegeben 91		3²/₃ ungar. Gewichtes					10 β $\mathcal{S}$ ungar. = 1 fl		

Der Kauf war „beim Auge" geschehen, eine wirkliche Metallprobe war dann in Wien gemacht worden. Von dem Verhältnis des Nürnberger Gewichtes zum ungarischen wußten die Käufer nur, daß das ungarische Gewicht größer sein solle als das Nürnberger.[1]

Die Ausfuhr des Silbers ging, wie das bei der damaligen Silberarmut Südeuropas sofort verständlich ist, dorthin. Im Herzogtum Mailand war, wie wir gesehen haben, jedes eingeführte Silber beim Münzer anzumelden. Es ist schon in anderem Zusammenhange gezeigt worden, daß die Gesellschaft sich dem nicht einmal entzog, sondern auch, nachdem der Schmuggel einmal war entdeckt worden, ihn bald wieder aufnahm. Über Silbereinfuhr nach Mailand haben wir viele Nachrichten.[2]

Auch nach Genua ging mitunter Silber. 4 %, betrachtete man als einen ehrbaren Gewinn, diese Anschauung wird durch den Rat erläutert, es dem Münzer nachzumachen, der regelmäßig Silber nach Genua brachte, dort an Seidenstoffen den Erlös verwendete und drei- bis viermal im Jahre sein Geld umsetze: am Silber je 4 %, an Gewand 5—6 % verdiene.[3]

Ein weiterer Platz für den Absatz von Silber war Lyon.

Genauere Angaben haben wir von 1479 und 1510. 1479 wurden die 2 Stücke von einem Pariser gekauft.[4]

In Valencia machte man 1474 einen Versuch.[5]

In den Niederlanden scheint man in älterer Zeit Silber verkauft zu haben, 1478 schien es aber wegen der Geldschwankungen wenig ratsam zu sein.[6] An Silberpreisen ergeben sich folgende:

1474 Valencia	. . . .	5 ℔ 11½—12 β	3, 11.
1477 Lyon und Bourg en Bresse	. . . .	10½ fl	3, 200.
1477 Genf	. . . .	15 fl 8—9 g⁰	3, 200.
1478 Nürnberg, Mark	. . . . . .	Ankauf 7 fl 11	3, 355.
1479 Lyon, Mark dortige	. . . .	Verkauf 10 fl 9 gr.	3, 209.
1503 Genua, die Unze.	. . . . . .	Verkauf 3 ℔ 9 β 6 $\mathcal{S}$ bis 10 β	3, 291.
1504 Nürnberg	. . . .	Ankauf 8 fl 6 β	3, 390.
1505 Mailand, la marca fin	. . .	Verkauf 28 ℔ 16 β bis 29 ℔	3, 283. 287.
1505 Genua, die Unze.	. . . . . .	Verkauf 3 ℔ 13 β 3 $\mathcal{S}$	3, 291.
1510 Nürnberg	. . . .	Ankauf 8 fl 6 β	3, 41.
1510 Nürnberg	. . . .	Ankauf 8 fl 5 β 6 hl.	3, 34.
1511 Ungarn, Mark ungarisch	. .	Ankauf 6 fl 10 $\mathcal{S}$ ungar.	3, 456.

Kürnt ist das in Körner gemahlene Edelmetall. Der unten angegebene Feingehalt ist nach Mitteilung von Julius Cahn zum Teil sehr gering.

---

[1] 3, 456. [2] Vgl. oben S. 247. [3] 3, 299. 309. [4] 3, 61. 41. 209. 397. [5] 3, 6. 11. 14. [6] 3, 416 f.

Der Ankauf von Kürnt ist von der Gesellschaft selten betrieben worden. Genaue Angaben gibt wiederum Lutz Geßler in seiner Nürnberger Rechnung 1479/80.[1] Er kaufte innerhalb Jahresfrist 222 Mark 9 Lot = 108 Mark 2 Lot 3 Quentchen 2 ₰ fein für 832 fl 5 β 7 hl.[2] Der eine der Verkäufer, Karlin von Prag, führt uns wohl sicher nach Böhmen, wo die Silbergruben reiche Erträgnisse lieferten. Das Kürnt ward nach Ravensburg gebracht.

Auch in Mailand wurde 1477/78 Kürnt verkauft,[3] ebenso 1479 in Genf.[4] In Genua meinte 1479 Geisberg, es wäre besser, als auf Silber sich auf Kürnt zu legen, man hatte das schon öfter geschrieben. In Genua wünschte man möglichst hohen Gehalt an sasy.[5]

Einen erheblichen Anteil hatte die Gesellschaft am **Kupferhandel**, und sind die darauf bezüglichen Nachrichten für die neuerdings erfolgreich untersuchte Geschichte der Kupfergewinnung und Verbreitung recht ertragreich.

Die ältesten Nachrichten stammen aus den Jahren 1437 und 1440. Josumpis führte 11 Fäßchen und dann 10 bales covre in Barcelona ein, woher es kam, ist nicht festzustellen.[6] 1443 stieg die Einfuhr auf 73 Ballen, 1476, 1480 kam ein Ballen.[7]

Ankauf. In späterer Zeit erfolgte der Ankauf in Nürnberg, Lindau und Como, also an Plätzen, wo selbst kein Kupfererz gewonnen wurde, gleichwohl ist mehrfach die Herkunft festzustellen. Die Nachrichten über Ankäufe in Nürnberg setzen mit 1474[8] ein und laufen bis 1510.[9] Es handelt sich niemals um roh Kupfer, sondern entweder um Saigerkupfer, das auf einer Saigerhütte mittels Blei von Silber geschieden war, oder um geschlagenes Kupfer.

In der Rechnung Lutz Geßlers führt er an, daß er zunächst in 4 Posten 109 Zentner 91 ℔ Saigerkupfer von Sigmund Furer, dem Bürger von Nürnberg, den Zentner für $5^1/_4$ fl gekauft habe. Sigmund aber gehörte einer Familie an, die im Jahre 1502 mit anderen, vorwiegend Nürnbergern, die Saigerhütte zu Arnstadt in Thüringen übernahm.[10] Es ist sehr wohl möglich, daß schon 1478 diese Familie den Ertrag einer Mansfelder Hütte in Verlag hatte.[11] An zweiter Stelle steht Oschenburger Kupfer, das von Hornung für $6^1/_2$ fl der Zentner erworben wurde, im ganzen nur 10 Zentner 20 ℔. Den Ort kann ich nicht feststellen. Dann erwarb er in 5 Posten 79 Zentner 96 ℔ geschlagen Kupfer vom Glockengießer.[12]

Für den Einkauf in Nürnberg kamen böhmischer, sächsischer und Mansfelder Kupfer in Betracht; seitdem die Fugger in Hohenkirchen in Thüringen ihre Saigerhütte eingerichtet hatten, auch ungarisches und Tiroler (Schwazer).[13] Um dieses letztere wird es sich bei den Ankäufen in Lindau,[14] Kempten[15] und wohl auch in Como handeln.[16]

---

[1] 3, 355 f. [2] Errechnete Summe. Die Einzelposten mit dem Feingehalte 3, 355. [3] 3, 22. [4] 3, 129. [5] 3, 258. 360. [6] Häbler, Zollbuch, 392. 400. [7] Vgl. auch 3, 4. 232 (8 Ballen). [8] 3, 4. 14. 1477 wurden 40 Ballen (= rund 68 Quintal) von Nürnberg aus weggeführt. [9] 3, 333. [10] Möllenberg, Die Eroberung des Weltmarktes durch das mansfeldische Kupfer (1911), S. 16. [11] Die älteste thüringische Saigerhütte wurde 1464 errichtet. Möllenberg, S. 6. Damals wurden aber auch in der Nähe von Nürnberg Saigerhütten betrieben, S. 5. [12] Vgl. 3, 344. 355—358. Das Kupfer wurde nach Ravensburg befördert. [13] Jansen, Max, Jakob Fugger der Reiche, 138. [14] 3, 42 f. 298 f. 373. 396. [15] Das Geschäft war von Gordian Suter in Nürnberg gemacht, die Erfüllung erfolgte in Kempten. 3, 373. 391 f. 396. [16] 3, 293. 310.

Die Gesellschaft ließ mehrfach Rohkupfer in geschlagen Kupfer verwandeln. Das ersehen wir aus Kemptener Rechnungen, wo dieses Schlagen unter Aufsicht des Agenten der Gesellschaft erfolgte. In der Zeit vom 20. August 1500 bis 7. Mai 1503 wurden 204 Quintal 72 ℔ kemptenerisch bearbeitet. Der Arbeitslohn betrug für den Quintal 9 Groschen, so daß sich mit einem bescheidenen Trinkgeld 161 ℔ 19 β 10 hl. ergaben. Von da bis 5. November 1503 wurden 601 Quintal 91 ℔ geschlagen, kosten 474 ℔ und Trinkgeld, im ganzen waren es 316 Ballen. Der Preis des Schlagens betrug also 9 Groschen = 15 β 9 hl.

1507 März bis November 10 wurden von Gordian Suter in Kempten 50 Wiener Zentner übernommen (= 61 Zentner 30 ℔ Kempter) = 32 Ballen gemacht. Ebenso wie hier wird auch bei dem Kupfer von 1500/02 Wiener Gewicht mit angegeben, es war also dieses Kupfer von Wien, also wohl aus Oberungarn gekommen. 127 Quintal wurden als Katzoloer Kupfer bezeichnet, es stammte also wohl aus Kaschau.[1]

Verkauf: Wohin verhandelten die Ravensburger ihr Kupfer? Zunächst ist darauf hinzuweisen, daß der Kupferhandel von der Gesellschaft Fugger-Thurzo im größten Maße betrieben wurde und auch von anderen Augsburger Großhändlern, die von den Bergwerken das Kupfer übernahmen. Als Händler erster Hand erscheinen die Ravensburger niemals, es blieb ihnen also nichts anderes übrig, als ihre Ware in zweiter Hand dorthin zu verbringen, wohin die erste Hand nicht reichte, also dorthin, wo es noch keine Faktoreien der Augsburger Händler gab. So kam Verkauf in Deutschland und den Niederlanden nicht in Frage.

In Deutschland erscheint einmal in Nürnberg ein Augsburger, Jörg Huyff, als Schuldner für 752 fl, aber man weiß ja nicht, wie das zusammenhängt.[2] Andreas Sattler riet 1478 Kupfer von Aschaffenburg zu Wasser nach Antwerpen bringen zu lassen.[3] Das Fuggersche Kontor ist dort erst 1494 nachzuweisen. Kurz vorher waren die Fugger stark in den Tiroler Kupferhandel eingetreten und nun verfolgten sie auch diese Route. König Maximilian hatte der Regierung in Innsbruck geschrieben, nicht nur in Antwerpen sei Bedürfnis, auch Spanien begehre danach, da es bedeutend besser als das einheimische sei. Die Preise betrügen dort 6, mindestens $5^{1}/_{2}$ fl, ja nach der Kaufleute Aussagen $7^{3}/_{4}$ fl.[4]

In Mailand führte die Gesellschaft auch rauh Kupfer und später eine mir unerklärliche Sorte rot Saigerkupfer: „susser mescher Kupfer". Noch 1520 ist Fuggersches Kupfer dort in der Hand des Geliegers.[5]

Noch reger war das Geschäft in Genua, wo man zunächst noch mit den Fuggern nichts zu tun hatte. Schon 1479 war der Handel wieder im Gange mit reichlich 17% Gewinn, eben kamen 20 Nürnberger Zentner und man bestellte wieder 40—50 cantar zu $5^{3}/_{8}$ fl.[6] Über die Beziehungen zu den Fuggern, die wohl immer auch auf Absatz in Genua abstellten, wo sie kein Gelieger hatten, sind wir seit 1500 unterrichtet. Die Abrechnung lautet auf in Lindau überliefertes Schwazer Kupfer (651 Quintal), die zum Preise von 4 fl 17 β 6 hl bis 5 fl 7 β 6 hl. einen Gesamtpreis von 2461 fl 9 β 10 hl. ergaben. Nach Genua zielt auch ein Geschäft mit Sigmund Gossembrot, dessen Gesellschaft damals mit den Fuggern König Maximilian große Vorschüsse gemacht hatte, von 1497, doch fand man

---

[1] 3, 458 ff. [2] 3, 389. [3] 3, 419. [4] Jansen, S. 22 f. [5] 3, 4.14. 22. 250 f. 283. 310. 364. [6] 3, 4. 258. 339.

besseren Kauf bei Hans Baumgartner.[1] 1503 schuldete die Gesellschaft auf der Frankfurter Fastenmesse für Kupfer 944 fl 5 β, und 1504 ging der Handel mit den Fuggern weiter, man hatte zwar infolge des Preisrückganges nur 8 % verdient, rechnete aber mit einer guten Zukunft und verhandelte auch offenbar wieder mit den Fuggern.[2] Im folgenden Jahre hatte man ein Lager von 1000 carga geschlagen Kupfer und im Bruch, und hatte noch 400 dazu in Genua gekauft, mehr wie 130 schob man über Tortosa nach Saragossa.[3] Sehr günstig lagen die Dinge im nächsten Jahre (1507), man hatte an dem in Mailand gekauften Kupfer 1700 ℔ Gewinn und hatte es für bar Geld, Korallen und nur wenig auf Kredit veräußert. Im Augenblicke hatten die Ravensburger eine Monopolstellung und suchten daher möglichst viel Ware in Mailand, Como und Lindau zu bekommen, es sei eine läufige Ware und bar Geld. Hätten sie 400 Cantar, heißt es einige Monate später, so wäre es bar Geld, niemand sonst bringe es her.[4]

Es hat den Anschein, daß die Fugger, die nicht immer ein Gelieger in Genua hatten, den Ravensburgern Kupfer auf Kredit abließen. In dem Verzeichnisse der Passivschulden der Gesellschaft stehen Ulrich Fugger et fratelli 1500 mit 5662, 1503 mit 944, 1510 mit 3750 und 1520 Jacob Fugger und Vettern mit 318 fl.

Während Spanien einst dem Handel sehr viel Kupfer geliefert hatte, war es im Spätmittelalter für dieses Metall auf Einfuhr angewiesen, und dabei stand man nicht auf dem Standpunkt der Venezianer, die mit Rücksicht auf die eigenen Kupferschläger geschlagenes Kupfer ausschlossen.

Für Barcelona sind schon oben die Zeugnisse angeführt worden. Länger hielt sich der Handel in Saragossa und da handelte es sich um große Quanten. 1506 hatte das Gelieger an fast 218 Quintalen 10,1 % Gewinn. 159 Quintale lagen noch in Saragossa, 20 in Huesca.[5] Die Angaben über Valencia reichen von 1474 bis 1510. 1480 hatte man reinlich 40 % Gewinn daran und wünschte dick geschlagenes, es war eine dauernd gängige Ware.[6] Noch das Verzeichnis des Zolls von 1506 zeigt die Einfuhr von 757 Kisten = 18168 ℔.[7] Endlich wird auch für Avignon Kupfer bestellt.[8]

Es sind doch bedeutende Transporte von der Gesellschaft nach dem Süden gegangen, einmal 129 Ballen in einer Fahrt.[9]

An Preisen finde ich folgendes:

1478.	Nürnberg Einkauf Quintal	6 fl 5 β.
1479.	Genua. Einkauf, wo erworben?	5³/₄ fl.
1479.	Nürnberg Bestellung	5¼—5³/₈ fl.
1479/80.	Nürnberg Einkauf Saigerkupfer	5¼ fl.
1479/80.	Nürnberg Einkauf Oschenburger	6½ fl.
1479/80.	Nürnberg Einkauf geschlagen.	5⅞ fl.
1479.	Barcelona. Zollpreis	5½ fl.
1497.	Angebot Baumgartners.	6½ fl.
1507.	Genua Verkauf bar Geld	15 ℔
1510.	Nürnberg Einkauf	5 fl 1 β.
1510.	Lindau Einkauf Wiener Gewicht	5 fl.

Nach Baumgartner stand 1494 zu Nürnberg 1 Nürnberger Zentner Eislebener Kupfers zu 4³/₄ fl, gesaigert ungarisch zu 4¹¹/₁₄ fl.

---

[1] 3, 369. 373. Jansen, S. 88.   [2] 3, 269. 275. 383.   [3] 3, 293 f. 296.   [4] 3, 298 f. 315.   [5] 3, 242. 244. 294. 301.   [6] 3, 4. 39 (77 Quintal). 90 (21 Ballen) 108 (28 Quintal. Angaben über Sorten). 189 (30—35 Quintal). 232 (8 Ballen). Alle diese Stellen reden von Kupfer von Nürnberg her. 3, 305.   [7] 3, 532.   [8] 3, 337.   [9] 3, 22.

Für **Zinn** war damals neben den alten Lagern von Südengland vor allem das böhmisch-sächsische Erzgebirge eine ertragreiche Fundstätte, sowie die Gegend von Amberg in der Oberpfalz.[1]

Der Transport von Zinn von Nürnberg nach Mailand ist vielfach bezeugt. Es war ein regelmäßiger Bestandteil des Geliegers.[2] Bald war man überladen, bald hatte man Mangel. Die Konkurrenten Ambrosius da Saronno, Capitell und Futterer hatten 1504 viel eingeführt und durch Stichgeschäft gegen Onzgold und Seidengewand sich dessen entledigt.[3] Die Gesellschaft aber hatte noch 1505 ein Lager von 19 Ballen. Im Jahre 1507 war umgekehrt in Mailand starker Mangel an gutem Zinn.[4]

Das Zinn stammte zum Teil aus den alten und hochberühmten Gruben von Graupen bei Teschen in Böhmen — der Zentner davon kostete 1510 in Nürnberg $13^{1}/_{4}$ fl — zum Teil aus feingezeichnetem Erbensdorfer Zinne — Preis 13 fl 15 β Gold — von jeder Sorte schickte man 6 Ballen = 10 qu. und rund 50 ℔.[5]

In der Nürnberger Rechnung 1479/80 hatte man 2 quint. $9^{1}/_{2}$ ℔ Erbensdorfer Zinn auf Lager, kaufte von Ambrosi 10 Quintal 64 ℔ zu je 10 fl, auf Lager blieben 4 Quintal 44 ℔, das übrige war nach Ravensburg geschickt.[6]

In Genua war 1479 der Markt um 10% besser als in Como, man bat also von Mailand und Como um mehr.[7] 1507 hatte man 44 Cantare, Mailand war schlechtes Zinn von Genua zurückzunehmen nicht bereit.[8] Der Zentner kostete in Genua 1479 21 ℔, 1507 30 ℔.[9] In den Lagerlisten begegnen 12 Ballen im Werte von 670 ℔, dann 44 cantar.[10]

In Valencia ist nur einmal Einfuhr von Zinn nachzuweisen.[11] Einmal vielleicht auch in Saragossa.[12] Nach Spanien wurde auch Zinn von Brügge verbracht. 1478 waren nach Barcelona 4—6 Block bestellt,[13] da wird es sich doch wohl um englisches Zinn handeln.

In Genf erscheint auf der Ostermesse 1478 Grauper Zinn,[14] im gleichen Jahre wurde auch in Avignon Zinn zu 19 fl kurrent verkauft.[15]

Von Mailand scheint das **Eisen** zu stammen, das in Genua zu Panzern (corazina) verarbeitet wurde. Sie konnten die Rubb um 24 β verkaufen.[16] Unter den reichen Nachrichten aus Barcelona erscheinen nur einmal (1434) als Einfuhr 6 Fässer Eisen im Werte von 51 ℔.[17]

An **Stahl** wurden in Genua für Valencia 25 Ballen gekauft.[18] Die Ankäufe wurden fortgesetzt.[19] 1503 kamen 3 Doppelballen, 1506 18 einfache. Es handelt sich wohl um oberitalienischen Stahl. In Saragossa wurden 1506 rund 27 Quintal (= 10 Ballen) der Quintal für 75 β verkauft. Man hatte 8,9% Gewinn daran.[20]

---

[1] Vgl. für den sächsischen Anteil am Zinnbergbau Strieder, Studien zur Gesch. kapitalistischer Organisationsformen (1914), S. 250—292, für den Amberger Hessel, Die Zinnblechhandelsgesellschaft in Amberg. Erlanger Dissert. phil. Fak. 1914. Vgl. auch Strieder, Organisationsformen, namentlich S. 212 f. 258 ff. [3] 1477 8 Ballen, 3, 22. [2] 3, 277. 288 ff. [4] 3. 290. 309 f. [5] 3, 34 ff. 39. 78. 2 Ballen Erbesdorfer 1480. 3, 364. 2 Quintal $9^{1}/_{2}$ ℔ Erbesdorfer in Nürnberg auf Lager. 3, 344. [6] 3, 344. 356—359. [7] 3, 257. [8] 3, 299. [9] 3, 257—314. [10] 3, 269. 290. 293. 314. [11] 3, 186. [12] 3, 12. [13] 3, 416. Vgl. auch 301. [14] 3, 25. 78. [15] 3, 337. [16] 3, 257. [17] Häbler, Zollbuch 382. [18] 3, 305. . [19] 3, 315 f.; vgl. auch 273. [20] 3, 242.

Erst nach unserer Zeit hat man erkannt, daß das Messing eine Legierung des damals unbekannten Metalls Zink mit Kupfer sei.

In Mailand machte man „schwarzen dicken lotton", diesen schliß man in Genua um 17 β 10—18 β den c.[1] Genua aber bezog auch aus Deutschland.[2]

Von Deutschland — und überall darf man annehmen von Nürnberg — ging „Tafel Mösch" — Messing in Tafeln — nach mehreren Richtungen. In Mailand diente es zur Herstellung der berühmten Schellen. 1480 erhielt man dort 3 Ballen, 1481 3, 1505 9, an denen man $10^{3}/_{4}\%$ verdiente. 1507 hatte man noch $6^{1}/_{4}$ Zentner liegen.[3]

In Genua bestellte man eine Saumlast zu $7^{3}/_{4}$—8 fl rh, dann hatte man 1504 28 Cantar auf Lager, der Cantar stand zu 14 ℔, 1505 nur 1, 1507 aber wieder 14 Cantar, schließlich noch $3^{1}/_{2}$, den Zentner zu 16 ℔. Daneben führte man auch „Haumessing". 1504 bedauerte man, nicht 10 Fäßlein gehabt zu haben, hätte man mit sehr gutem Nutzen bar verkauft, man bestellte 6 Ballen.[4] 1505. 3 Cantar auf Lager, dann ganz leer, man erwartet 16 Fäßlein, 10 noch bestellt. Man hatte an ihm 21% Gewinn gehabt und rechnete ihn auch jetzt für verkauft.[5] Auch nach Avignon kam geschabener Messing von Nürnberg her.[6]

Für Valencia wurde Nürnberger Messing 1475 bestellt.[7] 1479 waren 5 Ballen auf Lager, die schlecht abgingen.[8] Die Heimat des nach dem Valencianer Zollbuche 1503 und 1506 gebrachten Messing: $1 + 12 = 13$ Ballen lauto und 4 Ballen plancha de lauto — also Tafelmessing — gibt die Quelle nicht an.[9]

Die ältesten Nachrichten stammen wieder aus Barcelona, dorthin kamen von 1429—39: 68 Ballen und 2 große Fässer. 1435 kostete der Quintal nicht ganz 5 ℔ Barcelon., 1443 stieg die Einfuhr auf 21 Ballen.

Die Nürnberger Rechnung 1479/80 unterscheidet Tafel Messing und „geschapen howmessing". Tafelmessing kostete der quintal 8 fl, das andere aber $8^{1}/_{4}$—$8^{1}/_{2}$ fl, von jenem kaufte man 6 Quintal $11^{1}/_{2}$ ℔, von diesem 14 Quintal 27 ℔. Es gab bei den 6 Geschäften nur 2 Verkäufer. Der ganze Vorrat ging nach Ravensburg.[10] Geschapen Haumessing ist noch zu deuten, die starke Form von schaben ist in Schwaben belegt, es ist also geschabtes Haumessing.

Der Schmirgel (smeriglio) selbst ist ein pulverisches Schleifmittel. Der Hauptfundort ist Naxos, auch im benachbarten Kleinasien zwischen Ephesus und Mäander sind kleinere Vorkommen, unsere Papiere beweisen zum ersten Male frühe Benutzung deutschen Schmirgels.[11]

Er stammte wohl sicher vom Ochsenkopfe zwischen Schwarzenberg und Wochau im sächsischen Erzgebirge, wo dem normalen glimmerigen Quarzphyllit ein Lager von Beilstein mit Schmirgel eingeschaltet ist, das früher ausgebeutet wurde.[12] Er kam aus Deutschland nach Mailand

---

[1] 3, 256; vgl. 304. [2] 3, 315. [3] 3, 251. 283. 290. 308 f. 320. 359. 396. [4] 3, 217. 278. [5] 3, 262. 269. 293. 299. 314. 318. [6] 3, 338. [7] 3, 9. [8] 3, 108, vgl. 3, 225. [9] 3, 531 f. [10] 3, 355—358. [11] Die Namensformen sind stark verunstaltet schiwritgitt, schirwitz, schmerilio, schiermitz. Feldhaus, Franz M., Geschichte der Schleifmittel, Hannover-Hainholz 1919, kennt für das Mittelalter nur Bezug von Naxos. [12] Erläuterungen zur Sektion 107 Schwarzenberg der geologischen Spezialkarte des Königreichs Sachsen (Mitteilung von Prof. Dr. Wilckens-Bonn).

und Genua in Fässern (Lägeln). Im Jahre 1507 war Genua damit überfüllt, die Fütterer und Kapitel hatten dorthin gebracht, so sollten die neuen 8 Fässer in Mailand bleiben. Dort lagerten bei dem Auszuge wie es scheint 172 Zentner, zu 50 β, also zusammen rund 430 ℔ Mailändern. Schmirgel wurde an Barchent oder an Seidengewand verstochen.[1] In Genua hatte man 1504 und 1510 um einen Zentner herum auf Lager. Er galt dort als gut verkäuflicher Artikel. 1510 gingen von Nürnberg dahin 8 Lägel mit 1243 ℔, das Pfund zu 12 β, mit den Kosten für die Emballage 749 fl 16 β wert.[2]

Baumgartner sagt: „Schirwitz führt man viel aus Deutschland gen Genua. Man gibt auf die Fuhr per soma von Mailand gen Genua $5^{1}/_{2}$ in 6 ℔ Mailänder und zahlt zu Mailand per Transit von 500 ℔ Schirwitz 30 β." „Man verkauft ihn auf dem saxo, den macht man von 6 onz. Schirwitz und 1 onz. Seide, gibt davon zu machen 3 β."

§ 118. *Metallwaren. Geschlagenes Gold. Golddraht. Unzgold. Kölnisches Gold. Gold von Lucca, Ulm. Rollgold. Waffen. Ketten. Scheren. Messer. Markgewichte. Gewichte. Wagen. Nägel. Stifte. Nähnadeln. Stecknadeln. Bleche. Eisendraht. Kupferdraht. Messingdraht. Schüsseln u. a. Leuchter. Schellen. Spritzen. Mörser. Kannen. Roseta-rozeti. Waschbecken. Flaschen. Anderes. Merseria. Sonstige nach Spanien eingeführte deutsche und niederländische Merserie- und andere Waren.*

Geschlagenes Gold. Golddraht. Unzgold. Kölnisches Gold. Gold von Lucca, Ulm. Rollgold.

Auf ein mir ganz fernliegendes Gebiet werde ich durch die Gold- und Silberfädendrähte, geschlagenes Gold und Unzgold gebracht, an der Produktion sind Köln und Ulm, Mailand und Genua beteiligt.

Sofort klar ist, was unter geschlagenem Golde und Golddraht zu verstehen ist.

Dieser wurde damals meist noch geschmiedet, obwohl das nur kurze Stücke ergab. Den Fortschritt brachte die Kunst Kupferdraht zu versilbern und dann zu vergolden. Aber unsere Zeit liegt vor dieser Entdeckung.[3]

In Barcelona findet sich einmal im Besitze der Gesellschaft eine Kiste d'aur battut. An Golddraht (darunter etwas Silberdraht) führte sie 1432/40 84 Rollen und 1443 8 Rollen ein, diese im Werte von 234 ℔ Barc. Golddraht von Lucca und Venedig führt Uzzano an (S. 7).

Sehr viel reichhaltiger sind die Nachrichten über Unzgold. Der Name wird dadurch verständlicher, daß man Sorten nach dem Verhältnis einer bestimmten Größe zur ganzen halben und viertel Unze machte.[4] Im Preise des Mailänder Unzgoldes bewirkte das keinen Unterschied. Dieser richtete sich nach dem Feingehalte, die billigste war klein gelb Gold, gemein Gold, subtil böhmisch Gold, mittelgelb subtil böhmisch Gold und endlich superfeines gelbes Gold. 1527 stehen die Preise für die Mailänder Unze für diese Sorten auf 72, 77, 90, 92 und 100 Mail. β. Fein Gold stand 1500 auf 74, 1503 auf 66, 1510 auf 63 β, weiter fein klein gelb auf 74,

---

[1] 3, 283. 300. 310. 321. [2] 3, 39. 293. 300. [3] Max Beckh, Die Nürnberger echte und leonische Gold- und Silberdrahtindustrie (Münchener Dissert.) 1917.
[4] Vgl. die acht Abrechnungen 3, 41. 322. 371. 381. 398 ff.

mittel Gold auf 60 β. Doch lassen sich diese Angaben noch vermehren. Die Rechnung von 1507 gibt den Metallwert mit 1029 ℔ 12 β Mailänder, den Macherlohn zu 8 β per ℔ mit 9 ℔ 12 β, Unterkauf, Zoll und Verpackung hinzugerechnet 1057 ℔ 4 β.

Damit erhalten wir einen Einblick in die Herstellung. Die Gesellschaft übergab Gold an einzelne Goldschläger zur Bearbeitung, so daß diese in den Rechnungen der Gesellschaft als deren Schuldner erscheinen. So standen 1504 auf drei Meister 11 025 ℔, 1507 auf zweien 3065 ℔. Ebenso machten es die Fugger und Fütterer, besonders aber Ludwig Münzer, der in einem Monate 25 000 ℔ umsetzte und die Unze zu 72 in 72$^{1}/_{2}$ β hatte. Es ist klar, daß das Risiko in dem Schwanken der Edelmetallpreise bestand, aber es war auch eine Ware, auf der, da sie nur gegen bar verkauft wurde, das Geld nicht lange schlief.[1]

Über die Verpackung ist zu sagen, daß es mehrfach heißt ins gawetly uf gemacht. Das spätere italienische Wort (gavetti) bezeichnet den Golddraht, wie er aus der ersten Zainkammer herauskommt.

Ich glaube, von den Kölner Goldschlägern und Goldspinnerinnen aus kann man auch das Mailänder Unzgold verstehen. Da handelt es sich um einen Häutchengoldfaden, der aus einem feinen Häutchen bestand, das mit einer kräftigen Schicht geschlagenen Goldes bedeckt war. Das Blattgold wurde vom Manne hergestellt, die Spinnerin wand das Häutchen zu einem Goldfaden um einen Faden als Kern.[2] Im Jahre 1373 teilte Köln nach Venedig mit, daß die Goldschläger und Goldspinnerinnen nicht mehr ihr Produkt auf Spulen verpackten, sondern in hängenden Stücken (Strähnen), da man sie so stempeln könne. Wie es noch 1485 vorkam, daß noch nach Spulen verkauft wurde, so ist vielleicht unter gavettli eine ähnliche Aufmachung zu verstehen. Wäre das nun richtig — was sehr ernster Nachprüfung bedarf — so hieße das italienische Unzgold nach der Einteilung nach dem Gewichte, das Kölner nach dem Ursprungsorte. Es findet sich eine Einteilung nach Stücken (3 dosin Kolsches goldes, 3 dosin Kolsches sulvers).[3]

Über das Onzgold schreibt Baumgartner bei Genua: „Onzgold und Onzsilber macht man viel zu Genua und ist besser denn das zu Mailand der Ursachen halber, zu Genua darf man kein Silber arbeiten, es sei denn „liga 11 onz." Darum so ist es viel besser und langwieriger, denn das zu Mailand gemacht wird." „Das Onzgold gilt gewöhnlich das ℔ = 12 Unzen 24 bis 28 ℔ Genueser und das Mittelgold um 25 ℔. Das Gold heißt man alla Venezianer, führt man viel nach Deutschland und Flandern." Schon im 13. Jahrhundert finden wir Ausfuhr von Goldfäden von Genua, Lucca und Montpellier.[4]

In Genua, das wie Venedig in dieser Technik führte, kann ich von Ankauf seitens der Gesellschaft nicht nachweisen, wohl aber, daß es erwogen wurde „gesponnen Gold, Silber fein, Unzgold" aufzukaufen, da man an Handel damit nach Valencia und Saragossa dachte. Andere Deutsche lassen sich damit in Frankfurt und Nürnberg nachweisen.[5] Genua selbst sah aber dieses Gewerbe schwinden: um 1409 produzierte es für mehr als 100 000 ℔, 1510 noch 3300 ℔, 1480 21 000 ℔.[6] Um so mehr erwarb man in

---

[1] 3, 279. 291. 307 ff. [2] Vgl. Braun in „Köln. Volkszeitg." 1920, Nr. 971. v. Lösch, Kölner Zunfturkunden 2, 213. 234, 253 und 264f. Schulte 1, 542. [3] Hans. Urkundenbuch 8, Nr. 564. [4] Schaube, S. 206. [5] 3, 260. 263. [6] Sieveking, Rechnungsbücher, S. 58.

Mailand, wo es fast stets genannt wird, und von dort ging es nach Valencia, mehr nach Saragossa, nach Nürnberg, nach den Niederlanden, von wo man es auch nach England brachte.[1]

Es ist nun wohl zu beachten für den Wert des Kölner gesponnenen Goldes, daß in der Gesellschaft daran gedacht wurde, von dieser Ware sogar in Genua für die Brokatfabrikation Absatz zu finden. Peter Lützenkirchen sollte den Einkauf besorgen, auch von gesponnenem Silber.[2] 1504 schuldete man einem Genueser „colsch Gold". Und nicht übersehen darf man auch, daß 1466 ein Pietro da Colonia maestro battiloro in Mailand das Bürgerrecht erhielt.[3] Auch nach Venedig kam kolzgold.[4]

Die Rechnung von 1500 bringt auch fein Silber zu 11 Unzen, 7 ℔ die Unze zu 64 β, also wenig billiger als die Unze Gold zu 68 β, was ich nicht erklären kann.[5]

Gold von Lucca erscheint 1467 in Barcelona als Einfuhr, die 253 ℔ kosteten nur 75 ℔ Barceloner, das war schwerlich echtes Gold. Und ebenso kam Ulmer Gold und Silber durch die Gesellschaft nach Genua, wo es 1505 und 1507 nachzuweisen ist. Das Maß Gold kostete 5 fl, das Silber 2½ fl. Auch das ist wohl kaum reines Gold oder echtes Silber.[6]

Dann erscheint auch 1507 „Rollgold" in Mailand. Man hatte in einem Kistlein in einem „gropo" 200 Sonnenschilde. Danach verstand man darunter Rollen von gezählten Goldmünzen, sie gingen während der Mailänder Krise nach Genua.[7]

Waffen. Die hervorragendste Stadt für die Fabrikation von Waffen (nicht Feuerwaffen) war Mailand.

Dort kaufte Koler für Konrad Bader einen Krebs und einen Rücken für 8 ℔ 1 β und 6 Eisenhüte für 8 ℔, für Palle Schindelin einen um 2 ℔ 16 β 6 d.[8]

Größer waren die Geschäfte in Nürnberg.

1479 bestellte die Stadt Ravensburg Büchsen von gleicher Fasson. Es waren 12 Hakenbüchsen und 106 Handbüchsen im Gewicht von 12 Quintal 68 ℔, der Quintal zu 9¼ fl, sie wurden für 9 fl 12 β gefaßt.[9] Die Nürnberger Rechnung 1479/80 enthält eine Reihe von Angaben über Waffeneinkäufe für Private. Für Hans Krieg einen Krebs (13 β 6 hl.), für Noffre Humpis deren 6 (je um 5 β = 3 ℔ 12 β dazu Trinkgeld), weiter 4 Krebse, für Bürgermeister Hans Humpis 3 Hakenbüchsen mit Mödeln (15 fl 12 β 6 hl.), für Brun von Hertenstein 8 Haken-, 8 Handbüchsen und 5 Model (39 fl 17 β 5 hl.). Die Stadt Ravensburg erwarb 20 Haken-, 2 Schlangen-, 50 Handbüchsen, gefaßt, und 13 Model für 285 fl 8 β 8 hl.[10]

Zu diesen Feuerwaffen kaufte die Stadt Ravensburg auch gleichzeitig 10 Quintal Blei und 1 ℔ „insen" für 70 fl 12 β 6 hl.[11]

Hans Hillenson kaufte auf der Nördlinger Messe 1480 sich einen Eisenhut um 6 ℔ und einen um 60 ₰.[12]

---

[1] Valencia 3, 296. — Saragossa 3, 242 (Gewinn 19%). 281. 287. — Nürnberg 3, 278. 377. 382. 386. 390. 395. 440. 446. — Niederlande 3, 278. 377. 382. 392. 395. 437. 440f. 445f. — Frankfurt 3, 371. 377. 381f. 386. 392. 440. [2] 3, 263. [3] Arch. stor. lombardo 19, 2, 997. [4] Stieda, Deutsch-ven. Handelsbeziehungen, 110. Vgl. auch Schulte 1, 719. [5] 3, 371. [6] 3, 39. 293. 315. [7] 3, 318. 321. [8] 3, 254. [9] 3, 341. Dazu kamen weitere Kosten. Der Gesamtbetrag erreichte 134 fl 15 β 6 hl. [10] 3, 350. 353. 356f. Vgl. auch 3, 360, danach hatte Humpis sie für seine Bauern gekauft. Für Hans Hinderofen waren auch 6 Handbüchsen, mit Mödeln und Zündern bestellt, 3, 361. [11] 3, 353. [12] 3, 362.

Unter deutschen Waren erscheinen in Genua Armbrustwinden, die in kleinen Fässern bezogen wurden. Das Stück hatte 30 β Genueser gekostet, 1504: 125 Stück auf Lager, 1505: 73 und 1507: 7.[1] Ob Nürnberger Arbeit?

Ketten. 1479 bestellte Saragossa in Mailand 24 Dutzend cadenas de galgo (Windhunde), die man auch schon früher geführt, bald waren sie verbraucht. Auch 1505 in Stichgeschäft gekauft, 1505 6 Ballen nach Valencia. 1480 kamen 21 Dutzend cadenas de ca von Mailand nach Barcelona, Jordi Luch bezog sie 1478 von Flandern.[2]

Scheren. In den Zollrechnungen von Barcelona finden sich sehr oft tisores de retingot von 1427 an, eingeführt auch von Johann von Köln und von Savoyarden, daneben auch solche von Tolosa. 1479 wurden Ratinger Scheren für Spanien bestellt. Sie erscheinen auch in Kölner Quellen, daher wohl retingot = Ratinger. 1478 gingen von Flandern 2 Ballen Scheren aus Flandern nach Spanien. Einmal finden sich auch Mailänder Scheren in Spanien.[3]

Die Einfuhr von Messern (ganivets, auch gavinets, span. cañivete) nach Spanien war sehr erheblich, sie kamen größtenteils aus Deutschland, aus den rheinischen Bezirken und Nürnberg, aber auch von Mailand und Brüssel (?).

1475 ging für Valencia eine Bestellung nach Nürnberg auf 1000 große „techat"-Messer (in Scheide) und 200 „techant" Frauenmesser. Dahingegen können die 1478 von Genua dorthin gehenden Lägel Messer auch von Mailand sein, wahrscheinlicher aber von Nürnberg; im nächsten Jahre geht eine Bestellung auf „meser d Bruseles" (also aus Brüssel) nach Flandern; es kamen aber auch Messer von Nürnberg.[4]

Nach Saragossa gingen 1478 1100 große und 1500 kleine Messer aus Deutschland, die großen kosteten das Tausend 15 fl rb., die kleinen 12 fl. Die Sendung hatte in Lyon einen Wert von 112 fl 5 β current. 1479 lautet die Bestellung nach Flandern auf 6 Dutzend Messer de Garoffa (2 Messer in einer Scheide mit schwarzen Heften), auf 4 (mit weißen) und 6 Dutzend, deren Scheiden „übergilvot" mit weißen Heften.[5] Bei Garoffa habe ich an Gräfrath bei Solingen gedacht, aber dieser Name würde katalanisch kaum so umgestaltet worden sein. An das Holz des Johannesbrotbaums (arab. Kharnub, katal. garrofa, Meyer-Lübke 4680) zu denken, hat auch seine Schwierigkeiten.

1480 bestellte man in Frankfurt ½ Dutzend guter Schreibmesserlein.[6] Andreas Sattler nahm 1480 von Brügge für sich ein paar Frauenmesser und 3 Schreibmesser heim.[7]

Die Verbreitung der deutschen Markgewichte hatte in Spanien sehr wohl einen Sinn, denn die Kölner Mark galt als Gold und Silbergewicht in Burgos, und König Juan II. verordnete, daß die Mark als Silbergewicht in seinem ganzen Reiche gelte.[8]

Die Nürnberger Rechnung von 1479/80 gibt einen Bestand von 7 Stück = 20 ℔ an, dazu kaufte man von einem Lieferanten 276 Stück

---

[1] 3, 269. 293. 299. 314. [2] 3, 117. 158. 286. 296. [3] 3, 106. 108. 416. Kuske, Quellen, 2, 237. [4] 3, 20. 22. 90. 108. 157. 231. Aus Nürnberg stammten wohl auch die 3, 157 erwähnten Lägel mit Messern für Valencia. [5] 3, 116. 208. [6] 3, 361. [7] 3, 433. [8] Ménendez Pidal im Glossar zum Poema del Cid 5, 135.

im Gewichte von 300 ℔, den Quintal um 15 fl 10 oder 15 β. Es gab Stücke von 8, 4, 2, 1 Mark und von 8 Lot. Sie wanderten zunächst nach Ravensburg.[1]

1479 waren Markgewichte in Nürnberg bestellt, im nächsten Jahre wurde die Bestellung auf 200 Stück um die Hälfte vermindert, da inzwischen andere Leute viele gebracht hatten. Schon 1478 war eine Bestellung ergangen, die Stücke von 4 und 8 Mark sollten die meisten sein. Markgewichte wurden nur von Valencia verlangt.[2]

An Peter Lützenkirchen zu Köln gingen von Nürnberg einmal 3 Gewichte, zusammen 25 ℔, der Quintal zu 15 fl.[3]

Eine Wage wurde einmal zum Preise von 2 fl nach Würzburg abgegeben.[4]

Mailänder Nägel wurden von der Gesellschaft nach Spanien ausgeführt und zwar regelmäßig nach Valencia, aber auch Barcelona wollte einen Versuch machen,[5] ebenso machte Genua Bestellungen.

In 7 Ballen gingen 1476 1570 Mille allerlei Sorten im Werte von 376 ℔ 1 β 4 ₰ nach Valencia, 1478 7 Ballen, 1479 8 + 4 Ballen.[6] Genua bestellte 50 Mille di uncia 30 in st. 50 di uncia 24, 30 Mille di uncia 18 und 20 Mille Schuhmachernägel.[7] Es wurden wohl die Tausend nach Unzen gerechnet oder heißt es st. in stajo, dann wäre es ein Gewichtsmaß. Einmal wird in Nürnberg ein Faß Nägel bestellt, anscheinend, doch keineswegs sicher für Spanien.[8]

Von Nürnberg bezog der alte Jos Humpis für 12 ℔ 9 β „Schymnegel und Bret Nagel", also offenbar für einen Bau.[9]

Stifte. In Barcelona begegnen zweimal textaria, das eine Mal 1426 textaria stanyada — also verzinnt —, das andere Mal 2 bales textaria de leuto, der Ballen 25 ℔ Barc. wert. Häbler versteht darunter Dachziegel, wenn das auch nur der ursprüngliche Sinn sei, vielleicht seien es Deckel. Das zweite Mal kam die Ware sicher nicht aus Flandern. In der Rechnung von 1469 finden sich für einen anderen Deutschen aus Flandern kommende 2000 tatxas de sabater, die also von einem Schuster gebraucht wurden; tatxa ist in der Tat katalanisch der Stift.

In Deutschland herrschte lange die Meinung, daß die Aachener Nadelindustrie erst nach 1500 und zwar von Spanien her eingeführt worden sei. Das ist ein Irrtum. Umgekehrt hat Deutschland Spanien mit Nadeln versorgen helfen, während Mailand ebenfalls dahin lieferte. Mailand war die eigentliche Nadlerstadt.[10] Für Aachen glaubt die sehr sorgfältige Untersuchung von Koch schließen zu müssen, daß Aachen auch im 16. Jahrhundert noch keine nennenswerte Nähnadelindustrie besaß.[11] Bei der überaus schlechten Überlieferung Aachens ist der Beweis nicht völlig zwingend. In Perpignan führte 1428 Johann von Köln 642000 Nähnadeln de Jaques ein.[12] Man würde hier an Aachen denken können, da die sonstigen Waren der Sendung alle von Köln oder Brügge gekommen zu sein scheinen.

---

[1] 3, 344. 356 ff. [2] 3, 108. 189. 337. 359. [3] 3, 339. [4] 3, 339. [5] 3, 143. 265.
[6] 3, 21. 90. 106. 261. [7] 3, 256. [8] 3, 3. [9] 3, 354. [10] Statuten der Arte dell'agugia 1458. Gaddi 947. [11] Zeitschr. d. Aachener Geschichtsvereins 41, 23.
[12] Schelling, S. 102.

Und doch findet sich in unseren Papieren eine nach Mailand gerichtete Bestellung auf agulles de cosser de Jaco, es muß also wohl eine Sortenbezeichnung für Nähnadeln sein.[1] Die Nähnadeln wurden damals nur aus Eisen- oder Messingdraht gemacht, das Öhr wurde noch durch Spalten des einen Endes, das wieder zusammengeschweißt wurde, hergestellt. Nadelmaschinen herzustellen erstrebte schon Lionardo da Vinci.

In dem Zollbuch für Saragossa von 1430 finden sich als Importeure Johann von Köln und Thomas Hallberger. Da könnte man nun glauben, daß beide etwa Mailänder Nadeln eingeführt hätten, aber unter der Einfuhr Johann von Kölns finden sich 65000 agulla de cosir d Alamanya.[2] Wenn aber die am schwersten herstellbaren Nähnadeln in Deutschland verfertigt wurden, so hat man die Stecknadeln sicherlich auch dort schon herstellen können. Für die Messingnadeln kommt Mailand überhaupt nicht in Betracht.

Wenn die Humpis auch durchaus nicht viel Nadeln nach Barcelona einführten, so geschah es doch 1427. Damals verschifften sie dorthin 630 000. Das Tausend hatte einen Wert von $1\frac{1}{2}$ ₰ Barc. Sie stammten wohl sicher von Mailand.

Von Mailand ging nach Valencia offenbar vorwiegend für den Bedarf der Bodega ein erhebliches Quantum an Nadeln. So 1477 1346 Mille Nadeln in 10 Ballen. Wert: 1655 ₰ 8 β 4 ₰. Außerdem 6 Ballen. 1479 4 Ballen und 1 Ballen Nadeln und Scheren, 6 Ballen.[3]

Weiter wurden bestellt für Saragossa 2 gomas (= 12 millers = 12000 Stück) agullas de cosser (2 Ballen agujas de coser, Nähnadeln) geschärft (lisada, kastil. alisar = polieren); 2 gomas agullas de colltro, geschärft (ital. coltrone Steppdecke, ob Steppnadeln?); 1 goma agullas de sapatexs, medianas, Schusternadeln; 1 goma agullas primas.[4] 1507 lagen gar, wenn da keine irrige Angabe sich eingeschlichen hat, im Hause der Gesellschaft zu Mailand 102 gomae (Ballen) Nadeln.[5]

Im gleichen Jahr wollte der Faktor in Antwerpen, wenn man in Mailand mit ihnen beladen sei, 2 bis 4 Ballen von allen Sorten haben; er hielt es aber für noch besser, sie nach Lissabon zu leiten und dort an Spezereien durch die Goßembrot zu verstechen.[6] 1505 erörterten die Gesellen in Mailand, ob man nicht gleich den Fütterern Nadeln nach Nürnberg einführen solle.[7]

In Genua hatte man 1507 2 Fäßlein in Sizilien, im Werte von 100 ₰.[8]

Mailänder Nadeln wurden von den Borromei auch nach London eingeführt.[9]

Im hansischen Verkehr gingen 1465 40 gummen mailändischer Nadeln nach Reval.[10] Mailänder Nadeln finden sich auch in Köln, obwohl es dort eine entwickelte Nadelmacherzunft gab.[11]

---

[1] 3, 117. [2] 3, 506. [3] 3, 21. 90. 106. 261. [4] 3, 117. [5] 3, 321. Nadeln d sotto botta und die croxetta (Häkelnadeln). [6] 3, 443. [7] 3, 287. [8] 3, 314. [9] Biscaro 69. 72. 107 f. [10] Hans. Urkundenbuch 9, Nr. 202. Vgl. Pasi über Handel mit dem Orient 173. 177. Nadeln aus Treviso 83. Udine 103. [11] 1399. Stein, Akten z. Gesch. der Verf. u. Verwalt. d. Stadt Köln, 2, 93. 1401 Kuske, Handel und Verkehr, 1, Nr. 415. Zunft siehe Stein, passim. v. Lösch, Kölner Zunfturkunden s. Register.

Stecknadeln (gluffa oder spaclla¹) kamen nach Valencia und Saragossa aus Flandern.

Man führte verschiedene Sorten. Der Markt war in Valencia zeitweise überfüllt, dann schickte man nach Saragossa. 2 Kisten galten schon als erhebliches Quantum, 6 als Übermaß.² Auch die eine Kiste Nadeln, die 1503 nach Valencia kam, stammte aus Flandern.

Für die deutsche Herkunft von Nadeln spricht es auch, daß Andreas Sattler 1477 ein Tausend Glufen von Brügge nach Hause für sich mitnahm, in Konstanz waren die von Mailand viel näher.³

Die 1426 nach Barcelona eingeführten 170000 Stecknadeln (agulla de cap) stammten aber wohl aus Mailand, anders war es 1480, die 20 Dutzend waren nach moneda de gros, also nach flandrischer Währung berechnet, sie kosteten 5 ₰ 10 β, standen also sehr hoch im Preise. Aus Flandern kamen auch die von einem Ungenannten 1471 eingeführten 616 000 Stück. Die Einfuhr von 18 000 agullas de cap, 36 000 de 12 onc. (= 71 Groschen), 36 000 de 14 onc. (= 80 Groschen) vom Jahre 1480 betrifft Gabriel Aigner (Ehinger).

Die Gesellschaft führte **Eisenblech** von Mailand und Nürnberg. Daneben aber auch **Messingblech**, das wohl stets aus Nürnberg kam, auch **verzinntes Kupferblech** erscheint und Blech aus der Berberei.

Eine Fülle von Nachrichten bietet wieder das Zollbuch von Barcelona. Zuerst nenne ich Messingblech (fulla di leuto). Es ergaben sich in 6 Jahren (zwischen 1426—1438) 9 Sendungen mit 79 Quintalen und 29 Ballen. 1443 wurden 2 Ballen eingeführt. 1426 stand ein Quintal im Preise von 9 ₰ Barc. Zweimal wird die fulla als rasa bezeichnet, wohl poliert. Der Gegensatz ist wohl lauto negre, von dem 1436 2 Quintale eingeführt wurden. Eisenblech erscheint nur zweimal, 1426 7 Ballen und 1439 1 Ballen, Blech aus der Berberei ebenfalls zweimal, 1437 1 Ballen und 1440 7 Ballen reseta e fulla de Barberi. Aus welchem Metall es bestand, ist nicht festzustellen. Interessant ist das verzinnte Blech (launa stanyada, 6 tonnels). Das Verzinnen ist also älter, als man bisher annahm. Es handelt sich wohl um verzinntes Kupferblech.

Ganz genaue Nachrichten bietet die Nürnberger Rechnung von 1479/80. Es wurden gekauft 10 650 Bleche, davon 800 schwarze, die übrigen weiß. Die schwarzen kosteten je 600 Stück 7 fl, die weißen das doppelte, nur 1000 Stück waren um 10 β billiger. Es gab nur zwei Lieferanten. Der Gesamtpreis betrug 424 fl 4 β 1 ₰. Auf jedes Fäßlein gingen im Durchschnitt 235 Stück.⁴

Mailand bestellte 1474 4 Fäßlein schwarzes Blech, es kamen 10 Fäßli, 1477 deren 6, 1479 noch 6 bestellt.⁵

In Genua machte man gute Geschäfte mit Blech, an dem man mit einem Gewinn von 23 % rechnete.

---

¹ Glufen kommt von ahd. kliuban, spalten. In Oberschwaben versteht man aber darunter die Stecknadel.
² 3, 58. 83. 107. 139. 149. 159. 186. 447.   ³ 3, 404.   ⁴ 3, 355 ff. 362. Nach Valencia gingen 2650, nach Mailand 2900, alles über Ravensburg.   ⁵ 3, 14. 22. 250. 341.

Die Lagerlisten von Genua ergeben:

Schwarzblech	Weißblech
1504: 700 Stück, 100 à 12 ℔ = 84 ℔	5980 Stück, 100 à 7 ℔ 10 β = 448 ℔
1505: 2580 Stück	
1507: bestellt 20 Fäßlein	ausgegangen
1507: 420 50 ℔ 8 β	1900 Stück, 100 à 8 ℔ = 152 ℔
1507:	davon 1350 verkauft
1507 hatte man starke Konkurrenz.	

Ein Teil ging auch von Genua nach Valencia.[1] Dorthin kam auch schwarzes und weißes Blech von Brügge her,[2] ebenso in Saragossa.[3] Mir scheint es sich um deutsche Ware zu handeln, vielleicht Nürnberger.

Die Drahtzieherei war im 15. Jahrhundert schon weit entwickelt. Vor allem in Mailand, in Deutschland aber in Nürnberg. Aus der Zeit von 1495—1500 stammt ein Aquarell Dürers, das eine vom Wasser der Pegnitz getriebene Drahtzieherei darstellt, während man früher auf dem Zieheisen stehend mit der Hand den Drahtzug betrieben hatte. Die Gesellschaft bezog ihren Eisendraht nur aus Mailand, Kupferdraht aus Nürnberg und Flandern, ebenso Messingdraht.[4]

Sehr lebhaft war der Verkauf von Mailänder Eisendraht in Spanien. Die Einfuhr von Barcelona, deren Herkunft übrigens nicht feststeht, brachte von 1429 bis 1440 mit Ausnahme zweier Jahre eine Gesamtsumme von 103 Ballen dorthin. 1443 stieg die Einfuhr auf 68 Ballen, unter zehnen war aber auch Messingdraht. 1480 finden sich 5 Ballen, ohne Schiffsfracht kostete der Ballen 43 ℔ 16 β Barc., 1467 2 Ballen fil de passaperla.

Die Gesellschaft brachte nach Valencia 1478 mindestens 36 Ballen,[5] 1479 mindestens 29 Ballen, darunter 6 Ballen fil gentil (feiner Draht),[6] 2 Ballen mit 102 Stück gingen 1477 nach Saragossa. 1476 sind die Angaben zum Teil nach pezza's. 1903 Stück gingen nach Saragossa, 1801 in 36 Ballen hatte für Valencia ein unzuverlässiger Geselle aufgeschrieben.[7] 1479 bestellte Saragossa 2 Ballen und 30 Stück und vom feinen Draht (fil gentil) 1 Ballen, außerdem 4 Stück vom allerbesten, mit der Hand gedrehten.[8]

Der grobe, aber auch aller fil di ferro ging oft nur langsam von Hand und mit kleinem Gewinn, besser bestand man an anderen Sorten.[9]

Die Gesellschaft kaufte so regelmäßig, daß ein Faktor vorschlug, nach dem Vorbild der Nürnberger, nach dieser im Eisengeschäft hoch ausgebildeten Stadt, fil di ferro und Nadeln von Mailand zum Verkauf zu bringen.[10]

---

[1] 3, 269. 293. 299. 314. 316. [2] 1477 4 Faß, 3, 401. 1478 4 Faß weiß, 2 Faß schwarz, 3, 420. [3] 2 Ballen schwarz, 1 Ballen weiß, 3, 116. Auch verzinntes, 3, 158. Weiter 3 Fäßle, 3, 424. 1508: 12 Ballen in Tortosa. Platina ist wohl sicher Blech, 3, 532. [4] Auch in Köln war die Drahtzieherei im Schwang. Kuske, Handel und Verkehr, 2, Nr. 1101. Kupferdraht auch in Altena, Kuske 3, 43. [5] 20 + 16. 3, 22. 90. [6] 29 Ballen, 3, 106. 8 Ballen, 3, 261. [7] 3, 22. Auch 3, 158. 188. [8] 3, 117. 120. [9] 3, 140. 188. [10] 3, 287.

Für Valencia zeigt das Zollbuch 1503 10 Ballen an, 1506 7. 1504 wird wieder fil di ferro für Saragossa erwähnt. 1479 wurden für einen treuen Kunden in Saragossa 2 Ballen und 30 pezzas fil di ferro und 1 Ballen fil gentil und 4 pezzas fil de mano tort bestellt.[1]

Es gab neben fil gentil mehrere Sorten: fil de ardia, ardilla (Nagel ohne Kopf), fil de mano cord de assero oder asetto (mit madesches, Strähnen), bordoschin, ass bawado, bawatt, den cap, pasapärla (offenbar feiner Draht).

Kupferdraht. In Nürnberg kaufte man 1479/80 1 Quintal 70 ℔ kleinen Kupferdraht, den Quintal zu 10 fl.[2] An Kupfer- (oder Messing-) Draht aus Nürnberg ist wohl zu denken, wenn 1476 in Lila de Martiga neben 16 Ballen Kupfer 6 Ballen Draht als lagernd aufgeführt werden.[3] In Mailand erscheinen 1477 2½ rubb vielleicht in Durchfuhr.[4] In Genua hatte man 1504 685 ℔, 1505 580 ℔ am Lager, 1507 nichts.[5] 1437 erscheint auch Kupferdraht aus Flandern in Barcelona. In Frankfurt bestellte man 1478 20 ℔.[6]

Kupferdraht begegnet schon 1363 in einem holländischen Zolltarif, der andere Drahtsorten nicht kennt.[7]

An **Messingdraht** kaufte man in Nürnberg 1479/80 zwei Sorten: 4 Quintal 29 ℔ zu je 8 fl, und noch kleineren 2 Quintal 66½ ℔, das Quintal zu 8½ fl.[8]

Die Herkunft des Messingdrahtes ist selten angegeben, aber wir dürfen doch glauben, daß er zumeist von Nürnberg oder Augsburg stammte. Direkt ist das für Nürnberg bezeugt für die Valencianer Bestellung 1474.[9]

Aus Barcelona liegen von 1429 bis 1440 Nachrichten über 10 Sendungen vor, einmal wird die Herkunft aus Flandern bezeugt, doch ist das wohl nur der Ort der Verschiffung. 1434 erscheinen 2 bales fil de Alamya, die wohl hierher gehören. 1443 schickte die Gesellschaft 9 Ballen dorthin. Zum Messingdraht gehört wohl auch das fil blanch, das nach Barcelona eingeführt wurde; 2 bales kosteten 1426 80 ℔, das ist ein Preis, der für Eisendraht zu hoch ist.

In Genua hatte man 1505 1835 ℔ auf Lager, 1507 versteckte man seine leicht verkäuflichen 900 ℔ aus politischen Gründen.[10]

In Mailand war der Verkauf zeitweise sehr erheblich. 1505 hatte man dort 100 Ballen und rechnete sie als verkauft. Im Jahre vorher kamen 8 Ballen an,[11] in ganz Mailand sei nicht so viel vorhanden, aber es gab auch Zeiten völliger Ruhe, und oft war der Gewinn schmal, der c(antar?), der nach Mailand gelegt 25 ℔ gekostet hatte, wurde 1505 für 28 ℔ verkauft. 1507 hatte man beim Abzug 40 Zentner auf Lager.[12]

Da fil auch Garn bedeutet, ist nicht immer festzustellen, ob Garn oder Draht gemeint ist.[13]

In der Herstellung von **Zinnwaren** war damals Deutschland, namentlich Nürnberg, weit voran, England erhielt die feinere Technik erst im 17. Jahrhundert aus Sachsen.

Man unterschied unter den Schüsseln (katal. conca) glatte (katal. palats) und gestampfte, d. h. mit Flächenverzierungen.

---

[1] 3, 120. 278. 531 f.   [2] 3, 356.   [3] 3, 227. 232 in Nr. 30. Gehen nach Valencia, 2 Ballen nach Barcelona.   [4] 3, 22.   [5] 3, 269. 293. 299.   [6] 3, 338.   [7] Hans. Urkundenbuch 4, Nr. 82 [1].   [8] 3, 356.   [9] 3, 9. 40.   [10] 3, 293. 299.   [11] 3, 283. 277. Da auch Bestellungen von 6 und 12 Ballen, Ankunft von 7. 3, 251.   [12] 3, 290 f. 308 f. 320.   [13] Barcelona 1443. 3 Ballen (wohl Draht).

An glatten und gestampften Schüsseln hatte man in Genua 1504 am Lager 498 ℔ zu 4 β = 99 ℔ 12 β Wert und 247 zu 5 β = 61 ℔ 15 β, 1505 aber 470 ℔ glatte. Man bezog mindestens die gestampften von Nürnberg. 1507 wollte man der örtlichen Lage wegen keine.[1]
Für Valencia wurden 1480 Schüsseln in Nürnberg bestellt. Aus Flandern bestellte man qunkes pilatus (glatte Schüsseln).[2]
Auch nach Saragossa kamen conques aus Flandern.[3]
Die Nürnberger Rechnung von 1479/80 weist den Ankauf von 45 Messingschüsseln, Quintal zu 12 fl (= 16 fl 9 β), und 47 Schüsseln „mit gemelt", also gestampfte, Quintal zu 14 fl (= 22 fl 13 β 6 hl.), auf. Das Gesamtgewicht betrug 2 Quintal 96$^{1}/_{2}$ ℔. Alle lieferte derselbe Mann, und alle wanderten zunächst nach Ravensburg.[4] Scherbecken wurden 1505 von Genua in Nürnberg bestellt.[5]
1478 wurden für Noffre Humpis in Frankfurt bestellt: 3 geschlagene Zinnschüsseln, etliche kleine Senfschüsseln, 1 Fischkessel (wohl von Kupfer) für 20 Stück Fische, für Jörg Blumen 2 Zinnschüsseln für 4 Personen, an 100 Teller, Löffel, auch ein Messingzäpflein mit einer „scheufen".[6] 1479/80 erstand man für Bürgermeister Hans Humpis einen Messingzapfen (von 5 ℔ für 14 β).[7]
Die Armbrustschützen von Ravensburg erwarben 1480 105$^{3}/_{4}$ ℔ Zinnschüsseln, die Büchsenschützen gleichzeitig 107 ℔, mit Fuhrlohn kosteten sie 10 fl 13 β 6 hl. und 11 fl 5 β 2 hl.[8]

Die Einführung von Leuchtern nach Spanien war sehr verbreitet. Die spanischen Quellen reden von canelobres, die deutschen von Kerstal, Kerczstall, die Deutung gibt Richental in seiner Chronik, wo deutlich Kerzstall das Kerzengestell, der Leuchter, Kandelaber ist.

Kerstal wurde von Valencia mehrfach in Nürnberg bestellt, in der Botig sollten sie verkauft werden. Einmal lautet die Bestellung auf 100 tal d'aryant, 50 zu 18 fl und 50 zu 20 fl, sie sollten in Bürsten verpackt werden, darin kämen sie wohl und sauber über. 1479 wurden 5 Ballen in Bouc verladen.[9] Auch in Saragossa verlangten zwei Kunden davon.[10] In Barcelona führte 1438 die Gesellschaft ein Faß ein. Die meisten dieser Leuchter waren wohl aus Messing. In Nürnberg bestellte man für Noffre Humpis einen hangenden Leuchter für 1$^{1}/_{2}$ fl.[11]

Sehr berühmt waren und in großen Quantitäten wurden nach Spanien eingeführt Schellen, aus Bronze oder Messing.
Die Gesellschaft brachte 1479 zwei Ballen von Mailand nach Valencia, auch lieferte dasselbe Gelieger 14 große Schellen an Noffre Humpis.[12]
1475 wurden 11 Dutzend kleine Spritzen, 2 Dutzend für 1 fl, in Nürnberg für Valencia bestellt.[13]
1477 war zu Nürnberg ein Mörser gekauft und Junker Veit Sürg zugeschrieben worden, der ihn aber nicht annehmen wollte.[14]

---

[1] 3, 269. 293. 299. Vielleicht darf man auch die copadine di loton von Mailand hier einreihen. 3, 256. [2] 3, 108. 186f. 359. [3] 3, 172. 424. Becken von Nürnberg. 3, 193. [4] 3, 355 ff. [5] 3, 293. [6] 3, 338. 340f. [7] 3, 353. [8] 3, 353f. [9] 3, 99. 108. 189. 359. in Nr. 30. [10] 3, 193. [11] 3, 340. Pasi 187 v. führt unter den nach Mallorca eingeführten deutschen Waren Messingbecken, Paternoster und candelleri an. [12] 3, 261. 267. [13] 3, 20. [14] 3, 332. Umtausch eines alten Mörsers 3, 353.

Zu den in Nürnberg gekauften Waren gehörten auch schwere Kannen von Messing, die auch als schwere stytzen bezeichnet werden. 6 Stück kosteten 3 fl 4 β 6.[1]

Zu den Messingwaren gehörten die roseta de lauto und wohl auch die roxeti.

Diese Ware hatte viele Sorten, die wie die Nägel nach Unzgewicht eingeteilt waren, in Genua vertrieb man damit andere Waren.[2] Von roseta wurden 1467 887 000 im Werte von 93 ℔ in Barcelona eingeführt.[3] Es kann also nur eine billige Ware gewesen sein. In Saragossa begegnen auch rodetz von Mailand, 20 ℔ erbrachten 7 ℔ Sar.[4] Doch gehört das wohl kaum zu den roxeti und roseten.

Aus Flandern kamen 1436 nach Barcelona auch 2 Ballen levadors de plom. Zu Trägern eignet sich Blei nicht, so ist eher an lavadors = Waschbecken zu denken, wofür das Material besser geeignet ist. Lavadors de lauto (Messing) erscheinen 1426 am Zoll zu Perpignan.

Für Jörg Egelin wollte man in Nürnberg für 4 fl „fläschen und saergan" kaufen.[5]

Noffre Humpis hat unter seinen zahlreichen Bestellungen noch folgende Metallwaren: eine Messing Gryffen (ein Vogel Greif?) um 3 fl 1 Ort, Handbecken und Lichter für die Küche, auch eine Mausefalle.[6]

Das italienische Wort merceria wird in unseren Papieren vor allem gebraucht für Mailänder Metallwaren, aber auch für Nürnberger und flämische.[7] Doch rechnete man dazu auch wohl andere Kleinwaren.

Nürnberger merceria ging auch nach Mailand.[8] In den Zollregistern von Barcelona findet sich die merceria oft, ohne daß es möglich wäre, die Heimat sicher festzustellen. Ich zähle zwölf Posten, im Jahre 1432 fünf mit 26 Ballen, 1443 nur 2 Ballen. Der Sammelname läßt weitere Feststellung nicht zu, stets handelt es sich um Einfuhr. In Valencia erschienen als Einfuhr von Genua 1503 20 Ballen, 1506 deren 22. Daß solche für Valencia auch in Nürnberg bestellt wurden, ergibt eine Angabe für 1478.[9]

Was war alles in diesem allgemeinen Namen verborgen? Um einigermaßen das herauszubringen, kann man die spanischen Zollrechnungen noch mehr heranziehen. Die älteren Barceloneser sind nicht eingehend genug, wohl aber die gleichzeitigen von Perpignan und Saragossa, auch die jüngeren von Barcelona. Um ja nicht zu weit zu gehen, stelle ich nur die Waren zusammen, die entweder nach rheinischen Gulden oder der flämischen Groschenmünze berechnet sind oder ausdrücklich als deutsche Waren bezeichnet sind. Für die Preisgeschichte ist das Material äußerst wertvoll. Aber davon sehe ich ab.

Verzinntes Blech, Messingdraht, Messingbecken, Rasierschüsseln (pitxes de barber), Chrismabüchsen (capsetes de lauto per tenir crisma), Näpfe (cassoles), Gefäße (cresols, katal. grasal), Weihrauchbecken (ensenser), Handwärmeäpfel (poms per calfar les mans), Kandelaber bis zu sechsarmigen, Tischleuchter, Hängeleuchter, Messingringe von Köln, auch anells ab pendre, Schellen, Löffel, Fingerhüte (didals de lauto), Trom-

---

[1] 3, 355. [2] 3, 256f. [3] 3, 521. [4] 3, 242. [5] 3, 341. [6] 3, 353. Vgl. 3, 354. Paule Schindelin ein Handbecken. [7] 3, 225. 339. 419. [8] 3, 251. [9] 3, 339.

peten von Paris (trompes, wohl Kindertrompeten), Weberschiffchen (navetes de carrettes de lauto), Messer (vielfach), Sporen (esperons, sperons, auch von Brüssel und Böhmen), Dolche (dagues), Federmesser (tallaplomes), Scheren (von Ratingen und de baxador, de beynots = mit Scheiden), Schmiedehämmer (martells per ferrer), Schusternägel, Stecknadeln, Nähnadeln (häufig, dann agulles sequeres), Spulen (rodets), Markgewichte.

An anderen Waren bemerke ich noch: Tuche (draps de Alamanya), Bänder (tiretes), Schleier (vels de dona), Bettdecken, Mützen, Barette, Filzhüte, Garne, Zobelpelze, Geldbeutel von Leder und andere (scarcelles), Riemen (correges), Pergament, auch Jungfernpergament (verga), Federn, Gänsekiele, Schwanenfedern (plomes de signe), Schweinsborsten, Bürsten (raspays de sedes), Alabasterbilder (ymages de pedra de alabastre), Rosenkranzperlen, auch von Glas, Calcedon = Achates Chalcedonius, Alabaster, von Holz, aus Savoyen, de brufol (sehr viele), Brillen (ulleres), Brillen- und Nadelbestecke (stoig de ulleres e de agulles), Brillenhölzer (fusts de ulleres), Brillengläser (vidres per fer ulleres), Spiegel, Brennspiegel (mirals de foch), Zimmerspiegel (miralls de cambra), Spiegelglas (vidre de lunes de miralls), Tintenfässer (ulleres de tinters), ausgemalte Nußschalen (closques de nou pintades, dins les quals ha ymatges pintades), Soda (massacot), Holztafeln (quadrans de fust), Häringe (arenchs), Lazur (Azur). Für die Deutung bin ich Dom Antonio Tobella y Guixa vom Montserrat vielfach verbunden.

V. Die übrigen Waren

§ 119. Luxuswaren: Korallen von Barcelona und Genua. Vertrieb. Penitenz und Oliveten. — Perlen. Unz- und Zahlperlen. Edelsteine. Straußen- und andere Federn.

An zwei Orten hat sich die Gesellschaft am Handel mit der **Edelkoralle** (Corallium rubrum) beteiligt. Sie findet sich im Mittelmeere stellenweise an der Küste der Provence, dann an den Gestaden der Balearen Korsikas, Sardiniens, auch die katalanische Küste wird genannt. Aber am reichsten daran waren doch die Felsriffe längs der nordafrikanischen Küste. Da außerhalb des Mittelmeeres das Tier nur noch an der Nordwestküste Afrikas vorkommt, so war der Handel mit den abenteuerlichen farbengesättigten Gebilden seit alten Zeiten immer lebhaft, am stärksten richtete er sich nach dem fernen Osten. Doch auch nach dem Norden fand er zahlreiche Abnehmer. Der Sitz des Handels hat sehr gewechselt: Pisa, Marseille, Genua, Cassis, Livorno, Neapel und Paris haben einander abgelöst.[1]

Für die Gesellschaft kamen als Ankaufplätze Barcelona und Genua in Frage, deren Handel gesondert erörtert werden soll.

---

[1] Zur Geschichte vgl. Lacaze-Duthiers, Histoire naturelle du corail, Paris 1864. Garrot, H., La pêche du corail sur les côtes de l'Algérie, Algier 1900. Heyd 2, 610 f.

Das Auftreten des Konstanzer Bürgers Jakob von Überlingen 1383 in Barcelona ist schon oben behandelt worden.[1]

Barcelona. Die Listen des Dret real bezeugen uns von 1426 an eine lebhafte Ausfuhr der Gesellschaft in Korallen, die bei einem so teuren Stoffe naturgemäß nicht in hohen Zahlen sich äußert, der Export steigt im Jahre 1443 bis 328 ℔. In dieser Zeit war die Ravensburger Gesellschaft die Hauptankäuferin. Ihr Anteil beginnt mit 82 ℔ 4 Unzen, sinkt nur 1431 bis 1433 unter 100 ℔ herab, erreicht 1438 266 ℔, 1439 139 ℔, 1440 294 ℔ im Werte von 1023 ℔ 5 β.

Nach den späteren von Häbler noch nicht herangezogenen Listen war die Ausfuhr von Korallen seitens deutscher Händler noch gestiegen.

1443 führten die Humpis 344 ℔ 4 Unzen aus, Johann von Köln 136 ℔, Gaspar von Watt 74 ℔, die Gesamtausfuhr belief sich auf 554 ℔. 1467 fanden 4 Exportsendungen statt, 2 davon entfielen auf die Ravensburger Gesellschaft = 201 ℔ 11 Unzen im Werte von 614 ℔ 6 β 8 ₰. — 1469 ist der Anteil der Gesellschaft an den 4 Sendungen noch größer, in 3 Sendungen 426 ℔ im Werte von 1197 ℔ 18 β 5 ₰. — 1471 fehlen die Humpis. 1473 wurden 296 ℔ im Werte von 855 ℔ 8 β 11 ₰ ausgeführt. 1477 351 ℔, Wert 771 ℔ 2 β; 1478 5 Ballen, Wert 2063 ℔ (rund); 1479 508 ℔, Wert 1382 ℔ (rund); 1480 221 ℔, Wert 641 ℔ (rund). Über Perpignan gelangten 1426 noch zur Ausfuhr für 619 ℔ 3 β, so daß die Gesellschaft sofort bei dieser Ware kräftig zugriff. Die Preise schwanken sehr, was bei den verschiedenen Sorten schon begreiflich ist.

Von 1477 bis 1480 ist es möglich, die Sendungen der Gesellschaft größtenteils genau bis zum Verkauf zu verfolgen. Ich gebe das am besten in einer Tabelle:

	Schiff	Ballen	Gewicht ℔ Unz.	Wert ℔ β ₰
1. 1477 Juli 8.	G. de Florentins	2	351. 5.	771. 2. —
	Im Jahr	2	351. 5.	771. 2. —
2. 1478 März 9.	....	2	316. 6.	624. 8. —
3. 1478 Aug. 7.	G. de Francia	2	—	933. — —
4. 1478 Sept. 22.	G. de Venec.	1	142. —	509. — —
	Im Jahr: nicht unter	5	700. —	2066. 8. —
5. 1479 Febr. 7.	....	1	166. 2.	415. 14. 11.
6. 1479 Mai 29.	nav. R. d. Fagasa ...	2	342. 4.	966. 16. 2.
7. 1479	....	1	176. 8.	506. — —
	Im Jahr	4	684. 14.	1888. 10. 13.
8. 1480 Okt. 7.	....	1	45. 8.	134. 19. 10.
	Ergibt in 4 Jahren	12	1781. 11.	4861. —. 11.

Die beiden ersten Ballen kamen in die Herbstmesse nach Frankfurt und wurden mit ehrbarem Nutzen verkauft. Gleichzeitig war die neue Gesellschaft abgegliedert worden, und bei dem schwierigen Ankaufe

---

[1] 1, 31.

neuer Korallen trauten die Herren daheim dem jungen Lütfried Muntprat nicht, „Du bist ihm zu kindisch", Polai solle hinreiten, wenn etliche „polidas" vorhanden wären, um Unkauf zu vermeiden.[1] Jedenfalls wurden die von ihm angekauften nicht zu rechten Zeit abgesendet, in der Ostermesse 1478 mußten die Kunden sich sonst versorgen. Die Herren waren untröstlich. Gerade in diesem Jahre wollte das Geld, am Safran angelegt, sich nicht aus Spanien bringen lassen, es sollte nun an Korallen haften. Doch in Barcelona hatte man gezögert, und Korallen kaufen ist „kein Kindli Spiel", man beorderte abermals einen anderen nach Barcelona zum Einkaufen. Von den beiden Ballen, die man hatte, sollte der Geselle zu Lyon den einen Ballen nach Flandern senden zum Antwerpener Pfingstmarkt, den anderen nach Ravensburg. Ehe der Brief ankam, war aber die Sendung Nr. 2 schon abgegangen. Sie gelangte wohl nach Flandern, wenigstens waren im Juni 2 Ballen dort fast völlig verkauft worden — aber es ist zu beachten, daß die Kostenangabe mit der Barceloneser nicht übereinstimmt.[2]

Von den nächsten Sendungen haben wir keine Nachrichten, wohl aber von Nr. 6. Die beiden Ballen gingen auf dem Schiff des Rodrigo d. Fagasa nach Bouc, am 16. Juli sendete sie Hops von Avignon nach Genf, der eine Ballen ging nach Flandern, der andere nach Ravensburg. Dieser kam rechtzeitig in die Messe von Frankfurt. Die Reste dieses Ballens finden sich in dem Bestande, mit dem Lutz Geßler Oktober 1479 seine Rechnung eröffnet.[3] Ihm kam dann der Ballen der Sendung Nr. 7 (= 19 Maß) am 22. März 1480, er war von Genf direkt den Rhein hinab gekommen. In der Herbstmesse erhielt er 1 Ballen von Flandern mit 9 Maß von Barcelona, 7 von Genua.[4]

Mit dem Herbste 1480 verschwinden die Nachrichten über Korallen von Barcelona, das dortige Gelieger ward ja auch bald aufgelöst.

Die Preise in Barcelona erschienen den „Coralers" nicht ausreichend, doch von Ravensburg erfolgte die Antwort, die Katalanen sollten nicht so viel einkaufen. Auf den Messen von Lyon und Frankfurt im Herbst 1479 gingen die Preise so tief wie nicht in vielen Zeiten. Ein Jahr später lag die Ware ganz am Rücken, in Flandern gab man sie um einen Spott. Weyermann solle alte Schulden an Korallen bringen, die Leute müßten auch in Barcelona noch heruntergehen. Der Handel war in Barcelona erlahmt, doch gab es noch immer deutsche Konkurrenten: Lyeglin und Ehinger werden genannt. Der Ankauf sollte sich nur auf fertige Ware erstrecken, Lieferungsverträge verbot die Gesellschaft.[5]

Das Gelieger zu Saragossa versandte 1478 2 Ballen Korallen, ferner 1480 1 Ballen Korallen von Ayerbe aus, er ging also den Weg über die mittleren Pyrenäen. Statt in Safran wollte man in einer anderen hochwertigen Ware das Geld herausbringen.[6]

In Genua war die Gesellschaft 1477 offenbar überhaupt nicht am Korallenhandel beteiligt. Von Brügge und Genua wurde nun gleichzeitig darauf hingearbeitet, daß man in Flandern einmal einen Versuch mache,

---

[1] 3, 60. [2] 3, 78f. 417. 421. [3] 3, 106. 111. 125. 133. 142. 225. 344. [4] 3, 346, Gewicht 183 ℔ Barcel. einschließlich der Baumwolle. 423. [5] 3, 6. 142f. 175f. 190. [6] 3, 88. 156.

die Unkosten für den Transport seien äußerst gering, mit 400 fl könne man sehen, wohin das Geschäft hinaus wolle.¹
In die Fastenmesse 1478 zu Frankfurt brachte die Gesellschaft 111 ℔, in die Herbstmesse 1478 53 ℔ 7 Unzen 2 Quint, Fastenmesse 1479 116 ℔, in die Herbstmesse 1479 386 ℔ von Genua und 173 ℔ von Barcelona, in die Fastenmesse 1480 228 ℔ von Genua und 183 ℔ von Barcelona, jene hatten einen Wert von 1164¹/₃ fl, in die Fastenmesse 1503 434 ℔ (Wert 964 fl) und 24 ℔ Penitenz zu 131 fl 10 β, wo sie nun auf lange Zeit dauernd geführt wurden. Im Jahre 1480 war die Ware auch in Flandern eingeführt. Man verkaufte dort alle 12 Maß = 147 ℔ Gewicht von Troyes, für 226 ℔ 9 β 5 ₰, 1504 147¹/₂ für 90 ℔ 14 β 8 ₰.²
Über den Einkauf in Genua enthalten die Quellen noch einige wertvolle Nachrichten. Die Korallen sollten zu Stichgeschäften mit Leinwand und Kupfer Anlaß geben. 1507 waren die Ravensburger ohne Konkurrenz. „Es ist gut kaufen, wenn einer allein im Feld ist." Aus dem gleichen Jahre folgt die Nachricht: es würden keine Korallen mehr gemacht; das war wohl nur von kurzer Dauer.³
Die Gesellschaft hatte in Frankfurt eine alte Kundschaft, die die Korallen weiter im einzelnen vertrieb. Zu Anfang der Messe kauften sie von der Gesellschaft und legten sofort die Korallen aus.⁴ In späterer Zeit tritt einer von ihnen besonders hervor, Hans Moll, der auf einmal 20 Maß Korallen abnahm, ohne Unterschrift einen Kredit erhielt, der sich schließlich auf 1037 fl belief. Im Herbste 1500 war Hans wie ein anderer Hauptkunde ganz unlustig, die Gesellschaft war bereit, mit Verlust ihre Korallen abzugeben.⁵ Von großen Gewinnen ist niemals die Rede. Eher von großen Hoffnungen. Unangenehm war die Konkurrenz der Genuesen, die selbst die Messen von Frankfurt und Nördlingen besuchten.⁶
Die Nördlinger Messe wurde häufiger mit kleinen Quantitäten beschickt.⁷
Auch in den Niederlanden war der Kundenkreis sehr dankbar, sie waren es gewohnt, höhere Preise zu zahlen, nur verlangten sie gute Ware, und die Gesellen mußten oft Klagen über schnödes Ding, über unbrauchbare Schnüre, über allzuviel unpassende Stücke hören.⁸ Die Zahl der Käufer war klein, die Ankaufssumme auch hier oft beträchtlich, den Einzelverschleiß betrieb die Gesellschaft auch hier nicht.⁹ Flandern, Frankfurt, Nürnberg, Nördlingen lagen so nahe beieinander, daß ohne Schwierigkeit die Korallen hin und her geschoben werden konnten, 1480 kam solches Gut bei einem Schiffsunglück ins Wasser, und nun überlegte man genau, wie man die Ware wieder schön machen könne.¹⁰
1505 wurden noch Korallen für die Frankfurter Messe aus Genua erwartet.¹¹ Die letzten Nachrichten über Korallenhandel der Gesellschaft gehören ins Jahr 1511, damals erbat das Gelieger in Wien einen Versuch mit dieser Ware.¹²

---

[1] 3,ʼ 257f. 263. 417. Preise: 1479 das Pfund durcheinander gerechnet 8 ℔ 5 β; 1480: 8 ℔ 19 β; 1500: 5 ℔ 7 β 6; 1503: 4 ℔ 17 β 6; 1507: 4 ℔ 12 β 6 ₰ und 5 ℔ 5 β. 3, 303. 316. 340. 346. 370. 381. [2] 3, 339. 341. 346. 360. 381. 427. 430. [3] 3, 257f. 303f. 316. [4] 3, 60. 142. 348. [5] 3, 374. 376f. 387. 391. 394. [6] 3, 368. 382. 394. 1480 drohte Verlust, 3, 429. [7] 3, 340. 363. [8] 3, 175. 368. 417. 427ff. [9] 1478 4 Käufer, 3, 421. Vgl. 3, 348. [10] 3, 352. 427. [11] 3, 280. 427f. [12] 3, 454.

Neuntes Buch. Waren. V. Die übrigen Waren. § 119

Es erscheinen in den Papieren eine Reihe von Sorten, deren Namen schon lange fast alle untergegangen sind.[1] Nach dem Preise zu urteilen, folgen sie in folgender Rangfolge:

	Antwerpen 1480		Antwerpen Pfingstmesse 1478	Nürnberg 1479/80 nach Nürnberger Gewicht	Frankfurt Fasten 1480 Frankfurter Gewicht	Frankfurt Herbstmesse 1480 Frankfurter Gewicht
	Anschlag	Verkauf				
	Gewicht von Troyes					
	fl	fl	fl	fl	fl	fl
primera	3½	5	—	3½	5	—
seguna	3½	5	—	—	—	—
negreant....	5	—	—	—	3½	4
floret	5¼	5¼	5¾	4½	4	—
passa floret ..	6¼	6¼	4¾, 5, 5½, 5¾,	4½, 5	5	—
scherpo	7¼	7, 7¼	6¾	5, 5¾, 6	6¼	5½, 5¾, 6
stremo (estremo)	8	8¼	—	—	7	—
passa estremo .	8½	8¼, 8½, 8⅝	—	6½	6¼	6¼

passa stremo scheint mit gran negraes identisch gewesen zu sein.

Im Mittelalter liebte man die Formen „hoch von Farben" am meisten, heute ist zartrosenfarbige peau d'ange am höchsten geschätzt.[2]

Die Korallen waren sortiert, und da gab es schon damals feste Verbindungen (Maß, sörtly, Gattungen).[3] Unsere Briefe lehren uns, daß in Genua die Sortiments gerade geändert waren. Es kamen auf 100 ℔:

	jetzt	früher
stremo, grans negraeß .	24	10
scherpen .	22	22
pass .	16	24
floret .	14	20
negreant	10	12
segona	8	4
primera ..	6	8
	100	100

Solche Sortimente hatten ihren Preis und wurden geschlossen nach Pfund verkauft.[4]

Gewogen wurden die Barceloneser Korallen nach dem Gewicht von Barcelona, die Genueser nach dem von Genua, in Nürnberg rechnete man daneben auch wohl das Gewicht von Nürnberg, wie in Flandern stets nach dem Pfund von Troyes, offenbar war das eine Fortwirkung der Champagner Messen.

Verpackt wurden die Korallen in Kisten und durch Baumwolle vor Beschädigung gesichert.

In Flandern werden die Korallen schlechtweg Ave Maria genannt, weil sie zu den Rosenkränzen gebraucht wurden. Daneben erscheinen noch zwei andere Arten: die Penitenza, recht teure Korallen, die man aus Genua bezog, wo sie später aber nicht mehr hergestellt

---

[1] Über die Sorten des 18. Jahrhunderts vgl. Krünitz 44, 384. Erhalten waren nur die Namen estremo und passa estremo. [2] 3, 391. [3] 3, 316. 382. [4] 3, 417.

wurden.[1] Die Oliveten, Kreuzkorallen oder Mandoli, waren lang, nicht rund geschliffen und dienten wohl zur Herstellung von Kruzifixen, sie hatten keinen rechten Schliß.[2]

Private Aufträge über Korallenkäufe finden sich in den Papieren sehr oft.[3]

Im ganzen hat man den Eindruck, daß in dieser Ware der Einkauf von Barcelona nach Genua verlegt wurde, der Umfang der Geschäfte noch bis über 1500 hinaus stieg, dann aber abnahm, nach Flandern wurde die Ware nicht mehr geführt. Den Gewinn kennen wir nur in einem Falle sicher. An 15½ Maß gewann man 1478 auf der Pfingstmesse 21%.

Der Markt für Perlen, die aus dem Indischen Ozean kamen, wurde in Genua von der Gesellschaft öfter benutzt.[4]

Man unterschied kleine Perlen, die nach dem Gewichte der Unze gehandelt wurden, und Zahlperlen. Wenn die Unze zu 18 ℔ erworben war, so war es im rechten Gelde geschehen, es findet sich aber auch ein Kauf zu 24 ℔.[5] Stückperlen zu 6 ℔ 10 β galten als gefunden,[6] später kostete 1 Stück von 3 Karat 9 ℔, von 3¼ Karat 12 ℔. Die Rechnung stellte sich so: 3 Mäßlein von Onzperlen = 176 ℔ 2 β, 26 Zahlperlen à 3 Karat 234 ℔, 26 à 3¼ Karat 312 ℔. Unkosten bis Frankfurt 18 ℔ 19 β, zusammen 739 ℔ 17 β = 329 fl rh. Es waren hübsche schöne Perlen. Die 3karatige Perle kostete also in Genua 4 fl rh.[7] Auf manchen Frankfurter Messen konnte man sie ausbieten.

Mitunter hatte man guten Gewinn, mitunter mußte man sie aber nach Nürnberg oder gar nach Polen senden.[8] Die Gesellen hatten auch wohl sehr schöne Stücke, wie sie sie sonst kaum bei einem anderen gesehen hatten, doch auch gelbliche.[9] In Köln lagerten 1504 52 Stück große Perlen.[10]

Auf dem Markte zu Mailand war man mit dem Ankauf von Perlen unglücklich, in beiden Fällen waren sie auf der Frankfurter Messe unverkäuflich; sie waren als Zahlperlen gekauft, während die kleineren als Unzperlen bezeichnet werden.

Einmal 8 Stück, um 1 fl gewährt, man wäre froh gewesen, 10 um 1 fl los zu werden, man solle sie wieder nach Mailand schicken.[11] Die zweite Rechnung ergibt:

```
154 Stück à 3 fl  2 β 6 ℔  = 481 fl  5 β
 26   „    à 4 fl 17 β 6 ℔  = 126 fl 15 β
 26   „    à 6 fl 17 β 6 ℔  = 178 fl 15 β
206 Stück erlöst             786 fl 15 β
```

---

[1] 13 ℔ Genueser kosteten bis Genf 72 fl, das Pfund also 5½ fl, gleichzeitig Korallen bis Frankfurt 2½ fl, 3, 370. Die Pönitenzen wurden verkauft um 10 fl, 3, 377. 1503 kosteten sie rund 5 fl = 12 ℔ Genues. Auf 24 ℔ Gewicht = 294 ℔ Wert kamen bis Frankfurt nur 2 ℔ Unkosten, 3, 381. Im gleichen Jahre wurde das Pfund auf 9 fl gewertet, 3, 387. Nicht mehr gemacht 3, 295.

[2] 3, 374. 377. [3] 1479: für Herrn Jörg Truchseß eine Mannesschnur aus Gross negräs, für Konrad Humpis sel. Hausfrau eine kurze Schnur, 3, 338. 1480: für Noffre Humpis Hausfrau 20 Körnlein, 3, 361. [4] Heyd 2, 630—634. Schulte 2, 706. [5] 3, 314. 372. 374. [6] 3, 295. [7] 3, 381f. [8] 3, 274. 304. 368. 377. [9] 3, 278. 295. 368. [10] 3, 437. [11] 3, 387 zu 1503.

Aber die 194 Stück, die zu Mailand gekauft waren, brachte der Käufer wieder zurück, es seien keine Zahlperlen, kosteten 73 fl 15 β, waren nicht 50 fl wert.[1] Eine Schuld auf Perlen liegt wahrscheinlich 1515 vor (783 fl).[2]

In Valencia hatte man Perlen lange Zeit als Pfand und lieh sie aus, aber sie für verfallen zu erklären, trug man doch Bedenken.[3]

In Kommission kaufte man in Mailand für Noffre Humpis viele Perlen, einmal 183 Perlen flor für 14 ℔ 9 β 9 ₰, 98 große Perlen für 10 ℔ 10 β und 137 Perlen alle flor für 14 ℔ 10 β; in anderen Fällen kostete die Unze 15 ℔. Für die Unze kleine Perlen kommen Preise von 14 ℔ und 14 ℔ 13 β 6 ₰, 1½ Unzen großer Perlen kosteten ihm 28 ℔ 10 β. 3 große Perlen in Venedig 5 Dukaten. 1 Uncia 19 ₰ schwere große Perlen bezahlten Klemens Ankenreute und die Witwe von Konrad Humpis gleichmäßig mit 30 ℔ 14 β 2 ₰, 18 denari schwere große Perlen flor mit 23 ℔ 10 β. Auch Jakob Humpis, Ulrich Muntprat und Jungfrau Apollonia hatten sich Perlen gekauft.[4]

Bei Perlen muß man seine Zeit erwarten, war eine sehr vernünftige Lehre.[5]

Die 1426 in Barcelona erwähnten Perlen sind wohl Glasperlen.

Es lohnt sich wohl einmal eine hübsche Perle von 3 Karat = 4 fl rh. umzurechnen. Das sind an Gewicht 9,104 Gramm im Werte von 28,20 Goldmark. Am 11. November 1922 kostete die Perle von 3 Karat Gewicht rund 1000 Goldmark oder bei einem Dollarstande von 8200 Papiermark 2 Millionen Mark! Das Wertverhältnis war also beides in Gold berechnet von 1 auf 31,25 gestiegen.

Freilich wäre nun noch genau das Genueser Gewicht für Perlen zu bestimmen. Da hilft in etwa Baumgartner weiter, der angibt, 6 Unzen von Genua seien gleich 11 Lot Silbergewicht zu Ulm.

Edelsteine wurden nur in Kommission für Gesellen erworben. Saphir. In Mailand für Noffre Humpis 2 Saphire, der eine ledige Stein für 36 ℔, der andere in einen Ring gefaßte für 45 ℔ 2 β, für Hans Täschler (Preis 40 ℔ 19 β Mailänder = 13 fl rh.). — Rubin. In Venedig für Noffre Humpis 2 Rubin. — Smaragd. In Venedig für Noffre Humpis 1 Smaragd (kostete mit den 2 Rubin 10 Dukaten).[6]

Straußen- und andere Federn. An „strusso federa", die 1505 in Genua gekauft und dann in Mailand verkauft waren, hatte man 11 % gewonnen.[7] Darf man an Straußenfedern denken? Flandern wollte dort an 50—100 Maß Federn für Köln einkaufen, sie waren ihnen aber zu teuer, dann aber kauften sie 2 Kisten Straußenfedern (= 282 Maß), kosteten 59 ℔ 3 β 2 ₰ flämisch. Von Köln wanderten sie als unverkäuflich zurück, man wollte um 1 Maß nur ¾ fl Gold geben und hatte sie doch für 1 fl gekauft. Man versah sich eines rechten Unglücks, da es eine Ware sei, die nicht liegen möge.[8] Auch hier sind die Preise sehr niedrig. Die Einteilung in Maße paßt auch wohl kaum für Straußenfedern, die doch wohl sicher nach Stücken verkauft wurden, wenn das schon bei Gänsekielen, die nach dem Hundert verkauft wurden, der Fall war.[9]

---

[1] 3, 396. [2] 3, 397. [3] 3, 151. [4] 3, 23. 254. [5] 3, 295. [6] 3, 254. Noffre Humpis ließ in Nürnberg einen Saphir anders schneiden, 3, 330. [7] 3, 287. [8] 3, 443. 447. [9] Nach Uzzano (3, 420) war der Verkauf nach Hunderten üblich.

Die Federn, die 1507 in Genua unverkauft lagen und zu Como gekauft waren, waren für unsere Begriffe billig; denn die 6 Ballen kosteten nur 165 ℔.[1] Das waren sicher keine Straußenfedern.

Für Noffre Humpis sollte man in Nürnberg oder Frankfurt 1½ bis 2 Quintal Federn kaufen, für Jörg Blum 2 Quintal, für Ulrich Muntprat zu Lommis 1½. Jörg Blum mußte für den Quintal 6 fl bezahlen.[2] Es waren Bettfedern.

§ 120. *Sonstige Waren. Wachs. Kerzen. Bürsten. Elfenbeinerne Kämme. Pennes seques. Säckel und Nesteln. Rosenkranzperlen. Papier. Bücher. Fanna. Tafelsteine. Wappenschilder. Glas. Brillen. Salpeter und Schießpulver. Brillenbestecke. Tintenfässer. Beynots. Briefsand. Schuhe. Pantoffeln. Unerklärte Waren.*

Die Bedeutung des Wachses für die Geschichte des Handels ist noch keineswegs festgestellt. Pasi, der den Handel Venedigs allein berücksichtigt, nennt im westlichen Teile des Mittelmeers als Ausfuhrhäfen für Wachs Valencia, Almería, Malaga, Bugia, Bona und andere Häfen der Nordküste Afrikas.[3] Durch die Gesellschaft gelangte in den Handel Wachs des Hinterlandes von Valencia und berberisches. Münzer lobt gleich Pasi den in Valencia angebotenen Honig, der wegen des Rosmarins so süß sei, und erwähnt das Wachs.

Die Ausfuhr hatte drei Richtungen. Nach Avignon und Lyon ging vor allem Wachs aus dem Königreich Valencia. Wir können folgende Entladungen an der Rhonemündung feststellen: vor 12. Juli 1475 27 Säcke, am 4. Febr. 1476 28, Juni 1479 15 Ballen.[4] Auf der Ostermesse 1477 zu Lyon wurden an drei Käufer 3 Ballen = netto 421 ℔ für corrent 141 fl 7 β 2 verkauft, in der Augustmesse 3 Ballen 11 Brote = netto 585 ℔ für rund 148 fl corrent. In der Allerheiligenmesse 1479 kam 1 Kiste für 48 fl 5 β 7 ₰ zum Verkauf.[5] Weißes Wachs war teurer, es kostete beim Einkauf 27 ℔ und war in Valencia für 30 verkäuflich. Es ging zu Avignon und Genua nicht gut von der Hand.[6] Später war der Handel in dieser Richtung eingeschlafen.[7]

In Flandern begegnet valencianisches Wachs nur in den ersten Jahren, die Kosten standen dem Verkaufspreise (8½ g) so nahe, daß ein Nutzen nicht daran war.[8] Weit zahlreicher sind die Nachrichten über den Handel nach Genua und in die Lombardei.[9] In dem Ladebericht von 1476 werden 10 Ballen weißes Wachs della terra aufgeführt. Es waren 5 Carga 10 Rubb = 222 Broten und 30 Sack = 682½ Brot = 17 Carga 6 Rubb, die carica kostete im Ankauf 25 ℔ 2 β.[10] 1479 wünschte Geisberg, nachdem er sich noch eben vorher sehr zweifelnd ausgesprochen hatte, Wachs; die in Valencia fanden das inländische zu teuer und rechneten auf berberisches

---

[1] 3, 314. [2] 3, 337. 340f. [3] Wachs findet sich in dem Verzeichnis der in Brügge eingeführten Waren (Ende des 13. Jahrhunderts) angeführt unter den Reichen: Rußland, Ungarn, Böhmen, Polen, Kastilien, Leon, Andalusien, Granada, Portugal, Fez, Marokko. — Bugia, Tunis, Hans. Urkundenbuch 2, 419f. Spanisches Wachs findet sich im Hans. Urkundenbuch öfter. Wachs aus Venedig, Tunis und Romanien Schulte 1, 44. Wachs von Bugia und Bona Pasi 194 ff., von Valencia 184. [4] 3, 106, 121 f. 2227 f. 33 f. [5] 3, 207. 209. [6] 3, 121 f. 146. [7] Sonstige Nachrichten über Handel in Lyon 3, 18. 177. 233 f. [8] 3, 104. 409. 423. 432. [9] Mailand: 15 Ballen 3, 22. 1 Kiste 3, 23. [10] 3, 233.

Wachs, das mit einem eben erwarteten Schiffe komme.¹ Es brachte 34 Carga (zu 360 ℔), zwei Valencianer und die Humpis taten sich zu einem gemeinsamen Kauf zusammen und erstanden um 22 ℔ 1 β la carica, sie teilten es, der eine lud das seine für Barcelona, der andere für Bouc und die Humpis für Genua. Der Preis war so, daß in Genua man 10 % Nutzen hatte. So viel hatte man nicht erwartet.² Bei solchem Ankaufe versprach man sich allweg Nutzen. Im folgenden Jahre kamen die Ravensburger in Alicante in den Besitz von 4 Carga 1 Rubb, ihr Geschäftsfreund Myngot machte 6 Ballen daraus und sandte sie nach Genua. Während dieses berberische Wachs 22 ℔ 5 β gekostet hatte, galt das Valencianer 24 ℔.³

1505 machten die in Mailand an ihrem Wachse 17 % Gewinn. Das war aber ein Rückgang gegen früher, die Verkäufer forderten auch von den Einkäufern billigere Preise und besseres Gut, höher von Farbe.⁴ Der Ankauf sollte sich möglichst früh im Winter vollziehen vor Ankunft der Schiffungen.⁵

Das Valencianer Wachs schwankte also im Preise für die Carga zwischen 22 ℔ 5 β und 25 ℔ 2 β, es war in Brotform und wurden 22—23 Brote in einen Sack (Costalet) gepackt, der etwa ²/₃ einer Carga wog.

In den Bereich der Gesellschaft trat in Nürnberg und Frankfurt auch das Wachs, das aus dem Osten Europas kam. Geßler erwähnt hiervon in seiner Rechnung zwei Ankäufe für Rechnung von Michel Kramer über rund 17 Quintal (= 222 fl bis Ravensburg) und dann vier für Rechnung der Gesellschaft über rund 64 Quintal (= 885 fl). Die Preise schwanken zwischen 11 fl 15 β und 13 fl 5 β. Nach Ravensburg wurde das Wachs in 39 Ballen abgeführt, darein war meist Ebenstorfer Zinn verpackt.⁶ Minder hoch sind die Preise in einem Nürnberger Einzelgeschäfte. Michael Spezierer (der oben erwähnte Krämer von Ravensburg) gab zu Frankfurt 150 fl, dafür wurden ihm zwei schöne Stücke Wachs gekauft.⁷

Baumgartner erwähnt, daß viel Wachs aus der Berberei und Spanien nach Genua komme und viel nach Mailand gehe. „Wer aus Deutschland Wachs auf Gewinn nach Mailand führen will, muß acht haben, ob man es von Genua billiger dorthin legen mag. Aber in gleichem Preise nähme man das deutsche Wachs lieber."

Lichter, Kerzen. Im Jahre 1480 transportierte die Gesellschaft 150 „wellend lichter" von 3 Sorten (100 um 18 fl, 50 um 14 fl), außerdem 427 von 9 Sorten. Im Ankauf stehen 425 Lichter (lichrer) von 9 Sorten zum Preise von 58 fl 4 β und 150 von 3 Sorten im Preise von 24 fl 2 β. Außerdem wurden für Noffre Humpis gekauft 141 ℔ „liechter", das Pfund um 9 ₰, mit Fuhrlohn und Faß (18 β 6 hl.) 5 fl 9 β 3 hl.⁸ An Leuchter ist nicht zu denken; denn sie wurden mit Metallwaren verpackt, da ist viel eher an weiche Kerzen zu denken, da feine Metallwaren mit weichen, elastischen Stoffen gewöhnlich zusammengepackt wurden. Die Preise sind allerdings sehr hoch.

Elfenbein-Kämme. 1479 bestellte Genua für Oberto da Mangiasco 5—6 Stück elfenbeinerne Strähle, breit, quadrat, groß, wohl gearbeitet. Wo die Ausführung vor sich gehen sollte, ist nicht angegeben.⁹

---

¹ 3, 104. 262. ² 3, 121. 146f. 261. ³ 3, 122. 146f. 185. ⁴ 3, 290. ⁵ 3, 86. 146f. ⁶ 3, 351. 356 ff. ⁷ 3, 337. 340. Einzelne Herren der Gesellschaft ließen auch kaufen. Noffre Humpis 25 ℔. 3, 353. 361. ⁸ 3, 353. 355f. ⁹ 3, 260.

Daß Bürsten von Nürnberg nach Valencia gingen, hängt wohl nur damit zusammen, daß in sie sich einzelne Waren besonders gut verpacken ließen (Leuchter). In Nürnberg kaufte man 198 Dutzend Bürsten für 34 fl 3 β, sie wurden mit Messingschüsseln nach Ravensburg gesandt.[1]

Pennes seques. Das Barceloneser Register 1443 führt 27 ℔ davon in Ausfuhr an.[2] — Was für Federn, bleibt fraglich.

Säckel und Nesteln. Konrad Bader bezog von Mailand 6 rote Säckel und 2 Dutzend Nesteln.[3]

Rosenkranzperlen. Die Fabrikation der Rosenkranzperlen, mit denen das Spätmittelalter großen Luxus trieb, ist noch wenig untersucht.[4] Für die Gesellschaft kamen sie als Einfuhr nach Spanien in Betracht.

Solche wünschte einmal Mailand, glaubte aber, sie dienten noch besser für Spanien. In der Eidgenossenschaft wurden sie hergestellt.[5] In Spanien war der Handel mit dieser Ware recht ausgedehnt. Es sind zu unterscheiden paternostres de coral, de bruffol und de lentilla. Die ersten sind klar verständlich, von ihnen führten 1426 die Humpis 52 ℔ 10 unz ein (oder aus?). Bruffol erklärt Häbler mit dunkel, braun, allein dann mußte es nicht de bruffol heißen, sondern bruffoles und ebenso steht es mit der Deutung von lentilla = Messing. Ich glaube, man muß nach Ortschaften Bruffol und Lentilla suchen, denn die Dreharbeit bei Rosenkränzen war doch wohl naturgemäß auf einzelne Orte beschränkt. Paternoster de Bruffol begegnen viermal in den Händen der Gesellschaft (1426, 31 und 43), solche de lentilla einmal (1440). Andere Sorten begegnen in den Zollpapieren, darunter von Calsedonia (= Achates Chalcedonius, einem Halbedelstein 1, 311).

Nach Saragossa brachten die Humpis 1430 keine Paternosterperlen, das überließen sie drei anderen Kaufleuten, die 1700 Tausend Stück einführten, das Tausend (darunter auch de Brufol) zu 1 β. Gesamtwert 85 ℔.

Andreas Sattler brachte aus Flandern 2 Paternoster weiß Ambra heim.[6] In Brügge gab es ein Paternostermacheramt.

Papier. Da Ravensburg einer der frühesten und entwickeltsten Sitze der Herstellung von Papier war, ist es sehr verwunderlich, daß man ein Ries von Mailand bezog; es kostete bis in die Stadt 22 β 4 hl.[7] In Saragossa verkaufte man 1506 15 Ries weißes Papier, das Ries für 10 ℔, 1 Ries kam 1480 von dort in einem Safranballen, es gehörte Jan Petit zu Köln.[8] Spanisches Papier aus Valencia bestellte sich 1475 Lamparter, wohl nach Genf.[9]

Ravensburger Papier finde ich nur selten. Hanns Asmus von Würzburg bat für die bischöfliche Kanzlei dringlich um 2 Ballen guten Ravensburger Papiers.[10] In Memmingen verwendete man schwäbisches Papier, 9 Ries kosteten 5 ℔ 2 β 9 d.[11]

---

[1] 3, 9. 189. 356f. 359. [2] 3, 513. [3] 3, 254. [4] Wertvolle Aufschlüsse bei Stieda, S. 111ff. Herstellung in Lübeck und Nürnberg. Gemacht aus Bernstein, Ambra, Korallen, Knochen, Mistel und anderem Holze. Vgl. Mayer, Österr. Handel, S. 87. [5] 3, 283. [6] 3, 404. [7] 3, 19. [8] 3, 243. 345f. 364. [9] 3, 227. [10] 3, 332. [11] Bd. 3 in Nr. 101.

Es finden sich begreiflicherweise Ankäufe und Transporte von Büchern nur in Kommission. Für Doctor Jörg Besserer kaufte Ulrich von Schellenberg zu Pavia. Auch für Wilhelm von Nidegg wurden Bücher von Mailand aus gesendet. Jerg Fögele (wohl in Konstanz) bestellte sich 1515 in Genf „Plutharcum de viris ylustribus". Endlich ging 1499/1500 eine Kiste Bücher von Mailand nach Norden.[1]

Fanna. 1478 erscheint als Handelsartikel fanna. Er scheint aus Aragon zu kommen, wurde in Genf, Lyon und in Frankfurt gehandelt.[2] Ist an Lawsonia inermis, Hennastrauch zu denken, Alhenna der Araber, ein Farbmittel, das zum Rotfärben der Fingernägel benutzt wurde, aber auch zur Seidenfärberei? Doch ist es dann zweifelhaft, wie die Blätter an den drei Orten gehandelt werden konnten. In Aragonien kommt die Pflanze nicht vor, wohl aber an den afrikanischen Küsten.[3] Oder ist es eine Safransorte?

Tafelsteine, Wappenschilde. Für Lütfried Besserer wurden in Nürnberg oder Nördlingen 6 Tafelsteine für 6 β 6 hl. gekauft und für Noffre Humpis deren 12, deren Preis nicht festzustellen ist.[4] Tafelstein ist mir sonst nicht begegnet, sind es nicht Steinplatten, die zur Bearbeitung an Bildhauer gegeben werden sollten? Ob Solnhofener Platten? Auf die für die Erben von Ludwig und Rudolf Muntprat auf ihre Grabsteine bestellten Wappenschilde ist oben schon eingegangen.[5]

Glas. So oft es auch nach Spanien gebracht wurde, so führte die Gesellschaft in Barcelona doch nur ein: 1426 4 Kisten Spiegelglas (36 ℔ Wert), 1 Kiste 2 Fässer Glas, 6 Kisten Spiegelglas (40 ℔ Wert).

Brillen (Augenspiegel). Andreas Sattler brachte 1477 4 Stück aus Flandern heim. Offenbar Brillen.[6]

Salpeter und Schießpulver. 1426 verzollte die Gesellschaft in Barcelona 4 Fässer Schießpulver (= 21 Quintal 2½ Arrobas = 108 ℔ 15 β Wert) und 4 Fässer Salpeter (= 12 Quintal 2 Arrobas = 51 ℔ 6 β Wert).

Brillenbestecke. Tintenfässer. Beynots. Aus Flandern kam 1480 nach Barcelona eine Kiste mit 198 Dutzend de tintes (katal. tinter, Tintenfaß) et beynots (Scheiden) und 24 Dutzend de stoigs de ulleres (katal. estoig, ulleres = oculares).

Briefsand. 1515 bestellte man für die Schreibstube 1 Säcklein „mit oyll uff brieff saeent", findet man zu Genua bei denen, so Kämme machen.[7]

Aus dem Privatbesitze der Gesellen sind noch einige Dinge anzuführen.[8]

Schuhe, Pantoffeln. Als Schuhe sind wohl die sogola und anstosita segola, auch bordogi, Schalfine (ital. scarpino, feine Schuhe) zu deuten; dann Holzschuhe und Pantoffeln. Alle in Flandern oder Italien.[8]

Schließlich bleiben noch einige Waren übrig, die ich nicht erklären kann.

Bermutt. 1507 schrieb Genua nach Valencia um 2 Ballen bermutt, hatten gute Frage.[9] Ob an Wermut zu denken? Aber katal. absenta. Wermutblätter (Artemisium Absinthium) kommen kaum in Frage, da diese Pflanze ja durch fast ganz Europa verbreitet ist.

---

[1] 3, 23. 221. 253. 280. 291. 321. 323. [2] 3, 74. [3] Wiesner 2, 602. [4] 3. 253f.
[5] 1, 229. [6] 3, 404. [7] 3. 221. [8] 3, 323. 404. 433. 436. [9] 3. 303.

Bergkin, Bergkrye. 1480 kaufte die Gesellschaft für Jörg Maller (ob ein in Ravensburg lebender Maler?) 2 ℔ für 1 fl 15 β.[1] Es könnte Kreide sein.

Canftyg. Kloter schreibt 1504 von Genua, die von Saragossa hätten von der canftyg von beiden Sorten gekauft. Das Quantum ist nicht sicher festzustellen. Vielleicht handelt es sich um Wolle.[2]

Firmilian war gegen Pfeffer in einem Stichgeschäfte mit Genuesen zu Antwerpen erworben worden.[3] Unbestimmt.

Fisis. In Antwerpen begegnet 1 Säcklein, so lange da gelegen ist.[4]

Gefúl, fuln. Auf dem Bamasmarkte 1504 verkaufte die Gesellschaft 4 Ballen fuln für 325 ℔ 9 β 7 d. Für Frick Humpis wurde in Nördlingen um 10 fl gefúl gekauft.[5] Das muß eine hochwertige Ware sein.

Le cremexo. 1505 brachte ein Geselle von Ravensburg davon nach Mailand. Mailändisch ist cremes gleich Karmoisin.[6] Nach der Richtung kann es sich unmöglich um Grana handeln. Vielleicht darf man an polnische Cochenille, das Weibchen von Coccus polonica, denken.

Kenúper. 1478 ging nach Nürnberg der Auftrag davon 2—3 Lägel zu bestellen.[7]

Sessasse. Genua schrieb 1507 nach Valencia „um ein Teil Sessasse".[8] Katal. seu Talg hilft kaum weiter.

Erklären kann ich auch nicht pedra de Santgil, crosta de verba, Ketten de enguiners und xamosos.[9]

Bleibt noch als für Gesellen eingekauft unerklärt: „Wasses."[10]

---

[1] 3, 350. 357. [2] 3, 271. [3] 3, 446. [4] 3, 437. [5] 3, 364. 437. [6] 3, 280. [7] 3, 337. [8] 3, 303. [9] 1, 330f. [10] 3, 280.

Zehntes und elftes Buch

Ende der Gesellschaft. Ihre Bedeutung

*§ 121. 1525 Auflösung erwogen, bestand noch 1530. Langsamer Niedergang.
Einschränkung der Gelieger. Verpaßte Gelegenheiten. Politische Lage erschwert.
Für Hans Hinderofen kein Ersatz. Einwirkungen der Reformation und des Bauern-
krieges. Feindschaft gegen die Handelsgesellschaften. Niedergang der Gesinnung.
Die Organisation nicht mehr zeitgemäß. Mangel an genialen Naturen.*

Schon Heyd hat die Vermutung ausgesprochen, daß die Auflösung der Gesellschaft um 1530 erfolgt sei.[1] Er dürfte richtig gesehen haben. In unseren Papieren ist für die Rechnung von 1525
noch das Material für die Vorbereitung erhalten, es ist das letzte.
Schon damals wurde überlegt, ob man die Gesellschaft nicht auf-
lösen solle. Der Schwäbische Bund wandte sich damals an die vornehmsten Gesellschaften zu Augsburg und Nürnberg und auch an
Konrad Humpis und seine Gesellschaft, damit sie ihm Geldmittel
vorstreckten. Konrad aber antwortete, sie seien in ihrer Endrech-
nung begriffen und es sei zweifelhaft, ob sie beieinander bleiben
würden. Viele ihrer Mitgesellen gehörten anderen Städten an und
seien mit gemeinem Bunde nicht verwandt.[2]

Daß aber die Gesellschaft damals noch nicht ihr Ende beschloß,
folgt mit Sicherheit aus dem Bericht über die Warensendungen, die
im Februar bis Juni 1527 nach Frankfurt und Nürnberg gelangten.
Die Gelieger zu Nürnberg, Antwerpen, Mailand, Genua und Wien
standen noch aufrecht.[3] Am 28. Januar des gleichen Jahres war mit
Hans Hinderofen der eigentliche Träger des Handels dahingeschieden.[4] Hatte man Ersatz für ihn? Zwar treten zwei seiner Söhne
dann noch stark hervor. Polai hat von Wangen aus bis 1546 nach-
weisbar Handel getrieben, aber wohl für eigene Rechnung und
Gefahr; denn in dem Mandat des Herzogs Franz II. von Mailand
von 1530, das zugunsten der Welser, Furtenbach, Konrad Humpis
und Genossen und anderer deutscher Kaufleute erlassen wurde,

---

[1] S. 46. [2] Zeitschrift d. histor. Vereins f. Schwaben 10 (1883), 37 und 54. Wie
die Gesellschaft, weigerten sich auch die Höchstetter, Rem, Manlich, Baumgartner, Herwart, Bimel, Adler und Welser von Augsburg, die Imhof und
Welser von Nürnberg. Darauf drohte der Bund, ihr Gut nicht mehr zu verleiten.
[3] 3, 398 ff. [4] Oben 1, 53.

steht gleich hinter der Gesellschaft ein Pahlas Zudroff, der Name klingt russisch, bezieht sich aber wohl auf Palle Hinderofen.[1] Dann bestand also noch die Gesellschaft und hatte im Mailändischen noch Schuldner, und daneben war Polai Hinderofen tätig. Da sich das Dekret auf Eintreiben von Schulden bezieht, kann Polai nicht erst eben in diesem Augenblicke sein eigenes Geschäft begründet haben. Auch Onofrius Hinderofen, der gleich Polai bis 1525 der Gesellschaft in angesehener Stellung gedient hatte, war selbständig und begann einen selbständigen Handel, der sehr wesentlich von dem alten Systeme abwich.[2]

Die Gesellschaft war längst im Niedergange. Als sie ihr Gelieger in Venedig aufgab, stand sie noch in voller Blüte; dann verzichtete sie auf Lyon und Avignon, baute nicht etwa dafür Aigues-Mortes aus, sondern zog sich ganz aus dem Rhonegebiete zurück, höchstens daß noch ein Geselle zur Beobachtung auf die Messen nach Lyon entsandt wurde. Der französischen Regierung hatte die Gesellschaft wohl immer mit Mißtrauen gegenübergestanden, wie die Fugger. Auch in Spanien wankte der Bau, der einst so trefflich war aufgeführt worden. Zuerst wurde in Barcelona der Verkaufsgadem geschlossen, dann brach Saragossa zusammen und damit zerbarst der Grundstein des spanischen Geschäftes, der Handel mit Safran, und endlich folgte Valencia. Man gab Spanien auf und verzichtete weiter auf Portugal gerade in dem Dezennium, da der Habsburger Karl persönlich in Spanien erschien und den oberdeutschen Kaufleuten die Wege auch in Kastilien bahnte. Das war ein Land, in dem vorher von Deutschen nur Kölner nachzuweisen sind. So war die Gesellschaft 1525 eingeschränkt auf Genua und Mailand in Italien, auf Antwerpen in den Niederlanden und auf die deutsche Tätigkeit in Frankfurt, Nürnberg und Wien. Noch immer waren Frankfurt und Nürnberg die Hauptstätten des Verkaufes. Das Ankunftsbüchlein von 1527 zeigt aber ein anderes Gepräge als einst, italienische Luxuswaren, vor allem aus Genua, waren der Rückgrat des Geschäftes geworden, und da hatte man doch auch in den Genuesen Konkurrenten auf dem deutschen Markte.

Die Gesellschaft hatte mehr wie eine Gelegenheit versäumt. Die großen Entdeckungsfahrten Vasco da Gamas zogen den Spezereihandel nach Lissabon und Antwerpen. Die älteste auf der iberischen Halbinsel eingeführte deutsche Gesellschaft entsandte niemand nach Lissabon und trat also in den Handel dritter Hand ein. Man hing am Alten und hatte nicht die Beweglichkeit und den Wagemut der Gesellschaften, die auf der Arbeit völlig von dem Chef abhängiger Faktoren beruhten. Man hatte sich völlig vom Geldhandel ferngehalten, und doch konnten Privilegien und Handelsvorteile am leichtesten von den Fürsten erreicht werden, wenn ihnen Anleihen bewilligt wurden. Die Ravensburger verließen ihr Lieblingsfeld

---
[1] Schulte 2, 60. [2] Oben 1, 171. 480 f.

Spanien, wo noch lange St. Galler, Nürnberger und Augsburger
große Erfolge hatten.
Die Lage der Kaufmannschaft war mit den Tagen Karls V., seit
dem Beginn des schweren Kampfes zwischen Frankreich und Habsburg weit schwieriger geworden als einst. Konnten die Ravensburger
damit rechnen, immer unter dem Mantel der Eidgenossenschaft
durchzukommen, wo doch die Zahl eidgenössischer Gesellen immer
mehr abnahm? Genua war das bedeutendste Gelieger in romanischen Landen geworden. Konnte man darauf rechnen, daß diese
Stadt immer habsburgischer Leitung folgen werde? Die herrliche
Flotte war als Kampfmittel die Sehnsucht der Franzosen und der
Habsburger wie der Hafen, den die Stadt nicht lange schützen
konnte. Wer Mailand besaß, war auch schon halb der Herr von
Genua. Mailand und Genua waren für die Habsburger-Spanier die
Schlüssel Italiens. Spanier und Franzosen, dazwischen auch die
verschiedenen italienischen Mächte rangen viele Jahre um Italien
bis zum Damenfrieden von Cambrai (1529) und darüber hinaus.
Genua hatte nach wechselvollen Jahren 1528 Andrea Doria, der
große Seeheld, von der französischen auf die kaiserliche Seite geführt. 1520 war Hinderofen, der Mailänder Obmann, von den
französischen Gouverneuren des Herzogtums Mailand deshalb gefangen gesetzt worden, weil er sich weigerte, für von den Fuggern
gekauftes Kupfer den schon vorher entrichteten Preis ein zweitesmal an die Franzosen zu zahlen. Es ist wohl zu glauben, daß dieses
Mal das Schreiben der Stadt Luzern, das sie auf Bitten des Altschultheißen Jakob von Hertenstein und anderer eidgenössischen
Gesellen an die königliche Verwaltung richtete, guten Erfolg hatte.[1]
Aber wer bürgte für die Zukunft? Am 19. November 1521 machte
der Überfall Pescaras freilich der französischen Herrschaft in Mailand ein Ende. Doch auch die Regierung Francesco II. Sforzas
brachte keine Ruhe. Erst nach der Schlacht bei Bicocca ergab sich
die französische Garnison des Kastells, und dann wandte sich der
neue von den Spaniern eingeführte Herzog der italienischen Liga
zu, die die spanische Herrschaft mit Hilfe der Franzosen beseitigen
wollte. 1525 mußten die Spanier den Herzog wieder im Kastell von
Mailand belagern. Er erhielt schließlich freien Abzug. Es kamen
furchtbare Jahre über Mailand, wo auch eine Hungersnot herrschte.
Die Spanier führten ein schweres Regiment. Erst im November 1530
erhielt der kränkliche Herzog vom Kaiser Mailand zurück, Como
und das Kastell von Mailand blieben als Pfand in den Händen der
Spanier. Konnten die Ravensburger voraussehen, daß 1535 der
Herzog sterben und Karl V. dann für sich das freigewordene Reichslehen einziehen werde? War diese grauenvolle Zeit dazu angetan,
deutsche Kaufleute zu ermuntern, in Mailand und Genua auszuharren? Es war ungewöhnlich genug, daß die Ravensburger An-

---

[1] Heyd, S. 22 und 83 f.

fang 1527 ihre kostbaren Waren aus beiden Städten nach Deutschland verbringen konnten. Sicherlich haben die Gelieger in Mailand und Genua ihre Tätigkeit mitunter unterbrechen, mindestens einschränken müssen. Der Kaufmann hofft, er verwendet alle Klugheit, aber hatten die Ravensburger noch den alten Mut, nachdem Spanien verloren war, wenigstens in Italien sich zu behaupten?

Mit Hans Hinderofen war der dahingeschieden, der die Überlieferung trug. Nächst ihm bezog 1525 Konrad Täschler die höchste Ehrung, 300 fl, 270 Alexius Hilleson, je 250 Jörg Stebenhaber, Peter Waldmann, Paul und Onofrius Hinderofen, 120 der später allein als bedeutender Kaufmann hervortretende Joachim Wigermann, ein noch junger Mann. Es fand wohl keiner von ihnen das Vertrauen der Gesellschaft. In solcher Lage war eine hinreißende Persönlichkeit erforderlich. Allem Anscheine nach wurde eine solche nicht gefunden.

Haben Reformation und Bauernkrieg eingewirkt? In Ravensburg selbst war die Reformation noch nicht recht in Fluß gekommen, aber in Isny, Kempten, Konstanz, Lindau, Memmingen siegte sie vor 1528 oder in diesem Jahre. Wir wissen, daß Hans Hinderofen und Alexius Hilleson, auch die in der Gesellschaft nicht mehr viel bedeutenden Humpis an der alten Kirche festhielten, während Dr. Uelin, Oswald Kröll, die Konstanzer Wolf Apenteger,[1] Jörg von Hoff, Ruland Muntprat, Kaspar von Ulm und Konrad Zwick der neuen Lehre folgten. Von anderen fand ich bis 1530 keine Belege.[2] Im allgemeinen hielten, mit Ausnahme von Konstanz, die Angehörigen der Geschlechter (auch in Memmingen) mehr am alten fest.[3] Es ist doch wohl kein Zweifel, daß in den Geliegern wie in den Heimatstädten die volle Einigkeit in der religiösen Auffassung aufgehört hatte zu herrschen. Ein so großer Bund stand zweifellos unter sich widersprechenden Einflüssen. Wir haben gesehen, daß schon 1525 die Spenden „durch Gott" für Klöster wesentlich herabgesetzt wurden, man spürt doch in etwa die Abneigung gegen Mönche und Nonnen! Das ist doch auch bezeichnend.

Der Bauernkrieg störte wohl weniger als die religiöse Unsicherheit die Zirkel, aber im Einkauf von Leinwand war man doch auf die

---

[1] Dieser alte Verleger wurde mit Gabriel A. dazu vom Rate bestimmt, darüber zu wachen, daß die Bücher mit der Heiligen Schrift übereinstimmten. [2] Daß Joachim Wigermann 1523 dem Abte Gerwig Blarer von Weingarten 120 fl auf das Türkengeld in Regensburg vorstrecken wollte, fällt wohl nicht ins Gewicht, liegt auch sehr früh. Günter, Gerwig Blarers Briefwechsel (Württembergische Geschichtsquellen, Bd. 16), Nr. 32. [3] Gordian Suter war der Hüter der katholischen Interessen in Kempten, Peter Buffler der der protestantischen in Isny. Karl V. gestattete Ende 1546 Paule Hinderofen von Wangen und seiner Gesellschaft den damals den protestantischen Reichsstädten untersagten Handel im Herzogtum Mailand, „weil ihre Stadt sich in keiner Weise gegen ihn ungehorsam benommen habe". Baumann 3, 400. Polai Hinderofen muß also wohl zu den Protestanten mindestens zeitweise sich gehalten haben. Vgl. Hafner 499.

Bauern angewiesen. Der Sieger, der Bauernjörg, saß nahe genug auf der Waldburg.

Die allgemeine Stimmung war seit längerer Zeit den Monopolgesellschaften äußerst aufsässig. Sie wendete sich gegen alle großen Handelsgesellschaften. Und die Meinung des Ravensburger Rates kennen wir, er beschloß auf den Städtetagen dafür einzutreten, daß den Handelsgesellschaften zu verbieten sei, ein größeres Hauptgut zu haben als 100 000 fl. Wir wissen freilich nicht, ob diese Grenze von der Ravensburger Gesellschaft noch überschritten wurde. Die uns überlieferten Verzeichnisse von 1525 stehen meist dem Minimum näher oder bieten es selbst.[1] Ich habe den Eindruck, daß seit 1514 ein Rückgang der Mittel der Gesellschaft eingetreten war, während die der Fugger, Welser und anderer Häuser immer mehr anschwollen. Der Ravensburger Rat kann also sehr wohl die eigene Gesellschaft gegen diese reicheren Konkurrenten haben schützen wollen.[2]

Aber viel wesentlicher als alle diese geistigen Einflüsse war doch wohl der Niedergang von Gewissenhaftigkeit, Entsagung und Bescheidenheit. Die übelsten Beispiele gaben die Konstanzer Patriziersöhne, die allen Verboten von Kleiderluxus zum Trotz auf Kosten der Gesellschaft sich teure Kleider kauften. Aber es waren nicht Konstanzer und Patrizier allein, die das taten. Abgänge in der Kasse mehrten sich: ein Ulrich Ehinger und Hans Ernlin standen an der Spitze unter diesen sorglosen Gesellen. Es war der alte solide Geist aus manchem der Gesellen verschwunden. Das verträgt auf die Dauer keine Handelsgesellschaft mit genossenschaftlichem Charakter.

Aber der tiefste Grund war doch wohl der, der rechtliche Charakter der Gesellschaft war nicht mehr der Zeit gemäß. Der Handel war viel spekulativer, viel rascher, viel mehr von schnellen Entschlüssen abhängig geworden. Ein alter Mann wie Hans Hinderofen, der in den gewiesenen Bahnen blieb und bleiben wollte, war zuletzt wohl kaum solcher Konkurrenz gewachsen, wie sie die Geschäfte der Fugger, Baumgartner, Welser, Gossembrot usw. darboten, die in der Hauptsache mit durchaus abhängigen Faktoren arbeiteten, denen sie nicht die Geheimbücher vorlegten, die Herren sorgten für ihre eigene Kasse. Sie hatten geniale Kaufleute an ihrer Spitze.

Das war in der Zeit bis etwa 1460 auch bei den Ravensburgern der Fall gewesen, nachher finden sich wohl treffliche Männer, wie Andreas Sattler, Hans Hinderofen, Kloter, Hilleson, aber genialisch war keiner von ihnen. Wir sehen die Gesellschaft, die einst die erste oder vielleicht zeitweise nach den Diesbach-Watt die zweite an Bedeutung gewesen war, zurücksinken, andere sie überholen, weit überholen. Der Wagemut fehlte, die großen Verträge mit Fürsten und Bergwerksbesitzern fehlen und die Lust, Großes zu wagen. Es waren viele Köche am Herde und kein über-

---

[1] Unten 3, 51. [2] Vgl. unten S. 229.

ragender Küchenchef. Schon das war eine Lüge, daß man des Namen Humpis halber einen herzlich unbedeutenden Mann bat, den Namen als Leiter herzugeben, was er nicht war. Die emporkommenden Geschäfte nennen sich wohl stets nach dem eigentlichen Träger der Arbeit und der Gedanken.

Ein müdes Geschlecht verzagte endlich, freilich klagte die Stadt Ravensburg bitterlich. Daß die Reichsstädte um Ermäßigung der Reichssteuern baten, gehört zu ihrer Wesenheit. Die Ravensburger hatten das Hinausheiraten reicher Bürgertöchter, die Schäden im Schwabenkriege und das von den Stadtsöldnern im Bauernkrieg verschossene Pulver angeführt. 1533 klagen sie, daß „in kurzen Jahren zwo Gesellschaften by und von uns kommen und zergangen, von denen sich unser arme Gemeind ernähret," und 1544 bezeichnen sie als die beiden die der Mötteli und Humpis und die der Ankenreute.[1] In der Tat hätten die Herren vom Stadtadel hinzufügen müssen, sie hätten vom kaufmännischen Geiste ihrer Ahnen gelassen und ihre Töchter mit Stolz adlige Frauen werden lassen, und bei solcher Gesinnung sei die Kaufmannschaft zergangen. Aber, wer sich um Steuern drücken will, sagt wohl selten die ganze Wahrheit.

Ravensburg hatte seine Rolle in der Geschichte des Welthandels ausgespielt, wie Konstanz schon vorher.

§ 122. *Die wirtschaftlichen Anschauungen des Mittelalters. Stellung der Gesellschaft zu ihnen. Erste große deutsche Handelsgesellschaft. Ausnutzung der freien Konkurrenz. Starke Individualitäten. Ökonomischer Rationalismus. Ursachen des Vordringens des Kapitalismus. Stellung der Gesellschaft dazu. Andere Gesellschaften, die kapitalistischer dachten, überholen sie. Der Aufbau von oben. Die Gesellschaft nicht schroff kapitalistisch. Begriff von Kapital und Kapitalismus.*

Das Mittelalter stand zunächst durchaus auf dem Boden der Lehre, daß das Geld keine neuen Werte erzeuge. Dieselbe Lehre, die den Geldhandel und das Zinsennehmen als unchristlich untersagte, erkannte den Waren einen gerechten Preis zu, darunter lag nach den Anschauungen der Kanonisten ein gnädiger Preis (pretium pium), darüber der harte Preis (pretium rigorosum). Über diesen Grenzen liegt die Verschwendung einerseits und der schmähliche Gewinn (turpe lucrum). Der Händler solle seine Mühe und Arbeit ersetzt haben, darüber hinaus einen bescheidenen Lebensunterhalt haben, mehr nicht. Das dritte Prinzip wurzelt weniger direkt in theoretischen Anschauungen religiöser Art. Die Produzenten-Händler schließen sich zu Genossenschaften (Zünften) zusammen, damit jeder für sich, für Weib und Kind seine Nahrung hat, eine bescheidene aber sichere, man unterbindet die Konkurrenz.

Die Ravensburger Gesellen haben in der Theorie, wie wir sahen, das zweite Prinzip anerkannt und danach gehandelt. Bei dem

---

[1] Schöttle S. 56.

ersten wird man schon eher zweifeln dürfen; denn die Formel, daß das Geld nicht auf der Ware schlafen dürfe, läßt doch auch den Gedanken durchschimmern, daß das Geld der Träger des Handels sei. Wir beobachteten die Meinung, daß man hohe Gewinne haben müsse. Sicher ist, daß man nicht bewußt gegen die kirchlichen Anschauungen handeln wollte, wiewohl die Muntprats von Kawerschen abstammten, die ihnen Trotz geboten hatten. Das dritte Prinzip, die Genossenschaft, übertrugen die Ravensburg-Konstanzer auf den Handel, freilich nicht so sehr, um die Konkurrenz im fernen Lande zu beseitigen, sondern sie in der Heimat herabzusetzen. Das ging auf Kosten der heimischen Produzenten, der Leine- und Barchentweber, die freilich durch eine größere Ausdehnung des Fernhandels mehr Absatz hatten als vorher, da Einzelhändler oder kleine Familiengesellschaften viel höhere Handlungsunkosten aufwenden mußten.

Es ist ganz zu recht erkannt worden, daß die Zünfte in einer vollkommenen Stadtwirtschaft ihr Ziel erreichen konnten, der Fernhandel aber wurde durch seine innerste Natur von den Grundsätzen sanfter Konkurrenz abgetrieben. Und unser Buch hat deutlicher gezeigt, als es bisher bekannt war, wie viele Städte Gewerbe hatten, die von der Ausfuhr weit über die Grenzen der Stadtwirtschaft völlig abhingen. So war es zu Ravensburg und Konstanz. Als erste große deutsche Handelsgesellschaft ist unsere in Deutschland aufgetreten, keineswegs als die erste der Welt, denn lange zuvor hatten Siena und Florenz ebenso große Handelsgesellschaften gesehen. Nur der Unterschied ist vorhanden, diese betrieben nebenbei oder wohl gar in der Hauptsache Geldhandel, die Ravensburger folgten dem nicht.

Einzelne kapitalkräftige Gesellen gaben für sich Geld gegen Zins aus, für die Gesellschaft haben wir keinen Fall feststellen können, als die Schuld König Renés. So liegt ein Unterschied bedeutsamer Art vor.

Der Fernhandel beruhte auf der freien Konkurrenz, die freilich nicht ganz ohne Schranken war. Es gab Zölle in verschiedener Abstufung, in einzelnen Waren war der Handel verboten, man durfte aus manchen Landen kein Edelmetall ausführen. Und gerade da haben unsere Quellen gezeigt, daß der Merkantilismus älter ist als meist geglaubt wird. Diese Schranken abzubauen war die Gesellschaft stets bemüht und in Mailand wie Genua war sie dabei die Führerin der Deutschen. Ein Ruhmesblatt in ihrer Geschichte. Und ihre Erfolge waren nicht gering.

Die freie Konkurrenz gibt dem, der hat, und ihm um so mehr, je mehr er hat. Die Ravensburger schlugen in Spanien die Baseler im Safranhandel aus dem Felde, in der Canemasserie die Savoyer, wenigstens im Handel nach Spanien. Dann aber erlagen sie selber deutscher Konkurrenz, die von geldkräftigeren und geschickteren

Trägern ausging. Sie wurde mit dem gleichen Maße gemessen, das sie einst angewendet hatte.

Das Emporkommen einer solchen Gesellschaft setzt starke Individualitäten voraus, die den unauslöschlichen Trieb haben, sich zu betätigen, denen reiche Verstandesgaben, Selbstbeherrschung und ein gesunder Körper eigen. Kurzum: genialische Naturen. Wir kennen aus der älteren Zeit der Gesellschaft näher nur Lütfried Muntprat. Wenn er es wirklich war, der in Mailand und Genua die Konkurrenz gegen Venedig anzustacheln, an beiden Orten große Privilegien den Deutschen zu verschaffen verstand, der den Anschluß von Konstanz an die Hansa erstrebte, dann wächst dem Kaufherrn eine Bedeutung zu, wie sie später Jacques Cœur und Thomas Gresham hatten. Aber auch wenn das nicht richtig wäre, so steht er da als der größte deutsche Kaufmann vor Jakob Fugger, von dem wir wenigstens eine Vorstellung uns machen können. Aber andere mögen an ihn herangereicht haben unter den Führern der Gesellschaft, doch gerade in einer großen, fast genossenschaftlich organisierten Firma ist die Leitung nicht dem Tüchtigsten verbürgt, und starke Naturen suchten wohl ihr Glück außerhalb. An die Stelle des Schaffensdranges einer starken bewunderten Persönlichkeit, an die die übrigen in und außerhalb der Gesellschaft glauben, ihm Kredit geben, die neue Wege, neue Mittel ersinnt, die einen weiten Handelsumkreis spielend trägt, deren Erwerbsgeist gesteigert ist und deren Erfolge neue möglich machen, trat später der Hang zum Überlieferten, der Mangel an Wagemut, an Entschlußfähigkeit und an Beweglichkeit. War Hans Hinderofen wirklich so hochbetagt in den Tagen, als er starb, wie ich glaube annehmen zu müssen, dann hatten die Gesellen ihn zweifellos zu lange an der Spitze der Geschäfte gelassen. Die Natur versagt in den allermeisten Fällen einem mehr als Siebzigjährigen solche Eigenschaften. In einer Zeit, da Jakob Fugger von sich sagte: „Er hätte viel einen anderen Sinn, er wolle gewinnen, dieweil er könnte", da die Baumgartner, Welser, Höchstetter, Imhoff hervorragende Leute an der Spitze hatten, ward die Ravensburger Gesellschaft von einem Greise geleitet! Das Großunternehmen im Handel hat nicht die Schranken, die die Landwirtschaft und das Gewerbe hat und vor allem damals hatte. Das Ausmaß hängt von den psychischen Eigenschaften des Leiters ab. Die späteren Zeiten der Gesellschaft zeigen, daß sie sich selbst Schranken zog.

Ökonomischer Rationalismus, die sorgfältigste Kalkulation, die Berechnung und Beobachtung aller Umstände der Konkurrenz, der Bedingungen für Ankauf und Absatz, der kunstvolle Aufbau der ganzen Organisation waren ebenfalls eine Notwendigkeit in dem Konkurrenzkampfe geworden. Ich glaube, daß aus unseren Papieren sich alles das als vorhanden ergeben hat, wenn auch italienische Firmen schon zur doppelten Buchführung übergegangen waren, wo die Gesellschaft erst einige Elemente aus ihr entnahm. Es klappt auch nicht immer die Rechnung. Jedenfalls hat das Bild, das sich ergab, mich überrascht.

Aber wie steht es mit dem Aufbau einer neuen Wirtschaftsorganisation, die ein neuerer Forscher neben den eben besprochenen Merkmalen für eine kapitalistische Organisation fordert?[1] Hier muß ich, um den Abstand der Ravensburger von den anderen Kaufleuten klarzulegen, einen Umweg machen und auf die allgemeinere Entwicklung greifen.

In der Theorie standen um 1200 Kirche und Staat auf dem Boden der damaligen kanonistischen Geldlehre. Aber stärker als Theorien sind Umstände, dringende, unabweisbare Bedürfnisse. Die Päpste haben ein über den gesamten Kreis der katholischen Christenheit sich erstreckendes Gebührensystem eingerichtet, von dem der Riesenapparat der Kurie lebt, der Transport dieser oft widerwillig bezahlten Gebühren wäre unsicher, wenn sich die päpstlichen Kollektoren nicht der Bankiers bedienten. Die Kurie hat ihre Geldnöte und hat Tage des Geldüberflusses, sie sucht bei denselben Bankiers Anlehen und Depositen. Das sollten die Kaufleute umsonst tun? Die Kurie war gezwungen, Zins zu zahlen und der eigenen Lehre entgegen zu handeln. Aber auch die Staaten kamen in denselben Gegensatz. Vorwiegend naturalwirtschaftliche Einnahmen auf der einen Seite, auf der anderen steigende Bedürfnisse nach barem Gelde, hervorgerufen durch die modernen Mittel der Politik: Söldner, Diplomaten, Bestechungsgelder usw., das ist ein Dilemma, aus dem nur der geldkräftige, zinsennehmende Mann einen Ausweg darbietet. Für die deutschen Fürsten und Herren sind das zunächst Juden und Kawerschen (meist Lombarden, vorwiegend Astigianen). Auch findet sich schon ein am Zinsverbote festhaltender Kaufmann, der gegen Verpfändung von Rechten sich zur Hergabe von barem Gelde entschließt. So hat der Straßburger Heinrich von Mülnheim schon Friedrich dem Schönen im Thronstreite erhebliche Mittel geliefert. Ich vermag nicht zu sagen, wann geradezu eine deutsche Kaufmannsgesellschaft dazu überging, einen Teil ihrer dem Handel bestimmten Mittel diesem Zwecke entzog und auf verpfändete Herrschaftsrechte auslieh. Bei unserer Gesellschaft, bei der der Mötteli, bei den Diesbach und Watt haben wohl einzelne Teilhaber auf Pfand erhebliche Summen den Territorialfürsten vorgestreckt, nicht aber die Gesellschaft selbst tat das.

Aber es gab auch Territorien, denen erhebliche Einkünfte zustanden, die im Handel verwertbar waren. Das waren in erster Linie solche, denen der Bergsegen als Regalherrn erhebliche, zum Teil außerordentlich hohe Werte lieferte. Deutschland — Böhmen eingeschlossen — war damals die größte Produzentin in den wert-

---

[1] Theodor Mayer, Wesen und Entstehung des Kapitalismus in Zeitschrift für Volkswirtschaft und Sozialpolitik, N. F., Bd. 1.

vollsten Metallen, in Silber, Kupfer, Quecksilber und Bernstein, in dem Umkreise, der damals von den abendländischen Kaufleuten direkt erreicht werden konnte. Dazu kam außerhalb Deutschlands Alaun und mit Deutschland Zinn. Seit den Fahrten Vasco da Gamas traten die aus Ostindien herbeigeholten Gewürze, soweit sie dem Könige von Portugal zur Verfügung standen, hinzu. Die deutschen Fürsten hatten ein Interesse daran, diese Werte möglichst in einer ihrer Kasse nutzbaren Weise zu verwerten. Sie an kleine Händler zu vergeben, hieß auch ihnen Kredit gewähren, also Risiko übernehmen. Aber bei den starken Erfordernissen der immer schneller wechselnden Politik, bei der ewigen Ebbe in den Kassen der Regierungen waren auch diese Fürsten auf Anlehen angewiesen, und bessere Pfandobjekte als diese Erträge bergbaulicher Einnahmen gab es nicht. Es waren sohin die Interessen der geldbedürftigen Fürsten und die derjenigen Gesellschaften, die Lust empfanden, sich an solchen Geschäften trotz aller daraus sich ergebenden Konsequenzen zu beteiligen, identisch. Es kam zu einer engen Verbindung der Fürsten, die an dem Bergsegen Anteil hatten, mit denjenigen Gesellschaften, die den Metallhandel in erster Hand betrieben. Das waren in erster Linie Augsburger Firmen, daneben auch andere. Die Ravensburger Gesellschaft hielt sich davon fern, sie behielt also denselben Charakter wie die meisten Nürnberger.

Sie erhielt also nicht eine starke Anlehnung an ein mächtiges Fürstenhaus, während die Fugger sich auf Gedeih und Verderben mit den Habsburgern verbunden hatten. Alle jene Vorrechte, die die Fugger von den Kronen der Habsburger in Deutschland, Flandern und Spanien gewannen, waren für die Ravensburger unerreichbar. Bei ihrem Mißtrauen gegen die Krone Frankreich hatten sie auch nicht die Vorteile, welche andere Augsburger Firmen gewannen, die vorwiegend in Lyon Handel trieben. Auch die Rücksicht auf die eidgenössischen Gesellen, diese wahren Nothelfer, hielt sie wohl davon ab, sich allzusehr mit der Politik der Habsburger zu verbünden. Strieder[1] hat überzeugend nachgewiesen, daß Kirche und Staat die Bildung von Konsortien, von Trusts und Monopolen gefördert haben. Ihre Geschichte ist nicht hier zu schreiben, auch später nur zu berühren.

Auch von diesen meist äußerst gewinnreichen Geschäften hielten sich die Ravensburger fern. Eine solche Teilnahme war auch wohl sehr viel schwerer bei einer fast genossenschaftlichen Gesellschaft zu erreichen als bei jenen, die eine kleine Anzahl von stimmberechtigten Teilhabern hatten oder bei modernen Aktiengesellschaften, deren Aufsichtsrat aus wenigen Interessenten besteht, denen die Minderzahl ewig wechselnder Aktionäre, je kühner die Firma ist, um so bereitwilliger folgt; denn sie nimmt Hoffnungen für Realitäten oder stellt sich wenigstens so, um bei günstiger Stimmung zu ver-

---

[1] Studien zur Geschichte kapitalistischer Organisationsformen.

kaufen. Die Ravensburger Gesellschaft hatte wohl immer Zappler und äußerst konservative, am sichersten Geschäfte festhaltende Gesellen.

So wuchsen von 1460, 1470 andere Gesellschaften mit ausgeprägt kapitalistischem Charakter heran und bald über sie hinaus, selbst andere, deren Wirtschaftsgedanken ähnliche waren, wie sie die Ravensburger besaßen, so vor allem Nürnberger Firmen.

Wenn Bauer als Erfordernis zur Bezeichnung einer kapitalistischen Wirtschaft den Aufbau einer neuen Wirtschaftsorganisation bezeichnet und für jene Tage sie in dem Aufbau des Geschäftes von oben findet, wo die Herbeischaffung von Massenartikeln aus der Neuen Welt vielfach die Anregung gab, nicht der heimische Bedarf, wo man nicht mehr auf Konsum- und Kleinabsatz aufbaute, sondern von oben her monopolistisch die Waren an Unterverkäufer gab, so gehörte die Gesellschaft nicht recht in den Kreis dieser Firmen. Sicherlich hat sie den Konsum von Zucker und Safran in Deutschland gesteigert, bei den Metallen war sie ausgesprochen Unterverkäufer der Fugger, in Lissabon trat sie nicht auf. Sie ging auch in der Produktionsbeherrschung behutsam vor. In der Leinwandproduktion hielt sie sich an Aufkäufer, ging nicht zum Verlage über. Das taten erst später in Oberschwaben die Großhändler der Reichsstädte und St. Gallens, bis im 18. Jahrhunderte die Baumwolle der Leinwand den Markt nahm.[1] In Spanien gab sie beizeiten die eigene Zuckerraffinerie auf und erneute sie nicht, als auf Madeira durch Waldbrände und Wurmfraß dieselbe Holznot eintrat, derselbe Mangel an Brennstoffen, der in Real de Gandia geherrscht haben muß.[2] So war die Gesellschaft eine moderne Organisation in den ersten hundert Jahren ihres Bestehens, aber sie machte, wie so viele andere Firmen, den Übergang zum schroffen Kapitalismus nicht mit. So tritt sie in dem letzten halben Jahrhundert zurück und erliegt endlich, während andere — Nürnberger, St. Galler — Geschäfte gleichen Schlages ruhig weiter blühten, die dann auch weniger von den Rückschlägen getroffen wurden als die Fugger und Welser. Der kapitalistische Zug im deutschen Wirtschaftsleben ward durch den Dreißigjährigen Krieg in enge Zellen zurückgetrieben, hatte aber schon längst vorher die Bergeshöhe überschritten.

Der Begriff des Kapitalismus ist fast so umstritten wie der des Kapitals.[3] Es ist meines Erachtens auch nicht notwendig, beide miteinander für fest verbunden zu erachten. Die Definition des Kapitals, die ich für richtig halte, ist die Dietzelsche: Kapital bedeutet das Ganze der sachlichen Mittel, welche als Ergebnisse früherer (oder vorgetaner) Arbeit irgendwie die Wirtschaft der Gegenwart fördern. Der Begriff des Kapitalismus wird aber das

---

[1] Baumann 3, 570 ff. [2] König, Peutingerstudien, S. 132. [3] Vgl. Passow, R., Kapitalismus, 1915.

Hervorheben des Geldes nicht entbehren können, der hier fehlt.
Der Kapitalismus ist eine Form der Geldwirtschaft. Sollte sich der
Bauersche Begriff des Kapitalismus, den ich diesen Erörterungen
zugrunde legte, durchsetzen, so würde man die Ravensburger Gesellschaft wegen des Mangels der Organisation der Wirtschaft von
oben nicht völlig darunter schieben können. Aber die von Strieder
und anderen gewählte Unterscheidung des Frühkapitalismus würde
sie umschließen. Auf alle Fälle war sie ein Bannerträger des Fortschrittes im deutschen Handelsleben gewesen, und sie hatte nicht
das kleinste der Feldzeichen getragen.

§ 123. Der Kampf gegen die Monopolien und Handelsgesellschaften. Die volkstümliche Auffassung. Der Kampf auf den Reichstagen. Gegensätze. Kölner Beschluß 1512. Die weiteren Kämpfe. Die Verteidigung der Augsburger. Stellung Ravensburgs. Bedeutung der Ravensburger Gesellschaft.

Noch einmal muß ich zu den Monopolien zurückkehren.[1] Denn
wenn die Gesellschaft wohl einmal Monopolen zustrebte, jedoch
stets ohne Anlehnung an Regierungen, so stellte der Kampf gegen
die Monopole auch sie in Frage, weil sich der Kampf auch gegen die
großen Handelsgesellschaften überhaupt richtete. Das gewöhnliche
Volk ist dem Kaufmanne gegenüber argwöhnisch, schiebt ihm die
Schuld an der Verteuerung von Waren zu und nimmt, ohne zu bedenken, was das für jenen bedeutet, einen Preissturz freudig entgegen.
Die Gestaltung der Preise war ja das Geheimnis der Kaufleute, der
Käufer sah in hohen Preisen eine Übertetuerung. Der Verkäufer ist
des eigenen Nutzens halber zum Innehalten von Treu und Glauben
gebunden, aber er findet nicht immer beim Käufer Glauben an seine
Redlichkeit, dieser vermutet leicht eine Ausnützung der Macht,
wo der Verkäufer doch auf Recht und Anstand Rücksicht nimmt.
Die Aufklärung der Kunden war in jenen Zeiten aber wohl mangelhaft. Die Zeiten seit 1914 haben uns die wirtschaftliche Politik des
Mittelalters um vieles verständlicher gemacht; denn von anderem
abgesehen, auch jene Jahrhunderte erlebten fast Jahr für Jahr
irgendwo eine wenn auch nicht brüske Valutaverschiebung. Der
Kaufmann des Fernhandels hielt schon, um den Überblick zu behalten, sich im inneren Dienste an eine Valuta, die nicht erheblich
schwankte, so die Ravensburger an den rheinischen Gulden. Aber

---

[1] Aus der reichen Literatur nenne ich Janssen-Pastor, Gesch. d. deutschen
Volkes, 2. Kluckhohn, Zur Geschichte der Handelsgesellschaften und Monopole
im Zeitalter der Reformation in Hist. Aufsätze dem Andenken an Georg Waitz
gewidmet, 666—703. Ehrenberg, Schulte 1, 668 ff., Baumgartner, Gesch.
Karls V., Ulmann, Kaiser Maximilian I. Kaser, Deutsche Gesch. im Ausgange des Mittelalters, 439—449. Jansen, Max Jakob Fugger der Reiche,
54—57, 260 ff. König, Peutingerstudien in Studien und Darstellungen aus
dem Gebiete der Geschichte, Bd. IX, 1, S. 103—145. Strieder, Studien zur
Geschichte kapitalistischer Organisationsformen, namentlich S. 69—92. Die
Quellen zum Teil in den Reichstagsakten, jüngere Reihe.

in den Marktpreisen des Safrans spürte der Verbraucher doch auch eine Verschiebung des Wertes der aragonischen Münze. So wenig heute das Volk, ja die Gesetzgebung die Nöte des Kleinkaufmanns wertet, so wenig durchschauten die Moralprediger des Mittelalters die verwickelten Bedingungen des Handels. Sie sahen das Emporsteigen glücklicher und tüchtiger Kaufleute, sie beobachteten aber nur flüchtig den niederbrechenden Geschäftsträger. Geiler von Kaisersberg hat den glücklichen Emporkömmling geschildert, der erst in einer Wanne seinen Kram: Kämme und Spiegel, auf dem Jahrmarkte ausbietet. Dann will er ein Gädemli haben, wird aus einem Krämer ein Kaufmann und hält ein Haus. Er hört nicht auf, er sei denn in einer Gesellschaft. Noch hört er nicht auf, sondern treibt es weiter. Er will eine Galea auf dem Meere haben. Also häuft er sein Gut auf, und er gedenkt nicht seines Anfanges und vergißt auf sein Ende, auf Gott den Allmächtigen und auf seinen Tod. Er lügt nur deshalb, um viel Gut zu gewinnen. Aber Geiler schildert nicht die Gefahren der Warentransporte, des eigenen Lebens. Der Leineweber setzt sich durch sein Gewerbe nicht dem Gefängnisse und nicht dem Tode aus. Wir kennen aber die Erlebnisse von Lütfried und Rudolf Muntprat, wie Hannsen Wiß. Er weiß nicht, wie oft ein Geschäft Verlust brachte, er hat die Register böser oder zweifelhafter Schuldner nicht vor Augen, und er beachtet nicht die Verluste, die der Wechsel der Politik plötzlich über ein Gelieger in fremden Landen herbeiführten. Diese geruhsame Auffassung von dem Handel des Kaufmanns, von dem törichten Bestreben aufzusteigen aus dem Stande, in dem man geboren war, ist ein Gemeingut der allermeisten Theologen und wurde auch von Luther und Zwingli geteilt. Sie sahen die Exzesse der Schieber und bezeichneten als solche auch ehrenhafte Kaufleute, die niemals gegen Recht und Moral glaubten gehandelt zu haben. Es stehen sich religiöse Sittenprediger und religiöse Kaufleute gegenüber, wenn auch radikale Reformer und gewissenlose Spekulanten nicht fehlen.

Die Gesellschaften mit den Monopolen und den Trusts in Verbindung zu bringen lag nahe. Es war doch in der ersten Hälfte des 15. Jahrhunderts kein Kaufmann allein so geldkräftig, daß er ein Monopol — als etwa ein zufälliges Alleinauftreten auf einem Markte, dessen Bedingungen im Augenblick sehr günstig lagen — hätte erreichen können. Ein erstrebtes Monopol war dem einzelnen unmöglich. Und auch später wurden sie von einzelnen Gesellschaften, häufiger noch von einem Zusammenschlusse solcher getragen. Aber es gab Gesellschaften, die ein eigentliches Monopol nicht erstrebten. Die Ravensburger haben solche Tendenzen nur an zwei, höchstens drei Stellen gehabt, aber erreicht haben sie es nie. Sie konnten die heimische Leinwand nicht ganz an sich bringen; denn so viele Konkurrenten sie auch in ihre Reihen aufnahmen, es blieben immer solche übrig, die über einen gefüllten Beutel verfügten, oder es sprangen einzelne Gesellen wieder ab. Und ebenso stand es mit dem spanischen Safran und der Canemasserie, sie konnten die Überzahl gewinnen, aber kein Monopol. Als der Monopolienstreit heftiger wurde, hatten sie keine Möglichkeit mehr, solchen Plänen nachzuhängen, da standen sie bereits im Hintertreffen.

Die „Reformation Kaiser Siegmunds", eine Schrift, die fast auf allen Gebieten gründliche Änderungen heischt, brachte zuerst die Forderung vor, die Handelsgesellschaften zu verbieten, und verbindet damit die Forderung der Einschränkung der kaufmännischen Gewinne, sowie die des Verbotes des Handels mit Lebensmitteln. Früher suchte man den Verfasser in Augsburg, jetzt mit mehr Grund in Basel, wo Halbisen eine ähnliche Natur war wie Lütfried Muntprat.[1] Das war der Vorläufer vieler anderer. Die Gegnerschaft gegen die Monopole zog die gegen die Gesellschaften mit sich. Das war begreiflich. Die Reformer führten einzelne Waren an, die monopolistisch gehandelt würden. Ich nenne nur diejenigen, die auch von den Ravensburgern geführt wurden: Safran, Zucker, Gewürze, Metalle, Leinen, Seide, Tuch, Nadeln, Spiegel, Schmalz, Leder. Von wirklich durchgeführten Monopolien kann jedoch ernsthaft nur bei einzelnen dieser Waren die Rede sein.

Der Kampf ergriff im 16. Jahrhundert auch die Reichstage. Und da haben wir das deutliche Bild des Dualismus im damaligen Reiche, der ein Symbol im doppelköpfigen Adler hatte. Die Schnäbel des Adlers hackten widereinander. Die Stände des Reichstages waren in ihrer Mehrheit zum Teil leidenschaftliche Vertreter der Antimonopolbewegung; die wenigen Fürsten und Reichsstädte, die an den Monopolen interessiert waren, wollten sie retten, aber mußten lavieren. Nur die Augsburger setzten sich offen zur Wehr, ohne auf List zu vergessen. Auf der anderen Seite stehen Maximilian und seine Enkel Karl und Ferdinand. Doch es ist ein Unterschied, der Großvater wollte von den Gesellschaften Anleihen und Steuern und setzte ihnen mehrfach zu, wie wir das schon oben sahen.[2] Karl V. stand weit mehr auf ihrer Seite. Auf dem Reichstage zu Worms 1495 brachte Maximilian den Vorschlag vor, auf den Ertrag des gemeinen Pfennigs sollten unter anderem auch 12 Handelsgesellschaften noch je 1000 fl vorstrecken. Auch die Ravensburger dürften unter ihnen gewesen sein. Doch die Reichsstädter, Ulm und Augsburg voran, zeigten Fehler der Liste auf, vor allem aber behaupteten sie, daß ihnen die Steuerkraft der Gesellschaften und der Gesellschafter erhalten bleiben müsse, um ihren Anschlag aufzubringen. In ihm steht Ravensburg unter 83 Städten an 25. Stelle mit 400 fl.[3] Auf ähnliche Verhandlungen 1507/08 bin ich schon oben ein-

---

[1] Vgl. Doren in der Hist. Vierteljahrschrift 21, 35—48, und Haller in Festgabe für Karl Müller (1922), 112—114. [2] I, 481—484. [3] Datt, de pace publica, S. 845. Konstanz, Memmingen, Überlingen waren mit 500 fl angesetzt, Worms und Dortmund mit 300, Biberach, Lindau, St. Gallen mit 200.

gegangen.¹ Damals war mit dem Kammergerichte, mit einer Handelssperre für die Säumigen und Verweigerung des Geleites gedroht worden, doch schließlich fand Paul von Liechtenstein einen Ausweg: Vorschuß auf zu lieferndes Kupfer, und der Kaiser verbriefte, daß keine jetzige oder künftige Handelsgesellschaft zu einem solchen Darlehen rechtlich verpflichtet sei.²

Der Beschluß des Kölner Reichstags von 1512 sah gefährlicher aus, als er war. Zwar wurden die Gesellschaften nicht etwa verboten, aber die Monopolien. Für einen Fall von Monopolen wurde zunächst das Ortsgericht, das Monopol vermutete, zuständig, wenn das säumig sei, solle der Fiskal beim Reichskammergerichte eingreifen, jedoch zunächst einen Monat Frist zur Beseitigung des Monopols geben. Der Beschluß mit all seinen Strafandrohungen blieb zunächst unangewendet. Sehr begreiflich; denn wie abhängig war der Kaiser von ihnen, insbesondere den Fuggern, wie nahe stand ihm sein Freund Dr. Konrad Peutinger, der Anwalt des Großhandels! Tatsächlich war der Zustand eingetreten, daß der ewig geldbedürftige Fürst nicht ohne die Gesellschaften auskommen konnte, die Hochfinanz war ihm unentbehrlich.

Karl V. erreichte durch der Fugger und Welser Geld die Kaiserkrone, aber er hatte in der Wahlkapitulation für die Zeit seiner Abwesenheit sich auf ein Reichsregiment unter seinem Bruder Ferdinand verpflichten müssen. Die zweite Seele des Deutschen Reiches hatte einen Leib erhalten. Der Widerspruch mußte um so schärfer in unserer Frage werden, da in derselben Wahlkapitulation die Verpflichtung des Kaisers stand, die großen Gesellschaften der Kaufgewerbsleute mit der Kurfürsten, Fürsten und anderer Stände Rat abzutun (§ 19).

Inzwischen war die Erregung gegen Monopole und Gesellschaften noch um vieles gestiegen. Ein Ausschuß der österreichischen, zu Innsbruck 1518 versammelten Landstände hatte gefordert, daß die Gesellschaften keine ständigen Gelieger haben und nur auf den Messen gleich den kleinen Kaufleuten ihre Waren feilbieten sollten. In Ulm warfen die Zünfte 1513 dem Bürgermeister Besserer vor, er sei Teilhaber einer Stuttgarter Handelsgesellschaft. Ulrich von Hutten schrieb 1521 seinen Dialog „die Räuber", das sind nicht seine Standesgenossen, die den Kaufmann gern trotz des ewigen Landfriedens (1495) ausgeplündert hätten, sondern die Großkaufleute.

Auf dem Wormser Reichstag (1521) konnten die Städte den Vorschlag eines Reichsgrenzzolles von 5%, der zum Unterhalt des Kammergerichtes und des neuen Reichsregimentes dienen sollte, abwehren, wie auch später. Die Mißgönner der Kaufleute arbeiteten wider die Monopole und die Gesellschaften, doch die von den Städten wehrten sich und sie hatten in Konrad Peutinger einen An-

---
¹ Oben 1, 481—484. ² Ulmann 2, 624.

walt, der, wie kein anderer Jurist, in die Tatsachen, in die Grundlagen des internationalen Handels einen Einblick hatte und sich nicht durch die Folgeerscheinungen, die die Gegner übertrieben, beirren ließ. Was er geschrieben, zeigt eine satte Kenntnis und ein reifes, wenn auch nicht von Einseitigkeiten freies Urteil.

Man endete damit, die Angelegenheit dem Reichsregimente zu weiterer Erörterung zu überweisen.

Der neue Reichstag von Nürnberg (27. März 1522) war geneigt, die Gesellschaften ganz zu zertrennen. Noch war des Kaisers Meinung nicht klar, und das Reichsregiment richtete an Augsburg und auch wohl an andere Reichsstädte die Frage, wie sie über die Gesellschaften dächten, ob sie aufzuheben seien oder man ihnen eine Grenze des Kapitals setzen solle. Die Antwort brachten auf den zweiten Nürnberger Reichstag Dr. Peutinger und Dr. Rehlinger. Das werde die Monopole nicht beseitigen und nur den Fremden nützen, wie es ja auch zutage liegt. Auf Rehlinger geht auch wohl die Denkschrift vom 2. Dezember zurück, welche einen großen Überblick über die Pflege des Handels in Europa darbietet. Aber Grafen, Herren und Ritterschaft, die sich in Schweinfurt versammelt hatten, reichten auch eine Denkschrift ein, und die war scharf. Das Ergebnis des erbitterten Streites, in dem viele Städte den Reichszoll scharf bekämpft hatten, aber die Schäden der Monopolien zugegeben hatten, bedrohte die Gesellschaften mit einer sehr niederen Begrenzung ihres Kapitals.

Wie die Augsburger auf dem Städtetage zu Speier auftraten, wie eine Gesandtschaft an den Kaiser beschlossen wurde, in der Straßburg, Metz, Nürnberg und Augsburg vertreten waren, wie Dr. Rehlinger den Beschluß zu redigieren wußte, der das Wort „monopolium" nur im Sinne des römischen Rechtes anwandte, wie eine Gesandtschaft an den in Spanien weilenden Kaiser beschlossen wurde, wie sie durch Verehrungen die vier in deutschen Sachen tätigen Räte des Kaisers gewann, ist nicht gerade erbaulich zu lesen. Schließlich hatte der Kaiser seine Stellung gewählt. Er ließ den Zoll fallen und stellte in Aussicht, daß er den ehrbaren Kaufmannshandel nicht schmälern, noch ihm einigen Abbruch tun wolle. Insgeheim war noch mehr erreicht. Hannart, dem die höchste Summe verehrt wurde, wurde von Karl zum Reichsregiment und dem bevorstehenden Reichstage als Orator geschickt, er sollte die Monopolienfrage neu prüfen, die gegen die Gesellschaften vorgenommenen Maßregeln seien ganz unleidlich.

Doch diese Manipulationen erregten bei der Mehrzahl der Städte Unmut, sie wollten ja nicht die Monopolien verteidigen, auch sich gegen die Beseitigung der großen Gesellschaften nicht setzen. Dieser Gegensatz führte auf dem Städtetag zu Speier (Juli 1524) zum Bruche zwischen Augsburg und den anderen Städteboten.

Inzwischen hatte der Nürnberger Reichsabschied (18. April 1524) unter dem Eindrucke des Auftretens Hannarts die Angelegenheit der Monopolien dem Kaiser bis zur Frankfurter Fastenmesse 1525 zur Entscheidung zuzustellen beschlossen. Andernfalls sollten die Kölner Bestimmungen von 1512 in Kraft bleiben. Der Gesellschaften gedenkt der Abschied nicht.

Erst durch die Funde Erich Königs wissen wir, daß die Augsburger nun beim Kaiser in Spanien einsetzten und wahrscheinlich ist Konrad Peutinger geradezu der Verfasser des früher unbekannten Gesetzes Karls V. vom 10. März 1525 gewesen.[1] In ihm wurden alle Syndikate verboten. Kläger in einer Monopolsache sollten in Zukunft nur am Sitze der Firma oder eines Geliegers auftreten können, und erst im Falle der Säumigkeit des Gerichtes solle der Kammerfiskal das Recht haben, die Obrigkeit zu mahnen und nach einem Monate einzugreifen. Nicht mehr das ganze Vermögen des Monopolsünders wurde bedroht, sondern nur der am Monopolvergehen beteiligte Teil und die Käufer sollten von der Strafe frei sein. Dem ehrbaren Kaufmannshandel dürfe durch Verfügungen, die gesetzlich nicht begründet seien, keine Behinderung widerfahren. Jeder dürfte frei und ungehindert überall Kaufmannschaft treiben durch beliebige Personen und in allen Waren, allein oder in Gesellschaft, mit jedem beliebigen Kapital, gleichviel, ob dies sein oder seiner Gesellschafter oder anderer Leute eigen sei. Strafbar seien Monopolien, aber im Sinne des gemeinen Rechtes. Ja, zwei Monate später erließ Karl von Toledo aus eine Verordnung zugunsten der Fugger, Welser, Höchstetter, worin diese Firmen für Erze und Metalle von den reichsgesetzlichen Bestimmungen über Monopole und Fürkäufe ausgenommen werden.

Das Reichsregiment hat das Gesetz nicht veröffentlicht, doch so viel war erreicht, daß der Kammerfiskal nicht mehr von sich oder im Auftrage des Reichsregimentes vorging, wie er es 1523 gegen eine Reihe Augsburger Firmen getan hatte, wo Karl V. sofort befohlen hatte, das Verfahren einzustellen.

Der Speierer Reichstag von 1526 erneute die Pflicht des Fiskals, gegen die Monopolien und großen Gesellschaften vorzugehen, und wieder schrieb Peutinger eine Eingabe Augsburgs an den Kaiser, er schlug vor, das Antimonopolgesetz des Kaisers Zeno auf die lebensnotwendigen Dinge ausdrücklich einzuschränken und die Luxuswaren, darunter die Edelmetalle, davon auszunehmen. Der Reichstag von 1529 wiederholte die Bestimmung des von 1526, und nun kam er zu einer neuen Anklage gegen die Welser, Rem und Herwart wegen monopolistischer Verträge mit dem König von Portugal. Mit den Augsburger Eingaben an den Kaiser und das Kammergericht, in denen Peutinger wieder die Feder führte, hatten die Kapitalisten Erfolg, der Kaiser gebot, das Verfahren einzustellen. Der Reichsfiskal hatte versucht, im Auftrage des Reichsregimentes auf

---

[1] König, S. 169—174 und S. 118—124. Über die Entstehung und die Denkschrift Peutingers zum Entwurf.

die zu drücken, die der Kaiser zu schonen gezwungen war. Im übrigen wer hätte von dem Augsburger Gerichte erwarten dürfen, daß es scharf wider ein wirkliches Monopol vorginge? Es war ein wohl begründeter Verdacht, daß an den Sitzen der großen Handelsgesellschaften diese Freunde im Rate und in den Behörden hätten, war doch Peutinger der Schwager Bartholomäus Welsers. Wir erinnern uns auch des Mörlinprozesses.

Auch der Augsburger Reichstag von 1530 erlebte einen Ratschlag, worin wieder die Beschränkung des Handelskapitals auf höchstens 50000 fl, der Zahl der Gelieger auf drei und jährliche Rechnung gefordert wurde. Das lockte abermals Peutinger ins Feld, und dieses Gutachten gibt ein anschauliches Bild der Bedingungen des Großhandels und mancher Waren.[1] Der Reichstagsabschied wie die Reichspolizeiordnung von 1548 nahmen die Kölner Beschlüsse von 1512 wieder auf, nahmen aber das Erz aus den Monopolien aus.

Die Haute finance von Augsburg hatte gesiegt. Es war das sehr erklärlich. Die Habsburger konnten die Fugger, Welser und andere Gesellschaften nicht entbehren. Eine so schwierige Politik, wie sie Karl V. führte, konnte nicht sicherer Nothelfer entraten. Der Kaiser war von ihnen abhängiger als sie von ihm.

In den Verhandlungen ist Ravensburg nur insoweit hervorgetreten, wie oben zu zeigen war.[2] Doch ist es nicht zu übersehen, daß sowohl Peutinger wie Dr. Rehlinger und der Advokat am Reichskammergericht Dr. Jakob Kröll als Rechtskonsulenten im Solde der Stadt standen. Mindestens die beiden ersten traten für die Gesellschaften ein. Und wenigstens auf einem der Reichstage war der Bürgermeister Heinrich Besserer der Vertreter Ravensburgs, und er war Mitglied der Gesellschaft.

Als äußerste Punkte des Handelsbetriebs der Gesellschaft haben wir Posen und Ofen-Pest, Venedig und Aquila, Alicante und Saragossa, Antwerpen und Köln gesehen. Die Fugger kamen weiter noch hinaus, aber in späterer Zeit und auf Grund der Ausnutzung ihrer monopolartigen Stellung. Wir haben eine Fülle von Waren kennen gelernt, die sie führte, eine nicht geringe Warenkenntnis setzte das voraus. Das führte dazu, daß die Gesellschaft oft schlechte Qualitäten erwarb, schon weil es dem Einkäufer an einer guten Kenntnis der Ware gebrach. Die später eintretende Spezialisierung des Handels konnte das vermeiden. Der frühere Zustand war um so gefährlicher, da der Fernhandel ein Handel unter Fachmännern war. Eine Fülle von Waren, die einem modernen Kaufhause angestanden hätten! Und das alles wurde von der kleinen Stube in dem kleinen Ravensburg aus geleitet, wo die Gesellschaft fast nur auf eigene Nachrichten angewiesen war, ganz ungleich den Nachrichtenzentren wie Augsburg, Nürnberg, Venedig, Genua, Lyon und Brügge-Antwerpen; der Standort des Geschäftes war nicht der beste. Fast eine Genossen-

[1] König 130—145. [2] oben 2, 228.

schaft, die nicht ihre Gesellen so leicht fortjagen konnte, wenn sie sich übel benahmen, wie die Fugger und andere mit Angestellten arbeitende Firmen.

Es ist leicht, sich über die großen Gesellschaften, ihre Gewinne, ihren Wucher zu entrüsten, aber man darf nicht übersehen, daß ohne sie auf den Frankfurter Messen, dann auf den Leipziger, die Italiener, Spanier, Engländer die Gewinne eingestrichen hätten, die so in Deutschland blieben. Wenn die Reichsstädte sich zumeist durch ihre Rathäuser, Kirchen und Bürgerhäuser, die aus jenen Tagen stammen, vor den Landstädten auszeichnen, so verdanken das ja manche der Gunst ihrer Lage inmitten einer reichen Bauernschaft, Augsburg, Nürnberg und manche kleine oberdeutsche Stadt muß diese Blüte dem Fernhandel zuschreiben, der dem örtlichen Gewerbe erst recht die Absatzmöglichkeiten schuf. Der Spanier hätte nicht von Ravensburg selbst die Leinwand geholt, und die Barchentweber von Ulm und Augsburg hätten viele Tage des Jahres feiern müssen, wenn der Fernhandel wäre unterbunden worden. Selbst die Geschicklichkeit und Erfindungsgabe der Nürnberger Metallarbeiter hätten die Blüte Nürnbergs nicht erhalten können.

Deutschland hatte dank der Erträgnisse seiner Bergwerke, aber auch dank der Arbeit seiner Gewerbe und seiner Kaufleute damals eine aktive Handelsbilanz. Die Zeit trieb Luxus, und die Folgen blieben nicht aus. Aber in den Klagen darüber mischen sich auch die Stimmen des Adels, der den Unfug mitmachte, ohne daß seine Mittel im gleichen Grade wuchsen. Und wenn man die Bilanz des geistigen Lebens zieht, hat denn der Adel jener Zeit mehr geistige Kräfte geliefert als dieser Handelsstand der Reichsstädte, der an Zahl viel geringer war?

Die religiösen Stiftungen der Gesellschaften sind zu allermeist untergegangen, nur Bauten, die zu ihnen gehörten, stehen noch, und hier und da hängt noch ein Totenschild an den Pfeilern einer Kirche. Die Ravensburger Gesellschaft zeigt in den Resten ihrer Papiere am deutlichsten, was eine Gesellschaft von Kaufleuten auch im religiösen Leben bedeutete.

Anderthalb Jahrhunderte hat sie bestanden und war der Rückgrat des wirtschaftlichen Lebens nicht nur in Ravensburg geworden und gewesen und blieb der Tüchtigkeit der dortigen Bürgerschaft stolzeste Erinnerung. Die Geschichte der Ravensburger Gesellschaft hat nicht von den häßlichen Ablaßgeschäften der Fugger zu reden, nicht von der betrügerischen Abrechnung der Welser, nicht von dem schmählichen Bankrott der Höchstetter. Der Mörlinhandel mag übel gewesen sein, aber sonst haben wir nichts gesehen, als was die Elle der Moral noch als leidlich durchgelassen hätte.

Ein ganz seltener Fund hat uns die Möglichkeit gegeben, einen tiefen Einblick in das deutsche Handelsleben einer schweren und doch glücklicheren Zeit zu tun, als die ist, in der wir leben.

Zwölftes Buch

Münzen, Maße und Gewichte

§ 124. *Münzen und Rechnungswährung. Rheinischer Gulden. Goldgehalt. Ravensburg. Konstanz. Nürnberg. Frankfurt. Köln.— Italien: Genua. Mailand. Venedig.— Ungarn.— Spanien: Barcelona. Saragossa. Valencia.— Savoyen. Frankreich.— Bern. — Flandern. — Sonstige.*

Zum Verständnisse der Geldwerte, der Maße und Gewichte ist dieses letzte Buch angehängt worden. Einmal bietet es die Zusammenstellung der tatsächlichen Angaben, dann erläutert es diese durch andere Auskünfte. Einem Nichtfachmanne, wie ich es bin, war es bei den Münzen sich in der Literatur zu orientieren leichter möglich, als bei den Maßen und Gewichten. Was ich biete, ist ein ganz roher Versuch, aber bei dem fast völligen Fehlen von Vorarbeiten für Maße und Gewichte ist er vielleicht dankenswert.

Bei der Gesellschaft war, wie das in Schwaben und überhaupt in Oberdeutschland der Fall war, der rheinische Gulden die eigentliche Handelsmünze, und dementsprechend wurde die Rechnung in Gold geführt. Die schwäbische Kaufmannschaft ging verhältnismäßig rasch von den älteren italienischen und den außerdeutschen anderen Goldmünzen ab und wandte sich der 1386 durch den Münzvertrag der vier rheinischen Kurfürsten geschaffenen deutschen Goldmünze, der sie ein starkes und dauerndes Vertrauen entgegenbrachte, zu. Sie hoffte auf eine stabile Münze, allein daß die Münze nicht von einer Handelsstadt oder von einem festgewurzelten Fürstenhaus abhing, vielmehr immer durch neue Bundesverträge geregelt werden mußte und dem Eigennutze der Münzherren weiten Raum ließ, erwies sich als ein sehr großes Hindernis, und so oft auch die Städte wieder im Anschlusse an den rheinischen Gulden ihr eigenes Münzsystem aufbauten, immer wieder wich der Boden, immer weiter rutschte der rheinische Gulden auf der schiefen Ebene hinab.

Die Geschichte des Goldguldens ist hier nicht zu erzählen. Es genügt, wenn in der folgenden von Cahn errechneten Tabelle der Goldgehalt und der Goldwert in deutscher Reichswährung (Goldmark) angegeben wird.

Jahre	Goldgehalt	Goldwert in deutscher Reichswährung
1385	3,396 Gramm	9,48 Mark
1400	3,322 ,,	9,27 ,,
1404	3,322 ,,	9,27 ,,
1410	3,248 ,,	9,06 ,,
1417	2,953 ,,	8,23 ,,
1423—1464	2,777 ,,	7,95 ,,
1465	2,696 ,,	7,52 ,,
1477	2,647 ,,	7,39 ,,
1480—1533	2,527 ,,	7,05 ,,

Diese Liste vermag in etwa den Schlüssel zu geben, mit dem man eine mittelalterliche Summe von rheinischen Gulden in den modernen Goldwert umrechnen kann; wodurch freilich nicht auf die veränderte Kaufkraft des Goldes Rücksicht genommen ist.

Die Gesellschaft führte die Goldrechnung auch unterhalb der Einheit des rheinischen Gulden durch. Zwar ließ sich da keine Goldmünze mehr verwenden, die Silbermünzen waren lokal verschieden und in ihrem Werte sehr unzuverlässig. So gab man sich denn dadurch einen Ersatz, daß man die altüberlieferte, rechnerisch sehr brauchbare ältere Einteilung der Münze auf die Unterabteilungen des Guldens verwendete. Es entsprach ihr keine Münze, ich habe wenigstens keine gefunden, die sich sklavisch an den Guldenfuß genau anschließend die alte Münzeinteilung verwendet hätte. Man übernahm also, indem man den Gulden dem Pfunde ($\mathscr{U}$) gleichsetzte, dessen Einteilung in 20 Schillinge (β) zu je 12 Pfennigen ($\mathfrak{H}$), so daß man nach Zwanzigsteln und Zweihundertvierzigsteln rechnete. Die Worte β und $\mathfrak{H}$ sind Bezeichnungen für die beiden üblichen, durch 2 (3), (4), 5 (6) teilbaren Divisoren des Guldens $1/_{20}$ und $1/_{240}$.

Daß dem so ist, beweist einmal die Rechnung, die 1479/80 für das Gelieger in Nürnberg und auf den Frankfurter Messen geführt wurde (Nr. 64), wie eine Reihe von Angaben, die sich auf die Rechnung in Ravensburg selbst beziehen, so vor allem die aus dem Wertbuche stammenden Listen und die Verzeichnisse der Schuldner und Gläubiger (3, 44—51).

Da bei einem Großgeschäfte der Handel nicht allzuoft in die Sphäre der kleinsten Zahlungen gelangt, war eine solche Rechnung möglich. Sie allein kann aber kaum von einer Firma gehandhabt worden sein, wenn das Pfund Weinbeeren zu dem Satze von 17 $\mathfrak{H}$ für das Pfund ausgeboten wurde, so mußte der Käufer wissen, daß diese 17 $\mathfrak{H}$ nicht eine effektive Münze waren, sondern $17/_{240}$ des effektiv vorhandenen rheinischen Gulden. Es muß ein allgemeiner Gebrauch gewesen sein.

Dabei blieb aber die Notwendigkeit bestehen, die kleineren Ausgaben, wie etwa die Ausgaben für Boten, in der Ortswährung auszuführen und in Sammelkontos zu buchen und deren Schlußsumme dann in Gold umzurechnen. So ist in Ravensburg ein solches Sammelkonto in Ravensburger Währung (1 fl = 35 β) erhalten (3, 35).

Die Rechnung der anderen Gelieger wurde aber in der ortsüblichen, dem internationalen Handel am nächsten stehenden Münze gehalten, so daß hier über diese Währungen das notwendigste gesagt werden muß

Ravensburg. Die Münz- und Geldgeschichte dieser Stadt ist noch nicht geschrieben.[1] Ich gebe daher die folgenden Angaben unter allem Vorbehalte.

In Süddeutschland hatte sich im 14. Jahrhundert eine feste Relation der Pfennige und Heller ausgebildet. Der alte Denar umfaßte je zwei der zuerst in Schwäbisch Hall geprägten, bald aber vielerorts nachgeprägten Heller. Auf beide Münzen wurde die alte Rechnungseinheit des Pfundes angewendet (libra = 20 β zu 12 $\mathcal{S}_l$). Die libra denariorum enthält 240 denarii ($\mathcal{S}_l$), das Pfund Heller ebensoviele Heller, Hallenses (hl.) und ebenso der Schilling 12 $\mathcal{S}_l$ oder hl. Man muß also stets genau zusehen, ob es sich bei Pfund und Schilling um Pfennig oder Heller handelt.

In Ravensburg hatte man anfangs die Prägung von Hellern abgelehnt, und in dem großen Münzverein der Bodenseestädte mit Ulm und Württemberg von 1404 wurde Ravensburg noch mit Konstanz als Prägestätte für die Pfennige bezeichnet, Ulm und Stuttgart aber für die Heller. Der rheinische Gulden wurde auf 25 Schillingstücke gesetzt, das Schillingstück auf 12 hl., von denen je zwei auf einen Pfennig gingen. Der rheinische Gulden enthielt also 150 $\mathcal{S}_l$ oder 300 hl. Der Bund war nicht lebensfähig, er endete 1407. Und seit dieser Zeit blieb in Ravensburg die Währung nach Hellern neben der nach Pfennigen in Gebrauch, wenn das nicht schon durch das Reichsgesetz König Wenzels von 1385 herbeigeführt worden war.

Ravensburg gehörte dann auch der Konstanzer Münzvereinigung von 1417 an, die statt von dem Ulmer vom Konstanzer Münzgewichte ausging. Ein rheinischer Gulden sollte sein = $13^1/_2$ β $\mathcal{S}_l$ = 1 ℔ 7 β hl., also wiederum 1 $\mathcal{S}_l$ = 2 hl. Auch dieser Vertrag wurde durch das Weichen des rheinischen Guldens unhaltbar.

Dem in Riedlingen 1423 abgeschlossenen Bündnisse (Württemberg—Bodenseestädte und Städte um Ulm) blieb Ravensburg fern, ja es wurde geradezu ausgeschlossen, man habe mit seiner Münze zu schlechte Erfahrungen gemacht. Der Riedlinger Vertrag bzw. der Konstanzer Wandel von 1436 beherrschten bis etwa 1475 sonst in Oberschwaben die Lage.

Auch Ravensburg scheint sich wohl oder übel dem angeschlossen zu haben. 1423 galt der rheinische Gulden = 1 ℔ 6 β hl. (312 hl.) = 13 β $\mathcal{S}_l$, 1436 = 1 ℔ 4 β hl. (288 hl.) = 12 β $\mathcal{S}_l$.

Wann Ravensburg oder eine andere oberschwäbische Stadt zu der Münzeinteilung 1 fl rh. = $1^3/_4$ ℔ hl. = 35 β hl. übergegangen ist, vermag ich mit voller Sicherheit nicht zu sagen. Jedenfalls schon lange vor dem Münzbunde der sieben schwäbischen Städte von 1501; denn dieser Berechnung begegne ich schon in der ebenfalls sehr bequemen Form 100 fl = 175 ℔ hl. 1497 in Kempten (Nr. 91), doch findet sich sofort ein Aufgeld für den Gulden (Nr. 83, 94 usw.), vor allem bezeugt auch der Gesellschaft Währung von 1497 für Ravensburg, Isny, Kempten, Wangen und Staufen die Geltung des Schlüssels 1 rh. fl. = 35 β hl. (3, 47).

---

[1] Wohl aber ist sie mehrfach von Cahn in dem vortrefflichen Werke Münz- und Geldgeschichte der im Großherzogtum Baden vereinigten Gebiete, Teil I, Konstanz und das Bodenseegebiet im Mittelalter (Heidelberg 1911) mehrfach berührt worden.

Vielleicht muß man ihn aber schon für 1477 ansetzen, ich finde ihn da mehrfach verwendet, so auch bei der Formel zur Berechnung der Preise der Leinwand in Valencia.[1]

In der Regel rechnete man in Ravensburg im gewöhnlichen Verkehr nach Pfund Heller, die Steuerbücher allerdings nach Mark. Aus gelegentlichen Guldenvergleichen sehe ich, daß 1473 der Gulden nicht ganz auf $16^3/_4$ β ₰ (= $33^1/_2$ β hl.), 1482 auf 35 β $3^3/_4$ hl., 1497 auf 35 β bis 35 β 3 hl., 1500—1503 auf 35 β bis 35 β 4 hl., 1504 auf 35 β $3^1/_2$ hl. stand. Es ist also sicher der Gedanke des Münzvereins der Heptapolis nicht etwas ganz Neues gewesen, die „ringere Währung" von Überlingen und Ravensburg war bisher nur bis zum Jahre 1489 nach rückwärts verfolgt worden, sie ist älter.[2] Diese Rechnung war auch in Isny, Wangen, Staufen, Kempten und Memmingen im Gebrauche.

Die weitere Entwicklung der Konstanzer Währung ist hier nur zu streifen, da damals die Gesellschaft in Konstanz keine Rechnung mehr führte. Die Münzprägung nach 1480 prägte 14 β ₰ auf den Gulden, doch sank der faktische Wert der Münze 1485 auf 15 β ₰. 1 Kreuzer galt als 3 ₰, 1 böhmischer Groschen als 9 ₰. Die Münzordnung von 1498 setzte einen guten rheinischen Gulden = 15 Schillinger Pfennig = 30 Schillinger Heller. Dieses System wurde weiter ausgebaut, indem die Pfennigschillinger als Batzen ausgeprägt wurden und dann wieder die Dicken = 5 Batzen, 1 Schillinger hatte 4 Kreuzer zu 3 ₰ oder 6 hl.

Über das Nürnberger Geldwesen orientieren völlig genügend die Arbeiten von Hegel, Sander und Scholler.[3] Die amtliche Rechnungsmünze war das Pfund neu (= 20 β = 240 hl. = 4 ℔ alt = 16 Groschen = 120 ₰); die dann von der Stadt geprägten Goldmünzen, die Stadtwährung (1 fl = 1 ℔ $4^1/_2$ β) und die Landwährung (1 fl = 1 ℔ 2 β) kamen niemals zu einer Gleichung mit dem Pfunde, wie sie die Rechnung ja voraussetzt. In Frankfurt gab es nach Bothe[4] zwar einen Rechnungsgulden, aber der umfaßte 24 β und jeder Schilling wieder 9 hl., also der Gulden 216 hl.

Köln. Die Rechnung nach Weißpfennigen (Albus) findet sich nur einmal zu 1478. Da wird 1 Albus = 9 hl. gesetzt (8 = 6 β), danach wäre der rheinische Gulden = $26^1/_2$ Albus gewesen, doch gibt die von Ennen, Geschichte der Stadt Köln, 3, 908, abgedruckte Kurstabelle auf den Gulden für 1478 die Summe von 29 Albus, das wäre ein erheblicher Kursgewinn zugunsten des Albus.

Italien. Genua. Die Rechnung wurde in Genua nicht in Gold (genovini doro) geführt, sondern in der in Silber 1493 zuletzt geprägten Lira (= gr. 13, 448).

---

[1] 3, 148 und 238 f., die doch eine längere Geltung voraussetzen. Dann in der Einzelberechnung der Kosten der Rechnung 3, 27 ff. Da wird auch der Kreuzer = $3^1/_2$ ₰ = 7 hl. gesetzt, das ergibt 60 Kreuzer auf den Gulden, so schon 1476 (3, 248) und 1478 (3, 201).

[2] Cahn, S. 285. Nach ihm war die „ringere Währung" so eingerichtet, daß 30 ₰ weniger auf das Pfund gingen als von der schweren Konstanzer.

[3] Hegel, Sander, Scholler, Ernst, Das Münzwesen der Reichsstadt Nürnberg im 16. Jahrhundert (Erlanger phil. Dissert. 1912).

[4] Geschichte der Stadt Frankfurt.

Aus unseren Papieren ergeben sich folgende Relationen:

- 1478 1 fl rh. = 42 β   3, 265.
- 1480 1 fl rh. = 42 β   3, 360.
- 1497 1 fl rh. = 44 β   3, 47.
- 1500 1 fl rh. = 44 β   3, 372.
- 1503 1 fl rh. = 45 β   3, 381.
- 1510 1 fl rh. = 45 β 6 ℔   3, 36 f. 40.
- 1510 1 fl rh. = 45 β   3, 40. Schuld, also vielleicht Zins.

Sonstige Wechselkurse: 1478 Juli in Brügge: Genua per f⁰ g⁰ 27$^{1}/_{3}$. Wechselkurs (3, 421). — 14\0 Juli Brügge Grote 38. Wechselkurs (3, 424). — 1479 Juni Valencia Genua per ff⁰ de bona moneda 11 β 3$^{1}/_{2}$ ℔ (3, 115). — 1507 Mailand 1 ℔ Genueser = 1 ℔ 9 β 1 ℔ Mailänder, zum Teil Wechsel (3, 321 f.).

Mailand. Die mailändische Münze seit Francesco Sforza (1455 bis 1466) mit dem Bilde des Herrschers geschmückt — er war der erste, der darin voranging — erscheint nicht in den charakteristischen Goldmünzen: Ambrogino und Dukat, sondern hat nur eine Zeitlang ihre Münzgestaltung in der Lira, dem mit dem Kopfe geschmückten Testone.

Die folgende Kursliste gibt eine starke Wertminderung im Jahre 1504, als Ludwig XII. von Frankreich über das Herzogtum gebot, 1510 ist das aber wieder überwunden. Die sonstigen wechselreichen Geschicke der Stadt kommen wenigstens in diesen lückenhaften Ziffern nicht zum Ausdruck.

- 1477 1 fl rh. = 3 ℔ 3 β = 63 β   3, 254.
- 1477 1 fl rh.   = 63 β 5 3, 254.
- 1478 1 fl rh.   = 63 β   3, 267.
- 1479 1 fl rh.   = 64 β   3, 265.
- 1480 1 fl rh.   = 64 β   3, 268. 360 (mehrfach).
- 1480 1 fl rh.   = 65 β   3, 268. Bei einem größeren Betrag.
- 1497 1 fl rh.   = 66 β   3, 47. Abrechnung der Ge-
- 1500 1 fl rh.   = 66 β   3, 373. 376.   [sellschaft.
- 1503 1 fl rh.   = 67 β 6 3, 381.
- 1504 Juli 1 fl rh.   = 70 β   3, 278. Schwierigkeiten der
- 1505 Mai 1 fl rh.   = 70 in 71 β 3, 283. modo tali.   [Münze.
- 1505 Mai 1 fl rh.   = 71 β   3, 285. Man münzt neue Mün-
- 1507 1 fl rh.   = 72 β   3, 321 f.   [zen.
- 1510 1 fl rh.   = 65 β   3, 36. 41. 43.

Von anderen Relationen erwähne ich 1480 1 Dukat (welcher?) = 82 β (3, 269), 1505 Mai guter Dukat (welcher?) = 96 β 9 ℔, ▽ = 94 β, Papal = 94 β, sind unglaubliche Preise (3, 285). 1507 August: ▽ d sol = 96 β (3, 321), 1 ℔ Genueser = 29 β 1 ℔ (3, 321), 1 Duk. L⁰ (largo), = 5 ℔ (3, 323).

Auch Venedig begegnet oft, wenn die Gesellschaft auch dort kein Lager mehr hatte. Es ergibt sich da folgende Kurstabelle im Vergleiche mit dem rheinischen Gulden.

Zwölftes Buch. Münzen, Maße und Gewichte. § 124

1479 100 Dukaten = $130^{1}/_{2}$ fl Wechsel auf einige Monate   3, 347.
1500 1000   „   = 1390 fl Wechsel (Fugger)   3, 375.
1503 100   „   = 138 fl Wechselkurs Frankfurt Herbst-
                      messe bis St. Lukas (13. Oktober)   3, 388.
      100   „   = 136 fl, ebenso auf Weihnachten   3, 388.
1507 1000   „   = 1360 fl Frkf. Fastenmesse auf Jakobi   3, 392.
1510   1   „   = 1 fl 7 β (also 100 zu 142) Ravensburg
                      Kasse   3, 34.

Relationen mit Flandern (Brügge). 1478 Juli 1 Dukat = $68^{1}/_{3}$ Grote Wechselkurs 3, 422. — 1480 Juli = 70 Grote, Wechselkurs 3, 424.

Kurse mit Mailand. 1479 Okt. 1 Dukat = 84 in 85 β (3, 150). — 1480 = 82 β und 83 β 3 $\mathcal{S}_1$ (3, 268). — 1505 Mai guter Dukat = 96 β 9 $\mathcal{S}_1$, unglaublich hoch (3, 285).

Kurse mit Genua. 1479 Sept. 1 Dukat = 55 β (3, 265). — 1507 Juli = 64 β 6 (3, 317).

Kurse mit Valencia. 1475 Okt. 1 Dukat = 20 β. — 1479 Juni = 21 β (3, 115). — 1479 Okt. = 20 in 21 β (3, 150). — 1480 Aug. 1 Dukat = gesetzt auf 18, heimlich aber 20 β (3, 189).

Mit Saragossa. 1479 Juli 1 Dukat = 21 β 10 (3, 120).

Mit Lyon. 1507 Dezember 1 Dukat = 38 β current = 3 fl 2 β current (3, 215).

Die ungarischen, Genueser und andere Dukaten sind nicht immer sicher von den Venezianer zu trennen.

Ungarische Dukaten: ? 1479 Nürnberg Wechselkurs $130^{1}/_{2}$ % (3, 347). — 1510 Nürnberg gezahlt für 100 Dukaten = 137 und $139^{1}/_{2}$ fl rh. (3, 41) — 1511 Wien 100 Dukaten = 125 fl rh. errechnet (3, 456).

Genueser Dukaten, ducati larghi haben $1^{1}/_{2}$ in $1^{1}/_{4}$ per cento Pass über dem ducato Venetian 1474.

Der **Papal** (Papst Julius II.) stand 1505 in Mailand auf 94 β, was als sehr unregelmäßig bezeichnet wird (3, 285).

Spanien. Die große Münzreform der katholischen Könige Ferdinand und Isabella von 1497 hat in den Gebieten der aragonesischen Krone nicht sofort die alten Rechnungseinheiten zugunsten der Reales beseitigt, zuerst folgte Katalonien.

Barcelona (1 ₤ = 20 sueldos zu 12 diners).

1472/73	1 fl rh. = 12 β 6 $\mathcal{S}_1$ Barc.	Häbler, Zollbuch.
1474	1 fl rh. = 18 β 8 $\mathcal{S}_1$	3, 12.
1477	1 fl rh. = 16 β	Zollbuch.
1478	1 fl rh. = 18 β	3, 421.
1479	1 fl rh. = 12 β 6 $\mathcal{S}_1$	Zollbuch.
1480	1 fl rh. = 11 β 7 $\mathcal{S}_1$ bis $12^{3}/_{4}$ β	Zollbuch.

Wechselkurs in Valencia: 1479 Juni Barcelona 110 % (3, 115). — 1480 Aug. Barcelona $116^{1}/_{2}$ in 117 % (3, 189).

Saragossa. Die Rechnung der Gesellschaft wurde in der alten Münze des Landes, die nach Jaca, der ehemaligen Hauptstadt des Landes, Jaqueses benannt wurden, geführt. Die Berichte ergeben, daß 1479/80 die Münze alle Tage aufschlug, was der Gesellschaft großen Schaden brachte. Vgl. 3, 115. 120. 1497 1 fl rh. = 16 β Jacenses. Währung (3, 47). 1506 Mai 1 fl rh. = 16 β Jacenses (3, 241).

Wechselkurs von Valencia: 1479 Juni al par (3, 115). — 1480 Aug. 111 in 111½ % (3, 189).

Wechselkurs in Saragossa 1479 Juli: Pagamentsgulden dor 15 β 10. Duc. 21 β 10. ag 23 β, Alfonsin 32 β, $\triangledown$ dor 20 β (3, 120). 1480 Okt. flämische Münze 112 % (3, 193).

Valencia. Dieses Königreich behielt trotz der spanischen Münzreform Ferdinands und Isabellas die alte Autonomie seiner Münze bei. Die Gesellschaft führte dort ihre Rechnung in Pfund Valencer, nicht etwa in dem zuerst von König Alfons V. (1416—1458) geprägten einheimischen Goldstücke. Der Alfonsin galt 1479 Juli in Saragossa 32 β Jaqueses (3, 120).

Die Quellen ergeben folgende Relationen mit dem rheinischen Gulden:

1478 1 fl rh. = 14 β Valencia, aber nur in einem Beispiele.
1479 1 fl rh. = 15 β Valencia, 3, 148, ebenso.
1479 1 fl rh. = annähernd 16 β, 3, 106, errechnet aus der unten angegebenen niederländischen Gleichung.
1497 1 fl rh. = 15 β (3, 47).

Relationen mit Brügge: $\triangledown$ Felipus 1479 = 6 β 10 Valencer (3, 106) = 6 β 9 (3, 115), 1480 = 6 β 8½ in 6 β 10 (3, 165). Nach der Münzänderung 1480: 6 β ½ ℥ (3, 181) 6 β Val. = 22 g⁰ in Flandern, ist gut (3, 184).

Mit Venedig, Genua, Barcelona, Saragossa s. dort.

Mit Avignon: 1475—1479 fl current = 12 β.

Mit Lyon und Frankreich 1479: per $\triangledown$ de reyg = 19 β 6, per 2 $\triangledown$ del sol. = 20 β (3, 115). 1480 $\triangledown$ d or = 17 β 10 (3, 189).

Savoyen. Die savoyische Münze mit ihrer wohl zu beachtenden Einteilung (1 fl current = 12 β oder gr. à 12 ℥ oder blancs) galt in Genf, diente aber auch außerhalb des damals noch erheblichen savoyischen Besitzes in Lyon und Avignon der Gesellschaft als Rechnungsmünze. Sie war auch in Lyon zulässig; denn trotz des sonst von Frankreich durchgeführten strengen Verbotes jeder Rechnung nach fremder Münze hatte Karl VII. für die Lyoner Messe freie Zirkulation den fremden Münzen gewährt.[1]

Mit dem rheinischen Gulden ergeben sich folgende Relationen:

1454	1 fl rh. = 18—20 g⁰	Borel, S. 237.
1476	1 fl rh. = 24 g⁰	3, 196. 200.
1477	1 fl rh. = 26 g⁰ 5 ℥ (errechnet)	3, 207.
1478/79	1 fl rh. = 22 g⁰ 6 (errechnet)	3, 222.
1479	1 fl rh. = 24 g⁰ 1½ Quart	3, 209.
	1 fl rh. = 24 g⁰ = 2 fl current	3, 209, Wechsel auf Nürnberg.
	1 fl rh. = 25 g⁰	3, 210.
	1 fl rh. = 29½ doblas, von denen 35 auf den $\triangledown$	19, 5.
1480 Allerheiligenm.	1 fl rh. = 24 g⁰ 1½ Quart	3, 211 (mehrfach).
	1 fl rh. = 25 g⁰	3, 212, Darlehen.
1508 Zwölferm.	1 fl rh. = 27 β 6 ℥	3, 215.
1513 Sept.	1 fl rh. = 22 g⁰ 1½ ℥	3, 217.

---

[1] Brésard, Foires de Lyon, 258f.

Die Verbreitung des Schildes auf den Münzbildern erschwert es sehr, die vielfachen Relationen mit ▽ sicher zu bestimmen, es sind folgende Fälle klar: 1479 2 ▽ de sol = 20 β Valencia (3. 115). — 1507 1 ▽ de sol = 37 β current (3, 215) Lyon. — 1507 1 ▽ de sol = 96 β (3, 321 f.). — 1513 1 ▽ de sol = 43 g⁰ (3, 218).

Handelt es sich im vorhergehenden um französische Sonnenschilde, die seit Ludwig XI. geprägt wurden, so sind wahrscheinlich savoyische Schilde (Goldmünzen) die folgenden:

1476 1 ▽ = 28 g⁰ current, errechnet (3, 199 f.). — 1477 25 g⁰ current, errechnet (3, 199) = 25 g⁰ 2 ♃, 26—27 g⁰, 27 gr. 3 ♃, errechnet (3 199 f. 206 f.). — 1478 24 g⁰ 3 ♃ current (3, 208). — 1478/79 ▽ = 30 g⁰ savoy. (in Nr. 26). — 1479 25 g⁰ savoy. (3 210). — 1 ▽ de 22 g⁰ = 2 fl 1 β current (3, 209).

Eine Reihe von Stellen berühren auch die Relationen zwischen französischen fl de rey und den fl current und anderen Münzen:

Zunächst erstere: 1477 1 ▽ de rey = 26½ g⁰ current, Lyon, auch niederer (3, 206). — 1479 1 fl g⁰ de rey (= 12 g⁰) = rund 13 g⁰ current (In Nr. 25). — 1480 21 g⁰ ²/₃ de rey = 24 g⁰ 1½ Quart fl current (3, 211). — Dann andere: 1476 4 Schild de rey = 5 fl rh. Bern (3, 195). — 1479 Valencia 1 ▽ de rey = 19 β 6 (3, 115). — 1505 1 ▽ = 94 β Mailänder (3, 285). — 1507 1 ▽ = 64 β Genueser (3, 318). — 1510 1 ▽ = 1¹/₃ fl rh. (3, 43).

Es gab ▽ de 22, 26 und 30 g⁰ per ▽, so daß vorstehende Angaben kein klares Bild ergeben.

In Bern wurde 1477 (3, 194 ff.) die Rechnung geführt in fl current Savoyer β und ♃. 10 Blappert = 12 β 6 ♃. Doch schwankte der Kurs, 1477 galt der rheinische Gulden = 30 Blappert, vorher 28. 3 g⁰ = 5 β. 1 Dukat = 50 β. 4 ▽ de rey = 5 fl rh.

Das Gelieger in Flandern rechnete nach der Übung der Kaufleute nach ℔ Vläms = 20 β zu 12 grote. Es ergeben sich mit dem rheinischen Gulden folgende Relationen:

1474 1 fl rh. = 44 g⁰ = 3 β 8 g⁰   3, 15.
1477 1 fl rh. = 40 g⁰ = 3 β 4 g⁰   3, 402.
1478 1 fl rh. = 52 g⁰ = 4 β 4 g⁰   3, 334. 409. Seit dem Markte war
1480 1 fl rh. = 52 g⁰ = 4 β 4 g⁰   3, 428. [alles Gold aufgeschlagen.
1497 1 fl rh. = 54 g⁰ = 4 β 6 g⁰   3, 47.
1506 1 fl rh. = 54 g⁰ = 4 β 6 g⁰   3, 241.
1508. 1514 1 fl rh. = 56 g⁰ = 4 β 8 g⁰   Abrechnungen.

Der Philippus — die Goldmünze des Herzogs Philipp, des Schöpfers der burgundischen Münzeinheit — begegnet in der Kursliste von Valencia 1479 1 ℔ = 6 β g bis 6 β 10 (3, 106); 1480 6 β 8½ in 10 ♃ = 1 ▽ Philippus (3, 165); 6 β ½ ♃ Val. = 1 ▽ Felipus (3, 189).

Eine Wechselkursliste mit vielen Plätzen siehe 3, 424.

Gelegentlich begegnen: Utrechter Postulatusgulden (1440 von B. Diepold), 2 fl = 23 g⁰ ½ savoyisch = 3 fl 11 β current (in Nr. 26). — Pagamentsgulden = 15 β 10 in Saragossa 1479 (3, 120). — Perpiales (Perpignaner).

Ganz rohen Vorstellungen über die angegebenen Preise für die Jahre 1477—80 kommt die folgende Übersicht der Valuten entgegen. Am größten erscheinen im Vergleiche zum rheinischen fl die Ziffern von Mailand (= 63 bis 64 β ₰) und Savoyen (21¹/₂ bis 26⁵/₁₂ g⁰ = 1 fl 10¹/₂ g⁰ current bis 2 fl 4⁵/₁₂ g⁰). Es folgen Genua (42 β ₰) und Ravensburg (35 β hl. = 17¹/₂ β ₰). Über Ravensburg stehen Valencia (14 bis 16 β ₰), Konstanz (14 β ₰), Barcelona (11 β 7 d bis 18 β), endlich Flandern (3 β 4 g⁰ bis 4 β 4 g⁰). Das ist im äußersten Falle eine riesige Spannung, denn 100 ℔ flämisch sind 1912 ℔ Mailänder. Man muß sich also sehr davor hüten, die Summen als gleichwertig anzusehen.

§ 125. *Längenmaße und Gewichtsmaße.*

Die Forschung geht gemeinhin von der Annahme aus, daß die Maße vom Mittelalter an bis zur französischen Revolution oder der später erfolgten Annahme des metrischen Systems beständig gewesen seien. Marquis d'Avenel hat sich auch dafür entschieden, aber er hat doch geprüft, ob dem so sei, und kam unter Benutzung von Maß- und Gewichtsordnungen zu derselben Ansicht, wenn er auch Ausnahmen nicht abstreitet.[1] Aber so ganz gewiß ist das nicht. Bei den Längenmaßen ist eine doppelte Kontrolle möglich. Einmal durch die Zeichnungen, welche z. B. Meder in seinem Buche gibt und ähnlich auch Baumgartner in seinen Handschriften; dann durch Ausrechnen der Relationen, die Meder, Pasi u. a. in großer Zahl darbieten. In beiden Fällen sind genaue Ziffern ausgeschlossen, weil die Verhältniszahlen zu klein gewählt sind.

Ich gehe nun bei der Behandlung der **Längenmaße** von einem Vergleiche der genauen modernen Ziffern bei Noback und Martini[2] mit den Zeichnungen von Meder und Baumgartner aus.

	Noback	Baumgartner Meder
Augsburger Elle für Leinwand und Barchent	0,58652	0,644
Frankfurter „	0,5473	0,564
Nürnberger „	0,6565	0,660
St. Galler „ für Leinwand	0,7354	0,78
Ulmer „	0,568	0,672
Wiener „	0,7792135	0,780

Daraus folgt, daß sicher die Nürnberger und Wiener Ellen ihren metrischen Wert nicht geändert haben. Von dem genauen Werte der Nürnberger Elle aus kann man nun durch Berechnung der Mederschen Relationen zur annähernden Feststellung der uns interessierenden Maße gelangen, und so ergeben sich folgende Werte,

---

[1] Vicomte d'Avenel, Histoire économique de la propriété, des salaires etc., I, XVIII—XXIV.
[2] Noback, Christian und Friedrich, Vollständiges Taschenbuch der Münz-, Maß- und Gewichtsverhältnisse. 2 Bände. 1851. Martini, Angelo, Manuale di Metrologia. Torino 1883.

denen die Angaben von Noback und Martini, wenn solche vorliegen, angehängt sind.

Antwerpen: 0,68276, (Noback: Wollenelle 0,6844, Seidenelle 0,6941), Mailand: Seidenelle (braccio): 0,558 (aber Meder Maßzeichnung = 0,796), Genua palmo: 0,24614 (Noback: 0,249095, Meder Maßzeichnung = 0,244), Como 0,6565 (wie Nürnberg, aber Martini = Mailand = 0,594936).

Aus den Zeichnungen Meders ergibt sich noch:
Memminger Elle = 0,716.
Kemptener Elle = 0,740.

Über einzelne Orte ist noch folgendes zu bemerken:

In Mailand gab es nach Baumgartner drei Ellen (braccio, brazo) 1. br. cambido, $1/7$ länger als 2., für Leinwand; — 2. die Wollen- oder Tuchelle, nach dem von Baumgartner eingezeichneten Maße rund 0,425 Meter, das ergäbe für 1. 0,486 Meter; — 3. die kurze Elle für goldene und silberne Stücke und Barchent. 56 Ellen von Mailand Seidengewand waren nach Meder Bl. 51 = 42 Nürnberger Ellen. Die Mailänder kurze Elle hätte danach 0,4924 Meter gehalten. Die Einzeichnung Baumgartners bietet aber rund 0,536 Meter. Die Einzeichnung bei Meder Blatt 99 ergibt für die Seidenelle 0,516, für die Leinwand- und Wollengewandelle 0,692. Eine Sicherheit ist auf diesem Wege nicht zu erreichen.

In Genua ist der palmo der Ausgangspunkt. Nach Martini betrug er 0,248083, die Baumgartnersche Zeichnung ergibt 0,254. Am Ende der Republik gab es eine canna = 10 palmi = 2,48083 (nach Baumgartner wurde danach die Leinwand gehandelt), daneben eine Canna = 9 palmi = 2,23275 (nach Baumgartner für Wollenzeuge).

Weiter sagt Baumgartner: 9 canne 1 palmo seien gleich 15 canne in Barcelona. Das ergibt für die Barceloneser canna 1,550 Meter. Baumgartner stellt $5^1/_2$ Palm = 2 kurzen Ellen in Konstanz gleich, diese Konstanzer Elle wäre also 0,682228 Meter lang gewesen, endlich 100 Palm seien in Antwerpen gleich 35 Ellen gewesen, das wäre für die Antwerpener Elle 0,7088, die Medersche Zeichnung ergibt 0,724, Noback hat für die Wollenelle 0,6844, für die Brabanter Elle 0,695 Meter.

Die Ravensburger Elle berechnete ich aus einem Vergleiche auf 0,66587. Für die Vara von Valencia = 4 palmos gibt Martini den Wert von 0,906 an.

Wenn hier in vielen Fällen, wo annähernd genaue Zeichnungen vorliegen, durchzukommen war, ist das bei den Gewichten sehr viel schwerer. Was nützt es aber um die Sache herumzugehen? Erst die Aufstellung von ungenauen Sätzen weckt Interesse und Kritik.[1] Zuerst sind sichere Stützpunkte zu suchen. Die deutschen großen Handelsstädte hatten ein Bedürfnis nach stetigen Gewichten, zugleich hatten sie als Reichsstädte die Gewalt über

---

[1] Vgl. oben 1, 5.

Maß und Gewicht. Es gilt also zunächst den Zustand bei Ende der alten Zeiten festzustellen.

		Nach den Angaben bei Noback für das Ende der Benutzung	Nach Angaben Meders im Vergleiche zu dem vorläufig als fest angenomm. Nürnberger
Augsburg.	Leichtgewicht	47,2423 Kilogramm	
	Schwergewicht	49,0874 ,,	48,955 u. 49,034
Frankfurt.	Leichtgewicht	46,7914 ,,	
	Schwergewicht	50,534 ,,	50,9996
Nürnberg.		50,9996 ,,	
Ulm.		46,88 ,,	46,916

Es ergibt sich also, daß, da damals Frankfurter und Nürnberger Gewicht zum großen Vorteile beider Städte identisch war, entweder Frankfurt das Gewicht erleichtert oder Nürnberg erhöht hat. Da nun aber die Augsburger und Ulmer Gewichte, die aus Meder auf Grund des angenommenen Nürnberger Wertes sich ergeben, mit den späteren Zahlen annähernd übereinstimmen, was auf die Ungenauigkeit der Mederschen Verhältniszahlen zurückgeführt werden kann, so steht auf der einen Seite Frankfurt, auf der anderen Augsburg, Ulm und Nürnberg. Da ist eher eine Frankfurter Wertänderung anzunehmen als eine gleichmäßige oder fast gleichmäßige in Augsburg, Nürnberg und Ulm. Das dürfte doch dazu berechtigen, das Nürnberger Gewicht (50,9996) als beständig anzusehen und der folgenden Untersuchung zugrunde zu legen.

Zunächst ist nun das Genfer Gewicht zu untersuchen, da Borel[1] dafür genaue mittelalterliche Angaben zu machen scheint.

Genf. Vor der Revolutionszeit gab es a) ein Schwergewicht, das ℔ = 550,6941 Gramm, b) ein Leichtgewicht, das ℔ = 458,9117 = Seidengewicht von Lyon. Borel gibt für a) 550,690 an, hier liegt also wohl Klarheit vor. Auch Meders Relation stimmt dazu, sie ergibt für Genf unter Zugrundelegung des Nürnberger Gewichtes 550,66 Gramm. Meder gibt weiter eine Reihe von nicht ganz genauen Vergleichen. Danach waren vom Großgewicht 100 ℔ in Nürnberg 109½% oder 100 Nürnberger = 91,3 ℔ Genfer schwer, vom Kleingewicht 100 ℔ in Nürnberg 90—91% oder 100 Nürnberger = 110,5 ℔ Genfer leicht. Anders steht es bei b). Borel gibt dafür den Wert von 489,50 an. Damit stimmen aber weder die Mederschen Relationen noch das spätere Leichtgewicht überein. Dieses Gewicht wurde offenbar später leichter hergestellt.

Für Venedig gibt Mazzi[2] als Wert der libra grossa 476,9990 und für die libra sottile 301,2297 Gramm an. Er legt für das Mittelalter den Zustand am Ende der Republik zugrunde. Die Medersche Relation für das Genfer schwere Pfund ergibt für das kleine Pfund von Venedig 301,74 Gramm, was doch leidlich stimmt, eine andere Nürnberg-Venedig für dasselbe Pfund 301,92 Gramm, eine dritte 305,9976. Für das große Pfund 484,49. Das Büchlein von Pasi lernt man nach genauem Studium sehr gering werten. Die Angaben über dieselbe Relation stimmen oft nicht miteinander überein. Und unsere sichersten Rechnungen führen irre. Wenn ich die Angaben für Aquila fol. 118 berechne, so kommt 0,21516

---

[1] Les foires de Genève 249. [2] Archivio storico lombardo 38, 1, 19.

heraus statt 0,33915, Valencia fol. 184 0,412157 statt 0,10687. Barcelona
fol. 183 0,425 stimmt 0,4268 und Mailand 0,32742 ebenso zu 3225. Die
Fehler müssen also wohl bei Pasi liegen.

Nach diesen Ergebnissen darf man das Nürnberger Pfund auf rund
510 Gramm (genau 509,996) ansetzen. Dann ergeben sich auf Grund der
Mederschen, nie ganz genauen Relationen folgende allerdings unsichere
Werte, die aber doch annähernde Vorstellungen ergeben und zum Teil
noch zu prüfen sind:

   Nördlingen . . . 490,37 Gramm   Mailand 339,9, auch 321,297 Gramm
   Wien, Safran . . . 571,19 „   Aquila . . . . 336,60 „
   Lyon . . . . 418,197| „   Barcelona . . . . . 311,0976 „
             Antwerpen 472,2 Gramm

Für die spanischen Gewichte gehe ich zunächst von den jüngsten
genauen Angaben aus. Danach war in Saragossa die carga = 3 quintales = 12 arrobas = 432 ℔ = 151,632 Kilogramm schwer, das Pfund = 351
Gramm. Nach Meder Blatt 55 sind 100 ℔ aragonisches Gewicht = 69 ℔
von Nürnberg. Das ergibt 351,9 Gramm. In den Papieren begegnen
zwei Ergebnisse: 1. 100 ℔ Arag. = 68,25 Frankfurt. Das sind 348,075.
2. Aus der Rechnung Lutz Geßlers 3,342 f. und 347: 355,5. Der Wert
des Gewichtes von Saragossa dürfte also Bestand gehabt haben.

Valencia. Es sind hier drei Gewichte zu unterscheiden: a) Safrangewicht, nur aus später Zeit (19. Jahrhundert) kenne ich den Wert,
Libra = 474,9780 Gramm (Noback), 473,333 (Martini). b) Schweres Gewicht für Wolle, Anis, Mandeln. 1 Carga = $2^1/_2$ Quintale = 240 schwere
Pfund. Jedes Quintale zu 4 Arrobas. Bei diesem peso grueso war im
19. Jahrhundert die Arroba = 36 ℔ = 12,8244 Kilogramm (Noback)
= 12,78 (Martini). c) Leichtes Gewicht (peso delgado) für Spezereien usw.
1 Carga = 3 Quintale = 360 kleine Pfunde (libretas). So Uzzano. Die
Arroba also = 30 ℔. Diese wog im 19. Jahrhundert 10,6870 Kilogramm
(Noback; 10,65 Martini).

Den einzigen Vergleich unserer Quellen: 408 ℔ Valencianer Seide (also
leichtes Gewicht) = 313 ℔ Genfer (3, 210 f.) kann man nicht sicher
prüfen.

Barcelona. Nach dem letzten Zustande war 1 Carga = 3 Quintale
= 12 Rubb = 312 ℔ = 125,112 Kilogramm. Das Pfund = 0,401 Kilogramm. Oben eine Berechnung nach Baumgartner 0,4268, nach Pasi 0,425.

Cervera. Das Gewicht kann ich nur nach den Baumgartnerschen Ansätzen (oben 2, 171) berechnen. Danach das Pfund = 0,36159 Kilogramm.

Italien. Venedig s. oben.

Aquila. Nach der Berechnung Lutz Geßlers müssen 100 ℔ zum Adler
gleich 66,5 ℔ zu Nürnberg gewesen sein, das ergibt für das Pfund
zum Adler 0,33915 Kilogramm. Damit stimmt Meder Blatt 45 überein.
Für Casalmaggiore habe ich keine Quellen.

Mailand hatte drei Gewichte. 1. Peso grosso für Leder, Fleisch,
Schmalz (Baumgartner), Garn (Meder) 1 ℔ = 28 Unzen (Baumgartner).
2. Peso sottile für die meisten Metalle und Metallwaren, Reis, roba
sottile (Baumgartner) 1 ℔ = 12 Unzen (1 Unze = 4 Diner, 1 Diner
= 24 Gran). 3. Peso degli argenti 1 Marca = 8 Unzen (1 Unze = 24 Diners). Nach Martini war der Zentner grosso = 100 ℔ = 76,251714, der

Quintal des peso sottile = 100 kleine Pfund = 32,679306 Kilogramm. Baumgartner gibt reichliche Vergleiche: 1 Zentner von Mailand = Ulm 69 ℔, 1 Zentner von Ulm = 143 ℔ zu Mailand, die sich widersprechen, 1 Zentner von Mailand = Nürnberg-Frankfurt 63 ℔ (ergibt für die Mailänder kleine libbra 0,3213 ℔). 1 Zentner von Nürnberg-Frankfurt = 155 ℔ Mailand (0,32251), 129 ℔ von Mailand = 1 Zentner (104 ℔) zu Barcelona (0,3232). 100 ℔ von Como = reichlich 104 ℔ von Mailand. 1 Zentner von Mailand = 66 ℔ zu Augsburg-Nördlingen (0,3236442), 1 ℔ von Konstanz = 1 ℔ 5 Unzen zu Mailand. Die Unzen des Silbergewichtes waren verschieden von denen der Spezereien (13 : 12). Safrangewicht s. auch oben 2, 170.

Auch für Genua bietet Baumgartner ein klares Bild. Es gab: a) den großen Zentner für grobe Ware als Schafwolle, Baumwolle (auch Reis, Datteln, Alaun, Uzzano). Dieser Kantar enthielt 150 ℔ = 6 rubb = 100 rotoli. Nach Meder war 1 Kantar = 1 Zentner von Konstanz und Ulm und etwas weniger als ein Nürnberger Zentner, also rund 50 Kilogramm. Nach Noback (1851) waren 100 Genueser Pfunde = 31,6679 Kilogramm, nach Martini peso grosso = 31,7664, peso sottile = 31,6750. Baumgartner gibt die Gleichung: 1 Nürnberger Zentner = 1 lauterem Zentner zu 100 ℔ + 44 ℔ in Genua, das wären 35,416 Kilogramm. Unsere Quellen geben an 1 Zentner = bei 65 ℔ Nürnberg, doch handelt es sich um Korallen (3, 417), das ergäbe 0,3315. Nach Schaube war das Pfund in der Zeit vor dem Jahre 1300 = 0,315 Kilogramm, da Noback noch 0,316679 angibt, so sind diese Ziffern zugrunde zu legen. Nach Schaube war der Kantar = 47,25 Kilogramm, das ergäbe für den Kantar zu 150 ℔: 47,401 Kilogramm. Die Nobacksche Ziffer stimmt freilich mit dem Mederschen Satze (1 Zentner Genua = 1 U.mer) nicht genau überein, den berechneten wir auf 46,92 Kilogramm. b) (Peso sottile) den kleinen Zentner für alle roba sottile. Nach altem Gebrauche gab man 104 ℔ für einen Zentner, dafür mußte der Käufer die Abgabe der Ripa zahlen (auch Uzzano). 1 Zentner zu 104 ℔ war gleich 70—71 ℔ Ulmer und Konstanzer Gewichtes, 1 Zentner zu 100 ℔ war gleich 67—68 ℔ desselben Gewichtes. Das wären zu 67,5: 316,71 Kilogramm. Unsere Quellen ergeben für b) 331,5 Gramm. Pasi hat einmal (100 ℔ sottile in Genua = 100 ℔ sottile in Venedig) einen Wert von 313,28. Meder ergibt einen Wert von 322,78. Die Angaben schwanken also zwischen 313,28 und 331,5.

Für Lyon habe ich nur ungenügende Quellen. Vor der Revolutionszeit gab es a) ein Stadtgewicht (poids de ville), das Pfund = 418,757 Gramm. b) Seidengewicht (Poids de soie), das Pfund = 458,9117 Gramm. Baumgartner gibt an: Großes Gewicht. 105 ℔ zu Lyon = 100 ℔ zu Genf und Ulm (also Lyon = 44,680 Kilogramm), 115 ℔ zu Lyon = 1 Zentner zu Nürnberg und Frankfurt (= 44,399). Kleines Gewicht (Safran) 100 ℔ zu Lyon = 83$^1/_3$ ℔ zu Nürnberg, das ergäbe für das Pfund 424,983 Gramm. Und dann wieder 1 Carga = 300 ℔ = 250 ℔ Nürnberg, das wären 425 Gramm. Meder gibt an (Blatt 92): 100 ℔ Lyoner = 65 Ulmer (ergäbe für Lyon 30,472) = 63 Augsburger (29,7625) = 59$^1/_2$ Nürnberger (30,345) = 108 Barceloneser = 108 Genfer. Unsere Quelle bietet zwei Vergleiche zwischen Lyon und Genf. Die beiden Angaben ergäben nach Genfer Schwergewicht (0,55069) für das Lyoner Pfund 0,5094 und 0,4924, oder da es sich um das Seidengewicht handelt nach Genfer Leichtgewicht

(= 45 891) für das Lyoner Pfund 0,4256 und 0,42045. Leider handelt es sich auf beiden Seiten um unsichere Werte. Besser ist die Berechnung des Lyoner Orts bei Lutz Geßler (3, 344 und 348). Er erhielt 680 ℔ 7 Unzen Lyoner Gewichtes und verkaufte 549 ℔ 1 Lot. Das ergibt für das Lyoner Pfund 0,4114 Kilogramm. Freilich mit den Baumgartnerschen Angaben stimmt das nicht überein. Hier ist also volle Sicherheit nicht zu erreichen.

Wer unsere Papiere durchsieht, erkennt das Elend, das auf der Verschiedenheit aller Maßarten beruhte. Man kannte fast nur rohe Vergleiche. Antwerpener Gewicht sei wohl $7^1/_2$ bis 8 % größer als das von Brügge, das Gewicht zu Genua wohl 8 % größer, denn zu Mailand und Venedig. Das schreibt der sorgsame Andreas Sattler (3, 414. 417). Ein anderer, der auch in Ungarn handelte, wußte nur: Das ungarische Gewicht soll größer sein denn das Nürnberger.[1]

Mit dem allerunsichersten Teile schließt das Buch ab. Wie es hoffentlich sonst Verbesserungen erlebt, so gilt es namentlich von diesem Teile, daß die Zukunft weiter und tiefer vordringen möge.

---

[1] Gewichte von Alcañiz (3, 3), Avignon (3, 337), Illunß (3, 163), Troyes (3, 363. 421).

Nachträge

Zu Bd. I, S. 169. Gabriel Hilleson. Er ist von 1529 bis 1541 im Dienste der Nürnberger Welser nachzuweisen (Freiherr v. Welser, Eine Urkunde zur Geschichte des Nürnberger Handels).

Zu Bd. I, S. 308. 340 und 401. Zollrechnungen von Perpignan und Saragossa. Inzwischen brachten die Korrekturbogen des Herrn Dr. Schelling mir auch die Zollrechnungen von Saragossa und Perpignan bis 1435 einschließlich zur Kenntnis. Sie bestätigen für Saragossa, daß die Humpis nur Ausfuhr kannten. Jedoch erscheint einmal (1433 Mai) eine Einfuhr von einem Schiffe aus Flandern, ein großer Ballen mit 17 Stück einer nicht genannten Ware im Werte von 78 ℔ Arag. Das ist das älteste Zeugnis für die Verbindung der spanischen Gelieger mit Flandern und damit für ein Gelieger in Brügge. In Perpignan wurden als Einfuhr 1431 20 Ballen Konstanzer Leinwand, 48 Stück Barchent und 69000 Stecknadeln, 1432 22 Dutzend Filzhüte, 1433/34 nichts gebucht. Als Ausfuhr erscheinen 1433 2 Ruten 2 Palm schwarzen groben in Perpignan gekauften Wolltuchs (cadins kat. cadís und cadif) im Werte von 3 ℔ 6 β 8 ₰. Dieser kleine Einkauf spricht auch nicht für ein Gelieger in Perpignan. 1431 kamen 6 Ballen von Savona, es war also damals wohl sicher ein Gelieger in Genua.

Zu Bd. I, S. 510. Prozeß Muntprat-Wyß. Herr Dr. med. Arnold Lotz in Basel machte mich freundlicherweise mit einigen nicht unwesentlichen weiteren Nachrichten vertraut. Der Prozeß Muntprat-Heinrich Wyß hatte auch mit dem zwischen 1462 März und 1466 Dezember erfolgten Tode des letzteren kein Ende; denn zu letzterem Datum verlangte Konrad Muntprat die Herausgabe des Hausrates des Verstorbenen und klagte im April des folgenden Jahres gegen Ludwig von Tunsel gen. Silberberg als Vogt seiner Frau Anna Wyß, Tochter des Hans, wegen der Erbschaft Heinrichs Wyß. Außerdem prozessierte Ludwig Schmid gegen Muntprat und andere Schuldgläubiger von Heinrich Wyß selig. Der Streit dehnte sich also auf die Hinterlassenschaft von Heinrich aus, es muß also doch in den späteren Stadien der Prozesse die Haftpflicht Heinrichs wegen seines Bruders anerkannt worden sein, denn der Muntprat kam ja, wie oben gezeigt wurde, in den Besitz des Hauses Heinrichs.

Zu Bd. II, S. 9. Regierer der Ankenreute-Gesellschaft. Das war 1510 Bürgermeister Hans Gäldrich. Er schloß damals mit der Priesterbruderschaft der Liebfrauenpfarrkirche einen Vertrag ab über ein Anniversar

„gedencken um gotzwillen aller deren frowen u. manspersonen, die in der gsellschaft hie zuo Ravenspurg, die genempt gwest ist der Anckenrüti gesellschaft, von anfang für und für biß zu end und ußgang derselben gesellschaft gewesen sien, tod und lebend, Gott ir aller namen wol waist". Gestiftet wurden zwei ewige Jahrtage mit je einem Seelamt und neun gesprochenen Messen nebst Austeilung von Almosen. Die Gesellschaft hatte sich also damals gerade aufgelöst und wickelte nur noch ihre Geschäfte ab. (Mitteilung von K. O. Müller nach einer Urkunde in Tettnanger Privatbesitz.)

Zu Bd. II, S. 21 f. 24 ff. Handelsstraßen um Ravensburg. Einige sehr wesentliche Einblicke in das Wegesystem, das der Ravensburger Gesellschaft diente, gewährt die vortreffliche Studie von Stolz, Die Verkehrsverbindungen des oberen Rhein- und Donaugebietes um die Mitte des 16. Jahrhunderts (Zeitschrift f. Gesch. des Oberrheins, Neue Folge 38 [1923], 60—88). Sie gründet sich auf die Papiere, die sich aus den Bestrebungen der Regierung König Ferdinands I. von 1548 an, die Einkünfte durch Zölle in den schwäbisch-elsässischen Besitzungen zu steigern, ergaben. Die Auskünfte einer Reihe von Beamten geben nicht nur über die damaligen Zustände Auskunft sondern auch über ältere. Ich lasse nun alles beiseite, was den Ravensburger Verkehr nicht berührt, wie die Linie Leutkirch—Wangen—Lindau. Diesem Streben, allen Verkehr auf österreichische Zollplätze zu bannen, bot die günstige Lage der nicht sehr umfangreichen österreichischen Besitzungen einige Möglichkeiten. Es gab mehrere Punkte, die nicht leicht zu umgehen waren: Feldkirch, Altorf bei Ravensburg, das gleichfalls in der Landvogtei gelegene Dorf Gebrazhofen südwestlich von Leutkirch und das im Hegau, genauer in der Landgrafschaft Nellenburg gelegene Stockach. Gegenüber dem von mir behandelten Zustande waren drei Veränderungen eingetreten. Die Gegnerschaft von Lindau gegen die Habsburger hatte im Schmalkaldischen Kriege die Bürger dieser Stadt veranlaßt, die einst stark benutzte Straße auf dem linken Rheinufer von Rheinegg aufwärts, die ausschließlich auf eidgenössischem Boden führte, zu benutzen; aber die Vertrauensleute Ferdinands glaubten, es werde nie gelingen, den Paß zwischen Schollberg und dem wilden Rheine (nördlich von Sargans) instand zu halten. Dann hatte die Unsicherheit im Hegau wie die Kämpfe um Württemberg, das ja dort den Hohentwiel besaß, die Kaufleute veranlaßt, die „untere Straße", die über Pfullendorf und das Sigmaringensche Gebiet (nicht Sigmaringen selbst) führte, zu verlassen, sich vielmehr der „oberen" von Ulm auf Ravensburg—Buchhorn oder Lindau zuzuwenden. Endlich war St. Gallen weiter entwickelt, und wer von da aus auf inneren Wegen durch den Thurgau nach Südwesten zog, vermied, so lange es in Altorf keinen Zoll gab, überhaupt österreichische Zollstätten. Das Ganze hatte den Seeverkehr von Lindau, Buchhorn angefangen bis Stein gesteigert, der in Konstanz an der Rheinbrücke von einem Zolle erfaßt wurde.

Zu Bd. II, S. 163. Safrananlegungen in Saragossa 1429—1434. Die Zollrechnungen von Saragossa, die jetzt bis 1433, ja 1435 mir vorliegen, lassen nunmehr auch die Anlegungen von 1429 bis 1432 genau übersehen. Ich bringe sie in die Form einer Tabelle.

Nachträge

	1429		1430		1431		1432		Zusammen		%
	℔	Unz.	℔	Unz.	℔	Unz.	℔	Unz.	℔	Unz.	
Humpis	11890	9¹/₈	10738	10¹/₂	9645	13⁵/₈	4410	5³/₄	35665	7	42,2
Watt-Diesbach .	4794	7	2265	4	1240	—	3741	—	12040	11	14,2
von Köln	2718	—	2626	—	1409	—	1731	14	5984	14	7,0
Spidelli	2353	13³/₄	1960	7³/₄	50	3³/₄	—	—	4364	9¹/₄	5,3
Boxello	2238	9¹/₈	1368	—	660	—	—	—	4310	9¹/₈	5,3
Wiß (Blanch) . .	1993	6	2295	3¹/₂	1239	—	1415	10	6942	13¹/₂	8,2
Grip (Grech) . .	560	—	1653	—	—	—	—	—	2213	—	2,6
Reiff	501	—	1692	—	1495	10³/₄	2347	9	7038	3³/₄	8,3
Jacob von Basel	327	—	—	—	—	—	—	—	327	—	0,3
Sonstige	—	—	1558	9	632	14¹/₂	1037	3	—	—	—
	27376	3	26116	2³/₄	16331	10⁵/₈	14683	9³/₄	84507	10	

Zu 1429 zu bemerken, ein Posten wurde zwischen Humpis und Boxello gleichmäßig geteilt. Weiter wurden 2 Cargas der Humpis mit 1420 ℔ eingesetzt.

Die Rechnung von 1430 enthält auch noch die Monate, in denen nur von der Anlegung von 1429 gekauft war. Es wurden rund 3546 ℔ ausgeführt, davon entfielen auf Wiß 1411 ℔, auf Griffi (wohl = Grips, Grech) 66 ℔, der Rest 2068 ℔ wäre den Humpis zuzurechnen, wenn nicht nur die beiden Spanier Johan Artiga und Guillem Artiga Diener der Humpis waren, sondern auch Jos Oldogner, Holdoguer, den Schilling wohl mit Recht als den Jos Goldegger anspricht, dem 1438 Ital Humpis der Ältere in seinem Testamente 50 ℔ hl. vermachte. Die Preise bewegten sich zwischen 1 ℔ 2 ₰ und 1 ℔ 6 β. Die Anlegung von 1429 brachte einen riesigen Ertrag, die Preise sanken auf 15 bis 17 β, die nächste ertrug fast ebensoviel für die Ausfuhr, doch waren der Käufer so viele, daß der Preis, der mit 1 ℔ einsetzte, mehrfach auch von den Humpis unterholt werden konnte. Auch Halbisen von Basel war zur Stelle. Die Anlegung von 1431 hatte eine weit geringere Ausbeute vor sich und der Preis stieg um die Hälfte; noch höheren Preis bedang die mit noch geringerem Quantum rechnende Anlegung von 1432. Die Ernten von 1433 und 1434 waren auch nicht günstig, der Durchschnittspreis für den Einkauf der Humpis stand auf 1 ℔ 5 β und 1 ℔ 12 β. Im Jahre 1434 traten vier Firmen beim Einkauf auf, 1435 deren acht. Die Humpis hatten stets den größten Anteil. Der Vergleich mit Barcelona zeigt, daß schon 1429 die Humpis Saragossa bevorzugten, wenn sie auch nichts oder fast nichts dort verkauften. Und die zweite Tatsache ergibt sich, schon 1429 standen die Humpis an der Spitze der deutschen und savoyischen Safraneros. Das kann nicht in einem Jahre erreicht worden sein. Die Perpignaner Zollrechnungen von 1431, 1435 kennen keine Safranausfuhr der Humpis.

Im Dienste der Humpis treten auf Johann Franch (Frei) 1429, 1430 und 1432, Sevill 1429–1432, Artiga 1429, Cristan 1429, 1432, 1434, Goldegger 1429.

Verbesserungen

Band I, S. 91, Z. 25 v. o. lies Erbengemeinschaft statt Gütergemeinschaft.
Band I, S. 423, Z. 11 v. o. lies Strandrecht statt Standrecht.
Band I, S. 467, Z. 1 v. u. lies Friedrich III. statt Friedrich II.
Band II, S. 71, Z. 22 v. o. lies Flagge statt Flotte.

Orts- und Personenverzeichnis
zu Band I—III

C und K sind im Anlaut, J und Y auch im Auslaut als gleich behandelt. Auf den Umlaut ist keine Rücksicht genommen. Aus Raummangel sind minder wichtige Personennamen (Fuhrleute, Schiffer) übergangen, auch manche Kunden. Unter den Orten, wo sie erscheinen, sind die wichtigsten Stellen unter „Kunden" angegeben. Bei der Namenfülle namentlich des dritten Bandes mußten auch andere minder wichtige Namen ausfallen.

A

Aachen I, 427. 467. 477. II, 108. III, 388. 456.
Aarau II, 25.
Aarberg (Kanton Bern) II, 27 f. III, 202 ff.
Aarburg (Kanton Aargau) I, 117. II, 25. 27 f. 35.
Aare, Fluß II, 24—28. 46.
Abruzzen II, 23. 40. III, 66. 78. 87. 128. 136. 167 f. 268. 324.
Adach, Jonas III, 333.
Adelsberger von Ofen oder Wien I, 472. III, 452.
Adler von Augsburg II, 224.
Adler, zum, s. Aquila.
Adorno von Genua I, 273. 278. II, 63. III, 261. 297. 312. 485.
Adret, Galsara von Valencia III, 122.
Adriatisches Meer I, 259. 316.
Afghanistan II, 149.
Afrika I, 119 f. 138. 277. 286. 299. II, 60. 120. 145. 180. 183 f. 191. 212. 219. 222.
Agde (Departement Hérault) II, 51. 56. 61.
Ägypten II, 145. 174. 190.
Aguilar von Barcelona I, 334.
Aichain s. Illereichen.
Ayer, Hans III, 229.
Ayerbe (Aragonien) III, 156.
Aigues-Mortes (Departement Gard) I, 208. 352. 378. 386 f. 389. 391 f. II, 29. 33. 37. 47. 51 f. 57. 59—64. 68. III, 104 f. 122. 124. 211—214. 219. 531.
Aix en Provence I, 381. III, 216.
Alamata II, 53.

Albalate del Arzebispo (Provinz Teruel) II, 10. III, 470.
Albanis von Valencia III, 109.
Alberch s. Hallberger.
Albi (Departement Tarn) II, 31.
Albigeois II, 14. 32. 151. 154. 157. 171.
Albiol, Berthomeu III, 518.
Albrecht, Albrach von Nürnberg I, 20. 149. 214. 316 f. 452. 454. III, 296. 532.
Albufera (Lagune bei Valencia) II, 181·
Alcañiz (Provinz Teruel) I, 140. 314. II, 154. 164. 256. III, 14. 71. 191. 243 f. 473.
Alcubiere, Alcovera (Aragonien) III, 472.
Aleppo II, 192.
Aler s. Haller.
Alessandria (Italien) II, 90.
Alexandrien I, 216. III, 288.
Alicante I, 208. 285. 298 f. 302. 395. II, 53—64. 147 f. 182 f. 241 f. III, 84. 100. 153. 173. 184 f.
Aller s. Haller.
Allgäu I, 33. 505. III, 482.
Almeida, Franc. I, 279 f. II, 15.
Almería I, 251. 276. 297. 373. II, 4 f. 61 f. 132 ff. 219. III, 59. 74. 84 f. 103. 125. 133. 146. 181. 185. 198. 206. 209 f. 228. 234. 261 f.
Alost (Ostflandern). Aloin, Allwn II, 108. 116 f. III, 192. 431.
Alpen II, 40—44.
Alpsee (im Allgäu) III, 482.
Alta, port de (Pyrenäen) III, 473.
Altéa (bei Tortosa) II, 154.
Altena in Westfalen II, 208.

Orts- und Personenverzeichnis

Altenburger von Ofen oder Wien III, 450. 455.
Altorf bei Ravensburg I, 11. II, 258.
Alt-Regensberg (Kanton Zürich) II, 2.
Altshausen, Deutschordens-Kommende I, 84. 505. III, 37.
Amas, Claus III, 12.
Amberg (Oberpfalz) I, 448. II, 199.
Ambronay (Departement Ain) II, 91 bis 94. III, 109 f. 129. 187. 237.
Amelrich von Nürnberg I, 459. 462. III, 347. 355.
Amerbach von Basel I, 2.
Amerika I, 119. II, 59. 174.
Ammann, Jost I, 351.
Ampurdan I, 338.
Ampurias (Katalonien) I, 300, 318.
Amsterdam I, 416. 418. 441. 477. II. 108 f. III, 379.
Am via von Mailand III, 16.
Ancona I, 363.
Andalusien II, 219.
Andelfingen (Kanton Zürich) II, 25.
Andrea von Valencia III, 100.
Aeneas Sylvius I, 435. 450.
Anger s. Ehinger.
Anginian von Mailand III, 3.
Angou von Saragossa III, 163. 165.
Angoumois (französische Landschaft) II, 155.
Anjou I, 319. 389 f. II, 52 f.
— Ludwig von I, 321 f.
— König René I, 329. 389 f. II, 230. III, 1. 5. 10. 15. 17. 69. 77. 91. 134. 178.
Ankenreute von Ravensburg, Familie und Gesellschaft, auch neue oder kleine Gesellschaft I, 17. 21. 42. 44. 54. 72. 74. 91. 149 f. 165. 168. 174. 180. 204. 209. 218—221. 302. 311. 343—347. 350. 389. 439 f. 464. 473. 485 f. 507. 517. II, 5—12. 32. 37 f. 75. 95. 122. 138. 164 f. 171. 180. 213. 218. 229. 257. III, 5. 8. 12. 16. 18 f. 53 f. 61. 63 f. 69 f. 77. 86 f. 92 ff. 110 f. 121. 158. 163. 165. 169 f. 179. 213. 215. 224. 243. 254. 271 f. 276. 296. 302 f. 326. 338 f. 341. 352. 361. 401. 404. 419 f. 431. 470—473. 486 f. 531 f.
Anthona (Pyrenäen) III, 473.
Anthunna = Southampton.
Antonius von Padua, heiliger I, 107. III, 113.
Antrodocco (Provinz Aquila) II, 23.

Antwerpen, Antwerff I, 83. 97 f. 101. 107. 118. 136—140. 235. 277—282. 309. 347. 366. 378. 393. 395. 399 bis 401. 404 f. 410. 412—421. 424. 426. 435 f. 442. 444 f. 458. 467. 471. 476. II, 39. 45. 47 f. 53 f. 66 ff. 108. 113. 223—226. 241. 252. 254. 256. III, 2. 71. 79. 288. 308. 336. 377. 379. 381 f. 386. 391 f. 394 f. 397 f. 400. 403. 405. 409 f. 412 ff. 417. 419. 422 f. 425. 426—450. 452 ff.
— Kunden III, 436 ff. 442.
Anwil, von I, 191.
Apennin II, 23.
Apenteger von Konstanz I, 36. 150. 172. 211. 213. 352 f. 369. 381 f. 496. 499. II, 227. III, 33. 213. 215—221. 347.
Appenzell I, 226. 370. 488. 512. II, 3.
Apulien II, 151 f. 157. 170 f. 192. III, 336. 338 f. 348. 357. 410 f. 422. 426.
Aquila, zum Adler I, 119. 208. 238. 240. 256—259. 445. 449. II, 5, 23 f. 40. 46. 151 f. 154. 157 f. 170 f. 241. 253 f. III, 9 f. 269. 324 ff. 389.
Araber I, 287. 357 f. II, 132. 151. 174. 181. 185 f. 192. 222.
Aragon, Matteo III, 23.
Aragonien I, 17. 133. 285. 291. 303—16. 322. 354 f. 412. 454. II, 14. 30—33. 37. 53. 62. 65. 107. 121. 152. 156 f. 159. 170 ff. 248. III, 14. 19. 54 f. 60 ff. 64 f. 67. 71. 74. 78. 90. 95. 97. 100. 102 f. 111. 128. 135. 140. 144. 163. 191. 210. 233. 260. 344 ff. 359. 370. 387. 394. 432.
— Könige: Jayme I. I, 287. — Peter III. I, 288. — Alfons V. I, 289. 320—324. II, 67. 71. 249. III, 502 ff. 517. — Juan II. I, 291. 320. — Ferdinand d. Kath. I, 290. 292. 295. 311. 329 f. 336. 338. II, 107. 119. 248 f. III, 75. 100. 143. 193. — Maria II, 29 f. 33.
— Ortschaften III, 244 f.
Arbon am Bodensee I, 24. II, 2. 5. 25. III, 124.
Arbués, Peter, Inquisitor I, 313. 350.
Archer von Bern I, 513. III, 194.
Arcimboldi von Mailand I, 245. III, 319.
Arcona von Mailand I, 244. III, 321.
Arelatisches Reich I, 319. II, 33. 50. 53.
Argent, Arsent von Freiburg im Üchtland II, 20. III, 509 f.
Arisflor s. Honfleur.

Arlberg II, 22.
Arles I, 386 f. **391.** II, 50.
Arnemuiden (Provinz Seeland) I, 414. 416.
Arnold, Ärnlin, Ernlin I, 67. 83. 98. 151. 212 f. 278. 280 f. 416. 419 f. II, 66. 164 f. 171. 188. 228. III, 35. 49. **433** f. **438—450.**
Arnstadt in Thüringen II, 196.
Arras, Atrecht II, 111—114. III, 58. 159. 192. 241. 402. 424.
— von III, 369.
Artiga zu Saragossa II, 259.
Artois II, 111.
Artus von Barcelona I, 334.
Arzt von Augsburg I, 179. 218. 454. III, 353. 361.
Aschaffenburg I, 406. III, 419.
Asgon (Aragonien) III, 241. 243—246.
Asien II, 141. 145. 147. 151.
Asmus von Würzburg I, 459. II, 221. III, 332. 343. 348.
Asti I, 20. II, 232.
Atlantischer Ozean I, 277. 296. 415. II, 58.
Aub (Unterfranken) II, 35. III, 379.
Audenarde, Onardo, Nardo I, 128. 208. 406 f. 419. II, 118 ff. III, 5. 50. 107. 115. 139. 149. 159. 186. 190. 194. 402. 415 f. 429. 434 ff. 522. 525—528.
Augsburg I, 30. 49. 119. 131 f. 139. 212. 235 f. 262 f. 300. 331. 337. 358. 366. 382. 401. 417. 422—425. 437. 448. 456. 473. 477. 482 f. 490. 496. 507. 513. II, 10. 19 f. 49. 97. **99.** 197. 209. 224. 233. 237. 239—242. **251. 253.** 255. III, 43. 214. 230. 236. 296. 311. 369. 384. 389. 432. 438. 487 ff.
— Bischöfe von I, 23. 42.
Auvergne II, 155. 159.
Avignon I, 26. 32. 58. 71. 97 f. 102. 106 f. 115 f. 145. 279. 299. 319. 349. 355. 362. 378. 382. **385—392.** 422. 445. II, 2. 4. 8. 28 f. 33 f. 36 f. 47 f. 50. 52. 64. 68. 92 f. 225. 249. 256. III, 4, 9. 12 f. 15. 17. 47. 52. 54. 59. **61. 68** f. **71—77.** 104. 114 f. 121 f. 124. 127. 131 f. **133** f. 146 f. 155. 156 f. 166 f. **176** ff. 183 ff. 187. 201. 208. 213 f. 222. 224. 227 ff. 235. 274. 296. 337 f. 406.

B s. auch P

Babenhausen, nördlich Memmingen III, 482.
Baden im Aargau II, 25 ff. 35. III, 196. 202 ff. 216

Bader aus Konstanz I, 66. 98. 151. 210. 460 f. 464 II, 203. 221. III, 14. 16. 23. 48 f. 202. 250. 254. 267. 388 ff. **393—397.**
Bagdad II, 144.
Bägel, Conr. III, 38. 41. 44.
Bagnères de Luchon, Banyeras (Departement Haute Garonne) II, 32. III, 472 f.
Bayern, auch Herzog von I, 216. 260. 457. II, 151. III, 389.
Baindt (bei Ravensburg), Kloster I, 13. 181.
Bayona von Valencia III, 97 f. 151. 518 ff.
— von Saragossa III, 119.
Bayonne I, 314. 317. II, 53. III, 172. 194.
Balaguer (Katalonien) I, 306. 335 f. II, **153.**
Baldofen von Ravensburg III, 40.
Balearen II, 53. 55. 60. 62. 185. 212.
Baletre (bei Gembloux, Belgien), Balesta II, 118 f. III, 107. 186. 263. 522.
Balin, Symon III, 13.
Bandainseln II, 189.
Bandina, P. III, 407.
Barankes, Pedro de, u. a. II, 37 f. III 14 f. 170. 179. 182. 191. 208. 213. 243.
Barbastro (Aragonien) I, 140. 309. 313 f. II, 32. III, 118. 157. 472 f.
Barbexa, Schanlit de III, 431.
Barbin zu Lyon III, 216.
Barcelona, Stadt und Bürger I, 26. 44. 58. 97. 102. 115 ff. 119. 135. 142 f. 199. 216. 237. 249. 283. 288 f. 295. 302 f. 306. 313. **316—342.** 347 ff. 354. 359. 362. 380. 395. 400 f. 405. 408 f. 411. 421 f. 424. 438 f. **506** bis **511.** 515. II, 3 f. 6. 8. 10—13. 20. 33. 47 f. 53—56. 59 ff. 63 ff. 67 ff. 71 f. 74. 91. 95. 101. 105. 113. 115 bis 120. 138 f. 141. 143 f. 196. 200 f. 204. 206 ff. 211—216. 218. 221 f. 225. **248.** 251 f. 254 f. 259. III, 3 ff. 8. 12 ff. 20. 52. 54. 58. **60** ff. 71. 79 f. 82. 87. 92. 94. 98. 100. 106. 111 f. 115. 127. **141** ff. 155—158. 166 f. 174 ff. 181. 183. **189** f. 206. 222. 227 f. **231** ff. 244. 263. 265. 273. 340. 346. 357. 361. 414 ff. 421. 423 f. 427. 429. **476** ff. **491—499. 502** ff. 507 f. 512—518. 521—531.

Barchat, Conr., Kaufmann III, 334.
347 f. 364.
Bari II, 152.
Barin (wo?) III, 274 f.
Barlaß von Konstanz I, 27.
Basadonne von Genua I, 274. III, 261.
Basel I, 27. 90. 235. 240. 252. 262 f.
305 f. 322 f. 335. 339. 346. 351. 367.
371. 498 f. 506—512. II, 13 f. 39.
97. 230. 237. III, 15. 126. 334. 347.
352. 367. 489—499.
—· Bischof von I, 510. III, 494. 497.
— Jakob von II, 259. III, 507.
Basi zu Saragossa III, 510.
Bat s. Watt.
Bätz von Überlingen I, 504.
Baumgartner von Augsburg und Nürnberg I, 248. 258 f. 268—271. 276.
368. 392. 442 f. 454. 461. 475. 477 f.
II, 15. 20. 85. 124 f. 130. 135. 138 f.
151 f. 156 ff. 170 ff. 192. 198. 201 f.
220. 224. 228. 231. 251—256. III,
369.
Bazelli von Genua I, 273. III, 270.
Beaqua von Mailand I, 254. 378. III,
132. 210. 264.
Béarn (französische Landschaft) II, 32.
Beaucaire (am Rhone) I, 386 f.
Beaujeu (Departement Rhone) II, 91
bis 94. III, 109. 130. 187. 193. 199.
232. 237. 506.
Beaujolais II, 91. 93.
Beaurepaire en Bresse (Departement
Saône et Loire) II, 91. 93.
Bechtenhenne von Frankfurt I, 438.
III, 479.
Becke, van, von Köln I, 424.
Begaß von Saragossa III, 166.
Beggelhub von Waldsee III, 336. 339.
483.
Behaim von Nürnberg I, 42. 49. 57. 59.
61. 258. 459. II, 17. III, 355.
Beirut I, 279. III, 278.
Belchite (Aragonien) II, 121. III, 103.
243.
Beliou s. Beaujeu.
Belleville (bei Lyon) I, 208. 378. 383.
385. II, 91—97. III, 58. 109 f. 118.
129. 193. 199. 214. 221. 228. 232.
237. 506. 511. 528.
Bellinzona I, 283. III, 308.
Benasque (Aragonien) II, 32. 38. III,
472 f.
Beneatza von Genua III, 316.
Benezet, heiliger, I, 386.
Benly von Saragossa III, 161.

Bentschy von Venedig I, 455.
Benzenau von I, 187.
Ber von Basel und Straßburg II, 14.
III, 347. 351. 367.
Berbern, Berberei I, 287. 333. II, 147.
207. 219 f. III, 104. 121 f. 146. 173.
185. 189. 260. 299.
Berckam, Gert von III, 421. 430.
Bergamo I, 254.
Bergen op Zoom I, 138. 399. 401. 406.
410. 414. 424. III, 383. 395. 424.
428. 430.
Berkheim bei Überlingen, Kloster I,
226. III, 39.
Berlin I, 460. III, 397.
Bermaringen (OA. Blaubeuren) III,
349 f.
Bern I, 24. 44. 97. 102. 117. 137. 195.
208. 263. 360 f. 363 f. 378 f. 437.
454. 467. 499. 513—518. II, 9. 13.
24—28. 35. 39. 46. 250. III, 76.
86 f. 95. 126. 129. 155. 181. 194 ff.
202 ff. 216. 226. 491. 499.
Bernang (Kanton St. Gallen) I, 25.
Bernardin, Fra I, 381. II, 72. III, 215 f.
219.
Berniço von Genua I, 342 f.
Beromünster (Kanton Luzern), Stift
I, 181.
Bertra, Nic. III, 402.
Besançon II, 92. III, 126.
Besserer, von Ravensburg, Ulm, Memmingen I, 17. 27. 54. 62. 66 f. 151 f.
154. 156. 176 f. 187. 200. 202. 209.
213. 216 f. 218—221. 244. 471. 477.
482. 487. 491 f. 495. II, 1. 12. 16.
20. 43. 83. 120. 190. 222. 241. III,
47. 279 f. 291 f. 323. 352. 354. 384 f.
433. 452.
Bettminger von Konstanz I, 27. 152.
162. 211. 400. 491 f.
Beuder von Nürnberg I, 452.
Biberach I, 39 f. 42. 54. 139. 212 f. 300.
366. 423. 466. 479. 489 f. 494. 503.
515. II, 20 f. 26. 35. 97. 99. 101. 237.
III, 37. 71. 202. 213. 236. 261. 438.
464.
Bicocca, Schlacht von I, 283. II, 226.
Bidassoa, Fluß I, 379.
Biel (Kanton Bern) I, 361.
Bigorre (französische Landschaft) II, 32.
Bilbao, Wilbau, Vilabau I, 97. 304.
309 f. 314. 317. 354. 395. II, 53. 59.
65 f. 68 ff. III, 12. 69. 91. 115. 155.
172. 192. 241. 401 f. 414. 424. 429.
432. 435.

Billa, Julian III, 16.
Billach, Joh. II, 163.
Bimmel von Augsburg I, 461. II, 224.
Binder, Martin III, 340.
Bingen II, 22.
Bisagno (bei Genua) I, 267.
Biscaya, Biscayer, auch Biscayischer Meerbusen I, 286. 395. 412. 421. II, 57. 59. 64. 68. 107. III, 16. 89. 158. 305. 401.
Bischoff von Basel I, 506. 510. II, 39. III, 339.
Bischofszell (Thurgau) I, 181. 460.
Byssa, Pysir (am Mittelmeer) II, 49. 55.
Bistagno von Genua III, 313. 318.
Blank, Blanch s. Wyß.
Blarer von Konstanz I, 36. 65 ff. 82. 98. 152 f. 180. 190. 207. 211. 218. 231 f. 315. 465. 500. II, 227. III, 23. 36. 41 f. 221. 279. 388 ff. 396.
Blaubeuren (Württemberg) I, 346.
Blum von Frankfurt I, 446 f. II, 219. III, 340 f. 347. 352. 389. 403.
Bocun, Joh. III, 25.
Bodensee I, 17. 40. 479. II, 44—47. 85. 194. III, 335.
Bodenseestädte, Bund I, 260. 479. II, 245.
Bodnegg (bei Ravensburg) I, 226 f. III, 38.
Böhmen I, 448. 460 f. 474—477. 514. II, 86. 196. 199. 219. 232. 246. III, 525.
Bologna I, 169. II, 130. III, 306. 386.
Bona (Nordafrika) II, 219.
Bonchany, Gaspar III, 211.
Boner, Kaufmann III, 397.
Boppo von Barcelona I, 508. III, 492 ff.
Bordeaux II, 183.
Bordolet von Florenz III, 9.
Borgo de Fornari (bei Genua) I, 271.
Borromei von Mailand I, 246. 421. II, 206.
Borsegyn, Heinr. III, 24.
Boswil von I, 179.
Botel, Buchdrucker I, 348.
Botzheim, J. von I, 43.
Bouc bei Marseille I, 97. 102. 208. 290. 319. 386 f. 389. 391. II, 33. 36 f. 49—55. 59—65. 68. 70. III, 2. 5. 11. 65. 75 ff. 80 f. 104 ff. 109. 112 f. 148 f. 155. 177. 182. 186. 201. 224. 227. 231—235. 238 f. 515.
Bourg en Bresse (Departement Ain) I, 43. 76. 97. 120. 124. 146. 208. 301. 376. 383 ff. II, 30. 91—95. III, 26.

58. 69. 109 f. 114. 118. 123. 129. 131. 177. 179. 187. 198 ff. 208. 221 ff. 226 ff. 231 f. 236 f. 528. 530.
Bovelga von Saragossa III, 162.
Boxello aus Savoyen I, 305. II, 259. III, 507 ff.
Bozen I, 459. 483. III, 343. 358. 388 f.
Brabant I, 264. 394. 397. 399. 410 f. 414—421. II, 108. 157. 252. III, 426. 449.
— Herzog Johann II. von I, 397.
Brandenburg von Biberach I, 54. 153. 176 f. 196. 209. 212. 503. II, 100. III, 36 f. 47. 64. 209. 375. 384.
Brandenburg-Ansbach, Markgrafen von I, 458.
Brändlin von Markdorf I, 66. 70. 153. 214. III, 10. 49.
Brasca von Mailand I, 244. III, 319 f.
Brasperg s. Praßberg.
Braunau am Inn I, 475.
Braunschweig I, 428. 467. III, 13. 16.
Bregentzer-Möttelin II, 2.
Bregenz II, 2.
Bregenzer Wald II, 74. III, 482.
Breisach I, 371.
Breitenbach von Ravensburg I, 260.
Breitenlandenberg von I, 191 f. 488.
Breitfeld, Joh. I, 260.
Bremgarten (Kanton Aargau) II, 26.
Brenner, Paß I, 11. II, 22.
Brescia I, 245. III, 321.
Breslau I, 263. 340. 307. 450. 458 f. 461 f. 467. 478. II, 13.
Bresse (französische Landschaft) I, 145. 361. 376. 385. II, 91. 93.
Bretagne I, 280. 403. III, 447. 449.
Breunlin von Nürnberg I, 243. 452. II, 19. III, 23. 263.
Briançon II, 92 f. III, 237.
Brisacher von Konstanz I, 25. 38. 54. 154. 172. 177 ff. 191. 209. 211. 218. 220. 502. III, 47 f. 369. 384. 425. 429.
Brivio von Mailand I, 245 f. III, 307. 319.
Brixen I, 220.
Brock von Ravensburg I, 23. 53. II, 1.
Bromm von Frankfurt I, 43. 49 f. 57. 59. 63. 79. 89. 446 f.
Bronygia von Genua II, 115.
Brugg (Kanton Aargau) II, 25.
Brügge I, 26 f. 31. 51. 75 ff. 97. 109. 114 f. 117. 120. 123. 125. 132. 134. 136. 237 f. 284. 289. 299. 331. 346 f. 349. 356. 358. 376. 379. 393—416.

421. 426 f. 435. 485. 504. II. 4. 8. 39. 48. 53. 58. 62. 67. 69 ff. 89. 107 f. 111. 114. 129. 221. 241. 247 ff. 256. **257**. III, 1. 9. 11. 13. 15. 18. 56. 60. 71. 83. 96. 106. 116. 186. 189. 193. 211. 259. 263. 265. 271. 300. 314 f. 330. 334. 336 f. 393. **401—422**. 433. 436.
Brüggler von Bern II, 13.
Brülinger I, 328. II, 20. III, 514.
Brünn I, 476. III, 338.
Brüssel II, 109. 115. 204. 212. III, 108. 525.
Bucas von Montpellier III, 235.
Buchau (OA. Riedlingen) II, 26.
Bucher von Ravensburg I, **154**. 177. 210.
Buchhorn (Friedrichshafen) I, 10. 17. 40. 212. 367. 436. 466. 479. 489. **503**. II, 2. 22. 26 f. 35. 40. 46. 258. III, 7. 15 f. 71. 201 f. 214. 218. 249—254. 335. 349. 352. 428. 471.
Büchler, Claus III, 206. 210.
Buckes zu Aigues-Mortes III, 122.
Bucklin von Ravensburg I, 54. 123. **155**. 209. 220. 225. 292. 343 f. 493. II, 6. 9. 75 ff. 93. 106. 118. III, 9. 14. 16. 18 ff. 53. 61. 81. 94. 98. 112. 118. 229. 232. **235** ff. 254.
Budapest, auch Ofen und Pest I, 97. 140. 208. 397. 423. **471** ff. **477**. II, 15. 159. 241. III, 450. 454 ff.
Budener von Frankfurt I, 438. III, 479.
Bufler, Buffler, Puffler von Isny und Leipzig I, 461 f. 471. 475. 505. II, 16. 83. III, 383. 452. 488.
Bugey (französische Landschaft) II, 91. 93.
Bugia (Nordafrika) II, 219.
Bugio von Mailand III, 310.
Bugonß (Bigonß) von Saragossa III, 161. 163. 166.
Bum de, von Mailand III, 488.
Bunba de la, von Saragossa III, 163.
Buoerseki III, 401. 406. 428.
Buonas, Schloß I, 232.
Büren (Kanton Bern) II, 27.
Bürer aus St. Gallen II, 9.
Burg van der, aus Köln I, 359. 380.
Burgauer von St. Gallen oder Lindau I, 79. **155**. 212. 220. 238. III, 2. 7. 17. 20. 30. 254.
Burgdorf (Kanton Bern) II, 28.
Bürgi von Lindau I, 68. **155**. 182. 212. III, 383.
Burgos I, 364. II, 183. 204. III, 184.

Burgund, Herzogtum und burgundische Lande I, 31. 260. 361. 365. 371 f. 379 f. 398. 403. 410. 416. II, 13. 53. 91. 146. III, 6. 15. 425.
— Freigrafschaft Franche comté I, 365. 372.
— Herzöge von, Philipp der Gute I, 403. 413. II, 49. 250. Karl der Kühne I, 365. 371. 403. 412. 428. 516. II, 76. 145. Maria I, 403. 412. Philipp der Schöne I, 397. 410. 412. II, 145. Karl V. I, 415. 420. II, 146. Regentin Margareta III, 449.
Burkmann, Bote der Gesellschaft I, 115. **117**. 227. III, 9. 24 f. 52. 54. 65. 67. 127. 155. 223. 225 f. 332. 335. 352 f. 420.
Burssa, Hafenplatz III, 222.
Burst von Ravensburg I, 15.
Busch s. s'Hertogenbosch.
Busselin, Kaufmann III, 315.
Busti bei Mailand I, 254. III, 24. 319.
— de, von Mailand I, 241. 245. III, 279. 307. 309.
Butzbach, Joh. II, 151.
Bützel von Lindau I, 76 f. 79. 110. 124. **145** ff. **155** f. 212. 227. 382. 384 f. 391. 470. II, 94. 97. III, 7. 13. 15. 52. 68 f. 72 f. 92. 96. 112. 125. 128. 130 ff. 137. 169. 195. 197. 199 f. 203 f. **208**. 210. **221—226**. 486.
Bützenhofen von III, 71.

C und K

Cabral, Pedralvares I, 278.
Ca da Mosto, Seefahrer II, 177.
Cadiz I, 502. III, 420.
Kaiserstuhl am Rhein II, 25 ff. III, 195.
Kalabrien I, 251. 426. II, 15. 134. 151. III, 285.
Calais I, 394. 400. 418. II, 19. 110 f. III, 441 f.
Calatayud (Aragonien) I, 303. II, 154. III, 161.
Kalikutt I, 139. 278 f. II, 143. 188. III, 295. 387. 434. 440 f. 449.
Calles, Colhe, Jacques in Lyon I, 381. III, 26. 125. 221.
Kalthoff von Köln I, 289. 358 f.
Calvo, Barth. III, 446.
Cambrai (Kamrich) I, 397. II, 89. 111. 226. III, 58. 82. 108. 293. 300. 307. 319. 321. 436.
Camp Dara (Katalonien) II, 32. III, 473.

Campo, Conr., zu Saragossa III, 509.
Campodolcino (Splügenpaß) III, 251.
Campofregoso, Fregoso von Genua I, 261. 265. 268.
Kanarische Inseln II, 177.
Canfrano, Port de (Aragonien) I, 303.
Capffman III, 132.
Kapitell, Kaufmann II, 20. 127. III, 277. 300. 306.
Kapun, Nery III, 207.
Cardona, de I, 297. 301. II, 173. III, 50. 95. 97 f. 151 f. 245. 518.
Carineña (Aragonien) II, 121. III, 103.
Carmagnola, Truppenführer II, 118.
Carman, Gabr., Savoyer III, 514.
Kärnten I, 512.
Carralt, Karolen, Queralt von Valencia III, 99. 152. 159. 172.
Carrea von Saragossa III, 472.
Casalmaggiore (Provinz Cremona) I, 239. 253. 254.
Kaschau (Oberungarn) II, 197. III, 459.
Caspe (Aragonien) II, 170. III. 243 f.
Kassel bei Düsseldorf III, 335.
Cassis (Dep. Bouches du Rhône) II, 212.
Castel de Sangro (Apulien) II, 152.
Castellion von Barcelona I, 509. III, 497.
Castelmur von I, 180.
Castelnaudary (Departement Aude) II, 155.
Kastilien, Königreich und Provinz I, 17. 285. 295. 303. 328. 354 f. II, 15. 57. 64 f. 147 f. 156. 160. 171. 225. III, 100. 107 f. 281.
— Könige, Juan II. II, 204. Isabella I, 290. 295. 329. 336. II, 119. 248 f. III, 100.
Katalonien I, 17. 31. 264 f. 268. 304. 306. 317—338. 356 f. 389. 510. II, 13. 15. 30. 32 f. 51 f. 59. 63. 67. 71 f. 125. 139. 152. 154. 157. 159 f. 171. 184. 212. III, 20. 83. 100. 127. 142 ff. 260. 268. 284. 293 f. 296. 300. 304. 315. 340. 383. 395. 402. 416. 431. 440. 447. 473. 476 ff. 492. 496. 507 f.
Catolan von Valencia I, 291. II, 122. 177. III, 105. 183. 190. 271.
Cattaneo von Genua I, 273. III, 270. 312. 318.
Kaufbeuren I, 139. 476. 479 f. 493. 496 f. II, 97, 99. 105. III, 438. 461. 483.
Kauffmann, Hans III, 267.

Cavaleria, de la, von Saragossa III, 193.
Cavanyelles, de, Vizekönig zu Valencia III, 518 ff.
Ceylon II, 189.
Keller von Konstanz I, 156. 211. II, 115. III, 404. 425. 429.
Cemyns von Valencia III, 122.
Kempten I, 19. 39. 58. 162. 208. 211 f. 226. 302. 364. 436. 444. 469 f. 475. 479 f. 492. 496 f. 505. 515. II, 15. 45. 80—83. 85. 227. 245 f. 252. III, 40. 43. 47. 71. 240. 376. 372. 392. 396. 452. 456—460. 482 f.
— Kloster I, 19.
Centurione von Genua I, 136. 249. 273 f. II, 72. III, 9. 57. 84. 233. 313. 317.
Cerdaña, nördlich der Pyrenäen I, 320. 329. 334. 338.
Cermena von Mailand III, 268.
Cernobbio (Provinz Como) III, 277.
Kersey (England) II, 137.
Kerstan, Hans I, 456.
Cervera, Serwera (Katalonien) I, 336. II, 153. 162. 171. 254. III, 67.
Keßler von Lindau III, 12.
— Ballack III, 14.
Ketzel, Kötzel von Nürnberg I, 232. 234. 459. III, 389.
Ceuta II, 183.
Chalon sur Saône I, 307. II, 91 f.
Chambéry (auch Kamrich) I, 361. 367. II, 91 ff. 95. 101 f. III, 108 f. 129. 187. 196. 202 ff. 216. 232. 236 f. 528.
Champagne, Land und Messen I, 32. 35. 131. 137 f. 362. 366. 369. 394. 396. 434 f. II, 58. 216.
Charolais (französische Landschaft) I, 361.
Charolles (Departement Saône et Loire) II, 91. 93. 97.
Chatillon (Bresse) II, 91 ff. III, 187.
Chiavenna, Cleven II, 22. 40—46. III, 248 f. 251—254.
China II, 124. 129. 189 f. 192.
Chiny von Florenz III, 432.
Chios II, 191.
Chiusi II, 23.
Chur I, 118. II, 22. 40—44. 46. III, 10. 248. 251—254.
— Bischof von I, 248. II, 43.
Cid I, 287.
Kiehorn III, 341.
Kyffhaber von Nürnberg III, 347. 349.
Kilchen (Sgleya) von, aus Basel I, 59. 322 f. 507. II, 14.

Kilchmann, Conr. III, 12.
Cypern II, 135.
Kirchberg (Kanton Bern) II, 28.
Kirchen von Lindau III, 450.
Kircher von Konstanz I, 437.
Kißlegg bei Ravensburg, Kloster I, 226. III, 40.
Citta di Castello (Provinz Perugia) II, 23.
Civita reale (Abruzzen) II, 23.
Civitavecchia II, 61.
Clallis Maneß s. Cadix.
Klamer von Kaufbeuren II, 99. III, 461.
Clauser (Claurer) von Zürich II, 14. III, 319. 322.
Kleeberg, Hans, von Nürnberg und Lyon I, 2. 283. 382. 392. 515.
Klein von St. Gallen I, 156. 210. 213. III, 384.
Kleinasien II, 190. 200; s. auch Asien.
Kleinbogen von Feldkirch I, 150.
Clerch, Anrich III, 507. 509. 511.
Kleve I, 424.
Klingenberg von I, 488. 505.
Klingnau (Kanton Aargau) III, 360.
Closi, Joh. I, 321—324.
Kloten (Kanton Zürich) II, 25 ff. 35. III, 6. 202 ff.
Kloter von Zürich I, 67. 79 f. 82. 98. 107. 111. 113. 135. 156. 213. 268. 276. 283 f. 302. 427. 440. 515. 518. II, 112. 223. 228. III, 45. 48. 189. 222. 237 ff. 255. 257—261. 269 bis 279. 292—298. 312—316. 320. 334 ff. 367—370. 386. 404. 407. 419. 434 bis 438. 501.
Clott, Hans III, 17.
Koberger, Buchdrucker von Nürnberg I, 2. 351. 353. II, 17.
Koblenz an Rhein und Mosel I, 32.
Koch, Buchdrucker I, 352.
— von Ulm I, 494.
Kochlöffel, Herm. III, 450.
Coeur, Jacques I, 363. 392. II, 51 ff. 58. 231.
Col de la Perche (Pyrenäen) I, 338.
Col du Perthus (Pyrenäen) I, 338.
Kolb von Wangen I, 69. 98. 156 f. 212. II, 82. III, 36. 244. 388. 460.
Kölbiner von Basel I, 507. III, 489 ff.
Koler von Ravensburg und Nürnberg I, 42. 49. 57. 63. 71. 73 f. 76. 78. 99. 133. 157. 212 f. 225. 238. 255. 452. 511. II, 19. 42. III, 7. 9. 15. 18. 22 f. 232. 249 f. 254. 257. 261.

264 f. 267 ff. 324. 326. 339. 351 f. 364. 365. 498.
Colle d'Elsa (Provinz Siena) II, 152.
Collertal zu Frankfurt III, 476.
Collioure, Cobliure (Departement Pyrénées-Orientales) I, 338 ff. II, 53. 56. III, 12. 143.
Kolmar II, 156.
Köln I, 43. 97. 114 f. 132. 208. 214. 251. 263. 282. 289. 300. 358 f. 380. 396 f. 401. 405. 412. 421—427. 435. 460. 467. 469 f. 473. II, 39. 45. 124. 132. 201 ff. 206. 211. 217. 221. 225. 238. 240 f. 246. III, 1. 18. 71. 74. 86. 260. 263. 270. 296. 334 f. 337. 348. 358. 381. 388. 397 f. 403—408. 410. 412. 417. 422. 426. 428. 433. 437 bis 440. 442—446.
— Abel von I, 288 f.
— Johann von, in Barcelona I, 289. 305 f. 321. 323 ff. 328. 331. 340. 358. II, 95 f. 205. 213. 259. III, 504 ff. 508—511. 513 ff. 517.
— Simon von III, 509.
Columbus I, 277. 290 f. 379. II, 17. 59.
Kombold, Lamprecht III, 393.
Comminges (Gascogne) II, 32.
Como, Kum I, 97. 249 f. 254—256. 504. II, 22. 40 f. 44. 46. 103. 106. 219. 226. 252. 255. III, 7. 10. 15. 17. 20. 23. 36. 41. 43. 248 ff. 252 ff. 257. 268. 278. 280 f. 291. 306 ff. 310 f. 314. 317. 320. 322 f. 373. 376. 381. 385. 388. 398. 400. 410.
Congo II, 191.
Königseck von I, 177 f. 203. 218. 221. 505. III, 21.
Konstanz I, 10. 19. 22. 26 f. 28—39. 44 f. 58. 72. 87. 97. 116 f. 132 f. 143. 148 ff. 156. 159. 181. 198. 209—212. 239. 248. 256. 261. 263. 300. 307. 309. 318. 323. 334. 339. 346. 349 f. 352 f. 362. 366. 383. 387. 392. 396 f. 400. 424. 436 f. 442. 469. 481 f. 486. 498 bis 502. 507. 515. 518. II, 21—27. 38. 72. 84 f. 92. 106. 129. 131. 227—231. 237. 246. 251 f. 255. 258. III, 1 f. 16. 28. 35. 39 f. 43. 47. 53. 71. 79. 196. 209. 222. 281 f. 285. 321. 334 f. 338. 342. 375. 378. 395. 405. 459. 474 f. 481. 487. 506 f. 511. 515 ff. 522. 525.
— Bischöfe von I, 19. 23 ff. 32. 37. 84. 190. 440. 505. 509 f. III, 493 f.
— Hausarme I, 84. 227.
— Kirchen I, 38. 229.

Konstanz. — Klöster I, 226 f.
— Kunden III, 338. 351 f. 360. 365.
— Zünfte I, 35—39. 92. 499.
Conte, del, von Mailand I; 249. 254. III, 308.
Kopenhagen I, 449.
Corals, Corrades, von Valencia I, 301. III, 98. 152.
Corder von Valencia III, 152.
Cordes (Departement Tarn) II, 155.
Cordoba I, 345. II, 173.
— Kalif Abderrhaman II, 183.
— von III, 237.
Korsika I, 26. 261. 322. 333. II, 212.
Kotwich von Leipzig I, 460.
Coullon, Colomb I, 379. II, 4. 72.
Courtrai, Kortryk II, 108. 120. III. 116. 193. 415. 431.
Kowno I, 456.
Kraft von Konstanz I, 36.
— von Nürnberg II, 20.
Kraichgau II, 22.
Krakau I, 32. 196. 460. 513. II, 13.
Kramer, Benedikt, von Bern I, 514. III, 204 f.
— Jörg III, 36.
— Matthäus III, 398.
— Michel von Ravensburg II, 220. III, 336. 351. 366.
— ung. III, 396 f.
— Wolf I, 426.
Crau, La, an der Rhonemündung II, 50.
Krebser von Regensburg III, 331. 343. 348 f. 358.
Krell, Kröll von Lindau I, 157 f. 181. 212. 218. 220. 440. 442 f. 460.
— Jakob, Doctor II, 241.
— Oswald I, 81 f. 98. 113. 157 f. 160. 224. 230 f. 234. 468. 503 f. II, 227. III, 41. 48. 367—376. 379. 384 bis 388.
Crema II, 152.
Crémieux (Departement Isère) II, 92.
Cremona I, 239. II, 152. III, 307.
Kreß von Nürnberg I, 42. 157. 255. II, 19.
Kridewiß von Nürnberg III, 388.
Krieger, Crygle, Hans III, 357. 360. 399.
Crispian, Dr. III, 451.
Cristan von Isny I, 157 f. 185. 200. 212. 313. 326. 259. III, 113. 505 ff. 509 bis 512.
Crivelli von Mailand I, 245. III, 308.
Croaria s. Sattler.
Kröll s. Krell.

Cron von Münster i. W. III, 376.
Krötlin von Ravensburg I, 210. 486. III, 36. 39. 279. 369. 375 f. 384. 466.
Krumbach nördlich Memmingen III, 482.
Krus, Karmeliter I, 224. III, 1. 5. 480.
Crussel (Departement Ain) III, 160.
Cruter I, 158. III, 160.
Cruzilles II, 91. 93 f.
Kuchinmeister von St. Gallen I, 179. III, 244.
Cuenca (Neukastilien) I, 309. II, 122 f. III, 302.
Kunfiker, Mosß III, 9.
Kunisch, Pfarrer von Danzig I, 455.
Kunkelspaß II, 42.
Kur von, aus St. Gallen I, 158. 213. 453. 465.

D

Daigan von Mailand III, 279.
Dalman von Valencia III, 151.
Damaskus II, 114.
Damme bei Brügge I, 393.
Dangely von Valencia II, 86. III, 100. 107. 412. 419.
Danzig I, 235. 455.
Daragon von Saragossa III, 161.
Daroca (Aragonien) I, 140. 298. 304. II, 121. III, 185.
Dauphiné I, 319. II, 29—33. 52. 91.
Dauwe von Köln I, 359.
Dei, Benedetto von Florenz I, 387. 395.
Delfft (Niederlande) I, 421. III, 421.
Dena von Saragossa I, 313. III, 240 bis 243.
Denia, südlich Valencia II, 53. 185. III, 447. 531.
Destre s. Diesbach.
Deutsche Könige und Kaiser I, 11. 434. — Philipp I, 11. — Friedrich II. I, 11. 259. 434. — Friedrich der Schöne II, 232. — Ludwig der Bayer I, 18. 434. — Karl IV. I, 438. II, 42. — Wenzel I, 19. 197. 218. 436. 438. II. 245. — Ruprecht I, 25. — Sigmund I, 25 f. 37 f. 154. 241. 261 f. 396. 448. 466. II, 4. 12. — Albrecht II. I, 25. 154. — Friedrich III. I, 24 f. 90. 149. 154. 158. 175. 218. 267. 413. 438. 456. 467. 470. 485. 490. 492 f. 510. II, 3. III, 5. 492. 494. — Maxim. I. I, 12. 24 f. 118. 154. 170. 211. 220. 243. 246. 248. 268. 370 f. 399. 412 f. 420. 474 bis 477. 481—486. 499. 517. II, 146.

Orts- und Personenverzeichnis

197. 237. 440. 449. 483 f. — Karl V.
I, 159. 219. 246. 315. 355. 415. 420.
466. II, 225 ff. 237—242. — Ferdinand I. II, 237. 258.
Deutscher Orden I, 257 f. 455 f.
Deventer (Overyssel) I, 421. III, 437.
Diepolzhofer von Ravensburg III, 40.
Dieppe (Departement Seine.Inférieur) I, 516. III, 501.
Diesbach von Bern I, 29 f. 91. 365. 514. 516. II, 12 f. 228. 232. III, 12. 516; s. auch Watt von.
Diessenhofen (Kanton Thurgau) II, 25.
Dijon III, 126.
Dimišqui, Araber I, 118. 121 f.
Dirck, Jan, von Haarlem II, 86.
Dixmuyden (Westflandern) I, 401. II, 119.
Dobert zu Aigues-Mortes III, 213.
Domann s. Thomann.
Donau I, 460 f. 476. 487. 492. II, 21 f.
Donauwörth I, 451.
Dony, Luca III, 211.
Donnersberg, Marschall von I, 180.
Doornik s. Tournay.
Dordrecht I, 416.
D'Oria von Genua I, 273. 283. 402. II, 63. 69. 71. 226. III, 150. 313. 318. 431.
Dorneg, Donrach, Pir von III, 406.
Dortmund II, 237.
Dover I, 414.
Drolshagen von Köln I, 427.
Durance (Nebenfluß des Rhone) I, 386. II, 36. 50. III, 176.
Düren I, 424. 427. II, 108. III, 334.
Dürer, Albrecht I, 158. **230—235**. II, 18. 208.
Durrea, Pedro III, 521.

E

Ebenhauser III, 451.
Eberhart, Jakob von Kempten I, 208. II, 80 ff. III, 39. 41. **456—460**.
Eberz von Isny I, 184.
Ebner von Nürnberg II, 20.
Ebro I, 303. II, 154.
Eckolt von Ravensburg I, 486. II, 211. III, 37. 279. 338. 340. 343. 349 ff. 353. 358. 362. 365. 369. 375. 383. 388. 464 f. 468.
Edrisi, Araber II, 191.
Effen, von Mainz I, 428. III, 422.
Egelin s. Eckolt.
Eger I, 467.
Eglisau (Kanton Zürich) II, 25 f.

Ehinger, Anger, Eyner, Inger, von Konstanz und Ulm I, 36. 42. 49. 88. **158** ff. 171 f. 176 f. 181. 211. 213. 218. 220. 350. 435. **487** f. **491** f. 499 f. II, **16** ff. 17. 207. III, 80. 190. **470—473**. 479 f. 524 f. 528 ff.
— Ulrich I, 82 f. 98. **159** f. 284. 311. **314** f. II, 228. III, **56**. 245 f.
Eyb von I, 187.
Eidgenossenschaft, Eidgenossen, Schweizer Land I, 88. 184. 192. 213. 244. 246. 248. 254. 257. 268. 360. 363 365 ff. 370. 483. 488. 498 f. 506. **512—518**. II, 13. 22. 24—27. 40. 44. 72. 221. 226. 233. 258. III, 75. 283. 323. 450. 499 ff.
Eisleben (bei Merseburg) II, 198.
Elbs von Tettnang III, 10.
Elche (bei Alicante) II, 182.
Elisabeth, heilige I, 216.
Ellenbogen von Memmingen I, 164.
Ellerbach von I, 27.
Ellhofen (Allgäu) I, 226 f.
Ellrichshausen von I, 455.
Elsaß I, 435.
Emden I, 421. III, 437.
Emmerichshsen von Köln I, 43. 49.
Emmler in Genf I, 368. III, 213 f. 217 f.
Ems von I, 27.
Engelli I, 27. 192.
Engertweiler von I, 19. 174.
England I, 183. 260. 298. 322. 360. 362. 380. 394. 398 ff. 403 ff. **409** ff. 412. 414. 418. **421** ff. 435. 441. 443. 446. II, 15. 19. 58. 60. 62. **109** ff. **123**. 125. 146. 149. 151. 155. 160. 183. 209. 242. III, 12. 60. 215. 271. 284. 300. 334. 368. 375. 379. 383. 387. 380. 391 f. 401. 411. 414. **418** f. 426 bis 429. 440. 442. 444 f. 448. 452 f.
— Könige: Eduard IV. I, 422. Heinrich VIII. I, 518.
Ensinger, Baumeister I, 233.
Enslinger I, 27. **160**.
Epich von Saragossa III, 472.
Eppishöfer II, 104. III, 277.
Erber(n)sdorf bei Amberg II, 199. III, 344. 356 f. 359. 364.
Erfurt I, 428. 435. III, 13.
Ergel von Nürnberg I, 459. III, 330. 337. 443.
Erlach von III, 5.
Erler von Ravensburg I, 174.
Ermatingen bei Konstanz I, 226.
Ernlin s. Arnold.
Erzgebirge I, 448. II, 199 f.

Eschenloer von Nürnberg I, 463. III, 355.
Essendorff von Biberach I, 158. 160. 182. 213. 231.
Essich, Balthas. I, 117. III, 2 f. 13. 23. 25. 28.
Eßlingen I, 23. 30. 346.
Estany, Mattheu von Barcelona I, 321. 328. III, 513—516.
Estienne, Henri, Buchdrucker I, 436. II, 193.
Etsch I, 492.
Exea (Aragonien) III, 244.
Exerich aus Saragossa I, 312. III. 64. 66.

F

Faber von Ravensburg I, 174. 176. 181. 210. 221. 486. III, 372. 389.
Fabriano (Provinz Ancona) II, 152.
Fagassa de I, 301. III, 106. 109. 401 f. 431.
Fagin von Mailand II, 129.
Faruquere von Montpellier III, 235.
Fatzol von Saragossa I, 313. III, 240 bis 243.
Febre, Ruland de I, 136. III, 442.
Fechter in Lyon I, 69. 155. 160 f. 213. 371. 382. II, 37. III, 3. 6. 11. 13 ff. 17. 20. 38. 87. 213. 215 f. 220. 388. 393.
Feierabend von Ravensburg III, 468.
Feldkirch (Vorarlberg) I, 437. II, 17 ff. 40—44. 46. 258. III, 87. 248 ff. 252. 268.
Fels I, 69. 161. 213.
Ferber von Ulm I, 42. 88. 337. 350. II, 10 ff. 17. 22. III, 470—473.
Fernandez, Buchdrucker I, 343.
Ferner I, 69.
Ferrandina (Galeasse des Königs von Neapel) II, 58, 62 ff. III, 57 ff. 85. 104 f. 109. 112. 121 f. 124. 133. 140. 145. 181 f. 184 f. 189. 226. 260. 526. 528.
Ferrara, Menardus von II, 175.
Ferrer, Raffael, Konsul zu Barcelona I, 321 f. II, 71. III, 502 ff.
Fester s. Fechter.
Fetter von ? II, 127.
Fetzbrey von Frankfurt, Nürnberg I, 26.
Fez (Nordafrika) II, 219.
Fyelga, Fiella, Kaufmann III, 118 f. 161. 163.
Fieschi von Genua II, 63. III, 106.

Fietter, Fetter III, 300. 306 f.
Finke-Lützenkirchen von Köln I, 161. 214. 425. III, 383.
Finster Wald, Kloster I, 226.
Fipenson II, 86. III, 436 f.
Fischer von verschiedenen Orten I, 261. II, 19 f. 49. 127. III, 95. 140. 270. 344. 360. 386.
Fladung von Nürnberg II, 13.
Flandern I, 31. 34. 58. 117. 126. 140. 144. 260. 270. 276. 279. 286. 295. 310. 312. 321. 331. 336. 347. 349. 354. 393—413. 425. 430 ff. 440. 449. 464. II, 29. 33 f. 39. 48. 51. 53. 58 ff. 63 f. 65. 68 f. 107. 118. 125. 149. 183 f. 202. 208—211. 214. 222. 233. 249 ff. 251. 257. III, 1 f. 5 f. 8—12. 15—21. 37. 47. 54. 59. 65. 68. 73 ff. 79 f. 81. 83 ff. 87. 89. 91. 99 ff. 103 ff. 109. 111—117. 120. 122. 125 f. 128. 134. 138 f. 141—150. 155. 158 f. 163 ff. 167. 171—175. 178. 184—188. 190. 193. 196. 201. 214. 220. 225. 228. 243. 261 ff. 270. 273. 278. 283 f. 289. 293. 295. 300. 303. 305. 314 ff. 330 f. 336. 338. 345 f. 351 ff. 357. 362. 365. 367 ff. 373 f. 382. 447. 449. 501. 516. 531.
Flar von Konstanz I, 499.
Fleischmann III, 362 f.
Flick, Mich. II, 20. III, 456.
— Barthol. III, 3.
Florentin von Saragossa III, 163.
Florenz I, 114. 120. 256. 299. 304. 363. 366. 380. 396. 415. II, 23 f. 33. 46. 51 f. 55. 58 ff. 62. 64. 65. 69. 71. 128. 130. 151 f. 157 f. 230. III, 8 ff. 10. 20. 23. 54. 57. 59. 68. 226 f. 230. 232. 234. 325. 339. 386. 405. 407. 414. 419 f. 432. 515 f. 526 f.
Flück von Isny? Ravensburg? I, 161. 210. 220. III, 352. 384.
Flur von Biberach I, 66. 153. 161 f. 213. III, 375. 384.
Foix (französische Landschaft), Grafen von I, 314. II, 32. 37. III, 194.
Folch I, 161. 326. 339 f.
Folckr, Scherpo III, 8.
Foligno (Provinz Perugia) I, 259. II, 23. 152. III, 324 ff.
Fontaine II, 91. 93.
Fonte, Ant. de III, 503.
Forez (französische Landschaft) II, 30. 154.
Forsteck (Kanton St. Gallen) II, 3.
Frayran von Saragossa III, 157.

Franca, Na, in Alicante I, 302. III, 153.
Francus, Franc, Franch s. Frei.
Frank von Mergentheim und anderen Orten I, 337. III, 8. 241 ff.
Franken I, 260.
Frankfurt a. M. I, 26 f. 40. 43. 73. 79. 85. **90**. 95. 101. 114 f. 117. 125 f. 129. 131 ff. 136—140. 208. 229. 234. 236. 238. 263. 272. 277 ff. 284. 300 f. 322 f. 332. 334 f. 345 f. 349. 352. 378. **380**. 397. 405. 407. 409. 418 f. 421. 424 f. **428—447**. 460. 466 ff. 490. 494. 502. 506 f. 511 f. II, 4. 6. 8. 13 f. 17 ff. 22. 34 f. 39. 45 ff. 113. 210. 213 ff. 219 f. 240. 242. 244. **246**. 251. 253 ff. III, 3. 13. 16—20. 35 ff. 40. 42 f. 49. 58. 60. 71 f. 79. 90. 95 f. 126 f. 136. 142. 155. 162. 167. 183. 217 ff. 257. 263. 280. 289 f. 294. 303. 305 f. 316. 326. **327**. 328. 331. **334** bis **350**. **354**. **357—365**. **367—388**. **390—393**. **397—400**. 401 f. 405 bis 409. 417. 423. 425 ff. 429 f. 432. 438 f. 441 ff. 446. 450. 453. 457. 475. **476—479**. 489.
— Kunden III, 397 f.
— s. d. O. I, 453.
Fränklin von Bern I, 380. 454. 513. II, 100, III, **194 ff**. 199.
Frankreich, Franzosen I, 34. 95. 97. 114. 161. 241 ff. 246 f. 264. 268. 271 f. 283 f. 295. 298. 319. 329. 336. 338. 341. 355 f. 360—366. 370. 378. 381. 386 f. 392. 396 f. 403. 405. 412. 420 ff. 435. 448 f. 464. 481. 514 ff. 518. II, 13. 21. **28—33** f. 40. 50—53. 58. 63 f. 76. 107. 118. 151. **154** f. 160. 178. 193. 225 f. 247. 249. III, 7. 60. 75 f. 78. 80. 82. 88. 95 f. 101. 104 ff. 109 f. 121—124. 131 f. 141. 145. 173. 176. 181. 184. 187. 198. 211. 214. 216. 291. 411. 424. 445. 449. 501. 511. 522 f. 527. 529 f.
— Könige von: Ludwig der Heilige IX. II, 15. — Karl VI. I, 361 f. — Karl VII. I, 362. II, 29. 33. 52. 249. — Ludwig XI. I, 329. 338. 361. 369. 371. 379 ff. 385. 390. 393 f. 397. 412. 514. 516. II, 29 f. 49. 52 f. 63. 112. 114. 250. III, 6. 58. 72. 94. 126. 195. 424. 499 ff. — Karl VIII. I, 338. 366. 370. 377. 412. II, 52. — Ludwig XII. II, 242 f. 282. 369. II, 72. 247. — Franz I. I, 247. 283. 369 f. 436. III, 221.

Franza, P. de, in Bourg en Bresse I, 383. 385. II, 94. III, 24. 125. 130. 199 f. 222 f. **491**.
Frastanz (Vorarlberg) I, 481.
Frauendienst von Ravensburg III, 350.
Frauenfeld (Thurgau) II, 25.
Frauenfeld aus Zürich I, 77. **161**. 213. 248. 268. 371. 374. 381. 515 ff. II, 39. III, 78. 91. 94. 97. **124 ff**. 181. 198 f. 210 f. **222—226**. 334. 337. 339. 501.
Fraustadt (Posen) I. 340. 454.
Frei, Fri, Franch, Francus aus Konstanz und anderen Orten I, 27. 54. 136. 157. 161. **162**. 176 f. 209 ff. 211 f. **239** f. 241 f. 249. 256. 265. 267. 336. 434. 491. 510. 514. II, 259. III, 352. 481. 495. 507 bis 510.
Freiburg im Breisgau I, 70. 112. 182. 195. 214. 220. 437. **512**. II, 74. III, 383.
Freiburg im Üchtlande I, 114. 214. 263. 288. 339. 367. 467. **515**. 517 f. II, 14. 28. III, 196.
Friberger, Oswald III, 495.
Frickhardt, Thüring, aus Bern I, 257. 514 f.
Friesland II, 108. III, 436.
Frischenberg (Kanton St. Gallen) II, 3.
Frixer, Steph., Deutscher zu Barcelona III, 523.
Fronfischer III, 456.
Fuenterrabía (Guipuzcoa) I, 317.
Fuentes (Aragonien) III, 243 f.
Füg von Isny I, 210.
Fugger von Augsburg und Nürnberg I, 1 f. 9. 42. 50. 57. 59 f. 68 f. 79. 84. 94. 129. 132. 157. 179. 183 f. 220. 241. 243. 247. 257. 278 f. 336. 352. 354 f. 378. 415. 425. 442. 452. 459. 462. 474. 483 f. II, 15. 195 bis 198. 202. 225 f. 228. 231. 233 f. 238. 240 ff. III, 248. 274 f. 278. 284. 291. 337. 373. 375. 383. 440.
Füllsack von Ravensburg I, 239.
Furnes (Veurne, Westflandern) II, 108.
Furrer von Nürnberg I, 462. II, 196. III, 355.
Furtenbach von Feldkirch und anderen Orten I, 172. 182. II, **19**. 44. 224. III, 217.
Fussach (bei Bregenz) II, 22. 43 f. 46. III, 248—253. 268.
Füssen (bayr. Schwaben) I, 480. III, 483.

Fust, Bastian III, 39.
Fütterer von Nürnberg I, 241. 418. 423.
464. II, 19. 110. 202. 206. III, 23.
248 f. 277. 287. 291. 442.

G

Gaeta II, 61.
Gailsam von ? II, 332 f.
Gala von Saragossa I, 313. III, 240 bis 243.
Galeaibos, Jenikin de I, 516. III, 499.
Galian zu Avignon III, 3. 5. 132.
Gallyndis, Ochoa de, Schiffer I, 402. II, 69. III, 420. 428.
Gallo von Como I, 256. III, 281, 307 f. 310. 321.
Gandía (Königreich Valencia) I, 297. II, 180.
Garbo (Nordwestafrika) II, 147.
Garonne II, 32.
Gartener von Breslau? I, 340. 454.
Gascogne II, 37. III, 170.
Gatinais (französische Landschaft) II, 155.
Gebrazhofen s. Leutkirch II, 258.
Gebz von Ravensburg I, 174.
Geyer, Siegmund I, 455.
Geiler von Kaisersberg in Straßburg I, 233. II, 236.
Geisberg von Konstanz I, 36. 153. 163. 208. 211. 218 ff. 282. 379. 390. 398. 405. 407. 501. II, 108. 112. 115. 119 f. III, 4. 8. 10 f. 15. 30. 84. 87. 90. 102 f. 131. 140. 197. 207. 237 ff. 255—266. 339. 381. 407. 417. 428—431.
Geislingen (Württemberg), Steige II, 21.
Geldern, Herzog, Stadt I, 31. 400, 420. III, 408. 449.
Geldrich von Ravensburg I, 17. 62. 124. 163. 180. 209. 219. II, 10 f. 257. III, 17. 40. 56. 67. 81. 87. 214. 237 ff. 351 f. 368. 384.
Geltwiler von St. Gallen I, 164. 213. 512.
Genevois, Grafen von I, 360.
Genf, Stadt, Grafen, Messen I, 32. 44. 76. 97 f. 100. 102. 106. 114 ff. 132. 138. 208. 266. 299. 319. 346. 360 bis 369. 371. 376. 386. 391. 397. 405. 467. 489. 502. 511. II, 13. 24. 35. 39. 46 f. 52 f. 92. 113. 253 ff. III, 1. 4. 6 ff. 8. 11—15. 17. 24 ff. 52. 57. 65. 71. 73 ff. 80. 91. 122. 124 ff. 128 ff. 133. 155. 167. 181.
191. 195 f. 197—200. 201—206. 209 f. 212 ff. 217 ff. 222 f. 226. 228. 262. 274. 337 f. 346. 352. 406. 409. 411. 414. 420 f. 428 f. 470 f. 506. 511.
Genf, Bischof von III, 499.
Genfer See I, 32. II, 25. III, 195.
Gent I, 114. 307. 410. 414. III, 241. 402.
Gentili von Genua I, 273. III, 297.
Genua, Stadt, Bürger I, 26. 43. 58. 79 f. 95. 97 f. 107. 114 ff. 119 f. 122 f. 126. 129—132. 135 f. 156. 208. 237. 241. 244 f. 249 f. 253. 256. 259 bis 285. 287. 289 ff. 298 f. 301. 304. 318 f. 322. 329. 333. 342. 346. 359 f. 401 f. 405. 411. 414—421. 426. 430. 439—442. 444 f. 458. 464. 467. 497. 517. II, 8. 10. 16. 18 ff. 22. 33. 39 f. 42. 46—49. 51—55. 57—66. 68. 70. 72. 115. 130 f. 143. 193. 201. 212. 214—220. 222 ff. 226 f. 230 f. 241. 246 ff. 250 ff. 255 f. 257. III, 4. 9. 16. 19. 21. 23. 34—37. 39 f. 43. 50. 57 f. 71. 80—83. 86. 90. 102 ff. 106. 108 f. 111. 115. 121 ff. 133—140. 142 f. 145—148. 150 f. 173 ff. 182 f. 185 f. 189. 219 f. 225. 230. 232—235. 238. 254—277. 280 f. 284—288. 290. 292—306. 309 ff. 312—318. 320. 322 f. 345 bis 361. 368—371. 373 f. 379. 381 f. 383. 385—389. 392. 394—400. 406 f. 417. 419. 422 ff. 427 f. 430. 439 ff. 443 bis 447. 465 f. 483 ff. 501 f. 512. 531 f.
— Kunden III, 270. 297. 312 ff. 317 f.
Gera II, 137.
Gerolt von Luzern I, 246.
Gerung, Paul I, 461 f.
Geßler I, 45. 65 ff. 69. 74. 76. 81 f. 92. 103—106. 126. 131. 138. 164 f. 176. 209. 213. 220. 278 f. 316. 428—434. 442 f. 456. 458. 460. 466 f. 470. 473. 490. 495. II, 79. 82. 102. 112. 137. 214. III, 36. 38. 42 f. 48. 50. 56. 71. 96. 169. 232. 246 f. 333 f. 337. 341. 342—359. 361. 364 ff. 369—379. 384—397. 450—456.
Getzio, Gezio von Genua I, 273. III, 270. 312. 318.
Ghafiky, Araber II, 191.
Gibraltar II, 58. 65.
Gienger, Genger von Ulm I, 83, 114. 246. 254. 442. II, 16 f. III, 21. 41. 279. 292. 307 f. 319. 364 f. 373. 375. 384. 405.

Orts- und Personenverzeichnis 273

Gillem Betz III, 156 f. 160.
Gilly su Corrades III, 152.
Gineg I, 69. 165. III, 49.
Giovi, Paß II, 23.
Gisze, Georg von Danzig I, 235.
Gitzart, von Montluol I, 384 f. III, 198 f.
Giustiniani von Genua I, 273. II, 191. III, 312 f.
Glatt, Ober- (Kanton Zürich) II, 25 f.
Glattfelden (Kanton Zürich) II, 25.
Glauburg von Frankfurt III, 336. 447.
Glesa P. in Saragossa III, 504 ff. 510 f.
Glogau a. d. Oder I, 453.
Gnardis, Melch., Toskaner II, 260.
Gnesen I, 453.
Goldbach, Jörg I, 257. III, 324.
Goldegger, Jos II, 259.
Goldelin, Heinr. III, 255.
Goldschlager, Peter II, 20. III, 443.
Gorch, del, aus Savoyen I, 305 f. 339 f. III, 506 f. 511.
Goeser, Klaus III, 385.
Goeß, van der, Maler I, 235.
Gossembrot von Augsburg I, 84. 136 f. 279. 281. 418. 426. 440. 442. 454. II, 15 f. 127. 134. 190. 197. 228. III, 277 ff. 285. 292. 296 f. 302 f. 305. 312. 347. 369. 372 f. 375. 384 f. 443.
Gottschalk, Claus III, 3. 12. 15.
Graben, am, im, von St. Gallen I, 351. II, 10 ff. 14. 19. III, 313. 389. 470—473.
Gräfrath (Rheinprovinz) II, 204.
Granada, Reich, Stadt I, 285. 303. II, 3 f. 180. 219.
Grander von Augsburg I, 454. 461 f.
Grandson, Herren von I, 361.
Granetly von Augsburg III, 397.
Grant, Grat, Jörg I, 208. II, 82 f. III, 37. 39. 41. 458. 460.
Grao (Hafen) von Valencia I, 286. 290. 302. II, 53. III, 296.
Grassi von Mailand I, 244 f.
Gräter von Biberach I, 180.
Graubünden I, 11. 32. 243. 488. II, 22. 40—44. III, 248—253,
Graupen bei Teschen II, 199.
Graus, Puebla de (Aragonien) III, 473.
Grech, Griep. Leonh., in Saragossa I, 305 f. 508. 510. II, 259.
Gremlich von Pfullendorf und Ravensburg I, 18. 66. 165. 175. 180. 210. II, 1.
Grenyena, Herr von III, 91.
Gresham, Thomas II, 231.

Grieb von Basel I, 322; s. auch Grech.
Griechen, gregexo, II, 52. 104. III, 255.
Griesinger von Konstanz I, 165. 211. 237. 455. III, 260.
Griffodin von Como III, 281 f.
Grimaldi von Genua I, 273. II, 63. III, 270. 297. 312 f. 318. 407.
Grimel von Kempten I, 98. 166. 212. III, 48.
Groß von Nürnberg I, 114. 459. III, 347 f. 351.
Gruichta (?), Franz III, 404. 407.
Grüneberg bei Konstanz, Kloster I, 226.
Grünenbach bei Kempten I, 480. III, 483.
— von Ravensburg I, 66. 166. III, 279. 320 f. 384.
Grünenberg von Konstanz I, 77 f. 114. 166. 211. 218. 356. 391. 500. II, 49. 54 ff. 64 f. 120. 176. III, 226 bis 235. 337 f. 390. 403. 406. 408. 442.
Grünkraut bei Ravensburg I, 226.
Gubbio (Provinz Perugia) II, 23.
Guicciardini, Franc. I, 354 f.
Guldenschaf von Frankfurt I, 446.
Gunsperg von Nürnberg I, 339.
Günzburg (Oberg.) bei Memmingen III, 482.
Gunzenhausen bei Nördlingen I, 466.
Guosa Lesera s. Lecera.
Gurlin, Corli, von Basel I, 321—324.
Gutenberg, Buchdrucker I, 346. 351. 353.

H

Haarlem (Niederlande) I, 421. II, 86. III, 418. 430.
Haben, Ludw. II, 5.
Haber von Randegg I, 62.
Habsburger s. auch Österreich, Deutsches Reich, Burgund I, 132. 372. 517. II, 25. 233. 241. 258.
Haffner, Ambros. III, 322.
Hag, Graf von III, 451.
Hägeli von Stein a. Rh. und Konstanz I, 166. 213. 515 f. III, 433. 500 f.
Hagen von Frankfurt I, 438. III, 479.
Hagenbach, Peter von I, 371.
Haintzel von Lindau I, 182.
Halbisen von Basel I, 59. 322 ff. 506 f. II, 14. 237. III, 332. 489.
Halder, Jak. III, 425. 429.

Schulte, Gesch. d. Ravensburger Handelsges. II. 18

Hallberg, Hallberger, von Nürnberg?
  I, 305 f. 340. II, 20. 206. III, 505
  bis 511.
Haller von Nürnberg II, 20. III, 166.
  527. 530.
Hallwyl von I, 232.
Halmin III, 192, ob zu Alost?
Hamburg I, 402.
Hämerl von Wien I, 470. III, 473.
Hammann von Frankfurt II, 35. III,
  379 f.
Hannart, Joh. II, 239.
Hannibal I, 300.
Hansa, Hansische, Osterlinge I, 237.
  354. 380. 396 f. 408. 411. 414 f.
  421 f. 435. 449. 456. II, 114.
Harsdörffer von Nürnberg I, 233.
Härtz, Ulr. III, 342.
Hasperg, Kaspar III, 459.
Hasselt (Belgisch-Limburg) I, 421.
  III, 421. 430.
Hauenstein, unterer, Paß südöstlich
  Basel I, 513.
Haug von Augsburg I, 42. 50. 57. 59.
  63. 69.
Heczer, Kaufmann III, 394.
Hegau II, 258.
Heggelbach von I, 180.
Heyde von Frankfurt I, 43. 50.
Heidelberg I, 180 f. 220. III, 388.
Heinsberg, nördlich Aachen I, 401 f.
Helchner von Nürnberg I, 459. III,
  394.
Helfenstein, Grafen von I, 492.
Heller von Frankfurt I, 43.
Helmstorff, von I, 191 f. 228.
Helmer I, 69. 140. 166. 473. III, 454.
Hennegau I, 309. 334. 406. II, 74. 89.
  III, 115. 139. 263. 415 f. 449.
Her, auch von Köln I, 76. 82. 166 f.
  214. 244. 420. 425 f. 443. II, 41 f. 46.
  III, 34 f. 39. 48 f. 251—254. 280 f.
  283. 288—293. 296. 308—311. 374.
  376. 378. 384. 386 ff. 390—393. 437
  bis 443. 465.
Herentals (Provinz Antwerpen) II, 108.
  III, 13. 344.
Hererot (Herbrot, Herwart?) II, 20.
  III, 524.
Herlin von Augsburg I, 180.
Herman, Engelhard I, 246. 254. II, 20.
  131. III, 279. 281 f. 292. 308. 317.
  320.
Hertenstein von Luzern I, 66 f. 167.
  213. 228. 232 f. 247 f. 499. 515.
  517 f. II, 226. III, 20. 38.

Hertenstein vom Zweig der von Hornstein I, 70. 167. 178. 210. II, 203.
  III, 353.
Herter von Konstanz III, 475.
s'Hertogenbosch I, 421. III, 437.
Hertwin, Hartwin, Melchior, von St.
  Gallen, Konstanz III, 2. 5. 338. 349.
  351 f. 360. 365.
Herwart von Augsburg und Ulm I, 136.
  425. 461. II, 16. 224. 240. III, 383.
  393.
Hessen I, 435. 437.
Heudorf von I, 191.
Hillenson (Hillensun, Hillesun, Illsun)
  von Ravenburg I, 2 f. 54. 66 f. 77 f.
  81 f. 98. 141. 168 ff. 210. 415. 418 f.
  433 ff. 439. 454 f. 465. 467. II, 12.
  110 ff. 203. 257. III, 1—4. 6 ff.
  12. 18 f. 33—44. 91. 128. 136 f. 142.
  157. 252. 275—306. 326. 329—344.
  346. 350. 352 ff. 359—366. 384 f.
  438—450. 455. 461—479. 488.
  — Alexius I, 2. 53. 63. 65. 67. 70 f. 80.
  82. 99. 168 f. 272. 464. II, 41, 82.
  227 f. III, 33—46. 48. 213. 217 bis
  221, 252 f. 277 f. 279—288. 297—306.
  308. 310 f. 320. 380. 383 ff. 445. 456 f.
  461—469.
Hiltalingen von Basel I, 506. III, 489.
Hinderofen von Wangen I, 48. 69.
  81 f. 98. 170 ff. 182. 209. 212. 218.
  244. 247. 283. 480 f. II, 41. 30. 224
  bis 227. III, 270. 277. 298—306.
  312—318. 321. 323. 360. 403.
  — Hans I, 53 ff. (Abbildung S. 53) 58.
  63. 76. 80 f. 88. 101. 107. 109. 113.
  133. 140—144. 147. 170 f. 292. 294.
  314. 337. 356. 366. 382. 384. 443.
  II, 7. 11 f. 37 f. 58 f. 76. 82. 93. 111.
  120. 136. 177 f. 185. 192. 203. 214.
  224. 227 f. 231. III, 2. 20. 24. 33
  bis 47. 49—71. 78 f. 86—91. 95.
  97—112. 123. 125. 135 f. 140 f.
  153 ff. 173. 183—194. 196—200.
  206 f. 217. 252. 260. 280. 289. 318.
  370. 372—376. 380—385. 413. 419.
  436. 456. 459 f. 465 f. 488.
Hinlin s. Hünlin.
Hirschvogel von Nürnberg I, 280. 459.
  461 f. II, 15.
Hirz von Köln I, 359.
Hochfelden, nördlich Zürich II, 25.
Hochrütiner von St. Gallen I, 314 ff.
  378. 444. 512. II, 13 f. 37. 167 f.
  III, 14. 133. 219. 245 ff. 376.
  393.

Höchstetter von Augsburg I, 84. 86.
279 f. 415. 418. 425. II, 15 f. 20.
110. 224. 231. 240. 242. III, 440.
442. 448 f.
Hoff, von, aus Konstanz I, 66. 171. 176.
191. 201. 211. 218. II, 227.
Hoffmann von Nürnberg II, 13. III,
388. 394.
Hohenkirchen (Thüringen) II, 196.
Hohenlandenberg von I, 180. 192. 505.
III, 475.
Hohentwiel II, 258.
Holbein von Ravensburg und die Maler
von Basel I, 79. 172. 209. 228. 232.
235.
— Frick von Ravensburg I, 13. 18.
21. 149. 172.
Holber, Kaufmann III, 330.
Holland, Holländer, holländisch I, 309.
331. 334. 399. 407. 413. 416. 419.
446. II, 74. 84. 86—89. 96. 148.
III, 14. 58 f. 82 f. 90. 107. 115.
124. 138. 143. 149. 158. 172. 174.
178. 185. 190. 194. 208. 228. 232.
244. 259. 262 f. 266. 284. 293. 300.
307. 379. 414. 419. 422f. 425. 430 f.
435 f. 447 f. 522. 525—530; s. auch
Niederlande.
Holz, Buchdrucker I, 348.
Holzmüller, Kaufmann II, 5.
Holzschuher von Nürnberg II, 18.
Homburg von I, 178.
Hondschoten (Dep. Nord) II, 111 f.
113 f. III, 430.
Honfleur, Hanflor, Arisflor, südlich
Seinemündung I, 379 f. 405. 516.
II, 160. III, 10. 14. 411. 499.
Hoogstraten (Provinz Antwerpen) I,
406. 411. II, 89. III, 58. 83. 107.
186. 419. 440. 447.
Hops, Homps I, 145. 172. 388 ff. II, 214.
III, 13. 17. 54. 59. 61. 68. 75—78. 80.
86. 99. 101. 104. 114 ff. 118. 121 bis
125. 133 f. 146. 176 ff. 182. 184 f.
189. 194. 200. 224 f. 227 ff.
Hornstein, von, s. Hertenstein.
Hornung von Leipzig, Basel I, 460.
II, 14. III, 347. 355. 367. 388. 398.
Hübschlin von Ravensburg I. 172. 176.
209.
Huesca (Aragonien) I, 313. 350. II, 153.
III, 473.
Huesch, Adrian u. a. (Flandern) III,
431.
Huyff von Augsburg II, 197. III, 388 f.
Huykenen, Jakob III, 388.

Hull, Húlusch, hurensch, Kingston
upon H., Grafschaft York II, 108.
III, 344. 350.
Humbel von Nürnberg I, 459. III, 339.
Humelberg von Ravensburg I, 210.
486. III, 319. 389. 466. 468.
Humpis, Hompis, Hundbis, Huntpis,
Ompis, auch Josumpis von Ravensburg, nur die wichtigsten Stellen
I, 17—24. 45. 66. 172—182 (und
Stammtafeln). 219. 481. II, 1. 7.
30. 66. 210f. 218. 227. 229. 259. III,
47 ff. 54 f. 56. 63 f. 68. 81. 92 ff. 97.
99. 106. 122 f. 125. 144. 155. 186 f.
202. 217. 232. 254. 261. 267. 297.
317. 320. 330. 337—341. 349. 353f.
357. 361. 363. 365f. 372. 384. 389.
404. 419. 425. 462. 465. 476. 478
bis 481. 485 f. 489. 500 f.
— Henggi I, 19 ff. (Abbildung) 20f. 50.
152. 167. 182. 187. 226. III, 461.
475.
Hünlin, Hinlin von Lindau I, 82. 98.
136. 157. 182 f. 212. 244. 472 f. 503.
505. II, 111. III, 285. 288—297.
307—324. 376.
Hurlewagen von Lindau I, 219. III,
278.
Hürter von Ravensburg I, 66 f. 183.
210.
Hürus, Hyrus von Konstanz I, 45. 67.
69. 81 f. 98. 113. 150. 156. 172.
183f. 198. 211. 213. 248. 346—353.
403. 421. 499—502. 507 f. 515—518.
II, 11, 112. 141. 190. III, 1. 15. 17.
48. 176. 202—205. 293. 297. 319.
352. 375. 378. 400. 404—426. 433 f.
436. 491—494. 500.
Hutten, Ulrich von II, 238.
Huter, Jakob III, 197. 206.
Hutz, Buchdrucker I, 352.
Hux von Konstanz I, 502. III, 282. 292.

I, J und Y

Yabya s. Jativa.
Jaca (Aragonien) II, 31. 38. 248. III,
119. 222.
Jan, Piero, Seeräuber III, 219.
Januensis, Simon II, 191.
Jassa, di, von Saragossa III, 65.
Jativa (Provinz Valencia) I, 300. II,
183. III, 84.
Illereichen, Aichain nördl. Memmingen
I, 480.
Illuns II, 256. III, 163.
Ilsung von Augsburg I, 232.

Imhoff von Nürnberg I, 114. 233. 235.
258. 280. 392. 425. 449. 461 f. II, 15.
20. 155. 224. 231. III, 408.
Imholz von Konstanz I, 26 f. 38. 135.
237. 437. III, 474 f.
Immenstadt, südlich Kempten I, 208.
480. 505. II, 82. III, 482.
Imperiali von Genua I, 273. III, 270.
Indischer Ozean II, 217.
Inger s. Ehinger.
Ingold von Straßburg I, 506. II, 39.
III. 339. 347. 386. 388. 392. 397.
Ingolstadt I, 220. 483.
Inkofer von Nördlingen III, 347 f. 350.
Inn, Fluß III, 488.
Innsbruck II, 197. 238. III, 41.
Inzigkofen bei Sigmaringen, Kloster I, 266.
Ypern I, 397. 410.
Iphofer, Hans II, 195; s. Unphowen, Uphoven.
Irmi von Basel I, 240. 252.
Isar, Fluß I, 497. II, 22.
Isbrand, Niederländer II, 86. III, 437 f.
Isemburg, Isenburg von I, 437. 488.
Isenhofer, Marx II, 20. III, 288.
Isny, nördlich Lindau I, 34. 39 f. 58.
210. 212. 226. 287. 346. 417. 436.
461. 471. 479 f. 489. 497. 504. 515.
II, 10. 15 f. 45. 82 f. 85. 227. 245 f.
III, 4. 8. 38—41. 43 f. 47. 50. 71.
213. 240. 305. 332. 393. 396. 446.
452. 457 f. 460 f. 476. 482 f. 488.
Italien, Italiener, s. auch andere Stellen
I, 236—285. 289 ff. 298. 319. 321.
331. 355—359. 372. 395. 415 f.
426 f. 435. 441. 464. 467. 474. 514.
518. II, 4. 14. 21. 59. 67 f. 106 f.
132. 151. 174. 181. 184. 242. III,
248—326.
Ittingen (Thurgau), Kloster I, 226.
Jülich (Rheinprovinz) I, 427. III, 334 f.
Jungingen, von I, 165.
Junker, Klaus III, 43.
Iviza (Insel) II, 67. 185. III, 122. 304.

K siehe C

L

La Coruña (Galicien) I, 359.
Lamparter von Ravensburg I, 54. 125.
142. 145 ff. 155. 184. 210. 355. 364.
367. 372. 381 f. 513. II, 185. 190.
III, 3—6. 19 f. 24 f. 26—33. 56.
58. 69. 71 ff. 75—78. 86. 88. 90 f.
94. 96. 112. 124—127. 130 f. 155 f.
160. 173. 178. 180 ff. 194—197.
200. 203—206. 211 f. 222 f. 227 f.
237. 332. 339. 351. 354. 360. 365.
384. 464 f. 485. 500.
Landau, Herren, Grafen von I, 151.
217.
Landenberg, von III, 246; s. auch Breitenlandenberg und Hohenlandenberg.
Landshut (Niederbayern) I, 460. III, 397.
Lang von Augsburg I, 461.
Langenargen am Bodensee I, 480.
Langenauer von Ulm III, 36.
Langenberger, Paulus III, 454.
Langenthal (Kanton Bern) II, 28.
Languedoc II, 33. 51 f. 147.
La Rocchetta, Paß nördlich Genua II, 22.
La Rochefoucauld (Dep. Charente) II, 151. 155.
La Rochelle (Dep. Charente Inf.) II, 29. 51.
Laufen, von, aus Basel I, 510.
Lauingen (bayr. Schwaben) I, 346.
Lauinger von Augsburg I, 279. III, 295.
Laupen (Kanton Bern) II, 28.
Lausanne II, 24. 28 ff. III, 7.
Lausitz I, 431. 437. II, 83. III, 396.
Lazon von Valencia III, 114.
Lecco, am Comer See, da, von Mailand I, 245.
Lecera, Guosa Lesera I, 226(?). II, 121. III, 103.
Lechlin von Memmingen III, 369. 385.
Leermos (Allgäu) I, 226.
Leyckmann, Hans, Maler I, 233.
Leipzig I, 39 f. 435. 456. 459 f. 467.
II, 18. 242. III, 331. 350. 353. 398.
Leman, Kaufleute I, 114. 391. II, 5.
III, 78. 229. 406. 408.
Lembeke (Ostflandern) II, 108. 111. 113.
Lemberg I, 450.
Lendrinchausen von Köln I, 358 f. 401. 424.
Lenzburg (Kanton Aargau) I, 117. II, 25 ff. 35. III, 202 ff. 216.
Lenzfried, Kloster I, 225 f.
Leoben (Steiermark) I, 55.
Leon, Königreich II, 225.
Lepanto, Schlacht von II, 58.
Lérida (Katalonien) I, 303. 348. II, 153.
Leschenbrand s. Löschenbrand.

Leutkirch, südwestlich Memmingen I, 39 f. 149. 212. 436. 479 f. 504. 515. II, 19. 258. III, 482 f.
Levante II, 51. III, 304.
Lybien III, 190.
Liechtenstein, Paul von I, 483. II, 238.
Lier (Lierre, Provinz Antwerpen) I, 424. III, 428. 430.
Liesborn, Westfalen I, 233.
Lila s. Martigue.
Lyman, Monpel III, 1.
Limburg a. d. Lahn I, 424.
Limmat, Fluß II, 25.
Lind von Konstanz I, 69. 185. 211. 218. 469. III, 48.
Lindau I, 19. 27. 32. 39 f. 62. 83. 212. 226. 339. 413. 436. 477. 479. 503 ff. 515. II, 2. 16. 19. 22. 35. 41. 44. 46. 227. 237. 258. III. 11 f. 35. 41. 250—253. 268. 296. 299. 311. 350. 373—376. 381. 396. 398. 450. 482 f.
Linhard I, 185. 244. II, 42. III, 2 f. 6. 195. 275 f. 282. 294. 297. 299. 317. 323. 466. 525.
Link von Augsburg I, 42. 50.
Lintz, Jos III, 37
Linz (Oberösterreich) I, 208. 473 ff. 477.
Lyon I, 43. 58. 76 f. 78. 97 f. 100 ff. 106. 109. 115 ff. 119. 133. 136 ff. 142. 145. 183. 208. 246. 249. 266. 272. 277. 295. 299. 301. 319. 345 f. 349. 351 ff. 355. 360—384. 386 f. 391. 397. 430. 440. 442. 444 f. 449. 458. II, 4. 7. 10 f. 13. 15. 17. 19. 28 ff. 36—39. 46. 52. 69. 92. 113. 225. 253. 241. 248 ff. 253—256. III, 1. 5 f. 8. 10—15. 17. 20. 24 ff. 39. 41. 47. 50. 56. 58 f. 62 f. 69 ff. 72—80. 84 ff. 88 f. 91 f. 94. 103 ff. 107. 112. 115. 118. 120 ff. 124—127. 129—133. 134. 136. 142. 144 ff. 155 bis 158. 160. 165—168. 172 f. 176. 178—184. 189. 196—201. 206—226. 224 f. 227 f. 237. 262. 264. 280. 288. 305 f. 309. 319. 330. 337. 344. 348. 351. 367. 376. 379. 382. 390 f. 394. 396 f. 403. 405. 410. 422. 424. 427. 432. 435. 470.
— Kunden III, 197 f. 206. 209. 211. 213 f. 218.
Lionardo da Vinci II, 206.
Lyonnais II, 154. 159. III, 66. 167 f. 374.
Lipomanni von Venedig I, 114. III, 406.
Lischgate von Mailand III, 321.
Lissabon I, 119. 160. 277 ff. 282. 284. 418 f. 445. II, 15. 187. II, 225, 234. III, 214. 443. 446 f.
Litta von Mailand I, 245. 248. III, 319.
Livland I, 455.
Livorno II, 61. 212.
Lobieri von Barcelona I, 323.
Löbli von Bern III, 129. 389.
Loches, südlich Tours II, 155.
Lochner von Nürnberg I, 339.
Lodenstein, Niederländer II, 86. III 436.
Lodi (bei Mailand) I, 254. II, 122. III, 307. 311.
Lombardei I, 17. 266 f. 363. II, 232. III, 22. 128. 136. 168. 220. 260. 268. 337.
Lombart von Saragossa I, 310. 312. III, 117. 120. 140. 158 f. 193. 264.
Lomellino von Genua I, 273. 275. 401 f. II, 69. III, 270. 313. 431.
Lommis (Thurgau) I, 191.
London I, 114 f. 235. 359. 421 ff. 449. II, 206. III, 407. 422.
Lopheim von Konstanz III, 474 f.
Lorber von Frankfurt I, 323. 438. 446. III, 348. 478.
Löschenbrand von Ulm I, 494. III, 383.
Lothringen, Herzogtum, Herzöge I, 32. 329. 389.
Löw, Löwo, Peter von Isny III, 15. 393.
— Hans von Isny, III, 393.
— Ital III, 7.
Löwen I, 477.
Löwenberg, von III, 425.
Lübeck I, 237. 323. 454. II, 221. 111, 348.
— Bischof von II, 146.
Lublin (Polen) I, 453.
Lucca I, 256. 274. 421. 427. 444. II, 65. 69 f. 130. 152. 201. 203. III, 295. 386. 395. 398. 428.
Luch, Jordi (vielleicht Lüglin) I, 185. II, 20. 204. III, 190. 524. 526. 528 f.
Luckly aus Ravensburg I, 185. 210. 363 f. 470. II, 20. 214. III, 190. 476.
Lupfdich, Dr. jur. I, 220.
Luther, Martin I, 436. II, 236.
Lüti, Leutin aus Ravensburg I, 157. 185. 210. 456.
Lutz von Ulm I, 490 f.
Lützenkirchen aus Köln I, 214. 404 f. 425. III, 1 f. 18. 59. 74. 263. 331. 335. 338 f. 352. 375. 402 f. 408. 422. 425. 429.
Luzern I, 213. 246 ff. 515 f. II, 2. 226.

M

Maas, Fluß I, 393.
Maastricht (Niederländisch-Limburg) I, 208. 424. 427. III, 18. 404.
Macholin, Schiff III, 275.
Mâcon an der Saône II, 13. 91 ff. 95. 97. III, 26. 76. 109 f. 114. 118. 129. 187. 193. 226 f. 230. 232. 236. 507. 511. 526 ff.
Madeira I, 139. 297. II, 174—177. 234. III, 105. 113. 438. 441.
Madras (Ostindien) II, 191.
Madrid, Vertrag von I, 283.
Mâgdeberg, nördlich Konstanz I, 180.
Magdenau (Thurgau) I, 226.
Magenbuch von II, 1.
Mahoma Benamye von Saragossa I, 313. III. 240—243.
Mahoma Ruffo, Valencia I, 301. III, 98.
Mähren II, 156. 159. 171.
Mai von Bern I, 515.
Maienberg von Ravensburg I, 18.
Maienfeld von Chur II, 43. 46. III, 248 ff. 252 f.
Maier, Wien oder Ungarn III, 445.
Mailand, Stadt, Herzogtum I, 31. 40. 58. 76. 97 f. 100. 106 f. 109. 115 ff. 119 f. 126. 130. 133. 135 f. 140. 238 bis 255. 256 f. 261 f. 263 f. 268. 271 bis 274. 276. 282 f. 285. 287. 299. 301. 332. 346. 374. 405. 410 f. 416 ff. 421 f. 426. 430. 441 f. 449. 458 f. 464. 467. 471. 474. 477. 487. 512. 517. II, 8 ff. 13. 19 f. 22. 24. 39. 41. 43—47. 87. 97. 100—104. 128. 130 f. 136. 195. 201 ff. 205—208. 210 f. 217. 221. 223—227. 230 f. 247 f. 250 ff. 252. 254 ff. III, 2—5. 9—12. 14—24. 30. 34 ff. 39. 41. 47. 54. 56 ff. 65. 68. 71. 80 ff. 86 f. 90. 99. 103 f. 106. 108 f. 111. 117. 120. 124. 129. 131 f. 136. 139 f. 143. 148. 150. 158. 167. 172 f. 188 f. 193. 206. 219. 232 f. 235. 243 f. 249 ff. 254—257. 264—269. 272 f. 275—297. 297—300. 303. 305. 307 bis 311. 314 ff. 318—324. 326. 336. 341. 344 f. 351. 357. 359 f. 368. 371. 373 f. 377. 382. 386 ff. 392. 394 ff. 398 ff. 407. 410. 417 f. 439 ff. 443. 465 f. 501 f. 525. 529.
— Erzbischof von I, 263.
— Herzöge: Filippo Maria Visconti I, 240 f. 250. 261—264. — Ambrosianische Republik I, 239. — Francesco Sforza I, 186. 239 f. 265. —
Galeazzo Maria I, 240. 242. 265. 268. — Gian Galeazzo I, 242. — Lodovico il Moro I, 242. 248. 251. III, 501. — Ludwig XII. von Frankreich I, 242. — Massimiliano Sforza I, 242. — Franz 1. von Frankreich I, 246. II, 247. — Francesco Maria Sforza I, 242. 246. II, 224 ff. — Bona von Savoyen I, 242.
Mailand, Kunden III, 307 f.
Main I, 424. 435. III, 419.
Mainau von Konstanz III, 16.
Mainz I, 208. 346. 424. 428. 434. 494. II, 22. 39. 193. III, 352. 361. 385. 422. 425. 427. 433.
— Erzbischof von I, 437.
Mair, Paulo, aus Nizza III, 532.
Maiselstein, südlich Kempten III, 482.
Malabarküste in Indien II, 187.
Malaga II, 183. 185. 219.
Maler, Hans III, 2.
— Ulrich III, 229.
Mallorca I, 288. 303. 320. 338 f. II, 62 f. 210. III, 176. 512 f.
Malta II, 184.
Malterer von I, 488.
Maming (Niederbayern) III, 488.
Mammern, westlich Konstanz I, 183.
Mancha (Neukastilien) II, 156. 184.
Manchester II, 104.
Manely, Lionardo III, 207.
Mangiasco von Genua II, 220. III, 260.
Mangold von Konstanz I, 167. 172. 180. 185. 193. 211. 218. 220. 228. 232. 499. III, 384.
Manlich von Augsburg II, 224.
Mannenbach von Basel I, 507. 510. III, 497.
Mansfeld bei Halle I, 448. II, 196.
Mantua II, 75.
Manz II, 5.
Marchione von Florenz I, 277.
Marcko, Santzo, von Saragossa III, 118.
Marg von Innsbruck III, 42.
Marienburg (Westpreußen) I, 455.
Marignano, Schlacht von I, 246. 370.
Marini von Genua I, 273. II, 63. III, 297. 313. 317 f.
Markader, Joh., von Valencia III, 99.
Markdorf, westlich Ravensburg I, 24. 37. 70. 214. 465. 479. 505. II, 194. III, 20. 30. 332. 337. 341. 383. 481.
Marken, Ancona usw. II, 158. 192.
Marokko II, 219.
Marseille I, 150. 259. 352. 381. 386.

391. II, 36. 50—53. 55. 61. 63 f.
191. 212. III, 2. 4. 122. 177. 214 ff.
227.
Marstaller, Hans III, 10.
Martigues, Isle de Martigue, Lila de Martiga (Departement Bouches du Rhône) I, 208. 386. **391.** II. 4. 36. 47. **49.** 176. III, 134. 222. 224. **226** bis **234.**
Masian Julyan von Barcelona I, 313. III, 242.
Massipa, Massip von Valencia I, 127 f. 294. 301. 344. III, 9. 53. 81 f. 107. 109. 152. 186. 237. 419.
Matali s. Mötteli.
Matys, Hans, von Rottweil III, 5.
Mato, Jan III, 25.
Mecheln I, 118. 378. 421. 424. 467. 477. II, 108. III, 13. 16. 198. 344. 401. 437. 450.
Meckenbeuren, südlich Ravensburg III, 251.
Medor, Lorenz, aus Nürnberg I, 258. II, 251 und öfter.
Medici von Florenz I, 114. 136. 249. 256. 363. II, 63. III, 20. 23. 339.
Meersburg am Bodensee I, 196. 466. II, 26 f.
Mehlem, von, von Frankfurt I, 59. 233. 380 f.
Meyer von Ravensburg I, 54. 76. **185** f. 210. 439. 465 f. 486. II, 185. 192. III, 13. 18 ff. 27. 29. 196. 249 f. 254. 320. 326. 331 f. 338. 341. 352. 383. 385. 389.
Melanchthon I, 204.
Mellingen, nördlich Luzern II, 25 ff.
Melt von Saragossa III, 166.
Meltinger von Basel II, 14.
Memmingen I, 24. 39 f. 97. 117. 159. 187. 205. 208. 212 f. 226. 235. 300. 366. 424. 436. 454. 470. 475. 477. 479 f. 482 f. 490. 493 f. **495—498.** 515. II, 13 f. 16. 19 f. 22. 45. **80.** 97 ff. **101** f. **104.** III, 71. 221. 227. 236 f. 246. **252.** 350. 381. 385. 389. 450. 452. 458. **461. 482** f. **487** f.
Menin (Westflandern) II, 107 f. III, 116 f. 192. 416. 431. 436 f.
Mergentheim (württembergischer Jagstkreis) I, 337.
Merlo, Glado, zu Belleville I, 385. III, 199.
Messina I, 251. 276. 417. 426. II, 16. 61. 133 f. III, 274. 278. 286. 295. 300. 305. 311. 441.

Meßnang von Isny oder Momminge I, **186.** 200. 213. 219 f. 495. 507. III, 375. 384.
Meßner aus Konstanz I, 21. **186.** 249. III, 451. 454 f.
Metz I, 319.
Meuting von Augsburg I, 159 f. 415. 454. 515. II, 16.
Michel von Lucca I, 402. II, 69. III, 428. 431.
Middelburg (Seeland) I, 140. 407. 414. 418. II, 54. 113. III, 403. 417. 448.
Miltenberg (Unterfranken) II, 22. III. 336. 345. 357. 361.
Mindelheim (bayr. Schwaben) I, 482. III, 482.
Myngott, Ant., von Alicante I, 302. II, 220. III, 104. 184 f. 189.
Mirabel (Departement Tarn et Garonne) II, 155.
Mirich zu Saragossa III, 509.
Missaglia von Mailand I, 245. III, 308. 319.
Mistelbach (Niederösterreich) I, 140. II, 156. III, 455.
Mittelmeer II, **48—53.** 72. 183 und öfter.
Möggers (Vorarlberg) I, 480. III, 483.
Mohammed I, 119. II, 4.
Moll, Hans, von † I, 506. II, 141. 215. III, 376 f. 386. 388. 391. 393 f.
Molukken II, 188 f.
Moncada de Valencia I, 301. III, 97 f. 151.
Monkena, de, zu Saragossa I, 313. III, 240 f.
Monchouarnies, die III, 413.
Mondragon, Fortun de III, 401.
Moniesa s. Muniesa.
Monis zu Frankfurt III, 476.
Monspurg, von I, 233.
Montagudo, Montega von III, 320 f.
Montaigne, Mich. de I, 212.
Montferrat, Markgrafschaft I, 31.
Montfort, Grafen von I, 83. 454. 505.
Montluel (Departement Ain) I, 208. 383 ff. II, 29. 91 ff. III, 24. 198 f. 221.
Montpellier I, 301. **392.** II, 13. 51 f. 92 f. 96. III, 71. 99. 118. 134. 152. 228. 232.
Monzón (Aragonien) II, 154. III, 243.
Moosheim, von, aus Ravensburg I, 66. 176. **186.** 195. 209 ff. III, 42. 383.
Morgen aus Ravensburg (†) I, **186.** 210. 455 f. 465. 489. III, 199.
Morgental, nördlich Bern II, 28.

Morges (Kanton Waadt) I, 369. II, 28.
III, 25.
Mörlin I, 55. 83. 90 f. **186. 490—493.**
II, 5. 241 f. III, 479.
Mornay (Departement Ain) II, 93.
— Joh. de III, 134.
Morstorf (Morstorffer) von Nürnberg
I, 459. III, 348 f. 351.
Mötteli von Buchhorn, Ravensburg,
St. Gallen und anderen Orten I, 17
bis **24.** 27. 30. 42. 44. 50 f. 62. 70.
91. 94. 149. 151 f. **187** f. (Stammbaum). 190 f. 193. 209. 212 f. 215.
219. 221 f. 298. 302 f. 311. 314. 326.
358. 367. 380. 388. 391. 487. **489.**
492. 512. II, 1—5. 8. 75. 95. 133.
164 f. 178. 180. 191. 229. 232. III, 6.
40. 59. 77. 83. 85. 103 f. 119. 121.
157 f. 161. 163. 171. 224. 229. 234.
336. 420. **480.** 527.
Moudon (Kanton Waadt) II, 28.
Mühleck, von I, 178.
Mühlfeld von Nürnberg I, 456.
Mülich von Augsburg II, 16. 20. III,
388 f.
Müller, aus verschiedenen Orten I, 454.
514. III, 211. 432.
Mülnheim, von, von Straßburg II, 232.
München I, 208. 233. 263. 367. 459. 473.
497. 505. II, 20. 22. 45. III, 6. 17.
344. 348. 351. 364 f. 375. 396. 488.
Muniesa (Aragonien) II, 121. III, 103.
Münster, Sebastian I, 33.
Münster in Westfalen I, 421. 437. II,
125. III, 376. 437.
Münsterberg (Schlesien), Herzog von
I, 461 f.
Muntprat von Konstanz I, 17—**32.** 47.
51 f. 54. 61. 66 ff. 81. 91. 101. 106 f.
110 f. 121. 128. 142 f. 152. 154. 162.
167. 172. 175 f. 179. 182. 185. 187.
189—193 (Stammbaum). 199. 208 f.
211 f. 214 f. 218—222. 228 f. 232.
237. 248. 334. 336. 379. 400. 446.
486 ff. 499. 502. 506—511. 515. 517.
II, 2. 108 f. 112. 118. 128. 137. 177.
214. 218 f. 222. 227. 230. 257. III, 5.
10. 12. 20. 30. 35. 47. 55. 60. 79 ff. 84.
98 f. **108. 112—115.** 153 f. 173. 179.
185—194. 232. 238. 254. 267 f. 338.
341. 345. 375. 383 f. 436. **480. 486.**
489. **491—496** und öfter.
— Lütfried II. I, **20** ff. **25—28. 36—39.**
50. 61. 92. 135. 158. 190. 214. 261 ff.
318 f. 362. 437. II, 71. 143. **231.**
III, 474 f. 486.

Münzer aus Feldkirch zu Nürnberg
I, 120. 198. 287 f. 295—299. 302 f.
337. II, 17—**20.** 127. 130. 138. 142.
147. 168. 177. 183 f. 202. III, 217.
219. 283. 291. 297. 299. 305 f. 315 f.
377.
Murcia I, 286. 298 f. II, 156.
Murten (Kanton Freiburg) II, 28.
Mûso, Musson di Zamun III, 7. 306.

N

Nachtschat, Hans III, 393.
Nayal, Noval (Aragonien) II, 32. 473.
Nainkaire s. Neukomm.
Namur III, 424.
Nantes I, 401.
Nantua (Departement Ain) II, 28.
Narbonne I, 319. II, 51 f. 60. 63.
Nardo s. Audenarde.
Nat s. Watt.
Nater von Konstanz I, 27. 36. **193.** 196.
211.
Naulsche Tuche II, 89.
Navarra I, 285. 329. 359. II, 32.
Navarro, Nanarro von Saragossa I,
313. III, 104. 240 ff.
Navone von Genua I, 273. III, 312.
318.
Naxos II, 200.
Neapel, Königreich, Stadt I, 17. 240.
258. 329. 389. 449. 493. II, 15. 52.
57. **61.** 71. 118. 191. 212. III, 303.
306. 418.
— Königin Johanna II. I, 321 f. —
Ferrante I, 380. II, 58. **62;** s. auch
Ferrandina, Galeasse.
Neckar, Fluß II, 21.
Necker von Nürnberg I, 459. III, 349 ff.
Negere von Barcelona I, 509. III, 496.
Negroni von Genua II, 63. III, 106.
Neidhardt, Nidhart von Ulm I, 159.
193. 482 f.
Neidingen bei Donaueschingen, Kloster
I, 190.
Nellenburg, Grafschaft, II, 26.
Neuenburg am Rhein (Kreis Lörrach)
I, 215.
Neuenegg (Kanton Bern) II, 28.
Neukomm von Lindau I, **193.** 212. III,
3. 366.
Neumarkt (Oberpfalz) I, 459. III, 343.
Neumeister, Buchdrucker I, 259.
Neuß I, 403. 424. 427. II, 39. 45. 109.
III, 334 f.
New York I, 232.
Nidegg, von, aus Ravensburg und Lin-

dau I, 17. 62. 66. 68. 83. 98. 158.
176. 180. **193** f. 209. 212. 218. 220.
226. 459. 504. II, 1. 82. 109. 131 f.
222. III, 36. 43 f. 48. 319. 321. 323.
350 f. 383. 400. 466. 468. 486 f.
Niederlande I, 34. 355. 487. II, 9. 15.
192. 215. III, 38. 133. 310. 374. 392.
418.
Nyeport (Westflandern) I, 516. II, 72.
III, 501.
Nigro, del, von Venedig I, 278.
Nîmes I, 386. 392.
Nymwegen I, 401.
Nyon, Nüss (Kanton Waadt) I, 369.
II, 28. III, 25.
Nivelles (Departement Nord) I, 411.
418. II, 89. III, **269**. 430. 523.
Nizza I, 284. 360. 517. II, 49. 57. 64.
71. III, 316. 512. 516. 532.
Norcia (Provinz Perugia) II, 23.
Nördlingen I, 26. 73. 109. 135. 138.
212 f. 272. 401. **428—434**. 451. 454.
457. **466** f. II, 16. 45. 215. 222 f.
254 f. III, 141. 219. 280 f. **327**.
331 f. **340**. 342 f. **345**. **347** f. **350**.
353 ff. **357**. **359—366**. 394. 396. 403.
474 f.
— Kunden III. **366**.
Nordsee I, 449. II, 72.
Nose, Piero III, 313.
Notiß, Hans III, 5.
Nova, Joao da I, 278.
Novi, Paolo da, Genua I, 272.
Nowgorod I, 455.
Noxi, Noffre III, 12.
Nürnberg I, 14. 40. 42. 58. 75—79. 90.
97 f. 103—108. 114 ff. 118. 125 f.
120 f. 136—139. 158. 214. 229.
233 f. 236. 262 f. 276. 279. 282. 288.
295 f. 300 f. 318. 322. 335 f. 339.
345 f. 355. 358. 360. 363 f. 366. 374.
382. 389. 396 f. 408 f. 411. 421.
424 f. **428—434**. 435. 439. **441** bis
466. 468. 471. 473. 482 f. 485. 489.
497. 507. 512. 514 f. II, 7 f. 13. 17.
19 f. 22. 34 f. 43. 45 f. 49. 70. 113.
196. 204. 208—211. 216. 219—226.
233 f. 239. 241 f. 244. **246**. 248. **251**
bis **256**. III, 2—9. 11. 13 ff. 19 ff.
23. 34. 37—41. 43 f. 47. 54. 56. 62.
66 f. 71. 78. 81. 85. 87. 92. 95 f. 99.
108. 112. 125. 128. 136. 141 f. 145.
149. 156. 167. 173. 179 ff. 183. 189.
193. 195. 198. 206. 209. 211. 214.
219 f. 225. 228. 232. 258. 262 f. 269.
277 f. 281. 283 ff. 287. 291. 303. 305.

308. 310. 314 f. **326—334**. **336 ff**.
343—363. 365—369. 373—380. 382 f.
388—400. 403. 405 ff. 409. 416 f.
422 f. 434. 439. 443. 446. 448 ff. 453.
455 f. 458 f. 471. 487. 489. 491. 500.
Nürnberg, Kunden III, **343—358. 388** f.
397 f.
- - Landgericht I, 489.
Nützel, Nötzel von Nürnberg I, 459.
III, 388.
Nuwairi, Araber II, 173.

O

Oberdeutsche, Oberländer I, 355. 371.
395—399. 412. 416. 435. 474. 476 f.
518. II, 157. III, 426. 440.
Obergünzburg (bei Memmingen) I, 480.
Oberhain von Ravensburg I, 175.
Obonn (Aragonien) III, 244.
Obser von Buchhorn und Markdorf I,
489. 505. III, 41. 383. 389.
Oder, Fluß I, 453.
Ofen s. Budapest.
Offenburg von Basel I, 261. 509 ff. III,
492 f. 495. 497.
Olbrich I, **194**. 337. III, 273.
Öler von Lindau I, 69. 98 f. **194** f. 212.
503. III, 48 f. 311. 373.
Oliva, südlich Valencia II, 185. III, 98.
- - - Grafen von II, 177. III, 98.
Oloron (Departement Basses Pyrénées)
II, 31.
Ölschlager, Hans III, 275. 297.
Olten (Kanton Solothurn) II, 27 f.
Ophofer, Openhofer I, 378. III, 343.
351.
Opolzhofer, Openzhofer, von St. Gallen
I, 459. III, 338. 340. 342.
Orange am Rhone II, 29.
Orient, Orrin II, 124. 143. III, 305; s.
auch Levante.
Origel s. Urgel.
Orihuela (Provinz Alicante) I, 208. 320.
II, 147. III, 146.
Orlanda s. Holland.
Orta, Orte (im unteren Ebrogebiet)
I, 335. II, 154.
Örtel, Örtlin von Nürnberg I, 368.
459. II, 26. 30 ff. III, 344. 348 f.
Ortenberg von Frankfurt III, 478.
Ortof, Ortolf II, 20.
Osca s. Huesca.
Oschenburg III, 355.
Osnabrück I, 437.
Ostada II, 111. S. Worstead.
Ostende I, 516. II, 72. III, 501.

Osterlinge III, 402. 419. 437; s. auch Hansische.
Österreich I, 470—478. 490. 493. II, 156f. 159. 171. 238. 258. III, 66. 71. 128. 136. 183. 219. 374. 425. 488.
— Herzöge: Friedrich der Schöne I, 475. — Rudolf IV. I, 474. — Siegmund I, 371. — Margareta von I, 420.
— s. auch Deutschland und Habsburger.
Österreicher von Ulm II, 100. III, 329.
Ostindien I, 138. 277—282. 415. 445. II, 15. 124. 143 f. 186—193. 233.
Ostrach bei Sigmaringen II, 26.
Ostsee I, 395. 417. 449.
Otranto II, 152.
Ow, von I, 180.

P s. auch B.
Payer von I, 191. III. 475.
Payerne (Kanton Waadt) II, 28.
Palamos (Katalonien) II, 55.
Palermo I, 422. II, 61.
Palmart, Buchdrucker I, 343. 346 f.
Panharter von Nürnberg I, 459.
Panigarola von Mailand I, 246. III, 320.
Pappenheim, von I, 179 f. III, 49.
Päpste: Felix V. I, 319. — Pius II. I, 256. III, 462. 481. — Paul II. II, 145. — Innocenz VIII. I, 243. — Julius II. I, 272. 481. II, 146. 248. III, 106. — Kurie I, 385. 387. II, 232.
Pardigera (Aragonien) III, 472 f.
Parenzo (Istrien) I, 239.
Paris I, 346. 374. 377. II, 13. 124. 212. III, 209. 525.
— von I, 328. II, 20. III, 347. 514.
Parma I, 239. II, 23. 152.
Parsberg, von I, 180; vgl. auch Praßberg.
Pasi I, 387. II, 251. 253.
Passau I, 40. 469. 474 f. 478. III, 455.
Pavia I, 152. 239. 283. II, 22. III, 22. 257. 268. 276. 291. 322. 350 f.
Pazzi, Pasya, von Florenz I, 378. III, 197 f.
Peralta III, 472.
Peraudi, Kardinal I, 221.
Peravyfa zu Lyon III, 200. 206.
Perckmeister I, 233.
Pere, Franc., von Valencia III, 99.
Peres, Ant., von Saragossa III, 193.
Perpignan I, 97. 329. 337—341. 453. II, 63. 84. 107. 118. 149. 160 f. 185.

211. 213. 250. 257. 259. III, 200. 425. 510—512.
Perroman von Freiburg i. Ü. I, 387.
Persien II, 148. 174.
Perugia I, 169. II, 23. III, 326.
Pescara, Marchese I, 283. II, 226.
Pest s. Budapest.
Pestalozza von Chiavenna III, 254.
Petir, Savoyer III. 514.
Petit, Jean von Köln II, 221. III, 341. 346 f. 358. 364 f.
Peutinger, Dr. Konr., aus Augsburg I, 220. II, 238 ff.
Pfaffenweiler (Schwaben) I, 178.
Pfaytt aus Mainz I, 428. III, 385.
Pfyn (Thurgau) II, 25.
Pfisterkübel aus Ravensburg I, 181.
Pflum aus Biberach? III, 279.
Pfullendorf I, 18. 39. 180. 209 f. 479. 489. 504. II, 282. III, 350.
Piacenza I, 253. II, 97. 192.
Pian de, aus Ulm III, 319 ff. 323.
Piano, da, aus Mailand I, 244 f.
Picardie III, 449.
Pyna (Aragonien) III, 244.
Pinsoni von Martigue III, 230.
Pyrenäen I, 329. 337 f. II, 31 ff.
Pirgo von Genua III, 272.
Pisa I, 256. 427. II, 212. III, 9.
Pysir s. Byssa.
Pittan von Genua III, 417.
Planck, Buchdrucker I, 348.
Pluyer von Valencia III, 100.
Plutarch II, 222.
Podgie, Nic. de III, 402.
Poggibonsi (Provinz Siena) II, 152.
Polcevera bei Genua I, 267.
Polen I, 412. 423. 435. 450. 454. 514. II, 13. 124. 142. 147. 149. 217. 219. III, 305. 337.
Poliñino (Aragonien) III, 472.
Pomerellen I, 455.
Ponso, Pons von Saragossa III, 25. 157 f.
Pont d'Ain (Departement Ain) II, 91 ff. 95. III, 109 f. 129. 187. 528.
Pont de Beauvoisin (Departement Isère) II, 92 f.
Pontremoli (Toskana) II, 23.
Ponza, Schlacht von II, 71.
Port de Alta (Pyrenäen) III, 473.
Port de Benasque (Pyrenäen) II, 32.
Port de Canfranc (Pyrenäen) II, 31.
Portinari von Florenz I, 114. 235. 256. 421. II, 69. III, 402. 405. 408. 432.
Porto Magno auf Ivizza II, 55.

Portugal I, 139. 278 f. 285. 295. 297.
299. 354. 377. 415 ff. 471. II, 15.
17. 147. 172. 177. 219. 225. 233. 240.
III, 56. 73. 85. 105. 111. 274. 295.
384. 434. 438.
— König, Manuel I, 278. — Johann II.
II, 17. — Prinz Heinrich II, 176.
Posen I, 125. 196. 412. 454 ff. 459. II,
13. 241. III, 343. 353. 388 f. Vgl.
auch Bozen.
Prades, Grafen III, 4.
Prag I, 31. 450. 470. 513. II, 13. 151.
III, 343. 355.
Praßberg, von II, 136. III, 385.
Prechter von Straßburg I, 506. III,
388. 391.
Prendler von Krakau I, 460.
Preßburg I, 474. 477.
Preußen I, 455 f. 514.
Pronenc (Provence?) III, 177.
Protzer von Nördlingen I, 467.
Provence I, 264 f. 269. 319. 322. 355.
377. 381. 386 f. 389. 392. 517. II, 33.
49. 52 f. 61. 147. 183. 191. 212. III,
101. 104. 214.
— Graf von, Karl IV. I, 390. — König
René s. Anjou.
Puyada von Barcelona II, 161.
Puycelci (Departement Tarn) II, 155.
Pusano de Vero (Aragonien) II, 32.
III, 472 f.
Puschka von Mailand III, 19.
Pusterla von Mailand I, 246.

Q

Quettinck von Köln I, 359. III, 408.
Queralt s. Carralt.

R

Radolfzell am Bodensee I, 37. II, 106.
III, 282. 365.
Rafzerfeld, westlich Schaffhausen II,
26.
Ragusa I, 239.
Raigio, Raisio und andere Formen, von
Genua I, 273. II, 127. III, 270. 298.
313. 316 ff. 444 f.
Rain von München I, 473. 497.
Raiser von Konstanz I, 361.
Ramon, Remo von Barcelona I, 509.
III, 493. 496 f.
Ramstein im Schwarzwald I, 488 f.
Randeck, von I, 193.
Rantz von Ravensburg und Biberach
I, 195. 213. 514.

Rapallo (Provinz Genua) II, 19. 64.
138. III, 297.
Rappenstein s. Mötteli II, 4.
Rasberger, Andreas III, 400.
Rasp von Augsburg I, 337.
Rastatt, Rasteten, Claus von III, 489.
Ratingen, Retingot, bei Düsseldorf I,
300. 426. II, 204. 212. III, 108. 116.
Rätz von Memmingen I, 175. 195. 213.
Ratzenried bei Wangen I, 24. 175.
178 f. 215. 218. III, 34.
Rauhe Alb II, 21.
Rausch, Rusch von Nürnberg in Lyon
I, 382. III, 220.
Ravenell von Genf I, 367. III, 198. 201.
Ravensburg, nur Auswahl: I, 1—23.
27. 29 f. 34 f. 37—40. 44. 46 ff. 53 f.
57. 83 f. 95. 97. 114—117. 132 f.
139 ff. 209 f. 239. 248. 260. 300. 323.
331. 346. 363. 366. 413. 424. 442.
470. 480—487. 491 f. 507 f. 515.
II, 24. 27. 34 f. 38. 45 ff. 77—80. 85.
97 f. 221. 229 f. 244 ff. 251 f. III, 26
bis 32. 353. 397. 479 f.
— Armenhaus und Hausarme I, 84.
227.
— Gred I, 13.
— Justus von, Maler I, 284.
— Kirchen, Unser lieben Frau, St. Jos
und Kapellen I, 12. 169. 174. 220.
224. 226 f. II, 258. III, 38. 463. 466 f.
— Klöster: Karmeliter I, 12. 24. 174.
181. 187. 221—225. 227. 470. III,
475. 480. — Gesellschaftskapelle
darin I, 222 ff. — St. Michael I, 12.
66. 69. 84. 184. 225. 384.
— Kunden III, 351 f. 362 f. 366. 375.
383.
— Spital I, 24. 84. 227.
— Stadtrecht I, 87.
— Vermögen, Steuer I, 28 f. 148—206.
— Verwaltung und Gericht I, 13 f. 484.
— Zoll I, 34.
— Zünfte und Gesellschaften I, 13 f.
209. 484.
Ravensteen, von III, 403.
Real de Gandía, südlich Valencia I,
297. II, 173. 234. III, 518 ff.
Realli, Real von Genua I, 402. II, 69.
III, 428. 431.
Rechberg, von I, 190. 437. 488.
Regensberg (Kanton Zürich) II, 2.
Regensburg I, 138. 263. 460. 469. 473.
II, 227. III, 328. 331.
Regiomontanus, Astronom I, 75. 449
Rehlinger von Augsburg I, 136. 220

273. 280 f. 425. 11, 16. 134. 188. 239.
241. III, 216. 310. 313. 317. 392.
394. 443. 447 ff.
Reich von Nürnberg II, 20. III, 347 ff.
355. 358.
Reichenau, Kloster, im Bodensee I, 25.
218.
Reichenstein (Grafschaft Glatz) I, 460.
Reye, Fluß I, 393. 399.
Reiff, Rif von Freiburg i. Ü. I, 305 f.
II, 20. 259. III, 509 f. 522 f.
Reinoldi von Mailand I, 251. III, 321.
Reischach, von I, 216. 219.
Reitnau, von I, 181.
Rem von Augsburg I, 60 f. 160. 204.
280 f. II, 9. 14. 240.
Remelly, Remelyon s. Rumilly.
Reschen Scheideck (Tirol) II, 22.
Reß von Lübeck I, 454.
Retingot s. Ratingen.
Retor, Joh., Deutscher I, 321 ff.
Reuß, Fluß II, 25.
Reute, nördlich Ravensburg, Kloster
I, 226. III, 37.
Reuthemer, Leonh., von Breslau oder
Nürnberg I, 340. 454.
Reutlingen I, 23. 40. 401. III, 31.
Reval II, 206.
Rhein I, 393 f. 406. 416. 423 f. 435. 448.
506. 513. II, 22. 25 f. 33 f. 39. 43.
46. 133. 194. III, 74. 87. 338. 432.
Rheinberg bei Düsseldorf I, 427. III,
334 f.
Rheinegg, oberhalb Bodensee II, 22.
258.
Rheinland I, 411. 414. 416. 431. II, 243
bis 251.
Rheintal, oberhalb des Bodensees II,
74. 258. III, 30. 332.
Rhodus II, 62 f. III, 178. 516.
Rhone I, 318 f. 360 f. 385 ff. II, 28 f.
33 f. 36. 44. 50 f.
Ribagorza (Grafschaft zu Aragonien)
I, 309. 320. II, 32.
Richenbach von Konstanz und Freiburg i.Br. I, 68. 70. 72. 195. 200.
205. 211. 214. 430. 432. 469. 502.
512. II, 39. III, 4 f. 7. 16. 18. 49.
71. 74. 87. 126. 254. 265. 332. 334.
338. 343. 351 ff. 360 f. 365. 383. 404.
425.
Richlin von Überlingen und Konstanz
I, 153. 195 f. 201. 211. 213. 219. 244.
III, 323. 384.
Riedlingen II, 245. III, 338. 340. 364.
Riethausen I, 226.

Rieti (Provinz Perugia) II, 23.
Riga, Erzbischof von I, 257. 455.
Ringler I, 69. 196. 213. 452. III, 48.
Ryser von Innsbruck III, 42.
Riviera I, 259. 267. 282. 284. III, 295.
301.
Roanne (Departement Loire) II, 93.
Rodez (französische Landschaft) II, 31.
Rogenburger III, 360.
Roggwil, von, aus Konstanz I, 69. 82.
172. 187. 191. 193. 196. 211. 218.
499 f. III, 36.
Rolle am Genfer See III, 25.
Rom I, 131. 169. 256 ff. 455. 514 f. II,
15. III, 11. 15. 20. III, 361.
Romans (Departement Drôme) II, 30.
Roncesvalles (Pyrenäen) II, 31.
Ronsberg (bayr. Schwaben) III, 482.
Rorall, Antonio II, 107. III, 300.
Rosenbach, Buchdrucker I, 341.
Rosenberg, von I, 25. 190.
Rosentaler von Nürnberg I, 233. 459.
III, 347. 349.
Roß I, 196. 465.
Rossa Becka II, 69. III, 106. 151.
Rotengatter von Ulm I, 328. II, 16 f.
III, 15. 513 f.
Roth von Ulm I, 62. 364. II, 16. 100.
III, 208. 500.
Rotmund von Nürnberg I, 459. II, 20.
127. 142. III, 306. 347. 389.
Rötsch, wo? I, 400.
Rottweil I. 40. 488 f. III, 5. 21.
Rouen I, 405. II, 13. 160. III, 210. 411.
Rouergue (französische Landschaft)
II, 155.
Roussillon I, 285. 319. 329. 334. 336.
338—341. 372. 380. II, 53. III, 75.
Rožmital, von I, 304.
Rubacker bei Überlingen, Kloster I,
226.
Ruchenacker von St. Gallen II, 13.
Rüching von Ulm oder St. Gallen II,
17. III, 319. 335.
Rückingen von Frankfurt I, 43. 49. 50.
Rudolf von Isny I, 66 f. 81 f. 101. 140.
162. 185 f. 196 f. 212. 218. 316. 356.
II, 43. 82. 121. 177. III, 2. 9. 12.
41 ff. 48. 50. 54—67. 80 f. 84. 87.
89. 93—96. 97. 156. 158. 160 bis
166. 183 f. 194. 209 f. 222. 245. 264.
341. 353. 384.
Rugesas von Saragossa III, 161.
Rugg von St. Gallen I, 83. 164. 359.
Ruggburg bei Bregenz I, 489.
Ruh von Konstanz I, 73. 176. II, 1.

Rumilly (in der Landschaft Bugey) II, 91 ff. 95. III, 209. 236.
Runtinger von Regensburg I, 469.
Ruß von Ravensburg I, 223.
Rüß von Ulm I, 492
Rusch s. Rausch.
Rußland I, 435. 450. II, 190. 219.
Rußwurm von Nürnberg und Breslau I, 460 ff.
Ruthenien I, 412.

S

Sachs, Hans, Dichter I, 351. 449.
Sachsen II, 83. 196. 190. 209. III, 396.
— Kurfürst Friedrich I, 462.
Sagan, Herzog von I, 453.
Saloniki III, 284.
Salvaigo von Genua I, 273. II, 63.
Salzburg I, 347 f. 467. 474 f.
Sälzli von Ravensburg I, 21. 135. 177. 200.
Sanct, Sant, Saint, Sancta...
Santafé, von, von Valencia II, 177. III, 105.
Santangel von Valencia I, 290 f. 313. III, 240—243.
St. Antonin (Departement Tarn et Garonne) II, 155.
St. Ffelin de Guixols (Katalonien) II, 53. 56. III, 517.
St. Flour, Flora (Departement Cantal) II, 96. III, 118.
St. Gallen I, 39 f. 44. 72. 97. 151. 163. 210. 213. 220. 276. 289. 331. 355. 359. 363. 383. 417. 436. 451. 453. 459 f. 467. 469. 475 f. 479. 488. 500 f. 512 f. 517. II, 1—5. 9. 12 ff. 16. 24 f. 35. 46 f. 75 f. 85 f. 226. 234. 237. 251. 258. III, 6. 7. 11. 15. 19. 57 f. 65. 68. 71. 77. 80. 82. 90. 106. 109 f. 118. 125. 134. 139. 148 f. 157. 164. 171. 174. 178. 180. 190. 194 f. 200. 202—206. 212 f. 223 f. 231 f. 236. 238. 243. 251. 259. 270. 305. 342. 352. 376. 396. 409. 419. 430.
— Kloster I, 25. 33. 163. 218. 220. 512.
St. Genis (Departement Isère) II, 92 f.
Santgil (wo?) II, 223. III, 525.
San Gimignano (Toskana) II, 152.
St. Gotthard, Paß I, 11. 32. 515. II, 24 f.
St. Jörgen Schild, Adelsbund I, 178.
Sant Olaria von Saragossa I, 312. II, 115. III, 115 f. 140. 158 f. 193. 240 f.
St. Omer III, 424.

St. Pé de Bigorre I, 381. II, 31 f. 38. III, 166.
St. Pée, Sanpera an der Bidassoa I, 379. III, 78. 94.
San Pier d'Arena bei Genua III, 273.
Sansolet, Sensolet de Florenza zu Saragossa II, 38. III, 5. 156. 159. 169.
Sant, Santz von Saragossa III, 171. 240—243.
Santurryo s. Centurione.
Saône, Fluß I, 361. 363. II, 91.
Saragossa I, 58. 70. 76. 79. 97 f. 102. 106 ff. 115 ff. 119. 124. 129 f. 137. 142 f. 159 f. 214. 232. 250. 276. 296. 301. 303—316. 328. 330 f. 335. 339. 342. 348. 353. 355. 357. 359. 379. 381. 405 f. 409. 411. 418. 441. 449. II, 3 f. 6—9. 11 ff. 17. 20. 30. 32. 37 f. 44. 47. 53. 66. 113. 211. 223. 225. 241. 248 ff. 254. 257 f. III, 2 f. 5. 8 f. 12—15. 17 f. 20. 23. 38. 47. 50. 52. 54. 62—71. 77 f. 82 f. 86—90. 92—97. 107. 111. 115—120. 124 f. 127. 129. 133. 134—141. 149 153 ff. 156—166. 166—172. 183. 189. 191 bis 194. 200 f. 206. 208. 214. 219 f. 222—225. 239—248. 263 f. 273. 275. 278. 280 f. 284—287. 293 f. 296. 301. 304. 314. 382. 405 f. 413 bis 416. 420. 424. 429. 431 f. 435. 448. 470—473. 504—510.
— Erzbischof I, 349.
— Kunden 3, 240.
Sardinien I, 276. 320. 331. 359. II, 212. III, 258.
Sariñena (Aragonien) II, 32. III, 473.
Saronno von Mailand I, 42. 157. 244 f. 247. 253. 255. 283. II, 19 f. 128. III, 277. 280. 308. 319 ff.
Sättelin von Ravensburg und Memmingen I, 495. III, 39.
Sattler, auch Croaria von Konstanz I, 62 f. 66. 113. 156. 172. 184. 197 f. 210 f. 220. 228. 302. 336. 403—408. 422. 426. 483. 499 f. II, 41. 58. 65 ff. 72. 106—109. 111 f. 114. 116 f. 137. 141 ff. 192 f. 204. 221 f. 228. III, 17. 30. 36. 40. 48. 52. 53—97. 141 ff. 174 f. 189 f. 225. 254. 335. 337. 384. 401—404. 408—433. 465. 527. 530.
Saulgau I, 460. II, 26. III, 326. 398.
Sauli von Genua I, 273. III, 312 f. 317 f.
Saurer, Lorenz I, 476.
Savary, Jacques I, 101. 118. 121. 126. 130.

Savoyen I, 32. 272. 289. 304 ff. 319 bis 326. 328. 331. 360. 362—367. 385. 413. 515. 518. II, 49. 53. 71. 91. 95 f. 204. 212. 230. 249 ff. III, 6. 222. 226. 305. 499 f. 502 ff. 529.
— Grafen und Herzöge: Amadeus VIII. I, 319. II, 49. — Ludwig I. I, 362. — Amadeus IX. I, 363. — Philibert I. I, 366. — Karl III. I, 366. — Bianca I, 517. — Jolantha I, 365. III, 499. — Bastard René II, 72.
Savona I, 259. 284 f. 342. 381. II, 55. 72. 107. 257. III, 220. 272. 302. 531.
Sax, Freiherr von I, 30. 219. II, 3.
Scarlonel III, 187.
Schad von Ulm I, 114. 135. III, 406.
Schaffhausen I, 32. 37. 117. 489. II, 26 f. 194. III, 16. 196. 350.
Schapeler, Michael III, 388.
Schatz von Konstanz III, 362. 365.
Schedel, Hartmann II, 17. 177.
Schedler von Kempten I, 198. 210. 212. 302. 461. 504. II, 183. III, 339.
Scheid von Frankfurt I, 59. 61.
Scheidegg bei Lindau I, 480. III, 483.
Schelde, Fluß I, 393. 414.
Scheler von Ulm I, 246. 254 f. 494. II, 17. 103. 121. III, 279. 307. 319. 376.
Schellang von Ravensburg I, 152. 176. 182. 187. 210. 486. II, 1. III, 353.
Schellenberg, von I, 152. 505. II, 222. III, 279. 285. 291. 321. 323.
Schencz von Medrich, Barth. II, 90. III, 437.
Scheurl von Nürnberg I, 42. 459. 462 f. III, 347 f. 356.
Schiedam (Südholland) II, 86.
Schiffmann III, 337.
Schiffweiler, Joh. von I, 401.
Schilter von Konstanz I, 36.
Schindelin von Ravensburg I, 53 f. 66. 151. 174. 193. 198. 209. 219. 432. II, 108. 116. 192. 203. 211. III, 9. 19. 26 f. 98. 123. 196. 201. 250 f. 254. 264. 329. 332. 334. 349. 354. 356. 361. 363. 365 f. 404. 485 f.
Schlaparitz, Dr. med., von Ravensburg I, 22 f. 172. 478.
Schläpfer, Schleipfer von St. Gallen I, 72. 136. 199. 213. 249. 265. 454. 513. II, 75 f. 109. 185. 187. 193. III, 2. 5. 12. 18. 23. 57. 201. 203 ff. 243. 254. 338. 341. 351 f. 404.
Schlatter I, 199. 400.
Schlebitzer von Nürnberg I, 459. III, 343. 348. 358.

Schlesien I, 341. 435. 448. 453.
Schlicher, Stoffel III, 14. 17.
Schlüsselberger von Nürnberg I, 378. 459. II, 17. 20. 167. III, 217. 376.
Schlüsselfelder von Nürnberg III, 343. 358. 366.
Schmalkalchischer Krieg II, 258.
Schmid von Basel I, 510 f. II, 257. III, 495 bis 499.
Schmid, Hans III, 368.
Schollberg, Pass nö. Sargans II, 258.
Schönau, von, von Konstanz I, 196.
Schönborn, von I, 233.
Schongauer, Maler I, 233.
Schopfer, Peter von Bern, Thun I, 514. II, 13.
Schöpperli von Ulm I, 490 f.
Schott, Raubritter I, 458. III, 389.
Schottland I, 415. 467. 516. III, 501.
Schramm, Bildhauer I, 223.
Schrapter, Art di III, 418.
Schriber von Ravensburg II, 1.
Schuler von Nürnberg II, 20.
Schürstab von Nürnberg I, 339. 459. III, 337.
Schussen, Fluß I, 10.
Schussenried, Kloster I, 346.
Schutz von Memmingen I, 470. 475.
Schwabach bei Nürnberg I, 466.
Schwaben I, 260 und öfter. 11 f. 15. 169. 174. II, 26. 258. — Landvogtei I, — Schwäbischer Städtebund I, 15 f. 19. 40. 266. 453. 479. 488 ff. — Schwäbischer Bund I, 15. 40. 479. 481 ff. 498 f. 453. 479. 518. II, 224 f.
Schwäbisch Gmünd I, 213. 492.
Schwäbisch Hall I, 348. II, 20. 245.
Schwartz, Ambros. III, 279.
Schwarz von Konstanz I, 181. 199. 211.
— von Augsburg III, 384.
Schwarzenberg im Erzgebirge II, 200.
Schwarzes Meer I, 261.
Schwarzwald II, 25.
Schwaz in Tirol II, 197. III, 41. 43. 373.
Schweinfurt, Schweinfurter I, 459. II, 239. III, 331. 343 f. 389. 397.
Schwiaster (?) II, 104.
Schwindhart, Hans III, 367.
Sebold, Ulrich III, 229.
Seeland II, 63. 149. III, 20. 83. 449.
Segelbach von Ravensburg I, 11.
Seibranz (Allgäu), Pfarrer von III, 463 f.
Seiler von Konstanz, Ravensburg I, 387. 469. III, 38.
Seyssel, südöstlich Genf I, 364. III, 499.

Selder, Sälder, Säldner I, 199. 433. 456.
466. III, 30. 341 ff. 352. 354. 360.
365.
Selmeß von Saragossa III, 165.
Senftenau bei Lindau I, 178.
Sengen, von I, 192.
Sensolet s. Sansolet.
Septimer, Paß II, 22. 41—45. 251 f.
Seregno von Mailand I, 244. III, 320.
Seryania s. Sariñena.
Seronno s. Saronno.
Serranya von Daroca (Aragonien) II,
121. III, 102.
Serratuna von Mailand II, 256.
Servera s. Cervera.
Seuter s. Suter.
Sevill in Saragossa, Perpignan 1, 70.
199. 214. 313. 316. II, 259. III, 508 f.
518.
Sevilla I, 119. 281. 299.
Sgleya s. Kilchen.
s'Hertogenbosch I, 421. III, 437.
Sieber von Lindau I, 68. 199. 212. 218.
III, 384.
Siena I, 89. 131. 137. 256. II, 152. 230.
III, 481.
Sierra Leone, Küste II, 191.
Siggen bei Wangen I, 24. 175. 177. 218.
Silberberg, von Basel II, 257.
Sigmaringen, Grafsch. II, 258.
Silvaticus, Matthäus II, 191.
Simonetta von Mailand I, 242. III, 279.
307 f. 319 f.
Siner, Bernardin III, 215.
Singen bei Konstanz I, 26.
Sinhenen von Saragossa III, 165.
Sinzig, südlich Bonn I, 424.
Syrakus I, 361. II, 61.
Syrien, Souria II, 104. 134. 190. III,
255. 276. 288.
Sixat III, 132.
Sizilien I, 270. 449. II, 129. 134. 173.
180. 184. 190 f. III, 274. 314.
— König Alfons I, 322.
Skandinavien I, 396. 435.
Sluis bei Brügge I, 339. 393. 395. 401.
413. II, 54. 62. III, 59. 510.
Soarez, Lopo, Seefahrer I, 279. II, 143.
Soller (auf Mallorca) II, 55.
— Anton III, 13.
Solmona (Provinz Aquila) II, 152.
Solnhofen (bayr. Schwaben) I, 468, II,
222.
Solothurn I, 361. II, 27 f.
Sonnenberg, Grafen von I, 505.
Sonsent von Saragossa I, 313. III, 240 ff.

Sontheim, Suntheim, von, von Ravensburg I, 17. 23. 199. 209. 218.
Soranzo von Venedig I, 238. III, 7.
Souryanisch s. Syrien.
Southampton, Anthunna II, 63. III,
59. 85.
Spadelli s. Spidelli.
Spangia, Heinr. von II, 8. III, 419 f.
Spanien I, 26. 140. 160. 269 f. 281. 283.
285—337. 341—359. 395. 398. 408.
411 f. 415 f. 417. 419. 422 f. 425.
435. 442. 444. 450. 464. II, 14. 17.
20 f. 40. 59. 67. 105 ff. 120 ff. 125.
132. 138. 144. 149. 152. 156. 160.
184. 192. 197 f. 204. 220. 225. 227.
230. 233 f. 242. 248. III, 102. 283.
287. 302. 306.
— Könige s. Aragonien und Kastilien.
Spartz von Valencia III, 109. 189. 207.
Speier I, 160. 467. 483. II, 239 f.
Speiser von Konstanz I, 387. III, 475.
Spenga, Spluga von Saragossa I, 313.
III, 240.
Sperer II, 20. 167. III, 376; s. auch
Sporer.
Spezierer von Ravensburg II, 220. III,
31. 327. 337. 340. 352 f. 365; s. auch
Kramer.
Spick I, 199. II, 72.
Spidelli von Isny I, 177. 200. 210. 213.
305 f. 340. 421 f. II, 84. 101. 182.
259. III, 388. 506 ff. 510 ff.
Spieß von Ulm I, 469.
Spinola von Genua I, 136. 249. 273.
III, 230. 270. 297 f. 313.
Splügen (Paß) II, 22. 41 f. 44 f. III,
251.
Spon, Wolff II, 20. III, 308.
Sporer aus Isny I, 200. 212. 378. II,
11 f. III, 213; s. auch Sperer.
Sporgieß, Fritz III, 265.
Sprenger, Balthasar I, 280.
Squarciafichi von Genua I, 273. III,
312. 317.
Stalburg von Frankfurt I, 43. 49. 63.
79. 137. 238. 446 f. III, 20.
Stany s. Estany.
Stark von Nürnberg I, 452. 465 f. III,
337. 341. 349. 362. 366. 379. 392.
397.
Starzedel von Nürnberg und Breslau
I, 460 ff.
Staställ(?) III, 302.
Staufen, Oberstaufen (Allgäu) I, 58.
208. 480. II, 82 f. 245 f. III, 38 f.
41. 47. 213. 240. 305.

Steckborn am Bodensee II, 26.
Stegmair III, 383.
Steiermark II, 193.
Stein, von I, 187. 488. 492.
Stein a. d. Donau I, 469.
Stein am Rhein I, 32. 149. 213. 228. 248. 515. 517f. II, 2. 24—27. 258. III, 202. 213 f.
Steinach am Bodensee III, 251.
Steinhaus, im, von Konstanz, Ravensburg I, 21. 27. 44. 54. 66. 76. 78. 81 f. 98. 100. 136. 154. 172. 196. 200 ff. 209 f. 211. 218. 240. 248. 255. 257 ff. 316. 319. 437. 458. 470 f. 499—502. II, 23. 40 f. 46. 106. 109. 186. III, 3. 10. 19—24. 38 ff. 48. 87, 90. 123. 217. 245. 247—255. 265. 267 f. 280 ff. 284 f. 292. 301. 304. 308. 320 f. 324 ff. 341. 353. 384. 389. bis 392. 397. 404. 410. 436. 450 bis 456.
Stephan von Ravensburg I, 202. 507. III, 490.
Stettlinger von Bern I, 514. III, 201.
Stiefenhofen (Allgäu) I, 480. III, 483.
Stöbenhaber von Memmingen I, 66. 81 f. 202. 213. II, 227. III, 50.
Stockach, nordwestlich Konstanz II, 26. 258.
Stoß von Ravensburg I, 158. 202. 367. 478.
— Veit, Bildhauer I, 202. 460 ff.
— Klaus III, 126. 181.
Stralburg s. Stalburg.
Stralen von Köln I, 358 f. 424.
Straßburg I, 233. 366. 371. 421. 460. 466 f. 506. II, 45 f. 169. 230. III, 99. 126. 346 f. 352. 397. 437.
Strel von Nürnberg! I, 273. II, 20. 127. 130. 135. III, 35. 297. 304 ff. 310. 316. 321.
Stricher, Strucher III, 277. 317.
Strohsack von Freiburg i. Ü. I, 202 f. 214. 326. 329. 515. III, 521—526.
Strölin von Konstanz I, 387.
Stromer von Nürnberg I, 318. 449. II, 141.
Stroppel von Waldsee I, 167. 169. III, 461. 463 f.
Studach I, 254. II, 20. III, 307. 319. 321.
Studer von Freiburg i. Ü. I, 387.
Stüdlin aus Isny, Leutkirch und anderen Orten I, 69. 76. 82. 98. 114. 203. 212. 244. 246. 254. 316. 398. 408. 495. II, 41. 82. III, 48. 213 ff.

244—248. 312—318. 319. 321. 323 f. 338. 406. 422—426.
Stuppa von Pavia III, 268.
Stuttgart II, 245. III, 329.
Sukarades (= Karralt?) von Valencia III, 109.
Sultzer II, 16.
Sulz am Neckar I, 489.
— Grafen von II, 26.
Sulzbach (Oberpfalz) I, 448.
Sulzberg (Allgäu) I, 480. III, 482.
Surbrand von Maastricht I, 427. III, 18.
Sürg von Ravensburg I, 62. 84. 152. 178. 182. 203. 209. 218. II, 1. 116. 129. 132. 210. III, 254. 267 f. 332. 345. 360.
Surmann von Breslau I, 459. 462. III, 348.
sus lo Puyo (Pyrenäen) III, 473.
Suter, Seuter von Kempten I, 83 f. 505. II, 85. 110. 196 f. 227. III, 379. 383. 391. 396. 457.
Swiczlin von Basel I, 510 f. III, 498.
Swin, Meerbusen nördlich Brügge I, 394—398. II, 62.

T

Tafur, Pedro, andalusischer Ritter I, 399. 435. 449.
Tagel, Alfonso, von Valencia II, 69. III, 106.
Taigola von Mailand II, 129. 131. III, 308. 320 f.
Talossa s. Toulouse.
Tanbek, Dumpeter, Daupek, Taubele von München III, 6. 16. 344.
Tarascon am Rhone I, 386 f. 389 f.
Tarazona (Neukastilien) I, 304.
Tarragona (Katalonien) I, 300. 317. 341. II, 53. 55. III, 528.
Tarrega (Katalonien) II, 171.
Taschenmacher s. Teschmacher.
Täschler, Teschler von Ravensburg I, 17. 23. 54. 62. 81. 98. 157 f. 163. 203 f. 209 f. 389. 421. 480 f. 486. 491. II, 6. 120. 227. III, 1. 6. 50. 53. 56. 61 f. 72. 92. 94. 112. 254. 351 f. 400.
Taxis I, 118.
Terni (Provinz Perugia) II, 23.
Teruel (Aragonien) I, 304.
Terzago von Mailand III, 279.
Teschmacher von Köln I, 114. 422. 427. III, 405. 407. 418 f.
Tettikofen von Konstanz I, 37. 502. III, 267.

Tettnang, nördlich vom Bodensee I, 479 f. 505. III, 10.
Tetzel von Nürnberg I, 304.
Tholossa s. Toulouse.
Thomann, Domann von Ravensburg I, 167. 169. 485. 487. III, 21. 37. 339. 350. 363. 372. 382. 461. 464 ff. 468.
Thun (Kanton Bern) I, 514.
Thur, Fluß III, 335.
Thür von Nürnberg II, 20.
Thurgau I, 32. 161. 498 f. II, 5. 74. 258.
Thüringen I, 431. 437. II, 83. 184. III, 396.
Thurn, im I, 180.
Thurzo von Krakau II, 107.
Tiraboschi von Mailand I, 246. III, 320.
Tirol I, 131. 512. II, 196 f.
Tyrolt von Linz I, 473.
Tissot, Thom. I, 114. III, 24. 405 f.
Töbler I, 204. 213. III, 338.
Toggenburg, Grafen von I, 512. III, 475.
Toledo II, 240.
Tolfa bei Civitavecchia II, 145 f.
Tolosa (Provinz Guipuzcoa) II, 204.
Toniau, Hans III, 17.
Topler von Nürnberg I, 459. II, 20. III, 1. 347 ff.
Torres, Garcia de I, 320 f.
Tortona II, 22.
Tortosa am Ebro I, 120. 135. 208. 251. 276. 282. 290 f. 298. 309. 314. 316 f. 517. II, 8 f. 15. 53. 71 f. 121. 154. 191. 208. III, 102. 117. 232. 243. 260. 270 ff. 275 f. 281. 285. 290. 293 f. 296. 301. 304. 314 ff. 518. 531 f.
Toscana II, 152. 158.
Toul II, 109.
Toulouse I, 97. 208. 376. 392. II, 30 bis 33. 38. 155. 167. III, 71. 126. 159. 166. 210. 222. 224. 472 f.
Tournay (Doornik) I, 406. 467. II, 11. 115. 118 f. 129. III, 5. 107. 192. 506. 511.
— Bischof von II, 146.
Tours I, 376 f.
Trag in Tässen I, 472. III, 450 f.
Trich s. Maastricht.
Trivulzio von Mailand I, 246. III, 307 f. 319.
Troyes II, 216. 256. III, 363. 421. 423. 427.
Tröstau bei Wunsiedel I, 448.
Truchsessen von Baldersheim II, 35. III, 379 f.

Truchsessen von Diessenhofen II, 2.
— von Waldburg I, 12. 23. 84. 221. 492. 504 f. II, 217. 228. III, 27. 338. 486.
Tübingen I, 152. 186. 194. 198. 220.
Tucher von Nürnberg I, 77. 136. 233 ff. 374. 378. 459. II, 17. 20. 33. 103. 107. III, 40 f. 209. 211. 351. 471.
Tudela (Katalonien) III, 245.
Tuggwas von Konstanz I, 436.
Tunis I, 283. II, 219. III, 271.
Türkei, Türken I, 281. II, 62. 104. III, 178. 255. 295.
Turnbech II, 20.
tuselsch III, 437.

U

Überlingen am Bodensee I, 37—40. 151. 213. 436. 479. 504 f. II, 26. 237. 246. III, 349 ff. 358.
— Jakob von I, 318. II, 213.
Ueli, Dr. med., von Ravensburg I, 66 f. 204. 210. 220. II, 227.
Uffsteiner von Frankfurt I, 446. III, 347 f.
Ulm I, 10. 20. 23. 39 f. 42. 75. 90. 114. 116. 118. 139. 149. 160. 206. 208 f. 213. 219. 235. 254 f. 263. 276. 309. 334. 337. 345 f. 350. 363 f. 366. 373. 377. 417. 423 f. 436. 448. 451. 453. 459. 466. 469 f. 477 ff. 482. 487 bis 494. 497. 506. 512. 515. II, 10 ff. 16 ff. 19 f. 26. 34 f. 45. 97 f. 100 ff. 201. 203. 237 f. 242. 245. 251. 253. 255. 258. III, 8. 12. 21. 35 f. 39. 58. 71. 82. 108. 118. 180. 193. 206. 208. 210. 227 f. 231. 236. 258. 299. 314 f. 328. 330. 332. 338. 341. 346. 352. 358. 360 f. 365. 369 f. 376. 391. 403. 405. 422. 430. 432. 438. 452. 457. 471. 479 f.
— Kunden III, 328.
— von, aus Konstanz I, 54. 66 f. 69. 82. 98. 140. 172. 176. 192. 204 f. 210 f. 218 f. 245. 315. 387. 499. 502. II, 109. 227. III, 40. 47. 50. 319. 321. 384. 436.
Ulslei d'Albi bei Albi II, 155.
Undarra von Valencia III, 151.
Ungarn I, 140. 261. 312. 335. 412. 435. 450. 473—478. II, 156. 159. 171. 196 ff. 219. 248. 256. 451—456. 477. III, 66.
— König Matthias I, 161. 475. III, 66.
Ungelter von Ulm I, 23. 487.
Uphoven, Unphoven II, 20. III, 160. 355.

Ürdingen bei Düsseldorf I, 424.
Urgel (Katalonien) I, 335. II, 153. III,
61. 65. 67. 78. 135. 141. 163. 167.
190. 219. 478.
Ursberg bei Memmingen I, 480. III,
482.
Uso di mare von Genua I, 507. III, 313.
Utrecht, Bischof von II, 250.

V s. auch F
Vaduz (Liechtenstein) II, 43. 46. III,
248 ff. 252 f.
Vagui, Vaguinel I, 205. 340. 363 f.
Val de Jesus bei Valencia, Kloster I, 84.
157. 225 f. 289. 343.
Valderiola, Walleriala von Valencia
I, 301. III, 99. 114. 152. 189.
Valence am Rhone II, 29.
Valencia I, 17. 43 f. 58. 64. 72 ff. 95.
97 f. 102. 106 f. 114—117. 119 f.
124 f. 128. 131. 137. 140. 142. 145.
199. 208. 225. 227. 237. 249—253.
273. 276. 282 f. 285—302. 320. 328.
334. 337—346. 348. 352. 354. 356 f.
374. 380 f. 388. 395. 401. 404. 407
bis 410. 418 f. 426. 430. 449. 511.
II, 3 f. 6 ff. 10 ff. 15. 19. 39. 48. 53.
55. 58. 60—69. 71. 106 f. 113. 121.
132. 142. 219. 221 f. 225. 246—252.
254. III, 1—7. 9 ff. 13—21. 39. 43.
47. 50. 52 f. 55—60. 62—67. 71.
73—78. 80—90. 92. 94 f. 97—115.
117 f. 120—124. 129 ff. 134. 136.
137—141. 143—155. 160. 162. 164
bis 167. 173—177. 180 f. 181 bis
190. 191. 193. 200. 210 f. 213.
219 f. 222 f. 225 ff. 230—248. 256.
260—263. 270. 272—276. 278. 281.
284 ff. 288. 290. 292. 294 ff. 300 ff.
304 f. 310. 314 ff. 337. 357. 359.
401 f. 405 f. 409. 412—416. 418.
420—424. 427 f. 430. 432. 435. 447 f.
498. 517—521. 531 f.
Valenciennes (Departement Nord) II,
111. 113.
Valentinois (Landschaft bei Valence)
II, 30.
Varese, nördlich Mailand I, 254. III,
14. 249. 312.
Varge, de I, 363. 365.
Varnbüler von St. Gallen I, 415. II, 9. 14.
Vasco da Gama I, 277 ff. 445. II, 187.
225. 233.
Veckinghusen zu Brügge I, 2. 7. 237.
395.
Veere (auf Walcheren) I, 414.

Venedig I, 11. 26 f. 31. 35. 58. 97.
114 f. 118 ff. 123. 135. 235—239.
241. 243. 245 f. 251. 257. 259. 261 f.
265. 271 f. 276 ff. 282. 298 f. 304.
346. 394 f. 396. 398. 400. 413. 421 f.
426. 435. 437. 443 ff. 449 f. 454. 467.
475. 481. 484. 490. 497. 512. II, 13.
22. 33. 44. 48. 51 f. 55. 58. 60 ff. 65.
114. 198. 201 f. 219. 225. 231. 241.
247 ff. 253. 255. III, 7—11. 15 f.
18. 20. 47. 57. 60. 71. 79 f. 82. 88.
96. 105. 114 f. 121. 125. 130. 133.
145 f. 171. 177 f. 186. 193. 200 f.
223 f. 228 f. 231 f. 237. 254. 268.
275. 277 f. 288. 295. 302 f. 306. 313.
316 f. 339. 341. 379. 387. 392. 397.
405 ff. 417. 422. 424. 428. 440 f. 449.
454. 474 f. 489. 515. 527. 530.
Venezuela I, 159. 315.
Ventura von Florenz II, 71.
Vercelli I, 140. 244. 254. III, 281. 285.
320 f.
Verdun (Departement Saône et Loire)
II, 91—94. III, 129. 187. 212. 222.
226 f. 230. 232. 236.
Vernegal von Valencia I, 301. II, 69.
III, 99. 106. 151.
Verona I, 477.
Veurne (Furnes, Westflandern) I, 400.
Via mala (Paß) II, 41.
Viana, Prinz von I, 329.
Vias (Departement Hérault) II, 51.
Vienne I, 361. II, 29. 91 f.
Viennois II, 93.
Vilabau s. Bilbao.
Vilela III, 343.
Villafranca, Vertrag von I, 239.
Villa hermosa (Provinz Castellón de la
Plan) III, 470 ff.
— mayor (Aragonien) III, 472.
Villamari II, 64. III, 146.
Villaroya (Aragonien) I, 313.
Villefrauche (Departement Alpes maritimes) II, 49. 53. 71. 92 f.
Villingen, Kloster I, 226 f.
Vischer von Nürnberg, Künstler I, 220.
Visconti von Mailand I, 246. III, 297.
307. 319 f.; s. auch Mailand, Herzöge.
Vivero (spanische Provinz Lugo) II, 63.
Vögele, Jörg II, 222.
Vogelsberg (Paß) II, 22.
Vogelwaider von St. Gallen II, 14. III,
15. 23. 317.
Vogt von Konstanz I, 36.
Vogt von Summerau I, 446. II, 136.
III, 384.

Orts- und Personenverzeichnis

Vöhlin von Memmingen I, 59. 91. 131.
213. 224. 245. 378. 425. 454. 470 f.
477. 480. 495. II, 14. 83. 122 f. III,
293. 314. 321. 383. 306. 452. 483;
s. auch Welser.
Volkamer von Nürnberg III, 1.
Volterra II, 152.
Voltri bei Genua I, 267.

W

Waadtland I, 365.
Wabren, von, aus Bern III, 499.
Wagner von Nürnberg I, 459. III, 211.
Walding von Nürnberg III, 355.
Waldmann von Wangen I, 69. 81 f. 98.
205. 212. 315. II, 227. III, 43. 48.
50. 246. 376. 389.
Waldsee, nördlich Ravensburg I, 210.
466. 497. 504. II, 21. III, 461. 467.
482.
Waldshut II, 25.
Waltenheim von Basel I, 323.
Waltrams (Allgäu) I, 178.
Wangen I, 13. 32 f. 39 f. 54. 58. 140.
209. 212. 222 f. 400. 436. 479 f. 489.
497. 504. 515. II, 16. 45. 82 f. 85.
224. 245 f. 258. III, 19. 38 f. 41. 47.
196. 240. 307. 319. 380. 385. 388.
396. 452. 460. 482 f.
— Hans von, Bildhauer I, 222 f. III, 19.
Warschau II, 13.
Warthausen (Ober-) bei Biberach, Kloster I, 226 f. III, 37.
Watt, von, von St. Gallen, Familie und
Gesellschaft I, 30. 91. 241. 289. 305 f.
326. 328. 340. 358. 387 f. 452 f. 478.
500 f. 512. 514. II, 12 f. 84. 101.
162 f. 213. 228. 232. 259. III, 377.
506 bis 509. 511. 513—517.
Watta, Waldtha in Ungarn (wo?) I,
140. 471. III, 454.
Wattenwyl von Bern I, 232.
Weyer, Wyer von Memmingen I, 75
bis 79. 205. 213. 447. 460. 465 f.
495 ff. II, 99. 118. III, 267. 327 bis
333. 341. 461.
Weyermann, Wigermann von Konstanz
I, 54. 66. 143 f. 205 f. 210. 330. 356.
II, 111. 214. 227. III, 2. 11. 24. 47.
64 f. 67. 70. 90. 93. 115—120. 134 f.
156—160. 169. 172. 194. 196. 200 f.
204. 207. 352. 375. 384. 398—400.
Weil der Stadt I, 23.
Weiler (Allgäu) III, 483.
Weinfelden (Thurgau) I, 192.
Weingarten bei Ravensburg, Kloster
I, 11 f. 84. 153. 169. 181. 204. 466.
480. II, 227. III, 27. 366.
Weißenau bei Ravensburg, Kloster
I, 13. 179 ff. 220. 505.
Weißhaupt von Biberach I, 42. 57. 59.
63 f. 72 f. 153. 224. 503. II, 1. III,
206.
Welfen I, 11.
Welser I, 48 f. 59 f. 69. 91. 157. 159.
193. 240. 259. 278 ff. 281. 315. 370.
415. 418. 461 f. 515. II, 14. 20. 43.
110. 168. 224. 228. 231. 238. 240 ff.
257. III, 214. 219. 221. 277. 383.
398. 440. 442. 448 f.
Werdenberg, Grafen von I, 488. 490.
II, 26.
Werdenstein (Allgäu) III, 38.
Werenwag, von I, 176. 218. II, 1.
Werff, van der III, 406.
Werli von Ulm I, 494. III, 12. 329 f.
338. 341. 358. 361 f. 365. 405. 422.
Westenberg von Köln III, 337.
Westerburg von Köln I, 43.
Westermann von Augsburg II, 165.
III, 210.
Westfalen I, 236. 411. 414. 431. II, 86.
193.
Westindien I, 193. 291. II, 17.
Widnauer, Hans II, 36.
Wien I, 31. 116. 119. 186. 397. 412. 418.
423. 427. 444. 458. 467. 469—478.
II, 22. 35. 113. 224 f. 248. 251. 254.
III, 38. 40 f. 43. 66. 71. 332 f. 363.
399. 450—456. 475.
— Kunden III, 450—455.
Wigermann s. Weyermann.
Wyla de, von Valencia III, 104. 121.
Wylates III, 160.
Wilbau s. Bilbao.
Wyler von Basel I, 507. III, 489 ff.
Willde, Heinr. de III, 430.
Wine, Wive von Genua I, 273. III, 313.
317 f.
Winterberg von Konstanz I, 135. 172.
437. III, 474.
Winterthur II, 25.
— Joh. von I, 18.
Winzürn von Ravensburg I, 167. 169.
III, 468.
Wirt von Ravensburg I, 11. 21. 400.
469.
— von St. Gallen I, 460.
Wiß, Wyß von Basel I, 91. 305 f. 322.
334. 507—511. II, 163. 236. 257.
259. III, 489—499. 508 f.
— zu Frankfurt III, 476.

Wissnoh, Konrad II, 5.
Wiser, Erhart III, 43.
Wißland, Wießland von Isny I, 72. 206.
212. 294. 342—348. 353. 401. 468 f.
480. II, 6 f. 10 f. 72. 173. III, 18.
53. 61. 67. 69. 92. 94. 334. 483. 518
bis 521.
Wittenborg von Lübeck I, 1.
Wittich, von, Hermann III, 377.
Wolfart von Memmingen I, 207. 213.
Wolfartzhofer von Ravensburg I, 15.
Wolff von Nördlingen I, 75 f. 213. 401.
468. III, 332. 338 f. 341. 352 f. 362.
365.
Wolgemut, Maler I, 233 f.
Wolpertshofer von Ravensburg II, 12.
Worms I, 467. II, 237 f.
Worstead (Norfolk) II, 111.
Wurm von Ulm I, 494. II, 100. III,
329. 332.
Württemberg, Grafen, Herzöge von
II, 22. 245. 258. III, 71. 91. 403.
Wurzach, nördlich Ravensburg I, 479 f.
Würzburg I, 208. 459 f. II, 221. III,
328. 332 ff. 339. 358.

X

Xabya = Jativa.
Xamna, Xaman, Insc, Maure zu Saragossa I, 312. III, 240—244.

Y s. I

Z s. auch C

Zähender II, 5.
Zainer, Buchdrucker I, 346.
Zangmeister zu Memmingen I, 213.
495. II, 20.

Zarucha zu Bilbao III, 435.
Zäsy, Zasius zu Freiburg i. Br. I, 220.
512. III, 343 f.
Zeckelya III, 9.
Zell (welches?) I, 459.
Zell s. Radolfzell.
Zelle II, 23 (erklärt). III, 325.
Zellia III, 300.
Zerbin von Genua III, 270. 297. 312.
Zeringer, Ulrich III, 268.
Zilli von St. Gallen I, 500.
Zimmermann von Lindau III, 42.
Zink von Augsburg II, 16.
Zinner von Nürnberg I, 459. 462. III,
347—350. 355. 366.
Zisero von Genua I, 273. III, 313. 318.
Zollikofer von St. Gallen I, 184. 512.
II, 5. 13 f. 167 f. III, 219. 376.
Zscheckabürlin von Basel I, 511. II, 14.
Zuccaria von Florenz I, 363.
Zuckenriedt (Thurgau) I, 25. 192.
Züg II, 167. III, 376.
Zuydersee, Zuytersche II, 148.
Zürich I, 156. 161. 213. 220. 248. 268.
283. 361. 371. 392. 461. 499. 515 ff.
II, 2. 14. 24. 27. 124. 132. III, 17.
72. 126. 319. 334 f. 350. 501.
Züricher von Ravensburg I, 176. II, 1.
Zurzach (Kanton Aargau) I, 138.
Zwick von Konstanz und St. Gallen
I, 63. 81. 98. 207 f. 211. 220. 336.
499. II, 119 f. 136. 156—183. 227.
III, 20. 37. 48. 54—67. 78 f. 119.
132. 134. 136. 140 f. 153. 155 ff.
159—162. 164 f. 166—183. 190 f.
194. 210. 223. 239—244. 323. 384.
430.
Zwingli II, 230.

Sach- und Wortverzeichnis
zu Bd. I—III

Auch dieses Register mußte knapp sein. Daher sind z. B. bei den Waren, aber auch sonst nur die wichtigsten Stellen angeführt; wer tiefer dringen will, findet an ihnen die übrigen in den Anmerkungen aufgeführt. So konnten die meisten Zitate aus Band III fortbleiben. Im Wortverzeichnis wurden nur selten Zitate eingesetzt, auch auf die genaue Angabe, ob es sich um katalanische, provenzalische, italienische usw. Worte handelt, verzichtet.

A

Abentyr, -ig, Abenteuer, -lich.
Abgaben s. Zölle.
Abgänge an Rechnungen der Gesellen I, 81 ff. 99. III, 38. 44 ff. 50. 113.
Ablaß, -gelder I, 221. 224. 455. II, 242.
Abra de terra, unerklärt, ob ambra? II, 186. III, 123.
acaptar, betteln III, 523.
acer = Stahl.
achord, acord, -ieren, Übereinstimmung.
Adel I, 19. 25. 70. 83. 143. 160. 165. 209—221. 234. 273. II, 13. 229. 239. 242. III, 79. — hoher I, 209. 219. — Adelsbriefe I, 218 u. ö.
adobieren = verbessern III, 119.
adon? III, 163.
adfekat = Advokat.
aduana = Zollstätte.
afars, afes, affetz = Angelegenheiten, Geschäfte.
aga naffo, egen n-, aigua nef = Orangenwasser II, 186.
agnine s. Lammfelle.
agulla = Nadel.
aynes = Geräte II, 173.
Aktiengesellschaft I, 55 f. 91 ff.
Alabasterbilder II, 212.
Alant II, 144.
Alaun I, 395. II, 19. 142. 144—147.
albara, -n, Schein, Urkunde I, 130 u. ö.
Alchemie I, 472. III, 455.
alena, ferros de = ? III, 526.
Alkalien II, 174.
alla caball, zu Roß III, 10.
Almeschg, kat. almesc = Moschusbeutel II, 141.

Almora, almergen, Kissen I, 314. III, 247.
alna, allna, allme = Elle.
Aloe II, 144. — Aloepaticum I, 139.
Alsflor s. Safflor.
Altarschrein I, 222 f. III, 19.
Altartücher II, 109.
aluda, allude = Schaffelle, Sack von Schaffellen.
Ambola, Wolltuch per a-, zum Herumgehen III, 526.
Ambolantza = Seefahrt III, 2.
Ambra II, 221.
ample = breit.
anchomy = Alchemie.
anfantzon = Vorteil III, 287.
anine s. Lammfelle.
Anis I, 286. II, 184.
Ankauf von Waren I, 118—123. — aus erster Hand I, 120.
ankryes, las, eine Abgabe (?) III, 2.
Anlehen bei der Gesellschaft II, 224. 230. 232 f. 237 f. 481. III, 487.
anna = Elle.
Annahme als Diener, Geselle I, 16. 70 f. III, 10. 462 f.
anpastos? I, 76. III, 246.
ansantz, ob = als sonst? III, 288.
Anstand, kaufmännischer I, 96.
anstosita sagola, wohl Schuhe III, 404.
anteporta, Türvorhang II, 115.
Antimon I, 351.
apatyren, apatar = pactar, ausbedingen III, 99.
apelyren = anrufen.
apontieren = übereinkommen.
Apotheke I, 78.
apunitament = Abmachung.

aram = Kupfer, Bronze I, 334. III, 522.
arazzi II, 115.
Arbeitsgesellschaft I, 86. 88.
ardilla, Nagel ohne Kopf II, 209. III,22.
arestieren, harestieren = anhalten.
aryant, tal d'-? III, 189.
arisch, allriesch usw. s. Risiko.
Armada = Schiffsvereinigung.
Armbrust I, 390.
Armbrustwinde II, 204.
Arras, arlas, arslas II, 111—114.
arrendament = Verpachtung I, 290 f.
arroba = Rubb. = arab. ar roba'a = ein Viertel einer Sache = ein Viertel Zentner.
Arsenküpe II, 144.
artesan = ital. artigiano = Handwerker.
Arzneien I, 78. II, 56. III, 230. 249. 326.
Ärzte I, 78. 195. II, 7. 17 f. III, 93. 230. 433.
ase? III, 294.
asegurador = Versicherer.
a selement s. salvament.
asflor, allaflor = Safflor.
asmerz, alsm-, alm-, arm-, assmar = holländisches Leinen II, 87.
asortieren = mit Sorten versehen.
ass bawado (Drahtsorte) II, 209. III, 117.
assero, azer = Stahl. — assero, aseto (Drahtsorte, Stahl?) II, 209.
Astrologie I, 243. 415. III, 281. 291.
Atlas I, 251. II, 124 f.
aubaine, droit d' I, 369.
aufentuir = Abenteuer.
Aufkäufer s. Einkäufer.
Auflösung der Gesellschaft I, 73 f. II, 10. 224—229. — eines Geliegers I, 244 f. 265. 272 f. 337. II, 14. 225. III, 79 f. 244—248. 317—324.
Aufsichtsrat I, 55 f. 93.
aunser, schwäb., Sack für Lebensmittel I, 78.
Ausdehnung des Handels der Gesellschaft II, 31 f. 241.
Ausfuhr, Einkauf, Übersichten I, 106. 118—123. 129. 237 f. 249—253. 257 f. 275—283. 292 f. 296—300. 302. 304—306. 308 f. 316. 324—333. 339 f. 354. 361. 368. 374. 376. 382 f. 389. 406—411. 417—419. 423. 426 f. 429 ff. 433. 445 f. 450. 462 ff. 468. 471. 474. 494. 496. 503.

Ausgesetzte Beträge für Gesellen I, 68. 85 f.
Aussterben der Geschlechter I, 220 f.
Austritt aus der Gesellschaft I, 16 f. 72 f. III, 181.
Auszahlung der Einlagen von Gesellen I, 67 f. 73. 88. 100. II, 6. III, 38. 42 f. 49. 61 f. 93. 338 f. 341. 351 ff. 362. 364. 375. 383 f.
avantygat = vorteilhaft.
Avarie, awaryan, eine Abgabe II, 65. III, 432.
Ave Maria s. Korallen.
aviaß, avitzo = Mitteilung.
avisieren = ankündigen.
azetieren = annehmen.
Azulejos, farbig schimmernde Ziegel I, 286.
Azur s. Lasur.

B

bacin = Becken III, 530.
Badergeld I, 75 f.
badog = Ausschiffung III, 230.
bafflen, verbafflat, ob von span. bafar = spotten III, 56.
baillia = Bailli.
bak meni = ? III, 7.
bala, plural. -es,balon,balonet=Ballen.
Balaguer, Balleger, Bellegir usw. Safransorte II, 152 f. 160. 162. 168. 171 f.
Balaner = Walfischfängerschiff II, 56 f.
Balança = Goldwage.
Balancen = Übersicht über die voraussichtliche Geldlage eines Geliegers III, 138. 309. 390. 416. 432. 443 f. 447 f. 456.
Ballen, II 83 f. u. ö. — ihre Größe I, 124.
baluort III, 283.
Bamaß = Bavonsmesse in Antwerpen.
banastra, kat. banasta, Korb III, 522.
banbasines = Baumwollstoff II, 102.
bandat s. bondat.
Bänder II, 212.
banemässar = Lehrling I, 71.
Bankale, bancals = Bankdecken II, 115.
Banken I, 273 u. ö.
Bankerotte I, 38. 90—92. 254. 378. 446. II, 242. III, 12. 264.
baratyeren, pratzla, span. baratar, = unter dem Werte verkaufen, aber heute auch tauschen I, 131. III, 148 u. ö.

barbarex = berberisch.
Barbiere I, 67. 75. 183.
Barchent I, 15. 34 f. 39. 92. 119. 139. 249 f. 300. 307. 309. 318. 328. 331 f. 339 f. 422. 474. 484. 487. 493. 497. 513. II, 5. 10. 16. 79 f. **97—104**.
Bareinkauf I, **123**.
Barette II, 212, s. auch Birette.
baricles, b. d'os. = Hornbrillen I, 308.
baryeren, kat. barrar = versperren III, 109.
baril, barril = Faß.
baryly, Arznei III, 230.
barkatt s. Brokat.
Barken II, 56.
barsely = Esparto II, **136**.
bassage s. Passage.
basta, Ausruf.
batafaluia = Anis.
batut = getrieben, geschlagen.
Bauernkrieg I, 219. 485. II, **227** ff.
Baumwolle I, 34. 119. 236. 330 f. 373. 487. 494. 496 f. II, 43. 99. **104** f. 216. — B-garn II, **104**.
Baumeister I, 233 f.
bav = blav = blau.
bavat, bawatt (Drahtsorte) III, 158. 188.
baxador, tesores (Scheren) de b. III, 524.
baynes III, 505.
Beamte des Reiches I, 154. 158 ff. 220. 483.
Begleitung der Transporte II, 37—42. 44. 70. u. ö.
Beichtgeld I, 76. 79. III, 328. — Beichtvater, seine Wahl III, 462. — Beichtzeugnis II, 56. III, 230.
beynots = Scheiden II, 222.
belart, Tuchsorte.
benateß = ? III, 166.
bercomer (ob von Bergamo?) II, **136**. III, 453.
berette s. Birette.
bergamyn s. Pergament.
Bergantino, Schiffsart II, 57.
Bergbau I, 460 ff. 473. II, **232** f. 242.
bergkin, bergkrye II, **223**. III, 350. 357.
bermutt II, **222**. III, 303.
Bestellung von Waren II, 292. — bei Handwerkern II, 106. 113. 116. 119. 214. III, 255 f. 287. 312. 318—321. 401 f. 415 u. ö.
Bestellzettel (Rezepte) I, 123. III. 235 ff.
bestya = Vieh.

Bettdecken I, 307. 351. II, 116. 212.
Bettfedern II, **219**.
Bettziechen II, **90**.
Bewässerung II, 287. 302 f.
Biegel II, 104 f.
Bietgeld II, 43.
Bilanz I, **105**. **108**. 272 f. 356.
Bilanzperioden I, 56 f.
Bildhauer I, 222 f. 460 ff. III, 19.
biloly = Pillen.
Bindfaden II, 11.
Birette II, 116. 118.
birgamän s. Pergament.
Birnen, biera III, 27.
blanch = weiß.
blanquear = bleichen.
blatz de terra II, **186**. III, 123.
Blech II, 71. **207**.
Blei I, 423. II, **203**.
Bleiweiß II, **149**.
Bletzen, Stücke eines Stoffes II, 74.
Bocaram II, 91.
Bodega, botiga, butig, potige und andere Formen, Laden für den Kleinverkauf I, **294** f. **343** f. II, 6 u. ö.
bok mes, ? III, 163.
bomasin, Samt II, **104**.
Bonneten II, 116 ff.
bontad = Güte.
Borax I, 139.
borchatto = Brokat.
bordats, burdats II, 92 f. **95** f.
bordogi II, **137**. **222**.
bordoschin II, 209. III, 22.
Börsengebäude I, 415; s. auch Lonja unter Barcelona, Perpignan und Valencia.
Borsten II, **212**.
Boten I, 113—117. 144. II, 12. III, **404** bis **408**.
botgetes I, 331.
boto de coral = Knöpfe der Koralle.
Brasilholz II, 142. **147**.
bratza = braccio = Elle von Mailand usw.
brekrann II, **103** f.
Brennspiegel II, 212.
bryc, vgl. ital. brigata = Schar III, 264.
Briefe, an zahlreichen Stellen, Abdrücke III, 222—226. 463—466. 470—473. 491.
Brieffaden II, **137**.
Briefregister I, 113 ff. III, **404—408**.
Briefsand II, 222.

Briefverkehr I, 113—118. II, 43 f. III,
14 f. 17. 52. 71 f. 92. 97. 112. 115.
127. 156. 166 f. 176. 181 u. ö.
Brillen I, 308. II, 212. 222.
Brillenbestecke II, 222.
brin = Staubfäden der Safranblüte.
brischuoer = ? III, 433.
Brister I, 77.
Brokat I, 250 f. 275. 427. II, 131. 203.
Brot III, 31.
Brücken I, 32. 385 f. II, 50.
Brüderschaften der Kaufleute I, 224.
227. 368.
bruffol = ? vgl. II, 221.
Brunikel, brunygell, bronnigel usw.,
eine Sorte des Safrans II, 154 f. 157.
160. 168 f. 171 f.
Brusttücher II, 89.
Buchdruck, Buchdrucker I, 150. 183 f.
206. 259. 286. 341—353. II, 17. 227.
231 f.
Buchführung I, 94. 105. 109 f. 384. 420.
II, 12. 231 f. III, 44—51 u. ö. —
doppelte I, 109 f.
Bücher II, 222.
Buchschreiber III, 366.
Büchsen, Hakenb-, Handb- II, 203.
Bückinge II, 193.
buyta = warten.
Buknschin, buggenschin II, 90. 98.
buliert, von Zinn gebraucht III, 310.
buochsal III, 404.
burans, buras, Sorte von Canemasserie
III, 231.
burdat, bordat II, 92 f. 95 f.
burell = grau (nach dem Vocabulari
Català Alemany de l'any 1502)
= rötlich (Vogel) I, 329.
burgen, eine Arznei III, 230.
Bürgerrecht I, 425 u. ö.
Bürgschaft I, 130 f. 508 ff.
Bürsten I, 331. II, 212. 221.
butz alz balz III, 94.

C und K
cabra = Ziege.
cadrans s. quadrems.
cadena = Kette, de ca = Hundskette
III, 529.
Kaffee II, 156.
cafis = ein Gewicht.
Calcedon, Calsadonia II, 212. 221. III,
252. 525.
calderero = Kesselschmied.
Kalender I, 75.
calma = Stille.

Calmus I, 139.
cambio, canby = Wechsel.
Kämme I, 308. II, 220.
Kammergericht I, 456; s. auch Reichskammergericht.
Campher, canfora I, 139. 280.
Kamoka, Damastsorte II, 130.
camoryert, dem Sinne nach = beschädigt III, 275.
campanero = Glockengießer.
campo seccano = regenarmes, trockenes
Gebiet I, 298 f.
camps s. cap.
cana, canna = Rohr, ein Längenmaß.
canastre = canastra, Korb.
Kandis, candit, candi, Zuckersorte II,
174. 179 f.
canejad II, 92.
canelobres = Leuchter.
Canemasserie, Hanfleinwand I, 120.
300 f. 307. 309. 319. 328. 331 f. 361.
368. 376. 382—385. II, 4. 11. 74.
91—97. 237.
Canevas I, 265. II, 97.
canftyg, ob Wollsorte II, 223. III, 271.
Kaninchenfelle I, 328. II, 141.
canna = Rohr, auch Längenmaß.
Kannen II, 211.
canoques d'escrivanies, Rohrfedern für
Schreibtische.
cantar, ein Gewichtmaß II, 255.
cantziant, chantzia, cantzraden, Sorte
von Arras II, 113. III, 346.
cap = Stück, agulla de cap = Stecknadel II, 207.
cap de moro = Mohrenkopf, caps de
correges = Riemenmetallenden? III,
527.
capell = Hut.
Kapelle der Gesellschaft I, 22. 54. 222 f.
III, 19. 480.
Kaperei s. Korsaren.
Kapern II, 185.
capets de spillere, Köpfchen der Spiegel
(espill)? III, 526.
Kapital der Gesellschaft I, 43 f. 58. 60.
64. 68. 85 f. 89. 93. 107. II, 5 f.
110 f. 228. 234. III, 49. 54. 64. —
Stehendes I, 64. — Kapitalistische
Teilhaber I, 66.
Kapitalismus I, 30. 94. 101. 110. 137.
345. 398. 415. II, 157. 232—242.
Kapitalgesellschaft I, 86.
Kappenzipfel I, 75. 77.
capsa = Gefäß, de barber = Rasierschüssel.

capseta de lauto per tenir crisma =
  Büchse, Kästchen für Aufbewahrung des Chrisma III, 530.
Kara paryren = den Kopf entgegenhalten, zurückweisen.
Karake, Schiffsart II, 57.
Caravele, Schiffsart II, 58 f. 64.
cardado = gerauht II, 116.
cardono, ocardum II, 131.
carga = carrega = Last eines Saumtieres, bestimmtes Gewicht s. Gewicht II, 253—256.
carliva, carlonan, Karmanal, Wollsorte II, 139.
Karmeliterorden I, 221—224. 390. 395 f.
Karmoisin Samt II, 129.
Carpetten, Webstoffe II, 137. III, 440.
Karren II, 47.
carratel, cara- = Fäßchen.
Kartell I, 322 ff.
cartes = Zettel.
cascavell, cassga wel = Schelle II, 117.
Käse II, 192. III, 29. 31.
Kassendefekte I, 315 u. ö. — Kassenjournal I, 105.
Cassia fistola II, 190.
cassoles = Näpfe.
catember = Quatember.
Kaufleute, große II, 231.
Kaufleute und Kunst I, 229—235.
Kaufmannsprache I, 355—358.
Kawerschen I, 20. 190. 211.
caxa = Kiste.
cella, Leinwandsorte.
Kenúper? II, 223. III, 337.
Kermesbeere I, 298. II, 147 f.
Kerstal, Kerztal s. Leuchter.
Kerzen II, 220.
Ketten II, 204.
Challgieren = chargiren = beladen III, 66.
Chansa latina, xanxa, altkat. = Scherz III, 63.
chavaleries = Ritter.
Chazwolle II, 108.
chomary tallany, Seidensorte II, 134.
Chrismabüchsen II, 211.
cibory = Altaraufsatz III, 19.
Kyernt, Kiert s. Kürnt.
kylmenien, kursen, kyllwem, kinluemen II, 137.
Kirchenbauten I, 225 f.
Kirchengeräte I, 227.
Kirchenspenden I, 17.

Kirschen III, 27.
Kyrsen III, 366.
cisid III, 436.
Kissen II, 137.
civado de capelan II, 186.
clau de trampar arpes = Dorn, um die Harfe zu schlagen.
clavaria, eine Abgabe III, 211.
Kleider, gemalte II, 109.
Kleidung, Recht auf I, 74—77. 81. — Kleidung, auch Üppigkeit usw. I, 78. 141 ff. 165. 500. II, 41 f. III, 49 f. u. ö.
Kleidungsstücke I, 75 u. ö.
Kleinhandel I, 94. 101. 120. 122. 131. 140. 209. 265. 294. 398. 486. II, 215, s. auch Bodega.
Kleriker aus dem Umkreis der Gesellschaft I, 159. 180 f. 220.
klet? III, 156.
closques de nous = Nußschalen.
Kloster, Aufnahme in ein II, 76.
Knecht der Gesellschaft III, 7. 12.
cobertor = Decke.
Cochenille, polnische II, 142. 147. 223.
codo, wohl ein Maß III, 242.
cofin = Korb.
Kogge, Schiffsart II, 57.
Collegantia I, 88.
Koloniale Produktion I, 297.
color di sera = Abendfarbe.
colltro, coltrone, agullas de c = Steppnadeln II, 206.
Comanda = Auftrag.
Comenda I, 88. 92.
comi, komin, komely = Kümmel.
Commerci, Abgabe in Genua.
Kommission = Auftrag der Oberen I, 120.
Kommissionäre I, 69 f. 81. 97. 120. 208. 255. 258 f. 262. 274. 276. 285 f. 302 f. 316. 340. 350. 367 f. 371. 376. 383 f. 388 f. 391 f. 395. 401. 424 f. 427 f. 430 f. 433. 452. 494 ff. 505. 513 f. II, 35. 50. 94. 96. 132. 147 f. 169. 180 f. 184. 220. III, 9. 18. 57. 84. 104. 126. 132. 146. 184 f. 189. 194 ff. 199 ff. 210. 214. 216 ff. 220 ff. 225. 254. 296. 325. 329 f. 332. 338. 361 f. 365. 385. 393. 403. 423. 430. 491. 512.
Kommissionsgeschäfte, auch für Gesellen I, 120. 133. 137. II, 10. 134. 218. III, 12. 15—20. 23. 40. 123. 214. 221. 227. 254. 265. 267 ff. 280 f. 291. 320 f. 323. 336—341. 345. 351.

353 f. 357. 360 f. 363—366. 372 f.
376. 384 f. 397. 399 f. 404. 425 f.
433. 436. 470 f.
company, conp- = Geselle.
Kompagnie, Gesellschaft I, 88—90 u. ö.
comparre, per — commare = aus Gevetterschaft, I, 357.
compassos de ferro, ob Zirkel? III, 253.
compliment = Auffüllung.
kompra = Kauf.
comptor I, 275.
conca, ques = Schüssel, -n.
condanieren, contemn- = verurteilen.
condision = Bedingung.
condutt = Gefährt, Transportzug.
Konfekt, confitura I, 356. II, 186.
confrys III, 293.
conil = Kaninchen, Hasen.
Konkurrenz, Konkurrenten I, 31. 38.
71 f. 93. 147. 258. 289. 303 f. 306 f.
311. 321 ff. 326 ff. 334 ff. II, 1—20.
75. 83. 86. 95. 123. 126 f. 130. 133.
135. 138. 147. 163—168. 182 f. 191.
199. 202. 214 f. 228—232. III, 54.
57. 59. 77. 83. 85. 100. 103. 106. 112.
118 f. 121. 143. 158. 161 ff. 165 ff.
169 ff. 179. 184. 190. 201. 219. 224.
229. 234. 263. 276 ff. 283. 291. 293.
297. 299. 302—306. 314 ff. 336.
368. 376 ff. 386. 394. 412. 417—420.
431. 440. 442—445. 486. 504—517.
521—532.
Konkurrenzverbot für Gesellen I, 71 f.
326. III, 53.
conschuetudo = Gewohnheit.
conselier = Ratsherr.
conserva = geschlossene Fahrt von
Schiffen II, 54 f. 66.
consinyeren = adressieren = den Empfänger bezeichnen.
Konsuln, Konsulat I, 242. 258. 267.
274 f. 320. 322. II, 24. III, 39. 261.
268. 325. 400. 502 ff. — consules de
mar I, 337.
Konsumvereine I, 486.
contatto, contado = Landschaft.
Konten, Bildung von I, 109.
contentiren = befriedigen.
Kontrafet, verfälschter Safran II,
160 ff. 169 f.
contrario = Gegenteil.
Konzil von Konstanz I, 25. 437. 500.
copadina = Schüssel.
copy zewen III, 283.
coperta = Bettdecke II, 116.
Korallen I, 120 f. 125. 309. 318. 328.

330. 332. 337. 339. 488. II, 47.
212—217. — coralers, Korallenhändler II, 214.
corazina = Panzer II, 199.
corda = Seil, Strick I, 307; auch
Längenmaß.
cordeline II, 137.
cordoneres = Bindfaden II, 11.
coredor = corder = Seiler.
correga, -ues = Riemen.
corredor, corer, corrador = Läufer,
Bote III, 95. 141 u. ö.
corß = Lauf.
Korsaren I, 26. 337. 359. 379 ff. 398.
II, 54. 58. 61. 66 f. 70—74. III, 214 ff.
219 f.
corses II, 186.
corterola = Rolle für Garn.
Cortes I, 291. 332.
cosser, -ir = nähen.
costa = Küste.
costro III, 523.
coton = Baumwolle.
Kotzen II, 137.
Kourmitz = Kürnt.
Koussy = Kissen.
covre = Kupfer.
Krankheiten, Pest I, 156. 265 ff. 343
u. ö.
cranxets de sabater = Schusterahlen
I, 308.
Krapp II, 142. 148 f.
Krebs = Panzer II, 203.
Kredit I, 64. 84 f. 107. 129. 131. 143.
III, 44 ff.
cremexin = Karmoisin.
cresal = Kerztal = Leuchter.
cresols de lauto = Messing? III, 527.
Kreuzkorallen s. Korallen.
Kreuzzug II, 145.
crex, -ß, -sch, schg = Zuwachs I, 356.
II, 121 u. ö.
Kriecha = Kirschen III, 27.
cryda, crida = Ausruf, Verruf.
Krisen in der Gesellschaft II, 1—8.
III, 53 ff. 61—64. 69 f. 86 f. 92 ff.
111. 338 f. 341. 352. 361. 419 f.
criß, klehe = ? III, 7.
crosta de verba = ? I, 330. II, 223.
III, 525.
croxetta III, 321.
krumpla III, 94.
crus = Kreuz.
crudo, cruu = roh.
Kruzifixe III, 116, s. auch Korallen.
Kubeben I, 139.

Kukeles = Kokons II, 134.
culleres = Löffel.
Kümmel, comin I, 286. 401. II, 184.
Kúmpola III, 151.
Kuondedor = Frachtführer III, 444.
Kunden, Behandlung der I, 126 ff. 294. 311 ff. 459. II, 115. 117. III, 67. 80 f. 107. 118. 138. 140. 152. 171. 332. 376 f. 391. 394. 418.
Kunst, bildende I, 229—235.
Kupfer I, 247. 278. 300. 328. 334. 401. 417. 474. 483. II, 15. 199 ff.
Kupferblech II, 207.
Kupferdraht II, 209.
Kürasse, cúraza, -ina, Panzer, aber auch eine Presse bei Verpackung des Safrans I, 314. II, 171. III, 246. 472.
Kúratzer = Panzerschmied I, 250.
Kürnt II, 195 f.
cúrram = Leder.
Kurslisten von Waren I, 138 f. 419. III, 432. 449. — für Geld s. Wechsel
cúta = Aufkochung II, 174.

D

Dagues = Dolche III, 520.
Damast I, 250. 256. 275. II, 130 f.
dappoli, Art von Samt II, 125 f.
dar fago (frigo?), vielleicht Ortsname III, 294.
Datteln, Dattelpalmen I, 286. 422. II, 71. 182 f.
Dauer der Gesellschaftsverträge I, 48 f. 96.
daurat = vergoldet.
Decken II, 116.
deferencia = Abzug, Unterschied.
deffit, desfiil, per = zum Trotz.
delientzia = Fleiß.
denig III, 255.
de novo = neuerdings.
deputatts = Abgeordnete.
descantzaliren = durchstreichen, abrüsten? III, 215.
despesa, despenß = Kosten.
de Berto = de certo = sicher.
dessolats = Mißtrauen.
dewaliament = Abnahme, de crus, vom Kreuze.
didal = Fingerhut.
Diebstahl I, 83. 107. II, 38. 167. III, 169. 246.
Diener von Kaufleuten, Faktoren I, 27. 68 f. 86. 94. 131. II, 5. 228 u. ö.
Dienstverträge I, 63. III, 462 f.

Direktorium der Gesellschaft I, 54. 56. 81. 93. 144. 502. III, 47. 154.
Diskonto I, 129. 136.
dispertraran = despertar = wecken, aufleben III, 157.
dytes = ? III, 166.
Dividenden I, 60 f. 67. 81. 85. III, 52.
doble, -a = doppelt.
Dolche II, 212. III, 520.
dolenta = schlecht? II, 185.
domestigetza = Vertraulichkeit.
dotzena = Dutzend.
Draht, Drahtzieherei I, 449. II, 19. 71. 208 f.
drapero, drapier = Tucher.
dratido = Erwartung.
Dret real = königliches Recht I, 290 f. 304. 321—328. 339 u. ö.

E

Edelmetalle I, 131. 133. 138. 340. 366. 471. II, 194 ff.
egen naffa = Orangenwasser.
Edelsteine I, 211. 500. II, 218.
Ehrungen I, 52. 55 f. 80 f. 99. 150 bis 208. III, 45 f. 51. 459 u. ö.
Eichhörnchen, sibirische II, 141.
Eid der Kaufleute I, 320. II, 48.
Eilgut II, 40. 44.
Einfuhr, Verkauf, Übersichten I, 104. 125—134. 237 f. 249—253. 275 bis 283. 293. 300 f. 304—310. 312. 324 bis 333. 339 f. 368. 373 f. 376 ff. 383. 388. 404 ff. 408 ff. 416 f. 419. 422 f. 426 f. 429—438. 440—443. 445 f. 457 f. 463—471. 474 f. 476 f. 496 f. II, 257.
Einkauf s. Ausfuhr.
Einkäufer I, 157. 165. 199. 205. 208. 495 ff. 503. 505. II, 80 ff. u. ö.
Einlagen der Gesellen bei der Gesellschaft I, 58. 61 ff. 65—68. 85. 92 f. 100. 168. 177 ff. 216. 481. III, 467. 485 ff. u. ö.
Einlitzige Ausgaben I, 104 u. ö.
Eisen II, 199.
Eisenblech II, 207.
Eisendraht II, 208 f.
Eisenhüte II, 203.
Elfenbein II, 220.
enchel = einfach II, 117.
endy, -ig = endic = Indigo.
enguiers II, 223. III, 522.
enpfer? III, 136.
enpformieren = informieren.
ensenser = Weihrauchfaß.

Entdeckungsfahrten I, 277—282. 290 f.
II, 172. 187. 225.
Entschlußfreudigkeit I, 94. 122.
entrada = Einfuhr.
e pendre = espendir = verkaufen III,
140.
Erbschaften I, 65 f. 69. 85. 88. 91.
II, 3.
Erfindungen I, 449. II, 173.
Ermahnungen I, 140—147. III, 54 ff.
60. 65. 69. 73. 78 f. 81 f. 90 f. 131
bis 135. 137. 144. 153. 156. 169. 177.
180 f. 223 f. 330 u. ö.
escarcelles = Geldtaschen.
esclafat = zerstoßen I, 334.
eschgribetz = Schreibtisch.
eschuor, Farbe III, 259.
Espartogras I, 286. 299.
espes = dicht, dicht gewebt.
esporons = Sporen.
estibau = stiba = Packung.
estoc, -g = Besteck.
estryol = Striegel.
exida = Ausfuhr.

F s. auch V
Fabrikation I, 355.
Façon (fatzon, faitzon) II, 88. 117.
fagot fogot = Faß.
Fähren II, 27.
Faktoren s. Diener.
faldeta = faltig?, Sorte von Baumwolle II, 105.
Fälschung von Waren I, 355 f. II, 160.
169 f.
falta, faulta = Fehler.
Familiaren I, 25. 240. 262.
Familiengesellschaften I, 21. 31. 42.
61. 86. 94.
Fanna II, 222.
fantaschtig = phantastisch III, 137.
fantti = Knechte.
Farben II, 89 f. 100. 102 ff. 107 f. 111 f.
117 f. 120. 125—131. 136. 216 f.
Farbwaren II, 142—149.
Färchen III, 31.
fardell, fardali = Bündel, Sack.
fassa = Inhaltsverzeichnis.
Fastnachtspiel I, 158.
factat, ob = bearbeitet? III, 418.
fe blaqua, -cka II, 149.
fech = Veh.
Federn II, 212. 218 f. 221.
Fehde, Fehderecht I, 488—493. II, 70 f.
III, 479 u. ö.
Feigen I, 339. II, 184.

Felle II, 71. 139 ff.
feltre = Filz.
Femgericht I, 492.
fera = feria = Markt.
fergatz = vergats = gestreifte.
fermanca, -za = Sicherung, Bürgschaft.
fernieren = for- = liefern.
ferro, fero = Eisen.
figua = Feige.
fil = Garn, Draht.
filat = gesponnen.
Filzhüte II, 212.
Finanz = listiges Geldgeschäft.
Fynettada II, 186.
Fingerhüte I, 308. II, 211.
finglieren = vincular = festlegen III,
301.
fingoler, ob Wollsorte? III, 271.
fira = feria = Markt.
Firma I, 43—46. 89. 94. III, 54 f. 63 f.
68. 70. 92. 94. 122 f. 261. 531.
Firmilian (-iow) II, 223. III, 446.
Fische II, 193 f. III, 27 f. 31 f.
Fischhäute II, 142.
Fischkessel II, 210.
fisell III, 447.
fisis, eine Ware II, 223. III, 437.
Fiskal beim Reichskammergericht I,
483. II, 228. 240.
fivelles = lat. fibula, Spange III, 527.
Flachs II, 90.
flaeschen II, 211.
flassade, -ari, -arda, -at, flaschade =
schwere Bettdecken II, 116, s. vanova.
Fleisch I, 57. III, 30 f.
flocaduras = Fransen II, 137. III, 3.
flor, fiori = Blume.
floret s. Korallen II, 216.
Flößerei II, 22. III, 487.
Flußschiffahrt I, 361, II, 22. 36. 39. 42.
46. 50 u. ö.; s. auch Schiffahrt.
fogot s. fagot.
foynes = Steinmarder, Wiesel.
formatge = Käse.
Fondaco, -dig I, 237 f. 264. 287. 398.
fornieren, fourn- = liefern beliefern.
fostane = Barchent.
Frachtbüchlein I, 101. 103.
Frachtzahlung I, 103.
frangotlin s. fangot.
frank = franco = frei.
Fransen II, 137.
Frauen, Stellung zu I, 141 f.
fraschxga III, 256.
Freihandel I, 243. 415 f. 435. II, 52.

Fremde, Feindschaft gegen I, 425 f.
493. II, 67.
Fremdworte I, 355—358.
freschieg in fersch = auf frischer Tat.
friß, friso, ein Gewebe II, 108 f.
fruita = Früchte.
Fuchsfelle I, 350. II, 141.
Fuhrleute I, 124. II, 27 f. 34—44. 48.
III, 170. 176 f. 179. 191. 202—206.
213. 226—229. 249—253. 325. 336
bis 342. 344—346. 350. 352. 356 ff.
370 ff. 379 f. 381 f. 398. 435. 444.
459 u. ö. — S. auch Haftpflicht.
Fuhrlohn I, 430. 432. 513. II, 43.
fuir bror III, 137.
fulia, Alaunsorte II, 147.
fúliar III, 116.
fulla, fulia = Blech.
fuln, eine Ware II, 223. III, 437.
Fürlegung I, 63.
Fürleite II, 43.
fusines = fuines = Marder.
fustan, fustani = Barchent.
fusti, fosty di gherofani = Stiele der
Gewürznelken II, 189.

G

Galeen, Galeeren, Galeassen II, 51 f.
54 f. 58—65.
Galgant I, 139. 192.
gallgo = Windhund.
Galläpfel II, 192.
Gangfische II, 194. III, 16.
ganety s. gavety.
ganivet, gavinet = Messer.
Gänsekiele II, 212. 218.
garbelieren, garbieren I, 124. II, 188 f.
III, 378. 422. — garbelador = der
es besorgt.
Garn I, 35. 307. II, 119 f. 212.
garoffa, Messersorte II, 204.
Gästerecht I, 95. 424. 452. 493. II, 79.
Gasthäuser, Wirte I, 137. 197. 388. 390.
398. 400. 401 f. 424. II, 80. III, 77.
131. 379 f.
Gastungen I, 83. 315.
gaveti, -tli, ganety = Spulen II, 202.
gebellins, gibi- = Zobel III, 517.
gedagno = ital. guadagno = Gewinn.
Gefangenschaft I, 25. 31. 91. 158. 190.
262. 400. 437. 472. 488 f. 499. II, 2.
37. 226. 236. III, 23. 132. 491 f.
geful, fuln, eine Ware II, 223. III, 364.
gehúrint = Kürnt.
Geheimhaltung des Geschäftes I, 72.
Geld, Lehre vom II, 229 f.

Geld schläft auf der Ware I, 126.
Geldausfuhr I, 133 f. 354. — Geldbeutel
II, 212.
Geldhandelsgeschäfte I, 131 ff. 301. 363.
365. 379. 382. 396. 416. 442. 444 f.
450. II, 225.
Geldknappheit, -mangel I, 354. 408.
419 f. III, 111 f. 164 f.
Geldtransporte I, 471. II, 34. III, 41
u. ö.
Geldüberweisung, -hilfe, -überschuß
I, 296. 306. 313. 481—484. III,
288 f. 338. 340. 350 f. 357. 362 ff.
366. 369. 380. 388. 392. 456 u. ö.
Gelegenheitsgesellschaften I, 92.
Gelehrte I, 220. 235. 353.
Geleit, -sbriefe I, 239—243. 288. 291.
314. 320 f. 338 f. 435 f. 516. II, 20.
26. 37. III, 9. 16. 24. 152. 193 f. 218.
220 f. 318. 331 f. 370. 403. 426. 433.
Gelieger I, 97 u. ö.; s. auch Auflösung,
Balancen, Hausrat, Rechnungen,
Stichgeschäfte, Umsatz, Unterbrin-
gung, Währungen, Zusammenbruch.
Gemälde I, 284. 466.
Gemalte Kleider II, 109. — gemalte
Tapisserie II, 116. — gemalte Tü-
cher II, 109.
Gemüse III, 31.
gemüsierter Samt II, 125—128.
genetes = Wildkatzen II, 11.
gentil, fein II, 208.
Gerichtsbarkeit I, 13 f. 24. 215. II, 2.
Geschäft, stilles I, 127.
Geschäftsbücher III, 493 ff. 496. 498;
s. auch Buchführung.
Geschenke I, 80. 302. 321—324. 472.
II, 3. 69. 129. 151. III, 153. 430 f.
451 u. ö.
Geschlechter, Patrizier I, 209—221.
353. 450. 498 ff. — S. Aussterben,
Gesellschaften der.
Geschütz II, 203.
Gesellen, Pflichten I, 71—74. — Rechte
I, 74—80. — Zahl I, 49. 57. 69. III,
47 ff. — „so husa sind", „auf der
Straße" I, 56. S. auch Annahme,
ausgesetzte Beträge, Auszahlungen,
Einlagen, Grundbesitz, Haftpflicht,
Nachschußpflicht, Obmänner, Rech-
nungen, Rechnungsführer.
Gesellschaft Ravensburg vgl. insbe-
sondere Anlehen, Auflösung, Aus-
tritt, Kleriker, Krisen, Dauer, Einfuhr, Firma, Gesellen, Gewinn, Gewinnung, Gewinn an Waren, Grün-

dung, Hausordnungen, politische
Stellung, Privilegien, Rechnungs-
lage, rechtlicher Charakter, Re-
gierer, Respondenten, Sitz, Spen-
den, Teilhaber, Wertbuch, Zeichen,
Zuckerhaus, Zweck.
Gesellschaften der Patrizier I, 13 f. 18.
37. 209.
Getreide I, 354.
Gewicht I, 5. II, 252—256. III, 363. —
Antwerpen II, 254. 256. — Aquila
II, 254. — Augsburg II, 253. —
Barcelona II, 254. — Cervera II,
254. — Frankfurt a. M. II, 253. —
Genf II, 253. — Genua II, 255. —
Lyon II, 254 f. — Mailand II, 254.
— Nürnberg II, 253 f. — Saragossa
II, 254. — Ulm II, 253. — Ungarn
II, 256. — Valencia II, 254. —
Venedig II, 253. — Wien II, 253 f.
Gewichte II, 204 f.
Gewinn der Gesellschaft I, 43. 60. 81.
95. II, 18.
Gewinn, versteckter I, 133.
Gewinnung, ganze und halbe I, 59.
64 f. 69. 178. III, 16. 43 ff. 51.
Gewinn an Waren I, 309. 404. 406. II,
77 f. 85. 88 f. 94. 96. 110. 113. 122 f.
126. 133. 139 f. 149. 158. 164 f. 166.
178. 180. 182 f. 190. 192. 195. 197 f.
217. 220 u. ö.
Gewissenhaftigkeit II, 228.
Gewürze I, 236. 415. 419. 445. 486.
Gewürznelken, -nägel I, 280. II, 188 f.
gia die III, 98.
gibilin = Zobel.
ginili = ? III, 166.
girofle = Gewürznägelein.
Glas II, 212. 222.
Glasperlen II, 218.
Gläubiger I, 43. 59. 64. 84 f. 99 f. 107.
130. 245 f. 253 f. 270. 272. 274. 301.
311. 316. 376. 378. 407. 419. 421.
442. 458 f. 461 f. 490 ff. 505. II, 17
u. ö.
Glufen, Stecknadeln II, 207.
Gold II, 194. 201 ff. -geschlagenes
II, 201 ff. -gesponnenes I, 282.
II, 19.
Goldblätter I, 284. — Goldborten II,
131 f. — Goldraht I, 427. II, 201 ff.
Goldwert I, 59. II, 218.
Golschen I, 39. II, 73. 78 f. 80.
goma = Maß für Nadeln II, 206.
gotdou = Baumwolle.
Gottesurteil I, 23.

governo = Verwaltung.
gra = Hafen.
Grabsteine I, 19 (Abbildung S. 19). 112.
229.
Grana di scarlatta I, 373. 422. II, 142.
147 f.
grascha = crex s. dort.
gratzios = liebenswürdig.
grochs, groch = gelb, ob = crocus III,
67.
gropo = Knäuel.
grosso = dick, groß.
grosso = Groß = 12 Dutzend.
Großhandel I, 94. 120. 122. 131. 217.
322 f. u. ö.
Großunternehmen I, 39.
Grundbesitz der Gesellen s. Landbesitz.
Gründung der Gesellschaft I, 17—23.
30 f. 101.
guant, -er = Handschuh.
Gugler II, 73. 77 f.
Gulter II, 90.
Gummi arabicum II, 192.
guoib III, 283.

H

Hadergeld I, 36.
Häfen, Hafenstädte II, 48—65 u. ö.
Haftpflicht der Fuhrleute II, 36. 38.
44. 66. III, 176 f.
Haftpflicht der Gesellen für Schulden
I, 71 f. 508 f. III, 140 f.
Haftung im Gesellschaftsrechte, Soli-
darhaft I, 87. 89—92. II, 257. III,
491—499.
hama = Schinken.
Hämmer II, 212.
Handbecken II, 211.
Handel, Bilanz des deutschen II, 242.
— Handwerksmäßiger II, 157. —
Schulen des I, 140. — Sperre I, 241.
261 ff. 364 f.
Handelsfreiheit s. Freihandel.
Handelsgesellschaften im allgemeinen
I, 21. 42 f. 70. 87—96. 425 f. 461 f.
481—484. II, 228. 235—242. —
offene I, 87—96.
Handelstag I, 263.
Handelstechnik I, 5 f. 97—147.
Handelsverträge II, 145 f.
Handschrift, schlechte und gute I,
110 f. (Abbildung). 142. III, 80.
Handschuhe II, 115.
Handwärmeäpfel II, 211.
Hanfleinen II, 74, s. Canemasserie.

Hansa, Hansische I, 40. 395. **396** f. 407.
411 f. 456; s. auch Osterlinge.
hantyeren, hantyerung = handeln,
Handlung.
Häringe II, 212. III, 28.
Hauptbuch I, **99** f.
Haus der Gesellschaft in Ravensburg
I, **46** ff. (Abbildungen).
Hausarme I, **227**.
Hausrat der Gelieger I, 79. 275. 314.
III, 246 f. 265 f.
Heiltumsfahrt I, 448. 466.
Heiraten, Heiratsbriefe I, 21. 217 f.
221. 267. III, 461 f. 464 ff. 468 u. ö.
Hemden I, 77 f. III, 341.
Hennastrauch II, 222.
Hermandad, die I, 295.
Herren, der — Frucht I, 299.
Herrschaften I, 24 f. II, 3 u. ö.; s. auch
Landbesitz.
Hirschfelle II, 140.
Hochzeit III, 24.
hoffyeren.
Holk, Schiffsart II, 63.
Holzschnittafeln I, 351. II, 11. 212.
Holzschuhe I, 75. 77.
Hosen I, 75. 77. — Hosentuche II, **104**.
129.
Huerta I, 286 f. 298. 302 f. 317.
Humanisten I, 204. II, 18.
Hüte I, 307. 339 f. II, **118**.

I und J

Jahrtag, kirchlicher II, 10; s. Meßstiftungen.
jaques = Sorte von Nadeln II, 205.
iara, ein Hohlmaß.
jeneral = General, Behörde in Saragossa.
ilo tempore = einst.
ymages de pedra de alabastre, Steinbilder aus Alabaster III, 528.
imber = Ingwer.
inbassada = Gesandtschaft.
Indigo, indi, endi I, 27. 237 f. II, **142** ff.
Individualismus, -itäten I, 415. II, **231**.
Ingwer I, 279. II, 47. **189** f.
Inquisition I, 337. 344. 350.
insen (Eisen) II, **203**.
instrument = Urkunde.
yntrada = Einfuhr, Abgabe bei.
Inventar s. Hausrat.
Inventur I, **101** ff. 109.
iogant, -ent, iegant = ? III, 103. 109.
146. 185.
jonada, jorn- = Tag.

jubellier = Juwelier.
Juden I, 20. 311. 313. 337. 456.
Judenkrieg I, **498** f.
iulanken, eine Fischart, ob der Wels?
III, 31.
justicia = Gericht.
justum pretium, im Gleichen gehen I,
121. II, 169. 172. III, 59. **229** f. 234.
u. ö.

L

lacber aeser? III, 416.
Lachs II, **194**.
Lack, lacha I, 279. II, **142** f.
Ladebericht I, **124**.
Lagerbestände I, 457 u. ö. III, 210.
243 f. 269 f. 293. 314. 320 f. 338.
344. 359. 389. 437—440. 444 ff.
lamadores, Zuckersorte III, 287.
Lammfelle II, **139** f.
lana = Wolle.
Landadel s. Adel.
Landbesetz von Gesellen I, 3. 24. 149.
170. 175. **214** f. **218** f.
Landfrieden II, 70. 238.
Landvogtei in Oberschwaben I, 11 f.18.
492.
Landsknechte I, 481. 485.
Längenmaße, für die einzelnen Gegenden II, **251** f.
lanties de lauto de insen (Isuy?) = Messinglampen III, 523.
lasemestar erklärt I, 356 f. III, 68.
lasicz = Kaninchenfelle.
laß = träge.
Lasur I, 223. II, 142. 149. 212.
laud = leuda = Zoll.
launat = löwenfarben.
lauto = Messing.
Lebensmittel I, 321.
leblin, Sorte Arras oder Maß III, 345.
le cremexo II, **223**. III, 280.
leda = Zoll.
Leder I, 286. 337. 495. II, **138** f. **142**.
Lehen I, 218.
Lehnendecken II, 115.
Lehrling, Lernknaben I, 49. **70** ff. 94.
140—**147**. 220. 245. III, 1. 11. 321
u. ö.
Leibgedinge I, 466. 506 f. III, 489.
Leinen, Leinwand, Leinengarn I, 15.
26. 30. **32**—**41**. 92. 119 f. 211. 236 f.
249. 259 f. 265. 269 f. 276. 284.
290 f. 300. 302. 307. 309. 328. 331 f.
337. 339 ff. 344. 383. 385. 401. 422.
437. 453. 458. 469 f. 474 ff. **479** f.

II, 4. 9 f. 13. 35. 45. 47. 73—90. 137.
151. 234. 236 u. ö.
lentilla, zu Rosenkranzperlen II, 221.
leonat, lernat = löwenfarben.
lestat, Safransorte II, 154. 160 ff.
Letzi = Abschied I, 79.
Leuchter II, 210 f.
leuda = Zoll.
Leutseligkeit I, 147.
levadores II, 211.
libra = ℔ = Pfund.
libran = liefern.
libreta de cera stadals = Büchlein von Wachsfaden, Wachsstöcke III, 524.
licentia = Erlaubnis.
Lichter II, 220.
lido = Ufer.
ligador = Ballenbinder.
lli = Leinen.
Lyoner, Safransorte II, 154 f. 159. 171 f.
lisada = geschärft II, 206.
lo costonet belda inet = f III, 166.
loentt, loandt = lluhent = glänzend.
Löffel II, 211.
lok = Ortschaft.
Lonja, logyo u. a. F. = Warenbörse in Spanien I, 287 f. 294 f. 337 f.
lop = Wolf, lop cerval = Luchs.
Lorbeerbaum, Beeren II, 192.
Lösch II, 142.
Loskauf von Gefangenen I, 80.
loton, lotton = Messing.
Luchsfelle II, 11. 141.
ludrya = Fischotter.
Luffler I, 477. II, 136. III, 453.
lunes de mirals = Spiegelglas III, 527. 530.
lutenent = Stellvertreter.
Luxuswaren I, 436. 502. II, 225.

M

Macis, Muskatblüte II, 189.
madexes, -sches = Stränge, Strähne II, 132. III, 117.
mages de estany, Stangen oder Ringe aus Zinn I, 308.
Makler s. Sensale.
Maler I, 233 ff. 284. 446. II, 149. 223.
mallo = schlecht.
mandament = Befehl.
Mandeln I, 302. 401. II, 183.
mandyeren III, 104.
mandoli s. Korallen.
manechs de rahos = Handhaben für Rasiermesser (rahors) III, 525.

mane tort, manicort, eine Drahtsorte, ob mit der Hand gezogen? II, 209. III, 117. 120. 253 u. ö.
manyfest = Kundmachung.
mantoll = Mantel.
Manuale, manoval I, 100 f.
Mark, Safransorte II, 152. 158.
marca, marckt, jus marcarum II, 33. 37.
marca = març = Wiesel.
marc, Gewicht.
Marderfelle II, 140 f.
marinada, alla = nach Seemannsart II, 173.
Markgewichte II, 204 f.
Marokin, Safransorte II, 154 f. 157. 160 f. 171 f.
Marranen I, 311. 313. 381. III, 161. 191. 214.
martell = Hammer.
Martzwolle, marscha II, 108.
mascat, zu kat. mascarar, mit Kohle beschwärzen, beschmutzen.
mascovado, Safransorte II, 174.
maslyadig = krank.
Maße I, 5. II, 251 f. u. ö.
massacot = span. mezacote = Soda III, 252.
masso, matoss = Maß, Raummaß.
mastures, -os, -asses, mastus, Safransorte II, 174 f. 178 ff.
matalas = Matratze.
Maultiere II, 36. 42. 47. III, 14. 15. 20. 213 u. ö.
Maultiertreiber III, 473.
Mauren, moros I, 303 f. II, 132. 148. 173. III, 97 ff. 101. 243. 320.
Mausefalle II, 211.
mediana = mittlere.
Melasse II, 174 f. 180.
Mellane Samen = Paradieskörner.
Memoria, -l I, 112 f.
menut, menudo = klein.
Mercader, Safransorte II, 154. 161 f.
Merceria I, 252. II, 211.
merchadantzia = Kaufmannschaft.
Merchant adventurers I, 410. 422.
Merinoschafe I, 309.
merly, von Korallen III, 336.
Merkantilismus I, 354. 415. II, 230.
mesada = Monat.
moschglat = kat. mesclar = vermischt.
Messen und Besuch der I, 94. 138. 140. 286. II, 52 f. u. ö.; s. Antwerpen, Champagne, Frankfurt, Genf, Lyon, Nördlingen.

Messen (Ausmessen) der Waren I, 121.
III, 224.
Messer, -schmiede I, 39. II, 10. 204.
212.
Meßgewand II, 132.
Messing I, 328. II, 200. — Messingblech II, 207. — Messingdraht II, 71. 208 f.
message = Unkosten.
Meßstiftungen I, 92. 187. 222 ff.; s. auch Stiftungen, kirchliche.
Meßzettel I, 376. III, 130. 197—200. 206—221. 363 f. 379. 385. 393.
Mesta, Wanderung der Herden II, 121.
Metalle I, 448. 463. II, 194—201.
Metallwaren I, 119. 332.
mezaro (mezino) II, 131.
mig = halb.
mylasa = Melasse.
miller = Tausend.
myna, ein Getreidemaß.
miral = Spiegel.
miser = mein Herr III, 9.
myschlan = mischen.
mysserolla, ein Raummaß.
Mistelholz II, 221.
modo tale = solcher Weise.
Mohammedaner I, 286. 311. 313. II, 4 u. ö.
Mohrenkopf, Barchentsorte II, 101 f.
molitir = Maultiertreiber.
moneda = Münze.
Monopole, Tendenzen zu Monopolen I, 38. 40. 87. 336. 415. II, 51 f. 145. 228. 232 f. 235—242. III, 295.
monstra = Muster.
Moralprediger II, 236.
morat, moreit, moretto = braun, mohrenfarben.
morosso stusierch III, 308.
Mörser II, 210.
mösch, moeisch = Messing.
Moschus, -tier II, 101 f.
mul, muller = Maultier, -e.
mula deleger = die Maultiere abführen? III, 246.
muledier, -tier = Maultiertreiber.
Münzen I, 5. 108. II, 243—251. III, 33 f. u. ö. — Barcelona II, 248. 251. — Bern II, 250. — Köln II, 246. — Konstanz II, 246. 251. — Flandern II, 250 f. — Frankfurt II, 246. — Frankreich II, 249 f. — Genua II, 246 f. 251. — Mailand II, 247. 251. — Nürnberg II, 246. — Ravensburg II, 245 f. 251. — Rheinischer

Gulden II, 243 f. — Saragossa II, 248 f. — Savoyen II, 249 f. 251. — Schwäbisch-Hall II, 245. — Valencia II, 249. — Venedig II, 247 f.
Muskatnuß II, 189.
Muster für Waren I, 121. II, 117. 140. III, 377.
Mützen II, 116 f. 212.

N

Nachrichtensammlung II, 172. 241 f.
Nachschußpflicht I, 72.
nadal = Weihnachten.
Nadeln I, 308. 422. II, 10. 19. 205 f. 212.
Nadelbestecke II, 46.
Nägel II, 205. 212.
Nahmen, Beraubungen, Beschlagnahmen I, 26 f. 378—381. 401 f. 437. 453. 488—493. 507. 516 f. II, 32. 35. 39. 49. 70 ff. III, 4. 10. 14. 57. 74. 78. 82. 84. 86 f. 91. 94. 146. 159. 198. 334 f. 379 f. 499. 501. 512 f. 522.
Nähnadeln II, 206 f.
nantieren = frz. nantir = pfänden, hier = verbürgen III, 431.
nardo s. Audenarde im Orts- und Personenverzeichnis.
nav, nave, nau, nef = Nau, Schiffsart II, 57. 59. 64.
natzion = Volk III, 218.
navegieren = auf Schiff unterbringen, schiffen.
navetes de carretes de lauto = Weberschiffchen von Messing III, 530.
nef s. nav.
negrant, -eant, negraeß = schwärzlich von Korallen II, 216.
net, netto = reinlich, schön.
Nesteln II, 221.
nyna, Maß für Salz.
ninte d mancko = nichtsdestoweniger.
Nobili I, 271 f.
Nolit, Schiffslohn II, 55. 64 f. III, 1. u. ö.
noligyeren, -zieren = über Schiffslohn verhandeln.
Notare I, 348. III, 70. 92 f. 403. 496. 519 ff.
Notizbücher I, 112. III, 1—21. 33—44.
nous de xaroh = Paradieskörner II, 190.
novel, fins al = bis zum neuen.
Nußschalen, ausgemalte II, 212.

O

obyeren III, 104.
Obligatzion, obligieren = Verpflichtung, verpflichten.
Obmann des Geliegers I, 27. 71. 76. 97 ff. 135. 141 f. 144 f. 294. 313. III, 56. 67. 82. 169 u. ö.
Obst III, 91.
Ohrlöffel I, 308.
ocardum, cardono III, 399.
Öffnen der Ballen I, 127.
Öl I, 259.
Oli, Safransorte II, 162. 168.
olletes de tinters = Näpfchen für Tinte oder für Färber (kat. tinctori) III, 522.
Olivenöl I, 259. 288. 298. 354. II, 192.
Oliveten s. Korallen.
ollinettes = Töpfchen? I, 351.
Onz s. Unz.
onzenes = elfer (Gewebe) II, 91.
Orangewasser II, 186.
Orden, Hoforden I, 231 f. 315. 500. — Kirchliche I, 225 ff. 250; s. auch Karmeliter.
Ordensjäger I, 232.
Ordnungen der Gesellschaft I, 42 f. — für Inventur I, 101 f. — für Seeversicherung I, 51. II, 66.
Organist I, 487.
Ort, Safransorte II, 152—155. 157. 159 bis 168. 170 ff.
orra II, 117 (dort erklärt).
ostularia = ? III, 215.
Ostada II, 111. III, 300.

P

pact = Vertrag.
paga, pagament = Zahlung.
Pakete II, 123.
palaß III, 330.
palat, pilatus = glatt II, 209 f.
palla = Stroh.
palma, palmo, pam = flache Hand, Längenmaß Genua II, 252.
pan = Brot, pan de figa = Feigenbrot.
pani, -eti = Tuche, paneti III, 83. 87. 90.
pansa, pantza = getrocknete Weinbeeren, Rosinen.
papallyonen III, 247.
Papier I, 15. 342. II, 221.
Paradieskörner I, 307. 340. II, 190.
parca, ob Barken? III, 473.
pardillo = braun, kat. pardenc = gräulich, Leopardenfarbe II, 10.

parell = Paar.
parges de cuyre = Lederriemen I, 339. II, 142.
parlament = Gerichtshof.
parochians = Kunden.
partida, partyt, -tto = Teil, Vorteil, Partei.
Partienkäufe II, 87.
pasqual = österlich, Wollsorte II, 139.
pass = Gültigkeitsdauer III, 9.
passadie, -dge, -ge, -tge = Schiffsfahrt, Schiffsgelegenheit I, 101 u. ö.
passa floret, Korallenfarbe, tief rot.
passaperna, -perla, Drahtsorte I, 330. II, 208 f. III, 188. 524.
passat = vergangen.
Paßbriefe I, 239 f. 257. 319. 369. III, 472 f.
Pässe, Gebirgs- I, 11. 32. 286. 303 f. 329. 338. 360 f. 515. II, 22 ff. 31 ff. 41—45.
passientz, patz, -ia = Geduld.
pastel = Waid.
Paternostres = Rosenkränze u. -perlen.
patron = Schiffseigner, Kapitän.
patro(a)nada = unter Leitung.
peage, pedago = Zoll, peagero = Zöllner.
pedra de Santgil I, 330. II, 223.
pedres = Schleifsteine, Feuersteine I, 330.
pelantz = Bilanz.
pell = Fell, Haut.
pellers III, 151.
pelletaria = Pelzwerk und Häute.
pelos, pelada, peluda = zottig II, 121. 139.
Pelzwerk I, 350. II, 138—141.
penyorar = verpfänden.
Penitenza s. Korallen.
pennes seques II, 221. III, 513.
pentura = Gemälde III, 116.
per cento, per medado = metodo? III, 306. — per terra = per tut = zusammen — per tut maigen = bis Ende Mai — per via, wia = auf dem Wege.
perfeixione = Vollendung III, 256.
Pergament II, 139. 142. 212. — verg = dünnes III, 522.
perigolo, perill = Gefahr.
Perlen I, 211. 387. 500. II, 217 f.
pertut = verloren.
peß, pez (peces) = Stück.
peß, peso = Gewicht, Wägerlohn III, 141.

pessant = schwer.
pesser xapellen III, 247.
Peterspfennig I, 455.
Petschaft I, 193. 315. 491.
Pfalzgrafen I, 197. 211.
Pfänder I, 130. 301. II, 218. III, 98.
Pfarrkirchen I, 226 f.
Pfeffer I, 279 ff. II, 187 f.
Pferde I, 79. 146. II, 23. 41. 47. III, 2. 17 f. 132. 195. 224. 251 f. 268. 326. 328. 332—335. 342 f. 363. 365. 385. 425. 456.
Pferdegezäum I, 76 f. 79.
Pflaumen II, 185.
Pfulwen II, 137.
piadie, pyage, piege = Zoll.
pilatus s. palat.
Pilger II, 30.
pin sell = Pinsel.
pint, -as = Kamm.
pintat = gemalt.
pinyon = Pinienkern, -nuß I, 328. II, 186. III, 513.
pinzell, draps de II, 109.
pitxes de barber = Rasierschüsseln.
pizolant III, 437.
plancha de lauto = Tafelmessing.
planter = Pflanzung II, 173.
platero = Silberschmied.
Plattisge II, 186.
pledieren, pledeg- = vor dem Gericht sprechen; pledieres = Plaidoyer.
plomes de esturts blanques = weiße Straußenfedern.
pocketi = Packeti.
podor, -er = Kraft.
pocho = wenig, klein.
polc, poyl = Staub.
polida = polit = bearbeitet, geglättet III, 60. 190.
Police, -cza, -sa, -sas II, 69.
Politische Stellung der Gesellschaft I, 132. 517 f. II, 225 ff. 233.
polvora di color di saffra = Färbstoff für Safran III, 515.
Pomeranzen II, 192. -öl II, 186.
poms per calfar les mans = Handwärmeäpfel.
poneti s. paneti III, 83.
Popolanen, popell menudo I, 271 f.
poratory III, 116.
port = Transport.
portallera = Türvorhang III, 525.
porteder = Trägerlohn.
Portokosten I, 114 ff.

Porträts I, 19 (Abbildung). 230—235 (S. 230 Abbildung).
possiebell = möglich.
Post I, 115. 117 f.
posuel, Ledersorte III, 270.
potige = Bodega = Laden.
practic = Handlung.
pratyk = praktisch.
pratzla s. baratyeren.
pre, prco, prew, precio, prezzo = Preis.
Preise I, 4 f. 128. 280. 407. II, 229 f. 235 f. 259. — Im ganzen 9. Buche (II, 73—223) bei den einzelnen Waren zusammengestellt. — Gerechter Preis s. auch unter justum pretium.
prensado = gepreßt.
presil holtz s. Brasilholz.
primavera = Frühling.
primera = erste, bes. Korallenart. — primeras flors = erste Blüten, beim Safran.
Privilegien für Kaufleute im allgemeinen, deutsche und die Gesellschaft I, 240 f. 253. 260—271. 289. 320—333. 361—366. 369. 371. 396—399. 403. 414 ff. 422. 470. 478. 517. III, 318. 403. 426. 483 ff. 501 f.
proceß s. Prozesse.
procorador, procuror = Sachwalter.
Prokura, procur I, 52. 71. 93. 96. 116. 131. 390. II, 7. III, 5. 19 f. 23. 25. 68. 77 f. 91 ff. 100. 153. 311. 431. 486. 493. 496 f. — procuratur = Vollmacht.
Produktionsplätze I, 119 f.
Profanbauten I, 46 f. (Abbildung). 228. 238. 287 f. 396. 416.
profit = Nutzen.
promess = Versprechen.
propi, propre = eigen.
proposit = fester Entschluß.
prottestyeren.
Provision für Dienste I, 497. — provixion, prof-, proweson = Versorgung.
Prozesse I, 44. 51. 54. 91. 280. 301. 334. 381. 391. 402. 425. 438. 452. 454. 456. 459—462. 464 f. 489 ff. 507 bis 511. 514. II, 2 f. 5. 7. 12. 16. 30. 42 f. 50. 140 f. 173. 257. III, 5. 13. 15. 17. 20 f. 25. 215 f. 402. 428—431. 451 f. 461. 463 f. 478 ff. 481. 486. 488—499. 518—521.
prunes = Pflaumen.
pull = Staub.

Pulsch, Safransorte II, 152. 157. 171.
puyons s. pinyons.

Q

quadrans, cadrans de fust = Holzstöcke für Holzschnitte I, 351. II, 11.
— de lauto = Messingwinkel I, 308.
quadrat = viereckig.
quartier, eine Tuchsorte.
Quartier, Recht auf I, 74 ff.
quatorcences, Sorte von Canemasserie II, 91.
quit = ledig.
quitanz, quitung = Quittung.
quintal, Gewicht II, 254 f.
qunfet = confect.
qunkes = conches = Schüsseln.
quntent = zufrieden.

R

raboses = Füchse II, 141.
Raffinieren des Zuckers II, 173 ff.
raho, à = im Verhältnis von.
raymes = Rieß von Papier III, 515.
ramat = mit Kupfer versetzt?
ranson = Ablösung.
rasû, ras brotas = Arras oder = glatt?
Rasierschüsseln II, 211.
raspeyes de sedes = Bürsten III, 530.
Ratification, rattafyckyon, rettifichasyon III, 9.
Rationalismus, ökonomischer I, 95. II, 231.
rebarber = Rhabarber.
Recapta, requapta I, 120. 356.
rechartern = mieten.
Rechnungen der Gelieger I, 103—107. 146. 428—447. II, 34 f. 87. III, 55. 60 ff. 64. 93. 113. 119. 150. 154 f. 173. 180. 182. 199 f. 244—248. 266. 281. 298. 318. 321. 337. 343—359. 384. 438. 444. 450.
Rechnungen über Ankauf III, 456 bis 461. S. Rechnungen der Gelieger.
Rechnungen über Transporte III, 201. 226—235. 248—253. 324 ff.
Rechnungen über Zehrung I, 109. III, 221 f. 253 f. 265. 268 f. 323. 326 ff. 331—335. 342 f. 352—355. 385. 404. 433.
Rechnungsführer I, 54. 97 f.
Rechnungsführung I, 97—110. 454. 472.
Rechnungstage I, 52 ff. 56 ff. 110. II, 2. 13. III, 40. 52. 154. 173. 195. 384.

Rechnungstage, Mahlzeiten dabei I, 57 f. III, 26—33.
Rechenfehler I, 107.
Recht, römisches II, 239 f.
Rechte der Gesellen I, 74—80.
Rechtlicher Charakter der Gesellschaft I, 86—96. II, 228. 231. 233. 241 f.
Rechtschreibung I, 140. 163. 203.
Rechtskonsulenten I, 220. II, 241.
redig, eine, dem Sinne nach = Abkommen III, 114.
Redlichkeit I, 95. II, 235.
refermieren = wieder bekräftigen.
refetes, ob = Ravensburger Leinwand? II, 77. 85. III, 532 u. ö.
Reffinador, refinador s. Zuckerhaus.
refnieren, refinern s. Raffinieren.
Reformation Kaiser Siegmunds I, 40. II, 237.
Reformation I, 85. 159 f. 163. 207. 227. II, 227.
Reformatoren I, 153. 204. 207. 315.
regement = Regierung.
Regenstücke II, 98 f.
regier = regieren.
Regierer der Gesellschaft I, 20. 23. 44. 46. 49—54. 56. 84. 88. 175 f. 179. 181 f. 210. II, 7 f. 224. 227. 229. III, 485 f. 491.
Reich s. auch Beamte. — Reichskammergericht I, 461. 483. 485. II, 238—241. — Reichskleinodien I, 448. — Reichsregiment II, 238 ff. — Reichsstädte I, 15 f. 70. 209—214. 478 f. — Reichssteuern I, 483. 485. — Reichstage I, 243. 262 f. 460. 481 f. II, 102. 237—241.
Reis I, 252. 298. II, 64. 181 ff.
Reiseausrüstung I, 77 f.
Reisegeschwindigkeit I, 116. 478.
Reisekosten I, 86.
Reisiges Volk I, 161.
Rekordanzen, Rekord, recordanz I, 108. 112 f. 116. III, 52—194 u. ö.
Religion I, 96. 113. 145. 147. 169. 219 f. III, 465 f. u. ö.
rengno = Königreich.
Repressalien I, 369. II, 30. 33. 37 f.
requesta = Anforderung, Bitte I, 356 u. ö.
rerwera = Riviera.
reseta, Eisenware, Blech? II, 207.
Respondenten = verantwortliche Aufkäufer I, 120. 120. 311 f. II, 159. 164. III, 64. 67. 95 f. 180. 421.
resposta = Antwort.

resta = Rest. — restieren = schuldig bleiben, anhalten.
rewendador = Wiederverkäufer.
Rezept, recaepta, recepta I, 113. 120. 356 u. ö.
Rhabarber II, 100.
Riemen II, 212.
rinkatz ich, dem Sinne nach = beschädigt III, 113.
Ringe von Messing II, 211.
ripa, riba, riff, reif = Ufer, Abgabe am Ufer.
Risiko. — areschg III, 412. — a reschg III, 412. — arisch III, 100. — allriesch rysigo III, 113 usw. — kat. arrisc ital. rischio I, 125. 129. 365. II, 66 f. — Verteilung I, 124 f.
Ritterschlag I, 163. 218.
rob, roba = Rubb.
roba, ropa = Ware.
robands = ? II, 11.
Rod, Rodgenossenschaft II, 40—44. III, 218.
rodetz = Spulen II, 211. III, 524.
rodia, rogia, roia, royga = Krapp.
Rohrfedern, canoques I, 308.
roisos = Felle von? II, 141.
Rollgold II, 203.
romana = Wage III, 23 u. ö.
rompiren s. rumpiren.
Römerzug I, 243. 483. 485 f.
Roschavoca, Safransorte II, 155.
rose, rosin, rössen, rosett = rötlich.
Rosenkränze, Rosenkranzperlen, Paternoster I, 308. II, 210. 212. 221. III, 465 f.
rosens, rosceis III, 515 f.
roseta, rosety, roxeti I, 330. II, 211. III, 256 f. 521.
Rosinen s. Weinbeeren.
Rötel I, 401.
Rubb, rrova, kat. arroba. Ableitung s. arroba. Gewicht II, 254.
Rubin II, 218.
rumpiren, runpiren, romp- = zusammenbrechen, Bankerott machen.
Rupfen, ruppfes II, 137.

S

sabater, sapater = kat. çabater = Schuster.
sabia = Sand.
sach, plur. sakes = Sack.
Säckel II, 221.
Saetia, Schiffsart II, 57.
Safflor II, 142. 148.

Safran I, 27. 120. 125. 129. 133. 142. 144. 238. 256—259. 265. 296. 304 f. 311 ff. 318. 322 ff. 328. 330. 332. 334 ff. 339. 354. 373. 379. 405. 421 f. 438. 451. 453. 488. 511 f. II, 7 f. 11 f. 14 ff. 19. 31 ff. 35. 37 f. 43. 46. 51. 64. 150—172. 237. 258 f. u. ö.
säge, sagia II, 114. III, 365. 404.
sagelin s. segola.
saicbaina, vgl. ital. saccomanno, Plünderung III, 264.
Sayette, -rie II, 208. 214.
Saigerhütten II, 196.
sayge schoite III, 259.
Salmiak I, 139.
Salpeter II, 222.
salvament, bon = glückliche Landung II, 69 u. ö.
Salwa condut = Geleite, Geleitsbrief.
Salz I, 252. 354. II, 193.
Samt I, 250. 274 f. II, 125—129.
Sandelholz I, 280.
Sangalettes II, 86.
Santgil, pedra s. pedra.
Saphir II, 218.
Sardok II, 114.
saergan II, 211.
saroben, Arznei III, 230.
sarrieta III, 529.
sartre = Schneider.
sarzil II, 114.
Satin II, 129 f.
sasy, sossa II, 196. III, 108. 260.
Scammonium II, 190.
scarcelles = Geldtaschen II, 212.
Schafvließe II, 139.
Schafzucht II, 210; s. auch Merinoschafe.
Schalüne = feine Schuhe II, 222. III, 323.
Schamanea s. Scammonium.
Schamlot, II, 135 f.
schapilon, scharplon, Canemasserie II, 93.
schatula, schatel = Schachtel III, 3. 18 u. ö.
Schau von Waren I, 39. 208. 335. 451. 494. 501. II, 74. 79. 169. III, 354. 476—478.
Schellen I, 308. II, 117. 210 f.
Scherbecken II, 210.
Scheren II, 204. 212.
scherpo, -an, -en, Korallensorte II, 216.
Schetter II, 74. 82. 98.
schiermitz, schirwitz, schiurnitz s. Schmirgel.

Schießpulver II, 222.
Schiffbarmachung eines Flusses I, 10 f.
Schiffbruch I, 280 f. II, 66.
Schiffe, fremde und nationale II, 67 f.
Schiffahrt, auch Fluß- und Seeschiffahrt, einzelne „Schiffungen", Schiffe usw. I, 123 ff. 237. 259 ff. 262. 265. 274. 277—281. 283 f. 304. 310. 314. 316—320. 337. 353. 361. 379—381. 386. 391 f. 395. 398. 401 f. 408. 416. 422 f. 434 f. 460. 473. 481. 484 f. 497 f. 500 f. 503 bis 506. 512. 516 f. II, 11. 22. 39. 42. 46. 48—65. 123. III, 83 ff. 87. 89 f. 100. 102. 104. 106. 109. 111. 115. 120. 122 f. 125. 133. 143. 148. 150. 174. 184 ff. 188 f. 214. 220. 226. 229 bis 235. 249—253. 261. 271. 273 ff. 278. 280. 288. 291 f. 294 ff. 301. 304 f. 310 f. 316 f. 331. 334. 352. 401 f. 412 f. 414. 419 f. 424 f. 427. 429. 431 ff. 435 f. 447 ff. 487. 501. 510. 512—517. 521—532.
Schiffsarten II, 56—60.
Schiffslinien, regelmäßige II, 58—64.
schilcher, schilher II, 112 f.
schym nägel III, 354.
Schinken, westfälischer II, 193.
Schleier II, 212.
Schmer II, 193.
schmipt? III, 287.
Schmirgel, schmeriglio usw. I, 270. II, 19. 200 f.
Schmuggel I, 133. 247 f. 340. 517. II, 157. III, 309.
Schnellrechnungen zum Bestimmen des Preises einer Ware II, 85. 158. III, 237 ff.
Schönbart von Nürnberg I, 229.
Schönmachen von Waren II, 184. 188. 215. III, 395. 422. 427 f.
Schönwerk II, 141.
Schreibfedern II, 11; s. auch Gänsekiele und Rohrfedern.
schroura di bombax II, 104.
Schuhe I, 75 f. II, 222.
Schuhriemen I, 99.
Schuldbuch I, 99.
Schulden anderer gegenüber der Gesellschaft, Schuldner. a) Übersichtliche und zusammenfassende Stellen I, 43. 64. 130. 245 f. 253 f. 270. 272 f. 316. 374. 376. 378. 419. 421. 432. 459 f. 472. 486 ff. 496 f. 505. II, 7 f. 16 f. III, 243—248. 270. 279. 296 ff. 307 f. 312 ff. 310 f. 343 f.

388 ff. 397 f. 437 f. — b) Einzelne Schuldner I, 43. 59. 71. 83 ff. 99 f. 102 f. 105. 107. 128 f. 131. 143. 245 f. 256. 274. 276. 301. 311 ff. 315. 375. 389 f. 407. 442. 454 ff. 470. 481. 491. 502. 512. 514 f. 517. II, 215. III, 1 ff. 5—21. 44 f. 51. 61 f. 64. 67. 69. 91. 95. 97 ff. 106. 114. 119. 132. 140 f. 151 f. 154. 159. 163. 172. 189. 197 ff. 206. 209. 211 ff. 218. 236. 282. 285. 292. 311. 317. 327. 330—334. 336. 339 f. 342. 346 f. 351 ff. 358 ff. 363—366. 369. 373. 375 f. 383 f. 393. 401. 403. 416. 419. 425. 428. 431 f. 442 f. 446. 450 ff. 455. 457. 475. 478 f. 481. 486—500. 519 f. — König René I, 389 f. III, 1. 5. 10. 15. 17. 69. 77. 91. 134. 178.
Schuldzettel I, 104. 108.
schúlfly I, 114. III, 135.
Schürlitz, schürwitz II, 102.
Schüsseln II, 209.
Schusterahlen I, 308.
Schusterdraht I, 307.
Schutzzoll I, 355. 415.
Schwabenkrieg I, 154. 481. 498 f. 518.
Schwefel, sofre III, 328. 513.
scriptori = Schreibstube I, 141 u. ö.
scriptura = Schrift.
scriure = schreiben.
scudela = Schüssel.
scuradors d'orelles = Ohrlöffel I, 308.
Sebelierfaden, serpeliera, kat. sarpellera Packleinwand II, 137. III, 187. 228.
secada = Trockenheit.
secens, sechsens, setzens, sisens = 16er, Sorte der Canemasserie II, 91.
seda = Seide, Borste — sedes de porch = Schweinsborsten.
Seefahrt s. Schiffahrt, Seeräuber s. Korsaren.
Segel I, 321.
segola, Schuhe.
segona = zweite, Sorte von Korallen.
segur = sicher, segurador = Versicherer; segurata = Versicherung; seguritat I, 356.
Seide, Seidenweberei I, 35. 250. 256. 297 f. 303. 332. 377. 383. 387. 425 f. II, 4. 16. 127. 132 ff. 201.
Seidengewand, -stoffe auch II, 13. 18 ff. 63. 124—132. 151.
Seidenwürmer I, 251.
seigen III, 163.
scinal = gesiegelt.
selana II, 137.

selement s. salvament.
semenzina s. Wurmkraut.
sempi, senar, seno = einfach.
Sendevegesellschaft I, 88.
Senfschüsseln II, 210.
senyor = Herr.
Sensale, Makler, Unterkäufer I, 260. 270. 337. 395. 398. 400. 416.
Sensenschmiede I, 39.
sententzia d mort = Todesurteil.
sentin, setin = Satin.
sentzeria = Sensalgebühr.
sequeres, agulla III, 524; s. auch pennes s.
sergen II, 114.
Serviette II, 90.
Servitien der Kurie I, 455.
sessasse II, 223. III, 303.
sestieren = abschließen.
setzens s. secens.
Siegel, siello I, 45 (Abbildung). 291. 334.
signe, plomes de = Schwanenfedern III, 530.
siguratat = Versicherung.
Silber I, 211. 247 f. 282. 340. 365. 373. 474. II, 18 f. 194 f.
siri pintat = kat. ciri = gemalte Opferkerze III, 524.
Syrup s. Melasse.
sysa = Akzise.
siteren = citieren.
Sitz der Gesellschaft I, 17. 46 f. 97.
sivada s. civado.
Sklaverei, Sklaven I, 320. II, 51. 118. 177.
Smaragd II, 218.
sobtas III, 255.
Societas, römisch-rechtliche I, 87.
Soda, massacot II, 212. III, 252.
sofre = Schwefel III, 513.
Sogola, sogolen, sagelin, eine Fußbekleidung I, 75. II, 222. III, 433.
sogues per allana = Leinen, Taue II, 137.
sogurettat = Sicherheit.
solatz = Trost.
Solidarhaft I, 5. 87. 89—92.
solitzitieren = mit Bitten angehen.
solle nutzo, Goldborten III, 399.
Solnhofener Platten II, 222.
soma, som = Saumlast, Gewicht.
somarum = zusammen.
sopressieren = niederdrücken, bügeln.
sort, sortta = Sorte.
sortyeren = mit Sorten versehen.

sospecho = Verdacht.
sossa = sasy.
sotil, subtil = fein.
souplication = Bitte.
Souveränität II, 29 f.
spaiertzieren, spatzieren = schätzen.
spalero = Schulter-, Rückenlehnen II, 115.
spalmados = Bürsten I, 331. III, 518.
Sparsamkeit I, 95.
spastor III, 301.
spatzierren = umhergehen.
spatzium = Raum.
Spenden für religiöse und wohltätige Zwecke I, 17. 43. 81. 85. 96. 225 bis 228. III, 45 f. 51. 53.
spendieren = unterbringen, übergeben an einen Vertrauensmann, dazu wohl spexo = speso III, 319.
Spendierungen I, 273 f. III, 317 ff.
spessin = dicht?
Spezereien I, 276—282. 284. 332. II, 63. 150. 187—192. III, 29. 31 u. ö.
Spezrirer, speczier, speczryer = Spezereihändler.
Spiegel II, 11. 212.
Spielzeug, Narrenwerk I, 76. 78.
Spiga II, 193.
Spikanarde II, 193.
spinalt = gedreht.
Sporen II, 212.
Sprachenkenntnisse I, 6. 140. 355 bis 358. 454. 473.
Spritzen II, 210.
Spulen s. rodetz.
staca de botiga = Geschäftsstockung III, 56. 158.
stachety (Barchent) III, 257.
stadal de cera = Wachsfaden III, 524.
Städtebünde I, 15. 19 f.
Städtetage I, 483. II, 239.
Stadtrechte I, 14. 34. 87. 112.
Stadtwirtschaft (im Sinne Büchers) I, 41. II, 230.
Stammbäume I, 20. 150 f. 154. 162. 167. 171. 173 mit Beilage. 188 f. 202.
Stamete I, 56. II, 17. 102 f.
Stände, Landstände I, 291. 476. II, 238; s. auch Cortes
stany = Zinn.
stanyada = verzinnt.
Stank, Safran II, 154.
Stapel, Stapelrecht I, 263. 265. 418. 424. 435. 453. 473—477. II, 110 f. III, 440 f. 448.
staatall = ? II, 123.

Stecknadeln II, 207.
Steinmarder II, 11.
stengadi (Barchent) III, 257.
Steppnadeln II, 206.
Steuererklärung I, 68. III, 467 f. —
  Steuerlisten I, 28 ff. 62. 91. 148 bis
  207. 210—213. 352. 485.
stiba = Presse, stibadores II, 171. III,
  67. 153. — Stibieren, pressen I,
  123 f.
Stichgeschäfte, Tauschhandel I, 126.
  251. 388. 444. II, 104. 106. 110.
  121 f. 131. 138. 140. 178. 188. 195.
  198 f. 201. 215. III, 289. 291. 336.
  391 f. 396. 446 f.
Stickereien II, 132.
Stifte II, 205.
Stiftungen, kirchliche I, 22. 92. 164.
  175. 187. 202. 206. 222. 224. 228.
  II, 257 f. III, 463. 466 f. 475.
  480 f. u. ö.
stima = Schätzung, Schätzwert. —
  stymiren.
Stima, Safransorte II, 151 f. 158.
Stimmberechtigung I, 58.
Stockfische II, 193.
Stockung im Handel I, 295 u. ö.
straca, von Papier III, 515.
strama, Gebinde von Seide I, 426.
stramasieren III, 283.
Strandrecht I, 423.
Straßen des Handels I, 6. 10. 303 f.
  317 ff. 338. 360 f. 381. 385 f. 392 ff.
  397. 400 f. 424. 427 f. 434 f. 448.
  478. 513. II, 21—34. 258.
Straßenbüchlein I, 113.
Straßenräuber, Raubritter II, 70. III,
  379 f. 389; s. auch Nahmen.
Straußenfedern II, 218 f.
stremo, estremo, Korallensorte II, 216.
stret, streto = schmal.
Strohhüte I, 307.
Strumpfbänder I, 307.
stúbadores s. stibadores.
Studenten I, 152. 169. 194. 198. 459.
  II, 86 f. III, 39. 322. 418.
suarer III, 152.
Subskription auf Bücher I, 348.
suiser mescher, Kupfer II, 197.
sum = Summe.
Sumacky II, 136. III, 441.
sumebrack III, 325.
suprafein III, 23.
suttil, subtil, sottile = fein, leicht.
Sust, zosta, Warendepot II, 40. 43. 46.
suzo, sutzo = schmutzig.

T

tabarzeth, Zuckersorte II, 174.
Tafelsteine II, 222.
Taffet I, 275 f. II, 124.
takirt, von kat. tacar = beflecken.
talya, taila = Schnitt.
talla plomes, tallenpenes = Federmesser.
tanca porta = Türvorhang II, 11. 115.
tanet = kat. tanè = kastanienbraun.
tania = ? II, 10.
tapares s. Kapern.
Tapisserie II, 112. 114 ff.
tara, tarar, tarra = Tara.
Taschentücher I, 78.
tatxa = Stift II, 205.
taula oder tanla, taula = Tafel, Tisch,
  dann wohl eine dort zu entrichtende
  Abgabe III, 141.
taulame = bei Allah I, 356 f. II, 66. —
  taulla me III, 55. — taula me III,
  58. — tallat me III, 73. — taulame
  III, 414. — talast me III, 448.
tauletes de scriure = Schreibtischchen.
taziren = taxieren, schätzen.
techat = Dutzend.
Teiler II, 43.
Teilhaber der Gesellschaft I, 17. 65 ff.
  148—208 (alphabetisch angeordnet)
  209—214.
tela = Leinwand.
Teller II, 210.
temps, lo = Zeit.
tengut, von kat. tenir = gehalten.
tentor = Färber.
Terling, ternlig = eine Anzahl von
  Stücken.
Terneschg, Safransorte II, 155.
teß, wohl zu datium = Zoll III, 166.
tesores = Scheren I, 308.
Testament I, 154. 163. 169. 176. 179.
  191 f. 196. 201. III, 468 f.
Thee II, 156.
Thon II, 149. 174.
Theriac II, 193.
Thunfische II, 193.
tint = gefärbt.
Tintenfässer I, 307. II, 212. 222.
tintes de banya, wohl = tinters, Tintenfässer, bany, kat. = Horn.
Tischlaken II, 90.
tiretes = Bänder.
tisores de mocar candelles = Lichtputz-
  scheren.
tobalia = Zwehle = Handtuch II, 85.
  92.

tokyeren = kat. tocar = berühren.
tondy = geschoren II, **117**. III, 139. 256.
tonel = Tonne.
Töpferei I, 299.
toramboches III, 247.
torong = Pomeranzen III, 23.
tosy, tosin, totzen = Dutzend.
Trägerkompagnie I, **92**.
trakttyeren = behandeln.
Transporte, Besorgung für andere I, **137**.
Transportdauer II, 35. 38. 43 f.
Transportkosten II, 24. **44**. **64** f. 125 f. u. ö.
Transporttiere II, 42.
Transportwesen I, 430. 494. 497. **502** ff. II, **34—48** (zu Lande). **48—65** (zur See). III, 14. 15. 20 usw.
transyt, transitus = Durchgang, Durchfuhr.
trapig = Zuckerraffinerie II, **173**.
trecens = 13er, Sorte Canemasserie II, **91**.
traginer, treginier, treneros = Fuhrmann.
tremeses = **1** III, 199.
trescha III, 27.
tresponta, trispiettz = Ruhebett I, 275. III, **266**.
trittura = direkt, unmittelbar.
triax, trix, vielleicht = Theriac II, **193**. III, 23.
Trompeten, trompes II, 211 f. III, 525.
Trusts II, **235** ff.
trutbirrta, eine Sorte von Mützen III, 256.
Tuche, Wolltuche I, 250. 255. 298. 307. 310. **331** f. 338. 383. 392. 394. 410. 418. 422. 496. 515. II, 15. 19. 71. **106**—**111**. 212.
Turbit I, 139.
Turniere I, 215. 217.
Turteltauben I, 78.
Türvorhänge II, 11. **115**.
tusentrel, Ledersorte III, 270.
Tuschgan, Safransorte II, 151 f. **159**. **170** ff.

U

Überversicherung II, **66**.
ultimo, st. Utlotag III, 63.
Umsatz der Gelieger I, **43**. **106** f. 254. 274. 325. 333.
Unkosten I, **105**. 469 f. II, 85. 99 f. 113. 125. 130. 136. 166. 175. 215. 238 f. 249—253.

Unterbringung der Gelieger I, 255. 275. 294. 314. 367. 381 f. 447. 465 f. III, 65. 144. 160. 171. 194. 216. 220 f. 245 f. 337. 352 ff. 366. 379.
Untreue I, 271.
Unzgold, Onzgold I, 427. II, 19. **201** ff.
Urgel, Origel, Safransorte II, **153**. **168**.
Urkundenfälschung I, 461.

V s. auch F und W

Vanova = leichte Bettdecke.
vantalls de ploma = kat. ventall = Fächer III, 524.
vas, vasch = Wachs.
vebre = Biber.
vegy marin s. Fischhäute.
Veh II, 137. **141**.
veintens, vintens, wintens = kat. vintè = zwanzigster, Sorte von Canemasserie II, **91**.
venda, Sorte von Baumwolle II, 105.
venedor = Verkäufer.
verbitschen, bytzen = mit Petschaft versiegeln.
vercokelieren III, 200.
verdura = Grünwerk, Laubwerk II, **115**.
verga = Streifen, vergat = gestreift.
verga, canastres de v. — Körbe mit v. = Sinn? III, 526.
Verkauf s. Einfuhr.
Verkaufszettel I, **104**. **108**. 309. 312. III, 138. 159. 163. 238 f. **249**—**253**.
Verlag, Verleger I, **120**. II, **234**; s. auch Buchdrucker.
verlüffin II, **149**.
Verlust in Geschäften I, **126**. 128. 400. II, 147. 159. 182 f. 189. 215. 218. u. ö.
vermell, vermel, vermiglio, wermel = hochrot.
Vermögen von einzelnen I, 27—30. 61 f. 148—208.
Verpackung I, **123** f. II, 24.
Verpflanzung von Fruchtpflanzen I, 297. II, 176. 181. 183.
Versicherung I, 51. 83. 270. 280. 350. 402 f. **416**. II, **65**—**70**. III, 2. 9 f. 16. 21. 57. 61. 76. 106. 151. 213. 401 f. **412** f. 420. 424. 428. 431 f. 435. 448. — für Landtransporte II, 65 f. — für Seetransporte II, 65—70.
vert = grün. — vert castar — ax, wert castar, ob = dunkelgrün, kastaniengrün.

Vertrag über die Gesellschaft I, 42.
vestpra = kat. vespre = Abend.
Vetternschaft I, 147.
vetzion = alt.
vidre = Glas.
vintz, Sinn? III, 96.
vista, wysta, alla vista = auf Sicht.
Vorausbezahlung, Vorschüsse II, 79.
82. 167.
Vorellen II, 76. 81 f. III, 457 f.

W s. auch V
Wachs I, 298. 373. 469. II, 19. 64.
219 f.
Waffen I, 78. 211. 251 f. 321. 500. II,
203.
Wage zum Wiegen II, 171. 205. III,
472.
Wagen II, 47 u. ö.
Wagemut II, 228 f. 231.
Währungen, Währungszettel I, 58 f.
102 f. 107 f. 272 ff. III, 47. 154 f.
434.
Waid II, 142. 149.
wayda = kat. viuda = Witwe.
Waldverwüstung II, 177. 234.
Walkererde II, 149.
Wallfahrt I, 163. 500.
waltúra = Packmaterial.
Wandgemälde I, 35.
Wappen I, 174. 178. 191. 215. 218. 229.
233. 235. 500.
Wappenbuch I, 166.
Wappenschilde II, 222.
Waren II, 73—223. — Auswahl I,
118 ff. II, 241. — Böse und gute I,
121. 126. — Warenkenntnis I, 118.
Kontos für Waren I, 100. — Kurse
und Kurszettel I, 137—140. III,
369. 372 f. 387. 390 f. — Namen,
ihre Deutung I, 4. — Sorten I, 126.
— S. auch Bestellung, Kurslisten,
Gewinn, Muster, Schnellrechnungen, Schönmachen, Verlust.
Waschbecken II, 211.
Wasses II, 223. III, 280.
Weberordnung III, 482 f.
Weberschiffchen = navetes III, 530.
Wechsel und Wechselkurse I, 134 bis
137. 151. 238. 249. 257. 266. 301.
313. 316. 340. 363. 378. 387. 400.
420. 427. 431. 433. 443 f. 453—456.
458 f. 470. 490. 507. 511. 515. II,
15 f. III, 5. 20. 37. 63. 115. 129. 189.
211. 213 f. 217. 220 f. 277 ff. 285.
292. 309. 320 f. 324. 329. 337. 361.

369. 375. 383. 388. 390. 392. 397.
416. 422. 424. 443. 474 f. 498. 518.
Weihrauchbecken II, 211 f.
Wein I, 57. 211. 286. 298. 302. 354. 465.
500. 506. II, 194. III, 27. 29 f. 32.
Weinbeeren, getrocknete I, 339. II,
185.
wellend II, 220. III, 357.
Welsche Leinwand I, 34. II, 74. 78. 88.
Werbung von Landsknechten I, 481.
Wermut II, 222.
Wert der Gelieger I, 58 f. 246. 254. 274.
III, 47; s. auch Währung.
Wertbuch I, 63. 81 f. 99. 137. 178. 485
u. ö.
Widerlegung I, 88.
Wiederverkäufer II, 165.
Wiesel II, 11. 141.
Wildkatze II, 11.
Wirtschaftslehre, kirchliche II, 228 f.
232.
Wismuth I, 351.
Wolfsfelle II, 241.
Wolle, Wollweberei I, 239. 255. 298.
304. 308 f. 316 f. 334. 354. 394. 410.
423. 517. II, 71 f. 106—116. 120
bis 124.
Wortzeichen II, 26.
Wurmkraut II, 190.
wursat II, 111.

X
xamosos = ? II, 223. III, 525.
xarch, nous de = Paradieskörner.

Y s. I

Z
Zahlperlen s. Perlen.
Zahlungen an Ravensburger und Konstanzer auf Messen I, 132 f. III,
327. 337 f. 350 ff. 360. 363. 365 f.
375.
Zechgeld I, 75.
zecka = Münze.
Zedoarwurzel II, 191 f.
Zehrung, Recht auf I, 74—77. 81. 141.
143. III, 49.
Zeichen, Gemerk der Gesellschaft anderer I, 23. 45 (Abbildung). 51. 124.
II, 4. 9. III, 202. 234. 236.
Zelle latzo, wohl eine Münze III, 324.
Zera = Wachs.
Ziffern, arab. und lat. I, 112.
Zima, Safransorte II, 151 f. 158. 164.
170 ff.

Zimol pöly II, **192**. III, 337.
Zimt II, **189**.
ziniber = Ingwer.
Zinn I, 334. 351. II, 19. **199**. — verzinnt II, 207.
Zinnober II, 142. **149**.
Zinsen I, **84**. 93. 105. 130. **132**. 456.
Zinsverbot, kirchliches I, 20. 131. **137**. 228. II, **228** f. **232**.
Zintelomini = Edelleute.
Zitronat II, **186**.
zithoti II, **117**.
Zobelfelle II, **140** f. 212.
zoelli = Juwelen.
Zölle, Abgaben usw. I, 34. **124**. 127. 238. 241 f. 247 f. 253. 260. 263 bis 270. 273—275. 280. 289 ff. 293. 304 bis 308. 320—336. 339. 364. 366. 368 bis 370. 376. 392. 397 f. 400. 411. 422 ff. 427. 435. 448. 451 ff. 468 f. 474. 477 f. 485. 494. 498. II, 23—33.

35. 37 f. 41. 43—46. 48. 51 f. 83. 91 ff. 108. 119. 146. **238** f. 257 ff. III, 6. 11 f. 25. 75. 87 f. 105. 143. 202 bis 206. 216. 227. 250—253. 263. 279. 293. 308. 313. 317. 319 f. 322. 325. 335. 351. 354. 364. 400. 418. 472 f. 476. 499. 501. 503—517. 521—532 u. ö. — S. auch Avarie, clavaria, dretreal, marca, sentzaria, taula, teß.
zornada = Tag.
Zucker I, 296 f. 373. 422. II, 8. 36. 64. **172—180**.
Zuckerhaus II, 64. **173—178**. III, 56 f. 105 f. 111. 144 f. **518—521**.
Zünfte I, 13 f. **34—40**. 209—214. 410. 449 f. 479 ff. 495. 499. II, **229** f.
Zusammenbruch eines Geliegers I, 312. 314.
Zust = aust.
Zweck der Gesellschaft I, **49**.
Zwillich I, 211. 500. II, **73**. 89.

www.ingramcontent.com/pod-product-compliance
Lightning Source LLC
Chambersburg PA
CBHW020608300426
44113CB00007B/555